21세기 신경향 경찰행정 이론과 실무 대비서

실용 경찰학개론

손봉선 · 최선우 공저

Police Study Overview

백산출판사

서 문

세월의 흐름은 참으로 빠르다는 것을 실감한다. 지난 2000년 새천년의 시작과 함께 경찰학개론이 경찰관채용시험의 필수과목으로 채택된 것이 벌써 8년의 세월이 흘러갔다. 21세기 우리는 엄청난 변화의 물결에 동반하지 않을 수 없는 현실에서 부단한 노력을 계속해야만 살아남을 수 있다는 절박감 속에서 살아가고 있다. 이러한 시대의 변화에서 학문에 대한 사회적 관심도 변화하여 사회과학 분야에서 경찰행정학이라고 하는 분야에 많은 사람들이 관심을 집중하고 있다. 이러한 중요성을 반영하듯 최근 많은 대학에서 경찰학개론에 대한 집중적이고 심도 있는 강의를 계획하는 등 많은 관심과 연구가 더욱 활발해지고 있다.

경찰학개론은 이론과 법체계뿐만 아니라 경찰실무분야까지 포함하고 있어서 그 내용이 광범위하고 심도 있는 학문분야이기 때문에 이론만으로는 그 깊이와 지식을 탐구할 수 없을 뿐더러 전체를 체계적으로 탐구하기란 상당히 어려움이 있다. 따라서 이러한 특수한 분야를 실무와 이론 체계를 기술적으로 응용하여 경찰학개론을 탐구하는 학생과 현직 경찰관들에게 다소나마 보탬이 되도록 꾸며보았다. 본서는 대학의 경찰행정학과에서 필수과목으로 되어 있는 경찰학개론을 교수하는 사람이나 학생들에게 도움이 될 수 있도록 기초단계에서부터 실무분야에까지 이론과 실제를 응용하였다. 그리고 경찰실무에서 간과할 수 있는 부분을 요점적으로 정리하여 경찰관채용시험과 승진시험에 출제가능성이 있는 부분에 중점을 두고 집필하였음을 밝혀 둔다.

본서의 제1편에서는 총론에 관한 분야로서 경찰행정학, 경찰의 근거, 경찰관계법규, 고대경찰사, 근대경찰사, 미군정경찰, 대한민국경찰, 경찰제도, 경찰의 기본조직, 경찰행정관청, 지방자치경찰, 외국의 경찰제도 등으로 나누어 경찰에 관한 기초이론을 정리하였다. 제2편에서는 경찰실무분야를 각 기능별로 나누어 이론과 실제를 요점을 중심으로 기술하였다. 본서에 수록된 이론과 실제 등의 판단자료들은 저자의 판단과 경찰실무분야에서 다년간 근무경험이 있는 노련한 전직·현직 경찰관들의 증언과 이들이 제공한 자료를 토대로 하였다. 본서의 내용 중에는 저자 고유의 이론이 아닌 내용이 각주로 설명되지 못하고 저자의 이론처럼 기술된 부분이 있음을 밝히는 바이다. 그 동안 저자 등이 강단에서 학생들을 지도하면서 사용하였던 강의요점을 그대로 인용한 부분이 있기 때문이며 각주를 달기 위하여 원저자의 이론부분을 찾는다는 것이 거의 불가능하기 때문임을 유감스럽게 생각한다.

본서를 세상에 내놓으면서 한편으로는 아직도 부족한 책을 발간하는 것에 대한 책임을 통감하고, 다른 한편으로는 경찰을 희망하는 후보자 여러분과 경찰학을 연구하는 전문가, 경찰관, 학생 여러분에게 조금이라도 도움이 되기를 진심으로 기원하는 마음이다. 끝으로 본서를 출간하는 데 물심양면으로 도와주신 여러분께 진심으로 감사를 드린다. 그리고 출판을 허락하여 주신 백산출판사 진욱상 사장님과 영업부 조경연 부장님과 직원 여러분께 진심으로 감사를 드린다.

2009. 1. 30.

저자일동 씀

차례

제1편 총 론

제2편 경찰실무론

제1편
총론

實用警察學概論

제1편 총 론

제1장 경찰행정학

1. 경 찰

1) 개 요

경찰(police)이라 함은 사회공공의 질서를 유지하기 위하여 일반통치권에 의거 국민에게 명령・강제하여 그 자연적 자유를 제한하는 행정작용을 의미한다. 구체적으로는 국민의 생명과 재산 및 권리의 보존과 사회질서의 유지, 범죄의 수사, 범인의 체포 등을 실행하는 일 또는 그러한 행위를 담당하는 기관이나 구성원을 경찰이라 한다. 그러나 이러한 개념은 오늘날 경찰의 개념이고, 19세기 이전에는 보다 넓은 뜻으로 행정과 유사한 개념으로 쓰였다.

18세기 독일의 관방학자 유스티(Justi)는 그의 저서 '경찰의 원리'에서 경찰이라는 개념이 정책의 결정과 수행을 의미하는 것으로 정치와 행정이 일체화된 자의적・강권적인 국가 활동을 뜻하는 강력한 조직을 의미하는 것이었다. 경찰기관으로서의 개념에서는 국가경찰과 지방경찰로 나누어 볼 수 있다. 국가경찰은 국가의 지휘감독과 조정・통제가 필요한 사항에 대한 정책의 입안, 국가적 대책이 필요한 사건・사고, 대규모의 소요, 대간첩작전, 마약범죄, 테러범죄, 조직범죄, 국가안보 등 국가적 차원에서 대응해야 하는 업무를 담당한다. 지방경찰은 관할 구역 내 주민의 생명과 신체 및 재산의 보호, 범죄예방과 진압, 수사, 교통지도와 단속, 기타 공공의 안녕과 질서의 유지에 관한 사무를 포괄적으로 담당한다. 이와 같이 경찰은 국민의 자유와 권리의 보호 및 사회 공공의 안녕과 질서를 유지하는 것을 목적으로 한다. 우리나라의 경찰공무원법과 경찰관직무집행법상의 의미로는 국민의 생명·신체·재산의 보호와 범죄의 예방과 진압, 수사와 교통의 단속 등 공공의 안녕과 질서유지를 위한 행정작용을 의미한다.

2) 연 혁

(1) 경찰의 창설

세계최초의 경찰은 그리스에서 BC 594년에 창설되었으며, 그 뒤 BC 3세기에는 로마에서 창설되었다. 창설의 동기는 공공의 질서유지가 지명직시장이나 지사에게 책임이 주어졌기 때문이며, 시장에게는 각각 개인별 보수는 지급되지 않았다. BC 27년경 로마에서 최초의 유급공공경찰관이 도시의 시장이나 지사에 의해서 그 직위가 최초로 만들어 졌다. 그리고 AD 6세기까지 로마에는 대규모의 공공경찰이 있었으며 주·야로 나누어 거리에서 순찰을 실시했다.

로마 황제가 무너진 이후에 유럽에서는 무정부 상태가 12~13세기까지 지속되었고, 국왕들은 합법적인 행정의 책임을 떠맡게 되었으며, 이들은 강력한 야경업무까지도 수행하게 된 것이다. 이러한 야경업무는 시민들이 집단으로 밤에 순찰을 하면서 화재사건 외에 다른 범죄문제까지도 취급한 것이며, 수사를 비롯하여 범인검거와 세금징수 업무까지 수행했다.

프랑스를 비롯한 일부 국가에서는 군대가 순찰을 실시하도록 고용하기도 하였다. 그리고 12세기 이후에는 영국에서 보안관이 벌금을 강제징수하고 10인조 제도의 업무를 책임지도록 임명되었다. 10인조 제도는 수세기 동안 존재하게 되었는데 이 제도에 기초하여 10가구 제도와 100가구 제도가 조직되었다. 결국 100가구 제도는 행정교구가 되었고, 몇 개의 100가구 제도가 모여 한 개의 고을(州)을 형성하게 되었다. 그렇게 하여 수백가구가 만들어 진 지역은 하나의 같은 시대를 살아가는 공동체적인 군(county)이 되었다. 그리고 영국에서는 1326년 평화를 수호하는 관청이 설치되었으며, 이 관청에 근무하는 사람들은 보안관을 도와 지역의 경찰업무를 수행했다.[1)]

---

1) Roy R. Roberg. & Jack Kuykendall, 1993: 52~53.

(2) 경찰(Police)의 어원

경찰의 어원은 그리스어의 Politeia에서 유래되었고 라틴어의 Politia로 전환되어 고대부터 중세에 이르기까지는 이상적인 상태, 국가, 헌법 또는 국가 활동 등을 의미하는 다의적인 의미로 사용되었다. Politeia라는 말은 최고선(The Supreme Good)을 구현하기 위하여 엄격히 통제된 정체를 의미한다. 경찰이라는 말은 15~16세기에 이르러서는 교회활동에 대응한 국가작용의 일체를 의미하는 말로 사용되었으며, 17세기에는 국가작용이 분화되기 시작하여 외교 · 재정 · 군정 · 사법 등 특수 행정 분야가 분리되었다.

18세기 중엽 이 후 근대 시민적 법치국가가 성립함에 따라 국민의 자유 활동을 보장하기 위하여 이른바 야경국가 사상에 따라 소극적인 치안 유지만을 임무로 하는 보안행정만을 경찰이라고 하는 근대 법치 국가적 경찰 개념이 성립하게 되었다. 그러나 시대의 흐름에 따라 오늘날은 내무행정의 치안작용과 복리작용에 속하게 되었으며, 보안경찰 작용과 복리경찰 작용을 포함한 것이다.

19세기말부터 20세기에 걸쳐 국가가 공공복리의 증진을 위한 활동을 광범위하게 전개하게 됨에 따라 국가는 일반 공안의 유지 외에 복리증진에 수반하는 질서유지를 위한 권력적 활동을 다시 그 임무로 하게 되었다. 그리하여 학문상으로 경찰개념을 종래와 같이 보안 목적을 위한 권력작용에 정해야 한다는 것과 복리목적을 위한 권력 작용도 포함해야 한다는 견해로 나누어지게 되었으며, 이들 견해에 따라 각국의 실정법상의 차이로 나타나게 되었다. 이러한 견해의 차이로 결국 독일 · 프랑스 등의 대륙법계 국가와 영국과 미국 등의 영 · 미 법계 국가로 나누어지게 된 것이다.

(3) 대륙법계경찰

대륙법계 국가에서는 종래 경찰이 국가적 권위를 대표하는 것으로 생각하고 중앙집권적 · 관료적인 국가경찰 제도를 유지하는 것으로 독제국가에서 지속적으로 유지하는 경향이 있었다. 경찰의 목적과 사명에 있어서도 대륙법계 국가에서는 경찰이 보안목적을 위한 권력 작용에 한하지 아니하고 복리증진상의 질서유지를 위한 권력 작용도 포함하는 것으로 제도화 한 나라가 많았으며 사법경찰사무를 사법작용에 속한다고 하여 행정경찰에서 분리시키는 국가도 있다.

(4) 영 · 미 법계경찰

영 · 미 법계국가에서의 경찰은 민주경찰로서 공안유지는 국민자치의 사상에 따라 국민자신의 임무로서 지방분권적인 자치제경찰을 원칙으로 민주주의 국가에서 지향하는 경찰제도이다. 그리고 경찰의 사명을 엄격히 일반 공안의 유지에 국한하여 국민의 생명 · 신체 · 재산의 보호, 범죄의 예방과 수사 및 범인체포 등의 사법경찰 사무만을 담당하였다. 대표적으로 미국의 경찰은 각각 다양한 지방분권의 기능에 의하여 권한을 행사하고 있는 공권력의 원천으로 알려져 있다.[2)]

2. 경찰관

경찰관(police officer)이라 함은 국민의 생명 · 신체 및 재산의 보호와 범죄의 예방 · 진압 및 수사 · 교통의 단속 등 공공의 안녕과 질서를 유지하는 것을 그 직무로 하는 공무원을 의미한다. 우리나라 경찰관직무집행법에서 경찰관은 민생과 직결되는 다음과 같은 직무를 수행한다고 규정하고 있다.[3)]

1) 경찰관의 직무

첫째, 범죄의 예방 · 진압 및 수사
둘째, 경비 · 요인경호 및 대간첩 작전의 수행
셋째, 치안정보의 수집 · 작성 및 배포
넷째, 교통의 지도 · 단속과 위해의 방지
다섯째, 기타 공공의 안녕과 질서유지

2) 경찰관의 직급

경찰관의 계급은 치안총감 · 치안정감 · 치안감 · 경무관 · 총경 · 경정 · 경감 · 경위 · 경사 · 경장 · 순경 등 11개 계급으로 나누어진다. 경위 이하의 경찰관은 원칙적으로 일반경과 · 전투경과 · 특수경과(항공 · 통신 · 운전) 등으로 나누어진다. 경찰

---

2) Grolier XV, 1961: 97.
3) 경찰관직무집행법 제2조.

관의 임용은 시험성적 · 근무성적 · 기타 능력에 따라서 행하도록 하고 있다. 경정 이상의 경찰관은 행정안전부장관의 제청으로 대통령이 임용하고 경감 이하의 경찰관의 임용은 행정안전부장관이 행한다. 행정안전부장관은 그 임용권의 일부를 그 소속 기관장에게 위임할 수 있다. 경정 및 순경의 채용은 공개경쟁 채용시험에 합격한 사람 중에서 행하고 경위의 채용은 경찰대학 졸업자와 일정한 자격을 갖춘 자 중에서 행정안전부장관이 공개경쟁시험에 의하여 선발한 사람(간부 후보생)으로서 교육훈련을 마치고 소정의 시험에 합격한 사람 중에서 임용한다. 그리고 특별한 경우에는 특별채용 시험에 의하여 임용할 수 있다. 경찰관은 선서, 성실, 허위보고금지, 복종, 직장이탈금지, 지휘권남용금지, 정치관여금지, 집단행위 금지, 제복착용, 무기휴대 등의 의무와 권리를 가진다.

3. 경찰의 종류

1) 기능에 의한 분류

경찰의 종류(Sorts of Police)는 기능에 따라 보안경찰 · 사찰경찰 · 교통경찰 · 사법경찰 · 전투경찰 · 풍속경찰 · 외사경찰 · 정보경찰 등으로 나눌 수 있으며, 일반행정기관에 속하는 행정경찰 · 위생경찰 · 선거경찰 · 소방경찰 · 경비경찰 · 산림경찰 · 관세경찰 등으로 나눌 수 있으며, 특수경찰로서 군사경찰인 헌병과 군수사기관 등을 들 수 있다.

2) 보안경찰과 사법경찰

보안경찰과 사법경찰의 구분은 프랑크 제국[4)]에서 유래하여 프랑스법에 계승되어 유럽대륙에 전파된 것으로서 보안경찰만이 고유한 경찰에 속하고, 사법경찰은

---

4) 프랑크 제국, 프랑크 왕국 또는 프랑크 등으로 부르기도 한다. 프랑크 제국은 5세기부터 10세기까지 프랑크인이 획득한 영역으로 이루어진다. 프랑크인은 서유럽 야만 침략자 대부분이 믿는 아리우스주의자(Arianism)가 아니고 로마 가톨릭으로 개종한 거의 유일한 게르만족이었다. 클로비스 1세(BC 481~511년)는 많은 프랑크 왕국을 연합하게 만들었다. 그는 왕조를 창설하고 라인강 하류지역에서 갈리아지방을 포함한 주변지역으로 진출하여 세력을 넓혔다. 그리고 클로비스는 로마카톨릭교로 개종하였다. 그리고 로마교회와 귀족들의 지원을 받아 유럽중심부의 넓은 영토를 통치할 수 있었다.

실질적으로 경찰이 아니라고 하는 것이 대륙 법계의 통설이다. 이에 대하여 영·미에서는 원래 실질상으로 또는 제도상으로 양자의 구별을 인정하지 않고 사법경찰사무는 일반경찰기관의 고유사무로서 이해되고 있다.

우리나라에서는 조직상으로 일반경찰기관으로 하여금 사법경찰사무를 겸하게 하고 있지만 관념상으로는 양자를 구별하고 있다. 그러므로 보안경찰은 사회질서 유지를 사명으로 하고 특히 그 중에서도 질서유지의 가장 큰 요인인 범죄의 예방을 주 임무로 하고 있다. 그리고 사법경찰은 범죄가 실행된 후에 범죄수사·범인체포 등을 목적으로 하고 그 직무는 형사소송법에 의하여 수행되는 형사사법권의 작용을 의미한다.

3) 국가경찰과 자치경찰

경찰유지의 권원인 조직·인사·경비부담 등이 국가에 있느냐 또는 지방자치 단체에 있느냐에 따라 구분하는 방법을 말하는 것으로 중앙경찰과 지방경찰이라고도 한다. 한편 국가경찰은 대륙법계 체계의 경찰이라고 말하고 자치경찰을 영·미 법계경찰이라고 한다. 이러한 구별은 경찰의 권한행사의 한계를 구분한 것으로 국가경찰은 중앙정부에서 경찰의 권한을 행사하는 것이고, 자치경찰은 지방 자치단체에 권한을 위임하여 지역자치단체의 실정에 따라 경찰의 권한을 행사하도록 하는 제도를 말한다.

4) 비상경찰과 평시경찰

헌법과 계엄법에 의하여 국가비상사태 하에서 전국 또는 지방에 계엄이 선포된 경우 계엄의 목적에 따라 군사상 필요에 의한 군사계엄과 공안유지를 위한 행정계엄이 있는데 행정계엄이 여기서 말하는 비상경찰에 해당하며 행정계엄은 성질상 군령의 작용이 아니라 행정상 필요에 의한 경찰작용의 일종이다. 다만 평시에도 대통령의 비상조치에 대하여 비상경찰이 발동되는 경우가 있다. 평시경찰은 평시의 경찰법규와 경찰조직에 의하여 작용하는 경찰을 의미한다.

5) 행정경찰과 전투경찰

행정경찰은 광의로 사법경찰과 대비되는 행정상의 경찰작용을 의미한다. 협의로는 행정상의 경찰작용 중 위생·교통·경제 등 행정 각 부문에 부수하여 질서유지를 목적으로 한 권력작용으로 법령상의 용어가 아니라 학문상의 개념이다. 광의의 행정경찰은 사법경찰이 형사사법권에 부수하는 작용인데 대하여 행정권 본래의 작용으로서 각 행정법규의 규율을 받는다. 협의의 행정경찰은 일반 공안의 유지를 임무로 하고 그 자체가 독립한 행정부문을 형성하고 있는 보안경찰과 대비되는 개념이며 곧 광의의 행정경찰 중에서 보안경찰을 제외한 경찰 작용이다.

실질적 의미에 있어서 전투경찰은 특수한 경우에 설립하여 운영하고 있으며, 그 나라의 특수한 사정 하에서 발생하는 적과의 전투임무를 수행하기 위한 경찰의 전투작전을 수행하기 위한 전문적 경찰조직을 의미한다. 우리나라의 경우는 전투경찰대설치법에 따라 병역의무를 대신하여 전투경찰임무를 수행하도록 대체복무 제도를 두고 있다.

6) 협의의 행정경찰

제도상의 경찰은 아니고 각 행정부문에 부수하여 그 부문의 작용에 관하여 발생하는 장애를 제거함으로써 사회질서를 유지하는 권력작용을 학문상으로 경찰의 개념으로서 파악한 것이다. 이 행정경찰은 각 행정사무를 담당하는 행정기관에 의하여 행하여진다. 법령이 정하는 바에 의하여 각 주무부장관이 행한다.

예를 들면, 산림·어업경찰에 관하여는 농림수산부장관, 광업·전기 등에 관한 경찰업무에 관하여는 상공자원부장관, 위생경찰업무에 관하여는 보건복지부장관, 관세·조세 등 경찰에 관하여는 재정경제부장관, 군사경찰에 관하여는 국방부장관이 행하는 것을 의미한다. 그리고 하급관서로서는 특별경찰관서로써 산림청·수산청·국세청·식품안전청·세관·농산물검사소·수산물검사소·지방세무관서·지방철도관서 등이 있다.

4. 경찰학

1) 개 요

경찰학(police science)은 프로이센의 절대주의적 국가체제를 변증하는 관방학(官房學)[5]에서 분리되어 행정학의 기초가 된 학문 분야를 뜻한다. 프랑스에서 15세기말에 독일에 전수된 경찰권의 이론은 16세기 이후의 국가에 강제성을 가지고 공공복지를 실현할 수 있는 권능을 시인하는 이른바 절대주의적 국가권력의 기초를 만들었다.

이 제도에 의하면 군주는 국민의 공공복지에 관한 유일한 판정자이며 경찰은 단순한 치안유지자로서의 소극적 존재가 아니라 국민의 복지를 증진시키는 적극적인 존재라는 이론으로 절대주의 국가에서 국가적 실천을 지도하는 사명을 갖는 학문으로 성립된 것이다.

2) 경찰학의 독립

경찰학은 17세기 독일에서 관방학의 일부분에 포함되어 있었으나 18세기에 들어와서는 계몽전제주의를 배경으로 경찰국가 체제의 정비와 함께 관방학으로부터 독립하여 고유의 학문으로 분화되었다. 경찰학을 체계적으로 전개한 유스티(Gottlob Von Justi)는 국가 재산의 증대와 유지를 다루는 경찰학과 국가 재산의 유효한 사용을 다루는 재정학을 구분하여 경찰학을 하나의 독립된 학문으로 정립하려 하였다. 유스티는 경찰학을 행정제도에 의거하여 국가 전체의 공동복지를 실현시키는 것을 연구하는 학문으로 규정하였으며 그것은 복리라는 목적을 실현하기 위한 행정, 즉 내무행정 전체를 대상으로 하는 것이었다. 그의 경찰학은 강력한 통일국가의 형성을 지향하고 중상주의적 경제정책을 기반으로 하면서 국가와 사회를 하나로 보는 데에서 형성된 독일 관방학적 내무행정학이었다. 경찰학에서는 국가 목적 또는 국가 이념을 실현하기 위한 합목적적인 국가 활동을 경찰, 즉 행정으로 인식한 것이다. 프랑스에서도 경찰학은 17~18세기부터 발달하였으며 법학에 기초를 두었으나 법 해석에 그치지 않고 국가행정의 실무적 측면에서 도움이 되는 원리를 제시하려는 경험적인 성격까지 띠고 있었다.[6)]

오늘날에는 경찰학에서 말하는 경찰국가학은 소멸하고 이른바 경찰권의 한계가 지켜지고 있는 근대적 경찰제도가 보편화되고 있다. 현대에 이르러 경찰학이 대학에서 최초로 정규과목으로 개설된 것은 1931년 미국 켈리포니아주 산호세(San

---

5) 관방학이라 함은 독일・오스트리아에서 발달한 국가경영학으로 관방관리들에게 국가통치에 필요한 재정・경제・행정지식과 기술 등을 제공하기 위해서 형성된 학문체계를 말한다. 근대 행정학의 근원을 이루는 관방학은 농업・재정・경제・경찰 등의 정책 영역을 포함하고 있었으며, 아울러 정부의 공식적 기구와 기능 및 정부 관료의 업무와 행동윤리 등에 중점을 두고 집대성한 학문체계를 말한다.

6) Roy R. Roberg, 1993: 53.

Jose) 주립대학에 '법집행' 교육과정을 두고 경찰행정을 전문화하였으며 경찰행정학의 저자 O. W. Wilson[7)]이 창시자이다.

7) Wilson은 1921년 캘리포니아 Beverly에서 현직 경찰관으로 근무하면서 캘리포니아 대학을 졸업하였다. 켄사스주 Wichita시에서 경찰국장으로 재직하면서 경찰행정 및 운영에 관한 많은 아이디어를 개발하여 현실에 적용하고 추진하였다. 1939년에는 버클리 대학 경찰행정학과 교수로 재직하면서 특히 형사사법제도와 관계가 있는 전공과목 등을 개설하여 정착시켰다.

제2장 경찰의 근거

1. 경찰권

경찰권(Police Power)이라 함은 경찰작용으로 발동되는 일반통치권의 일부를 의미하는 것으로 공공의 안녕질서를 유지하기 위하여 일반 통치권에 의거하여 국민에게 명령・강제하여 그 자연적 자유를 제한하는 권력적 작용을 말한다. 민주적 법치주의 하에서 경찰권을 발동 할 경우에는 반드시 법규의 근거가 있어야 한다. 또한 법규의 근거가 있는 경우에도 일정한 조리상의 한계가 있으며 법규의 범위 안에서 재량이 인정되는 경우에도 그 재량은 기속재량[8]에 속한다.

현행법상 경찰권은 행정권의 일부인 까닭에 대통령을 수반으로 하는 정부에 속하고 대통령과 국무총리의 통할 아래 행정안전부장관이 관할하고 있다. 경찰권은 일반 통치권의 작용이므로 그 나라의 통치권에 복종하는 자는 내국인・외국인・자연인・법인의 구별 없이 경찰권의 대상이 된다. 현실적으로 경찰권 행사의 사무를 관장하는 기관은 경찰행정관청과 경찰집행기관이다. 경찰권의 한계는 경찰 소극목적의 원칙, 경찰 공공의 원칙, 경찰 비례의 원칙, 경찰 평등의 원칙, 경찰 책임의 원칙 등이 있다.

1) 소극목적의 원칙

경찰권은 질서유지를 위한 위해방지라는 소극목적을 위해서만 발동할 수 있고 공공복리의 증진이라는 적극적인 목적을 위해서 또는 재정이나 군정과 같은 국가목적을 위해서는 발동될 수 없다는 원칙을 의미한다.

8) 행정행위에 있어서 재량행위는 법기술적인 요청에 따라 기속재량과 자유재량으로 나누어지는데, 그 중 기속재량이란 무엇이 법인지를 판단하는 재량을 말하는 것으로 법규재량이라고도 한다. 즉 법규가 일정한 행정행위의 전제에 대하여 일의적으로 규정하지 아니하고 법의의 판단과 해석의 여지를 남겼다고 하더라도 그것은 전혀 행정청의 자유로운 판단에 맡긴 것이 아니고 법규의 해석・적용에 관한 법률적 판단의 여지를 부여하는데 그치는 경우의 재량을 의미한다.

2) 공공의 원칙

사생활 자유의 원칙 또는 사생활 불간섭의 원칙이라고도 하며 경찰권은 공공의 질서유지를 위해서만 발동할 수 있고 공공질서에 직접적인 영향이 없는 개인의 사생활이나 사익에 해당하는 민사관계에 관한 사항에는 원칙적으로 관여할 수 없다. 그러나 공공질서의 유지에 영향을 주는 경우에는 관여할 수 있다.

3) 비례의 원칙

경찰권은 사회질서 유지를 위하여 묵과할 수 없는 장애 또는 장애 발생의 직접적 위험을 제거하기 위하여서만 발동하여야 하며, 장애를 제거하기 위한 최소한도의 범위 내에서만 발동할 수 있다는 원칙으로써 합리성에 근거하여 집행되어야 한다는 원칙이다. 그러므로 장애발생의 요인제거와 그로 인한 피해의 정도가 적어도 비례관계가 유지되어야 한다는 원칙을 말한다.

4) 평등의 원칙

경찰권은 모든 국민에 대하여 성별·종교·신분·인종 등을 이유로 하는 불합리한 조건에 의한 차별적 자유제한을 하지 못한다는 원칙이다. 이 원칙은 과거에는 경찰권의 한계로서 열거되지 않았으나 비례의 원칙과 함께 헌법적 차원에서 중요한 의미를 가지기 때문에 최근에 이 원칙을 중요시하고 있다.

5) 책임의 원칙

경찰권은 원칙적으로 질서위반의 행위 또는 상태의 발생 또는 발생위험에 대하여 직접책임이 있는 자에 대하여서만 발동할 수 있고 그 밖의 제3자에 대하여는 발동할 수 없다는 원칙이다. 경찰책임은 형사책임과 달라 고의나 과실 등을 요건으로 하지 않고 과실이 없더라도 사회적 장애가 자기의 생활범위 안에서 발생할 경우에는 그 장애를 방지·제거할 책임이 있으며, 경찰행정상 필요한 명령·강제에 복종하여야 한다는 원칙이다.

2. 경찰벌

1) 개 요

경찰벌(police punishment)이라 함은 경찰상의 의무위반에 해당하는 경찰범에 대한 제재로서 일반 통치권[9]에 의거하여 과하는 벌을 말한다. 행정벌의 하나로서 경찰 법규상의 의무위반자에 대하여 제재로서 과하는 벌을 의미한다. 경찰 법규상의 의무위반자를 경찰범이라고 하며, 이에 대한 제재가 곧 경찰벌이 되는 것이다. 경찰벌은 행정벌의 일종이므로 행정벌의 특색을 가지고 있기 때문에 행정벌에 관한 일반원칙이 적용된다. 경찰벌은 경찰법상의 의무위반이라는 과거의 비행에 대하여 과하는 제재이며, 형법에 형명이 있는 경찰형벌과 형벌이 아닌 과태료를 과하는 경찰질서벌로 나누어진다.

2) 경찰벌의 종류

(1) 경찰형벌

경찰형벌이라 함은 과형원인이 경찰의무위반이라는 점에서 형사벌과 구별되고 행정벌의 일종으로 형법총칙 중 일부의 적용이 배제되는 점에서 형사벌과 차이점이 있을 뿐 기타의 점에서는 형사벌과 다를 바가 없다. 경찰벌에도 죄형법정주의가 적용되므로 반드시 법률의 근거가 있어야 한다. 과형절차에 있어서도 형벌과 동일하게 형사소송법의 절차에 따라 법원에서 재판하여 형법에 규정된 형벌을 과하며 예외적인 특별 과형절차로 통고처분, 즉결심판, 보호처분 등에 처해진다. 여기서 통고처분이라 함은 조세, 관세, 교통사범 등에 대하여 형사소송에 대신하여 벌금이

9) 국민과 국토를 다스리는 국가의 최고 지배권을 말하는 것으로 주권에 의하여 결정된 국가 의사를 실현하는 무조건적 권력이다. 국가의 지배권을 통치권이라고 하는 것은 합법적으로 행사되는 국가권력이 피지배자의 동의를 필요로 하지 않는 일방적·무조건적인 권력이기 때문이다. 그러나 법치국가에서는 어떤 형태의 통치권 발동도 법의 규제에 따라야 하므로 통치권은 결코 무제한의 권력이라고 볼 수는 없다. 통치권은 주권의 개념과 혼동하여 사용하는 경우도 있다. 그런데 주권은 국가의 일반의사를 결정하는 원동력이며, 통치권은 주권에 의해 결정된 국가의 일반의사를 실현시키기 위한 권력이라는 점에서 엄연히 다르다. 통치권의 내용은 국내법과 국제법에 의해 정해지며, 그 실질적 내용에 따라 영토고권(領土高權), 대인고권(對人高權), 자주조직권(自主組織權) 등으로 형식적 내용에 따라 입법권, 행정권, 사법권 등으로 나누어지고 있으며, 대부분의 국가에 공통적으로 적용되고 있다.

나 과료를 명하는 행정처분을 말한다. 통고처분과 혼용하여 사용하고 있는 것이 범칙금인데 범칙금은 일상생활에서 일어나는 경범죄나 도로교통법 등 경미한 범죄행위 자에게 벌금, 구류, 과료 등을 부과하는 것을 뜻한다.

(2) 경찰질서벌

경찰질서벌이라 함은 법률상의 질서 유지를 위하여 의무위반자에 대하여 과하는 과태료를 말한다. 경찰질서벌은 형벌이 아니므로 형법총칙의 적용이 없고 법령 또는 조례[10]에 특별한 규정이 없는 한 일반 질서벌에 준하여 비송사건절차법[11]에 의하여 이행자의 주소지를 관할하는 지방법원에서 과하며 그 집행은 검사의 명령으로 하되 원칙적으로 민사소송법[12]에 의한다. 지방 자치단체의 조례에 과태료가 규정되어 있는 경우에는 지방세징수의 예에 따라 지방자치단체의 장 또는 그 위임을 맡은 자가 부과하여 징수한다.[13] 과태료(過怠料)는 행정상의 질서유지를 위하여 과하는 일종의 벌과금으로 공법상의 의무위반, 질서유지 등을 위하여 과하는 금전상의 벌을 말한다. 그리고 과료(科料)는 경범죄에 과하는 재산형을 말한다. 과료는 재산형으로 몰수 다음으로 경한 형벌이다. 과료는 비교적 경미한 범죄에 과해지며, 2000원 이상 5만원 미만이다. 과료는 30일 이내에 납부하여야 하며, 이를 제기간에 납부하지 않을 경우 1일 이상 30일 미만의 기간 동안 노역장에 유치하여 복무하게 된다.

---

10) 조례(條例, Ordinance)는 지방자치단체가 법령의 범위 안에서 지방의회의 의결을 거쳐 그 지방의 사무에 관하여 제정하는 법을 말한다. 성문법인 자치법규의 하위개념이다.

11) 법원이 사권(私權)의 발생, 변경, 소멸 등에 관하여 관여적(關與的) 임무를 수행하는 절차를 규정한 법률을 말한다. 비송사건절차법은 신청 없이 개시되는 경우도 많고 대립당사자주의를 전제로 하지 않으며, 결정으로 재판하고 불복도 항고방식에 의한다. 심문이 비공개로 이루어지고 서면주의(書面主義)가 현저하게 나타난다. 각 단계에서 당사자주의·변론주의·처분권주의가 후퇴하고 직권주의가 전면에 나타나며 엄격한 증명보다는 자유로운 증명에 의한다. 따라서 전체적으로 볼 때 소송의 경우 소송절차가 형식주의적이고 신중한 데 비하여 비송절차는 탄력적이고 간이·신속한 절차적 특징이 있다.

12) 민사소송법(民事訴訟法)은 사법체계의 권리 실현을 위한 재판절차를 규정하는 법으로서, 민사집행법과 더불어 사법적 법률관계에 관한 절차법을 이룬다. 민사소송법은 형식적 의의에서는 민사소송법이라고 불리는 법전을 가리키지만, 실질적 의의로는 민사소송제도를 규율하는 법규의 총체를 말한다. 실질적 의미의 민사소송법에는 민사소송을 처리하는 법원의 조직·권한, 소송에 관여하는 자의 능력·자격, 재판이나 강제집행을 하기 위한 요건·절차·효과 따위에 관한 일체의 법규가 포함된다.

13) 지방자치법 128조 제3항, 농촌근대화촉진법 45조·46조.

3. 경찰하명

경찰하명(Command of Police)이라 함은 경찰상의 목적을 달성하기 위하여 국민에 대하여 공익상 유해한 행위를 금지하거나 또는 필요한 행위를 명하는 처분을 말한다. 이러한 행위는 국가의 일반 통치권에 의거하여 경찰의 목적을 달성하기 위하여 국민에 대하여 특정한 작위 · 부작위 · 수인 · 급부 등의 의무를 명하는 행정행위를 뜻한다. 명령적 행위인 점에서 권리를 설정하고 변경 · 소멸하게 하는 형성적 행위[14]와 구별된다. 경찰하명의 형식에는 법규에 의하여 직접 하명하는 법규하명과 법규에 의거한 행정행위에 의하여 하명하는 경찰처분이 있다. 경찰처분은 법규하명과는 달라서 새로운 의무를 과할 수 없고 개별성 · 구체성을 특징으로 하며 재량처분과 집행처분으로 나누어진다. 경찰처분은 구두, 서면, 입찰, 벽보, 관보, 공고 등으로 의무자에게 고지함으로써 효력을 발생한다.

1) 하명의 종류

(1) 작위하명

경찰이 주로 장해방지라는 소극적인 성질로 인하여 장해방지를 위한 적극적 행위가 요구되는 일이 있다. 이러한 일정한 행위를 적극적으로 할 수 있도록 하는 경찰행정상의 명령을 의미한다.

(2) 부작위 하명

경찰목적을 위하여 일정한 부작위를 명하는 경찰하명으로 경찰금지라고도 한다. 경찰금지에는 절대적 금지와 상대적 금지, 일반적 금지와 개별적 금지, 무조건금지

14) 형성적 행위는 국민에 대하여 특정한 권리 · 권리능력 · 행위능력 또는 포괄적 법률관계 기타 법률상의 힘을 인정하거나 변경 · 소멸시키는 행정행위를 말하는 것으로 특허, 대리, 인가 등이 있다. 형성적 행위는 직접 상대방을 위해 권리 등을 설정(설권행위 또는 특허라고 함) 또는 박탈 · 변경하는 행위와 제3자의 법률적 행위를 보충(동의)하여 그 효력을 완성시키는 행위(보충행위 또는 인가라고 함) 및 제3자를 대신하여 하는 대리행위로 나누어진다. 특허는 특정인을 위해 새로운 법률상의 힘을 부여하는 행위를 말하고, 인가란 제3자의 법률적 행위를 보충하며 그의 법률상의 효과를 완성시키는 행위로서 보통행위라고도 한다. 대리행위란 제3자가 해야 할 일을 행정주체가 행함으로써 제3자가 행한 것과 같은 효과를 일으키는 행위를 말한다.

와 조건부금지 등이 있다. 미성년자의 음주·흡연·남녀혼숙 등의 금지와 같은 절대적 금지와 무면허 운전의 금지와 같은 상대적 금지가 있다.

(3) 수인하명

경찰상의 목적달성을 위하여 일반 국민에게 어떤 강제를 감수하라는 명령을 말한다. 경찰강제에 의하여 신체·재산 또는 가택에 실력을 가하는 경우에 국민이 이를 수인하고 저항해서는 안 된다는 의무를 말한다.

(4) 급부하명

경찰상의 목적을 위하여 금전 또는 물품을 납부하라는 명령을 말한다. 금전이나 물품의 급부의무는 극히 그 예가 드무나 경찰허가에 대한 수수료·집행벌로서의 과태료·경찰의무 이행의 담보로서의 보증금 공탁 등이 있다.

4. 경찰허가

1) 개 요

경찰허가(Permission of Police)라 함은 경찰 행정상의 목적을 위한 일반적 금지를 특정한 경우에 해제하여 적법하게 특정행위를 할 수 있게 하는 행정처분으로 경찰금지해제처분이라고 한다. 경찰허가는 이러한 법의 규정에 의거하여 구체적으로 특정한 국민의 신청에 대하여 허가권 있는 경찰 행정기관이 심사결과 사회적 장애를 발생할 염려가 없다고 인정하는 경우에 일반적 금지를 해제하고 적법하게 이를 행할 수 있는 자유를 회복시켜 주는 행위이다. 일반적 금지의 해제는 새로운 권리를 설정하는 행위가 아닌 점에서 특허와 다르다. 허가를 하여야 할 것인가의 여부는 경찰관청의 자유재량에 속하는 것이 아니며, 경찰상의 장해의 염려가 없는 한 허가를 반드시 하여야 한다.

2) 허가의 종류

경찰허가는 일반적 경찰금지를 전제로 하는 것이며, 대인적 허가, 대물적 허가, 혼합적 허가 등으로 나누어 볼 수 있다. 경찰허가는 운전면허와 같은 대인적 허가와 건축물 사용 허가와 같은 대물적 허가, 대인적·대물적 허가가 복합되어 있는 혼합적 허가로 나누어진다.

(1) 대인적 허가

대인적 허가는 법령에 의하여 사람자체에 부여되는 허가로서 운전면허와 같은 것을 말한다. 사람에게 부여되는 것이기 때문에 다른 사람에게는 이전이 금지된다. 그러므로 허가를 받은 당사자가 사망 또는 허가 취소행위가 발생함으로써 효력이 소멸된다.

(2) 대물적 허가

대물적 허가는 법령에 의하여 영업장의 소재지 또는 시설 등에 대하여 허가의 효력이 발생하는 것을 말한다. 건축물 사용의 허가와 같은 것을 말한다. 대물적 허가는 대인적 허가와는 달리 다른 사람에게 이전이 허용된다.

(3) 혼합적 허가

혼합적 허가는 법령에 의하여 사람과 장소와 시설물 등에 혼합되어 동시에 부여되는 허가를 말한다. 예를 들면 폐기물중간처리업 허가는 폐기물처리를 위한 시설 및 기술능력 등 객관적 요소를 주된 대상으로 하는 대물적 허가 내지는 대인적 요소가 강한 혼합적 허가라고 할 수 있다. 혼합적 허가의 경우에는 대인적 허가에 중점이 있는 한 그 이전성이 제한되나 대물적 허가에 중점이 있는 경우에는 이전성이 인정되는 것이다.

3) 경찰허가의 거부

경찰허가의 거부는 기속재량[15]에 속한다. 허가권에는 심사권이 포함되고 또한

---

15) 행정행위에 있어서 재량행위는 법기술적인 요청에 따라 기속재량과 자유재량으로 나누어지는데, 그 중 기속재량이란 무엇이 법인지를 판단하는 재량을 말하는 것으로 법규재량이고도 한다. 즉 법규가 일정한 행정행위의 전제에 대하여 일의적으로 규정하지 아니하고 법의의 판단과 해석의 여지를 남겼다고 하더라도 그것은 전혀 행정청의 자유로운 판단에 맡긴다는 뜻이 아니라 법규의 해석·적용에 관한 법률적 판단의 여지를 부여한 데 그치는 경우의 재량을 의미한다. 기속재량의 경우 행정청은 법의 구체적인 의미를 판단하는 것뿐이지 다수의 행위 중에서 선택할 수 있는 여지가 부여되어 있는 것은 아니므로 기속재량은 엄격한 의미에서는 재량권의 행사가 아니라 법 개념의 충족에 지나지 않으며, 따라서 기속재량은 기속행위인 성질의 것이라고 할 수 있다.

심사 후에 있어서의 허가 거부권을 포함한다. 그 심사의 기준은 법령에 구체적으로 명시되어 있는 경우도 있고, 법령에 구체적 규정을 두지 않음으로써 재량권을 인정한 경우도 있다. 전자의 경우는 심사의 결과 법정허가요건이 구비되어 있어서 기계적으로 허가를 하지 않으면 구속을 받는 기속행위로서의 허가지만, 후자의 경우의 허가는 재량처분이다. 경찰허가는 언제나 행정처분의 형식으로 행하여진다. 따라서 경찰허가에 부관[16]을 붙이는 것도 조리상 및 헌법 원칙상의 구속을 받는 것이므로 사회적 장애의 발생을 방지하기 위하여 필요한 것에 국한되고 불필요하거나 과중한 부관을 붙이는 것은 위법이다. 경찰허가의 부관에도 일반 행정행위의 부관과 마찬가지로 부담, 조건, 기한, 철회권의 유보, 법률효과의 일부배제 등이 포함되어 있다.

4) 경찰허가의 절차

경찰허가를 함에는 절차적 요건으로서 신청과 수수료, 조세 등의 납부를 요하며 형식적 요건으로 공적증명이 필요하다. 경찰허가는 허가 받은 자와 받지 않는 자를 구별하기 위하여 법령의 규정에 의하여 특정한 형식에 의한 공적증명을 허가의 효력 발생요건으로 할 때가 많다. 예컨대 면허증, 검사증, 감찰 등의 교부와 공부에의 등록 등이 있으며 이들은 허가의 의사표시의 공증[17]이라는 이중의 의미를 가진다.

이와 같이 경찰허가의 대부분은 요식행위[18]이다. 그러나 허가의 형식에 관하여 법령에 아무런 규정이 없을 때에는 행정행위의 일반원칙에 따라 불요식행위로서 서면은 물론 구술로도 상대편에게 허가고지를 하면 된다.

경찰허가의 효과는 경찰 행정상의 목적을 위한 일반적 금지를 해제하여 적법하게 그 허가된 행위를 할 수 있도록 자유를 회복시켜 주는데 있다. 따라서 경찰 허

16) 법률 행위에 따라 생기는 효과를 제한하기 위하여 법률 행위의 당사자가 덧붙이는 조건이나 기한 따위의 제한 등을 의미한다.

17) 법률상 공적 증거력(證據力)을 부여하기 위하여 국가 또는 공공단체가 직권으로 어떤 사실을 공적으로 증명하는 일을 의미한다. 문서작성의 권한이 있는 국가나 공동단체의 기관이 작성한 공증문서(公證文書)를 통하여 행해진다. 부동산등기, 선거인명부등록, 각종 증명서 발행 등이 이에 해당하며, 효과의사(效果意思)의 표시가 아니고 인식의 표시로써 공증된 부분은 증명력(證明力)을 발휘하지만, 반증(反證)에 의해 전복되는 것이 원칙이다.

18) 행정행위가 행하여지는 것이 법률행위의 요건으로 되어 있는 것을 말한다. 계약자유의 원칙이 인정되는 법제에 있어서는 그 원칙의 적용의 일면으로서 방식의 자유가 인정된다. 따라서 일반적으로 법률행위의 방식은 자유인 불요식행위가 원칙이다.

가는 일반적 금지의 해제이고 자연적 자유를 회복시켜 주는 것에 불과하며, 어떤 권리를 설정해 주는 것은 아니라는 점에서 형성권[19]적 행위인 특허와 구별된다. 허가의 대상인 행위를 허가받지 않고 하여도 법률행위로서는 유효하고 다만 경찰강제나 경찰벌의 대상이 될 뿐이다. 기한부 허가인 경우에 종기가 도래하였을 때에는 기한의 갱신을 신청할 수 있으며 경찰행정상 장해를 발생할 새로운 사정이 없는 한 갱신의 허가를 하여야 한다.

5. 경찰강제

1) 개 요

경찰강제(Enforcement of Police)라 함은 경찰상의 목적을 위하여 개인의 신체·재산 또는 가택에 실력을 행사하여 경찰상 필요한 상태를 실현하는 작용을 말한다. 실력에 의한 사실작용이라는 점에서 경찰하명이나 경찰허가와 같은 법률행위적 작용과 구별된다. 경찰강제는 전형적인 권력작용이기 때문에 법치국가에서는 엄격한 법적 근거를 요하고 그 수단이 제한되는 동시에 이에 대응하는 국민의 권리구제 제도가 완비될 것이 요청된다. 우리나라는 법률적 근거로 헌법에 의거한 일반법으로서 행정대집행법, 국세징수법, 경찰관직무집행법 등이 있다.

2) 경찰강제의 종류

(1) 강제집행

강제집행이라 함은 법규 또는 그에 의거한 행정처분으로 사인에게 명령한 행정의무가 이행되지 않는 경우에 행정주체가 실력을 발동하여 그 의무를 이행시키거나 이행된 것과 같은 상태를 실현하는 사실행위를 의미한다. 경찰상의 강제집행은 경찰의무의 불이행에 대하여 경찰권 자신이 강제적으로 의무를 이행시키거나 의무의 이행이 있었던 것과 동일한 상태를 실현하는 작용을 말한다. 경찰상의 강제집행에 관한 일반법으로 행정대집행법이 있고, 그 밖에 각 특별법에 규정이 있다. 예를

19) 형성권은 권리자의 일방적 의사표시에 따라 일정한 법률효과를 발생시키거나 소멸시키는 권리를 말한다.

들면 전염병예방법, 마약류관리에관한법률, 소방법, 수난구호법 등이 있다. 일반적으로 인정되고 있는 수단으로는 대집행과 행정상 강제징수가 있다.

① 대집행

대집행이라 함은 무허가 건물의 철거와 같이 남이 대신하여 이행할 수 있는 대체적 작위의무의 불이행이 있을 경우에 당해 행정청이 의무자를 대신하여 이행행위를 하거나 제3자로 하여금 행하게 한 뒤에 그 비용을 의무자로부터 징수하는 것을 말하는 것으로 첫째, 일정한 기한을 두고 문서로서 계고를 한다. 둘째, 대집행 영장에 의한 대집행 통지를 하여야 한다. 셋째, 대집행을 실시한다.

② 강제징수

강제징수라 함은 실질적 의미의 일반법이라 할 수 있는 국세징수법이 있으며, 강제 징수는 첫째, 납기경과 후 7일 이내에 독촉하고 가산금・중가산금 등에 의하여 징수한다. 둘째, 체납처분은 재산압류・매각・청산의 3단계 절차를 거친다. 체납처분의 결과 배분액이 체납액에 부족하거나 체납처분을 중지하거나 징수권이 5년의 시효로 소멸하거나 기타 징수가망이 없다고 인정되는 때에는 결손처분을 하게 되고 이로써 납세의무는 소멸한다. 행정상 강제징수절차에 대하여도 행정상 쟁송의 제기가 가능하다.

(2) 즉시강제

즉시강제라 함은 미리 행정의무가 부과되어 있지 않더라도 위급한 위해를 예방 또는 제거하여야 할 급박한 사정이 있을 때 행정주체가 직접 사인의 신체 또는 재산에 실력을 가하여 행정상 필요한 상태를 실현하는 사실행위를 의미한다. 즉시강제에 관한 일반법으로는 경찰관직무집행법이 있다. 경찰상의 즉시강제는 목전에 급박한 경찰상의 장애를 제거하기 위하여 의무를 명할 시간적 여유가 없는 경우에 직접 국민의 신체・재산・가택 등에 실력을 행사함으로써 경찰상 필요한 상태를 실현하는 작용이다. 즉시강제는 경찰의무의 존재와 그 불이행을 전제로 하지 않고 즉시 실력을 발동한다는 점에서 강제집행과 구별된다.

① 대인적 강제

대인적 즉시강제의 대표적인 것으로 강제격리, 강제건강진단, 교통차단, 강제수용, 불심검문, 보호조치, 무기사용 등이 있다.

② 대물적 강제

대물적 즉시강제의 대표적인 것에는 영치, 압수, 가영치, 위험발생방지조치 등이 있다.

③ 대가택 강제

대가택 즉시강제의 대표적인 것에는 출입, 검사, 수색 등이 있다.

(4) 즉시강제의 구제

즉시강제는 법적 안정성과 예측 가능성을 이념으로 하는 법치국가에 있어서는 행정상 강제집행보다도 더욱 예외적인 법적근거가 있어야 한다. 법률의 범위 내에서도 보안목적의 원리, 보충성의 원리, 비례의 원칙 등 조리상의 한계가 적용된다. 따라서 즉시 강제권의 발동은 그것이 형사목적을 겸하고 있거나 개인의 법익에 대한 중대한 침해일 경우에는 영장을 필요로 할 것인가에 대하여는 논란이 있으며, 즉시강제에 대한 구제제도가 있다.

① 적법한 강제

적법한 강제의 경우에도 법률은 특별한 손실에 대해서는 이에 상응한 보상을 하도록 규정되어 있으며, 피해자는 손실보상청구를 할 수 있다.

② 위법한 강제

위법한 강제의 경우에는 행정상 쟁송, 국가배상, 정당방위 등을 생각할 수 있으며 피해를 입은 국민은 손해배상청구를 할 수 있다. 그러나 즉시 강제권의 성질상 단시간에 행위가 종료되어 회복할 수 없는 손해가 발생해 버리는 경우가 있으므로 처분청이나 감독청에 즉시강제권 발동의 중지를 촉구하는 것이 더 효과적일 수 있다.

제3장 경찰관계 법규

1. 경찰법

1) 개 요

경찰법(Law of Police)이라 함은 경찰에 관한 법규로서 형식적 의미로는 법 명칭에 경찰관계 법규임이 나타나 있는 법규를 의미한다. 예를 들면, 경찰공무원법·경찰관직무집행법·경찰서직제·청원경찰법 등을 뜻하고 실질적 의미에서는 법 명칭에 관계없이 사회공공의 안녕질서에 관한 국가행정의 조직 및 작용을 의미하는 규정을 말한다. 우리나라의 경찰법은 1991년 5월 31일 법률 제4369호로 제정되었으며, 전문 6장 24조와 부칙으로 구성되어 있다. 경찰법은 경찰행정의 이념을 규정하고 경찰조직의 형태는 행정안전부의 외청으로 경찰청을 두도록 함으로써 형식상으로는 행정안전부장관의 보조기관이 아닌 독립적인 관청형태를 취하고 있다.

2) 목 적

경찰법은 경찰의 민주적인 관리·운영과 효율적인 임무수행을 위하여 경찰의 기본조직 및 직무범위 기타 필요한 사항을 규정함을 목적으로 한다.

3) 내 용

(1) 내용의 범위

경찰법의 내용은 총칙, 경찰위원회, 경찰청, 지방경찰, 경찰공무원 등으로 나누어 규정하고 있다.

(2) 경찰의 임무

경찰의 임무로서 국민의 생명·신체 및 재산의 보호와 범죄의 예방과 진압 및 수사와 교통의 단속 기타 공공의 안녕과 질서유지를 사명으로 하고 있으며,[20] 경찰관이 이러한 임무를 수행함에 있어서 국민 전체의 봉사자로서 국민의 자유와 권리

를 최대한으로 존중하여야 하며, 그 권한을 남용하여서는 아니 된다.[21]

(3) 경찰법의 구분

형식적 의미의 경찰법에 실질적 의미의 경찰법이 모두 포함하는 것은 아니며, 형식적 의미의 경찰법에 규정되어 있어도 모두 실질적 의미의 경찰법은 아니며, 공법으로서의 행정법에 속하며 경찰조직법과 경찰작용법으로 나누어 구분하고 있다.

(4) 경찰의 직위

경찰청장은 치안총감으로 보하고 경찰위원회의 동의를 얻어 행정안전부장관의 제청과 국무총리를 경유 대통령이 임명토록 하고 그 하부조직으로 직위에 상응하는 계급은 대통령령으로 정하도록 하였다.

(5) 경찰위원회

행정안전부에는 경찰위원회를 설치 행정안전부장관이 제청하고 국무총리를 경유 대통령이 임명한 7인의 위원으로 위원회를 구성하고 경찰청장의 임명동의안 등 경찰의 인사, 예산, 장비, 통신 등에 관한 주요 정책 및 인권보호, 경찰업무 개선에 관한 정책 등을 의결하는 것을 주요권한으로 하고 있다.

(6) 경찰의 지방조직

지방조직의 경우에는 시・도지사 소속하에 지방경찰청을 설치하되 지방경찰청장은 경찰청장의 지휘감독을 받아 소관 사무를 관장하도록 하였다. 그리고 지역특성에 맞는 치안행정이 수행될 수 있도록 시・도지사 소속하에 치안행정협의회를 설치하여 시・도의 종합행정과 유기적인 협조체제를 유지하도록 하고 있다.

(7) 경찰서

지방경찰청장 소속하에 경찰서를 설치하고 지방경찰청장의 지휘・감독 하에 관할구역에 대한 치안업무를 수행하도록 하였다.

---

20) 경찰법 제3조.
21) 경찰법 제4조.

(8) 계선조직

행정안전부장관, 경찰청장, 지방경찰청장, 경찰서장으로 이어지는 계선적 조직 체계를 확립하되 행정안전부장관은 정치적 책임에 상응하는 지휘권만 행사하고 경찰청장에게 일선 서장의 전보권, 경정 이하의 임용권 등의 인사권 행사, 치안시책의 입안과 시행 및 인력, 예산, 장비 등의 경찰력 운용과 관련하여 독자적인 업무수행을 할 수 있도록 하였다.

2. 경찰공무원법

1) 개 요

경찰공무원법(Law of Police Officer)이라 함은 경찰공무원의 임용·인사·보수·교육훈련·복무·신분보장·징계·사기관리 및 상훈과 직제 기타 경찰관에 관한 기본사항을 규정한 법을 의미한다. 경찰공무원은 일반공무원과는 다른 특수성이 있는 점을 감안하여 일반공무원법과 달리 특별법으로 규율하기 위하여 제정한 것이다.

동 법은 1969년 법률 제2077호로 제정하였으며, 1994년 12월 22일 법률 제4798호 개정하였으며, 31조와 부칙으로 구성되어 있다. 총칙을 비롯하여 경찰관인사위원회, 임용과 시험, 보수, 능률, 복무, 신분보장, 징계, 보직, 벌칙 등이 있다.

2) 목 적

경찰공무원법은 경찰공무원의 책임 및 직무의 중요성과 신분 및 근무조건의 특수성에 비추어 그 임용, 교육훈련, 복무, 신분보장 등에 관하여 국가공무원법에 대한 특례를 규정함을 목적으로 하고 있다.

3) 직급과 임용

경찰공무원의 계급구분은 순경에서 치안총감까지 순경, 경장, 경사, 경위, 경감, 경정, 총경, 경무관, 치안감, 치안정감, 치안총감 등의 순으로 11개 계급으로 구분되어 있다. 그리고 경찰공무원의 인사에 관한 중요사항에 관하여 경찰청장의 자문에 응하기 위하여 경찰청에 경찰공무원인사위원회를 두고 운영하고 있다. 총경 이상의 경찰공무원은 경찰청장의 추천에 의하여 행정안전부장관의 제청으로 국무총리를 거쳐 대통령이 임용하도록 임용권자를 규정하고 있다. 경찰공무원은 신체 및 사상이 건전하고 품행이 방정한 자 중에서 임용하도록 하였다.

4) 임용의 자격

동법은 임용자격 및 결격사유를 규정하였으며, 경정 및 순경의 신규채용은 공개경쟁 시험에 의하고, 경위의 신규채용은 경찰대학을 졸업한 자 및 대통령령이 정하는 자격을 갖추고 공개경쟁 시험에 의하여 선발된 자로서 교육훈련을 마치고 소정의 시험에 합격한 자 중에서 임용한다.

5) 승 진

경찰공무원의 승진은 바로 하위계급에 있는 경찰공무원 중에서 근무성적, 경력평정, 기타 능력의 실증에 의하고 총경 이상 계급의 승진은 승진심사에 의한다. 다만 경정이하 계급에의 승진에 있어서는 대통령령이 정하는 비율에 따라 시험승진과 심사승진을 50:50의 비율로 병행할 수 있도록 하고 있다.

6) 국가유공자 예우

경찰공무원으로서 전투 기타 직무수행 또는 교육훈련 중 사망한 자(공무상 질병으로 사망한 자를 포함) 및 상이(공무상 질병을 포함)를 입고 퇴직한 자와 그 유족 또는 가족은 국가유공자 예우 등에 관한 법률이 정하는 바에 의하여 예우를 받는다는 보훈에 관한 규정이 있다.

7) 균등한 교육훈련

모든 경찰공무원은 균등한 교육훈련을 받을 수 있도록 기회를 부여하고 있다. 임용당시의 기본교육과 직무전문교육, 승진에 따른 보수교육 등을 균등하게 교육을 받을 수 있도록 하고 있다.

8) 의무와 권리

직무에 관하여 성실의무, 복종의무, 청렴의무, 비밀엄수의무, 허위보고금지의 의무 등과 제복착용과 무기휴대 등의 권리가 규정되어 있다.

9) 정 년

경찰공무원의 정년은 과거에는 경정이상은 60세, 경감이하는 57세로 하고 있었으나 2008년 국회에서 공무원의 정년을 계급에 관계없이 60세로 통일하도록 의결하였다.

10) 고충심사위원회

경찰공무원의 인사상담 및 고충을 심사하기 위하여 경찰공무원고충심사위원회를 두고 경찰공무원고충심사위원회의 심사를 거친 재심사 청구와 경정이상의 고충심사는 국가공무원법에 의하여 설치된 중앙고충심사위원회에서 심사하고 있다.

11) 징계위원회

경무관이상의 경찰공무원의 징계의 의결은 국가공무원법에 의하여 국무총리 소속하에 설치된 징계위원회에서 행하도록 하고 국가공무원법과의 관계에 있어서 경찰공무원에 대하여는 국가공무원법 제73조의 3(강임)[22], 동법 제76조 제2항(심사청구와 후보자보충발령)[23] 내지 제5항의 규정을 적용하지 아니하며 치안총감 및

---

22) 국가공무원법 제73조의 3 (강임) ① 임용권자는 직제 또는 정원의 변경이나 예산의 감소 등으로 인하여 직위가 폐직되거나 강등되어 과원이 된 때 또는 본인이 동의한 경우에는 소속공무원을 강임 할 수 있다. ② 제1항의 규정에 의하여 강임된 공무원은 상위 직급에 결원이 생긴 때에는 제40조. 제40조의 2. 제40조의 4 및 제41조의 규정에 불구하고 우선 임용된다. 다만, 본인의 동의에 의하여 강임된 공무원은 본인의 경력과 당해기관의 인력사정 등을 고려하여 우선 임용될 수 있다.

23) 국가공무원법 제76조 (심사청구와 후임자보충발령) ② 본인의 의사에 반하여 파면 또는 해임이나 제70조 제1항 제5호의 규정에 의한 면직처분을 하였을 때에는 그 처분을 한 날부터 40日 이내에는 후임자의 보충발령을 하지 못한다. 다만, 인력 관리상 후임자를 보충하여야 할 불가피한 사유가 있는 경우에는 국회 사무총장. 법원행정처장. 헌법재판소사무처장. 중앙선거관리위원 사무총장 또는 총무처장관의 협의를 거쳐 후임자의 보충발령을 할 수 있다. ⑤ 이 법의 적용을 받는 자와 다른 법률의 적용을 받는 자가 서로 관련되는 고충의 심사청구에

치안정감에 대하여는 국가공무원법 제68조(의사에 반한 신분조치)[24]본문을 적용하지 아니한다.

12) 위법행위의 처벌

경찰공무원으로서 전시, 사변 기타 이에 준하는 비상사태 하에 있거나 작전수행 중인 경우에 제18조 제2항(허위보고금지)[25] 또는 제19조(지휘권남용금지)[26], 국가공무원법 제58조 제1항(직장이탈금지)[27]의 규정에 위반한 자는 3년 이상의 징역이나 금고에 처하며,[28] 제18조 제1항, 국가공무원법 제57조(복종의무)[29]의 규정에 위반한 자는 7년 이하의 징역이나 금고에 처하고 집단살상의 위급사태가 발생한 경우에 제18조 또는 제19조, 국가공무원법 제57조 및 동법 58조 제1항의 규정에 위반한 자는 7년 이하의 징역이나 금고에 처하도록 규정하고 있다.

경찰공무원으로서 국가공무원법 제44조(시험 또는 임용의 방해행위금지)[30]또는 동법 제45조(인사에 관한 부정행위금지)[31]의 규정에 위반한 자는 1년 이하의 징역 또는 100만원 이하의 벌금에, 국가공무원법 제65조(정치행위의 금지)[32]또는 동법

대하여는 국회규칙. 대법원규칙. 헌법재판소규칙. 중앙선거관리위원회규칙 또는 대통령령이 정하는 바에 따라 이 법의 규정에 의하여 설치된 고충심사위원회가 이를 심사할 수 있다.

24) 국가공무원법 제68조 (의사에 반한 신분조치) 공무원은 형의 선고·징계처분 또는 이 법에 정하는 사유에 의하지 아니하고는 그 의사에 반하여 휴직·강임 또는 면직을 당하지 아니한다. 다만, 1급 공무원은 그러하지 아니하다.

25) 경찰공무원법 제18조 (허위보고 등의 금지) ① 경찰공무원은 직무에 관하여 허위의 보고나 통보를 하여서는 아니 된다. ② 경찰공무원은 직무를 태만히 하거나 유기하여서는 아니 된다.

26) 경찰공무원법 제19조 (지휘권남용 등의 금지) 전시, 사변, 기타 이에 준하는 비상사태에 처하거나, 작전수행 중인 경우 또는 많은 인명 손상이나 국가재산 손실의 우려가 있는 위급한 사태가 발생한 경우에 경찰 공무원을 지휘, 감독하는 者는 정당한 사유 없이 그 직무수행을 거부 또는 유기 하거나 경찰 공무원을 지정된 근무지에서 진출, 퇴각 또는 이탈하게 하여서는 아니 된다.

27) 국가공무원법 제58조 (직장이탈금지) ① 공무원은 소속 상관의 허가 또는 정당한 사유 없이 직장을 이탈하지 못한다.

28) 경찰공무원법 제31조.

29) 국가공무원법 제57조 (복종의 의무) 공무원은 직무를 수행함에 있어서 소속 상관의 직무상의 명령에 복종하여야 한다.

30) 국가공무원법 제44조 (시험 또는 임용의 방해 행위의 금지) 누구든지 시험 또는 임용에 관하여 고의로 이를 방해하거나 부당한 영향을 주는 행위를 하여서는 아니 된다.

31) 국가공무원법 제45조 (인사에 관한 부정행위의 금지) 누구든지 채용시험 또는 승진이나 임용 기타 인사기록에 관하여 허위 또는 부정의 진술, 기재, 증명, 채점 또는 보고를 하여서는 아니 된다.

32) 국가공무원법 제65조 (정치운동의 금지) ① 공무원은 정당 기타 정치단체의 결성에 관여하거

제66조(경찰관직무집행법위반)[33]의 규정에 위반한 자는 2년 이하의 징역 또는 200 만원 이하의 벌금에 처하도록 규정하여 경찰공무원법 및 국가공무원법을 위반한 자에 대하여는 이에 상응한 제재를 가하도록 규정하고 있다.

3. 경찰관직무집행법

1) 개 요

경찰관직무집행법(Execution Law of Police Duties)이라 함은 경찰관이 직무를 집행하는 데에 필요한 최소한도의 조치나 구체적 수단을 규정한 법률을 말한다. 동법은 1981년 법률 제3427호로 제정하였으며, 2006년 2월 21일 법7849호로 개정된 것으로 총13조로 구성되어 있다. 경찰관의 직무집행에서 취할 수 있는 필요한 조치나 구체적 수단에 관한 법적 근거와 한계를 명시한 동시에 일반적인 행정상의 즉시강제[34]의 일반법으로서의 성격도 가지고 있다.

2) 목 적

경찰관직무집행법은 국민의 자유와 권리의 보호 및 사회공공의 질서유지를 위한 경찰관의 직무수행에 필요한 사항을 규정함을 목적으로 한다. 그러나 경찰관의 직권은 그 직무수행에 필요한 최소한도 내에서 행사되어야 하며 이를 남용하여서는 아니 된다.[35]

나 이에 가입할 수 없다. ② 공무원은 선거에 있어서 특정 정당 또는 특정인의 지지나 반대를 하기 위한 행위를 하여서는 안 된다.

33) 국가공무원법 제66조 (집단행위의 금지) ① 공무원은 노동운동 기타 공무 이외의 일을 위한 집단적 행위를 하여서는 아니 된다. 다만, 사실상 노무에 종사하는 공무원은 예외로 한다. ② 제1항 단서의 사실상 노무에 종사하는 공무원의 범위는 국회규칙. 대법원규칙. 헌법재판소규칙. 중앙선거관리위원회규칙 또는 대통령령으로 정한다. ③ 제1항 단서에 규정된 공무원으로서 노동조합에 가입된 자가 조합업무에 전임하고자 하는 경우에는 소속 장관의 허가를 얻어야 한다. ④ 제3항의 규정에 의한 허가에는 필요한 조건을 붙을 수 있다.

34) 행정권이 가지는 강제 수단의 하나. 국민에게 의무를 명할 겨를이 없거나 의무 부과로 목적을 이루기 어려운 때에, 행정 주체는 국민의 신체·재산·가택 따위에 대하여 사전에 의무 이행을 명하지 않고 직접 실력을 가하여 필요한 상태를 실현할 수 있다. 경찰관의 보호 조치, 전염병 환자의 강제 입원 따위가 있다.

35) 경찰관직무집행법 제1조.

3) 내 용

(1) 직무의 범위

경찰관은 범죄의 예방, 진압 및 수사, 경비, 요인경호 및 대간첩작전수행, 치안정보의 수집·작성 및 배포, 교통의 단속과 위해의 방지, 기타 공공의 안녕과 질서유지를 직무의 범위로 하고 있다.[36)]

(2) 불심검문(제3조)

① 경찰관은 수상한 거동 기타 주위의 사정을 합리적으로 판단하여 어떠한 죄를 범하였거나 범하려 하고 있다고 의심할 만한 상당한 이유가 있는 자 또는 이미 행하여진 범죄나 행하여지려고 하는 범죄행위에 관하여 그 사실을 안다고 인정되는 자를 정지시켜 질문할 수 있다.

② 그 장소에서 질문하는 것이 당해인에게 불리하거나 교통의 방해가 된다고 인정되는 때에는 질문하기 위하여 부근의 경찰서·지구대·파출소·출장소 등에 동행할 것을 요구할 수 있다.

③ 경찰관은 질문할 때에 흉기의 소지여부를 조사할 수 있다.

④ 질문하거나 동행을 요구할 경우 경찰관은 당해인에게 자신의 신분을 표시하는 증표를 제시하면서 소속과 성명을 밝히고 그 목적과 이유를 설명하여야 하며, 동행의 경우에는 동행 장소를 밝혀야 한다.

⑤ 동행을 한 경우 경찰관은 당해인의 가족 또는 친지 등에게 동행한 경찰관의 신분, 동행장소, 동행목적과 이유를 고지하거나 본인으로 하여금 즉시 연락할 수 있는 기회를 부여하여야 하며 변호인의 조력을 받을 권리가 있음을 고지하여야 한다.

⑥ 동행을 한 경우 경찰관은 당해인을 6시간을 초과하여 경찰관서에 머물게 할 수 없다.

⑦ 당해인은 형사소송에 관한 법률에 의하지 아니하고는 신체를 구속당하지 아니하며 그 의사에 반하여 답변을 강요당하지 아니한다.

---

36) 경찰관직무집행법 제2조.

(3) 보호조치 등(제4조)

① 경찰관은 수상한 거동 기타 주위의 사정을 합리적으로 판단하여 다음 각호의 1에 해당함이 명백하여 응급의 구호를 요한다고 믿을 만한 상당한 이유가 있는 자를 발견한 때에는 보건의료기관 또는 공공구호기관에 응급구호를 요청하거나 경찰관서에 보호하는 등 적당한 조치를 할 수 있다.
첫째, 정신착란 또는 주취의 상태로 인하여 자기 또는 타인의 생명·신체와 재산에 위해를 미칠 우려가 있는 자와 자살을 기도하는 자
둘째, 미아·병자·부상자 등으로서 적당한 보호자가 없으며 응급의 구호를 요한다고 인정되는 자(다만, 당해인이 이를 거절하는 경우에는 예외로 한다)
② 응급구호 요청을 받은 보건의료기관이나 공공구호기관은 정당한 이유 없이 긴급구호를 거절할 수 없다.
③ 피구호자가 휴대하고 있는 무기·흉기 등 위험을 야기할 수 있는 것으로 인정되는 물건은 경찰관서에 임시 영치할 수 있다.
④ 경찰관이 보호조치를 취한 때에는 지체 없이 이를 피구호자의 가족·친지 기타의 연고자에게 그 사실을 통지하여야 하며, 연고자가 발견되지 아니할 때에는 피보호자를 적당한 공중보건의료기관이나 공공구호기관에 즉시 인계하여야 한다.
⑤ 경찰관은 피구호자를 공중보건의료기관 또는 공공구호기관에 인계한 때에는 즉시 그 사실을 소속 경찰서장 또는 지방해양경찰관서의 장에게 보고하여야 한다.
⑥ 보고를 받은 소속 경찰서장 또는 지방해양경찰관서의 장은 대통령령이 정하는 바에 의하여 피구호자를 인계한 사실을 지체 없이 당해 공중보건기관·공공구호기관의 장 및 그 감독행정청에 통보하여야 한다.
⑦ 경찰관서에서의 보호는 24시간, 임시영치는 10일을 초과할 수 없다.

(4) 위험발생의 방지(제5조)

경찰관은 인명 또는 신체에 위해를 미치거나 재산에 중대한 손해를 끼칠 우려가 있는 천재, 사변, 공작물의 손괴, 교통사고, 위험물의 폭발, 광견, 분마류 등의 출현, 극단한 혼잡 기타 위험한 사태가 있을 때에는 다음의 조치를 할 수 있다.

① 그 장소에 집합한 자, 사물의 관리자 기타 관계인에게 필요한 경고를 발하는 것
② 특히 긴급을 요할 때에는 위해를 받을 우려가 있는 자를 필요한 한도 내에서

억류하거나 피난시키는 것

③ 그 장소에 있는 자, 사물의 관리자 기타 관계인에게 위해방지상 필요하다고 인정되는 조치를 하게 하거나 스스로 그 조치를 하는 것

이상과 같이 경찰관서장은 대간첩작전수행 또는 소요사태의 진압을 위하여 필요하다고 인정되는 상당한 이유가 있을 때에는 대간첩작전지역·경찰관서·무기고 등 국가중요시설에 대한 접근 또는 통행을 제한하거나 금지할 수 있다. 경찰관이 이러한 조치를 취했을 때에는 지체 없이 이를 소속경찰관서의 장에게 보고하여야 한다. 보고를 받은 경찰관서의 장은 관계기관의 협조를 구하는 등 적당한 조치를 하여야 한다.

(5) 범죄의 예방과 제지(제6조)

경찰관은 범죄행위가 목전에 행하여지려고 하고 있다고 인정될 때에는 이를 예방하기 위하여 관계인에게 필요한 경고를 발하고 그 행위로 인하여 생명·신체에 위해를 미치거나 재산에 중대한 손해를 끼칠 우려가 있어 긴급을 요하는 경우에는 그 행위를 제지할 수 있다.

(6) 위험방지를 위한 출입(제7조)

① 경찰관은 위험한 사태가 발생하여 인명·신체 또는 재산에 대한 위해가 절박한 때에 그 위해를 방지하거나 피해자를 구조하기 위하여 부득이 하다고 인정할 때에는 합리적으로 판단하여 필요한 한도 내에서 타인의 토지·건물 또는 선차 내에 출입할 수 있다.

② 유흥장·여관·음식점·역 기타 다수인이 출입하는 장소의 관리자 또는 이에 준하는 관계인은 그 영업 또는 공개시간 내에 경찰관이 범죄의 예방 또는 인명·신체와 재산에 대한 위해예방을 목적으로 그 장소에 출입할 것을 요구한 때에는 정당한 이유 없이 이를 거절할 수 없다.

③ 경찰관은 대간첩작전수행에 필요한 때에는 작전지역 안에 있어서의 일정한 장소에 대한 수색을 할 수 있다.

④ 경찰관이 필요한 장소에 출입할 때에는 그 신분을 표시하는 증표를 제시하여야 하며 함부로 관계인의 정당한 업무를 방해하여서는 아니 된다.

(7) 사실의 확인 등(제8조)

① 경찰관서의 장은 직무수행에 필요하다고 인정되는 상당한 이유가 있을 때에는 국가기관 또는 공사단체 등에 대하여 직무수행에 관련된 사실을 조회할 수 있다. 다만, 긴급을 요할 때에는 소속경찰관으로 하여금 장소에 출현하여 당해 기관 또는 단체의 장의 협조를 얻어 그 사실을 확인하게 할 수 있다.

② 경찰관은 미아를 인수할 보호자의 여부, 유실물을 인수할 권리자의 여부 또는 사고로 인한 사상자를 확인하기 위하거나 행정처분을 위한 교통사고조사상의 사실을 확인하기 위하여 필요한 때에는 관계인에게 출석을 요하는 사유·일시 및 장소를 명확히 한 출석요구서에 의하여 경찰관서에 출석할 것을 요구할 수 있다.

(8) 유치장(제9조)

경찰서 및 지방해양경찰관서에 법률이 정한 절차에 따라 구속되거나 신체의 자유를 제한하는 판결 또는 처분을 받은 자를 수용하기 위하여 유치장을 둔다.

(9) 경찰장비의 사용 등(제10조의 1)

① 경찰관은 직무수행 중 경찰장비를 사용할 수 있다. 다만, 인명 또는 신체에 위해를 가할 수 있는 경찰장비에 대하여는 필요한 안전교육과 안전검사를 실시하여야 한다.

② 경찰장비라 함은 무기, 경찰장구, 최루제 및 그 발사장치, 감식기구, 해안 감시기구, 통신기기, 차량, 선박, 항공기 등 경찰의 직무수행을 휘하여 필요한 장치와 기구를 말한다.

③ 경찰장비를 임의로 개조하거나 임의의 장비를 부착하여 통상의 용법과 달리 사용함으로써 타인의 생명·신체에 위해를 주어서는 아니 된다.

④ 경찰장비의 종류 및 그 사용기준, 안전교육, 안전검사의 기준 등에 대하여는 대통령령으로 정한다.

(10) 경찰장구의 사용(제10조의 2)

① 경찰관은 현행범인의 경우와 사형·무기 또는 장기 3년 이상의 징역이나 금고에 해당하는 죄를 범한 범인의 체포·도주의 방지, 자기 또는 타인의 생명

· 신체에 대한 방호, 공무집행에 대한 항거의 억제를 위하여 필요하다고 인정되는 상당한 이유가 있을 때에는 그 사태를 합리적으로 판단하여 필요한 한도 내에서 경찰장구를 사용할 수 있다.

② 경찰장구라 함은 경찰관이 휴대하여 범인의 검거와 범죄진압 등 직무수행에 사용하는 수갑, 포승, 경찰봉, 방패 등을 말한다.

⑾ 분사기 등의 사용(제10조의 3)

경찰관은 범인의 체포, 도주의 방지 또는 불법집회, 시위 등으로 인하여 자기 또는 타인의 생명, 신체와 재산 및 공공시설안전에 대한 현저한 위해의 발생을 억제하기 위하여 부득이한 경우 현장책임자의 판단으로 필요한 최소한의 범위 안에서 분사기 또는 최루탄을 사용할 수 있다. 분사기는 총포·도검·화약류 등 단속법의 규정에 의한 분사기와 최루 등의 작용제를 말한다.

⑿ 무기의 사용(제10조의 4)

경찰관은 범인의 체포와 도주의 방지, 자기 또는 타인의 생명과 신체에 대한 방호, 공무집행에 대한 항거의 억제를 위하여 필요하다고 인정되는 상당한 이유가 있을 때에는 그 사태를 합리적으로 판단하여 필요한 한도 내에서 무기를 사용할 수 있다. 다만, 형법에 규정한 정당방위와 긴급피난에 해당하는 때 또는 다음 각호의 1에 해당하는 때를 제외하고는 사람에게 위해를 주어서는 아니 된다. 여기서 무기라 함은 인명 또는 신체에 위해를 가할 수 있도록 제작된 권총·소총·도검 등을 발한다. 그리고 대간첩·대테러작전 등 국가안전에 관련되는 작전을 수행할 때에는 개인화기 외에 공용화기를 사용할 수 있다.

첫째, 사형·무기 또는 장기 3년 이상의 징역이나 금고에 해당하는 죄를 범하거나 범하였다고 의심할만한 충분한 이유가 있는 자가 경찰관의 직무집행에 대하여 항거하거나 도주하려고 할 때 또는 제3자가 그를 도주시키려고 경찰관에게 항거할 때에 이를 방지 또는 체포하기 위하여 무기를 사용하지 아니하고는 다른 수단이 없다고 인정되는 상당한 이유가 있을 때

둘째, 체포·구속영장과 압수·수색영장을 집행할 때에 본인이 경찰관의 직무집행에 대하여 항거하거나 도주하려고 할 때 또는 제3자가 그를 도주시키려고 경찰관에게 항거할 때 이를 방지 또는 체포하기 위하여 무기를 사용하지 아니하고는 다

른 수단이 없다고 인정되는 상당한 이유가 있을 때

셋째, 범인 또는 소요행위자가 무기·흉기 등 위험한 물건을 소지하고 경찰관으로부터 3회 이상의 투기명령 또는 투항명령을 받고도 이에 불응하면서 계속 항거하여 이를 방지 또는 체포하기 위하여 무기를 사용하지 아니하고는 다른 수단이 없다고 인정되는 상당한 이유가 있을 때

넷째, 대간첩작전수행에 있어 무장간첩이 경찰관의 투항명령을 받고도 이에 불응하는 경우

⒀ 사용등록의 보관(제11조)

분사기나 최루탄 또는 무기를 사용하는 경우 그 책임자는 사용일시·사용장소·사용대상·현장책임자·종류·수량 등을 기록하여 보관하여야 한다.

⒁ 벌칙(제12조)

경찰관의 의무에 위반하거나 직권을 남용하여 다른 사람에게 해를 끼친 자는 1년 이하의 징역이나 금고에 처한다.

4. 경범죄처벌법

1) 목 적

경범죄처벌법(Punishment Law of Minor Offense)은 국민의 주변 일상생활에서 일어나는 공공질서 위반행위를 단속하여 명랑한 사회분위기를 조성하기 위한 목적에서 제정한 것이다. 본 법은 사회의 안녕과 질서 유지를 위반 규제적 차원에서 제정되었으며, 묵과할 수 없는 사회질서 위해의 위험요인을 제거하는데 그 중요성을 인정하고 있다.

2) 역사적 배경

본 법은 일제하의 경찰범처벌규칙을 기본으로 하여 1963년 7월 22일 1차 개정을 시작으로 1973년 2월 8일 법률 제2505호로 제2차 개정하였으며, 다시 1980년 12월 31일 법률 제3329호로 제3차 개정하였다. 1983년 12월 30일 법률 제3680호로

국민의 이해를 돕기 위해서 쉬운 우리말로 개정하였으며, 1988년 12월 31일 법률 제40414호로 애매모호한 규정의 악용소지를 없애기 위하여 제1조의 3호 떠돌이, 제44호 유언비어날조유포, 제45호 장발 및 저속의상 등의 처벌 조항을 삭제하고 통고처분의 대상 범칙행위를 11개항에서 21개항으로 확대하였다. 1994년 12월 22일 법률 제4799호와 1996년 8월 8일 법률 제5153호로 통고처분 불복 행위자에게 즉결심판을 받도록 하는 등의 개정이 있었다.

3) 경범죄처벌법의 특징

(1) 범죄로 취급되는 구류와 과료를 규정하고 있기 때문에 형벌과 같다. 내용, 성질, 기능 등이 형법과 같은 형식으로 형벌적 판단을 하는 법규범으로써 형법의 영역에 해당하는 규정이다.

(2) 자유보장적 기능, 법익보호적 기능, 사회보장적 기능을 포함한다. 형법과 같은 맥락에서 제정되었기 때문에 기능면에서 판단할 때 형법의 기능과 같은 역할을 보장하고 있다.

(3) 형법의 보충법으로 경미한 사회풍속적 위험을 제거하는 일반법이다. 경미한 사안을 형법으로 규정할 경우 국민의 인권과 권리를 손상할 우려가 많기 때문에 선량한 미풍양속을 보호하고 국민 기초질서를 유지하기 위한 형법의 보충법적인 일반법이다.

(4) 범칙자를 1일 이상 30일 미만 노역장에 유치할 수 있다. 법을 위반하였을 경우 이에 대한 처벌로서 과료를 과할 경우 이에 불복하는 자에게는 일정한 기간 노역장에서 유치하여 노무케 한다.

(5) 벌금・과료를 선고시 미납의 경우 노역장 유치기간을 동시 선고한다. 즉결심판에 의하여 벌금 또는 과료를 과할 때 이를 납입하지 않을 경우에 대비하여 1일의 노역비를 환산하여 동시에 유치기간을 선고할 수 있다.

(6) 범칙자 이외의 주의・감독의 의무에 위반한 자도 처벌한다. 형법의 행위책임의 원칙이 적용되지 않기 때문에 법규위반 행위를 하지 않은 단순한 주의나 감독의 의무를 위반한 자도 처벌의 대상이 된다.

(7) 범칙자의 정상을 참작하여 면제 또는 규류와 과료를 병과 할 수 있다. 법을 위반한 자를 벌함에 있어서 동인의 사정과 형편을 헤아려서 그 형을 면제하

거나 또는 구류와 과료를 함께 과할 수 있다.

(8) 경범죄를 범하도록 교사 또는 방조한 자도 행위자와 동일하게 처벌한다. 죄를 범하도록 시키거나 도와준 사람은 죄를 범한 사람에 준하여 처벌하도록 하고 있기 때문에 형법의 교사범에 해당하는 것으로 판단한다.

4) 경범죄의 종류

다음 각호의 1에 해당하는 사람은 10만원 이하의 벌금, 구류 또는 과료의 형으로 벌한다.[37]

(1) 빈집 등에의 잠복(제1호)

다른 사람이 살고 있지 아니하는 또한 지키지 아니하는 집 또는 그 울타리 안이나 건조물・배・자동차 안에 정당한 이유 없이 숨어 들어간 사람.

(2) 흉기의 은닉휴대(제2호)

칼・쇠몽둥이 등 사람의 생명 또는 신체에 중대한 해를 입히는 데 사용될 연장이나 쇠톱 등 집 그 밖의 건조물에 침입하는 데 사용될 연장을 정당한 이유 없이 숨기어 지니고 다니는 사람.

(3) 폭행 등 예비(제4호)

다른 사람의 신체에 대하여 해를 입힐 것을 공모하여 그 예비행위를 한 사람이 있는 경우.

(4) 허위신고(제5호)

있지도 아니한 범죄 또는 재해의 사실을 공무원에게 거짓으로 신고한 사람.

(5) 사체현장 변경 등(제6호)

죽어 태어난 태아를 감추거나 정당한 이유 없이 변사체 또는 죽어 태어난 태아가 있는 현장을 바꾸어 놓은 사람.

---

37) 경범죄처벌법 제1조.

⑹ 요부조자 등 신고 불이행(제7호)

자기가 관리하고 있는 곳에 도움을 받아야 할 노인·어린이·불구자·다친 사람 또는 병든 사람이 있거나 시체 또는 죽어 태어난 태아가 있는 것을 알면서 빨리 이를 관계공무원에게 신고하지 아니한 사람.

⑺ 관명사칭 등(제8호)

국내외의 관공직·계급·훈장·학위 그밖에 법령에 의하여 정하여진 명칭이나 칭호 등을 거짓으로 꾸며 대거나 자격이 없으면서 법령에 의하여 정하여진 제복·훈장·기장 그 밖의 표장 또는 이와 비슷한 것을 사용한 사람.

⑻ 출판물의 부당 게재 등(제9호)

올바르지 아니한 이익을 얻을 목적으로 다른 사람 또는 단체의 사업이나 사사로운 일에 관하여 신문·잡지 그 밖의 출판물에 어떤 사항을 싣거나 싣지 아니할 것을 약속하고 돈이나 물건을 받은 사람.

⑼ 물품강매·청객행위(제10호)

청하지 아니한 물품을 억지로 사라고 한 사람, 청하지 아니한 일을 해주거나 재주 등을 부리고 그 대가로 돈을 달라고 한 사람 또는 여러 사람이 모이거나 다니는 곳에서 영업을 목적으로 떠들썩하게 손님을 부른 사람.

⑽ 허위광고(제11호)

여러 사람에 대하여 물품을 팔거나 나누어 주거나 또는 일을 해줌에 있어서 다른 사람을 속이거나 잘못 알게 할 만한 사실을 들어 광고한 사람.

⑾ 업무방해(제12호)

다른 사람 또는 단체의 업무에 관하여 못된 장난 등으로 이를 방해한 사람.

⑿ 광고물 무단첨부 등(제13호)

다른 사람 또는 단체의 집이나 그 밖의 공작물에 함부로 광고물 등을 붙이거나 걷거나 또는 글씨나 그림을 쓰거나 그리거나 새기는 행위 등을 한 사람과 다른 사람 또는 단채의 간판 그 밖의 표시물 또는 공작물을 함부로 옮거나 더럽히거나 해친 사람.

⒀ 음료수 사용방해(제14호)

사람이 마시는 물을 더럽히거나 그 사용을 방해한 사람.

⒁ 오물방치(제16호)

담배꽁초·껌·휴지·쓰레기·죽은 짐승 그 밖의 더러운 물건이나 못쓰게 된 물건을 함부로 아무 곳에나 버린 사람.

⒂ 노상방뇨 등(제17호)

길이나 공원 그 밖의 여러 사람이 모이거나 다니는 곳에서 함부로 침을 뱉거나 대소변을 보거나 또는 그렇게 하도록 시키거나 개 등 짐승을 끌고 와 대변을 보게 하고 이를 수거하지 아니한 사람.

(16) 의식방해(제18호)

공공기관 그 밖의 단체 또는 개인이 배푸는 행사나 의식에 대하여 못된 장난 등으로 이를 방해하거나 행사나 의식을 배푸는 자 또는 그 밖의 관계있는 사람이 말리는데도 듣지 아니하고 이를 방해할 우려가 뚜렷한 물건을 가지고 들어간 사람.

(17) 단체가입강청(제19호)

싫다고 하는데도 되풀이하여 단체가입을 억지로 청한 사람.

(18) 자연훼손(제20호)

공원·명승지·유원지·그 밖의 녹지구역 또는 풍치구역에서 함부로 풀·꽃·나무·돌 등을 꺾거나 캔 사람 또는 바위·나무 등에 글씨를 새기거나 하여 자연을 해친 사람.

(19) 타인의 가축 · 기계 등 무단조작(제21호)

함부로 다른 사람 또는 단체의 소나 말 그 밖의 짐승 또는 매어놓은 배 · 뗏목 등을 풀어 놓거나 자동차 등의 기계를 조작한 사람.

(20) 수로유통방해(제22호)

개천이나 도랑 그 밖의 물길의 흐름에 방해될 행위를 한 사람.

(21) 구걸 부당이득(제23호)

다른 사람을 구걸하게 하여 올바르지 아니한 이익을 얻은 사람.

(22) 불안감 조성(제24호)

정당한 이유 없이 길을 막거나 시비를 걸거나 주위에 모여들거나 뒤따르거나 또는 몹시 거칠게 겁을 주는 말 또는 행동으로 다른 사람을 불안하게 하거나 귀찮고 불쾌하게 한 사람 또는 여러 사람이 이용하거나 다니는 도로 · 공원 등 공공장소에서 고의로 험악한 문신을 노출시켜 타인에게 혐오감을 준 사람.

(23) 음주소란 등(제25호)

공회당 · 극장 · 음식점 등 여러 사람이 모이거나 다니는 곳 또는 여러 사람이 타는 기차 · 자동차 · 배 등에서 몹시 거친 말 또는 행동으로 주위를 시끄럽게 하거나 술에 취하여 이유 없이 다른 사람에게 주정을 한 사람.

(24) 인근소란 등(제26호)

악기 · 라디오 · TV · 전축 등의 소리를 지나치게 크게 내거나 큰소리로 떠들거나 노래를 불러 이웃을 시끄럽게 한 사람.

(25) 위험한 불씨사용(제27호)

상당한 주의를 하지 아니하고 건조물 · 수풀 그 밖의 불붙기 쉬운 물건 가까이서 불을 피우거나 휘발유 그 밖의 불이 옮아붙기 쉬운 물건 가까이서 불씨를 사용한 사람.

(26) 물건 던지기 등 위험행위(제28호)

다른 사람의 또는 단체의 물건에 해를 끼칠 우려가 있는 곳에 상당한 주의를 하지 아니하고 물건을 던지거나 붓거나 또는 쏜 사람.

(27) 공작물 등 관리소홀(제29호)

무너지거나 넘어지거나 떨어질 우려가 있는 공작물 그 밖의 물건에 대하여 관계공무원으로부터 고칠 것을 요구받고도 필요한 조치를 게을리 하여 여러 사람에게 위험을 미칠 우려가 있게 한 사람.

(28) 굴뚝 등 관리소홀(제30호)

관계공무원으로부터 고칠 것을 문서로 요구 받고도 사람의 통행에 불편을 주는 굴뚝・물받이・하수도・냉난방장치・환풍장치 등을 고치는 등 필요한 조치를 하지 아니한 사람.

(29) 정신병자 감호소홀(제31호)

위험한 행위를 할 우려가 있는 정신병자를 돌볼 의무가 있는 사람이 그를 제대로 돌보지 아니하여 집 밖이나 감호시설 밖으로 나돌아 다니게 한 사람.

(30) 위해동물 관리소홀(제32호)

사람이나 가축에 해를 끼치는 버릇이 있는 개 그 밖의 동물을 함부로 풀어놓거나 제대로 살피지 아니하여 나돌아 다니게 한 사람.

(31) 동물 등에 의한 행패 등(제33호)

소나 말을 놀라게 하여 달아나게 하거나 개 그 밖의 동물을 시켜 사람이나 가축에 달려들게 한 사람.

(32) 무단소등(제34호)

여러 사람이 다니거나 모이는 곳에 켜놓은 등불이나 다른 사람 또는 단체가 표시가 되게 하기 위하여 켜놓은 등불을 함부로 끈 사람.

(33) 공중통로 안전관리 소홀(제35호)

여러 사람이 다니는 곳에서의 위험한 사고로 발생을 막을 의무가 있는 사람이 등을 켜놓지 아니하거나 그 밖의 예방조치를 게을리 한 사람.

(34) 공무원 원조불응(제36호)

눈·비·바람·해일·지진 등으로 인한 재해 또는 화재·교통사고·범죄 그 밖의 급작스러운 사고가 발생한 때에 그곳에 있으면서도 정당한 이유 없이 관계공무원 또는 이를 돕는 사람의 현장출입에 관한 지시에 따르지 아니하거나 공무원이 도움을 청하여도 이에 응하지 아니한 사람.

(35) 성명 등의 허위기재(제37호)

성명·주민등록번호·본적·주소·직업 등을 거짓으로 꾸며대고 배나 비행기를 탄 사람.

(36) 전당품 장부 허위기재(제38호)

물건을 전당잡히는데 있어서 영업자의 장부에 성명·주민등록번호·주소·직업 등을 거짓으로 알려 써넣게 한 사람.

(37) 미신료법(제39호)

근거 없이 신기하고 용한 약방문인 것처럼 내세우거나 그 밖의 미신의 방법으로 병을 진찰·치료·예방한다고 하여 사람들의 마음을 홀리게 한 사람.

(38) 야간통행제한위반(제40호)

전시·사변·천재·지변 또는 그 밖의 사회에 위험이 생길 우려가 있을 경우에 경찰청장 또는 해양경찰청장이 정하는 야간통행제한을 위반한 사람.

(39) 과다노출(제41호)

여러 사람의 눈에 뜨이는 곳에서 함부로 알몸을 지나치게 내놓거나 속가지 들여다 보이는 옷을 입거나 또는 가려야 할 곳을 내어 놓아 다른 사람에게 부끄러운 느낌이나 불쾌감을 준 사람.

(40) 지문채취불응(제42호)

범죄의 피의자로 입건된 사람에 대하여 경찰공무원이나 감사가 지문조사 외의 다른 방법으로 그 신원을 확인할 수 없어 지문을 채취하려고 할 때 정당한 이유 없이 이를 거부한 사람.

(41) 자릿세 징수 등(제43호)

여러 사람이 모이거나 쓸 수 있도록 개방된 시설 또는 장소에서 좌석이나 차 세워둘 자리를 잡아 주기로 하거나 잡아 주면서 돈을 받거나 요구하거나 이를 위하여 다른 사람을 귀찮게 따라다니는 사람.

(42) 비밀 춤 교습 및 장소제공(제46호)

공연하지 아니한 곳에서 다른 사람으로부터 대가를 받고 춤을 가르치거나 그 장소를 사용하도록 한 사람.

(43) 암표매매(제47호)

흥행장·경기장·역·나루터 또는 정류장 그 밖의 정해진 요금을 받고 입장시키거나 승차 또는 승선시키는 곳에서 웃돈을 받고 입장권·승차권 또는 승선권을 다른 사람에게 되판 사람.

(44) 새치기(제48호)

흥행장·경기장·역·나루터 또는 정류장 그 밖의 여러 사람이 모이는 곳에서 승차·승선 또는 입장하거나 표를 사기 위하여 사람들이 줄을 서고 있을 때에 새치기 하거나 떠밀거나 하여 그 줄의 질서를 어지럽힌 사람.

(45) 무단출입(제49호)

출입이 금지된 구역이나 시설 또는 장소에 정당한 이유 없이 들어간 사람.

(46) 총포 등 조작 장난(제50호)

여러 사람이 모이거나 다니는 곳에서 상당한 주의를 하지 아니하고 총포나 화약류 그 밖의 폭발의 우려가 있는 물건을 다루거나 이를 가지고 장난한 사람.

(47) 무임승차 및 무전취식(제51호)

영업용차 또는 배 등을 타거나 다른 사람이 파는 음식을 먹고 정당한 이유 없이 제값을 치루지 아니한 사람.

(48) 뱀 등 진열행위(제52호)

여러 사람이 모이거나 다니는 곳에서 뱀이나 끔찍한 벌레 등을 팔거나 또는 팔기 위하여 늘어놓아 다른 사람에게 불쾌감을 준 사람.

(49) 장난전화 등(제53호)

정당한 이유 없이 다른 사람에게 전화 또는 편지를 여러 차례 되풀이 하여 괴롭힌 사람.

(50) 금연 장소에서의 흡연 등(제54호)

담배를 피우지 못하도록 표시된 곳에서 담배를 피운 사람.

5) 통고처분

경미한 질서위반 행위에 대해 형사소추 또는 즉결심판에 회부함이 없이 금전벌로 대신함으로써 국민의 소송으로 인한 시간·경비를 최소화하기 위한 것으로 통고처분을 받은 자가 이를 이행함으로써 확정 판결과 동일한 효력을 발생하며, 일사부재리의 원칙이 적용된다.

(1) 특 례

경찰서장 또는 지방해양경찰관서의 장은 범칙자로 인정되는 사람에 대하여 그 이유를 명백히 나타낸 서면으로 범칙금을 납부할 것을 통고할 수 있다.[38)]

(2) 처분 대상자

경범죄처벌법에서 통고처분 대상자로 다음 21개의 위반행위를 범칙 행위자로 규정하고 있다.

---

38) 경범죄처벌법 제5조·제6조.

제16호 오물방치, 제17호 노상방뇨, 제20호 자연훼손, 제22호 수로교통방해, 제24호 불안감 조성, 제25호 음주소란, 제26호 인근소란, 제28호 물건 던지기 등 위험행위, 제29호 공작물 등 관리소홀, 제30호 굴뚝 등 관리소홀, 제32호 위험동물 관리소홀, 제34호 무단소동 행위, 제35호 공중통로 안전관리 소홀, 제36호 공무원 원조불응, 제38호 전당품 장부 등 허위기재, 제39호 미신료법, 제40호 야간통행 제한위반, 제48호 새치기, 제49호 무단출입 행위, 제52호 뱀 등 진열행위, 제54호 금연 장소에서 흡연 등이다.

(3) 통고처분 제외 대상자

통고처분 제외 대상자에서 범칙자라 함은 범칙행위를 행한 사람으로서 다음 각 호의 1에 해당하지 아니한 사람을 말한다.[39)]

① 범칙행위를 상습적으로 위반한 자
② 죄를 범한 동기·수단·결과 등을 참작 구류처분이 상당하다고 인정되는 자
③ 피해자가 있는 행위를 한 사람
④ 18세 미만인 사람

(4) 통고처분 대상자 중 즉결심판 대상자

통고처분 대상자 중 다음 조항에 해당하는 자는 즉결심판을 받도록 하여야 한다.[40)]

① 통고처분서 받기를 거부하는 사람
② 주거 또는 신원이 확실하지 아니한 사람
③ 그밖에 통고처분 하기가 매우 어려운 사람

5. 즉결심판에 관한 절차법

1) 목 적

즉결심판에 관한 절차법(Proceeding Law of Summary Trial)이라 함은 범증이 명백하고 죄질이 경미한 범죄사건을 신속·적정한 절차로 심판하기 위하여 즉결심판에 관한 절차를 정함을 목적으로 한다.

---

39) 경범죄처벌법 제5조 제2항.
40) 경범죄처벌법 제6조.

2) 대 상

지방법원, 지원 또는 시·군 법원의 판사는 즉결심판 절차에 의하여 피고인에게 20만원 이하의 벌금, 구류 또는 과료에 처할 수 있다.

3) 즉결심판 청구

즉결심판은 관할 경찰서장 또는 관할 해양경찰서장이 관할법원에 이를 청구한다. 즉결심판을 청구함에는 즉결심판 청구서를 제출하여야 하며, 즉결심판 청구서에는 피고인의 성명 기타 피고인을 특정할 수 있는 사항, 죄명, 범죄사실과 적용법조를 기재하여야 한다. 그리고 지방법원 또는 그 지원의 판사는 소속 지방법원장의 명령을 받아 소속 법원의 관할 사무와 관계없이 즉결심판 청구사건을 심판할 수 있다.

4) 서류·증거물의 제출

경찰서장은 즉결심판의 청구와 동시에 즉결심판을 함에 필요한 서류 또는 증거물을 판사에게 제출하여야 한다.

5) 청구의 기각 등

판사는 사건이 즉결심판을 할 수 없거나 즉결심판 절차에 의하여 심판함이 적당하지 아니하다고 인정할 때에는 결정으로 즉결심판의 청구를 기각하여야 한다. 이 때 경찰서장은 지체 없이 사건을 관할지방 검찰청 또는 지청의 장에게 송치하여야 한다.

6) 피고인의 출석

피고인이 기일에 출석하지 아니한 때에는 다른 법률에 특별한 규정이 있는 경우를 제외하고는 개정할 수 없다. 그러나 벌금 또는 과료를 선고하는 경우에는 피고인이 출석하지 아니하더라도 심판할 수 있다. 피고인 또는 즉결심판 출석 통지서를 받은 자는 법원에 불출석 심판을 청구할 수 있고, 법원이 이를 허가한 때에는 피고인이 출석하지 아니하더라도 심판할 수 있다.

7) 즉결심판의 선고

즉결심판으로 유죄를 선고할 때에는 형·범죄사실, 적용법조 등을 명시하고 피고인은 7일 이내에 정식재판을 청구할 수 있다는 것을 고지하여야 한다. 그리고 판사는 사건이 무죄·면소 또는 공소기각을 함이 명백하다고 인정할 때에는 이를 선고·고지할 수 있다. 그리고 구류의 선고를 받은 피고인이 일정한 주소가 없거나 또는 도망할 염려가 있을 때에는 5일을 초과하지 아니하는 기간 경찰서 유치장에 유치할 것을 명령할 수 있다. 다만, 이 기간은 선고기간을 초과할 수 없으며, 집행된 유치기간은 본형의 집행에 산입한다.

8) 즉결심판서 등의 보존

즉결심판의 결정이 확정된 때에는 즉결심판서 및 관계서류와 증거는 관할경찰서 또는 지방해양경찰관서가 이를 보존한다. 그러나 즉결심판은 정식재판의 청구에 의한 판결이 있는 때에는 그 효력을 잃는다. 그리고 즉결심판은 정식재판의 청구기간의 경과, 정식재판 청구권의 포기 또는 그 청구의 취하에 의하여 확정판결과 동일한 효력이 생긴다. 정식재판 청구를 기각하는 재판이 확정된 때에도 같다.

9) 형의 집행

형의 집행은 경찰서장이 하고 그 집행결과를 지체 없이 검사에게 보고하여야 한다. 구류는 경찰서 유치장·구치소 또는 교도소에서 집행하며 구치소 또는 교도소에서 집행할 때에는 검사가 이를 지휘한다. 그리고 벌금, 과료, 몰수는 그 집행을 종료하면 지체 없이 검사에게 이를 인계하여야 한다.

다만, 즉결심판 확정 후 상당기간 내에 집행할 수 없을 때에는 검사에게 통지하여야 한다. 통지를 받은 검사는 형사소송법의 규정에 의하여 집행할 수 있다.[41] 형의 집행정지는 사전에 검사의 허가를 얻어야 한다. 그리고 즉결심판 절차에 있어서 이 법에 특별한 규정이 없는 한 그 성질에 반하지 아니한 것은 형사소송법의 규정을 준용한다.

---

41) 형사소송법 [재산형 등의 집행] ① 벌금, 과료, 몰수, 추징, 과태료, 소송비용, 비용배상 또는 가납의 재판은 검사의 명령에 의하여 집행한다. ② 전항의 명령은 집행력 있는 채무 명의와 동일한 효력이 있다. ③ 제1항의 재판의 집행에는 민사소송법의 집행에 관한 규정을 준용한다. 단, 집행 전에 재판의 송달을 요하지 아니한다.

6. 경찰장비의 사용기준 등에 관한 규정

1) 개 요

경찰장비의 사용기준 등에 관한 규정은 2006년 6월 29일 대통령령 제19563호로 개정한 내용이다. 경찰관직무집행법의 무기사용(제10조제4항)의 규정에 따라 국가경찰공무원이 직무를 수행함에 있어 인명 또는 신체에 위해를 가할 수 있는 경찰장비의 종류・사용기준・안전교육 및 안전검사기준 등을 규정하여 국민의 생명과 재산, 그리고 인권을 보호함을 목적으로 하고 있다.

2) 장비의 종류

인명 또는 신체에 위해를 가할 수 있는 경찰장비의 종류는 4가지로 구분하여 사용하고 있다.[42] 포승은 죄인을 잡아 묶는 노끈을 말하는 것으로 1사람을 묶는 포승과 2인 이상을 한번에 연결하여 묶는 노끈으로 경찰에서는 주로 호송시에 사용하고 있으며, 일반적으로 범인을 검거할 때에는 수갑을 사용하고 있다. 권총이나 소총은 일반경찰에서 직무집행에 사용하고 있으며, 기관총에는 SMG(기관단총), LMG(경기관총), HMG(중기관총) 등이 있고, 산탄총, 유탄발사기, 박격포, 3인치포, 함포, 크레모아, 수류탄, 폭약류, 도검 등은 주로 전투경찰대 또는 해안경비대에서 전투용으로 사용하고 있다. 분사기, 최루탄, 기타장비 등은 다중범죄진압용 또는 대테러작전용으로 사용하고 있다.

① **경찰장구** : 수갑・포승・호송용포승・경찰봉・호신용경봉・전자충격기・방패 및 전자방패 등

② **무기** : 권총・소총・기관총・산탄총・유탄발사기・박격포・3인치포・함포・크레모아・수류탄・폭약류 및 도검 등

③ **분사기・최루탄 등** : 근접분사기・가스분사기・가스발사총(고무탄발사겸용) 및 최루탄(발사장치포함) 등

④ **기타장비** : 가스차・살수차・특수진압차・물포・석궁・다목적발사기 및 도주차량차단장비

---

42) 경찰장비의사용기준등에관한규정 제2조.

3) 경찰장비의 일반적 사용기준

경찰장비는 통상의 용법에 따라 필요한 최소한의 범위 안에서 이를 사용하여야 한다.[43] 이는 원칙적으로 필요최소한도의 원칙에 합당하도록 사용하여야 한다는 것이 사회적 통례적으로 타당하다.

4) 영장집행 등에 따른 수갑 등의 사용기준

경찰관은 체포·구속영장을 집행하거나 신체의 자유를 제한하는 판결 또는 처분을 받은 자를 법률이 정한 절차에 따라 호송하거나 수용하기 위하여 필요한 때에는 최소한의 범위 안에서 수갑·포승 또는 호송용 포승 등을 사용할 수 있다.[44]

5) 자살방지 등을 위한 수갑 등의 사용기준 및 사용보고

경찰관은 범인·주취자 또는 정신착란자의 자살 또는 자해기도를 방지하기 위하여 필요한 때에는 수갑·포승 또는 호송용 포승을 사용할 수 있다. 이 경우 경찰관은 소속 국가경찰관서의 장(경찰청장·해양경찰청장·지방경찰청장·경찰서장 또는 해양경찰서장 기타 경무관·총경·경정·경감 등을 장으로 하는 국가경찰관서의 장)에게 그 사실을 보고하여야 한다.[45]

6) 불법집회 등에서의 경찰봉·호신용경봉의 사용기준

경찰관은 불법집회·시위로 인하여 발생할 수 있는 타인 또는 경찰관의 생명·신체의 위해와 재산·공공시설의 위험을 방지하기 위하여 필요한 때에는 최소한의 범위 안에서 경찰봉 또는 호신용경봉을 사용할 수 있다.[46]

---

43) 경찰장비의사용기준등에관한규정 제3조.
44) 경찰장비의사용기준등에관한규정 제4조.
45) 경찰장비의사용기준등에관한규정 제5조.
46) 경찰장비의사용기준등에관한규정 제6조.

7) 경찰봉 · 호신용경봉의 사용시 주의사항

경찰관이 경찰봉 또는 호신용경봉을 사용하는 때에는 인명 또는 신체에 대한 위해를 최소화하도록 주의하여야 한다.[47]

8) 전자충격기등의 사용제한

경찰관은 14세미만의 자 또는 임산부에 대하여 전자충격기 또는 전자방패를 사용하여서는 아니 되고, 전극침 발사장치가 있는 전자충격기를 사용하는 경우 상대방의 얼굴을 향하여 전극침을 발사하여서는 아니 된다.[48]

9) 총기사용의 경고

경찰관은 경찰관직무집행법 무기의 사용규정(제10조의4)에 의하여 사람을 향하여 권총 또는 소총을 발사하고자 하는 때에는 미리 구두 또는 공포탄에 의한 사격으로 상대방에게 경고하여야 한다. 다만, 경찰관을 급습하거나 타인의 생명·신체에 대한 중대한 위험을 야기하는 범행이 목전에 실행되고 있는 등 상황이 급박하여 특히 경고할 시간적 여유가 없는 경우와 인질·간첩 또는 테러사건에 있어서 은밀히 작전을 수행하는 경우에는 경고하지 아니할 수 있다.[49]

10) 권총 또는 소총의 사용제한

권총 또는 소총을 사용하는 경우에 있어서 범죄와 무관한 다중의 생명·신체에 위해를 가할 우려가 있는 때에는 이를 사용하여서는 아니 된다. 다만, 권총 또는 소총을 사용하지 아니하고는 타인 또는 경찰관의 생명·신체에 대한 중대한 위험을 방지할 수 없다고 인정되는 때에는 필요한 최소한의 범위 내에서 이를 사용할 수 있다. 그러나 총기 또는 폭발물을 가지고 대항하는 경우를 제외하고는 14세미만의 자 또는 임산부에 대하여 권총 또는 소총을 발사하여서는 아니 된다.[50]

---

47) 경찰장비의사용기준등에관한규정 제7조.
48) 경찰장비의사용기준등에관한규정 제8조.
49) 경찰장비의사용기준등에관한규정 제9조.
50) 경찰장비의사용기준등에관한규정 제10조.

11) 동물의 사살

경찰관은 공공의 안전을 위협하는 동물을 사살하기 위하여 부득이한 때에는 권총 또는 소총을 사용할 수 있다.[51]

12) 가스발사총 등의 사용제한

범인의 체포 또는 도주방지, 타인 또는 경찰관의 생명·신체에 대한 방호, 공무집행에 대한 항거의 억제를 위하여 필요한 때에는 최소한의 범위 안에서 가스발사총을 사용할 수 있다. 그러나 1미터이내의 거리에서 상대방의 얼굴을 향하여 이를 발사하여서는 아니 된다. 또한 최루탄발사기로 최루탄을 발사하는 경우 30도 이상의 발사각을 유지하여야 하고, 가스차·살수차 또는 특수진압차의 최루탄발사대로 최루탄을 발사하는 경우에는 15도 이상의 발사각을 유지하여야 한다.[52]

13) 가스차·살수차·특수진압차·물포의 사용기준

불법집회·시위 또는 소요사태로 인하여 발생할 수 있는 타인 또는 경찰관의 생명·신체의 위해와 재산·공공시설의 위험을 억제하기 위하여 부득이한 경우에는 현장책임자의 판단에 의하여 필요한 최소한의 범위 안에서 가스차 또는 살수차를 사용할 수 있다. 그리고 소요사태의 진압, 대간첩·대테러작전의 수행을 위하여 부득이한 경우에는 필요한 최소한의 범위 안에서 특수진압차를 사용할 수 있다. 또한 불법해상시위를 해산시키거나 정선명령에 불응하고 도주하는 선박을 정지시키기 위하여 부득이한 경우에는 현장책임자의 판단에 의하여 필요한 최소한의 범위 안에서 경비함정의 물포를 사용할 수 있다. 다만, 사람을 향하여 직접 물포를 발사하여서는 아니 된다.[53]

14) 석궁의 사용기준

경찰관은 총기·폭발물 기타 위험물로 무장한 범인 또는 인질범의 체포, 대간첩

---

51) 경찰장비의사용기준등에관한규정 제11조.
52) 경찰장비의사용기준등에관한규정 제12조.
53) 경찰장비의사용기준등에관한규정 제13조.

·대테러작전 등 국가안전에 관련되는 작전을 은밀히 수행하거나 총기를 사용할 경우에는 화재·폭발의 위험이 있는 등 부득이한 때에 한하여 현장책임자의 판단에 의하여 필요한 최소한의 범위 안에서 석궁을 사용할 수 있다.54)

15) 다목적발사기의 사용기준

경찰관은 인질범의 체포 또는 대간첩·대테러작전 등 국가안전에 관련되는 작전을 수행하거나 공공시설의 안전에 대한 현저한 위해의 발생을 방지하기 위하여 필요한 때에는 최소한의 범위 안에서 다목적발사기를 사용할 수 있다.55)

16) 도주차량차단장비의 사용기준 등

무면허운전이나 음주운전 기타 범죄에 이용하였다고 의심할 만한 차량 또는 수배중인 차량이 정당한 검문에 불응하고 도주하거나 차량으로 직무집행중인 경찰관에게 위해를 가한 후 도주하려는 경우에는 도주차량차단장비를 사용할 수 있다. 도주차량차단장비를 운용하는 경찰관은 검문 또는 단속장소의 전방에 동 장비의 운용중임을 알리는 안내표지판을 설치하고 기타 필요한 안전조치를 취하여야 한다.56)

17) 부상자에 대한 긴급조치

경찰관이 경찰장비를 사용하여 부상자가 발생한 경우에는 즉시 구호 기타 필요한 긴급조치를 취하여야 한다.57)

54) 경찰장비의사용기준등에관한규정 제14조.
55) 경찰장비의사용기준등에관한규정 제15조.
56) 경찰장비의사용기준등에관한규정 제20조.
57) 경찰장비의사용기준등에관한규정 제21조.

제4장 한국경찰의 역사

1. 고대 경찰사

우리나라의 고대 부족사회에서는 병농일치(兵農一致)와 정경일치(政警一致)를 특색으로 하며 부족민 개병(皆兵)의 원시적인 자치적 지역경찰이 행해졌다. 삼국시대나 고려시대에는 군대가 경찰기능을 겸하였다. 고구려의 무려라(武厲邏), 신라의 정(停)·당(幢), 고려의 순군(巡軍)·삼별초(三別抄) 등이 경찰기능을 수행하였다.

1) 고구려(高句麗)

고구려는 북부여 사람인 태조왕 주몽이 1세기 초에 한반도 북쪽과 만주 일대에 자리잡아 세웠다는 나라이다. 고구려는 초기부터 중앙집권적 고대국가 체제를 갖추었으며, 수도를 평양으로 정하고 국가의 기틀을 마련하였다. 정치·사회적으로 비약적인 발전을 가져왔으며 고구려는 국토가 광활한 지역을 점하고 있었기 때문에 능률적인 통솔을 하기 위해서는 발전된 통치조직이 필요하였던 것이다.

고구려는 삼국 중에서 가장 먼저 국가로서의 능률적인 기능을 수행하기 위한 조직을 구성하였으며, 중앙에는 현재의 수상에 해당하는 막리지, 대대로, 태대형, 대형, 소형, 대로 등 12등급의 관리를 두어 내외의 국정을 분담 처리하였다. 지방에는 욕살(褥薩)이라는 장관이 통치하였고 부 밑에는 여러 성이 소속되어 처려근지(處閭近支)라는 장관을 두어 성주로서 통치하도록 하였다. 그리고 사회의 발전에 따라 평양성, 국내성, 한성 등의 3경제를 두고 지방을 철저하게 통치하기 위하여 군사조직을 두어 군대가 상주하고 피지배 백성과 외적을 관장하도록 하였다.

국민계병제에 따라 15세 이상의 남자는 병역의무를 부여하였다. 고구려의 지배계급은 귀족으로써 매우 호화스러운 생활을 하였으며, 피지배계급은 평민, 노비로써 이들은 대부분 전쟁포로, 죄인, 반역자, 채무자 등으로 구성되어 귀족계급과 종속관계에 있었다.

고구려는 일찍이 국민을 다스리기 위한 엄정한 법률이 있었고 반역자나 적에 항복한 자는 잔인하게 처벌하여 군국적이고 대륙적인 기질과 기상을 보였다. 현대의 경찰에 해당하는 업무는 중앙과 지방을 다스리는 귀족들로 구성되어 있는 막리지, 태대형, 성주 등이 수행하였다. 도둑질한 자는 그 물건의 12배를 배상하고, 살인자는 사형, 채무자는 자녀를 노비로 삼았으며, 소나 말을 죽인 자도 동일하게 처벌하였다.[58] 고구려는 신라와 당나라의 연합군에 의하여 668년에 멸망하였다.

2) 백제(百濟)

백제는 고구려의 왕족인 온조(溫祚)가 1세기 초에 삼국 중에서 고구려 다음으로 한반도의 남서쪽인 지금의 광주(廣州)지방에 국가를 건설하였다. 백제는 고대 국가로써의 기틀을 확고히 하였다. 백제의 관제는 16등급으로 나누는 16관등제가 있었으며 중앙에 모두 21개의 관부가 있어 정사를 나누어 담당했다. 왕은 고구려와 같이 세습이 원칙이었으며 그 밑에 6좌평(佐平)을 두고 정무를 처리하였다.

백제의 정치는 유교적 덕치였다. 나라의 수상을 뽑을 때 정사암이란 바위 위에 서너 사람의 후보 이름을 적어 넣은 상자를 두었다가 얼마 후에 열어서 이름 위에 도장이 찍힌 후보자를 수상으로 선택하는 이른바 정사암회의를 실천했다. 이로써 백제의 임금들은 일찍이 민심은 천심임을 알아 민의를 파악하고 존중했을 뿐만 아니라 이를 정치에 반영했다고 한다. 백제는 고조선의 8조금법[59]과 같은 법으로 매우 엄하게 다스렸다.

현대의 경찰에 해당하는 업무는 반역하거나 싸우다가 도망치거나 살인을 하면 모두 목을 베었고 도둑질을 하면 귀양을 보내는 동시에 물건 값의 2배를 징수하였

58) 대한경제일보사, 1989: 44.

59) 범금팔조(犯禁八條)라고도 하며, 삼국지 위지동이전에 기록되어 있다. 8조 중 3조의 내용만이 한서(漢書)지리지(地理志) 연조(燕條)에 전하며 그 내용은 다음과 같다. ① 살인자는 즉시 사형에 처한다(相殺, 以當時償殺). ② 남의 신체를 상해한 자는 곡물로써 보상한다(相傷, 以穀償). ③ 남의 물건을 도둑질한 자는 소유주의 집에 잡혀 들어가 노예가 됨이 원칙이나, 자속(自贖: 배상)하려는 자는 50만전을 내놓아야 한다(相盜, 男沒入爲其家奴, 女子爲婢, 欲自贖者人五十萬). 이러한 조항은 위만조선을 거쳐 군현시대까지 이어져 내려오는 동안에 그 내용이 더욱 복잡해져 60여 조로 늘어났다. 이것은 원시 공동체 사회 이래의 만민법적 성격을 지닌 것으로, 금전으로 속죄하는 단서가 있는 만큼 상당히 발전된 사회상을 보여준다고 할 수 있다. 8조법에 나타난 고조선의 사회상은 다음과 같다.
첫째, 당시 사회에서 인간의 생명 즉, 노동력이 매우 중시되었음을 보여 준다. 둘째, 사유재산의 침해를 가혹하게 징계하여 사유재산을 보호하고 있다. 셋째, 노예제도와 화폐제도가 사회 경제제도로 정착되어 있었다. 넷째, 여성의 정절을 중시했다는 점에서 가부장적인 가족제도가 있었음을 알 수 있다(http://home.cein.or.kr).

으며, 부인이 간음을 하면 남편 집의 종이 되기도 했다. 특히 관리의 부정에 대해서는 법률이 매우 엄격하여 관리로서 뇌물을 받거나 절도한 자에게는 받은 뇌물이나 절도한 물건의 3배를 징수하고 죽을 때까지 금고형에 처한다는 명령을 내렸다.

백제는 매우 엄격한 법률로 용감한 국민정신과 청렴한 관리상을 고양시켰으며 아울러 사유재산제도와 가부장 제도를 유지하였다.[60] 그러나 백제는 신라와 당나라 연합군의 공격에 의하여 660년에 멸망하였다.

3) 신라(新羅)

고구려, 백제, 신라 등 삼국 중에서 가장 크게 융성한 신라는 1세기경 경주 지방에서 박혁거세(朴赫居世)가 한반도의 동남쪽 경주지방에 고대국가를 성립하였다. 신라는 화백이라고 하는 회의를 하였으며, 민주주의적 회의제도를 갖추고 있었다. 신라가 강성해지기 시작한 것은 6세기 초 지증왕 때부터 중국의 문물을 받아 들여 제도를 완비하고 중국식으로 왕호를 왕, 국호를 신라라고 호칭하였다. 태종 무열왕 때 당나라의 도움으로 백제와 고구려를 무력으로 멸망시키고 3국을 통일하였으며, 경순왕때인 935년 고려의 왕건에게 멸망하였다.

신라는 독특한 정치사회적 제도인 골품제도가 있었는데 이는 지역적인 차이로 외계의 영향을 비교적 늦게 받았기 때문이다. 골품제도는 혈통이 높고 낮음에 따라 사회·정치적인 진출에 특권을 부여하고 골품과 두품에 따라 왕족과 귀족의 신분이 엄격히 규정되었다. 신라는 정치와 집행기관으로 10개의 관부가 설치되었으며, 최고지도부를 상대등이라 하여 신라가 통일할 때까지 계속되었다. 중앙의 10개 관부 중에서 경찰에 관한 업무는 병부에서 국방업무와 병행하여 처리하도록 하였고 좌우리방부에서는 형옥과 법률 등 사법경찰사무를 분담하여 처리하게 하였으며 지방에서는 9서당, 10정, 3천당과 같은 군대조직이 경찰업무를 관장하였다.[61]

4) 발해(渤海)

고구려의 장수 대조영이 698년 세운 나라로 요동을 제외한 고구려의 옛 영토를 거의 회복하여 한때 세력을 크게 떨쳤으나 신라 말엽인 926년에 요(遼)나라에게 멸

60) 박종숙, 1988: 67.
61) 대한경제일보사, 1989: 49.

망하였다. 발해의 각종 제도는 당나라 것을 모방하였으며, 중앙에는 세습된 왕 밑에 3성 6부제가 있었다. 3성은 정당성, 선조성, 중대성이고, 6부는 충부, 인부, 의부, 병부, 형부, 공부 등이 있었으며, 지방에는 5경, 15부, 62주로 분할하여 통치하였다. 관리는 8등급으로 나누어 지도층인 고구려 귀족이 많이 점유하였으며, 군제는 10위를 두고 국민계병제를 원칙으로 하여 강하고 질서 있는 상비병 10만명을 확보하여 국가의 안보와 치안을 담당하게 하였다. 경찰의 일반 업무는 병부인 지부에서, 사법경찰의 업무는 형부인 예부에서 각각 관장하여 처리하였고 중정대라는 감찰기관이 있어 전반적인 경찰의 역할을 수행하였다.

5) 후백제(後百濟)

후삼국의 하나로 신라 효공왕 때 상주 사람 견훤이 900년에 완산주(지금의 전주)에 세운 나라로 936년 고려 왕건에게 패망하였다. 후백제시대에는 신라의 전통과 역사를 이어받아 국정을 운영하였기 때문에 신라의 조직과 관직이 답습되었다고 볼 수 있다. 중앙의 10개 관부 중에서 경찰에 관한 업무는 병부에서 국방업무와 병행하여 처리하도록 하였고 좌우리방부에서는 형옥과 법률 등 사법경찰사무를 분담하여 처리하게 하였으며 지방에서는 9서당, 10정, 3천당과 같은 군대조직이 경찰업무를 관장하였을 것으로 추정할 수 있다.

6) 태봉(泰封)

후삼국의 하나로 통일신라 효공왕 때 신라의 왕족 궁예(弓裔)가 901년에 지금의 개성인 송악에 세운 나라다. 후에 송악의 토호인 왕건에게 918년 멸망하였다. 후삼국의 하나로 후고려 또는 후고구려, 마진(摩震)이라고도 했다. 태봉은 궁예(? - 918)가 세운 나라로, 신라·후백제와 함께 후삼국을 형성했다. 궁예는 신라 헌안왕의 아들로, 신라 하대의 혼란기에 북원(北原 : 지금의 원주)의 반란군 두목 양길(梁吉)의 부하가 되었다. 그 뒤 점점 세력을 확장하여 895년(진성왕 9) 철원을 중심으로 독립하고 국가체제를 갖추었다. 그 다음해에 송악의 호족이던 왕건이 귀순해오는 등 계속해서 세력을 확장하여 예성강 이북의 30여개 성을 점령했으며, 898년(효공왕 2년)에는 도읍을 송악으로 옮겼다. 이어 899년에는 양길과 싸워 이기고, 이듬해 지금의 강원도·경기도·황해도와 충청북도의 대부분을 차지했다. 그리고 이를 기반으로 901년에는 나라 이름을 후고려라고 하여 고구려의 계승을 표방했다. 904년에는 나라 이름을 마진으로 고치고 연호를 무태(武泰)라고 했으며, 독자적인 정치제도를 정비했으며, 역시 병부에서 경찰에 관한 업무를 맡았을 것으로 추정된다.

2. 근대 이전의 경찰사

1) 고려(高麗)

태봉의 장수 왕건(王建)이 918년에 개성에 도읍을 정하여 세운 나라로 태조 이성계에 의하여 1392년에 멸망하였다. 고려시대에도 독립된 경찰기관은 없었으며, 정치제도는 중앙에 당나라 제도를 본받아 최고정부기관으로 왕 밑에 중서성, 문하성, 상서성 등 3성과 그 밑에 실무분담 부처인 6부 이부·호부·예부·병부·형부·공부 등을 두고 행정실무를 관장하기 위하여 9사를 각각 설치하여 국가의 중요 의안을 처리하였다. 병제는 왕의 기반세력인 직속군을 두고 중앙에 2군과 6위를 두고 중방이라는 최고의 통솔기관에 의하여 통솔하였다. 2군 6위는 모두 1000명의 군인으로 조직된 45령으로 조직되었으며, 상장군, 대장군, 장군 등의 직급을 두었다. 그리고 부병제[62]를 실시하여 20세 이상 60세까지의 남자는 3년 교대로 병역의무를 수행하도록 하였으며, 지방에는 주현군이라는 정규군이 주요도시와 국경에 배치되어 국방업무를 수행하도록 하였다. 그리고 건국초기에 있어서 경찰업무 즉 국가사회의 질서유지를 위한 권력적 행정작용을 하던 최고 경찰기관으로는 순군부(循軍部)가 있었다.[63]

---

62) 삼국시대부터 통일신라 말기까지는 독자적인 병제가 있었지만, 고려시대에 비로소 부병제를 시행했다. 고려의 병제는 당의 부병제를 모방하고 있으나, 당의 부병이 균전제하의 농민을 주요대상으로 했던 반면 고려의 농민은 균전 없이 부병으로 번상하는 점에서 큰 차이가 있다. 한편 고려의 병제에 대해서, 병사가 당의 부병제와 같이 일반 농민으로 충당된 것이 아니라 군인전을 지급받는 일종의 전문 직업군인이었다는 견해도 있다. 그러나 전시과 군인전을 지급할 수 있는 국가의 재정 능력을 고려한다면, 직업군인의 수는 고려 병제 안에서 그리 큰 비중을 차지할 수 없다. 요컨대 고려 경군 2군6위의 대부분은 농민신분인 주현군이 번상하여 충당되는 농민 부병이라 이해되나, 이 문제는 차후 부병제설과 군반씨족제설의 충분한 검토로 보다 정확히 규명되어야 한다. 고려초의 병제는 숙종 이후 별무반(別武班)의 설치 및 무인집권기에 사병의 난립으로 크게 변질되므로, 이에 대한 접근은 고려초 병제의 운영원리였던 부병제와 다른 측면에서 파악되어야 한다.

63) 치안국, 1972: 89.

(1) 중앙경찰

중앙의 경찰기관으로 군부, 형부, 중추원과 2군 6위가 있었으며, 병부는 경비사무를 주로 맡아 처리하던 곳이다. 또한 형부는 사법경찰의 역할을 담당하였으며, 중추원은 왕실의 경호와 기밀, 그리고 군기를 맡아보는 곳으로 경비경찰 업무를 겸무하였다. 2군 6위는 수도(개경)의 치안을 담당하였으며, 일반 경찰행정을 관장한 경찰기관의 전신이라고 할 수 있다.

(2) 지방경찰

각 지방에는 주・군・부・현(州・郡・部・縣)을 두고 장은 행정・사법・군사・경찰에 관한 업무를 관장하여 처리하였다. 경찰사무는 그들의 자유재량에 따라 좌우되는 것이었다고 볼 수 있다. 국경에는 병마사[64]가 군사와 치안을 관장하였으며, 고려중기 이후에는 주현군이 관내의 경찰 업무를 담당한 것으로 추정된다. 진(鎭)은 전국에 29개를 설치하였으며, 정장 1명, 부장 1명을 배치하여 병마사 통제하에 관내 경찰업무를 대행하였으며, 지방경찰의 업무는 사심관[65]에 의하여 이루어진 것으로 보인다. 고려 성종조에 지방주목의 설치가 있기 전까지는 지방의 치안행정이 거의 자치적 운영에 속하였던 만큼 경찰조직 역시 자치적인 향직단체의 일부에 속하였다.[66]

---

64) 고려시대 양계(兩界 : 서북면・동북면)에 설치된 관직 또는 관직기구를 말한다. 고려시대에 양계지방은 대륙과 접한 군사지대로, 남부의 5도(五道)에 안찰사(按察使)를 둔 것과 달리 군사・행정의 임무를 함께 가지는 병마사와 그 기구를 두었다. 고려사의 백관지 외관조(外官條)에 의하면 병마사기구는 989년(성종 8)에 처음 설치되었는데, 그 부속 관직으로 병마사(3품) 1명, 지병마사(知兵馬使 : 3품) 1명, 병마부사(4품) 2명, 병마판관(5~6품) 3명, 병마녹사(兵馬錄事) 4명을 두었다. 이중 병마사는 양계의 주진(州鎭)을 통할하는 지방장관으로서 군사・민사의 두 방면을 모두 책임진 것으로 이해된다. 그리고 문하시중・중서령・상서령이 판사(判事)가 되어 서울에 머무르면서 이들을 거느리게 했다. 그러나 이 기록과 달리 실제로 병마사가 외관으로서 기능을 하게 된 것은 현종대(1010~31) 후년부터의 일이다. 그렇다고 해도 병마사제도는 남방의 안찰사제도 성립보다 훨씬 이른 시기에 이루어졌다. 이들 외에 병마사영에 소속되어 사무를 나누어 맡는 영리(營吏)가 있었다. 병마사・지병마사・병마부사는 병마사 기구의 구성요원으로 모두 두었던 것이 아니라 그중에서 1명만 파견되었다. 이외에도 일이 생길 때마다 필요에 따라 두는 행영(行營) 병마사, 가발(可發) 병마사 등이 있었다.

65) 고려 때 지방을 다스리던 자치 기관의 장으로 부역을 고르게 하고 풍속을 바로잡는 일을 맡아보았다.

66) 치안국, 1972: 95.

(3) 특수경찰

경찰은 독립 또는 분리되지는 않았으나 중앙과 지방을 막론하고 혼합하여 수행되었으며, 경찰업무의 증가와 세분화가 일어나자 일시적으로 분리하여 처리할 수 있는 기관을 두었다. 이것이 삼별초[67]의 기원인 야별초[68]라는 기관을 두고 도적을 예방하는 등 치안유지를 관장하도록 하였으며, 최씨 무신시대의 군대로 좌별초, 우별초, 신의군을 말한다. 삼별초는 최우가 도둑을 방지하기 위하여 실시한 야별초에서 시작되었는데 그 수가 증가하고 도적의 수도 늘어남으로 좌·우별초로 나누고 몽고에서 도망해 온 자들로 신의군을 조직하였다. 이들은 강화도에서 항몽정권까지 수립하였으나 사태가 불리해지자 진도로 옮겨 도성시설까지 구비하고 항몽전선을 폈다. 그러나 여·몽(麗·蒙) 연합군에 쫓겨 제주도에 들어가 최후로 저항하였지만 1237년 패하였다. 한편 원나라 치하 개경에는 독립경찰기관인 순군만호부(巡馬所)[69]가 설치되었는데 이곳에서는 수도의 일선 경찰서로서 주로 순찰과 경비업무를 담당하였다.

2) 조선(朝鮮)

조선시대에는 태조 1년 1392년 고려의 순군만호부(巡軍萬戶府)[70]로 하여금 상순작(常巡綽)·포도(捕盜)·금란(禁亂) 등의 경찰업무를 담당하도록 하였으며, 이것이 우리나라 최초의 전문적인 경찰의 시원이라고 할 수 있다. 조선시대에는 경찰력이 일원화되지 못하고 각 관청과 각 군문이 소관직권에 의하여 위법자를 체포하고 구금하였음은 물론 법에 규정도 없는 관방이나 권문 또는 서원 같은 곳에서도 인금(因禁)과 사형(私刑)이 자행되었다.[71]

---

67) 고려 때의 특수 군대로써 13세기 초 최우가 치안 유지를 위하여 조직한 야별초가 좌·우별초로 개편되고 뒷날 몽고의 침입 때 조직된 신의군과 함께 삼별초가 되었다.

68) 고려 23대 고종 때 최우가 조직한 야간 순찰을 위한 특별 부대로써 후에 좌별초, 우별초로 나누어 운영했다.

69) 고려 때 군직을 맡아보는 국가의 기관. 조선 때에는 각 도의 여러 진에 배치되었던 종사품의 무관직을 말한다.

70) 고려시대에 도적 잡는 일과 금란(禁亂)을 맡아보던 관아를 말한다.

71) 치안국, 1972: 229.

(1) 포도청[72]의 설치

조선시대의 경찰기관은 오늘날과 같이 일원화되고 조직화되어 있지 않았으며, 다원적으로 경찰의 업무를 수행하였기 때문에 각 기관은 거의 경찰기관이었다고 볼 수 있다. 그것은 당시의 행정이 오늘날과 같이 다양하고 복잡하게 구성되어 있지 않고 낮은 수준의 절도와 부랑배 등과 같은 단순하고 단속적인 업무를 수행하였을 것으로 추정된다. 포도청 설치 이전의 경찰업무는 의금부[73]와 오위[74]에서 담당 수행하였다. 그러나 포도청이 설치된 이후에는 이곳에서 본격적이고 전문적인 경찰업무가 수행되었다. 포도청의 설치연대에 대해서는 학자에 따라 다양한 의견을 제시하고 있기 때문에 다수의 주장에 대한 일치된 동의가 필요한 것이다. 그러나 대전회통[75]에 의하면 정종 기해년(1400년)에 친국(親鞫)[76] 또는 정국(庭鞫)[77]을

---

72) 조선시대의 경찰관서인 포도청은 포청으로 약칭되기도 하였다. 성종 때부터 중종에 이르는 동안에 그 제도적 완성을 본 것으로, 좌포도청·우포도청으로 나누어 좌포도청은 한성부 정선방 파자교 북동쪽(서울 종로구 단성사 일대)에 두고 한성부의 동부·중부·남부와 경기좌도 일원을 관할하였고, 우포도청은 서부 서린방 혜정교 동쪽(서울 동아일보사 일대)에 두고, 한성부의 서부·북부와 경기우도를 관할하였다. 포도청은 병조에 딸린 무관직소로 순조와 고종 때에는 좌·우 포도청에 각각 포도대장(종2품) 1名, 종사관(종5품) 3명, 군관 70명, 포도부장 4명, 포도군사 64명, 무료부장 27명, 가설부장 6명, 겸록부장 32명, 서원 4명, 사령 3명, 등이 있었다. 좌·우 포도청에서는 각각 8패로 나누어서 패장 8명과 군사 64명을 동원해서 담당 구역을 순찰하였다. 그러나 일제의 강요에 의하여 1894년 포도청을 합하여 경무청으로 개편하였다.

73) 조선시대 때 왕명을 받들어 죄인을 추국하는 일을 맡아보던 관청으로 금부라고도 하였으며 고종 때에는 의금사로 개명하였다.

74) 조선 세조 3년(1457)에 군제를 고쳐 새로 정한 다섯 위로서 전·후·좌·우·중의 다섯 위를 두고 한 위를 다섯 부, 한 부를 네 통으로 나누어 통제하였던 하부 기관을 말한다.

75) 조선 고종 때 편찬된 법전으로 규장각에서 소장하고 있다. 6권 5책. 목판본. 1865년 고종 2년에 왕명에 따라 조두순·김병학 등이 대전통편 이후 80년간 반포 실시된 왕의 교명과 규칙 및 격식 등을 대전통편 아래에 추보한 뒤 출판했다. 체제는 주관제도(周官制度)와 대명회전(大明會典)을 모방하여 이·호·예·병·형·공전의 6전으로 나누어 편집했다. 이전 31, 호전 29, 예전 62, 병전 53, 형전 39, 공전 14개 항목으로 총 228개 조목을 담고 있다. 또한 경국대전·속대전·대전통편 등을 보완하는 의미에서 편찬한 것이므로 이들 법전의 내용을 모두 수록하고 있다. 경국대전의 본문은 '원'(原), 속대전은 '속'(續), 대전통편은 '증'(增), 새로 보록한 것은 '보'(補)자를 음각(陰刻)하여 구별했다. 그러므로 조선시대 전반의 각종 제도와 습관을 이해하는 데 편리한 점이 있으며, 특히 일종의 행정 법전으로서 관리가 준수해야 할 각종 규준(規準)도 잘 보여주고 있다. 그러나 육부분류(六部分類)의 체재를 기본으로 하고 있기 때문에 궁중에 관계되는 사항과 부중(府中)에 관계되는 사항을 나누지 않았으며, 사인(私人)에 대한 포고와 관리에게 내리는 훈유(訓諭), 의례, 금제(禁制)를 모두 일괄하여 규정함으로써 이해하기 어려운 점이 없지 않다. 또 조종(祖宗)의 유법(遺法)을 바꾸지 않는다는 원칙에서 당시에 실제로 시행되지 않는 법조문을 존속시키거나 대외적 체면을 중요시하여 실행불가능

하였다는 기록이 있다. 친국이라 함은 국왕이 벌정(闕庭)에서 죄인을 국문하는 것으로 국문을 할 때에는 시임대신·원임대신·의금부당상관·사헌부와 사련원의 관원·포도대장 등이 열석하고 대신 중의 1인을 위관으로 명하여 국문하는 것을 말하는 것[78]으로 이미 태조 이성계가 조선을 개국하기 전후인 고려 말이나 조선 초에 포도 또는 포도청이라는 기관이 있었다는 추리도 할 수 있다. 그런데 조선왕조 5백년의 경국치세의 중요한 법전이라고 할 수 있는 경국대전에서는 이에 관한 기사가 전혀 보이지 않고 있는 점을 감안해 본다면 결국 경국대전이 편찬되던 당시에는 이 기관이 존재하지 않았다는 추리도 할 수 있다. 그러나 진단학회(震檀學會)의 한국사에서는 조선중조설을 주장하고 있으나 확실한 포도청의 설치연대는 입증하여 확정할 수 없다. 포도사목은 성종 5년 1474년 1월에 반포하였고, 1485년에 최종적으로 완성을 본 것으로 보면 포도청의 설치는 정확치 않으나 1474년 이후에 설치되었으리라는 추정도 가능하다. 1471년 2월에 성종은 포도사목을 제정하여 도적을 막는데 최대의 정책을 구사하려는 계획을 발표하였다. 성종은 같은 해 5월 포도대장을 임명하고 조선왕조의 왕권이 강화하는 의미로 포도사목을 제도화하였을 것으로 추정된다.

(2) 성종시대의 포도청

성종은 조선왕조의 왕권을 확립하고 국가의 모든 기본 법제를 정비한 군왕으로 치안의 확립이나 기강의 정돈과 같은 사회문제가 무엇보다도 중요하다고 생각하고 있었던 것이다. 그리고 이를 효율적으로 확립시키기 위하여서는 포도사목의 제정이 무엇보다도 중요하다고 생각하고 이에 대한 대비책을 강구하게 된다. 조선왕조실록에서 포도청에 관계있는 기사가 처음 보이는 것은 성종실록이다. 세조조에도 도적이 심하여 포도가 중요시 되었다는 것이 실록에 기록되어 있고 성종 즉위년에도 서울(한양)지방에 도적이 빈발하여 성종 2년 2월에 포도사목을 제정하였다는 기록이 있다. 동년 5월에는 위장 조한신을 황해도 포도장으로, 홍이노를 경기포도장에 임명하여 포도 40명씩을 각각 임명하고 임무를 수행하도록 하였다.[79]

한 규정을 두고 있기도 하다.

76) 임금이 중범죄인을 직접 심문하는 것을 뜻한다.

77) 의금부나 혹은 사헌부에서 국왕의 명을 받들어 죄인을 국문하는 것을 말한다.

78) 대전회통(역), 1960: 550.

79) 치안국, 1972: 233.

(3) 성종의 포도 집념

조선 건국 초부터 성종조 초에 이르기까지 80여 년간은 의금부에서 포도의 경찰사무를 수행하였다. 그러나 도적의 무리가 횡행하고 피해가 극심함으로 독립된 업무로 포도장을 별도로 두고 도적을 검거하는데 주력하였다. 따라서 성종 5년부터 포도청을 설립하기 위한 기초를 다지는 등 24년까지 20여년 동안 포도청 창설의 기틀을 마련하였다. 이것은 조선왕조 시대를 통하여 경찰사무가 타 관청으로부터 분리 취급된 최초의 기관이라고 볼 수 있다. 1528년 중종 23년에는 포도와 야순을 업무로 하는 좌·우 포도청이 서울에 설치되면서 근대적인 경찰제도를 확립한 것이다. 그리고 지방에는 수령(守令) 또는 진영장(鎭營將)[80]이 겸임하는 토포사(討捕使)가 경찰업무를 수행했다. 그 뒤 중종 36년 11월에 와서 좌·우변 포도대장 아래 포도군관 10인, 포도부장 3인, 군사 50여명 등의 직제가 있는 것으로 보아 포도청이란 현대의 경찰기관의 기초가 확고히 섰고 설치의 필요성이 성숙된 것으로 보인다.

(4) 포도대장

고종 7년에는 경영원[81] 및 포도대장은 정부에서 추천하는 예식을 정함으로써 그 책임은 가중되었다. 고종 13년 9월 이후부터 포도청은 밀주도 단속하여 좌·우 포도대장은 그 일을 담당하였다. 고종 20년 정월 이후에는 포도의 임무인 순찰하여 경계하는 업무가 해이됨으로 인하여 이를 조정하고 개선하기 위하여 한성부에 순찰부를 설치하였다. 이때 포도청에서는 주한 외국 공사관을 보호하기 위하여 포도청의 종사관, 군관, 사영표, 하군 등에 각 30명씩을 보내 경비업무에 임하도록 하였다. 제국주의자들은 1894년 5월 23일 조선을 식민지화하기 위하여 조선의 경찰제도를 자기들의 의도대로 지배하기 위한 음모에 들어갔다. 조선은 왜인의 강요에 따라 1894년 7월 14일(고종 31년) 경무청 관제직장 및 행정경찰장정이 공포됨에 따라 포도청을 경무청으로 개편할 수밖에 없었다.

(5) 순라(巡邏)제도

순라(patrol)라 함은 경비 경찰로서 경찰업무 중 가장 중추를 이루는 것으로써 현재의 순찰에 해당한다. 조선시대에 있어서 순찰은 일순간도 소홀하게 할 수 없었

80) 조선 때 각 진영의 으뜸 장수를 말하는 것으로 영장(營將)이라고도 한다.
81) 조선 시대 경적과 문한을 보관하고 시강과 제찬에 관한 일을 맡아보던 관아의 장을 의미한다.

으며, 특히 도성 내외의 야간경비는 국왕의 지휘 하에 이루어졌다. 그래서 도성의 순찰은 오늘날 보다 더 중요했다는 것을 짐작할 수 있다. 당시에는 군호[82]를 매일 왕께 품신하여 허가를 얻어 시행하였다든지 또한 순라의 사령부격인 좌·우순청의 순장과 감군을 매일 교대로 왕이 임명하여 전정(殿庭)에서 패를 수여한 것으로 그것을 오늘날의 제도와 비교해 보더라도 더 중요시되었음을 추정할 수 있다.[83]

(6) 다모(茶母)제도

다모라 함은 포도청에 소속되어 여자경찰의 임무를 수행하였던 비밀경찰에 속하는 여자 형사를 말한다. 포도청에 그 숫자가 얼마나 됐는지 정확한 자료는 검증된 것이 없다. 여자경찰인 다모는 포도청에만 있었던 것이 아니라 형조와 의금부에도 있었다. 다모의 첫 임무는 여성피의자에 대한 수색, 검문, 첩보수집 등과 같은 것이었다. 조선시대에는 사대부가의 안가, 여자만 살고 있는 집이나 여성전용의 공간 등에 들어가 수사형사 또는 정보형사의 임무를 수행한 것으로 판단된다. 그리고 여성을 상대로 체포, 유인, 정탐, 증거수집 등의 임무를 수행한 것으로 보아 오늘날의 여자형사에 해당하는 임무를 수행한 것으로 조선시대에도 여자경찰제도가 있었음을 알 수 있다.

(7) 지방경찰

지방제도를 보면 전국을 8도 즉, 경기, 충청, 경상, 전라, 황해, 강원, 함경(영안), 평안도 등으로 나누고 그 밑에 4부, 20목, 82군, 175현을 두었다. 도에는 관찰사(감사)를 두었으며 부윤(사)목사, 군부, 현령(감) 등의 수령을 감시 통치하게 하였다. 이들은 중앙에서 파견되었고 현 밑의 행정은 중앙정부의 6조를 모방한 6방관원의 향리들이 맡아보았으며 이를 위전이라고도 하였다. 각 군과 현에는 지방인의 고문기관으로 향청이 있었는데 이는 수령을 보필하는 별감 약간 명을 두었다. 또한 각 면에는 풍헌(면장), 리에는 리정을 두어 향청과 상호관련을 갖도록 하였다. 향청은 수령 보필과 자문에 응하고 정령전달, 향사규찰 등이 주요임무로 되어 있었지만 이와 같은 제도가 계속되는 동안은 지방세력의 소굴처럼 되어 소기의 성과를 거두지 못했다. 이러한 것을 종합해 보면 향청이란 결국 풍속 경찰이라는 지방자치경찰의 역할을 수행한 것이라고 볼 수 있다.

---

82) 언적(言的)이라고도 하며 속칭 '말마기', 요즈음의 pass word로 암호에 해당한다.
83) 치안국, 1972: 256.

(8) 조선말기의 경찰

제국주의자들은 조선의 내정을 간섭하기 위하여 조선이 혼란한 것은 정치가 부패하였기 때문이라는 트집을 잡아 이를 개혁해야 한다고 강요하였다. 그리고 1894년 6월 1일 왜인 대조규개(大鳥圭介) 공사는 조병직[84]과 만날 것을 요구하여 다음과 같은 내용을 도입하라고 강요하였다. 첫째, 제도의 개정으로 인재를 등용할 것. 둘째, 재정을 정리하고 재원을 개발할 것. 셋째, 법률을 정돈하고 사법권의 권위를 보장할 것. 넷째, 군대와 경찰을 충실히 하고 민란을 진정시켜 안녕을 보전할 것. 다섯째, 학제를 완비하여 교육제도를 확립할 것 등 자기의 주장을 받아들이라고 강요하였다.

왜[85]의 주장을 거부하기 위하여 조선정부는 독판내무부사 신정희, 협판내무부사 김종한, 조인승을 그 대책 요원으로 정하고 일제의 요구를 받아들일 수 없음을 통고하고 내정간섭을 중지 할 것을 요구하였다. 결국 동년 6월 8일 조선의 대책 요원과 왜의 공사 대조규개와 상의하도록 하였으며 정부에서는 개혁안을 요구하는 것은 조선의 평화에 역행하는 처사라고 주장하고 조선에 주둔하고 있는 왜군의 철수를 강력히 요구하였다.

그러자 일제는 병력 철수를 반박하면서 무력으로 경복궁을 점령한 뒤 동년 6월 21일 대원군을 강제로 하야시키고 김홍집[86]을 영의정으로 삼아 개혁을 담당한 중앙집행 중추기관으로 국군기무처[87]를 조직하고 회의에서 결의한 사항은 대원군을 거쳐 상주하도록 하였다. 동학혁명을 진압하기 위하여 조선에 들어온 청국과 일본

---

84) 조선시대의 문신(1833~1901)으로 자는 치문(稚文). 호는 창혜(蒼惠)이다. 고종 때 외교를 맡아 왜인들의 침투를 막기 위하여 노력하는 등 사대당(事大黨)으로 활약하였다. 청일전쟁 때 왜인의 압력으로 실각하였다가, 아관 파천 때 친러파에 가담하여 법무대신 등을 지냈다.

85) 왜(倭)는 고대 중국이나 우리나라에서 일본인 또는 일본국을 지칭해 불렀던 이름이다. 위(委)라고도 표기했다. 당(唐)나라 때 스스로를 일본이라고 고쳐 부르기까지 일본인 자신들도 중국과 통교할 때 왜라고 불렀다. 현재는 일본을 낮추어 부를 때 사용하는 용어이다. 저자는 일본을 낮추어 부르기 위하여 일본을 '왜' 또는 '일제' 라고 표기하기로 하였다.

86) 조선 후기의 정치가(1842~1896)로 초명은 굉집(宏集). 자는 경능(敬能). 호는 도원(道園)·이정학재(以政學齋). 임오군란 뒤에 대한민국 전권부관(全權副官)으로 제물포 조약을 체결하였다. 그리고 내각 총리대신이 되어 갑오개혁을 단행하였다. 과격한 개혁과 아관파천으로 친러파 내각에 밀려나게 되었고 광화문에서 피살되었다. 저서에 (이정학재일록(以政學齋日錄)이 있다.

87) 조선말 갑오경장 이후에 일본의 강압으로 설치한 임시 기관으로 정치와 군사에 관한 모든 사무를 관장하였다.

은 조선에서의 주도권 행사를 위한 청일전쟁[88]을 벌여 결국 왜의 승리로 끝났다. 청·일 전쟁 직후 조선정부는 친일파 인사로 구성되었으며 왜인 대조규개는 고문 김홍집을 총제관으로 하여 박정양 등 17명의 의원을 두었다. 국정에 대하여는 품지하도록 하여 회의원 대부분은 친일파로 일본공사와 수시로 연락을 하였다. 그리고 1894년 6월 28일 부터는 왜인의 지시대로 정치, 경제, 사회, 교육, 문화 등 모든 국정에서 왜인의 의도대로 변혁을 단행하였으며, 이를 속칭 갑오개혁이라 한다.[89]

3. 제국주의경찰

1) 초기의 경찰제도

우리나라에서 경찰이라는 용어가 처음 사용된 것은 1894년 갑오개혁 때이며 이때부터 근대식 경찰제도가 도입되었다고 할 수 있다. 하지만 곧 일본의 식민통치를 받게 되었고 일본의 경찰제도가 그대로 전해져서 한국경찰이 발전할 수 있는 기반은 마련되지 못하였다. 우리나라 고유의 경찰관청인 포도청이 경무청으로 개칭된 것은 왜의 조선식민통치를 위한 치밀한 계략에 의한 강요 때문이었다. 1894년 왜는 조선의 조정에 포도청을 폐지할 것을 강력히 주장함에 따라 무력한 조정에서는 왜의 요구대로 경무청으로 제도를 변경할 수밖에 없었다. 그러한 이유로 동년 7월 14일 경무청이 창설되고 다음해인 1895년 칙령(勅令) 제85호 경무청관제의 개정을 발포함으로서 제도상의 변혁에 들어갔으며, 경무국을 두고 직제를 관장하였다.

1900년 6월 12일에는 칙령 제20호 경부관제 전문 46조의 령으로 경무청이 경부로 승격하였으며, 경무국 사무처를 설치하고 조선의 경찰사무를 관장하였다. 1907년 7월 28일에는 칙령 제39호로 경무청 관제가 공포됨으로써 서울의 경무청이 폐지되고 경시청이 설치되었다. 경시청에는 경시총감이 있어 경무사의 역할과 같은 일을 내무대신의 통제 하에 수행하였다.

---

88) 1894년에 조선의 동학농민운동에 출병하는 문제로 일어난 청나라와 일본과의 전쟁으로 일본군은 평양·황해·위해위(威海衛) 등지에서 승리하고 1895년에 시모노세키 조약을 맺었다.
89) 대한경제일보사, 1989: 89.

2) 경시청 설치

일제는 1907년 7월 27일 칙령 제1호로 경시청 관제가 공포됨으로써 서울의 경무청을 폐지하고 경시청을 설치하였다. 지방의 경찰제도는 각 도의 경무서를 폐지하고 각 부에 경찰부를 두어 경시로서 부장으로 임명하고 경찰, 위생, 이민 등을 관장하였다.

내무 경무국장에 소속된 경무서와 그 분서 대신에 각도 경무부 산하에 경찰서 95개소를 두어 새로운 제도를 적용하여 운영하였다. 경찰의 특징은 조직이 중복되고 한국경찰, 왜이사청경찰, 왜헌병, 청나라영사경찰 등이 있어 업무집행이 이루어지지 못하였다. 의정부를 내각으로 고치게 한 일제는 다시 경무청을 경시청으로 고쳐 왜의 수도 동경경시청과 같이 변경하고, 경찰관의 계급 호칭도 경무관·총순·순검에서 경시·경부·순사로 하고, 경무서는 경찰서로 분파소는 순사주재소로 개칭하였다.[90]

3) 통감부시대

통감부시대의 경찰은 조선이 경찰권을 빼앗긴 이후의 경찰로서 일제의 침략적 만행이 기승을 부리는 시기였다. 통감부 경찰은 각 국의 영사경찰, 일제통감부경찰, 한국경찰 등을 통합하여 단일화한 것과 경찰기구가 더욱 정비된 헌병경찰 등이 있었다.

1894년부터 1910년 한일 합병 때까지의 경찰 변천 상황은 한국 경찰 외에 왜영사관경찰, 고문경찰, 일제헌병경찰까지 한국의 경찰업무를 수행하였다. 왜인들은 1905년 고문경찰을 파견하여 한국의 경찰권을 수중에 넣기 시작하면서 의병탄압과 항일운동을 저지하였다. 결국 1907년 11월 조선경찰은 일제의 수중에 들어가게 되고, 1910년 6월에는 소위 합법적으로 경찰권 안탁각서에 의하여 경찰권을 강취하였다.[91]

4) 식민지경찰

새로운 정세에 대응하고 시대적 요구에 부흥하는 열망은 이미 활기를 잃고 조선

90) 치안국, 1972: 553.
91) 대한경제일보사, 1989: 98.

의 경찰은 일제에 의하여 침탈의 가장 중요한 목표가 되었다. 1905년 당시 러시아와 일제는 전쟁 중이었으며 일제는 전쟁의 와중에서도 조선에 왜인 경무고문을 두도록 강요하여 조선에서의 실권을 강탈하기 위한 음모를 실행하였고 결국 조선에는 왜인 경무고문[92]을 두어 이른바 고문정치의 중요한 기틀을 만들었다. 일본인 경무고문의 용빙계약은 강제에 의하여 맺어졌으며 고문에게는 절대적인 권한을 부여하여 일제경시청 제일부장 경시 환산중준(丸山重俊)이 수행원을 거느리고 부임하였다. 이로 인하여 일제는 사실상 조선의 경찰권을 강제로 탈취한 것이며 이는 조선에서 일제의 의도대로 식민지화하기 위한 기틀을 마련한 것이다. 이에 대한 조선인들의 반발이 있었으나 일부 친일파의 지지 속에서 각본에 의한 속임수 작전에 당시 조선의 지도자들은 아무런 저항을 하지 못하고 무너지게 된 것이다. 경무사 신태휴(申泰休)는 왜인 고문을 경무학교에 전임으로 배치하고 일체 실무에 간섭 못하게 하려 하였으나 계약상 그 주장이 관철되지 못하고 왜인 경부의 일선 경찰서 배치에 반대하다가 결국 사임하였다.[93]

일제는 조선경찰의 실권을 탈취하게 되었으며, 경찰권을 이용하여 일제의 의도대로 침략의 도구로 이용하였던 것이다. 경무고문의 목표는 조선의 경찰기구를 개편하고 이를 이용하여 조선을 식민지화하려는 의도로 일제식 경찰제도를 도입한 것이다. 고문경찰 외에 국내에 있는 왜경찰 기관으로서 이사청경찰이라는 것이 있었다. 종래 조선에 거류하는 왜인은 치외법권을 누려 일제가 영사재판권을 행사하여 을사보호조약 이전에 있어서 외무성에서 경찰관을 파견하여 이를 공사관과 영사관에 배치하여 거류인에 대한 경찰사무를 집행하고 각 영사관에 경찰서를 설치한 것이다.

을사보호조약 후에 거류 왜인이 증가하였으며 관제를 고쳐 영사관을 이사청으로 개칭하고 550여명의 이사청경찰관을 보유하였다. 조선 내에서 고문경찰과 이사청경찰이 대립하여 업무의 중복, 연락의 결여 등 폐단이 나타나자 1907년 2월 총감은 그 관하의 두 계층의 경찰을 통합하는 조치를 취하였다.

---

92) 고문경찰이라는 말은 1910년 3월 일본 경무국 보안과장 경시 巖井敬太郎이 저술한 「顧問警察小誌」에서 처음 사용한 것으로 내부 경무국에서 발행한 것이다. 경찰 사무에 관한 제반 설비에 관하여 심의 기안하는 권한, 경찰에 관한 모든 사무는 고문의 동의를 경유하여 시행하고 경찰에 관한 의정부 회의에 참여하고 내부대신을 경유하여 의견을 제안할 수 있다.

93) 경무사 이하의 당국자는 오로지 경무 고문의 시설을 방해하고자 부심하여 고문은 그 명의대로 참고인으로서의 허위에 서게 하려 하는데 고문은 작은 일에까지 간섭을 시도하였다.

5) 보통경찰

일제의 소위 문화정치 중 가장 상징적인 것은 법제상 헌병경찰제를 폐지하고 보통경찰제를 채용하였으며, 회유책의 일환으로 종래 조선인에게만 적용했던 순사보 계급을 없애고 일률적으로 순사로 승급시켜 순사보의 명칭은 사라졌다.

조선 총독부도 순사배치 및 근무규정에 따라 경부보 계급이 신설되었으며, 과거의 경무총감부는 총독부의 외청으로 따로 명령을 발할 수 있었다. 그리고 내국으로 경무국을 두었으며 과거에 경무총장이 내린 명령은 총독부령으로 간주하게 되었다. 그리고 경무국의 분과로는 경무과, 고등경찰과, 보안과, 위생과 등을 두었다.

무단정치 철폐원칙에 따라 헌병분대와 분견소를 폐지하는 대신 1914년 8월 27일자 부령 제127호 경찰부 및 경찰서의 명칭과 위치 및 관할 구역표를 동년 8월 20일자로 경찰서의 명칭·위치 및 관할구역표로 개정하여 경기도의 고양경찰서 외 174개 경찰서로 바꾸었다.

6) 헌병경찰

일제의 육군이 우리나라의 치안을 불법으로 담당하기는 고종 31년의 청·일 개전 때부터이다. 일제는 어떻게 해서라도 청국과 싸워 승리한다고 장담하면서 인천항을 통하여 상륙하였다. 조선의 군대를 해산시키고 그들의 필요에 따라 정치는 물론, 경찰권도 그들의 의도에 따라 운영하였다. 한국에 일제의 헌병대가 주재하기는 1896년(建陽元年[94]) 1월 25일 부터이며, 임시헌병대라는 명칭의 편제로 군용전신을 수비한다는 명목아래 그들의 전신제리(電信提理)[95]의 지도하에 있었다.[96] 이들은 1903년(光武[97] 7年) 12월까지 계속하여 주둔하다가 러·일 전쟁을 준비한 일제에 의하여 조선주둔 헌병대로 개칭하였다. 1904년 4월 3일 조선주둔군사령부를 서울에 설치한 이들의 역할을 확대시켜 7월 2일 경원·경부·경인·경평간의 전신노선과 군용 철도노선을 군율 시행구역으로 정하고 군율 8개조를 정하였다.

---

94) 조선 고종의 연호로 1896부터 1897년까지 사용하였다.

95) 전신주와 전화선을 총괄하는 관리.

96) 치안국, 1972: 700.

97) 조선 고종때 사용한 연호(1897~1907).

7) 총독부경찰

융희[98] 4년, 1910년 8월 29일 왜는 조선의 경찰권을 박탈하고 각본대로 강압적인 조약으로 조선을 합병하였다. 그 후 조선총독부[99]라는 것을 만들고 통감부를 없애 버렸으며 그 결과 우리나라정부는 대한제국이라는 국호와 함께 사라진 것이다.

일제는 한국의 국호를 개정하여 조선이라 부르기로 하고 1910년 9월 29일 총독부 관제를 공포하여 동년 10월 1일부터 총독제를 실시하였다. 동령에 의하면 총독부에 총독을 두되 총독은 육군대장으로 보하고 위탁의 범위 내에서 육·해군의 통솔 및 한국방위를 담당케 했으며 제반의 정무를 통솔하였다.

총독은 직권 또는 특별한 위임에 의하여 조선총독부령을 발하고 1년 이하의 징역 또는 금고·구류·2백원 이하의 벌금 또는 과료의 벌칙을 부가할 수 있도록 하였으며, 총독부에는 정무총감을 두고 총독을 보임하고 업무를 총괄하였다. 1912년 총독부 관제가 일부 개정되어 총독은 친임으로 해군대장도 보할 수 있으며 총무부가 없어지고 관방에 총무국·외무국·토목국 등이 소속되었다. 그 뒤 중추원제를 두고 총독의 자문에 응하도록 하였으며 중추원 의장은 총독부 정무총감이 당연직이 되어 부의장 1인, 고문 15인, 찬의 20인, 부찬의 35인, 서기관장 및 서기관 2인, 통역관 3인, 비서 3인을 두었다.[100]

1914년 2월 27일 헌병경찰의 관서를 개편하고 동년 8월 7일에는 2개의 부령과 2개의 고시는 전국 232부군에 100개 경찰서 3개 분서, 108개 순사 파출소, 512개의 순사 주재소의 경찰조직과 경찰서에 해당하는 74개 헌병분대, 98개 헌병분견소, 314개의 헌병파견소, 501개 헌병출장소 등의 헌병조직으로 경찰서 총계 723개와 헌병분대 990개로 도합 1,713개 기관을 전국에 배치하였다.

---

98) 순종의 연호로 1907~1910년까지 사용하였다.

99) 일제강점기 조선에 대한 수탈과 억압을 총지휘한 조선통치의 최고기관이다. 초기의 조선총독부는 종전의 통감부 기구를 계승하는 동시에 한국정부소속 관청도 적당히 축소·흡수해서 급격한 변화를 피하는 과도적 성격을 띠었다. 한국정부소속 관청 가운데 불필요해진 내각·표훈원(表勳院 : 賞勳局)·회계검사국은 폐지하고 학부(學部)를 축소하여 내무부의 일국(一局)으로 하는 외에 내무부·탁지부·농상공부는 축소하여 존속시켰다. 통감부의 사법청은 사법부로 개편하고 새로 총무부를 설치했다. 학부의 축소는 경비절약을 내세웠으나 교육정책의 부재를 의미하는 것으로 민생의 발전을 고려하지 않고 치안에 초점을 두었으므로 간소한 기구가 된 것이다.

100) 치안국, 1972: 756.

8) 전시경찰

일제는 1937년 7월 7일 제국주의 대륙정복 정책으로 중일(中·日)전쟁[101]을 개시하였다. 조선은 왜군의 통과지역과 병참기지로서의 중요성을 더해 일제경찰은 그 단속을 전면적으로 강화하게 되었다. 전쟁은 당초 소규모로 끝날 것으로 기대하였으나 장개석 정부의 타협 없는 항일전으로 장기화되어 갔다. 그리고 일제는 또한 만주와 소련의 국경에서 소련군의 실력을 탐색하는 도발을 하여 참패하고 구라파 전란과 아울러 조선의 전 지역은 완전히 일제의 군국주의 하에 식민지역으로 전락하게 된 것이다. 그리고 일제경찰은 이에 대처하기 위하여 1937년에 조선인의 반일에 대한 사찰을 강화하였다. 그리고 외국 간첩단속을 위하여 수도를 포함한 경기도와 소련, 만주 국경인 함경북도에 외사경찰과를 두었으며, 소련을 가상적으로 공습에 대비하여 방공요원을 전국에 배치하였다.

9) 해방직후의 경찰

1945년 8월 15일 정오 왜의 천황인 유인(裕仁)이 교전 상대국이었던 미국을 위시한 영국·중국·소련 등에 대해 포츠담 공동선언을 수락하며, 무조건 항복한다는 방송을 통한 발표가 있음으로써 세계 제2차 대전은 막을 내렸다. 일본을 상대로 한 연합군 최고사령부는 종전당시의 일본의 전 영역에 국제법상의 상당한 점령권을 행사하게 되었다.[102] 우리나라는 포츠담 회담의 내용에 따라 일제의 속박에서 해

---

101) 1935년 이래 일본이 화북분리공작(華北分離工作)을 진행시키고 있을 때 중국에서는 항일민족통일전선을 결성하려는 움직임이 강하게 일어났다. 1937년 7월 7일 루거우차오사건(蘆溝橋事件)이 일어나자 관동군(關東軍)을 중심으로 한 일본 육군 내의 전쟁확대파는 소련의 참전을 경계하는 비확대파의 반대를 물리치고 8월 13일 제2차 상하이(上海) 사변을 통해 중국에 대한 침략을 개시했다. 일본군은 전쟁을 신속히 끝맺으려 했으나 국공합작(國共合作)을 이룬 중국군의 완강한 저항에 부딪혀 그해 12월에 이르러서야 난징(南京)을 점령하고 엄청난 학살을 자행했다. 일본군은 1938년 5월에 쉬저우(徐州), 10월에 광둥(廣東)·우한(武漢)을 점령했다. 그러나 일본군의 전력이 한계에 도달하게 되어 전선은 고정되고 일본군은 점(點 : 도시)과 선(線 : 철도)을 확보하는 데 주력했다. 한편 중국 국민정부(國民政府)도 광둥·우한이 함락되자 사기가 떨어져 왕자오밍(汪兆銘)이 충칭(重慶)을 탈출하여 난징 괴뢰정부를 수립했다. 1940년 9월 일본·독일·이탈리아 3국동맹이 체결되고 1941년 12월 8일 태평양 전쟁이 시작되었다. 이후 일본군의 전력은 급속히 쇠퇴했고, 1945년 8월 15일 연합국에 무조건 항복함에 따라 전쟁은 종결되었다

102) The Hauge 육전조규 제42조.

방되었으나 미군정이 시작되었다. 1948년 8월 15일 대한민국이 수립될 때까지 3년간 정부수립의 과도적 기간으로 미군정하에 있었으며 군정기간 또는 남조선 과도정부의 기간이라고 한 근거는 1947년 5월 17일 남조선 과도정부의 법령 제1조에 의한 것이다.[103] 연합국은 결정적인 전승시기에 있어서는 한국에 대한 독립을 보장하고 있었으며 대한민국 임시정부는 연합국 측에 주권회복과 독립에 대한 부단한 외교적 절충을 계속하였던 것이다. 이와 같은 사실은 제2차 대전의 말기로 접어든 1943년 11월 27일 카이로 선언에서 연합국인 미국의 루스벨트 대통령·영국의 처칠 수상·중국의 장개석 총통을 중심으로 3대국이 카이로 선언에서 확인한 것이다.[104]

이와 같은 사실은 1945년 7월 26일의 포츠담 선언에서도 볼 수 있다.[105] 대한민국 임시정부는 1941년 12월 9일 대일 선전(宣戰) 성명서를 발표하고 일본과의 선전을 정식으로 포고했다. 우리의 광복군은 중국군과 합세하여 대일전쟁에 가담했으며 연합국에 대해 한국의 독립을 주장해 왔었다. 그러나 1945년 8월 15일 연합국의 승리로 해방은 되었으나 점령군인 미군이 진주할 때까지 경찰권을 담당할 기구가 없어 치안은 공백상태를 벗어나지 못했다. 미군이 정식으로 한국에 진주한 것은 1945년 9월 9일로 24일간의 치안공백상태는 지속되었다. 국내치안은 주로 동리 단위로 임의 조직된 청년단체나 야경원 또는 치안대 등이 담당했으나 지휘체계가 없어 무질서와 혼란상태는 계속되었다. 그 후 9월 9일 미군의 진주가 있자 남조선 미군사령관 하지 중장과 왜인 총독 아부신행(阿部信行)간에 항복조인식이 거행됨으로써 왜경은 최종적으로 들어가게 되었다. 미군정이 실시되면서 한국인 경찰관이 비로소 치안을 담당하게 되었던 것이다.[106]

---

103) 남조선 과도정부 법령 제141호 제1조 (정부기관의 명칭) 북한38도 이남 조선을 통치하는 입법·사법·행정부문 등 재조선 미군정청 조선인 기관은 남조선 과도정부라 호칭함.

104) The Cairo 선언 제8절 미국·영국·중국은 한국 인민의 노예 상태에 유의하고 적당한 순서를 밟아서 한국을 자유롭고 독립된 것으로 할 결의를 가지고 있다.

105) Potsdam 선언은 제2차 세계대전 종전 직전의 1945년 7월 26일 동부 독일 베르린 남서방 교외에 있는 포츠담에서 열린 미국·영국·중국 등 3개국 수뇌회담의 결과로 발표된 공동선언.

106) 치안국, 1972: 925.

4. 미군정경찰

미군정기를 거치면서 철저한 과거와의 단절에 실패한 대가를 독립이후 치르게 되었다. 그러면서도 우리나라의 민생을 책임지기 위하여 노력을 거듭하는 경찰의 해방이후 역사에 대하여 살펴보고자 한다. 1945년 12월 27일에는 '한국독립경찰조직에 관한 건'을 통하여 일종의 부대로서의 경찰조직을 성립시켰다. 이와 함께 지방경찰을 시도지사로부터 분리하여 시도 경찰부장이 각 시도 내의 법률과 질서를 유지할 책임을 시도지사에게 지는 것 이외에는 경찰의 조직과 관리, 재정, 인사 등에 관한 권한을 경찰부장이 갖는 체제를 갖추었다. 그 과정에서 지방인민위원회, 치안대와 미군, 미군정 경찰 사이에 심각한 마찰과 대립이 일어났다. 1946년 3월 29일 법령 제46호에 의거 경찰은 국방사령부 등과 같이 경무부로 승격·개편되었고, 동년 5월 17일의 군정법령 141호로 남조선과도정부가 구성된 이후인 1946년 9월 18일부터 서울, 대구, 전주의 3개소에 경무총감부를 설치하고 그 산하에 11개의 관구경찰국을 두는 등 조직개편이 이루어졌다. 다만, 여기의 경무총감부는 관할구역 내의 경찰활동에 대한 감찰감독기구에 지나지 않아, 중앙의 경무부장의 명령이 없이는 각 관구경찰청에 대해 명령을 발할 수 없었다. 또한 관구경찰청은 도지사로부터 독립되어 있었기 때문에 동년 10월 23일부로 도경찰부가 법령 제114호에 의거 폐지되었다. 1947년 11월 25일 6인의 위원으로 구성된 중앙경찰위원회(National Police Board)가 법령 제157호로 설치되어 중요한 경무정책의 수립 및 경무부장이 회부한 경무정책과 그 운영의 심의결정, 경찰관리의 소환, 심문과 임면, 이동 기타 군정장관이 회부한 사항을 심의하는 등 경찰의 민주화를 위한 조치가 이루어졌다. 수탈경찰의 상징인 경찰의 허리에 차고 다니는 순검을 폐지하고 경찰봉(Billy)으로 대치하는 동시에 제모·제복 및 표지(Symbol) 등의 변화와 '봉사와 질서'라는 경찰표어의 제정, 여자경찰과의 신설 등도 같은 맥락이라 할 수 있다. 미군정이 지속된 기간은 과도기인 3년 동안에 불과했지만 미군정경찰이 한국경찰의 조직과 기능 등에 끼친 영향은 지대한 것이었다.

1) 창설초기

한국경찰의 역사는 1945년 8월 15일 광복과 더불어 시작되며 정부수립 이후 경찰법 제정에 대한 시도는 수차례 있었지만 그 성과는 없었다. 1945년 10월 21일 미군정 하에서 출발한 경찰은 미 군정청 내무부에 경무국(The Police Bureau)을 설치하여 치안을 담당하였고 경무국의 부서는 관방·총무과·공안과·수사과·통신과로 편제되었다. 지방조직은 각 도지사 밑에 경찰부장을 두며 그 하부에 경무과·보안과·형사과·경제과·정보과·소방과·위생과 등 6개과 내지는 7개과의 참모진을 두도록 설치하였다. 치안의 공백 상태에서 한국인 경찰관이 미군의 진주와 더불어 한동안 일제경찰의 조직을 활용하여 치안을 담당하였던 것은 한시적이었다. 민주경찰의 창설은 매우 중요한 과제였다. 국립경찰이란 우리나라의 국립경찰이 아니라 미군정 당국에서 미국식으로 편리하게 쓰는 용어에 불과했다. 왜냐하면 우리나라에서 운영하는 경찰이 아니고 군정권에 근거를 두고 군정당국이 운영하는 군정경찰이었기 때문이다.

국립경찰이라는 용어를 쓰게 된 동기는 미국에 있어서의 주경찰과 시경찰 등 지방자치 단체가 유지 운영하는 경찰에 반해 연방경찰이 있듯 국립경찰은 전국적인 의미를 내포하고 있기 때문에 군정청에서 그렇게 사용했다. 국립경찰이 창설되자 군정당국은 기존 경찰의 실태를 파악하기 위하여 동년 10월 29일 육군대령 Arsu S. Champany를 경찰감찰관으로 임명했으며, 1945년 12월 27일 군정장관 명령으로 국립경찰의 조직에 관한 법을 제정하였다.

2) 군정기의 경찰

미육군 태평양지구 총사령부에서는 1945년 9월 7일 포고 제1호를 발포하여 직장을 이탈하였던 한국인 경찰관들도 왜정시대의 식민지 경찰시대의 부정적인 행태를 일소하고 모두가 경찰기관에 복귀하여 새로운 시대의 치안확보에 중요역할을 하도록 조치를 취하였던 것이다. 미군정장관은 왜인 경찰국장을 파면하였고 새로운 경찰권의 근거가 미군의 군정권[107]에 있음을 명백히 한 것이다. 이로써 군정경찰의

107) 군 정권은 전시 점령지에 대한 점령국의 행정권에 속하는 문제이며 이는 Hague 육전조규에 상세히 규정되어 있다. 국제법상 이른바 점령이란 피점령국을 점령국의 권력 하에 두는 것으로서 점령군의 권력이 현실적으로 확립되고 행사하게 되었을 때 비로소 점령권이 이루어지게 되는 것이다. 때문에 점령은 정복과는 엄격히 구별되는 것이다. 정복은 해당지방의 영토권을 획득하고 해당지방에 대하여 주권을 행사할 수 있는 권능을 취득할 때에 비로소 성립되지만 전시 점령은 전쟁 중의 일시적 현상에 지나지 않기 때문이다. 따라서 점령은 해당지역에 대하여 사실상 점령군이 그 권력을 행사하게 될 때 개시되는 것이며 해당지역의 주민이나 패전군이 기능을 상실하고 무력으로 점령군에 대항하지 못할 때 비로소 점령에 대한 실질적인 권한을 행사할 수 있는 것이다(Hague 육전조규 제42조 제1-2항).

탄생을 의미하게 되었으며, 이에 따라 자질이 부족한 경찰관의 축출과 더불어 새로운 한국인 경찰관의 모집이 행하여지는 한편 치안확보를 위한 긴급조치와 왜정시대의 한국민을 착취의 대상으로 삼았던 모든 악법의 폐지를 실시하였다. 미군정경찰은 군정의 군사적 경찰이었으며, 동시에 국립경찰을 목표로 하는 임시적이며, 과도기적 전투행위와 행정경찰임무를 수행하도록 하였다. 군정경찰은 군정권에 연계하여 경찰작용 및 그 권력 내지 기관을 지칭하게 되었던 것이다. 과도적 경찰이라 함은 남조선 과도정부라는 명칭의 사용이나 남조선 과도입법의원[108] 또한 민주의원의 설치 등으로 그 근거를 확실하게 한 것이다. 군정경찰은 이처럼 한편으로는 진주군의 점령권 내지는 군정권에 근거를 둔 경찰인 동시에 국제적으로 보장된 자주독립 주권회복을 위한 준비적 과도적 경찰이라는 양면성을 지니고 있었다. 갑오경장[109] 이후 우리나라의 경찰이 대륙법계인 프랑스나 독일 또는 패전전 일본의 경찰제도와 계통을 같이하는 유형에 속해 있었는데 반하여 군정경찰은 대륙법계[110]와는 극히 대조적인 영・미법계[111] 경찰제도에 속한다는 조직이었다.

점령의 사실이 일단 확립되면 점령자는 점령지역에 있어 영토 소속국의 권력행사를 정지시키는 한편 주민들에게 점령군의 안전과 법률 질서의 유지 및 지방의 적절한 행정을 위하여 필요한 복종을 요구하고 또 이를 집행할 수 있다. 점령자가 점령 지역에서 행정을 실시하고자 할 때에는 점령자 자신의 군사적 이익뿐만이 아니라 점령지 주민의 공익도 확보하여야 한다(Hague 육전조규 제43조).

또한 점령자의 주요 목적이 점령군의 안전 및 그 병력의 유지와 군사행동의 성공을 도모하는 데 있지만 한편으로는 점령지역의 공공질서의 유지, 주민생활의 정상적인 회복과 확보의 부수적 의무도 있는 것이다(동조규 제43조).

108) 군정청 법령 제118호.

109) 1894년 7월부터 1896년 2월까지 개화파에 의해 추진된 근대적 제도개혁으로 갑오개혁이라고도 한다. 1894년 갑오농민전쟁이 일어나자 민씨정권은 청국에 파병을 요청하였다. 청국이 이를 수락하고 군대를 파견하자 일본도 1884년의 톈진(天津) 조약을 빌미로 군대를 출동시켰다. 청・일 양군이 주둔한 가운데 양국간에 전쟁 기운이 높아지자 조선 정부는 다시 양국군의 철수를 요청하였다. 이미 조선에서 정치적 지배력을 구축하고 있던 청국은 이를 받아들였으나, 일본은 이를 거부하고 침략의 명분으로서 조선에 내정개혁을 요구하였다. 민씨정권이 이를 내정간섭이라 하여 거절하자 일본군은 7월 23일 궁중에 난입하여 무력으로 민씨정권을 타도하고 흥선 대원군을 다시 영입하는 한편, 김홍집(金弘集) 등 개화파 인사들로 신내각을 구성하게 하였다. 동년 7월 27일에는 내정개혁 추진기구로 군국기무처가 설치되었다. 여기에는 회의총재(會議總裁) 김홍집을 비롯한 박정양(朴定陽)・김윤식(金允植)・유길준(兪吉濬) 등 주로 개화파 인사들로 구성된 17명의 의원이 참여하여 개혁사업을 총괄 지휘하였다.

110) 대륙법계 경찰은 그 기원이 국가 경찰이기 때문에 중앙집권과 반군대적 관료체제를 중심으로 하는 관료주의적인 제도로서 엄격성과 강고성을 그 특징으로 한다.

3) 경찰의 채용

미군정이 들어선 후에도 경찰에서는 인력부족으로 치안확보에 어려움이 많았다. 극심한 경력부족으로 교육 수준과는 관계없이 많은 경찰관을 신규로 채용하였으며, 단기간의 교육으로 일선 경찰서에 배치하였기 때문에 부작용이 많았다. 그러나 급조된 경찰력만으로는 치안을 확보할 수 없기 때문에 국방경비대를 창설하여 국방경비대원으로 하여금 일부치안을 확보하도록 하여 많은 문제점을 낳기도 했다.

대량으로 경찰과 국방경비대원을 모집하는 과정에서 자질이 부족한 사람과 전과자와 불량배 등이 채용되어 경찰력의 약화를 초래하였으며, 저질 집단이라는 비난을 받기도 한 것이다. 또한 단기 교육으로 일선 경찰서에 배치된 경찰관들이 직무의 한계와 임무를 알지 못하여 권한을 남용하는 등 문제를 일으켰다.

그리고 민주주의를 이해하지 못하고 왜정시대의 경찰의 행태를 그대로 재연하는 사례까지 발생하였으며, 사리사욕에 민중들의 지탄의 대상이 되기도 하였다. 이러한 부작용이 계속되자 미군정 당국은 1945년 10월 1일 전후하여 제1차로 민주주의 훈련과 경찰관으로서의 교양이 부족하고 부정한 사람들을 축출한 것이다. 미군정에서는 경찰관은 민중에게 군림하는 것이 아니고 국민의 봉사자가 되어야 한다는 민주경찰의 의식과 사명에 대한 교육을 강화하였다.

4) 영 · 미 경찰제도

해방 후 국립경찰은 민주경찰로서의 전환을 시도하면서 많은 변화를 시도하였다. 그 변화는 제도상의 변화와 경찰행정의 모든 분야에서 시도되었다. 일제의 군국주의 경찰이 민주주의 체제하의 민주경찰로 전환하는 것은 모든 면에서 매우 어려운 일이었다. 그러나 군정경찰은 다음과 같은 몇 가지 고유한 특징을 가지고 있었기 때문에 적지 않은 개혁을 하였으며, 미국식 민주경찰의 기틀을 마련하기 위한 여러가지 시도가 있었던 것은 사실이다.

---

111) 영 · 미 법계 경찰은 같은 지역의 자변적인 유급 전속 야경원으로부터 출발하여 공민자치와 관직개방을 존중하고 중앙집권과 관료주의적 체제를 기피하며 지방 공권적이며 국민과 직접 융합할 수 있는 민주주의적인 제도적 유연성과 탄력성을 가지고 있다.

(1) 남한국민을 해방하기 위한 경찰이다.

미국군대는 남한국민의 동맹 또는 보호자적 입장에서 주둔하였다. 한국으로부터 왜군을 영구히 축출하고 왜국의 모든 군국주의, 착취주의적 관념을 쇄신하기 위한 것으로 군정경찰의 대목적은 바로 여기에 있었다.[112] 이러한 목적과 임무수행을 위해 재 한국에 소재하는 왜인의 등록을 명했고[113] 왜 정부 육·해군 및 왜인의 재산을 동결 단속하는 한편 많은 법령을 폐지하였으며, 일제하의 모든 잔재를 혁신하기에 주력하였다.[114]

(2) 군사적 성격을 띠고 있었다.

군정경찰은 미 점령군의 안전과 그 병력의 유지 및 군사행동의 성공에 협력하는 데에 그 임무의 초점을 맞추었다. 일반국민의 무장해제를 명하고 무기, 탄약 및 폭발물의 불법소지를 단속하였으며[115] 군정법령위반에 대한 범죄[116]를 별도로 제정하여 특별히 엄벌하도록 명령하여 철저히 단속한 것은 군정경찰이 군사성을 띠고 있기 때문이다.

(3) 잠정적인 경찰이었다.

군정의 경찰행정이 일시적인 군사점령권에 근거하기 때문에 군정경찰은 그 조직 초기부터 그 해체를 전제로 한 경찰이었으며, 가까운 미래에 독립된 한국에 인계할 것을 예정한 경찰이었다.[117] 군정경찰은 왜의 식민지 경찰로부터 독립국가의 국립경찰로 발전하는 가교적 또는 과도기적 경찰인 것이었다. 경찰의 제도·기구·운영에 있어 많은 준비가 있었으며, 그것은 곧 강력한 국립경찰을 탄생시키기 위한 모태였던 것이다.

(4) 민주주의적 특성을 유지하였다.

한국민은 오랫동안 왜국과 왜인의 착취적 행위에 모든 것을 잃어버렸다. 그러므

---

112) 군정법령 제19호 제1조.
113) 군정경찰은 법령 제10호.
114) 군정법령 제2호 제4호, 제33호.
115) 군정법령 제3호, 제5호.
116) 군정법령 제72호.
117) 태평양미육군총사령부 포고 제1호 제1조(1945. 9. 7).

로 민주주의 정치와 사회생활을 경험하도록 함으로써 민주주의 가치를 인식할 수 있도록 한 것이다. 우선 경찰은 민중과 호흡을 같이하며 봉사와 질서유지로서 민주주의에 앞장을 서야 했었다. 이러한 이유에서도 군정경찰은 민주주의를 발전시키는 역할과 개혁에 앞장서는 임무를 수행했다.

(5) 미국식 경찰제도의 도입이다.

미군정경찰은 대륙법계의 경찰제도를 정비하여 미국식 경찰제도를 도입하도록 결정하였다. 미국식 경찰제도는 자치경찰제도로서 국민의 생명과 재산을 보호하고 공공의 안녕과 질서의 유지에만 전념하도록 하기 위한 조치로서 치안을 지역실정에 맞도록 수행하기 위한 재민주권에 의한 자치경찰활동을 보장한 것이다.

(6) 행정경찰과 전투경찰의 기능을 겸하도록 하였다.

해방 직후 정권을 탈취하기 위해 좌익분자들은 수단을 가리지 않고 테러와 협박·공갈·살인·방화 등을 자행했다. 또 그들은 독특한 세포조직으로 무지한 자들을 선동하여 폭동을 야기하며, 질서를 문란케 했었다. 따라서 군정경찰은 당연히 전투경찰로서의 임무를 띠지 않으면 안 되었다. 이리하여 군사훈련과 특수장비를 갖춰야만 했었다. 군정이 실시되면서 군정경찰이 창립되었고 군정경찰은 민주화라는 이념 하에서 경찰의 직무를 수행한 것이다.[118)]

---

118) 1948년 6월 4일부 당시의 경무부장 조병옥 및 부장 고문관 H. E. Ericson의 양자 명의로 산하 각 경무총감·각관 구청장 및 각 관구 공안장교에게 「경찰에 의한 구타에 관한 문건」을 발송한 것이다.
① 국립경찰의 각 관구 공안 장교에게 직접으로나 간접으로나 아래 항목의 혐의가 있는 한 경찰 간부나 하급 경찰관을 정직시킬 권한을 부여한다.
가. 감금 혹은 취급중의 유치인이나 피조사인을 고문 혹은 구타하는 것.
나. 유치인이나 피조사인을 고문 혹은 구타함에 정보를 은닉하는 것.
다. 미군정청의 위신을 침해하는 혹은 기정 경찰법에 순응치 않는 행동을 취하는 것.
② 경찰서장이나 수사와 사찰과의 책임자로서 책임을 져야 될 정도까지 고문을 방임하는 태만에 대하여는 기 행위를 알고 있다는 일견 확실한 증거로 인정할 권한을 각 공안장교에게 추가 부여한다.
③ 경찰만행은 전부 제거하여야 하며 이에 관한 지방신문 보도를 허용한다.

5) 국방경비대

(1) 임무는 치안

1946년 1월 14일부터 1948년 9월 5일까지 미군정하에서 전적으로 경찰의 업무인 국내치안을 담당했던 현 육군의 전신인 국방경비대(Security Force of National Defence)를 창설하였다. 미군정은 8·15해방 후인 1945년 9월 7~8일 오키나와에 주둔하고 있던 미육군 제24군단장 John R. Hodge 중장이 병력 77,643명과 함께 인천으로 상륙하여 동년 9월 9일부터 군정을 실시했다.[119] 군정청은 1945년 11월 13일 미군정 명령 제28호로 국방사령부[120]를 설치하고, 그 산하에 경무국(Police Bureau)과 군무국(Military Bureau)을 두었으며, 국방경비대의 창설에 경찰이 적극적으로 협력하였다. 왜냐하면 국내치안을 경찰단독으로 유지하기에는 경찰력의 부족으로 너무도 혼란스러운 사건들이 사회질서를 유린하였기 때문이었다. 당시 국내에는 각종 사설군사단체와 반(半)군사단체 등이 조직되었으며, 1945년 10월 미군정은 모든 정치단체는 등록해야 한다고 명령하여 동년 11월 2일까지 205개 단체가 등록하는 등 남조선은 극도의 혼란한 상태에 있었다.[121] 미군정은 통일적인 군사기구를 조직하는 작업에 착수하여 1946년 1월 14일 미군 장교와 한국인 보좌관을 중심으로 남조선국방경비대를 조직하여 국내치안업무를 수행하도록 하였다. 창설당시 미군정에서는 국방경비대를 'Korean Constabulary(한국경찰대)'라고 불렀으나 한국 측에서는 '조선국방경비대'라고 했다. 당시 초등학교 이상의 학력을 가진 21세부터 30세까지의 청년으로 몸이 건강하고 특히 군대훈련에 경험이 있는 사람이라면 누구나 지원을 할 수 있도록 했다. 당시의 일간지에 나오는 모집공고는

---

119) US Far East Command, 1948: 46.

120) 8·15해방 후인 1945년 11월 14일 미 군정청이 설치한 국방부의 전신이다. 해방 후 남한에 진주한 미군이 군정법령에 의거, 군정청 안에 국방사령부를 설치한 뒤 국방력 관련 제반 업무에 착수, 산하에 경무국과 군무국을 두고 국방 및 경찰 업무를 관장하였다. 그러나 경찰과 국방을 하나의 기구 안에 둠으로써 많은 문제점이 발생, 1946년 3월 국(局)을 부(部)로 바꾸어 국방사령부를 국방부로 승격시키고, 군무국에 있던 해군부와 육군부는 그대로 존속시켰다. 하지만 1946년 5월, 제1차 미소공동위원회에서 소련측의 항의를 받아들여 국방 개념을 국내 치안 개념에 한정한다는 뜻에서 국방부를 다시 국내경비부로 개칭하기로 하였으나, 대한제국 당시의 3영 가운데 하나인 통위영(統衛營)을 주장하여 국방부를 통위부로 고치고 군무국을 폐지한 뒤 산하에 조선경비국과 조선해안경비국을 설치하였다. 통위부는 1948년 정부수립 때 다시 국방부로 개칭되었다.

121) Richard E. Laughterbach, 1947: 46.

'나오라! 치안의 전위로'라는 기사를 볼 수 있다.[122] 우리나라 창군의 시초로 육군의 장병은 이렇게 미군정에서 특수한 성격으로 반경반군(半警半軍)조직으로 만들었던 것이다. 당시 군인이 되기 위해 선발된 사람들에게 부여된 임무는 국방이 아닌 경찰의 국내치안유지활동을 지원하는 것이었다. 국방경비대가 국내치안을 담당하도록 한 것은 미국행정부에서 남한에 군대의 창설을 원치 않았기 때문에 치안에 필요하다는 이유를 들어 창설하게 된 것이다. 군정은 군대설립계획을 보고했지만 미국정부에서 반대하자 우선 경찰예비대 성격의 군사력 건설에 나섰다. 건군과정에서 국방을 책임질 물리력 확보는 무엇보다 중요한 과제였다. 그러나 미소공동위원회에서 통일정부수립방안이 논의 중인 상황에서 국방군창설이 소련을 자극할 수도 있다는 점을 고려한 결과라는 것이다. 당시 미국에서는 전략적으로 주변지역에 불과한 남조선에서 국방보다는 군정수행을 위한 치안문제를 우선 과제로 여기고 있었기 때문이다.[123] 국방경비대 총사령부는 초기에 고급부관실·인사과·정보과·작전교육과·군수조달과 등으로 조직되었으며 재무국과 의무국은 후에 신설되었다. 1946년 3월 29일 국립경찰이 분리되어 독립하였고 국방사령부는 국방부로 개칭됐다가 소련이 '국방'이라는 용어에 이의를 제기함에 따라 미군정은 이를 '국내경비대'로 개칭했으나 한국 측에서는 '통위부'라고 불렀다. 1946년 6월 14일 국방부가 통위부로 개칭되면서 국방경비대도 조선경비대로, 국방경비대 총사령부는 조선경비대 총사령부로 개칭되었다. 정부수립 이후 1948년 8월 16일 국방부장관 훈령 제1조에 의해 조선경비대는 '대한민국 국방군'으로 호칭되기 시작했고, 같은 해 8월 24일 한국 정부와 미국 정부 간에 잠정적 군사안전에 대한 협정이 체결됨으로써 조선경비대에 대한 통수권의 이양과 더불어 9월 1일 조선경비대와 조선해안경비대는 국군에 편입되었다. 이에 따라 조선경비대는 육군으로 개편되었다. 1948년 11월 30일 국군조직법이 국회에서 인준되어 국방부 내에 참모총장과 참모차장을 두고 그 아래 육군본부와 해군본부가 설치되었다. 육군총사령부로 명칭이 바뀐 조선경비대 총사령부는 다시 육군본부로 재편되어 오늘날과 같은 체제를 갖추었다.

(2) 제9연대 창설

미군이 제주도에 진주한 것은 해방된 후 44일 만인 9월 28일 이었으며, 군정업

122) 조선일보, 1946. 1. 12.
123) Stars and Strips, 1946. 1. 10.

무를 담당할 제59군정중대가 도착한 것은 11월 19일 이었다.[124] 그러나 미군정과 제주도 인민위원회[125] 간의 대립이 심화되었으며, 1945년 8월 31일 까지 남한의 각 도시와 농촌에는 145개나 되는 인민위원회가 설립되어 있었다.[126] 미군정은 대한반도 정책을 관철시키기 위하여 치안을 확보할 수 있도록 강력한 물리력을 증강시키기 시작한다. 서울에서 제1연대가 창설된 것을 시작으로 대전·익산·광주·부산·대구·청주·춘천에 2연대부터 8연대까지 창설된다. 1946년 1월 조선경비대를 발족시킨 미군정은 1도 1연대를 설치한다는 뱀부계획(bamboo plan)에 의거하여, 1946년 11월 16일 모슬포[127]에서 제9연대를 창설하게 된다. 이에 앞서 미군정청에서는 1946년 8월 1일 제주도를 전라남도에서 분리하여 도(道)로 승격시켰다. 국방경비대 9연대가 주둔한 곳은 제2차 세계대전 당시 왜의 오무라 해군항공대(통신소·자살특공대)가 주둔하고 있었던 곳이다. 이곳은 전략적으로 중요한 지형으로 조선시대에는 수군방호소(水軍防護所)·중수전소(中水戰所) 등이 있었으며, 6·25전쟁 이후에는 주한 미공군 통신대와 휴양소로 사용하던 지역으로 군사적 가치가 높게 평가되는 곳이다. 당시 제주지역에서 국방경비대는 정식군대가 아니라 '경찰의 보조기관이다'라는 소문과 '미국의 용병이다'는 말이 나돌았다.[128] 이러한 말이 나온 것은 국방경비대가 경찰과 함께 주로 치안업무를 수행하였기 때문이다. 따라서 다른 지역의 경비대는 현지의 청년들을 기간요원으로 하여 창설하였으나 제

---

124) 정두환, 1999: 55.

125) 원래는 사회주의 국가의 행정집행기관을 의미한다. 해방 후 자주독립적인 국가를 세우기 위한 건국준비위원회가 전국적으로 조직되자 제주도에서도 대정면을 시작으로 1945. 9. 10. 제주도 건국준비위원회가 결성되었다. 이후 건국준비위원회는 인민위원회로 개편되었고 제주도 인민위원회는 9월 22일 제주농업학교에서 각 읍면 대표들이 참석한 가운데 산하에 청년동맹, 부녀동맹, 농민위원회, 소비조합 등 각종단체가 결성되었다. 제주도 인민위원회는 제주도에 하나밖에 없는 정당인 동시에 모든 면에서 정부행세를 한 유일한 조직이라고 주한 미군정청 Grant Mid는 기술했다. 그리고 John Merill은 제주도 반란에서 미군이 점령한 첫해에는 미군정중대와 밀접한 관계를 유지했다고 술회했다. 미군정중대는 제주도를 관할하는데 인민위원회를 이용했으며 이 단체에 지원을 아끼지 않았으나 제주도가 행정구역상 도(道))로 승격되면서 미군정당국과 불편해 지기 시작했다.

126) Richard E. Lauterbach, 1947: 36.

127) 제주도 서귀포시 대정읍에 있는 포구로 제주특별자치도 남서쪽 끝에 있으며 배후에 모슬봉(187m)·가시악(123m)을 등지고 있는 포구다. 남서부 해안은 암석해안 또는 암초로 둘러싸여 천연의 방파제가 되고 있다. 포구는 중앙에 돌출한 작은 반도에 의하여 항구가 좌우로 양분된다.

128) 제주신보, 1947. 4. 30.

주도의 9연대는 제주도 청년만으로 창설하지 못하였다. 제주지역에서는 모병이 어려워 호남과 영남지방에서 지원자를 모집하기도 했다. 이렇게 창설된 제9연대는 이듬해 제주도 청년들을 대상으로 모병을 하기위해 제주일주 행군, 기본훈련, 제식훈련 등을 주민들에게 선보이기도 했다. 이러한 활동에 따라 제주출신으로 1946년 12월 제1기생 40여명, 1947년 5월에는 2기생 70여명, 6월에는 3기생 80여명이 입대한다. 이렇게 8기생까지 모집되어 1948년 4월 3일 발생한 4·3사건[129] 발발직전에 1개 대대 병력을 갖추게 된다.[130] 미군정청에서는 미군사고문단 1명과 광주의 제4국방경비대에서 기간요원 54명을 제주도 모슬포에 파견하여 왜군 해군항공대가 쓰던 건물에 연대본부를 설립토록 했다. 현지 모슬포지서 경찰과 모슬포 유지들이 마련한 환영연에서도 젊은 사람들이 '경비대가 미국의 용병이지 무슨 군인이란 말인가'라는 말이 나돌았으며, 이곳은 좌익세력이 상당히 남아있다는 사실이 보고되기도 했다.[131] 9연대는 제주 4·3사건 발발 당시 모슬포에 있던 왜군이 사용하던 낡은 99식 소총을 기본 장비로 무장하였으며, 4·3사건관련자 및 공비토벌작전에 앞장서서 많은 사람을 학살한 것으로 밝혀졌다. 그러나 경찰은 미군정의 지원으로 미제 카빈소총, 기관총, 무전기 등 신장비로 무장하였다. 주한 미육군 정보처의 정보보고서에 의하면 4·3이후 경찰, 국방경비대, 미군정 등은 제주도민을 '불순분자'로 인식하여 제주도민 70%이상이 좌익정당에 동조하거나 혹은 좌익정당에 가입해 있을 정도로 극좌파의 본거지로 규정하는 등 좌우의 대립은 더욱 심화되어갔다.[132]

---

129) 제주 4·3 사건 또는 제주 4·3항쟁은 1948년 4월 3일 부터 1954년 9월 21일 까지 제주도에서 김달삼과 남조선로동당세력이 주도가 되어 벌어진 무장항전과 그에 대한 국군의 강제진압을 가리키는 말이다. 4·3 사건은 남조선 단독정부 수립을 의미하는 5.10 총선을 방해하기 위해 시작되었다가 한국 전쟁이 끝날 때까지 계속되었다. 동 사건에서 2만5천~3만 명의 무고한 사람들이 희생되었다. 이 중에는 무장대에 의해 희생된 사람도 포함되어 있으나 대부분은 서북청년단 등의 극우단체와 군경 토벌대에 의한 희생자였다.

130) 경비대는 비록 미군정의 물리력 확보 정책에서 만들어졌지만, 초기 경비대는 좌, 우의 이념적 편향성보다는 민족주의적인 성격을 어느 정도 표방하고 있었다. 제주신보 1947년 4월 30일자에는 경비대의 '청년에게 고함!'이라는 모병 광고를 싣기도 했다. 이 결과 초장기 경비대 모병에는 일본군 출신 외에도 민족주의적 성향을 가진 청년들도 적지 않게 입대했다. 모슬포 경찰서 관내의 예비검속자들은 칠석날 모슬포 주둔 계엄부대인 해병 3대대 김윤근 소령의 지휘하에 섯알오름에 있던 왜경시대의 탄약고 터에서 집단으로 총살되는 비운을 맞는다.

131) 초대 9연대장으로 발탁된 장창국은'육사 졸업생' 축사에서 창설 과정을 이렇게 밝히고 있다. 1946년 10월 나는 미군정으로부터 제주도로 가서 제9연대를 창설하라는 명령을 받았다.

132) USAFIK G-2 Periodic Report, 1947. 3. 20(1945. 9. 9~1949. 6. 17).

6) 경찰제도 정비

군정시대의 국립경찰은 사실상 1946년에 접어들면서 본격적인 활동을 하게 되었다. 경찰전반에 걸친 조직과 편성, 기타 예규 등 일절의 기본적인 업무에 대한 기초작업이 이루어졌으며, 민주경찰의 발전도 본격화되었다. 1946년 7월 1일 경무부 공안국에 여자경찰과를 설치하고 8월 1일에는 제주감찰청의 발족이 있었고 동년 8월 15일에는 중앙의 조선국립경찰학교를 국립경찰전문학교로 승격시켰다. 그리고 각 관구 경찰학교에서 최단 1주일부터 최장 3개월 기간으로 실시하여 오던 경찰의 훈련을 일정한 기준에 의하여 통일화 방안을 수립했다. 그리고 동년 9월 17일에는 각 관구청의 경찰활동을 일반적으로 감독하기 위하여 경찰총감부를 신설했으며, 9월 18일에는 수도 경찰청을 제1관구 경찰청으로부터 분리 창설하였다. 동년 10월에는 경무부 교육국의 경찰관 교양사무를 지방에서 실행하기 위하여 각 관구 교육청 공안과에 교양계를 설치했다.

1947년 2월에는 서울을 비롯하여 인천·대구·부산 등 국내 주요도시에 여자경찰서를 신설하였고 동년 3월 6일에는 본부에 경찰공보실을 설치하고 이에 따라 각 관구 경찰청에도 점차적으로 공보실을 설치하였다.[133] 동년 3월 5일에는 운수부 소관 특별경찰인 운수경찰청을 국립경찰로 흡수 1개 관구 철도 경찰청으로 발족을 하게 되었다. 1947년 12월 13일 경찰청 411호 관구경찰청에 사찰과 설치에 관한 건에 의하여 관구 경찰청에 사찰과를 그리고 각 구경찰서에는 사찰계를 설치하도록 했다. 1948년 2월 5일 관구경찰청 과명 통일에 관한 건을 하달하여 새로운 과의 설치나 과명의 개칭은 상·하의 명령계통과 조직단결 및 경찰규율상 지장이 막대함을 강조 각급관구의 종래의 관습을 타파하고 원칙적으로 6과 1교 1실로 개편 실시하게 되었으며 국립경찰로서의 통일된 조직기구의 안정을 보게 되었다.[134]

1948년 5월 5일 경찰서 등급제도를 신설하여 경찰서를 1급지와 2급지서로 구분하여 1급지 경찰서는 감찰관으로, 2급지 경찰서에는 경감을 서장으로 보했다.[135] 동년 6월 10일에는 기구의 복잡성을 제거하고 사무처리의 신속한 기능을 발휘하며 업무를 간소화하고 사무능률을 높이고자 경무부의 부국장·부관방장·부실장과 본

133) 경무부령 제1호.

134) 경공 제395호에 의한 6과 1교 1실의 명칭은 총무과·공안과·사찰과(제주경찰감찰청은 제외)·통신과·여자 경찰과(제1·5·7관구에 한함)·관구경찰학교·경찰공보실.

135) 경무부 훈령 제]26호.

부 및 관구의 부과장과 관구청 경찰학교의 부교장제를 일괄적으로 폐지했다. 동년 7월 5일에는 경비를 해야 할 전국 주요도시에 특별 경비대를 설치하였다.[136)]

7) 교육기관

왜인 경찰의 추방과 더불어 경찰관은 부족하여 혼란과 무질서의 사회상을 바로 잡기 위해서는 왜경시대보다도 더욱 많은 경찰력이 요구되었다. 초기에는 임시로 특채 등 그 경력의 수요에 충당시키고 있었으나 대량수요에 있어서는 부득이 교육기관의 필요성을 느끼게 되었다. 경찰학교의 필요성은 그와 같은 이유도 있었으나 한편으로는 기성경찰에 대한 재교육이란 부수적인 목적도 있었다. 왜경 하에서 양성된 기성 경찰관들은 체제와 운용에 있어서의 기본적인 민주경찰로서의 재교육이 필요했던 것이다. 1946년 2월 1일 각 관구청에는 1개교씩의 경찰학교가 설립하여 우선 신·구경찰관들의 기초적인 소양교육을 담당하고 있었다. 1946년 8월 15일 중앙에 있는 경찰학교는 경찰간부들의 양성을 주목적으로 국립중앙경찰전문학교로 승격되었다. 이로써 최초의 고급 경찰간부의 양성으로 전문적인 교육기관이 탄생된 것이다. 각 관구 경찰학교에서는 경찰관들에 대한 교육훈련을 짧게는 1주일에서 3개월의 기간으로 실시하였다. 간부경찰에 대한 특수교육제도는 이렇다할만한 뚜렷한 특수한 과정은 없었다.[137)]

8) 특수경찰

민주적인 경찰로의 전환은 점차적으로 그 기초와 제도의 확정으로 성립되어 갔다. 그에 따라 왜시대의 경찰과는 달리 경찰의 업무도 자연 다양해졌으며, 민중에 대한 봉사와 질서라는 민주경찰 본연의 목표달성을 위해서 야기되는 현상이었기 때문이었다. 따라서 당시의 경찰제도로서는 많은 부족을 느끼게 되었고 특수적인 임무를 완수할 수 있는 특수 분야의 다양한 경찰제도가 요구되었던 것이다.

선진외국의 민주국가적 경찰제도의 모방과 도입이라는 점도 있었으나 부녀자나 노인과 청소년을 위한 여자경찰의 필요성과 대량수송의 증가에서 빚어지는 철도공

---

136) 경인비 제166호(1948. 6. 10).

137) 조선국립경찰학교가 전문학교로 승격됐다는 기록은 있으나 언제 승격되었는지에 대해서는 기록이 없으며 1946년 8월 15일 경무부장의 명의로 각공안장교·각관구경찰청장·제주감찰서장 앞으로 발송된 「국립경찰전문학교에 관한 건」 에서 짐작할 수 있을 뿐이다.

안을 위한 철도경찰, 무질서한 사회 속에서 조직적인 데모와 집단행동 등 다중적인 사태의 진압과 역할에 임해야 할 기마경찰 등과 같은 특수임무를 수행하여야 할 특수성이 필요하였다.

(1) 기마경찰

1946년 2월 25일 우리나라에 최초의 기마경찰이 창설된 것이다. 경무청의 지시에 의해 각 도경찰부 공안과 소속으로 기마경찰대를 정식으로 발대시켜 기마경찰로서의 특수임무를 갖고 활동하게 되었다. 왜경시대의 기마경찰은 왜의 본성인 위엄을 과시하면서 민중에 대한 공포심을 유발하고 존경의 대상으로 삼기위한 것이었다. 그러나 미군정시대의 기마경찰은 민주경찰의 민중에 대한 기대와 선망의 대상이 되도록 유도하고 기동성과 질서의 유지에 더 큰 목적이 있었다. 일반경찰의 힘으로 제지 못하는 군중의 무질서는 기마경찰활동으로 진압할 수 있게 된 것이다.

(2) 여자경찰

1946년 5월 15일 우리나라에서는 처음으로 여자 경찰관을 모집하여 조선국립경찰학교에서 2개월간의 교육훈련을 실시한 후 7월 16일 배출하였다. 1946년 5월 23일 여자 경찰관의 조직이 각 경찰청과 제주경찰 감찰청에 하달되었고 서울・부산・대구・인천 등지에 여자 경찰서가 창설되었던 것이다. 동년 6월 21일 여자 경찰관의 임무와 운영에 관한 통첩으로 여자 경찰의 전반적인 운영이 조직적이고 법률적인 방향을 제시함으로써 한국 경찰 역사상 최초의 여자 경찰을 경찰서에 배치하게 되었던 것이다. 1946년 7월 1일 경무부 공안국에 여자경찰과라는 1개 과의 조직을 창설했고 다음 해인 1947년 2월 17일 수도관구 경찰청에 여자 경찰서를 창설했다.

(3) 철도경찰

1947년 3월 5일 운수부에서 독자적으로 운용돼 오던 특별 경찰인 운수경찰청을 국립경찰에 흡수 편입시켜 1개 관구로서의 철도관구경찰청을 설립했다.[138] 동년 6월 20일 경무부로 흡수된 철도경찰은 수도에 철도관구경찰서를 두고 주요교통의 요지에 17개서의 철도경찰서를 두었다. 왜경시대에는 철도가 거의 군수품의 수송에만 이용되었을 뿐이었고, 일반 민중이나 민간물자수송 등은 전혀 이용을 할 수 없었으

---

138) 경무부령 제2호.

나 해방이 되어 수송상황의 변화와 증가를 가져왔다. 해외로부터 귀환하는 많은 귀환민중의 수송, 왜군에 징용되었던 이른바 보국대라는 명목의 수많은 인력의 귀향, 일본 패잔병의 이동과 귀국, 왜인들의 귀국, 자유를 찾은 일반민중의 여행과 흩어진 가족들의 귀향, 미군의 진주와 이에 필요한 군수물자, 인원, 장비 그리고 민간화물의 증가 등으로 혼란스러운 수송문제에 대비하기 위한 것이었다.

9) 업무의 조정

미군정 경찰은 그 발족 당시부터 민주경찰로 전환하기 위한 제반 사항의 개선을 이룩해 왔었다. 왜경의 총검은 경찰봉으로 바꾸고, 제복・제모는 미국경찰의 제복양식으로 변경되었다. 그리고 과거 왜경시대에 경찰이 관여하고 담당하던 업무를 타 기관에 이관시키는 개혁 작업을 계속하였던 것이다.[139]

(1) 위생경찰의 이관

1945년 9월 24일 위생과를 폐지하고 내무부에 위생과를 설치하여 위생경찰업무 전체를 이관하였다.[140] 동년 11월 7일에는 법령 제25호를 발령하여 각 도에 보건후생부를 신설하고 도 경찰부 위생과와 경찰서 위생과, 동 경찰부 지방공의, 도 경찰부 군인원호과의 업무 등을 보건후생부로 이관하였다. 1947년 5월 13일 법령 제83호 공설욕장 및 음식점의 면허에 관한 건에 의하여 욕장과 음식점의 허가권도 도 보건후생부에 이관하고 경찰은 부대허가권[141]만을 취급하도록 하였다. 1946년 7월 25일 법령 제96호 약품 및 약품영업 취제령 및 시행규칙 개정에서는 보건후생국이라는 문구만을 사용하도록 하여 법령해석상의 문제점을 제거하였다.

---

139) 치안국, 1972: 971.

140) 1945년 9월 24일 법령 제1호 「위생국 설치에 관한 건」에 의하여 경무국의 위생과를 폐지하고 내무부에 위생국을 신설하고 경찰로부터 업무를 인계 받았으며 동년 10월 27일에는 법령 제8호에 의하여 위생국의 명칭을 보건 후생국으로 개칭하고 경무국 방호과의 전재민계의 업무도 이관하였다.

141) 부대허가는 공설욕장 면허 신청서에 영업소가 풍기를 상당히 보전할 수 있다는 경찰부의 증명서를 첨부하게 하였으며, 요리 또는 무주정 음료 판매에 관하여 종속적 업무에 종사하는 요리 또는 무주정 음료 판매인은 경무부 또는 기타 소관청으로부터 그와 같은 종속업무에 관하여 부가적으로 혹은 개별적으로 면허를 취득하도록 한 것이다.

(2) 법령의 폐지

1945년 10월 9일 군정청 법령 제11호를 제정 공포하여 왜경시대의 조선인민을 억압하고 착취하기 위하여 제정된 악법을 폐지하도록 하였다. 동 법령 제1조에서 특별법을 폐지하기 위하여 북위 38도 이남의 점령 지역에서 조선인민과 통치에 적용하는 법률로부터 조선민에게 차별 및 압박을 가하는 모든 정책과 주의를 소멸하고 조선 인민에게 정의의 정치와 법률상의 균등을 회복케 하였다.

그리고 일반법령의 폐지에 있어서는 기타 법률 및 법률의 효력을 가진 조령 및 명령으로서 사법적 또는 행정적 적용으로 인하여 종족·국적·이념 또는 정치사상을 이유로 차별을 발생케 하는 것은 모두 폐지하고 형벌법·부역법 등 죄형법정주의 원리와 불법구금 처벌의 금지 등을 규정 공포하여 왜경시대의의 모든 비민주적이고 독재적인 요소를 폐지하고 민주적인 새로운 질서를 확립토록 했다.

(3) 경제경찰의 폐지

1945년 10월 24일 법령 제17호를 발령하고 이에 따라 각 경찰국 경제과를 폐지하고 경제업무자체를 수행하지 못하도록 조치를 취하였다. 이에 앞서 1945년 9월 하순에 쌀에 대한 일체의 가격통제를 폐지하였다.[142] 왜경시대에는 조선의 경제체제가 모두 민주주의 경제질서의 본질과는 전혀 다른 왜인들만을 위한 착취형 경제제도였다.

(4) 감찰조직의 강화

1945년 10월 29일 Arthur S. Champany 미육군 대령을 경찰 감찰감으로 임명했다. 1946년 4월 15일 경찰을 8개 경찰관구청 및 각 구 경찰서로 개편할 때 5개구 경찰서 이상의 경찰서로 하여금 감찰구를 편성하여 1감찰관의 지휘하에 두게 하였고 동년 9월 24일에는 경무총감이란 직위를 증설하고 중앙의 경무부장을 대리하여 경무총감부에 귀속하는 2개처 이상의 관구 경찰청의 경찰활동을 감찰하게 하였다. 경무총감은 경찰권력의 남용을 감시하고 바로 잡으며 또 징계하기 위한 기구였으며, 다음과 같은 내용의 임무를 수행하도록 하였다.[143]

---

142) Richard E. Lauterbach, 1947: 72.

143) 대한경제일보사 1989:137.

① 감찰관이 온다는 것을 예고하지 말 것.
② 모든 업무에 대하여 등한히 하지 말 것.
③ 감찰 중에는 비판하지 말 것.
④ 각 계의 주임을 소집하여 직무와 책임이 무엇인가 확인할 것.
⑤ 작은 잘못에 대해서도 조사할 것.
⑥ 잘한 일은 서장에게 치사하고 개선할 것은 조용히 교정토록 할 것.

(5) 소방부와 소방위원회

1946년 4월 10일 법령 제66호에 의거 소방부와 소방위원회의 설립에 관한 건을 공포하여 각 시・읍・면의 직접감독과 운영관리 하에 독립된 소방부를 설립하고 종래 경찰에서 취급하던 소방부의 운영 및 관리를 정지시켰다. 그리고 소방부에 대한 경찰의 제반 의무・직무・문서・재산 및 직원을 모두 각 시・군・읍・면 소방부에 배치하였으며, 상공부 토목국내에 중앙 소방위원회를 두고 각도에 소방 위원회를 설치하여 소방업무를 수행하도록 하였다.

(6) 검열과 출판

1946년 4월 12일 법령 제68호 활동사진의 단속에 관한 건을 공포하여 영화의 필름검열 및 통제에 대한 업무를 공보부로 이관하였다. 1946년 5월 29일 법령 제 88호 신문 및 기타 정기간행물 허가에 관한 건 및 1947년 3월 20일 법령 제136호에서 법령 제88호를 개정하여 출판에 관한 경찰업무를 공보부로 이관하도록 했다. 이러한 조치로 공보부에서는 신문 및 기타 정기 간행물의 인쇄・발행・출판・배포・판매・판매권유・우송・전시・진열 등에 대한 일절의 허가나 검열업무를 수행하도록 했다.

(7) 허가권 폐지

1947년 12월 30일 법령 제158호 허가권의 이관 및 폐지에 관한 건을 공포하여 총포・화약・흥신업・도선 및 유선업・전당포업・고물영업・인쇄업・자동차 또는 운전수 등에 관한 경찰부의 허가 또는 면허사항을 제외한 그 외의 허가권을 도지사 또는 서울 시장에게 이관하였다. 용달업・하차・마차・제조장・원동기・노점 등에 관한 경찰의 허가권을 동 법령 제5조에 의하여 폐지하였다. 1948년 7월 15일 법령

제205호에 의하여 기타의 허가권을 도지사 또는 서울시장에게 이관하였다.[144)]

(8) 공보실의 설치

1947년 3월 6일 경찰공보실 제도를 도입하여 각 관구 경찰서 및 제주도 경찰감찰청에 공보실을 설치하였다. 민주주의 국가에 있어서 민중과의 소통은 매우 중요한 것이기 때문이다. 민중의 지원이나 이해가 없이 국가기관의 기능은 유지될 수 없는 것이다. 국가기관이 업무를 원만히 수행하는 데에는 무엇보다도 민중과의 긴밀한 협조가 필요한 것임은 말할 필요가 없는 것이다.

(9) 경찰위원회 설치

1947년 3월 20일 법령 제157호의 중앙경찰위원회의 설치에 따라 남한의 과도정부 내에 중앙경찰위원회를 설치하고 위원은 모두 민간인으로서 구성되었다. 중앙경찰위원회의 창설은 민주경찰로서의 권력의 비대를 미연에 방지하기 위한 목적이었다. 구성은 7명으로 하고 각 부처장에서 2명, 심판관 1명, 검찰관 1명, 기타 2명과 경무부장은 참여하도록 하였으나 표결권은 부여하지 않았다. 중앙경찰위원회의 직무 및 권한은 법령 제157호 제3조에 규정하였다. 당시에 중앙경찰위원회를 둔 것은 민주경찰의 발전에 획기적인 것이었다.

---

144) 법령 제58호에 관하여 1948년 1월 19일 민정장관으로부터 군정장관에게 법령 제158호에 관한 건의 상정의 건을 발송한 사실이 있는데 이것은 당시 입법이 착오나 해석의 무질서함의 단면을 제시 해 본다.
「금번 법령 제158호에 의한 경무부 소관 허가 사무의 일부가 지방 장관에게 이관됨」에 있어 1944년 부령 제197호 취급한 내용의 사무인 극장 흥행 허가도 이관키로 되었으나 동 부령은 행정적 적용으로 종족 및 정치사상을 이유로 차별을 발생케 하는 법령이므로 법령 제11호 제2조에 의하여 폐지되었다고 인정하고 경무부에서는 동부령에 관한 사무를 폐지하였거니와 문교부로서는 예술과를 설치하고 동 부령에 관한 내용의 사무를 지도 및 교화적 입장에서 소관 취급하여 오던 바 최근 경무부에서 남조선 정치적 현상에 감하여 사상 취재의 편책으로 동 부령의 일부인 극장 흥행허가를 실시하게 되므로 인하여 극장 및 흥행에 관한 사무는 문교부와 중첩되어 업자에게 다대한 불편과 지장을 끼치어 그 대책을 공연법(입법의원통과)에 의존코자 하던 바이오나 각하서 동 부령의 존속을 인정하신다면 차제에 중앙청과의 사무적 통일 및 연락 상으로나 예술문화 및 극장 공연면의 지도 연락을 담당하고 있는 현상에 비추어 당연히 문교부 계통인 시・도학무국 등에 이관함이 타당하다고 믿사오니 취지를 통찰하시어 「1944년 부령 제197호에 관한 사무는 문교부에 이관함」에 대한 법令 제158호의 추가발표를 건의합니다.

(10) 형사소송법의 개정

1948년 3월 20일 법령 176호 형사소송법의 개정 및 동년 3월 31일 법령 제180호에 의하여 법령 제176호에 대한 보충규정으로 형사소송법을 개정하였다. 개정의 내용은 영·미의 형사소송법 제도의 장점을 도입하여 불법구속에 대한 국민의 자유권을 충분히 보장하기 위한 획기적인 조치였다. 일제가 국민의 인권을 고려치 않고 자기들의 체제에 충성하지 않으면 구속으로 일관하였던 것과는 대조적인 민주주의 법질서의 기본을 마련한 것이었다.

미군사고문단원이 경찰과 국방경비대원에게 기관총교육을 실시하고 있는 모습

제5장 대한민국경찰

1. 경찰직제의 근거

건국경찰은 1948년 7월 17일에 대한민국 법률 제1호인 정부조직법을 근거로 내무부 직제를 마련하였다. 내무부장관은 지방행정, 선거, 치안, 소방, 도로, 교량, 하천, 수도, 건축과 통계에 관한 사무를 관장하고 지방 치안단체를 감독한다. 전항의 사무를 분장하기 위하여 내무부에 '지방국, 치안국, 토목국, 통계국을 둔다' 고 규정하여 경찰조직을 치안국으로 개편하였다. 동년 8월 15일 대한민국 정부수립을 선포한 신생정부는 9월 13일 미군정으로부터 행정권을 완전히 인수하고 남한전체의 통치에 들어갈 수 있었던 것은 경찰이 굳건하게 치안을 맡아주었기 때문에 가능한 것이었다.

2. 건국경찰

미군정으로부터 행정권을 인수한 초대 대통령 이승만은 권력욕에 심취하여 3선 개헌을 강행하고 경찰을 앞세워 3·15부정선거를 실시함으로 인하여 독재에 항거하는 민중과 4·19학생의거 등으로 대통령직에서 하야하여 하와이로 망명하는 역사의 죄인으로 사라졌다. 이로 인하여 경찰은 '독재정권의 하수인'이라는 불명예를 얻기도 했다. 그러나 해방이후 정부 수립에 이르기 까지 경찰은 험난한 역사의 주역으로 한편으로는 국법질서를 수호하는데 총력을 기울이면서, 다른 한편으로는 정치사상의 대립으로 인한 공산당의 음모, 찬반탁의 대립, 테러와 폭동, 4·3사건, 국론분열 등 여러 가지 사회적 혼란과 어려움 속에서 남한 단독의 5·10총선을 통한 대한민국의 정부를 수립하는 역사적인 어려움을 슬기롭게 극복하는 공헌을 하였다. 특히 국내치안은 물론이고 38선을 지키는 국방의 임무까지 담당해야하는 어려움을 감수할 수 있었던 것은 경찰의 헌신적 희생이 있었기 때문이었다. 결국 경찰은 국군이 창설될 때까지 비극의 38선을 방어하여 건국의 초석을 세웠다는 의미에서 건국경찰이라고 의미를 부여하는 것이다.

3. 호국경찰

경찰은 미군정하에서 출발하여 조직의 안정을 기하기도 전에 제주 4·3사건 등이 발생하여 종결되지도 못한 체 미군이 철군하게 되고 철군 1년이 지나기도 전에 북한의 남침에 따라 다시 국방의 업무인 전쟁에 참여하게 된다. 국토의 분단으로 인한 남북한의 대립은 우리역사에서 가장 비극적인 사건으로 세계사에서도 그 유래를 찾아볼 수 없는 동족상잔의 결과로 이어졌다. 6·25 전쟁으로 인한 그 피해는 남북한 모두에게 씻을 수 없는 큰 과오를 남겼다. 이러한 와중에서 경찰은 전시상태에서 국내치안과 동시에 전쟁에 참여해야 하는 운명적인 임무를 수행하는 등 국가를 호위하는 호국의 경찰로서 임무를 성실히 수행하였다. 6·25의 혼란 속에서도 국토를 수호하고 외세에 대비해야 한다는 의지를 다지고 북한의 공비를 토벌하는 공을 세워 오늘의 대한민국을 세계만방에 자긍심을 드높일 수 있는 호국경찰로서 임무를 성실하게 수행한 것이다.

4. 독도경비대

1) 경비경찰의 주둔

1956년 4월 8일 경찰은 공식적으로 독도경비대(Police Force of Dokdo Security)를 창설하여 정식으로 독도경비임무를 수행하게 된다. 독도의용수비대로부터 독도경비임무를 인수받을 당시 울릉경찰서에서 8명의 경찰관을 파견하여 의용수비대원과 합동 근무 후 1956년 12월 30일 독도의용수비대원은 완전 철수하였다. 독도경비대는 울릉경찰서 소속으로 1개 소대 규모의 병력이 독도 경비 임무를 수행하고 있다. 비상시에는 해경, 해군, 공군 등과 통신이 가능한 통신시설 등을 갖추고 영해를 침범하는 불순세력을 관계기관에 통보하여 퇴치토록 하고 불법으로 독도에 상륙 또는 접근 할 때에는 출입국관리법 등에 의하여 체포하여 처벌하는 등 경비임무를 맡고 있다. 왜의 해안경비순시선 등 불순세력의 독도 침범에 대비하여 레이다 등 첨단장비를 설치하여 24시간 해안경계를 하고 있다. 독도 근해에 왜의 순시선 출현이 급격히 증가하여 1991년 5월 합참의장과 국방정책 비서관 등이 독도를 방문한 결과 독도는 군사적 의미보다 국가 전략적 가치가 지대한 만큼 독도방위를 견고히 하기위한 경계태세, 지원체계 등 종합적 검토를 실시하여 대책을 강구하였다. 1996년 5월 한·일간 영유권 문제가 대두되었을 때 통합방위본부에서는 독도 해상경비 및 독도경비대 보강대책을 수립하기 위하여 독도경비보강을 위한 경찰과 군이 합동점검을 실시하기도 하였다. 경비체계 개선보완을 위하여 울릉경찰서 소속 독도경비대와 울릉도 경비를 전담하고 있는 318전경대와 통합하여 1996년 6월 27일 창설한 울릉경비대 예하에 독도경비대를 두고 울릉경찰서장 책임 하에 독도경비를 맡고 있다.

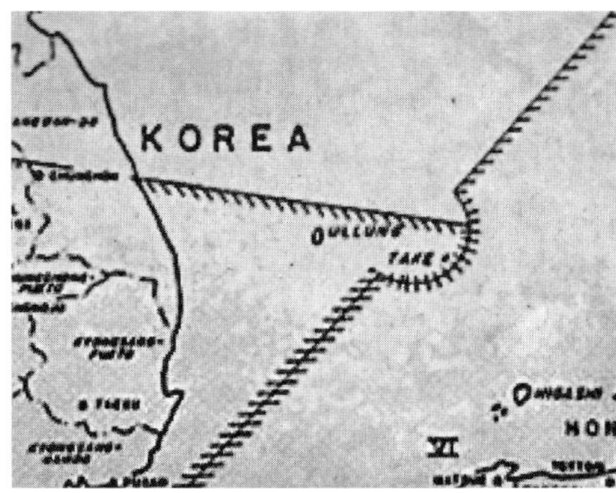

1946년 연합국 최고사령부지령(SCAPIN) 제677호가 제시한 한·일 영해표시지도

독도는 역사적으로 신라시대부터 현재까지 한국의 영토임에도 일본이 자기의 영토라고 주장하여 우리나라와 영토분쟁을 일으키고 있는 곳이다. 일본 스스로가 독도가 한국의 영토라고 기록하고 있는 내용을 보면 1877년 죽도(당시의 울릉도)외 1개 섬은 일본과 관계없다는 결정을 내린 일본 태정관(지금의 총리실)의 문서와 2008년도에 재일교포 이양수(58)씨가 찾아낸 일본의 법령으로 1951년 6월 6일 공포된 일본의 '총리부령 24호 제2조'에서 일본 땅에 속하지 않는 도서로 '울릉도, 독도 및 제주도' 등을 명시하였다. 이에 앞서 일본은 1951년 2월 13일자 대장성령 4호에서도 울릉도·독도·제주도 등을 일본 영토에서 제외한다는 문서가 확인이 되었다. 그리고 1946년 연합국 최고사령부(SCAPIN)지령 제677호가 제시한 한·일 영해표시에서도 울릉도와 독도가 일본영토가 아닌 한국영토라고 명시하고 있다. 그러나 지금까지 일본은 1905년 시마네현이 독도를 자기 땅으로 편입한 지방고시를 갖고 영유권을 주장해 왔다.

2) 민간의용수비대

민간의용수비대(Civil Force of National Security)는 경찰의 임무를 대신하여 1952년 4월 20일부터 1956년 4월 8일까지 독도에 침입하는 왜의 어선과 순시선 등에 맞서 독도를 지켜 낸 순수 민간조직으로 6·25전쟁의 혼란을 틈타 독도에 대한 왜인의 야욕적 침범행위가 잦았다. 1952년 8월에는 왜인들이 불법으로 독도에 상륙하여 시마네현 오키군 다케시마(島根縣隱岐郡竹島)라고 쓴 표목을 독도에 세우는 등 계속해서 불순행위를 자행했다. 왜의 독도영유권 주장은 1952년 2월 27일 주한 미공군이 독도를 미공군 전투기 폭격훈련장으로 사용하지 않은 후부터 야욕적이었다. 독도의용수비대는 독도에 대한 왜의 불법적 침탈행위가 계속되자 왜의 터무니없는 독도 영유권 주장을 근원적으로 차단하고, 독도 근해에 나타나는 왜인들을 퇴치함으로써 왜국 어선의 독도 근해어로 작업방지 및 울릉도 주민의 생존권 보호를 목적으로 조직되었다.[145] 만일 민간의용수비대의 독도선점이 없었더라면 왜인들이 상륙하여 자기들의 주장대로 독도를 왜의 실효적 지배하에 두고 왜의 영토로 편입하였다면 우리는 두고두고 한 많은 섬으로 기억될 수밖에 없을 것이다.

5. 자치시대의 경찰

장면내각에서는 지방자치제도를 도입하여 상당한 수준의 민주주의 제도가 도약을 하였으며, 경찰에 대해서는 선거공약으로 자치경찰제를 도입한다고 약속했다.

---

145) 6·25전쟁에 참여했다가 전상을 입고 특무상사로 전역한 울릉도 출신 홍순칠(洪淳七)은 1952년부터 독도의용수비대를 만들기로 결심하고, 부산으로 가서 단신으로 독도를 지킬 각종 무기와 장비를 구입하였다. 홍순칠은 1953. 4. 20. 드디어 울릉도 청년 45명으로 1개 소대 병력의 독도의용수비대를 조직하였다. 수비대장은 홍순칠로 편제는 각각 15명으로 이루어진 전투대 2조, 울릉도 보급 연락요원 3명, 예비대 5명, 보급선 선원 5명 등으로 짜여졌다. 45명중 42명은 모두 6·25전쟁에 참전했던 전투요원 출신이다. 장비는 경기관총 2정, M2 3정, M1소총 10정, 권총 2정, 수류탄 50발, 0.5t 보트 1척 등이다. 다시 박격포 등을 추가로 구입하였고, 의용수비대원 가운데 자의로 빠진 사람을 제외하고 마지막까지 남은 사람은 대장 홍순칠을 포함해 모두 33명이다. 의용대는 같은 해 6월, 독도에 접근한 왜 수산고등학교 실습선을 귀향 조치한 뒤, 7월 12일 독도에 접근하는 왜의 해상보안청 소속 순시선 PS9함을 발견하고 경기관총으로 집중 사격해 격퇴하였다. 이 전투가 의용대 최초의 전투이다. 첫 전투에서 장비의 보충이 시급함을 깨달은 홍순칠 대장은 다시 육지로 나가 어렵게 M2 2정과 박격포 한 문을 구입하였다. 이어 8월 5일에는 동도(東島) 바위벽에 한국령(韓國領)이라는 글을 새겨 독도가 한국 영토임을 분명히 하였다. 1954년 8월 23일, 독도에 접근하려는 왜의 순시선을 총격전 끝에 다시 격퇴한 뒤, 그해 11월 21에는 1,000t급 일본 순시선 3척 및 항공기 1대와 총격전을 벌여 역시 격퇴하였다. 이 전투로 왜인 16명의 사상자가 발생해 왜 정부가 한국 정부에 항의각서를 보내기도 하였다. 이후 1956년 12월 30일 무기와 임무를 국립 경찰에 인계하고 울릉도로 돌아갈 때까지 수비대원 33명은 독도를 지키는 큰 공을 세웠다. 이 공로로 홍순칠은 1966년 5등 근무공로훈장, 나머지 대원들은 방위포장을 받았고, 홍순칠에게는 1996년 보국훈장 삼일장이 추서되었다.

그러나 이러한 입장을 발표는 했으나 취임 초기에는 경찰에 관한 논의를 해보지도 못한 체 출범 6개월만에 박정희 육군소장의 군사 쿠데타에 의해 정권이 몰락하였다. 이로 인하여 경찰은 더욱 정권의 하수인 역할을 하였을 뿐 이렇다 할 개혁은 하지 못했다. 특이할 만한 것은 자유당시대에 끈질기게 경찰 중립화를 주장하고 4·19 의거 후 선거 공약으로까지 내세웠던 민주당도 태도를 바꾸어 오히려 경찰 중립화를 반대하였으며, 일부 민주당에서 떨어져 나온 신민당만이 중립화를 주장하게 된 것이다. 1960년 4월 허정 과도내각수반 겸 대통령 권한 대행은 첫 기자 회견에서 당면 문제인 경찰중립화를 실천하겠다고 천명하였다. 그리고 동년 6월에는 경찰행정개혁심의위원회를 대통령령으로 제정하여 학계, 언론계, 법조계, 실업계 대표 및 미국인 전문가 등으로 심의 위원회를 구성하여 경찰의 중립화 방안을 마련하였다. 동 위원회에서는 경찰 중립화 방안을 내무부장관에게 건의하였으며 그 내용은 중앙과 각 시·도에 공안 위원회를 두고 그 아래에 경무청을 설치하는 것 등이었다. 이와 병행하여 해산되기 직전인 제4대 국회도 경찰 중립화 법안 기초 특별위원회를 구성하여 1960년 5월부터는 공청회를 개최하는 등 활발한 심의를 거쳐 정부안과 유사한 경찰안을 만들어 국회 법제사법위원회까지 통과되었으나 국회해산으로 폐기되었다.

6. 군사정권경찰

1960년 5월 16일 군사 쿠데타 당시 경찰의 중앙조직은 치안국을 중심으로 경찰전문학교, 해양경찰대, 경찰병원, 국립과학수사연구소 등의 보조기관이 있었다. 지방조직으로는 각 시·도 경찰국과 그 산하에 경찰서와 소방서가 일선조직을 형성하였다. 5·16 군사 쿠데타 후 국가재건 최고회의에서도 경찰조직의 개편문제가 비공식적으로 검토는 되었으나 일부 계엄군부강경파의 반대로 결론을 내리지 못하고 중단되었다.

1964년 3월 24일 군사정권에서는 정권의 유지에 지장이 없는 소방 분야에서만 활동을 강화하기 위하여 소방서 직제 제정으로 치안국의 조직을 개편하였을 뿐이다. 그리고 1972년 5월 신민당에 의하여 경찰 중립화를 목적으로 공안위원회 설치 등을 골자로 한 경찰조직 법안이 제기되었으나 국회에 상정되지는 못하였다. 1974년 8월 15일 광복절 기념 행사장에서 재일교포 문세광[146]의 대통령 저격 사건으로 인하여 동년 12월 정부조직법을 개정하여 내무부 치안국을 치안본부로 격상시켰다. 그러나 박정희 대통령의 군사정권에 대항하여 많은 민주인사, 대학생 등이 독재정권에 항거하여 국민적 소요가 발생하였을 때 경찰의 무차별적인 검거와 과잉진압으로 경찰은 '독재정권의 시녀'라는 평가를 받기도 하였다. 결국 박정희 대통령은 독재에 항거하는 민중의 항거인 부마사태[147] 등과 관련하여 1989년 10월 26일 대통령 안가(安家)인 궁정동에서 대통령이 가장 신임한 최상위의 신하인 김재규[148] 중앙정보부장의 총탄에 세상을 달리하게 된다.

---

146) 문세광(文世光) 일본명은 난조 세이코우(南条世光 1951년~1974년 12월 20일)이다. 조선민주주의인민공화국이 세운 해외동포단체인 재일본조선인총련합회의 지령을 받았다고도 하며, 공산주의를 믿는 단순한 공산주의자라고도 하지만, 실체는 정확하지 않다. 1974년 8월 15일 광복절 경축행사장에서 대통령 박정희를 사살하려고 하다가 영부인 육영수를 총상을 입혀 살해했다. 문세광은 시해사건으로 동년 12월 20일 사형에 처해졌다. 하지만 문세광이 육영수를 실제로 맞혔는지와 왜 암살을 시도했는지 그 의도에 대해 많은 의혹이 제기되었다.

147) 1979년 10월 16~20일 부산과 마산 지역에서 일어난 민주화운동으로 정치적·사회적 갈등을 빚어오던 유신체제는 1979년 들어서 '백두진 파동'과 '박정희 대통령 취임 반대운동' 등을 겪으며, 각종 시국사건에 대해 강경 대응하여 반정부 인사들에 대한 체포·연행·연금 등이 잇달았다. 더욱이 김영삼 신민당 총재의 의원직 제명안을 변칙으로 통과시켜 정국을 파국상태로 치닫게 했다. 1979년 10월 16일 부산대학교 학생 5,000여 명은 "유신정권 물러가라", "정치탄압 중단하라"는 등의 구호를 외치며 교내에서 반정부 시위를 벌였고, 저녁에는 부산시청 앞에 집결하여 부산시내 중심가까지 진출, 애국가 등을 부르고 반정부 구호를 외치며 격렬한 시위를 벌였다. 10월 17일 저녁 시민들이 합세하면서 시위가 지속적으로 확산되어 충무파출소·한국방송공사(KBS)·서구청·부산세무소 등이 파괴되고 경찰차량도 전소 내지 파손되었다. 경찰력만으로 진압이 어렵다고 판단한 정부는 10월 18일 0시를 기해 부산에 비상계엄령을 선포하고 계엄군을 투입하여 1,058명을 연행하고 66명을 군사재판에 회부했다. 계엄군에 의해 계엄해제를 요구하며, 시위를 벌이는 부산의 시민·학생들은 진압되었으나 시위는 더욱 확산되어 마산지역에서 마산대학교와 경남대학교 학생들을 선두로 민주공화당사·파출소·방송국을 타격하는 등 격렬한 시위가 전개되었다. 10월 19일에는 마산수출자유지역의 근로자와 고등학생들까지 합세하여 시위는 더욱 격렬해졌고, 마산시내는 한때 치안부재의 상태가 되기도 했다.

148) 1926년 3월 6일 경북 선산출생으로 제8대 중앙정보부장 재임당시 박정희 대통령을 시해하여 유신체제의 막을 내리게 한 장본인이다. 1945년 9월 경북사범대학교 중등교원 양성소를 수료하고 김천중학교의 교사로 재직중 1946년 9월 육군사관학교에 입교하여 육사 제2기로 그해 졸업·임관했다. 이승만(李承晩) 집권기에는 이종찬(李鍾贊) 계열의 장교로 인식되어 불이익을 당하기도 했으나, 이종찬 장군의 도움으로 군에서의 위기를 여러 차례 극복했다. 5·16군사 쿠테타 이후 호남비료 사장으로 임명되었고, 6·3사태 때에는 준장으로 계엄군을 지휘하기도 했으며, 보안사령관·3군단장 등을 역임하고 전역했다. 1973년 3월 유신정우회 국회의원이 되었으며, 동년 중앙정보부의 차장으로 임명됐다. 1974년 9월 건설부장관에 취임, 중동건설 수출을 적극 추진하는 일을 맡았다. 이어 1976년 12월 제8대 중앙정보부장이 되었다. 중앙정보부장 재직시는 유신체제가 그 스스로의 한계상황을 노출시키면서 와

7. 신군부경찰

제5공화국이 출범하고 경찰의 외형적인 조직이 가장 크게 변화한 것은 1986년 1월에 경찰청의 조직을 4부 19과에서 4조정관 9부 4관 26과 5담당관으로 정비하였다. 한편 대공경찰 기능을 강화하기 위하여 5조정관을 신설하여 11부 4관 32과 5담당관으로 대폭 확장하고 신설된 5조정관 실에서 대공경찰업무를 전담하게 하였다. 1987년 민주화 운동 이후 계속되어 온 수난 속에서 경찰조직 안팎에서 경찰의 정치적 중립 요구가 강력히 제기되었다. 야당이 경찰법안을 마련하고 정부도 행정개혁위원회로 하여금 경찰 중립화 방안을 마련하게 하는 등 경찰중립화 방안을 구상하였다. 증가하는 강·폭력에 대비하기 위하여 제3조정관 산하에 형사부 및 형사 1계와 2계를 신설하였다. 수사지도과를 수사과로, 특수수사과를 조사과로, 전국 시·도 경찰국 산하에 폭력, 강·절도 등 강력사범을 전담하는 형사 특별 기동대를 구성하여 24시간 운영하였다. 1990년 10월 13일 당시 노태우 대통령은 경찰관을 무장시켜 범죄와 폭력에 정면 대응하다는 범죄와의 전쟁을 선포하여 범죄에 대한 전면 소탕을 선언하였으며, 이와 때를 같이하여 경찰조직 개편을 하였다. 동년 10월 21일에는 제45주년 경찰의 날 기념식에서 경찰청 발족을 대내·외에 천명함으로써 구체화 된 것이다. 1990년 12월 13일 행정개혁위원회에서는 경찰의 중립성 보장에 관한 건의를 토대로 여러 차례의 여론수렴과정을 거쳐 성안된 정부와 여당의 경찰법안이 국회에 제출·상정되었다. 1990년 12월 27일 경찰법 제정에 앞서 정부조직법을 개정 행정안전부장관 소속 하에 경찰청을 두도록 함으로써 경찰청 개청의 근거 규정을 마련하였다. 1991년 5월 31일 법률 제4369호로 경찰법을 제정 공포하여 현실을 반영한 현행 경찰법이 국회를 통과하여 동년 8월 1일자로 시행됨에 따라 행정안전부에서 독립하여 경찰청으로 정식 발족되었다. 경찰청 발족에 따른 경찰 기

해되던 시기로서 1975년 발동한 긴급조치 9호 등의 억압적 조치로 명맥을 유지하던 때였다. 한편 1979년 신민당사에서 농성하는 YH여성노동자를 강제 해산시킨 것도 그의 중앙정보부장 재직중의 일이며, 학생운동과 대중운동의 결합이 부산·마산 지역에서 절정에 이르게 되었을 때는 시민들의 항쟁이 가속화될 것으로 입장을 개진하기도 했다. 중앙정보부장 재직 말기에는 박정희 대통령의 신뢰를 점차 잃었으며 경호실장 차지철과도 심각한 마찰을 야기했다. 1979년 10월 26일 궁정동 안가(安家)에서 김재규는 박정희 대통령과, 실질적인 제2인자로 권력을 행사해온 차지철을 살해하여 군사재판에 회부되었다. 김재규는 재판과정과 사형집행 직전까지 '10·26민주회복국민혁명'을 시종일관 주장했으나, 1980년 5월 24일 서울 구치소에서 형장의 이슬로 사라졌다.

구는 중앙은 기획, 조정, 통제기능의 강화로 독자적인 관리체제를 구축하고 업무의 전문성과 효율성을 높일 수 있도록 대국, 대과 체제로 개편하였다. 과거의 5조정관, 16부 46과에서 1차장, 4관, 7국, 5심의관, 9담당관, 41과로 확대 개편하였다. 경찰의 기구확대에도 불구하고 전두환, 노태우 군사정권의 유지를 위하여 안보를 빙자한 공안정국을 조성하는 등 정치적 하수인 역할을 함으로써 대다수 국민들로부터 '군사정권의 방패'라는 평가를 받았다.

8. 문민정부의 탄생

문민정부는 1990년 1월 22일 노태우의 민주공화당, 김영삼의 통일민주당, 김종필의 신민주공화당의 합당(3당 합당)으로 출범한 민주자유당의 김영삼이 제14대 대통령 선거에서 승리함으로써 1993년 2월 25일 취임과 함께 출범했다. 김영삼 정부는 박정희 이후 군인 출신의 대통령이 아닌 최초의 순수한 정치인의 민간정부라는 의미로 문민정부로 불리게 되었으며, 이후 15대 김대중 대통령의 국민의 정부, 16대 노무현 대통령의 참여정부 등이 실질적 민주주의 국가의 초석을 놓았다. 민주주의 하에서 경찰은 법률의 목적에 따라 기능을 수행하여야 함은 물론이고 자유로운 국민의 참여와 의사에 따라 민주적으로 임무가 수행되어야 한다. 경찰조직은 정치권력의 개입을 방지하는 정치적 중립성을 확보하여 정치적 하수인이 되어서는 안되고 국민을 위하여 봉사해야 된다. 전체국민의 봉사자로서 국민의 자유와 권리를 최대한으로 보장해야 하고 어떠한 정치권력과 목적에 남용되는 일이 없도록 하여야 하고, 국민을 억압하는 수단으로 이용되어서도 결코 안 된다. 국민의 의식과 정치수준이 높고 발전된 선진 국가에서는 경찰의 정치개입은 있을 수 없으며, 국민의 여론과 헌법적 규율에 의하여 엄격히 통제되고 있음으로 경찰의 중립성은 보장되고 있다는 것을 우리 경찰은 확실하게 인식해야 한다.

제6장 경찰제도

1. 경찰의 주체

경찰행정은 국가행정의 일부로서 일반 행정제도 특히 지방행정이 중앙정부에 의하여 이루어지는 경우에는 경찰도 중앙집권적인 국가경찰 제도를 채택하여야 한다. 지방 자치제도가 도입되어 지방자치를 시행하고 있는 경우에는 자치단체별로 지방자치 단체를 위주로 지방분권적인 자치경찰제를 채택하는 것이 국민편익위주와 주민위주의 봉사경찰제도라고 할 수 있다.

지방분권적인 자치경찰제를 채택함으로서 민주주의적 사고를 고무하게 하고 인간적인 자질을 함양할 수 있는 것이다. 그리고 지방정부는 중앙정부보다 주민참여를 확대한다는 점에 있어서 민주주의적 우월성을 지니기 때문이다. 일반적으로 자유민주주의 이론가들은 정부의 규모가 커지면 주민참여의 기회는 줄어들고 따라서 민주주의도 어려워진다고 보고 있다.

민주주의는 근린정신과 개인적으로 얼굴을 알 수 있을 만큼 규모가 작은 단위들로 이루어진 국가에서만 가능할 수 있다.[149] 정부의 규모가 클수록 획일적인 규칙들의 비용은 더 증가하고 위축된 소수집단들이 더 늘며 개별시민들의 통제력은 더 약화되기 때문에 국가수준에서의 대의정부는 단지 민주주의의 외양만을 갖추고 있을 뿐 실제로는 건전한 민주주의를 유린하고 있다고 볼 수 있다.

Hayek[150]는 "지방자치를 실시하지 않고 민주주의를 제대로 실행한 나라는 그 어디에도 없다"고 단언하였다. 그리고 Bryce는 "지방자치를 민주주의의 가장 좋은 학교"라고 평가하였다. 우리국민의 민주의식 수준이 낮은 하나의 이유를 국민과 정치지도자

149) Cole, 1960: 94.

150) Friedrich August von Hayek, CH (May 8, 1899 in Vienna – March 23, 1992 in Freiburg) was an Austrian-British economist and political philosopher known for his defense of classical liberalism and free-market capitalism against socialist and collectivist thought in the mid-20th century. He is considered to be one of the most important economists and political philosophers of the twentieth century. One of the most influential members of the Austrian School of economics, he also made significant contributions in the fields of jurisprudence and cognitive science.

들이 지방자치를 통해 민주주의를 배우고 자치능력을 키울 수 있는 기회를 갖지 못한 데서 찾을 수 있다.[151] 현재 우리나라에서 실시하고 있는 지방자치는 경찰을 국가경찰로 계속 존속시킴으로서 완전한 지방자치를 실시하고 있다고 볼 수 없는 것이다.

2. 경찰제도의 비교

경찰조직을 편성함에 있어서 경찰의 주체를 중앙정부의 조직으로 하느냐 지방자치 단체의 조직으로 하느냐 하는 문제는 중요한 국가정책상의 문제이다. 세계 각국의 경찰제도는 독일과 프랑스의 법제를 주된 내용으로 하는 대륙법계와 영국과 미국의 법제를 주된 내용으로 하는 영미법계로 크게 나눌 수 있다.

그런데 이러한 양제도의 법계는 상호보완이 이루어지고 있기 때문에 순수한 법계의 특색을 유지하기는 사실상 어렵다고 볼 수 있다. 따라서 양법계의 법제가 혼합현상을 나타내고 있는 실정이다. 그러므로 진정한 의미에 있어서는 민주성과 능률성은 상호 보완됨으로써 그 가치를 인정받게 되므로 양자는 밀접한 관련을 가지게 되는 것이다.

1) 국가경찰제도

국가경찰제도는 대륙법계의 제도로서 국가가 경찰유지의 권능과 책임을 가지는 제도이다. 유지의 권능과 책임이란 구체적으로는 경찰을 관리 경영하는 조직권, 인사권 및 경비부담권 등을 말하는 것이다. 국가경찰에서는 경찰권을 국가의 통치권으로 인식하여 국가적 이해관계의 지배 아래 두고 경찰행정의 중앙집권화를 추진하여 능률성을 추구하는 것이다.

(1) 국가경찰제도의 특성

① 국가 행정작용의 일부를 담당하는 행정관청이므로 그 조직도 국가기관을 원칙으로 중앙집권적 관료적 국가경찰제도를 취한다.
② 경찰 본래의 활동인 치안유지 외에 건축, 위생, 노동, 산업 등 광범위한 행정사무를 담당하고 인가, 허가, 감독 등 행정적 권한까지도 중앙정부에서 가지

151) 박동서, 1986: 36.

는 경우가 있다.

③ 경찰이 국가 행정관청의 구성원으로 필연적으로 국가의 권위를 대표하기 때문에 관료적이며, 국민에 대하여 우월적 지위에 있다.

④ 경찰작용의 중심은 개인의 이익보다도 공공의 질서유지를 우선함으로 국익보호를 위하여 권력적 수단을 취하는 경우가 많다.

⑤ 사법경찰과 행정경찰의 구별문제에 있어서 경찰작용을 행정작용과 사법작용으로 구분된다. 사법경찰은 범죄의 수사와 범인의 체포라는 작용만을 행하는 경찰을 지칭하는 것이다.

⑥ 경찰이 행정적 권한 외에 법규명령을 제정하는 권한과 일종의 재판권까지 가지는 경우가 있다.[152)]

(2) 국가경찰제도의 장점

① 국가권력을 배경으로 하여 강력하고 광범위한 집행력을 행사할 수 있다.
② 타 행정부처와 긴밀한 협조체제를 취할 수 있어 비상시에 유리하다.
③ 전국적인 조직으로 비상시에 각 경찰서 단위 간에 상호응원이 용이하다.
④ 전국을 동일한 법령으로 경찰권을 집행할 수 있으며, 통제가 용이하다.
⑤ 전국적 조직으로 자원과 경비를 절약하여 교육훈련 등을 통일할 수 있다.
⑥ 과학적 식별시설 등 국가적인 시설로서 효율성을 발휘할 수 있다.
⑦ 중앙정부의 명령으로 통일적 운영이 편리하며, 기동성을 확보할 수 있다.
⑧ 전국적으로 자유로이 활동할 수 있어 광역권 범죄수사에 유리하다.

(3) 국가경찰제도의 단점

① 경찰이 정치적 영향을 받기 쉽고 권력의 시녀로 전락할 수 있다.
② 지역 공동체 의식이 없고 근무부서가 일회적이고 소모적이다.
③ 전국적 법령으로 획일적으로 업무를 집행함으로 조직이 경직되어 있다.
④ 전국적 인사이동으로 적응력이 떨어지며 중앙의 영향을 많이 받는다.
⑤ 지역실정에 적합하지 않는 업무의 수행으로 지역주민과 격리되기 쉽다.
⑥ 권위주의적 체제를 유지함으로서 국민이 불편하며, 책임의식이 없다.

---

152) 2차 대전 전의 일본에서 청부 현령이라는 경찰 명령이 경찰 단속의 근거로 된 경우가 있었고 경찰서장에게 위경죄즉결권이라는 일종의 재판권이 부여된 경우 등이다.

2) 자치경찰제도

자치경찰제도는 영미법계의 지방분권적 정치사상에 따라 지방 자치단체에 자치권을 부여하고 경찰의 유지와 책임을 가지는 경찰 제도를 의미한다. 영국과 미국에서는 치안을 고유한 자치권의 일부로 인식하여 지방적 이해관계 아래 경찰행정의 지방분권화를 추진하여 지역주민의 자치에 의한 민주성을 추구하고 있다.

그러나 자치경찰제도라고 해서 모두 자치단체에서 관할하는 것이 아니고 경찰의 일부를 국가가 관할하는 경우도 있다. 자치 공동체의 신념이 강하고 중앙집권적 강압에 반발하는 경향이 있는 국가에서는 자치경찰이 발달한다고 볼 수 있다. 자치경찰제는 경찰이 완전히 자치단체에 소속되어 그 자치단체에서 채용하고 복무하는 방식이다. 이때 관할구역 경계선을 넘어서 발생하는 범죄에 대해서는 국가차원에서 별도의 조직을 두어 해결하고 고속도로 등의 광역사무는 국가경찰기관에서 처리하도록 한다는 차원으로 생각하면 될 것이다. 미국과 영국 등 영미법계의 경찰제도가 이 유형에 속한다.

(1) 자치경찰제도의 특성

① 지방분권을 바탕으로 영미법계 국가에서 발전한 도시 경찰이 원칙이다.
② 국민의 생명과 재산의 보호, 공안의 유지 등 경찰고유의 직무에 한정한다.
③ 경찰은 일반적인 비권력적 수단으로 업무를 집행한다.
④ 개인적 이익 또는 사회적 안전보호에 중점을 두고 업무를 집행한다.
⑤ 사법경찰의 임무를 경찰의 임무로 보기 때문에 검찰은 공소권에 전념한다.
⑥ 일반시민에 대하여 특별한 권력을 지니지 않는 것을 원칙으로 한다.
⑦ 시민의 생명과 재산의 보호, 질서를 유지하는 봉사기관적 성격이 강하다.

(2) 자치경찰제도의 장점

① 자치단체에 소속되어 있음으로 지역실정에 맞는 업무를 집행할 수 있다.
② 자치단체의 공무원으로 치안유지의 책임감이 강하며 친절하다.
③ 자치단체의 조직이기 때문에 필요한 경우 개혁을 하기가 쉽다.
④ 경찰의 책임자를 지역실정에 정통한 사람으로 선출할 수 있다.
⑤ 자치단체에서 경찰에 대한 인지도가 높기 때문에 부패에 강하다.

⑥ 지역주민도 경찰에 호감을 가지며 협력을 아끼지 않는다.
⑦ 인사행정이 소규모로 안정되어 있어서 장기 근무를 할 수 있다.

(3) 자치경찰제도의 단점

① 지방행정에 예속되기 때문에 집행력이 약할 수 있다.
② 범죄수사, 교통단속 등 전국적인 협력체계를 유지하기가 어렵다.
③ 자치단체장의 이동에 따라 경찰의 인사가 영향을 받을 우려가 있다.
④ 지방정치인의 간섭으로 통제력이 미흡하게 되고 지휘가 어려워진다.
⑤ 자치단체의 규모가 작을 경우 승진기회가 작고 인재의 영입이 어렵다.
⑥ 경찰상호 간의 응원과 경찰력의 유지가 쉽지 않아 대응력이 떨어진다.
⑦ 지방자치단체간의 협력이 어려우며 경찰의 기능이 떨어진다.
⑧ 감독과 적정한 인사배치가 어려우며, 기강이 해이해지기 쉽다.
⑨ 유능한 전문가의 채용과 교육훈련을 위한 특수시설을 갖추기 어렵다.

제7장 경찰의 기본조직

1. 개 요

우리나라 경찰은 1945년 해방과 동시에 미군정이 실시되면서 일제에 의하여 도입된 대륙법계의 경찰 제도를 영미법계 체제로 전환하기 위하여 시도한 바 있다. 그러나 미군정에서는 중앙집권적인 국립경찰조직으로 출범하면서 점진적으로 영미법계의 경찰제도인 자치경찰제도를 시도하였으나 국가실정에 맞지 않는다는 이유를 들어 중앙집권적인 국가경찰제도만을 채택하고 있다.

중앙집권적인 경찰제도를 인정한 이유는 전국적 치안행정의 실현을 기하고 아울러 대간첩작전, 범죄, 교통 등 전국적인 치안수요에 능동적이고 효율적으로 대처하기 위한 것이다. 1991년 5월 31일 경찰법이 법률 제4369호로 공포되어 동년 8월 1일 행정안전부장관의 보조기관에서 외청으로 독립하여 경찰행정의 책임성과 독자성을 행사할 수 있는 체제를 갖추게 되었다.

경찰법은 경찰의 민주적인 관리·운영과 효율적인 임무수행을 위하여 경찰의 기본조직 및 직무범위를 정하고 있으며, 분단국가로서의 안보상황과 치안여건에 효율적으로 대처한다는 명분하에 중앙집권적인 국가 경찰조직을 유지하고 있는 것이다.

2. 경찰조직의 근거

1) 정부조직법

우리나라의 경찰조직은 국가행정기관에 속하므로 1차적으로 법원이 되는 것은 정부조직법이다. 치안에 관한 사무를 관장하기 위하여 행정안전부장관 소속하에 외청으로 경찰청을 둔다.[153)]

153) 정부조직법 제33조 제4항과 제5항.

2) 경찰법

경찰법은 경찰의 조직에 관한 기본법으로서 경찰의 민주적인 관리·운영과 효율적인 임무수행을 위하여 경찰의 기본조직 및 직무범위, 경찰의 임무, 경찰위원회, 경찰청, 지방경찰청, 경찰서 등의 조직에 대하여 규정하고 있다.

3) 기 타

대간첩작전과 치안보조 임무수행을 위한 전투경찰대설치법과 경찰교육기관인 경찰대학 설치를 위한 경찰대학설치법이 있으며, 경찰청·지방경찰청·경찰서 등의 하부 조직의 분장사무 등을 규정하고 있는 경찰청과 그 소속기관 등 직제 등을 대통령령으로 규정하고 있다.

〈경찰기구표(2009. 2 현재)〉

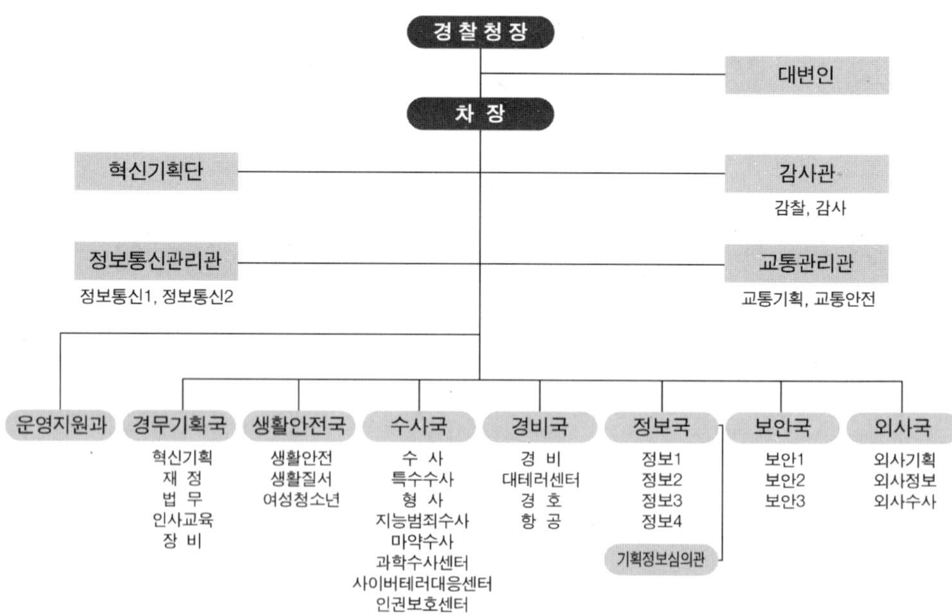

3. 경찰행정기관

1) 경찰의 업무분장

경찰은 국민의 생명과 재산을 보호하고 공공의 안녕과 질서의 유지를 위한 국가 치안유지라는 목표를 달성하기 위한 조직이다. 이러한 경찰목표를 달성하기 위하여 범죄예방과 범죄수사, 정보수집과 정보분석, 경찰경비와 작전활동, 질서유지를 위한 지도 및 단속 그리고 조직관리 등으로 나누어 활동하고 있다. 이를 구체적으로 수사, 정보, 보안, 외사, 경비, 생활안전, 교통, 경무, 기획 등으로 구분하여 기능별로 분담하고 있다. 경찰의 업무는 사회 환경의 변화에 대응하기 위하여 민감하게 반응하면서 목표를 달성하기 위하여 조직을 분화하고 분화된 조직에 알맞게 업무를 분담처리하고 있다. 그리고 인구의 도시집중화, 산업화, 주거생활의 변화 등 사회환경의 변화로 인하여 경찰의 업무가 계속 증가하면서 많은 변화를 요구하고 있다. 경찰조직이 이러한 사회변화에 적절하게 대응하고 국민이 요구하는 치안서비스를 제공하기 위하여 효율적인 업무의 분장이 이루어져야 한다.

2) 경찰청

국내치안에 관한 사무를 관장하기 위하여 행정안전부장관 소속하에 설치되어 있는 행정기관을 말한다.[154] 과거의 내무부 내국인 치안본부를 1991년 행정안전부 외청인 경찰청으로 개칭한 행정기관으로 치안에 관한 사무를 관장하게 하기 위하여 행정안전부장관 소속하에 경찰청을 둔다.

경찰청장은 행정안전부장관 소속의 중앙보통경찰관청으로 치안유지에 관한 업무를 관장하며 소속공무원 및 각급 경찰기관의 장을 지휘 감독하는 권한을 갖는 중앙경찰기관장으로 경찰에 관한 직무, 인사, 예산, 조직관리 등의 독자적인 권한을 갖는다. 그리고 정치적 중립을 지키기 위하여 퇴직일로부터 2년 이내에는 정당의 발기인이 되거나 당원이 될 수 없도록 규정하고 있다. 지방경찰청에 지방상급 경찰관청인 지방경찰청장을 두고 경찰청장의 지휘감독을 받아 경찰업무를 처리하고, 지방경찰청장의 보조기관으로는 차장과 과장이 있다.

지방하급 보통경찰행정관청인 경찰서장은 지방경찰청장의 지휘감독을 받아 관내

154) 경찰법 제2조 제1항.

경찰업무를 관장한다. 경찰청장은 치안총감으로 보하며, 경찰위원회의 동의를 얻어 행정안전부장관의 제청으로 국무총리를 거쳐 대통령이 임명한다. 경찰청장은 각급 경찰기관장을 지휘·감독하는 권한을 갖은 중앙경찰기관으로서의 지위에 있다. 보조기관으로 차장, 국장, 부장, 과장 등이 있으며 보좌기관으로 정책의 공보·감사·기획 등의 업무를 수행하거나 연구조사를 하는 담당관을 두고 있다.155)

(1) 경찰청장

경찰의 총수로서 행정안전부장관의 산하에서 전국을 관할로 하는 전체 경찰을 총괄적으로 지휘·통제하는 자로서 치안총감으로 보한다.

(2) 차 장

경찰청장을 보좌하며 경찰청장의 유고시에는 청장의 직무를 대행하도록 하고 있으며, 차장의 직급은 치안정감으로 보한다.

(3) 공보관리관

공보관리관은 경찰청의 모든 공보업무를 관장하면서 경찰청장을 보좌하고 직급은 경무관으로 보한다.

(4) 혁신기획단장

혁신기획단장은 경찰의 기획업무에 관하여 차장을 보좌하며 직급은 치안감으로 보한다. 기획관리관의 업무는 다음과 같다.

① 중요정책과 계획의 수립, 조정, 통합
② 조직 및 정원의 관리
③ 경찰위원회 사무에 관한 업무
④ 중요업무의 파악 및 심사분석
⑤ 행정제도 개선계획의 수립과 집행의 지도감독

155) 1998년 2월 28일 개정된 경찰청과 그 소속기관 등의 직제에 의하여 현재의 경찰청의 업무분장은 대통령령에 의한 조직의 직무범위와 기타 필요한 사항을 규정하고 있다. 기타 위임규정으로 경찰청의 국장 및 담당관 밑에 과 또는 이에 상당하는 담당관은 35개 과의 범위 안에서 행정안전부령으로 정한다고 규정하고 있다.

⑥ 국유재산의 관리계획수립집행과 제안제도의 운영
⑦ 법령안의 심사, 소송업무의 총괄, 행정심판업무
⑧ 법규집의 편찬과 법령질의 회신의 업무

(5) 감사관

감사담당관은 아래와 같은 감사업무에 관한 사항에 관하여 차장을 보좌하며 직급은 경무관으로 보한다.

① 경찰청과 소속기관 및 산하 기관에 대한 감사
② 타 감사기관에서 실시한 소속기관에 대한 감사결과의 처리와 사정업무
③ 경찰기관과 경찰공무원에 대한 진정 및 탄원 등 민원사건의 조사처리

(6) 정보통신 관리관

정보통신 관리관은 전산통신 업무에 관하여 차장을 보좌하고 직급은 경무관으로 보하고 직무는 다음과 같다.

① 전산자료의 종합관리 및 운영
② 행정전산화 및 사무자동화 계획의 수립 및 조정
③ 전산처리 및 프로그램의 개발과 운영
④ 전산 및 통신에 관한 시설과 장비의 운영 및 개발
⑤ 통신보안에 관한 업무
⑥ 전산 및 통신교육 계획의 수립과 집행

(7) 교통관리관

교통관리관은 교통기획, 교통안전 등 다음과 같은 업무를 수행하여 경무관으로 보한다.

① 도로교통과 관련되는 종합기획 · 시설 · 법령정비 · 행정제도정비 등
② 고속도로 순찰대 운영과 지도
③ 교통사고의 조사 · 지도 · 단속
④ 교통경찰의 교육과 지도
⑤ 자동차 운전면허의 관리
⑥ 경찰항공기의 관리운영 및 교육훈련

(8) 경무기획국장

경무기획국장은 전국의 경무업무를 관장하고 직급은 치안감 또는 경무관으로 보하고 업무처리는 다음과 같다.

① 관인 및 관인대장의 관리
② 보안업무와 소속공무원의 복무, 보수, 보훈, 사기관리
③ 문서의 분류, 수발, 통제, 법제, 편찬, 보존 및 관리
④ 예산의 집행과 결산 및 재산의 관리와 물품의 구매와 조달
⑤ 민원업무와 경찰병원의 운영과 지도감독
⑥ 청사의 방호, 유지, 보수 및 경찰장비의 운영과 보급
⑦ 소속 공무원의 임용, 상훈, 인사업무, 채용, 승진, 교육훈련 등
⑧ 경찰복제에 관한 계획수립 및 연구
⑨ 경찰교육기관의 운영에 관한 감독과 기타 업무

(9) 생활안전국장

생활안전국장은 다음의 업무를 관장하고 직급은 치안감 또는 경무관으로 보한다.

① 범죄예방에 관한 연구 및 계획의 수립
② 용역경비에 관한 연구와 지도
③ 112 신고제도의 기획과 운영
④ 풍속사범 및 전당포업의 지도의 기획과 단속
⑤ 순찰지구대, 파출소 등 외근업무의 기획과 지도
⑥ 총포, 도검, 화약류 등의 지도와 단속
⑦ 청소년 비행방지, 청소년 범죄의 수사와 지도
⑧ 각종 안전사고의 예방업무
⑨ 즉결심판 청구업무의 지도감독

(10) 경비국장

경비국장은 다음의 업무를 관장하고 직급은 치안감 또는 경무관으로 보하고 국장 밑에 교통심의관을 두며 경무관으로 보하고 국장을 보좌한다.

① 전투경찰.순경의 복무, 인사, 교육훈련과 정원관리

② 경호 및 요인 보호계획의 수립과 지도
③ 대테러 예방 및 진압대책의 수립과 지도, 중요시설의 방호와 지도
④ 경찰작전 및 민방위 업무의 협조, 예비군의 무기와 탄약 관리지도
⑤ 경비에 관한 업무, 경찰부대의 운영, 청원경찰의 운영 및 지도

⑾ 정보국장

정보국장의 직급은 치안감 또는 경무관으로 보하고 국장 밑에 기획 정보심의관을 두고 경무관으로 보한다. 국장은 아래의 업무를 관장하고, 기획 정보심의관은 기획 정보업무의 조정에 관하여 국장을 보좌한다.

① 치안업무의 기획과 지도
② 정치, 경제, 노동, 사회, 학원, 종교 및 문화 등 치안정보의 수집과 분석
③ 치안정보 및 정책정보의 종합, 분석과 조정
④ 중요단체의 치안정보의 수집과 종합, 분석
⑤ 신원조사 및 정보기록 관리

⑿ 수사국장

수사국장은 치안감 또는 경무관으로 보하고 다음의 업무를 관장한다.

① 수사업무에 관한 기획, 지도, 조정 및 통제
② 범죄수사의 지도 및 조정
③ 범죄통계 및 수사 자료의 분석
④ 범죄식별(감식)에 관한 기획 및 지도와 범죄기록의 수집과 관리

⒀ 보안국장

보안국장은 치안감 또는 경무관으로 보하고 다음의 업무를 분장한다.

① 보안관찰에 관한 업무지도
② 간첩 및 보안사범에 대한 수사지도 및 조정
③ 북한과 관련된 정보의 수집 및 분석
④ 불온 유인물의 수집 및 분석
⑤ 남북교류와 관련되는 보안경찰업무
⑥ 방첩 및 중요 좌익사범의 수사에 관한 업무

⒁ 외사국

외사관리관은 차장을 보좌하면서 다음과 같은 전국의 외사업무를 관장한다. 직급은 경무관으로 보한다.

① 재외국민과 외국인에 관련된 신원조사
② 외국경찰기관과의 협력 및 교류
③ 국제형사경찰기구에 관련되는 업무
④ 외사정보의 수집과 분석
⑤ 외국인 또는 외국인과 관련된 간첩의 검거공작
⑥ 국제공항 및 국제해항의 보안활동에 관한 계획 및 지도
⑦ 외국인 범죄의 수사와 지도
⑧ 외사방첩업무의 지도와 조정

2) 지방경찰청

지방경찰청은 지방보통경찰집행기관 중에서 가장 상위의 경찰행정기관이다. 지방경찰청은 각 지방경찰행정관청의 집행기관으로 되어 있지만 실제로는 경찰청의 기본 방향에 의해서 임무를 수행한다. 시・도 지방의 경찰에 관한 사무를 지역적으로 분담하여 처리하기 위하여 시・도지사 소속 하에 지방경찰청을 두고 있다.

지방경찰청장은 치안정감, 치안감으로 보한다. 지방경찰청장은 시・도지사 소속 하에 두고 있지만 지・도지사의 지휘・감독을 받지 않고 경찰청장의 지휘・감독을 받아 경찰사무를 처리한다. 이는 지방경찰청장이 지방에 있는 기관이면서도 지방의 자치 단체장과의 협의 없이 지방의 치안에 관한 업무를 수행하는 것은 국가경찰제도의 일원화된 제도에 있기 때문이다.

그러나 지방경찰청장은 시・도지사 소속 하에 둔 것은 지방경찰사무도 행정사무의 일환으로서 시・도지사의 통할 아래 지방행정과 협의・조정을 거쳐 처리되어야 함을 의미하는 것이라고 할 수 있다. 그러나 실제로는 중앙정부의 통제 하에 업무를 수행하고 있기 때문에 문제점으로 지적되고 있다. 지방경찰청은 관할 구역 내의 치안질서 유지를 위한 권한과 임무를 갖고 있지만 돌발사태 발생 등으로 인하여 특수지역의 경비가 국민의 생명과 재산을 보호하기 위한 필수 불가결한 때는 자치 단체장이나 타지방 경찰청장의 요청에 의해 시・도 간의 응원을 위하여 파견되어 임

무를 수행할 수 있다.

경찰청의 사무를 지역적으로 분할 수행하게 하기 위하여 서울특별시장 · 직할시장 · 도지사 소속 하에 지방경찰청을 두고 지방경찰청장 소속 하에 경찰서를 둔다고 되어 있다.[156] 지방경찰청에는 지방경찰청장을 두고 경찰청장의 지휘 · 감독을 받아 관할구역 안의 경찰사무를 관장하고 소속 공무원 및 소속 경찰기관의 장을 지휘 · 감독하도록 하고 있다. 또한 지방경찰청에는 차장을 두고 차장은 지방경찰청장을 보좌하여 소속 사무를 처리하고 지방경찰청장이 사고가 있을 때에는 그 직무를 대행한다. 또한 지방경찰청에는 경무과, 경비과, 생활안전과, 수사과, 형사과, 교통과, 정보과, 보안과, 전산통신과를 두고 각 과장은 총경으로 보한다. 그리고 공보담당관과 감사담당관을 두며 이들은 경정으로 보하고 기타 방법순찰대와 기동대를 두어 지방경찰청장의 지휘감독을 받아 경찰에 관한 업무를 수행하도록 한다. 지방행정과 치안행정의 업무협조 기타 필요한 사항을 협의 · 조정하기 위하여 시 · 도지사 소속 하에 치안행정협의회를 두고 치안에 관한 사항을 협의하도록 한다.

(1) 서울특별시 지방경찰청

서울특별시 지방경찰청은 우리나라의 심장부로써 수도서울의 치안의 수요와 규모의 복잡성을 반영하고 국제외교의 중심지로 다른 지방경찰청과는 다른 경무부, 생활안전부, 형사부, 교통지도부, 경비부, 정보관리부, 보안부를 두고 동 청에 두는 과 또는 이에 상당하는 담당관은 18개 과의 범위 내에서 행정안전부령으로 정한다. 서울지방경찰청의 직할대 중 101경비단장 및 기동단장은 경무관으로 보한다.

(2) 경기지방경찰청

경기지방경찰청에는 제1부, 제2부, 제3부를 두고 동 청에 두는 과 또는 이에 준하는 담당관은 11개 과의 범위 내에서 행정안전부령으로 정하고 각 부장은 경무관으로 보한다.

(3) 기타 지방경찰청

기타 지방 경찰청에 두는 과 또는 이에 준하는 담당관은 15개 과의 범위 내에서 행정안전부령으로 정한다.

---

156) 경찰법 제2조.

3) 지방경찰청

(1) 지방경찰청장

지방경찰청장은 지방의 치안에 관한 사무를 관장하고 전국적으로 15개의 지방경찰청을 설치하고 있다. 지방경찰청의 명칭 및 위치와 관할구역은 행정안전부령으로 정한다. 지방경찰청에 청장 1인을 두고 경찰청장의 명을 받아 소관 사무를 관장하고 소속공무원을 지휘 감독한다. 서울특별시 지방경찰청장과 경기지방경찰청장은 치안정감으로 부산광역시, 대구광역시, 인천광역시, 광주광역시, 경기도, 강원도, 충청북도, 충청남도, 전라북도, 전라남도, 경상북도, 경상남도, 제주도 등의 청장은 치안감으로 임명한다.

(2) 차 장

지방경찰청장을 보좌하기 위하여 각 지방경찰청에 차장을 둔다. 서울특별시 지방경찰청의 차장은 치안감으로, 기타의 광역시와 도의 차장은 경무관으로 보하고, 제주도 지방경찰청에는 차장을 두지 않는다.

(3) 직할대

지방경찰청장은 행정안전부령이 정하는 범위 내에서 차장 밑에 직할대를 둘 수 있다. 직할대의 장은 특정한 경찰사무에 관하여 지방경찰청장 또는 차장을 보좌하도록 하고 있다.

4) 경찰서

지방경찰청장의 소관 사무를 관장하기 위하여 지방경찰청장 소속하에 전국적으로 235개 범위 내에서 경찰서를 두고 경찰서의 하부조직, 명칭, 위치, 관할구역 기타 필요한 사항은 행정안전부령으로 정한다. 경찰서는 국가의 경찰권을 운영하는 일선 경찰조직으로서 일정한 구역 내에서의 치안사무를 맡아보는 행정기관이다. 경찰서는 과거에는 지방자치법에 그 설치 근거를 두고 있었으나 1991년에 개정된 정부조직법에 의거한 경찰서 직제가 그 근거법이 되었다. 특별시・직할시・도의 지방경찰청 산하에 있으며, 관내 치안유지 및 국민의 생명・재산보호를 위하여 형사・수사・방범・순찰・교통질서 확보 등에 주야로 활동한다.

각 경찰서에는 경찰 공무원이 배치되어 있고 종적·횡적 연락을 위한 유선·무선 통신망과 전자기기·분석, 식별(감식설비) 및 기동력이 갖추어져 있다. 서장은 총경을 원칙으로 혹은 경정으로 보하며, 각 서에는 경무·보안·생활안전·경비·형사·수사·정보과가 있고 과장은 1급 경찰서의 경우는 경정으로, 2·3급 경찰서의 경우는 경감으로 임명한다. 행정법학적으로 경찰서장은 국가의 지방하급의 경찰행정관청이다. 특별시장·직할시장·도지사의 위임사무로서, 실제로는 지방경찰청장의 지휘·감독을 받고 소속 직원을 지휘·감독하는 지위에 있다. 법적으로는 경찰서가 경찰의사 결정을 할 수 있는 하급경찰행정관청으로서 경찰집행기관이지만 실제로는 지방경찰청의 지시나 명령을 받아 집행하는 행정기관이다. 경찰서의 하부조직으로는 경찰서의 관할에 순찰지구대, 파출소 등을 두고, 임시로 필요할 때에는 출장소를 둘 수 있다. 경찰서장은 지방경찰청장의 지휘·감독을 받아 관할 구역 내에서 치안에 관한 사무를 관장하고 소속공무원을 지휘·감독한다.

5) 순찰지구대

지방경찰청장은 경찰서장의 소관 사무를 분장하기 위하여 경찰청장의 승인을 받아 순찰지구대를 설치할 수 있으며, 2007년 12월말 현재 전국적으로 826개의 지구대를 두고 있다. 순찰지구대는 파출소 단위를 집중적으로 관리 운영하기 위하여 3~4개의 파출소를 지역권으로 묶어 한 개의 순찰단위대로 형성하여 지역의 경찰 기본업무를 처리하는 경찰집행기관이다. 과거 동 또는 면단위 별로 설치되어 있는 파출소를 지역의 권역별로 치안의 중심지에 순찰지구대를 두고 치안업무를 효과적이고 능률적으로 처리하기 위하여 도입한 제도로 지역의 치안에 관한 예방적 차원에서 순찰을 기본으로 경찰의 업무를 처리한다. 경찰서 생활안전과장이 업무의 전반적인 관장을 하고 있으며, 범죄의 예방이 우선적이나 기초적인 수사·교통·정보·보안 업무 등을 다양하게 처리하고 있다.

6) 파출소

지방경찰청장은 경찰서장의 소관 사무를 분장하기 위하여 경찰청장의 승인을 받아 파출소를 둘 수 있으며, 2007년 12월말 현재 544개소가 개소되어 있다. 지방경찰청장은 임시로 필요한 때에는 출장소를 둘 수 있다. 파출소 및 출장소의 명칭,

위치, 관할구역 등 필요한 사항은 지방경찰청장이 정한다. 순찰지구대 및 파출소는 지역의 최 일선에서 대민 봉사업무 등 경찰기본업무를 처리하는 경찰집행기관의 최하위의 조직체로서 면(面) 또는 동(洞) 단위에 파출소를 설치하여 운영하고 있다. 파출소는 소속 경찰서 생활안전과장이 관장하며, 경찰의 기본적이고 기초적인 생활안전, 수사, 교통, 경비, 정보, 보안, 순찰과 대민관계 업무를 수행하는 최 일선 기관이다. 이러한 경찰 집행기관에 근무하는 경찰관리는 사법경찰에 관한 사무도 겸하고 있으며, 관내에서 범죄가 발생할 경우에는 기초 수사업무도 담당하고 있다. 순찰지구대장은 경감으로 파출소장은 경위 혹은 경사 이상의 경찰관이 책임을 지고 기본적인 치안임무를 수행하고 있다.

4. 경찰집행기관

경찰조직의 목표를 달성하기 위한 기본정책이 결정되면 그 방향에 따라서 구체적인 하위 실행계획이 수립된다. 조직의 최상위 기관에서 목표를 결정하면 그 목표는 하위기관으로 내려가면서 구체화되어 최하위의 실무부서에 이르러서는 집행을 위한 구체적이고 세부적인 계획으로 재구성되는 것이다. 상위계층은 조직의 기본 방향에 해당되는 상위목표를 설정하고 그 하위계층의 조직은 하위목표를 달성하기 위한 집행수단을 설계하게 된다. 경찰행정관청인 경찰청에서는 기본방향에 해당하는 상위목표를 결정하고 지방 경찰청에서는 그 기본방향에 일치하는 목표와 집행계획을 세우고 실행하게 된다. 이렇게 하여 결정된 목표는 지방경찰청, 경찰서, 그리고 순찰지구대·파출소라는 집행기관에 의하여 집행된다. 따라서 경찰집행기관은 경찰관청에서 결정한 의사를 구체적으로 실현하는 기관으로서 공권력에 의한 실력행사를 포함하여 다양한 수단을 동원함으로써 경찰에 관한 국가의사를 실현하는 기관이다. 다시 말해서 경찰집행기관은 의사결정기관이 아니라 의사집행기관인 것이다. 경찰집행기관의 종류는 보통경찰집행기관과 특별경찰집행기관으로 나누어 진다. 현실적으로는 순경에서 치안총감까지 각 경찰관은 경찰집행기관의 위치에서 경찰의 업무를 집행하게 된다. 경찰행정청과 그 보조기관 이외에 권력적 실력행사의 임무를 담당하는 조직을 의미한다.

1) 보통경찰집행기관

제복을 착용하고 무기를 휴대하는 것을 원칙으로 한다. 경찰집행기관을 구성하는 경찰공무원은 지방경찰행정청에 소속되어 있는 것이 원칙이다. 다만 현행 조직하에서는 경찰청소속 경찰공무원은 경찰집행기관을 겸할 수 있게 되어 있다. 그리고 경찰공무원은 사법경찰사무를 겸무하며, 돌발사태의 진압 또는 특수지구 경비를 위하여 경찰기동대를 편성할 수 있도록 규정하고 있다.

2) 특별경찰집행기관

전투경찰대 · 해양경찰대 · 헌병이 있다. 전투경찰대는 공비침투의 거부와 섬멸 및 생포작전 등의 임무를 수행하고, 해양경찰대는 해양의 경비 · 오염 · 방제 · 해양경계 작전 · 어선의 보호 등의 임무를 수행한다. 헌병은 군사 · 군인 · 군무원의 범죄에 관련 있는 일반인의 범죄 및 군용물 등 범죄에 관한 업무를 수행하나 일반인의 범죄에 대해서는 수사할 수 없다. 그 하급 관서로서는 특별경찰관서가 설치되어 있거나 또는 주무부의 직할사무로 되어 있는 것을 제외하고는 서울특별시장 · 직할시장 · 도지사가 주무부장관의 지휘 · 감독을 받아 그 경찰사무를 관장한다. 예를 들면, 산림 · 해사 · 전매 · 세무 등의 사법경찰사무에 관하여는 각 관할 공무원이 사법경찰관리의 직무를 집행하게 된다.

5. 의결기관 및 협의기관

1) 경찰위원회

경찰에 관한 주요제도, 경찰행정에 관한 업무발전 및 인권보장 등에 관한 사항을 심의 · 의결하는 합의제 경찰기관으로 외국의 공안위원회 제도와는 성격이 다른 경찰 위원회제도를 채택하고 있는데, 이는 대륙법계(독일 등) 경찰관청의 제도에서 오는 단점을 보완하고 경찰의 독자적 업무집행과 정치적 중립을 제도적으로 보장하려는 취지이다.

(1) 위원회의 구성

경찰의 정치적 중립성과 민주적 운영을 하기 위하여 경찰위원회를 설치한다. 경찰행정에 관한 사항을 심의·의결하기 위하여 행정안전부장관 산하에 경찰위원회를 설치 운영하도록 한다.[157] 위원회는 위원장을 포함한 7인의 위원으로 구성하되 위원장 및 5인의 위원은 비상임, 1인은 상임위원으로 한다. 위원은 행정안전부장관의 제청으로 국무총리를 거쳐 대통령이 임명하도록 하고 있다. 행정안전부장관은 위원을 제청함에 있어서 경찰의 정치적 중립이 보장되도록 하여야 하며, 위원 중 2인은 법관의 자격이 있는 사람이어야 한다. 경찰위원이 될 수 있는 자격으로는 다음과 같은 제한을 두고 있다.

① 당적을 이탈한 날로부터 3년이 경과되지 아니한 자
② 선거에 의하여 취임하는 공직에서 퇴직한 날부터 3년이 경과되지 아니한 자
③ 경찰·검찰·국가 정보원의 직원 또는 군인의 직에서 퇴직한 날부터 3년이 경과되지 아니한 자
④ 국가공무원법 제33조에 규정되어 있는 결격사유의 각호의 1에 해당하는 자

등은 경찰위원이 될 수 없도록 되어 있다.

위원의 임기 및 신분보장에 대해서는 위원의 임기는 3년으로 하며 연임할 수 없다. 이 경우 보결위원의 임기는 전임자의 잔여 임기로 하고 위원은 중대한 심신상의 장애로 직무를 수행할 수 없게 된 경우를 제외하고는 그 의사에 반하여 면직되지 아니하며, 국가공무원법을 준용하도록 규정하고 있다.

위원회에서는 경찰의 인사·예산·장비·통신 등에 관한 주요정책 및 경찰업무 발전에 관한 사항과 인권보호와 관련되는 경찰의 운영·개선에 관한 사항, 경찰임무 외의 다른 국가기관으로부터의 업무협조 요청에 관한 사항과 기타 행정안전부장관 및 경찰청장이 중요하다고 인정하여 위원회에 부의한 사항을 심의하고 행정안전부장관은 경찰위원회에서 심의 의결된 내용이 부적당하다고 판단될 때에는 재의를 요구할 수 있다. 위원회의 사무는 경찰청에서 수행하고 위원회의는 재적위원 과반수의 출석과 출석위원 과반수의 찬성으로 의결하며 경찰법에 규정된 이외의 운영에 관한 심의·의결사항의 구체적 범위, 재정요구 등에 관하여 필요한 사항은 대통령령으로 정하도록 하고 있다.

---

157) 경찰법 제5조.

(2) 위원의 의무

위원은 국가공무원법 제60조[158] 비밀엄수 의무와 제65조[159] 정치운동의 금지 등을 준용하도록 하고 있다.

(3) 임무와 권한

경찰의 업무 중에서 아래와 같은 중요한 사안에 대해서는 경찰위원회의 심의와 의결을 거쳐야 하며 의결은 재적위원 과반수의 출석과 출석위원 과반수의 찬성으로 결정한다.

① 경찰의 인사, 예산, 장비, 통신 등에 관한 주요정책 및 경찰업무 발전에 관한 사항으로써 경찰인사에 관계되는 법규, 훈령, 예규 및 운영기준, 경찰교육, 기본계획, 경찰장비와 통신의 개발, 보강 및 운영에 관한 기본계획, 경찰의 장기적인 업무발전에 관한 사항

〈경찰위원회 심의 · 의결 내용별 현황(07년)〉 (단위 : 회, 건)

구 분		계	'91~'96	'97	'98	'99	'00	'01	'02	'03	'04	'05	'06	'07
심의·의결 내용별 현황	계	901	168	21	53	76	111	80	65	66	70	73	63	55
	법 률	75	15	5	17	9	3	3	3	1	4	11	3	1
	대통령령	139	31	2	12	7	9	15	12	9	10	9	13	10
	부 령	178	52	4	9	8	15	17	10	11	15	13	11	13
	훈 령	300	27	4	8	28	56	24	26	32	29	29	18	19
	예 규	128	14	2	4	20	23	16	7	5	7	9	14	7
	동의안	13	6	1	1	2	–	1	–	1	1	–	–	–
	계 획	45	15	3	2	1	2	3	4	4	2	2	3	4
	기 타	23	8	–	–	1	3	1	3	3	2	–	1	1

158) [비밀엄수의 의무] 공무원은 재직 중은 물론 퇴직 후에도 직무상 지득한 비밀을 엄수하여야 한다.

159) [정치운동의 금지] ① 공무원은 정당 기타 정치단체의 결성에 관여하거나 이에 가입할 수 없다. ② 공무원은 선거에 있어서 특정정당 또는 특정인의 지지나 반대를 하기 위한 행위를 하여서는 아니 된다.

② 인권보호와 관련되는 경찰의 운영, 개선에 관한 사항으로써 국민의 권리의무와 직접 관련되는 경찰행정 및 수사절차, 경찰행정과 관련되는 과태료, 범칙금 기타 벌칙에 관한 사항, 경찰행정과 관련되는 국민의 부담에 관한 사항.
③ 경찰임무 외에 다른 국가기관으로부터 업무협조요청에 관한 사항이나 행정안전부장관 및 경찰청장이 중요하다고 인정하여 위원회에 부의한 사항의 심의의결

(4) 재 의

행정안전부장관은 위원회의 의결사항이 부적정하다고 판단될 때에는 10일 이내에 재의를 요구할 수 있고, 재의 요구가 있을 때에는 7일 이내에 위원회에서 재의결하여야 한다.

(5) 위원회의 운영

위원회의 사무는 경찰청에서 수행한다. 위원회의 간사는 경찰청 기획담당관이 업무를 수행한다. 간사는 위원장의 명을 받아 의안의 작성, 회의진행에 필요한 준비, 회의록 작성과 보관, 기타 위원회 사무를 처리한다. 위원회의는 정기회와 임시회로 구성한다. 정기회는 특별한 사유가 있는 경우를 제외하고는 매월 1회 위원장이 소집한다. 위원장은 필요한 경우 임시회를 소집할 수 있으며, 위원 3인 이상과 행정안전부장관 또는 경찰청장은 위원장에게 임시회의의 소집을 요구할 수 있다. 임시회 소집요구가 있으면 위원장은 특별한 사유가 없는 한 회의를 소집하여야 한다.

(6) 의견청취 등

위원장은 위원회 심의를 위하여 필요한 경우에는 관계 공무원 또는 관계 전문가의 출석, 발언이나 자료의 제출을 요구할 수 있다. 위원회에 출석한 관계 공무원 또는 관계 전문가에 대하여는 예산의 범위 안에서 수당과 여비를 지급할 수 있다. 다만, 공무원이 그 소관업무와 직접적으로 관련되어 출석하는 경우에는 지급하지 않는다.

(7) 운영사항의 제정

경찰위원회운영에 관하여 필요한 사항 중 위원회 운영 및 위원회의 심의, 의결사항의 구체적 범위, 재의 요구에 대하여 필요한 사항은 대통령령으로 정한다.

2) 치안행정협의회

지방행정과 치안행정의 업무협조 기타 필요한 사항을 협의·조정하기 위하여 시·도지사 소속 하에 치안행정협의회를 두고 치안에 관한 협의를 하도록 규정하고 있다.[160] 우리나라의 경찰은 행정안전부장관을 정점으로 하여 중앙집권적 국가경찰제도를 채택하고 있다. 그러나 지방자치가 실시되어 정착 단계에 있으나 자치경찰로서의 임무를 제대로 수행하지 못하고 상부의 지시에 의하여 경찰의 업무가 지시·조정되고 있어 지방자치단체와 유기적인 협조를 하기 위한 방안으로 본 제도를 도입하고 있으나 유명무실한 기구로 전락하고 있다.

현재 우리나라의 경찰조직으로는 지역실정에 맡는 치안업무를 수행하지 못하고 있음은 두말할 필요가 없다. 또한 지방 자치단체와의 협조사항 등에서 상호간의 이해관계로 인한 갈등을 빚고 있는 것은 국가경찰제도의 모순에서 오는 중앙집권적인 권력구조 하에서는 지역주민에 의한 치안행정은 멀기만 하다.

(1) 협의 · 조정사항

① 민방위 및 재해대책 운영에 관한 사항
② 지역주민과 경찰간의 협력 및 요망 사항
③ 질서 확립운동 등 지역사회 주민운동의 효율적 추진에 관한 사항

(2) 기타 사항

① 지역안정 및 주민봉사에 관한 협의 사항
② 지방행정과 치안행정 간의 상호협력에 관한 사항과 시·도지사 및 지방경찰청장이 협의가 필요하다고 요망하는 사항

---

160) 경찰법 제16조(치안행정 협의회) ① 지방행정과 치안행정의 업무협조 기타 필요한 사항을 협조·조정하기 위하여 시·도지사 소속하에 치안행정 협의회를 둔다. ② 치안행정협의회의 조직·운영 기타 필요한 사항은 대통령령으로 정한다.

제8장 경찰행정관청

1. 경찰관청

1) 개 요

경찰관청(Public Office of Police)이란 일정한 범위의 경찰사무에 관하여 국가의사를 결정하여 이를 외부적으로 표시할 권한을 가진 경찰기관을 말하는 것으로 법령의 범위 내에서 국가의사를 결정·표시한다는 점에서 경찰목적을 직접 실력으로 집행하는 경찰집행기관과 구별되며, 또한 경찰관청을 보조·자문하는 보조기관·자문기관과도 구별된다.

2) 보통경찰관청

(1) 경찰청장

경찰청장은 중앙보통경찰관청으로 하급경찰기관에 대한 일반적 감독권을 가지며, 치안에 관한 사무를 관장하고 보조기관으로는 차장·국장·과장이 있다.

(2) 지방경찰청장

지방경찰청장은 지방보통경찰관청으로 보조기관에는 차장·부장·과장이 있으며, 경찰청장의 지휘·감독을 받아 경찰청의 사무를 지역적으로 분담수행하고 소속 공무원과 소속경찰기관의 장을 지휘·감독한다.

(3) 경찰서장

경찰서장은 지방하급 보통경찰관청으로 지방경찰청장의 지휘·감독을 받아 관할구역 안의 소관 사무를 관장하고 소속 공무원을 지휘·감독한다.

3) 특별경찰관청

(1) 해양경찰청장

해양경찰청장은 해상경비·해난구조·해양오염방제 등 해양경찰에 관한 사무를 담당하는 특별경찰관청으로 해양수산부장관의 지휘·감독을 받아 소관 사무를 관장하고 소속공무원 및 소속경찰기관의 장을 지휘·감독한다.

(2) 해양경찰서장

해양경찰서장은 해양경찰에 관한 사무를 관장하는 지방하급 특별경찰관청으로 해양경찰청장의 지휘·감독을 받아 소관 사무를 관장하고 소속공무원을 지휘·감독한다.

(3) 특별경찰집행기관

특별한 분야의 경찰작용에 관한 집행기관으로서 해양경찰·전투경찰 등이 있으며, 그 중 중요한 것은 다음과 같다.

① 해양경찰

해양경찰은 해양경찰청장의 지휘·감독을 받아 해상경비·해난구조·해양오염 감시·방제 등 해상에 있어서의 경찰사무를 담당한다.

② 전투경찰

지방경찰청장·해양경찰청장 소속하에 간첩의 침투거부·포착·섬멸 기타의 대간첩작전을 수행하고 치안업무를 보조하는 기관이다.

2. 경찰관청의 권한

1) 개 요

경찰관청의 권한(Authority of Police Public Office)이란 경찰관청이 법률상 유효하게 국가행위를 할 수 있는 범위를 말하는 것으로서 헌법·법률·명령에 의하고 관할이라고도 한다.

2) 한 계

경찰관청의 권한에는 사항적 한계, 지역적 한계, 대인적 한계, 형식적 한계, 시간적 한계 등 일정한 한계가 있으며 이 한계를 벗어난 행위는 원칙적으로 무효이다.

⑴ 사항적 한계

경찰사무는 그 목적과 종류에 따라서 사항적으로 일정한 한계가 있는데 이를 실질적 한계 또는 사물관할이라고 한다.

⑵ 지역적 한계

경찰관청의 권한은 지역적으로 일정한 한계가 있는데, 이를 지역적 권한 또는 토지관할이라고도 한다. 즉, 중앙경찰관청의 권한은 전국에 미치고 지방경찰관청의 권한은 특정지역 내에만 미친다.

⑶ 대인적 한계

경찰관청의 권한이 미치는 인적 범위에 특히 한계가 있을 때가 있는데 이를 대인적 권한 또는 인적관할이라고도 한다.

⑷ 형식적 한계

경찰관청의 권한 행사의 형식에 일정한 한계가 있을 때가 있는데 이를 형식적 권한이라고도 하며, 여기서 형식이라 함은 일정한 절차나 양식을 의미한다.

⑸ 시간적 한계

경찰관청의 권한행사가 일정한 시간에 의하여 제한되는 경우를 말하는 것으로, 비상 근무명령의 시기적·종기적 한계를 들 수 있다.

3) 효 과

경찰관청의 권한은 권한 내의 행위가 국가의 행위로서 효력을 발생하는 적극적 효과와 권한 외의 행위가 무권한을 이유로 당연히 무효가 되는 소극적 효과로 나누어진다.

3. 권한의 대리

1) 개 요

경찰관청의 대리(Representation of Authority)라 함은 경찰행정관청의 권한을 당해 경찰행정관청 자신이 행사하지 않고 타인이 피 대리관청을 위한 것임을 표시하고 자기의 이름으로 대행하여 그 행위가 피 대리관청의 행위로서 효력을 발생하는 것을 말한다.

2) 성 질

경찰관청의 대리는 피 대리관청의 권한 자체의 이양이 아닌 점에서 권한의 일부를 실질적으로 타 경찰기관에 이양하는 권한의 위임과 구별되고, 대리자의 명의로서 행사되는 법률상의 대행이라는 점에서 사실상의 대행에 불과한 내부위임(전결·대결)과 구별되며, 경찰관청의 대리는 권한(직무)의 대리라는 점에서 인격의 대리인 사법상의 대리와 구별된다. 즉, 전자의 경우는 본인이 사망·궐위된 경우도 대리가 가능하나 후자의 경우는 불가능하다.

3) 종 류

경찰관청의 권한의 대리에는 행정관청의 수권에 의한 임의대리와 법령의 규정에 의한 법정대리가 있다.

(1) 임의대리

임의대리는 수권대리라고도 하며 피 대리관청의 수권에 의하여 대리관계가 발생하는 경우를 말하는 것으로 수권은 일반적·포괄적 권한에 관해서만 가능하고 또한 그 일부에 대해서만 가능하다. 그리고 대리자는 피 대리관청의 책임 아래서 그 권한을 행사하므로 피 대리관청의 지휘·감독을 받는다.

(2) 법정대리

피 대리관청의 수권에 의해서가 아니라 법정사실이 발생하였을 때에 직접 법령의 규정에 의하여 성립하는 대리로서 이는 반드시 법령상의 근거를 요하는데 이에 관한 일반법으로서는 직무대리규정이 있다. 법정대리는 피 대리관청의 구성원이 그 권한을 행사할 수 없는 경우에 인정되는 것으로 피 대리관청의 권한의 전부에 미치며, 대리권의 행사는 대리자의 전책임하에서 하는 것이므로 피 대리관청의 지휘·감독을 받는다.

(3) 복대리

대리권의 행사를 다시 대리하게 하는 것을 말하는 것으로 복 대리는 법령에 이에 관한 규정이 있으면 이를 따른다. 법령에 규정이 없는 경우에는 일부대리이고 신임관계에 의한 대리권의 부여이므로 원칙적으로 복대리가 인정되지 않는다. 법정대리는 전부대리이고 일정한 법정사실의 발생에 따라 당연히 성립되므로 대리권의 일부에 대한 복 대리인을 선임할 수 있으며, 이때 복 대리는 임의대리이다.

4. 관청간의 관계

관청간의 관계(Relations of Public Offices)라 함은 경찰관청은 경찰행정에 관한 국가의사를 결정·표시하는 권한을 가진 국가기관을 말하는데 경찰관청 상호간에는 전국적으로 경찰목적의 통일적 수행을 위하여 상하 또는 대등의 위치에서 여러 가지 관계를 맺고 있다.

1) 상·하관청간의 관계

(1) 권한의 위임

경찰관청이 자신의 법령상의 권한의 일부를 보통 그 하급경찰기관 또는 보조기관에 이전하여 수임관청의 권한으로 행하도록 하는 것을 말한다. 즉, 상급관청은 그 권한에 속하는 사무의 일부를 하급관청에 위임할 수 있다. 권한의 위임에는 법적인 근거가 있어야 하며 또한 그 권한의 일부에 대해서만 가능하고 위임된 권한은 수임기관이 자기의 명의와 책임으로서 행사하게 되는데 위임관청은 수임기관의 권한행사를 지휘·감독할 수 있다.

(2) 권한의 감독

상급경찰관청이 하급경찰관청의 위법·부당한 권한 행사를 방지하고 하급경찰관청의 권한행사의 적법성과 합목적성을 보장하기 위하여 행하는 통제적 감독작용을 말한다. 상급경찰관청이 하급경찰관청의 권한행사의 적법성과 합목적성을 보장하기 위하여 행하는 통제적 작용이다. 감독방법은 감시권·훈령권·주관쟁의 결정권·인가권과 취소·정지권 등이 있다.

(3) 감독의 범위

감독권에 관하여 개별적·구체적인 법령의 근거는 필요하지 아니하나 일반적·추상적인 법적근거는 필요하다. 그리고 감독권의 범위는 행정관청의 지휘·성질에 따라 다르다.

(4) 감독의 수단

예방적 감독으로는 사전감독과 적극적 감독으로 나누어 볼 수 있다. 그리고 감시권으로 보고징수·사무감사 등을 행하는 권한을 말하는데 법적근거 없이도 임의적으로도 가능하다.

① 훈령권

상급관청이 하급관청의 권한행사를 지휘·통제하기 위하여 명령을 발하는 권한을 말한다.

② 주관쟁의 결정권

상급관청이 소속 하급경찰 상호간의 주관 권한에 한하여 분쟁이 있을 때에는 이를 결정하는 권한이다.

③ 인가(승인)권

하급관청이 권한의 행사에 앞서 상급관청의 동의를 받는 것을 말한다. 이 경우의 인가는 일반적으로 하급관청의 권한행사의 유효요건은 아니지만 승인을 받도록 법령에 명시되어 있는 경우 인가는 원칙적으로 유효요건이다.

그리고 교정적 감독으로 사후감독·소극적 감독 등이 있다. 또한 취소·정지권은 상급관청의 직권 또는 당사자의 신청에 의하여 하급경찰관청의 위법·부당한 처분을 취소·정지시키는 것을 말한다.

2) 대등관청간의 관계

(1) 권한 존중관계

① 권한의 불가침

소극적 관계로 대등관청 간에는 서로 타관청의 권한을 존중하여야 하며, 이를 침범하지 못한다. 또한 경찰관청의 자기권한 내의 행위는 비록 하자가 있더라도 공정력이 있는 까닭에 타 관청도 이에 구속된다.

② 주관쟁의

대등관청 간에 주관쟁의가 있을 때에는 결정권자의 순서에 따라 공통상급 경찰관청, 쌍방관청의 상급관청간의 협의, 국무회의의 심의를 거쳐 대통령의 순으로 결정한다. 원칙적으로 주관권한에 대한 쟁의가 발생하였을 때에는 상급관청이 이를 결정한다.

(2) 상호협력관계

적극적 관계로 특정사항이 둘 이상의 경찰관청에 관련된 경우에는 협의에 의하여 결정하고, 한 관청의 직무상 필요한 사무가 타 관청의 관할에 속한 때에는 그 관청에 사무처리를 위탁할 수 있고, 직무수행 상 필요가 있을 때에는 타 관청에 경찰응원을 요구할 수 있다.

제9장 지방자치와 경찰

1. 개 요

지방자치(local government)는 지역사회의 개발과 복리에 관한 문제를 그 지역 주민의 참여를 통하여 자주적으로 처리하는 것이기 때문에 민주주의의 원리인 행위의 자기 결정성과 자기 책임성에 부합되고 현대적 생활원리 또는 사회적 실천원리로서의 민주주의를 지방단위의 사회생활에까지 스며들게 한다.[161]

그리고 이를 풀뿌리 민주주의라고 한다. 풀뿌리 민주주의란 소지역 사회의 일반 민중들이 자기들의 공공사무, 즉 정치, 행정, 교육, 문화, 경찰 등 모든 분야를 자치적으로 처리함으로써 밑바탕에서부터 민주정치가 실현됨을 의미하는 것이다.

따라서 지방자치란 나라의 주인은 국민이며, 국가와 그 권력은 국민으로부터 나온다는 민주주의의 가장 근본적이며 일반적인 원리로부터 출발하는 것이다.

민주주의 기본원리가 주민자치에 있다고 할 때 지방자치란 결국 주민자치 운동의 정치적 성과물이다. 주민자치운동은 그 본질상 타의에 의해 통치되는 것이 아니라 주민 스스로 주인이 되어 자신의 문제를 해결한다는 주권재민의 민주주의 원리를 그 사상적 밑바탕으로 하고 있다. 지방자치제는 링컨이 말한 민중의, 민중에 의한, 민중을 위한 통치 즉, 자기 통치라는 원리를 담고 있다.

그러나 지방자치는 개개인이 직접 행정을 하는 것이 아니며 또한 봉건시대의 지방 할거주의도 아니다. 현대의 주권국가에 있어서 일정한 지역의 주민이 자치단체를 조직하고 일정한 사항에 대해 국가의 권력지배로부터 상대적으로 독립하여 자치권한을 행사할 수 있는 것은 국가가 자치권을 인정하기 때문이다. 이렇게 볼 때 지방자치란 일정한 지방의 주민들이 그 지방의 공공사무를 그들 스스로의 의사와 책임 하에 처리하는 것이라고 말할 수 있다.[162]

지방자치란 지방정부와 주민과의 관계라는 점에서 주민의 지방행정의 참여라는 점에 중점을 둔 주민자치라는 견해와 주민이 조직한 지방자치단체와 국가와의 관

161) 손재식, 1995: 18.
162) 관악행정학회편, 1991: 12.

계라는 견해가 결합되어 있다. 결국 자치단체의 자치권과 국가의 전지역적 통치 지배라는 두 측면이 상호모순 되어 있으며 이는 지방자치 단체의 권한과 역할, 기능의 배분을 어느 정도까지 할 것인가, 무엇으로 할 것인가를 규정한다.

주민자치란 주민의 일상생활에 밀착되어 지방행정을 국가나 정부기관에 의하지 않고 지역 주민들 스스로 또는 대표자를 통해 자신들의 의사와 책임 하에 수행하는 것을 말한다. 이는 한사람 한사람의 자치능력이 신장되고 이를 토대로 지방자치가 전개되며 지방자치가 기초적 조건이 되어서 한나라의 문화가 달성되는 것이다.

단체자치란 일정한 지역을 기초로 하여 지역단체가 국가와는 별개의 법인격을 부여받아 국가로부터 상대적으로 독립된 지위와 권한을 인정 받고 일정한 지방의 행정사무에 대해서 그 자신의 의사로 결정한 것을 독자적 기관에 의해 수행하는 것을 의미한다. 주민자치와 단체자치는 각각 다른 측면을 지니고 있으나 양자는 별개로 존재하는 것이 아니라 상호 밀접한 관련성을 가지고 있다. 즉, 단체자치라는 수단을 통해서 지방자치의 본질적 요소인 주민자치를 실현하는 것이다. 따라서 이러한 의미에서 지방자치는 국가권력의 인정 하에서 자치권을 가진다. 비록 국가권력이 부여한 자치권이라 하지만 지방자치 단체는 국가 행정기관과는 다른 지위를 가지고 일정한 범위 내에서 자주성을 독자적인 권리로 행사하는 본질적 특성과 한계를 갖는다. 이러한 자치단체의 본질과 한계는 절대적인 정치권력과 민중들이 서로 투쟁하는 나라나 사회에 있어서는 상호간의 힘의 우열관계가 정치권력의 투쟁으로 나타나게 된다. 새로운 형태로서 민중 자치라는 민중의 전사회적 참여를 통한 보다 높은 사회적 발전의 완수라는 역사적 의의를 갖는다. 이러한 예들을 선진 민주주의 제국에서의 민중자치와 민족자치에서 살펴 볼 수 있다.

2. 자치경찰

지방자치가 지역주민의 자치적 운동에 근거하여 민주주의의 일반적 원리에 충실을 기한다 해도 그 본질상 국가 권력과의 마찰을 피할 수 없다. 이것이 지방자치제가 갖는 한계와 본질이다. 중앙집권이란 지방행정에 관한 의사결정 권한을 거의 중앙정부에 집중하고 중앙정부의 책임 하에 지방행정을 집행하는 사태 또는 지방단체나 지방관서에 지방행정의 중요한 권한을 이양하는 경우라도 그에 관한 의사결정이나 집행에 중앙정부가 엄정하게 관여하거나 감독하는 상태를 말한다. 이와 같이 경찰의 목표인 치안을 확보하는 것도 중앙정부에서 일률적으로 처리하려 하는 것은 민주주의에 역행하는 것이다.

중앙집권 하에서는 국가의 통합성과 안정성을 갖기 어렵고 주민자신의 자치적 의식이나 지역사회 발전에의 의욕과 자주성을 말살시키는 결과를 초래한다. 그러나 지방분권은 중앙집권의 폐단을 극복할 수 있는 장점을 가진다.

지방의 치안을 주민들의 자주성과 창의력을 드높여 지역사회의 질서를 완벽하게 유지할 때 경찰의 발전과 공공질서의 유지가 의욕적으로 지켜지고 주민이 치안에 참여함으로써 경찰은 더욱 신뢰를 받을 수 있는 것이다.

또한 지방행정에의 참여로 권력의 남용과 횡포에 대한 통제를 철저히 하게 되어 일상생활 속에서 질서의식의 훈련을 경험하고 체득하게 된다. 완벽한 중앙집권과 획일적 제도보다는 다양함과 전 민중적 참여로 진행되는 경찰의 근원적이고 효율적인 민주경찰로 주민에게 다가설 수 있는 것이다.

3. 자치시대의 경찰

전통적인 지역사회 개념은 자연발생적으로 형성된 하나의 지리적인 정주범역을 말한다. 즉, 지역사회에서 일정한 터를 유지하면서 사람들이 모여 더불어 살아옴으로써 이루어진 삶의 공간적 의미로 파악하고 있음을 알 수 있다.

그러나 현대사회에서는 도시화로 인한 익명화, 개인주의적 성향 등으로 인하여 지역사회의 의미가 위축되어 있다. 현대도시의 지역사회는 전통사회나 농촌사회에 부합되는 지역사회와는 그 성격을 달리하고 있다. 일정한 지리적 범위 속에서 지역사회의 개념을 논의하는 이유는 지리적 공간을 통해서 강한 동료 의식이나 공동 의식을 찾을 수 있다고 보고 있기 때문이다.

그러나 현대 도시사회에서는 공간중심의 공동의식은 점차 약화되고 지리적 영역 없이도 특정한 목적을 중심으로 하는 새로운 형태의 공동체가 형성되고 있다. 이러한 의도적 공동체를 'commune' 또는 'intentional community'[163]라고 부르고 유

163) 의도적 공동체는 하나의 공동체를 형성하는데 누군가 주체가 되고 있으며 의도, 계획에 따라서 공동체가 형성된다는 것을 의미한다. 의도적 공동체는 그냥 주어지는 것이 아니라 인간이 능동적으로 세워 가는 공동체를 의미하는 것이다. 따라서 의도적 공동체가 추구하고자 하는 목적을 어떻게 설정하는가 하는 문제는 매우 중요한 문제이다. 또한 사회생활 중 하나의 양식으로서의 중요한 의의를 가진다. 왜냐하면 사회적 생활양식이라고 할 수 있는

형과 무형의 형태로 나타난다. 이에 따라 현대의 지역사회는 크게 지리적 공동체(geographical community)와 기능적 공동체(functional community)로 구별할 수 있다. 지리적 공동체는 일반적인 지역사회(community)의 개념이며 기능적 공동체는 다양한 종류의 의도적 공동체를 말한다.

의도적 공동체는 지리적 지역사회와는 그 의미가 상이하다. 의도적 공동체는 공동체에서 도출되는 이념, 생산양식, 생활방식 등이 기존의 사회질서를 유지하는데 많은 영향을 미칠 수 있다. 그러나 공동체의 지속성은 그 누구든지 장담할 수 없는 일이다. 그 만큼 공동체를 유지시키는 것은 어려운 일이며 공동체의 지속성을 유지하기 위해서는 의도적으로 구성된 메커니즘에 의해 성취되어야 하기 때문이다.[164)]

경찰과 지역사회와의 관계는 경찰에게는 대단히 중요한 것이다. 민주국가에 있어서 행정조직으로서의 경찰기관은 국민에게 봉사하는 것이기 때문에 국민의 권리를 보호하고 국민이 원하는 것이 무엇인가를 찾아서 해결하고 봉사를 하여야 하는 것이다. 경찰의 사회적 책임은 보다 더 긍정적인 희생정신으로 봉사하여야 하고 단순한 국민의 불편을 조사하여 처리하는 것으로 취급해서는 안 된다.

지역경찰은 주민에게 있어서 가장 가까운 수준의 경찰활동을 담당하고 있고 모든 경찰활동의 기반이 되는 존재로서 확고한 치안을 근본적으로 지탱하고 있다. 지역 경찰관은 지역사회를 활동의 장으로서 직접 주민과 접촉하면서 낮과 밤을 가리지 않고 발생하는 모든 경찰사안에 적응하는 활동을 수행하고 지역주민의 일상생활의 안전과 평온을 지키고 있다. 이와 같은 지역 경찰관의 활동을 중심으로 하는 지역 경찰활동은 지역주민에 안심을 주는 지주로서 신뢰를 모으고 있다. 최근에는 사회정세의 변화는 전통적인 지역사회를 변모시키고 있고 이에 따라 지역경찰 자체나 지역경찰에 대한 지역주민의 요망도 크게 변화하고 있다.

예를 들면, 단독 세대의 증가 등 거주형태의 다양화나 대도시권 이외에도 확장되어 가는 도시화의 진전은 주민의 연대감을 약화시킬 뿐만 아니라 지금까지 지역사회가 육성시켜 온 자주방범 기능을 약화시키고 있으며 또한 인구 고령화의 진전이나 방한 외국인의 증가 등은 지역공동체가 예로부터 지니고 있던 상호부조 기능을

공동체는 그들의 가치 체계에 따라서 사회 전반에 미치는 영향이 매우 크기 때문이다. 이것은 개인간의 통합과 결속을 지향하는 하나의 삶의 공간을 형성하는 것도 목적이겠지만 개인을 통해서 이룩하기 힘든 가치 체계를 공동체라는 메커니즘을 통하여 성취한다는 면에서 의도적 공동체가 지니는 의미는 매우 중요하다고 할 수 있다.

164) 하성기, 1996: 75.

저하시켜 단독거주 고령자, 독거노인 등 행정적 보호를 요하는 자를 증가시키고 있다. 더욱이 인적 물적 교류·정보통신 수단의 고도화 등은 범죄를 광역화, 복잡다양화 시키고 있다. 이와 같은 상황을 배경으로 하여 현대의 지역경찰에는 사건, 사고에 즉응하는 것은 말할 것도 없이 지역에 뿌리내리는 경찰활동을 추진하고 지역주민이 안심하고 쾌적한 거주환경 조성에 일익을 담당하는 것이 요구된다.

이 때문에 경찰에서는 순찰지구대·파출소를 지역 공동체의 생활안전 센타로서의 기능을 해야 하고 지역경찰관을 중심으로 사건사고 발생시 범인의 신속한 검거와 가두 순찰활동을 강화하여 각 가정 및 영업소 등을 통한 범죄예방, 고정상담 등 지역에 파고드는 폭넓은 활동을 전개해야 한다는 것이 자치경찰의 임무인 것이다.

특히 최근의 행정업무 중에는 주민의 협조를 전제로 하는 것들이 증가하고 있다. 예를 들면, 소비자 보호업무라든가 생활안전업무, 의무교육, 보건업무, 복지업무 그리고 여러 지방행정 분야가 그러하다. 이와 같은 분야의 정부업무는 주민들의 협조 없이는 사실상 그 수행이 불가능하거나 또는 형식적인 것으로 끝날 수밖에 없는 성질의 것이다.[165] 이와 같이 지역사회에서 일어나는 일을 주민의 협력으로 신속히 해결하기 위해서는 경찰은 지역주민의, 지역주민에 의한, 지역주민을 위하여 봉사하는 자치경찰의 다양한 치안활동이 필요한 것이다.

165) 김해동, 1985: 118.

제10장 민경일체의 경찰

1. 지역주민과 경찰

경찰은 국민의 생명과 신체 및 재산을 보호하고 범죄의 예방과 진압 및 수사, 치안정보의 수집, 교통의 단속, 기타 공공의 안녕과 질서유지를 그 임무로 하고 있다.[166] 이는 경찰이 지역주민이 평온하게 생활할 수 있도록 치안전반에 걸쳐서 봉사해야 한다는 의미인 것이다. 지방화시대의 지방자치단체는 주민이 직접 선거한 단체장과 지방의회의원들로 구성되어 주민위주의 지방행정을 펼치기 위해서는 경찰은 이에 앞장서서 지역주민과 함께해야 하는 것이다. 그러한 현재의 경찰기관은 지역주민과 함께하는 것이 아니라 중앙경찰청장의 지휘감독을 받아 지방의 경찰사무를 관장하고 소속 공무원 및 소속 경찰기관의 장을 지휘 감독함으로써 지역의 실정에 맞는 치안을 확보하지 못하고 중앙의 지시에만 충실할 뿐이다.

이러한 이유 때문에 실제로 시민들은 경찰에 대해서 좋지 않은 이미지를 가지고 있는 것이다.[167] 지방 자치시대의 지역 실정에 맞는 국가기관으로 존재하기 위해서는 지역주민을 위하여 지역의 정서에 맞는 치안을 확보하고 봉사할 수 있어야 하는 것이다. 지역주민을 위하여 봉사기관으로 존재하면서도 상부의 지시와 눈치를 보면서 지역주민을 위하여 봉사하지 않는다면 존재 이유가 없는 것이기 때문이다.

훌륭한 경찰은 지역사회 주민관계를 중요시하면서 봉사할 수 있어야 한다는 것은 민주사회에 있어서 행정조직으로서의 경찰기관은 정부에 헌신하는 것이 아니고 국민에게 봉사해야 한다는 이유이기 때문이다.

2. 자치단체와 경찰

지방자치단체 상호간의 관계에서 협력과 분쟁의 조정에 관한 규정을 두고 있는

---

166) 경찰법 제3조 (경찰의 임무) 경찰은 국민의 생명. 신체 및 재산의 보호와 범죄의 예방. 진압 및 수사, 치안 정보의 수집, 교통의 단속 기타 공공의 안녕과 질서유지를 그 임무로 한다.

167) 김병섭, 1995: 453.

데 지방자치단체는 다른 지방자치단체로부터 사무의 공동처리에 관한 요청이나 사무처리에 관한 범위, 조정, 승인, 지원 등의 요청이 있는 때에는 법령의 범위 내에서 이에 협력해야 한다.168) 지방자치단체 상호간 또는 지방자치단체장 상호간에 분쟁이 있는 때에는 시·도 또는 그 장이 그 당사자가 되는 경우에는 행정안전부장관이 시·도 및 자치구 또는 그 장이 당사자가 되는 경우에는 시·도지사가 당사자의 신청에 의하여 이를 조정할 수 있다.169) 그러나 기관 상호간에 협력과 분쟁조정을 할 수 있도록 되어 있으나 경찰에 관해서는 어떠한 규정도 없다.

이는 경찰에 관한 업무는 행정안전부장관이 경찰청장에게 경찰업무의 일반적 사항에 관한 지시와 감독을 할 수 있도록 되어 있고 경찰청장은 산하 지방경찰청에 지휘감독을 할 수 있어 자칫 정치에 관여 할 수 있고 지방의 치안업무에 대한 공백을 가져올 수 있다. 지방자치단체와의 협력이나 분쟁 조정에는 관심이 없고 상부의 지시나 눈치만을 보게 됨으로써 지역주민과 일체감을 이룰 수 없으며, 이로 인한 경찰과 지방자치단체 또는 주민과의 괴리가 나타나게 된다.

경찰이 지역주민을 위하여 지역에 상주하고 있으면서도 지방자치단체나 지역주민과의 협력이 없다면 경찰의 존재가치는 무의미하다. 지방자치는 지역주민이 참여하는 대의정치이며, 민주주의의 기본으로써 지방자치 없는 민주주의는 있을 수 없다. 경찰기관의 경찰행정작용도 지역사회에 대한 경찰업무를 지역경찰이 자치적으로 해결하지 못하고 상부의 지시에 따라 처리한다면 지역실정에 맞는 완전한 치안을 확보할 수 없을 것이다.

3. 경찰의 사회적 배경

경찰의 사회적 배경(Social Background of Police)은 경찰과 지역사회 관계를 이해하고 이에 적절히 대처할 수 있는 관계에 관한 것이다. 경찰이 직면하는 어려

168) 지방자치법 제139조 (지방자치 단체 상호간의 협력) 지방자치 단체는 다른 지방자치 단체로부터 사무의 공동 처리에 관한 요청이나 사무처리에 관한 협의. 조정. 승인 또는 지원의 요청이 있는 때에는 법령의 범위 내에서 이에 협력하여야 한다.

169) 지방자치법 제140조 (지방자치 단체 상호간의 분쟁 조정) ① 지방자치 단체 상호간 또는 지방자치 단체의 장 상호간에 분쟁이 있는 때에는 시·도 또는 그 장이 당사자가 되는 경우에는 내무부장관이 시·군 및 자치구 또는 그 장이 당사자가 되는 경우에는 시·도지사가 당사자의 신청에 의하여 이를 조정할 수 있다.

움과 역할에 대한 지역사회의 이해 그리고 경찰과 지역사회 양자의 조화와 협력을 위한 성실한 노력과 양자간의 문제점을 이해하려는 공통목표를 공유하려는 노력이라고 할 수 있다. 이와 같이 경찰은 사회적 배경을 이해하고 주민과의 긴장과 갈등이 형성되지 않도록 노력하지 않으면 안 된다. 경찰과 지역주민과의 사이에는 서로 믿고 신뢰할 수 있는 공동체 의식이 확립되어 있어야 한다.

그러므로 경찰과 지역사회의 관계에서 지역사회는 경찰의 무대이며 경찰은 지역주민의 연출가인 것이다. 경찰은 국민의 공복으로써 지역사회 주민 위에 군림하거나 권위적이어도 멸시해서도 안 되고 오직 봉사로서 주민과 함께 해야 하는 것이다.[170] 경찰기관에 의하여 이루어지고 있는 지역사회 관계의 활동은 자유사회에 널리 보급되어 있는 전통과 관습을 고려하여 선택되어야 한다. 명령은 본래 목적이 아니라 오히려 정의와 개인적인 자유를 달성하기 위한 수단이라는 것을 이해해야 한다. 경찰의 역할 중 중요한 측면의 하나는 헌법이 보장하는 시민의 평등한 자유와 권리를 보호해 주는 것이다.[171] 그러므로 명령을 강요하는 경찰과 개인적인 자유를 행사하는 지역사회와의 관계는 대체적으로 다음과 같은 특성에 의해 영향을 받는다.

1) 지역사회의 특성

(1) 지역주민의 욕구를 충족한다.

지역사회 주민들은 경찰이 어떻게 범죄를 예방하고 해결하며, 지역사회의 목표를 안정적이고 발전적으로 달성하고 있는 가를 알 권리가 있다. 지역에 있는 기관에서 시행하고 있는 지역에 관한 업무와 발생하고 있는 모든 것을 알기 위하여 행정공개요구를 할 수 있는 것이다.

(2) 민주시민으로서 자발적인 법률의 준수다.

지역사회의 질서를 유지하고 평온한 시민사회를 유지하기 위해서는 경찰의 존재유무와 관계없이 법률을 준수해야 하는 것이다. 훌륭한 지역사회 관계는 법률의 자발적인 준수로 강화될 수 있으며, 시민의 자발적인 협력으로 경찰의 부담이 가벼워지고 이에 대한 준비를 용이하게 한다.

---

170) Roy R. Roberg, 1993: 110.
171) 정윤수, 1995: 402.

(3) 경찰의 공정한 법집행을 요구한다.

경찰의 업무가 누구에게나 공평하게 적법절차(due process of law)에 따라 집행되어야 한다. 경찰이 어떠한 분쟁을 해결하는데 있어서 공평성은 형사사법체계의 신뢰를 위하여 결정적인 것이며, 국민과 경찰과의 관계를 더욱 밀접하게 형성할 수 있는 것이다.

4. 지역사회와 경찰의 목적

1) 개 요

지역사회 주민과 경찰과의 관계는 상호협력 관계를 유지함으로써 지역주민은 경찰의 서비스를 제공받을 수 있으며, 경찰은 지역주민들의 협조로서 지역사회에서 발생하는 범죄를 억제하고 해결할 수 있다. 그리고 청소년 문제, 교통문제, 기타 사회질서 유지 등 지역사회에서 발생할 수 있는 모든 문제를 해결, 협력함으로서 명랑한 지역사회를 이룩할 수 있는 것으로 지역사회와 경찰의 목적을 달성하기 위해서 다음과 같은 노력이 필요하다.

2) 경찰의 임무

① 범죄를 예방하기 위한 경찰과 시민의 협력이 절대적이다.
② 경찰과 지역사회 주민간의 소통과 상호이해를 증진시킨다.
③ 범죄를 해결하기 위한 창의적인 상호협력방안을 창안한다.
④ 돌발상황에 대비한 공통적인 협조방안을 사전에 기획한다.
⑤ 관계기관인 행정기관, 검찰, 법원, 시민단체 등과 유대를 강화한다.
⑥ 시민의 동등한 보호와 인권에 관한 공청회 등을 수시로 개최한다.
⑦ 경찰자문위원회의 구성과 지역주민을 위한 치안대책을 강구한다.

3) 경찰의 역할

지역사회에 배치되어 근무하고 있는 경찰관은 지역주민의 일상생활의 안전과 평온을 지키기 위하여 지역사회를 활동의 장으로 주민과 접촉하면서 주야를 가리지 않는 경계체제를 유지해야 한다. 그리고 사건 발생시에는 범인의 검거 순찰이나 각 가정 및 사업장 등에 대한 순회연락을 통해 범죄의 예방, 교통지도단속, 청소년선도, 미아 및 주취자보호, 고정상담 등 지역주민의 요망에 부응하는 폭넓은 활동을 해야 한다. 이러한 경찰의 목적을 달성하기 위해서는 지역주민과의 협력이 필요하며 이러한 협력을 얻기 위해서는 다음과 같은 경찰의 역할이 필요하다.[172]

(1) 지역을 수호하는 경찰

지역사회에 있어서 경찰활동의 거점으로 설치된 순찰지구대·파출소는 지역사회의 변화와 함께 변천을 거듭하여 경찰의 종합일선 기관으로서의 역할을 하여야 한다. 순찰지구대·파출소는 지역주민과 접촉하는 활동을 행하는 지역으로 경찰관에게는 항상 주민으로부터 다양한 상담이나 요구사항 등을 접할 수 있는 곳이다. 경찰에서는 지역 주민들로부터 접수한 요망 사항 등을 취합하여 경찰활동에 반영하고 주민에게 불안감이 없도록 하여야 하며 강력범죄나 교통사고에 직결될 우려가 있는 위해요소를 제거하고 주민들의 생활에 불편이 없도록 하여야 한다.

(2) 지역주민에게 자신감을 주는 활동

지역에 소재하는 순찰지구대·파출소 등의 경찰관이 지역주민들로부터 접수한 상담, 요망, 의견 등을 해결하기 위해서는 먼저 경찰이 지역실정을 확실하게 파악하고 지역 주민에게 봉사하려는 확고한 자세가 필요한 것이다. 지역주민이 경찰을 믿고 생업에 종사할 수 있으며, 어려운 일이 있을 때에는 경찰을 찾아와 협조를 요청할 수 있도록 지역주민에게 자신감을 갖도록 하여야 할 것이다.

(3) 지역 주민과 밀착된 활동

경찰은 순찰지구대·파출소를 단위로 하여 거주자의 이동이 많은 아파트, 맨션 등이 있는 지역이나 사건, 사고 등이 발생하고 있는 유흥가 등을 중심으로 지역주민과 소통의 기회를 마련하여 지역실정을 정확히 파악하고 있어야 한다. 지역주민과의 대화를 하기 위해서는 협의회를 구성하고 주민의 의견을 들어야 한다.

172) 일본경찰청, 1995: 121.

5. 경찰과 지역사회 관계

1) 개 요

경찰과 지역사회 관계(Relations of the Police and the Community)는 현대사회에서 발전의 속도는 하루가 다르게 변화하고 있다. 사회변동은 어느 일부분만이 아니고 국가, 사회단체, 가족관계, 개인 등 모든 것이 변화하는 과정에서 사회문제를 야기하면서 경찰 업무수요를 질적·양적으로 요구하게 되었다. 우리사회의 변화는 대외적인 요인에서 강대국들의 영향이 대내적으로는 정치적 경제적 이해관계의 대립과 중앙정부와 지방정부, 지방정부와 지역주민, 지역주민과 지역의 공공기관, 공공기관과 개인 및 단체 등의 총체적 발전과정에서 오는 이해의 대립 등 숫한 변화의 물결이 발생하고 있다.

사회변화로 인하여 지역사회 구성원인 주민의 욕구를 충족시키지 못하고 있으며 다양한 사회변화로 인한 기존 가치체계의 파괴에서 갈등을 야기 시켜 경찰업무를 가중시키고 있다. 특히 경찰을 중심으로 한 법집행기관들은 급격한 사회변동에 대처하기 위해서는 지역사회 주민을 위하여 봉사하는 기관으로 거듭나야 할 것이다.

경찰과 지역사회 관계를 시대에 맞게 발전 및 유지시키기 위해서는 경찰의 이미지 제고를 위한 현실적인 공공관계를 유지하여야 하고, 국민을 위해 경찰의 지역사회봉사활동을 개선 확대하여야 한다. 그리고 경찰기관의 기능과 목적에 지역사회의 참여를 통하여 접근할 수 있도록 기회를 부여하여야 한다.

2) 공공관계

지역사회 관계에서 공공관계(public relations)는 경찰이 무엇을, 어떻게, 왜, 누구를 위한 것인가 또한 지역사회의 복리에 어떻게 이바지하는 가를 국민에게 알게 함으로써 경찰의 좋은 이미지를 심어 주는 방법이라고 할 수 있다.[173] 경찰 공공관계는 경찰기관에 대한 이미지, 즉 경찰력과 시설, 봉사 등에 있어서 국민의 긍지와 신뢰를 불어 넣어 주는 이미지를 형성하는 것이다. 경찰의 업무와 이미지에 대하여 특별한 관심을 가지고 있는 수많은 시민에게 봉사하고 있다는 것을 알리는 것은 경찰의 중요업무 중의 하나이다.

---

173) Thomas A. Johnson, 1981: 125.

3) 지역사회 참여와 봉사

경찰은 지역사회에 관심을 가지고 있는 모든 시민들과 실제로 도움이 되는 관계를 수립하도록 노력하여야 한다. 지역사회 참여에 협력하기 위한 하나의 방법은 전문가 집단 또는 팀 집단을 구성하고 지역사회에서 특정한 범죄문제를 감소시키고 사법행정을 향상시키는 일을 그들에게 할당하는 것이다. 경찰의 폭력, 권력남용, 부패를 제거하기 위한 방법 등을 경찰 책임자에게 조언할 수 있도록 해야 한다. 또한 효과적인 경찰과 지역사회 관계를 성립시키기 위한 가장 최선의 방법은 지역사회 봉사이다. 이러한 지역사회 봉사는 지역사회의 구성원을 교육시킬 수 있거나 지역사회에서 생활의 질을 향상시킬 수 있는 프로그램이 마련되어야 한다.

4) 경찰행정의 주민참여

경찰행정의 주민참여는 대의민주주의가 지닌 한계를 극복하고 직접참여를 통한 참여민주주의를 지향하기 위함이다. 주민참여란 공권력이 없는 일부 시민들이 공적권한을 가진 사람들의 행위에 영향을 줄 의도로 정책결정 과정에 참여하는 행위 또는 정보의 배분, 목표와 정책의 형성, 자원의 배분과 사업의 집행방법을 결정하는 과정에 참여하지 못한 사람들을 위한 전략이라고 규정되기도 한다.[174] 주민참여는 지역사회 개발에 있어서 개발 주관자에 대한 감시자의 역할을 하면서 사업의 효율성, 형평성, 민주성을 동시에 만족시키는 필요충분조건이 된다. 주민참여는 4가지 관점에서 중요성과 가치를 부여할 수 있다.[175]

① 사회 심리적 요인으로서 주민에게 자신감과 책임감을 불러일으키게 한다.
② 비활동 자원을 동원하는 수단으로서 생산성과 노동의 근원으로서 작용한다.
③ 정책과 사업계획에 환류장치를 보장하는 수단으로서 작용한다.
④ 주민참여는 그 자체로서 민주주의 확신을 위한 역할을 기대할 수 있다.

174) Sherry Arnstein, 1972: 216-224.
175) 하성규, 1996: 79.

5) 주민참여의 기대효과

경찰행정의 주민참여의 기본적인 요건은 지역주민과 경찰과의 사기결속, 공동체 형성을 위한 능력, 지도력, 지식, 인지 등을 들 수 있다. 주민참여의 기대효과로는 경찰의 입장에서는 행정의 책임성 보장을 위한 민중통제장치를 강화하게 됨으로써 행정의 공공성을 높이게 되고 경찰과 주민간의 거리가 단축되어 상호간에 협동관계가 강화되고 결정에 대한 책임의 분담이 이루어질 수 있고 행정수요의 신속하고 정확한 파악이 가능하다. 또한 지역주민의 입장에서는 민주사회를 조직화하고 능동화 함으로써 지역주민의 사회 참여도를 높이고 주민의 사회적 정치적 능력을 신장시켜 공동체 의식을 갖도록 하고 권위와 자기주장으로부터 상호협동의 기풍이 조성되고 그 결과로 공익에 대한 각성과 공공심을 함양하며 거대화된 조직사회 속에 매몰되어 소외되고 무력해진 주민의 주체성을 회복하게 한다는 장점이 있다.

제11장 외국의 경찰제도

1. 독 일

1) 경찰제도

독일의 경찰제도(Police System of Germany)는 1794년의 프로이센[176] 일반주법전(ALR)과 1850년의 프로이센 경찰행정법(PVG)에 의하여 법치국가적 경찰제도가 확립되었다. 프로이센에서는 프랑스형 국가 경찰제도였고 각 도시에서는 국가 경찰기관에 의하여 직접 경찰사무가 수행되거나 시에 위임되었다. 프로이센 이외의 주에서는 지방경찰은 자치체 경찰이 일반적이었다. 1933년 이후 나치스 집권 시대에는 주의 경찰권이 국가에 이관되었다. 제2차 세계대전 후 전국적 사항, 긴급사태 등을 위한 연방경찰이 성립되었으나 경찰권은 각 주에 속하는 것을 원칙으로 하고 시·읍·면에서는 자치경찰을 인정하는 곳도 있었다.

대다수의 주에서 경찰청은 집행경찰만을 담당하고 있는데, 집행경찰은 보안경찰과 사법경찰을 포함한다. 기타의 실질적 경찰사무(건축경찰·산림경찰·위생경찰 등)는 주나 자치단체의 사무를 집행하는 각 소관 행정기관에 이관되었다.[177]

독일의 경찰제도는 우리나라의 경찰제도가 구한말에 대륙법계의 제도를 일제의 강요에 의하여 도입되어 변천 발전해 온 제도라는 점에서 관심의 초점이 된다. 독일은 연방제 국가로서 연방경찰과 주경찰의 병존형태를 취하고 있다. 그 기능은 상호분리 되어 가능한 한 독자성을 유지하도록 되어 있고 경찰조직에 관해서는 각 주

176) Prussia는 유럽 동북부와 중부에 걸쳐 있던 역사적 지역으로 지리적 경계는 역사가 흐르는 동안 자주 바뀌었으나 크게 3가지 단계로 나눌 수 있다. 원래는 발틱해 남동부 해안에 프로이센인들이 살던 지역으로 이곳에 살던 프로이센 토착민들은 중세 때 폴란드인과 독일인들의 지배를 받게 되었다. 1701년부터는 독일 왕가인 호엔촐레른 가문이 베를린을 수도로 왕국을 세워 프로이센 지방과 브란데부르크 지방을 다스리게 되었다. 프로이센 왕국은 18-19세기에 들어와 독일 북부 지역의 대부분과 폴란드 서부지역을 차지하고 독일의 통일을 주도하여 1871년 이를 달성시켰다. 1918년 호엔촐레른 가문이 몰락한 뒤 옛 왕국의 대부분 지역에 여러 개의 주(Land)들이 생겨났다. 제2차 세계대전이 끝난 뒤 연합군은 전쟁에 진 독일을 정치적으로 개편하는 작업의 하나로 1947년 이 주들을 모두 없앴다.

177) 세계백과사전, 1986: 518.

의 입법사항으로 규정되어 있다.[178] 독일의 주는 한국의 도와는 근본적으로 다르며, 미국의 주와 마찬가지로 자치권이 아주 강력하여 그대로 하나의 나라인 것이다. 각주의 내무부장관 밑에 주 경찰이 조직되어 있다.[179] 연방경찰과 주경찰은 상호 독자적인 지위를 유지하며 양자 사이에 연방경찰을 상위에 두는 상명하복의 관계는 인정되지 않는다. 예외적으로 연방경찰 관할에 속하는 업무에 관하여 주 경찰에 대한 통제가 인정되어 있고 연방경찰은 국경경비와 특수한 업무만을 담당하고 있어 사실상 국내치안은 주 경찰이 담당하고 있어 경찰조직의 핵심은 주 경찰이라고 할 수 있다. 행정조직상 연방경찰은 연방정부 내무성에 주 경찰은 주 정부 내무부의 소속으로 각 주에는 긴급사태에 대비하여 정기적으로 훈련을 받은 대원들로 구성된 경찰기동대가 있다.

2) 경찰조직의 특성

독일의 경찰은 패전 후 영국·미국·프랑스의 경찰제도를 모방하여 지방분산 자치화하여 행정경찰과 집행경찰로 분리하였으나 대륙법계 법질서의 종주국으로서의 국민적 사고방식의 특성과 독일의 역사적 여건 때문에 국가경찰제도를 채택하고 있는 것으로 주에 따라서 다르다. 집행경찰과 보안 행정업무를 분리 운영하는 주는 집행경찰만을 경찰개념에 포함시키고 그 밖에 건축, 산림, 위생 등의 실질적 경찰업무는 주정부나 자치단체에서 행한다. 또한 독일의 경찰 내부에는 다수의 민간인이 상·하 전반에 걸쳐서 경찰관과 같이 근무하는 것으로 경찰내부의 비 경찰업무는 민간인이 담당하고 있다. 경찰은 그 기능별로 경찰 고유 업무만을 담당하고 있어 정치적인 영향력으로부터 배제되고 있다.

3) 연방경찰

독일은 연방국가로서 군대, 외교 등의 주요한 업무 외는 주에 권한이 이양되어 있고 경찰관계와 국경수비대 등은 경찰국이 관장하고 있다. 연방경찰은 어디까지나 전국적 사항, 긴급사태 등을 위한 조직인바 연방에 관한 경비, 공안 등 제한된 범위에서 독자적 경찰기관을 가지고 있다. 연방 내무성에는 치안관계의 대표적 기

178) Claus Roxin, 1985: 51-53.

179) 독일의 Land는 미국에서는 State(주)로, 일본에서는 邦으로 번역하고 있으며 우리나라에서는 邦, 州, 란트 등으로 번역하고 있으나 본고에서는 州로 통일하였다.

관으로 연방헌법보호국, 연방국경수비대, 연방수사국이 있고 테러, 스파이 등의 공공의 안전을 해하는 범죄방지에 대한 광범위한 권한을 갖고 있다.

경찰을 기능별로 구별하면 크게 치안경찰, 수사경찰, 기동경찰, 국경경비경찰 등이 있는데 치안경찰 및 기동경찰은 주의 경찰조직에만 있고 수사경찰은 주 경찰조직 및 연방경찰조직이 있는데 연방경찰조직에서는 테러 등의 특수한 범죄를 위해서 존재하는 연방수사국이 있다.[180]

4) 주경찰

독일은 경찰권이 연방정부에 있지 아니하고 주정부에 있다는 점에서는 영국보다는 미국에 유사한 제도라고 할 수 있으나 지방자치단체의 자치경찰권이 극소수 주의 큰 도시에만 제한적으로 허용된다는 점에서 다르다.

대다수의 주에서는 주를 국가로 하는 국가경찰을 원칙으로 하고 있으며, 예외적으로 일부 주에서는 자치경찰을 가미하고 기본임무는 사회의 안전과 질서유지에 두고 각 주의 자체법률에 따라서 독자적으로 운영되고 있다.[181]

주경찰은 그 기능에 따라 치안경찰, 수사경찰, 기동경찰, 수상경찰로 구분하고 있는데 치안경찰은 보안경찰이라고도 하며, 전통적·전형적 경찰업무를 수행하는 기능으로 각주의 각급 경찰관서에서 정복을 착용하고 순찰근무, 교통근무, 지역근무, 경제사범단속 등의 제반 경찰업무를 수행하는 일반경찰관을 말한다.

수사경찰은 범죄의 수사 및 예방업무를 담당하며 사건을 직접 인지하기도 하고 치안경찰을 통하여 인지된 사건을 처리하기도 하는데 대부분의 주에서는 치안경찰과 혼합되어 조직되어 있으나 일부 주에서는 처음부터 치안경찰과 분리된 2원 조직을 갖고 있는 주도 있다. 기동경찰은 폭동이나 시위 등 전국적인 긴급 치안상황에 대처하기 위하여 연방과 각 주정부 간의 협정에 의하여 설립되어 있다.

각 주에서는 기동대를 설치하여 교육 및 배치업무를 담당하고 연방에서는 이들에 대한 통일적인 근무규정의 제정, 무기, 통신, 차량, 장비 등을 지원하고 있다. 수상 경찰은 수상로, 항구, 내수면, 부두 등에서 경찰업무를 수행하는데 일반경찰관서와는 처음부터 분리되어 각 주의 내무부장관에 직속되어 있다.[182]

---

180) 이상안, 1996: 114.
181) 경찰대학, 1995: 137.
182) 서구경찰, 1989: 493.

2. 미 국

1) 경찰제도

미국의 경찰제도(Police System of America)는 영국의 제도를 본받아 자치경찰이지만 세계에서 가장 복잡한 경찰 제도를 가지고 있다. 합중국 전역에 걸쳐 경찰권의 행사가 인정되어 있는 것은 연방수사국(FBI)만 있고 각 주에는 주경찰, 도시에는 도시경찰, 군(郡)에는 군경찰이 있어서 각각 독립된 자치경찰이 되어 있다. 시・읍・면에는 아직까지 보안관 등의 제도가 남아있고 시장이나 치안판사・시의회 등에 의한 임명제로 되어 있다. 도시경찰은 미국의 자치경찰을 대표하는 것으로 되어 있으며, 그 관리・감독권에 대해서는 시의회에 속하는 것과 시의 경무위원회 또는 공안위원회에 속하는 것이 있다. 주경찰은 주로 주내의 고속도로 순찰을 하면서 간선 도로상의 범죄・교통단속 등을 행한다. 경찰관은 대부분이 권총을 항시 휴대하며, 그 사용은 영국에 비해 자유로운 편이다. 미국의 경찰은 일반적으로 자치경찰인 도시경찰을 위주로 하고 그 위에 주경찰, 연방경찰을 쌓아 올려서 구성하여 놓은 것이다. 미국의 경찰은 실로 거대하고 복합적이며, 극도로 다양한 하나의 혼합체이다. 가장 두드러진 특성의 하나로서는 경찰제도가 구형과 신형의 공존과 혼합이라고 할 수 있다. 식민지시대에 기원을 둔 보안관(sheriff), 치안관(constable)의 제도가 지금도 옛 전통을 보존하면서 현대적 조직과 장비를 가지고 있다. 현대 미국의 경찰은 19세기의 영국 런던 수도경찰의 모델을 기초로 하고 있으며, 대단히 많은 법 집행기관들이 전문화되어 발전되어 있다. 특히 연방과 주 그리고 많은 지방경찰기관이 있다.[183] 미국에서의 경찰기능은 비록 국가와 주정부가 간과할 수 없는 법집행 기능에는 연관되어 있지만 기본적으로는 지방자치단체의 지방적 기능이다.

최근의 많은 자치제의 경찰행정관은 연방 및 주정부와 관계를 증진시키고 있는데 이는 주로 지방 자치단체의 법집행 예산 증가에 따른 연방정부의 재원과 특수범죄 대책기금 사용을 통제하는 문제에서 비롯된다.[184]

미법무성 통계국에서 조사한 1990년 현재 주와 지방 경찰청 산하에 근무하는 경

183) Kenneth J. Peak, 1993: 69.
184) 이상안, 1996: 124.

찰관은 793,020명으로 지방경찰은 459,891명으로 전체 경찰관의 58%를 차지하고 보안관은 203,974명으로 25.7%를 특수경찰(대학, 공원, 주택, 지하철 등)은 5,1825명으로 6.5%를 주 경찰은 77,330명으로 9.8%로 구분되어 있으며, 특이한 것은 하와이 주에는 주 경찰이 없다. 경찰기관 총수는 16,961개로서 지방 경찰기관이 12,288개로 72.4%를 차지하고 있다.185)

주정부는 헌법상 명문으로 경찰권을 가지고 있지 않으나 헌법이 부여한 과세권, 주간 통상규제권, 대외 통상권 등의 행사로 사실상 경찰권을 행사하게 되었으며, 최근 그 기능은 강화 확대되어 가는 추세이다. 주정부는 고유한 권한으로 경찰권을 가지고 있으며, 연방헌법 수정 제10조에 의하여 경찰권은 각 주에 유보되어 있기 때문에 미국경찰의 중심은 주정부에 소속되어 있다. 주정부는 경찰권을 직접 행사하거나 지방 자치단체인 도시 또는 타운십 등에 위임하여 행사하고 있다. 그리고 각 지방자치단체가 가지고 있는 지방경찰이 사실상 광범위한 경찰권을 행사하고 있다. 미국 경찰제도는 매우 다양한 조직으로 지역사회 중심의 자율성이 높은 철저한 민주주의 제도인 분권화된 지방경찰제도 중심이다. 경찰은 지역사회에서 매우 강력한 힘을 가지고 있으며, 건설과 파괴의 양면적인 힘을 행사하는 기관이다.186)

경찰조직은 행정단위의 구성형태에 따라 연방경찰, 주경찰, 지방경찰로 나눌 수 있으며, 지방경찰은 다시 자치체인 도시경찰과 군(郡)경찰로 나누어져 있고, 지역적 법집행기관(local agencies)으로서 치안관특별지구경찰 등이 있다.

경찰조직 자체가 지방제도와 밀접한 상호관계에 놓여 있을 뿐만 아니라 경찰에 대한 관리 및 운영 나아가 경찰임무의 범위에 있어서도 지방 자치적 성격을 내포하고 있는 것이다. 경찰 조직체제의 지방분권성은 행정제도와 밀접한 관계가 있으며 자치단체의 사무처리의 범위가 광범위하고, 막강한 중앙정부의 경찰기관이 최근 그 기능을 많이 증대시켰다고는 하나 그 소관사항이 한정되어 있고 또한 주정부에 있어서도 대부분이 완전한 경찰기관을 가지고 있지 않다. 따라서 미국경찰의 본질은 자치체경찰이 그 중심이다.

185) Kenneth J. Peak, 1993: 49-50.
186) Roy R. Roberg. et. al., 1993: 238.

2) 도시경찰

미국경찰의 본질이 자치경찰로서 시경찰은 지방자치단체 소속경찰의 중심으로서 자치도시인 City(市), Incorporated town(法人化된 邑), Village(邑보다 작은 小都市), Borough(自治都市)에 소속된 경찰을 말하는 것으로 뉴욕시 경찰처럼 3만 명의 경찰이 있는가 하면 자치시의 경우는 불과 수명 이하의 경찰을 보유하고 있는 곳도 있어 시의 인구수에 따라 경찰의 규모도 달라진다. 대부분의 도시경찰은 주(州)의 통제를 받지 않고 다음과 같은 방식으로 경찰장을 선출하여 운영하고 있다.

① 주민투표에 의하여 경찰장을 선출하는 방식
② 회의제의 경찰위원회가 선출하는 방식
③ 위원회제의 공안위원이 관리하는 방식
④ 독임제 경찰관리자가 관리하는 방식

시장과 시의회제도를 채용하고 있는 도시의 경찰청은 시장의 지휘 하에서 운영되고 시 지배인 제도를 채용하고 있는 도시의 경찰은 시 지배인의 지휘 하에서 운영되고 공안위원회제도를 채용하고 있는 도시의 경찰청은 공안위원회의 지휘 하에 관리되고 있다.

3) 지방경찰

지방행정 조직체계 중 자치체인 도시경찰을 제외한 준 지방 자치단체인 County(郡), Town or Township(邑 또는 郡區), Washington D.C. 처럼 Special District(특별구)경찰을 말한다. County는 주에 있어서 가장 큰 통치지역으로 미국의 모든 주에는 County가 존재하며, Washington District of Columbia외의 주민은 모두 군에 주소를 가지고 있다. County는 법률적으로는 그 권한의 행사에 있어서 자유재량이 약한 주 하부의 행정기관이나 최근 많은 주에 있어서 군의 행정권한을 시와 동등하게 하기 위하여 선택적 권한을 증가시키고 있다. 그러나 농촌지방의 군은 이러한 권한을 행사하지 않고 대부분 주의 정책수행기관에 불과하다. 군경찰에는 공안관제도와 검시관제도가 있으며, 기타의 군경찰제도는 다음과 같다.

① 고속도로 순찰대(Sheriff Highway Patrols)
② 군 경찰대(County police)

③ 공원순찰대(park patrols)
④ 검찰관부 형사대(Prosecutor's Detectives)
⑤ 군자경단(County Vigilantes) 등

4) 주경찰

미국의 주는 하나의 국가와 같은 조직과 기능을 갖고 있기 때문에 각 주의 정치, 경제, 사회, 문화, 역사 등의 특성에 따라 주경찰청(Department of State Police)이 있으며, 조직, 임무 권한과 책임 등은 주법에 성문화되어 있다.

주경찰은 일반적 경찰권을 가지고 주 전역에서 경찰권을 행사하기 때문에 주 전역에 일선기관을 두고 있으며, 자치경찰 관할구역 이외의 지역에 있어서의 범죄수사 등을 담당하는 외에 법죄식별, 범죄정보, 통신 등 자치경찰이나 군경찰인 보안관, 치안관 등과 협력하여 업무를 수행한다. 주 경찰의 관리형태는 주지사에게 직속되어 있거나 주지사 산하에 공안위원회 또는 경찰위원회를 두고 운영하거나 주지사 산하에 법집행청을 두어 주경찰국, 주형사국 소방국 등을 두고 경찰업무를 집행한다.[187)]

5) 연방경찰

미국의 경찰제도는 거대하고 복합하고 다양한 혼합체로서 경찰조직 자체가 지방제도와 밀접한 상호관계에 있으며, 관리 및 운영, 임무의 범위에 있어서도 지방자치적 성격을 내포하고 있다. 경찰조직체의 지방분권성은 미국의 행정제도와 긴밀한 관계가 있다. 자치단체의 업무처리의 범위가 광범위하고 막강한 것으로서 자치경찰이 그 중심으로서 연방경찰기관과 주경찰 혹은 지방경찰은 서로 독립되어 있어 상호 협력관계를 유지하고 있지만 지휘감독관계는 없다.

연방정부가 가지는 일반적 경찰기관으로 FBI(Federal Bureau of Investigation)은 연방경찰기구로서 연방법집행에 관하여 일반적인 책임을 지고 있다. FBI는 법무성의 외국으로 존재하며, 연방법 위반자를 수사하고 대통령의 명에 의하여 국가치안에 관한 위반사항도 수사할 책임이 있다. 또한 재무성 소속의 산하기관으로 Secret Service(비밀경찰)가 있으며, 이들은 대통령경호, 지폐, 공채, 기타 정부가 발행하는 증권의 위조를 금지하는 법률과 국고, 은행통화에 관한 법률의 집행 등의 업무를 수행한다.[188)]

---

187) 경찰대학, 1995: 179.

6) 기능배분

연방국가(Federal State)인 미국에서는 합중국에 위임되지 아니하였거나 각주에게 금지되지 아니한 권한들은 각주나 인민이 보유한다.[189] 연방헌법 수정 제10조(Amendments Article X)[190]에 의하여 경찰권이 주에 유보되어 있다.

연방정부가 권한을 모두 흡수하지 않을 것임을 국민에게 다짐하기 위하여 채택된 이 수정헌법 제10조는 주와 인민이 연방정부에 의존하지 않은 모든 권한을 보유한다는 점을 분명히 천명하고 있으며, 이에 따라 경찰기능도 주에 속해 있다. 주에 따라서는 경찰기능을 직접 담당하는 곳도 있고 카운티나 주의 창조물인 시·읍·리(city, town, village)에 배분하여 담당하게 하는 곳도 있는데 대다수의 주가 후자를 채택하고 있다.

3. 영 국

1) 경찰제도

영국은 세계에서 가장 먼저 자치경찰을 확립한 국가이다. 앵글로색슨 시대부터 경찰의 원초적 조직으로서 프랭크플레지(frank pledge)[191]가 있었다. 12세 이상의 자유민인 남자가 10인조의 구성원이 되어 평화유지의 책임을 졌는데, 10인조는 10가족의 주민으로 이루어지고 그 중 1명을 조장으로 호선하였다. 이 10인조나 100인조는 모두 국왕정부에 의한 관설경찰조직이었다.

중세에 이르러 1285년이래 윈체스터법(Statude of Winchester)에 의한 Constable 제도가 500년 이상 영국의 경찰조직으로 치안을 유지하였다. 종래의 부락 책임제를 유지하면서 치안판사의 지휘·감독을 받는 Constable의 자질저하와 비능률로

188) 재무성 소속의 경찰기관으로는 Bureau of Internal Revenue, Intelligence Unit(국내수입국 정보부), Alcohol Tax Unit Enforcement Division(국내수입국 주정부 집행과), Bureau of Narcotics(마약국), Coast Guard(해안 경비대), Bureau of the Customs, Custom Agency Service(관세국 관세부)등이 있다.

189) The powers not delegated to the United States by the Constitution, nor prohibited by it to the States, are reserved to the States respectively, or to the people.

190) Warren E. Burger, 1989: 24.

191) 10인조제도 또는 연대보증제도.

치안이 악화되어 18세기 중엽 이후 이에 대한 개혁운동이 일어났다.

1822부터 1829년까지 Robert Peel은 영국의 내무부장관에 봉직하였으며, 1829년 Peel은 의회로부터 수도경찰법의 제정승인을 받아 근대적인 직업제 자치체경찰제도가 성립되었다.[192] 경찰의 종류는 소방 기타 특수경찰을 제외하고 주경찰·특별시경찰·합동경찰·수도경찰·런던시경찰 등 5종이 있다.

현재 잉글란드 및 웨일즈에는 약120개, 스코틀랜드에는 30여개의 자치경찰이 있다. 그러나 대런던시 지역에는 수도경찰이 설치되어 있다. 관리구역은 런던시를 제외한 런던군·미들섹스군·크로이던시 등 인접시 및 군의 일부로서 그 장은 내무부장관의 추천으로 국왕이 임명하는 경시총감이다. 정원은 2만명으로 실제인원은 17,000여명으로써 이중 1,600여명은 사복경찰이다.

그 밖에 런던시에는 런던시경찰이 특별히 설치되어 있다. 수도경찰과 런던시경찰에 대해서는 내무부장관이 지휘·명령할 수 있으나 지방도시·군의 자치경찰은 각각 그 지방 행정당국이 관할한다. 그러나 수도경찰은 국가적인 정치범·소요죄·흉악범 등 중요 범죄에 관해서는 전국에 미치는 수사권을 가지는 외에 전국의 범죄 수사자료를 보관하고 지방경찰에 협력하며, 요청이 있을 때에는 지방경찰과 함께 범죄수사를 행한다. 영국의 경찰관은 모두 비무장이 원칙이고 순찰도 경찰봉만을 가지고 행한다. 범인체포에 있어서도 수갑을 사용하지 않고 총기를 사용하는 경우는 특히 지명된 자 이외에는 소지하지 못하도록 되어 있다.

2) 지방경찰의 특징

(1) 지방자치단체의 경찰이다.

지방분권주의에 의한 자치경찰제도로서 전통적으로 런던시경찰을 비롯하여 주, 시, 군 경찰이 모두 지방분권주의에 의한 자치경찰이다.

(2) 위원회제도에 의하여 경찰이 관리된다.

경찰조직에 있어서 민주적인 위원회제도를 취하고 있다는 점이다. 런던시에는 시의회 재판소(Court of Common Council) 州, 市, 郡에는 경찰위원회, 조합지역에는 조합경찰위원회가 각기 경찰관리기관이 있다.

---

192) Roy R. Roberg. et. al. 1993: 54.

(3) 복수 운영체제이다.

경찰조직은 1964년 경찰법에 의거 전국적으로 통일되어 있는데 그 관리 운영은 내무부장관(Home Secretary), 경찰위원회(Police Authority), 그리고 경찰국장(Police Force) 등 3자에 의하여 조정되도록 하고 있다.

(4) 정당정치와 분리되어 있다.

영국은 정당정치의 모국이며 경찰은 보통 정당원인 지방의회 의원이 지배하는 지방자치 단체에 소속하여 경찰국장의 임명은 내무대신의 승인을 얻는다고 하지만 자치단체의 지방의회 의원에 의하여 결정됨에도 불구하고 정당과의 관계는 전무한 실정이다.

(5) 치안유지와 사법경찰사무를 겸한다.

영국경찰은 전통적으로 범죄에 대하여 독자적 수사권을 가지고 있으며, 소추권을 행사한다. 검찰과의 관계를 보면 1979년 범죄소추법이 제정되어 1985년에 런던에 왕위검찰청이 설치되고 직권소추를 임무로 하는 검찰제도가 출현하였다. 검사의 임무는 검찰청장이 지휘하는 특정사건에 대하여 형사소송을 제기 또는 인수하고 또 이것을 수행한다.

3) 경찰의 유형

(1) 수도경찰청

수도경찰청(The Metropolitan Police Force)은 내무부장관 직속 하에 있는 국가경찰이다. 전통적으로 자치경찰인 영국에서 특별히 국가경찰로 창설한 것은 런던이 세계적인 대도시로서 국제적 색채가 강하고 왕궁, 상하양원, 외국대사와 공사관 등이 있으며, 세계적 외교 경제의 중심지이고 여기에서 발생하는 사건은 한 지방의 이해를 초월하여 국가적인 것이 많고 이를 담당하는 경찰도 정부가 직접으로 관장하는 것이 합리적이기 때문이다.

(2) 런던시경찰

런던시경찰(Police of London City)은 자치경찰의 하나이나 런던시가 다른 도시와는 별다른 전통과 특권을 가지고 있으므로 런던시경찰 또한 다른 시의 자치경찰과는 상이한 역사와 조직을 가지고 있다. 런던시경찰청의 장은 원칙적으로 수도 경찰청의 장에게만 주어지는 경찰총감(Commissioner)이라는 관명이 특별히 허용되고 있고 그는 런던 시의회에서 선출한다. 런던시 경찰청은 수도경찰청 관할 구역의 중심지에 있는 별개의 독립된 경찰이므로 런던시경찰청 직원은 수도경찰청 관내에서는 직무를 행할 수 없다.

(3) 지방경찰

수도경찰과 런던시경찰을 제외한 영국의 지방경찰은 주경찰(County Police)과 특별시경찰(County Borough Police) 그리고 조합경찰(Combined Police)로 나뉘어 지고 이들은 모두 지방자치체 경찰이다. 주(State)는 보통시(Borough), 읍(Urban District) 및 면(Rural District)을 관할하는 가장 유력한 자치단체이다.

특별시(County Borough)는 주와 대립하는 상급지방자치단체이다. 보통시는 주의 구역안에 있는 하급지방자치단체이다. 지방경찰의 하부조직은 지역실정, 지방경찰의 크기 등에 따라 서로 상이하나 보통 관내를 수개의 경찰구(Division)로 나누고 각 구에 경찰서(Police Station)를 설치하여 경찰서장으로 총경을 보하고 있으며 경찰서가 지방경찰조직의 중심지이다.

경찰구는 다시 수개의 분구(Sub-division)로 나뉘어 각 분구에는 경위(inspector)를 장으로 하는 분서(Sub-station)를 설치하고 분구는 다시 경사(Sergeant)의 감독구(Section)로 나뉘어 진다. 감독구는 본서 또는 분서 소재지와 같은 시가지에서는 순경(Constable)의 순찰담당 구역(Beat)[193]의 집합을 의미함에 불과하나 촌락에서는 수개의 순경파견소를 감독하는 경사파출소의 기능을 수행하기도 한다.[194]

영국의 경찰은 주민의 생명과 재산을 보호하고 치안을 유지하는 것을 직무로 하는 관료가 아니라 다른 시민을 위하여 일하는 한 사람의 시민으로 인식되고 있기

---

193) 경찰서 근무의 중점은 순찰이며 조직, 시설, 장비, 활동 등이 모두 순찰 중심으로 이루어져 있다. 순찰 방법은 도보, 기마, 자동차 등의 순찰로 모두 무선 송수신기를 갖추고 있다. 영국 경찰의 경우 모든 경찰관은 학력의 고하에 상관없이 순경(police constable)계급에서 경찰 생활을 시작하며, 일정 기간 반드시 순찰업무에 종사하여야 한다. 영국 경찰관들은 이러한 제도적 특성으로 인해 경찰조직의 동질성이 보장되고 공통된 경험으로 인해 상하간의 의사소통에 문제가 없다고 한다.

194) 경찰대학, 1995: 163.

때문에 일반국민에 비하여 특별한 권력을 더 가지고 있는 것이 아니다. 그러므로 명령 강제권이 매우 약하여 정치적 영향력이 없을 뿐만 아니라 정당정치에서 완전히 분리되어 선거에는 이용이 원칙적으로 배제되고 있다.195)

(4) 경찰기능의 배분

영국의 경찰조직은 1964년 경찰법에 의하여 전국으로 통일되었으며, 런던경시청과 런던시경찰은 별도 규정하고 그 관리 운영은 내무대신, 경찰위원회, 경찰국장 등의 3자에 의해 조정되도록 하고 있다. 내무대신은 경찰의 능률성 촉진 업무를 관장하고 경찰위원회는 적절하고 능률적인 경찰유지보장업무를 관장하고, 경찰국은 경찰업무의 지휘와 감독업무를 관장하도록 하고 있다.196)

수도경찰청에 대하여는 그 관리자로서 수도의 치안유지에 관한 기본방침을 결정하고 경찰총감, 부총감, 총감보 및 회계관의 임면을 국왕에게 제청한 외에 경찰업무의 집행에 관하여 경찰총감 이하의 모든 경찰관을 관리감독하며, 경찰예산과 경찰예산에 충당한 지방세율을 결정하기 때문에 감독관청이면서 관리자로서의 책임을 가지고 있다.197)

4. 일 본

1) 경찰제도

일본의 경찰제도(Police System)는 1954년 6월 8일의 경찰법 개정으로 국가경찰과 자치경찰로 분권적으로 이원화 되었던 경찰조직이 오늘날에는 지방자치경찰의 토대 위에 통합되어 있다198). 국가경찰인 경찰청은 내각 총리대신의 소관 하에 국가공안위원회를 두어 관리하고 경찰청 장관과 경찰청 산하의 각 관구 경찰국장

195) 이상안, 1996: 134.

196) Herman Goldstein, 1977: 267.

197) 경찰대학, 1995: 156.

198) 일본경찰은 1874년 명치 7년에 내무성(naimusho)의 케이호료(keihoryo police bureau)로 설치되어 2차 대전이 종료될 때까지 중앙집권적으로 운영되었으며 일본 경찰법은 1947년 제정되었고 1954년 6월 8일 법률 제162호로 개정 국가경찰과 지방경찰로 구분하여 조직하였다. 그 후 매년 경찰법에 대한 개정을 하고 있으나 조직과 구조, 임무, 권한 등의 기본적 틀은 큰 변화가 없다.

은 도・도・부・현[199] 경찰을 지휘감독 한다. 자치경찰인 도・도・부・현 경찰은 도・도・부・현 지사의 소관 하에 도・도・부・현 공안위원회를 두어 경시청장과 도・부・현 경찰본부장은 방면본부, 시경찰부, 경찰서를 지휘감독 한다.[200]

2) 국가공안위원회

국가공안위원회의 기능은 경찰의 능률증진이라는 적극적인 면에 있는 것이 아니고 경찰의 독선화 방지와 정치적 중립성의 유지라는 소극적인 면에 있으며 위원은 위원장 및 5인의 위원으로 구성되다. 임기는 5년으로 임명전 5년간 경찰 또는 검찰의 직무를 행한 직업적 공무원의 경력이 없는 자 중에서 내각총리대신이 양의원의 동의를 얻어 임명한다.[201] 국가 공안 위원회는 국가의 치안확보 책임을 보다 명확하게 하기 위하여 중앙기관에서 해야 하는 국가의 공안에 관계되는 경찰운영을 관장하고 중앙에서 통일적으로 하는 경찰의 교양, 통신, 장비, 범죄식별, 범죄통계 등에 관한 상항을 총괄하며, 경찰행정에 관한 조정을 한다.

3) 경찰청

경찰청(National Police Agency)은 국가공안위원회의 관리 하에 경찰사무를 관장하므로 국가공안위원회는 관리기관이고 경찰청은 실시기관으로서 각각 동일한 사무를 공동으로 관장하고 있는 것이다. 공안위원회가 경찰행정에 관한 최고 정책 결정기구라고 하면 경찰청은 그의 집행기관으로 집행에 관하여는 상당한 재량권을 가지고 있다.[202] 경찰청은 독립된 권한을 갖는 행정기관이며, 국가공안위원회의 단순한 사무 부국에 불과한 것은 아니고 경찰청장관을 그 장으로 하고 있는바 그는 국가 공안위원회가 국무총리의 승인을 얻어 임면한다.

경찰청장관은 국가공안위원회의 관리 하에 경찰청의 업무를 총괄하고 소속직원에 대한 임면권을 가지고 있으며, 그 관장 업무에 관하여 도・도・부・현 경찰을 지휘감독하는 권한을 가지고 있다.[203]

---

199) 도도부현(都道府県) : 都는 도쿄도, 道는 홋카이도, 府는 오사카와 교토, 県은 오카야마(江山)와 같은 우리나라의 道에 해당하는 자치단체를 말한다.

200) 일본경찰, 1987: 71.

201) 경찰대학, 1995: 187.

202) 이상안, 1996: 121.

4) 자치경찰

도・도・부・현 경찰은 지방자치 단체인 도・도・부・현의 경찰로서 본질적으로는 자치경찰이나 업무에 관하여는 국가경찰의 통제를 받는다. 경찰업무는 본래 국가적 성격과 자치적 성격을 함께 가지고 있어서 자치적 성격을 갖는 도・도・부・현 경찰에 국가적 요청에 응할 수 있도록 제도상의 특례로 최소한의 필요한 범위에서 국가적 성격을 부여하고 있다[204)]

도(都)경찰은 경시청을, 도・부・현 경찰은 경찰본부를 두고 있으며, 경찰청의 장으로는 경시총감을 두고 도・부・현에는 경찰 본부장을 두어 각각 소속 공안위원회의 관리에 복종하고 공안위원회는 집행의 장인 경시총감 및 경찰 본부장을 통하여서만 관리한다. 도・도・부・현 공안위원회는 경찰 및 운영을 관리하는 기관으로서 5명의 위원으로 임기는 3년으로 재임이 허용된다. 위원장은 위원의 호선에 의하여 선출되고 임기는 1년이며, 재임할 수 있고 지방자치상 도・도・부・현에 두어야 하며, 위원회로 구성되어 있다.

지사는 당해 공안위원회를 직접 감독할 권한은 없고 다만 위원의 임면에 관한 권한과 지방자치법상 가지고 있는 직무권한, 즉 조례안과 예산안의 의회제출권, 예산의 지출 명령권 등의 범위 내에서 권한을 가지고 있다. 일본은 제2차 세계대전 후 미국식 공안위원회제도를 도입하여 경찰의 정치적 중립에 성공하였다.[205)]

5) 경찰의 기능배분

일본은 경찰기능이 미치는 지역적 범위가 전국인가 일정한 지역에 국한되는가에 따라 경찰기능을 국가와 지방자치단체에 배분하고 있다. 다만 일본의 자치경찰제도는 두 가지 점에서 다른 국가들의 그것과는 다르다.

하나는 경찰기능을 담당하는 자치단체가 기초자치단체가 아니라 광역자치단체라는 점이고 다른 하나는 자치경찰기관을 행정위원회(합의제)로 하고 있다는 점이다.

---

203) 경찰대학, 1995: 188.

204) 도・도・부・현 경찰에 대하여 국가경찰이 관여하는 업무는 ① 경찰청 소관업무에 관한 장관의 지휘감독. ② 도・도・부・현 경찰의 경시정(총경) 이상의 경찰관을 국가공안위원회가 임면. ③ 도・도・부・현 경찰에필요한 경비 중 국가적 경찰활동에 요하는 것은 국고가 지불하는 것 등이다.

205) 이상안, 1996: 122.

도·도·부·현은 지방공공의 질서를 유지하고 주민과 체재자의 안전, 건강 및 복지를 보장 한다[206]는 규정에 의하여 경찰기능을 담당하고 있다.

이러한 경찰기능을 수행하기 위하여 도·도·부·현 지사 소속하에 공안위원회를 두고 있다. 공안위원회는 도·도·부와 지정시를 포괄하는 현에는 5인의 위원으로 지정시가 없는 현에는 3인의 위원으로 조직되어 있다.[207]

도·도·부·현 공안위원회는 도·도·부·현 경찰을 관리한다. 일본의 지방경찰도 전술한 외국의 그것과 대규모 재해에 관계되는 사항, 지방의 안정을 해치는 소란행위방지, 긴급사태에 대처하기 위한 계획의 수립과 시행 등에 이르기까지 광범위한 영역을 관장하고 있다. 공안위원회위원은 지방의회의원 피선거권을 가진 자로서 임명전 5년 동안 경찰 또는 검찰의 직무를 담당한 경력이 없는 자 중에서 도·도·부·현 지사가 의회의 동의를 얻어 임명하고 있다.[208] 지방경찰의 본부로는 도(都)공안위원회 밑에 경시청을 두고, 도·부·현 공안위원회 밑에 경찰본부를

---

206) 지방자치법 제2조 ③, 1

207) 일본경찰법 제38조[공안위원회 조직 및 권한] ① 도·도·부·현 지사의 소관 하에 도·도·부·현 공안 위원회를 둔다.
② 도·도·부·현 공안위원회는 도·도·부 및 지방자치법(1947년 법률 제67호) 제252조의 19 제1항의 규정에 의하여 지정하는 시(이하 지정시라 한다)를 포괄하는 현(이하 지정현이라 한다)에 있어서는 5인의 위원, 지정현 이외의 현에 있어서는 3인의 위원으로서 조직한다.
③ 도·도·부·현 공안 위원회는 도·도·부·현 경찰을 관리한다.
④ 제5조 제3항의 규정은 도·도·부·현 공안 위원회의 사무에 대해서 준용한다.
⑤ 도·도·부·현 공안 위원회는 그 권한에 속하는 사무에 관하여 법령 또는 조례의 특별위임에 기하여 도·도·부·현 공안 위원회 규칙을 제정할 수 있다.
⑥ 도·도·부·현 공안 위원회는 국가 공안 위원회 및 다른 도·도·부·현 공안 위원회와 항상 긴밀한 연락을 유지하여야 한다.

208) 일본경찰법 제39조[공안위원회위원의 임명] ① 위원은 당해 도·도·부·현 의회 의원의 피선거권을 가진 자로서 임명 전 5연간 경찰 또는 검찰의 직무를 행한 직업적 공무원의 전력이 없는 자 중에서 도·도·부·현 지사가 도·도·부·현 의회의 동의를 얻어 임명한다. 단, 도·부 및 지정 현에 있어서는 그 위원 중 2인은 당해 도·부 또는 현이 포괄하는 지정시의 의회 의원의 피선거권을 가진 자로서 임명 전 5년간에 경찰 또는 검찰의 직무를 행한 직업적 공무원의 전력이 없는 자 중에서 당해 지정 시의 시장이 그 시의회의 동의를 얻어 추천한 자에 대하여 당해 도·부 또는 현의 지사가 임명한다.
② 아래의 각 호의 1에 해당하는 자는 위원으로 될 수 없다.
1. 준금치산자 또는 파산자로서 복권을 하지 않은 자
2. 금고 이상의 형에 처해진 자
③ 위원의 임명에 대해서는 그 중 2인 이상(도·도·부 및 지정 현에 있어서는 3인 이상)이 동일의 정당에 소속하여서는 아니 된다.

두고 있다.

도(都)경시청과 도・부・현 경찰본부장은 국가공안위원회가 도・도・부・현 공안위원회의 동의를 얻어 임면한다. 다만 경시총감은 내각총리대신의 승인을 얻어야 한다. 도・도・부・현 공안위원회는 국가공안위원회에 대하여 경시총감 또는 경찰본부장의 징계 또는 파면에 관한 필요한 권고를 할 수 있다.[209] 경시청과 경찰본부 소속하에 구역을 나누어 경찰서를 두고 있다.[210]

---

209) 일본 경찰법 제49조[경시총감의 임면] ① 경시총감은 국가 공안 위원회가 도 공안 위원회의 동의를 얻은 후 내각총리 대신의 승인을 얻어 임면한다.
② 도 공안 위원회는 국가 공안 위원회에 대하여 경시총감의 징계 또는 파면에 관한 필요한 권고를 할 수 있다.
일본 경찰법 제50조[경찰본부장의 임면] ① 경찰 본부장은 국가 공안 위원회가 도・부・현 공안 위원회의 동의를 얻어 임면한다.
② 도・부・현 공안 위원회는 국가 공안 위원회에 대하여 경찰 본부장의 징계 또는 파면에 관하여 필요한 권고를 할 수 있다.

210) 정세욱, 1995: 22.

제2편

경찰실무론

제2편 경찰실무론

제1장 경 무

1. 개 요

경무(Police Administration)는 경찰의 업무 중에서 경비, 생활안전, 수사, 정보, 보안, 외사 등 타 경찰업무에 대한 지원업무를 뜻하는 부서로 일반 행정기관의 총무업무를 의미한다. 실질적으로는 경찰의 복무, 보안, 조직, 인사, 재무, 기획, 공보, 민원, 문서관리 등의 업무를 처리하는 부서를 의미하거나 경찰의 총체적인 관리를 뜻하기도 한다.

2. 복무규정

1) 목 적

경찰공무원의 복무에 관한 사항을 규정함을 목적으로 한다,

2) 기본강령

(1) 경찰사명

경찰공무원은 국가와 민족을 위하여 충성과 봉사를 다하며 국민의 생명과 신체

및 재산을 보호하고 공공의 안녕과 질서를 유지함을 그 사명으로 한다.

(2) 경찰정신

경찰공무원은 국민의 수임자로서 일상의 직무수행에 있어서 국민의 자유와 권리를 존중하는 호국·봉사·정의의 정신을 그 바탕으로 삼는다.

(3) 규 율

경찰공무원은 법령을 준수하고 직무상의 명령에 복종하며, 상사에 대한 존경과 부하에 대한 신애로써 규율을 지켜야 한다.

(4) 단 결

경찰공무원은 주어진 사명을 다하기 위하여 긍지를 가지고 한마음 한뜻으로 굳게 뭉쳐 임무수행에 모든 역량을 기울여야 한다.

(5) 책 임

경찰공무원은 창의와 노력으로써 소임을 완수하여야 하며, 직무수행의 결과에 대하여 책임을 진다.

(6) 성실 · 청렴

경찰공무원은 성실하고 청렴한 생활 태도로써 국민의 모범이 되어야 한다.

3. 복무자세

1) 예 절

경찰공무원은 고운 말을 사용하도록 노력하여야 하며, 국민에게 겸손하고 친절하여야 한다. 그리고 상·하급자 및 동료간에 서로 예절을 지켜야 한다.

2) 용모 · 복장

경찰공무원은 용모와 복장을 단정히 하여 품위를 유지하여야 한다.

3) 환경정돈

경찰공무원은 사무실과 그 주변 환경을 항상 깨끗하게 정리 · 정돈하여 명랑한 분위기를 유지하여야 한다.

4) 일상행동

경찰공무원은 공 · 사 생활을 막론하고 국민의 모범이 되어야 하며 다음과 같이 행동하여야 한다.

① 상 · 하급자 및 동료를 비난 · 악평하거나 서로 다투는 행위를 하여서는 안 된다.
② 경솔하거나 난폭한 행동을 하여서는 아니 되며, 항상 명랑 · 활달하여야 한다.
③ 건전하지 못한 오락행위를 하여서는 아니 된다.
④ 항상 협동심과 상부상조의 동료애를 발휘하여야 한다.

4. 복무행위

1) 개 요

복무행위(Public Service etc)라 함은 국가기관이나 단체 또는 조직에서 부여된 직분을 처리하는 것을 의미하는 것으로 경찰공무원의 직무행위에 대한 규정이나 규칙 또는 절차를 말한다.

2) 직무의 범위와 한계

(1) 지정장소 외에서의 직무수행 금지

경찰공무원은 상사의 허가를 받거나 그 명령에 의한 경우를 제외하고는 직무와 관계없는 장소에서 직무수행을 하여서는 안 된다.

(2) 근무시간 중 금주

경찰공무원은 근무시간 중 음주를 하여서는 아니 된다. 다만, 특별한 사정이 있는 경우에는 예외로 하나 주기가 있는 상태에서 직무를 수행하여서는 안 된다.

⑶ 민사분쟁 개입금지

경찰공무원은 직위 또는 직권을 이용하여 부당하게 타인의 민사분쟁에 개입하여서는 안 된다.

⑷ 상관에 대한 신고

경찰공무원은 신규채용 · 승진 · 전보 · 파견 · 출장 · 연가 · 교육훈련 기관에의 입교 기타 신분관계 또는 근무관계의 변동이 있는 때에는 소속 상관에게 신고를 하여야 한다.

⑸ 보고 및 통보

경찰공무원은 치안상 필요한 상황의 보고 및 통보를 신속 · 정확 · 간결하게 하여야 한다.

⑹ 여행의 제한

경찰공무원은 휴무일 또는 근무시간 외에 공무 아닌 사유로 즉시 직무에 복귀하기 어려운 지역으로 여행을 하고자 할 때에는 소속 경찰기관의 장에게 신고를 하여야 한다. 다만, 치안상 특별한 사정이 있어 경찰청장 또는 경찰기관의 장이 지정하는 기간 중에는 소속 경찰기관의 장의 허가를 받아야 한다.

⑺ 비상소집

경찰기관의 장은 비상사태에 대처하기 위하여 필요하다고 인정할 때에는 소속 경찰공무원을 긴급히 소집하거나 일정한 장소에 대기하게 할 수 있다. 비상소집의 요건 · 종류 · 절차 등에 관하여 필요한 사항은 경찰청장 또는 해양경찰청장이 정한다.

⑻ 특수근무자의 근무수칙 등

경찰청장 또는 해양경찰청장은 대간첩작전을 주된 임무로 하는 경찰공무원, 해양경찰청의 해상근무경찰공무원, 경찰기동대의 대원 기타 특수근무 경찰공무원에 대한 근무수칙 · 내무생활 기타 복무에 관하여 필요한 사항을 따로 정하여 실시할 수 있다. 그리고 경찰청장 또는 해양경찰청장은 필요하다고 인정할 때에는 복무에 필요한 사항의 일부를 당해 경찰기관의 장이 정하여 실시하게 할 수 있다.

제2장 인사제도

1. 인사관리

1) 개 요

경찰인사관리(Personnel Management)라 함은 경찰공무원을 대상으로 하여 행정기능을 효과적으로 수행하고 경찰조직의 행정목적을 최대한으로 달성할 수 있도록 인적 자원을 확보, 동원하고 관리하여 발전을 도모하는 것을 의미한다. 즉, 경찰인사행정은 복잡하게 분화, 발전되어 가는 조직체에 양질의 서비스를 산출할 수 있는 보다 적극성을 가진 사람을 유치하여 인적 자원을 가장 효율적으로 유지, 발전시켜 나가기 위한 방법과 기술이라 하겠다.

이러한 기능의 기준이 되는 여러 관행, 제도를 총칭하여 인사행정제도 또는 경찰공무원제도라 할 수 있다. 경찰인사행정제도란 경찰공무원을 임용, 승진시키고 이들에게 보수를 지급하고 교육훈련하는 등의 인사 기능으로 규제하는 제도를 말하는 것이다.

2) 인사제도

민주주의 국가에 있어서는 이러한 인사행정제도를 공무원제도라고 칭하기도 한다. 경찰인사행정은 경찰조직에 필요한 인적자원을 동원하고 관리하는 체제를 의미한다고 정의할 수 있다. 과거에는 경찰인사행정의 기능이 통제 중심에 있었으나 현대의 발전적이며, 적극적인 경찰인사행정에 있어서는 경찰발전을 추진하는 중요한 인력자원을 공급하는데 최우선 순위를 두어야 한다.

경찰관은 뚜렷한 국가관과 안보관 그리고 발전된 목표의식을 가진 우수하고 능력 있는 인재를 발굴하여 활용하고 이들을 교육 훈련시켜 능력발전을 도모하는데 중요한 목적을 두고 있다. 따라서 경찰인사행정의 범위도 이에 바탕을 두고 정해져야 하고, 인사행정에 대한 끝없는 연구와 개선이 요구된다고 하겠다.

경찰인사행정의 범위는 채용, 능력발전, 사기관리 등으로 요약할 수 있으며 다음과 같은 기능의 원칙에 의하여 수행되어야 한다. 경찰관 채용에 있어서는 년 2~3회로 나누어 전국적·정기적으로 모집하고 있으며, 2000년 이후부터 25:1 이상의 높은 경쟁률을 보이고 있다.[1)]

〈경찰공무원 신규채용 현황〉 (단위 : 명)

구 분	계	경 정	경 위	경 사	경 장	순 경
계	3,257	7	175	–	50	3,025
공개채용	3,090	–	165	–	–	2,925
특별채용	167	7	10	–	50	100

경찰백서, 2008:341

3) 인사제도의 원칙

① 유능한 인재를 경찰조직에 유치하여야 한다.
② 인간적 가치의 존중과 능력발전을 지속하여 높은 근무의욕을 유지시킨다.
③ 경찰관 개인과 조직의 목적을 동시에 실현할 수 있도록 한다.
④ 경찰조직의 균형과 조화로 구성원의 활력을 최고로 유지하도록 한다.

따라서 경찰인사행정은 여러 학문이 결합된 종합과학으로써 법학, 행정학, 사회학, 심리학, 인류학, 정치학, 경제학, 경영학, 통계학 등 여러 분야의 학문적 배경이 없이는 성립할 수 없다. 또한 종합과학으로서의 인사 행정에 관한 권리, 법칙, 방법, 과정, 기술 등은 엄격한 것이라기보다는 융통성이 있다고 할 수 있다.

왜냐하면 인사문제를 효율적으로 해결하는데 있어서 유일한 방법이 정해져 있는 것은 아니며, 조직 또는 조직 구성원에게 주어진 상황에 따라 적절하게 변화 적응시킬 수 있기 때문에 경찰인사행정은 과학적 학문이기는 하지만 순수과학이 아닌 응용과학이라고 하는 것이 적절할 것이다. 경찰공무원 채용시험에 있어서도 배점비율을 체력검사와 면접시험의 비율을 높여 필기시험 65%, 체력과 면접 35%의 비율로 조정하였다.[2)]

1) 경찰백서, 2005: 394.
2) 경찰백서, 2005: 395.

〈경찰공무원 채용시험 배점비율〉

구 분	개 정 전	개 정 후
필 기 시 험	75%	65%
체 력 검 사	5%	10%
면 접 시 험	20% (적성검사5%, 자격증가산점5%, 주관평가10%)	25% (적성검사10%, 자격증가산점5%, 주관평가10%)

2. 인사행정기관

경찰의 인사행정(Personnel ad.)은 인사행정의 정책 또는 목적을 보다 능률적으로 집행하고 달성하기 위하여 인사행정을 전문적, 집중적으로 총괄하는 기관이다. 경찰의 인사행정기관은 중앙인사행정과 경찰인사행정으로 구분한다.

1) 중앙인사행정기관

(1) 행정안전부장관

행정부의 중앙인사 행정기관으로서 행정부의 조화와 균형적인 인사운영을 도모하여 인력의 효율적인 활용과 능력개발을 위하여 인사관리에 관한 총괄적인 사항을 관장한다.

(2) 소청심사 위원회

행정공무원의 징계처분 기타 그 의사에 반하여 불리한 처분에 대한 소청을 심사·의결하기 위하여 행정안전부에 설치된 준사법적 기능을 가진 상설의 합의제 기관이다. 경찰공무원도 소청심사위원회에 소청을 제기할 수 있다.

그러나 전투경찰대의 경사·경장·순경·전투경찰순경·의무경찰순경 등은 그 소속 기관장인 경찰청장, 지방경찰청장, 경찰대학장, 경찰종합학교장, 중앙경찰학교장에게 소청을 제기할 수 있다.

(3) 중앙징계위원회

국무총리 소속하에 제1 중앙징계위원회와 제2 중앙징계위원회가 설치되어 있는

데 경찰공무원의 경우 경무관 이상의 징계사건을 제2 중앙징계위원회에서 심의·의결하도록 하고, 총경 이하의 경찰관은 경찰공무원 중앙징계위원회와 보통징계위원회에서 처리하도록 하고 있다.

3. 인사권자

1) 대통령

총경 이상의 경찰 공무원은 경찰청장의 추천으로 행정안전부장관이 제청하여 국무총리를 거쳐 대통령이 임용한다. 경정의 신규채용, 승진임용 및 면직은 경찰청장의 제청으로 국무총리를 거쳐 대통령이 행한다.[3] 다만, 총경의 전보, 휴직, 직위해제, 정직, 복직은 경찰청장이 행한다.

2) 경찰청장

경찰청장은 경찰인사행정기관으로서 경정 이하의 경찰공무원을 임용하며, 총경의 전보, 휴직, 직위해제, 정직 및 복직은 경찰청장이 행하고[4], 경찰공무원의 임용에 관한 권한의 일부를 소속기관장 및 지방경찰청장에게 위임할 수 있다.[5]

3) 지방경찰청장, 경찰대학장, 경찰종합학교장, 중앙경찰학교장, 경찰병원장

경찰청장은 위 소속기관장에게 그 소속 경찰공무원 중 경정의 전보, 파견, 휴직, 직위해제 및 복직에 관한 권한과 경감 이하의 임용권을 위임할 수 있다. 그리고 임용권의 위임을 받은 소속기관 등의 장은 경감 또는 경위를 신규 채용하거나 경위 또는 경사를 승진시키고자 할 때에는 미리 경찰청장의 승인을 얻어야 한다.[6] 그러나 경찰청장의 임용권이 완전히 배제되는 것은 아니며, 경찰청장은 경찰공무원의

3) 경찰공무원법 제6조 제1항, 2항.
4) 경찰공무원법 제6조 제1항과 2항.
5) 경찰공무원법 제6조 제3항.
6) 경찰공무원 임용령 제4조 제1항, 제3항.

정원의 조정, 인사교류 또는 파견을 위하여 필요한 때에는 그 임용권을 행사할 수 있다.[7)]

4) 경찰서장

지방경찰청장은 소속 경감 이하의 경찰공무원에 대한 당해 경찰서 안에서의 전보권을 각 경찰서장에게 다시 위임할 수 있다.[8)]

5) 경찰공무원인사위원회

경찰공무원의 인사에 관한 중요사항에 대하여 경찰청장의 자문에 응하기 위하여 설치되는 비상설의 자문기관이다. 합의제에 의해 운용되며, 경찰인사행정에 관한 방침과 기준의 결정 및 기본계획, 인사에 관한 법령의 제정과 개폐, 기타 경찰청장이 부의하는 사항 등을 심의한다.

(1) 구 성

① 경찰공무원인사위원회는 위원장을 포함하여 5인 이상 7인 이하의 위원으로 구성하고 위원장은 경찰청 인사담당국장이 담당한다.
② 위원은 경찰청 소속 총경 이상의 경찰공무원 중에서 경찰청장이 임명하며 위원장은 경찰청 소속의 경찰공무원 중에서 간사 약간명을 지명하여 인사위원회의 사무를 담당하게 할 수 있다.
③ 위원장이 부재중인 때에는 위원 중에서 최상위 계급자나 선임경찰관이 그 직무를 대행하며, 위원장은 인사위원회의 소집권한과 표결권을 가진다.

(2) 심의보고

① 경찰공무원인사위원회의 심의는 재적위원 과반수의 찬성으로 결정하고 표결결과가 찬·반 동수인 경우에는 위원장이 최종 결정권을 가진다.
② 심의·의결된 사항은 즉시 경찰청장에게 보고하여야 한다.

---

7) 경찰공무원법 제4조 제4항.
8) 경찰공무원 임용령 제4조 제2항.

4. 경찰공무원의 임용

경찰공무원의 임용(Appointment of Police Officers)이라 함은 경찰공무원으로서의 신분을 부여하거나 박탈 또는 승진 임용하는 등 공무원의 신분을 발생, 소멸, 변경시키는 공적인 행위를 말한다. 경찰공무원으로 임용이 되면 당해 계급에 해당하는 부서로 배치되고 계급에 상응한 업무를 수행하여야 하며, 계급별 인력구성분포는 아래의 표4와 같다.9)

〈경찰인력구성과 1인당 담당인구〉

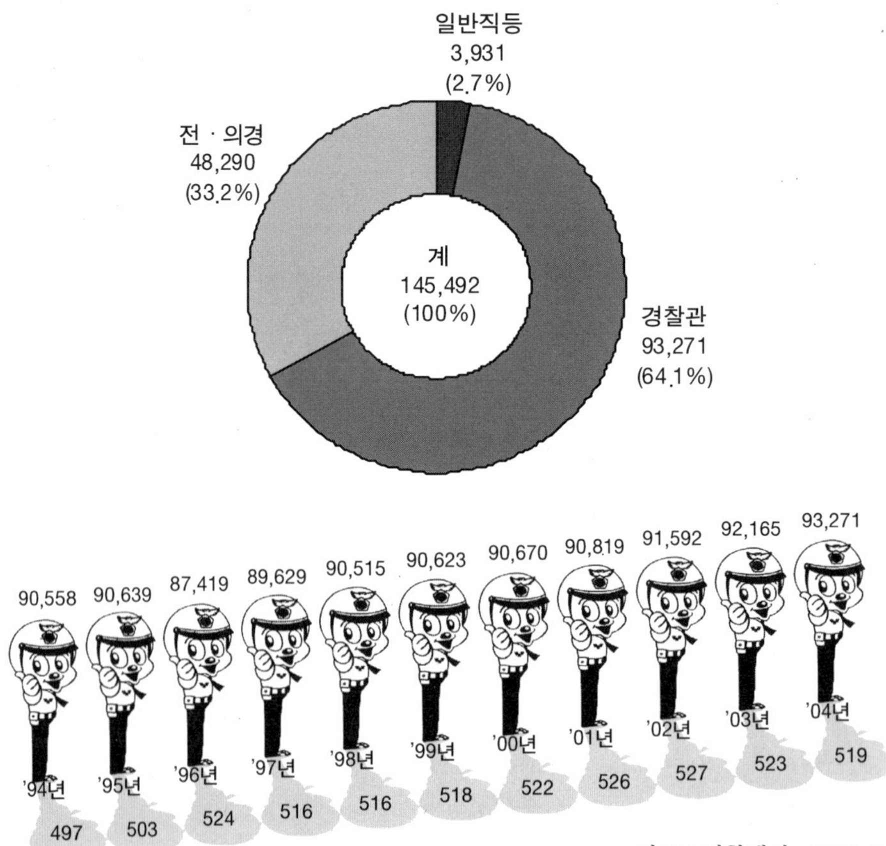

자료 : 경찰백서, 2005 : 357

9) 경찰백서, 2005: 356.

1) 임용의 원칙

(1) 평등의 원칙

국가공무원법은 공개경쟁에 의한 채용시험은 동일한 자격을 가진 모든 국민에게 평등하게 공개해야 한다고 규정함으로서 공개경쟁에 의한 평등의 원칙을 밝히고 있는데 이는 국민주권의 기본사항에 의해서 모든 국민은 법률의 정하는 바에 의하여 공무담임권을 가진다는 원리에 의한다.

(2) 실적주의 원칙

국가공무원법은 공무원의 임용은 시험성적, 근무성적, 기타 능력에 의한 실증에 의한다고 규정하여 실적주의 원칙을 명시하고 있다.

(3) 적격자 임용의 원칙

인재를 적재적소에 임용한다는 원칙을 의미하는 것으로 경찰공무원임용령은 이러한 원칙에 따라 경찰공무원의 보직은 경과, 특기, 교육훈련, 근무성적 등을 고려하여 임용한다는 원칙이다.

2) 임용의 종류

(1) 신규채용

국가공무원법과 경찰공무원법에 의한 임용의 원칙에 따라 선발된 사람에게 경찰공무원으로서의 신분을 부여함을 말한다.

(2) 승 진

하위계급에서 상위계급으로의 수직적 상향임용을 의미한다. 승진은 사기앙양, 개인의 능력발전, 인적자원의 능률적 활용 등을 촉진시키며, 실적주의 인사행정의 가장 중요한 요소로서 직업공무원제도의 발전을 위한 수단이 되고 있다.

(3) 전 보

동일 계급에서 보직의 수평적 이동을 의미한다. 임용권자 또는 임용제청권자는 경찰공무원의 동일 직위에서의 장기근무로 인한 직무수행의 침체현상을 방지하여 창의적이며, 활력 있는 직무성과의 증진을 기하도록 하여야 한다. 그러나 지나치게 잦은 전보로 인한 능률저하를 방지하여 안정적인 직무를 수행할 수 있도록 특별한 사정이 없는 한 정기적으로 전보를 실시하는 것이 매우 합리적이다.

(4) 파 견

직무 수행상 필요하거나 또는 업무수행과 관련된 행정지원이나 연수 기타 능력 개발 등 필요에 따라 경찰공무원을 국가기관, 공공단체, 국내·외의 교육기관, 연구기관 등에서 근무하게 하는 것을 의미한다.

(5) 휴 직

경찰공무원으로서의 신분을 보유하면서 일정기간 일시적으로 직무담임을 해제하는 것을 의미하고 휴직에는 직권휴직과 청원휴직이 있다.[10)]

(6) 직위해제

직무수행능력의 부족 또는 근무성적이 극히 불량하거나 징계요구 등으로 직위를 계속 유지할 수 없는 사유가 발생한 경우에 경찰공무원의 신분은 보유하나 직위를 부여하지 않는 것을 의미한다.

(7) 정 직

징계의 일종으로서 경찰공무원의 신분은 보유하나 직위를 부여치 않는 것을 의미한다.

(8) 복 직

휴직, 정직, 직위해제 중에 있는 경찰공무원을 다시 원래의 직위에 복귀시키는 것을 의미한다.

(9) 면 직

공무원의 신분을 상실시키는 것으로 당사자의 신청에 의한 의원면직과 당사자의

10) 국가공무원법 제71조 제1항, 제72조.

의사와는 관계없이 일정한 사유가 발생할 때 임명권자가 임의적으로 할 수 있는 직권면직이 있다.

⑽ 해 임

공무원 관계를 해제하는 징계 면직처분으로서 해임의 처분을 받은 자는 3년간 공무원에 임용될 수 없고 경찰공무원 임용의 결격사유가 된다.

⑾ 파 면

공무원 관계를 해제하는 배제징계 처분이며, 가장 중한 징계로서 파면된 자는 5년간 공무원에 임용될 수 없고 경찰공무원 임용의 결격사유가 된다.

제3장 복무규율과 통제

1. 국가공무원의 의무

1) 개 요

공무원의 의무(The Duty of Public officer)라 함은 공무원에게는 일반 시민에게 요구하는 규율보다도 더 엄격한 의무와 책임을 말한다. 이러한 의무와 책임은 일정한 규율 속에서 수행되어야 하기 때문에 공무원의 임무는 매우 중요한 것이다. 공무원은 국민전체의 이익을 보호하고 봉사해야하기 때문에 국민으로부터 봉사료를 받고 있는 것이다. 경찰공무원은 국가공무원법과 경찰공무원법의 적용을 받기 때문에 매우 엄격한 규율 속에서 생활해야 한다. 공직자윤리법이나 공무원복무규정에도 공무원의 의무가 법으로 정해져 있다.

2) 국가공무원법상의 의무

공무원의 복무에 관하여 규정하고 공무원의 선서, 성실의무, 복종의무, 직장이탈금지, 친절공정의무, 비밀엄수의무, 청겸의무, 외국정부의 영예 등을 받을 경우, 품위유지의 의무, 영리업무 및 겸직금지, 정치운동의 금지, 집단행위의 금지, 선서의 의무 등 의무와 책임을 규정해 놓고 있다.[11]

(1) 선서의 의무

① 법령을 준수하고 직무상 상사의 명령에 복종한다.
② 국민의 편에 서서 정직과 성실로 직무에 전념한다.
③ 창의적인 노력과 능동적인 자세로 소임을 완수한다.
④ 재직 중은 물론 퇴직 후 업무상 알게 된 기밀을 절대 누설하지 않는다.
⑤ 정의의 실천자로써 부정의 발본에 앞장선다.

---

11) 국가공무원법 제7장.

(2) 성실의무

공무원은 누구나 성실하게 근무하여야 한다.

(3) 복종의 의무

공무원은 직무를 수행함에 있어 소속상관의 직무상의 명령에 복종하여야 한다.

(4) 직장 이탈금지

공무원은 소속상관의 허가 또는 정당한 이유 없이 직장을 이탈하지 못한다.

(5) 친절공정의 의무

공무원은 국민전체의 봉사자로서 친절공정하게 근무하여야 한다.

(6) 비밀엄수의 의무

공무원은 재직 중은 물론 퇴직 후에도 직무상 지득한 비밀을 엄수하여야 한다.

(7) 청렴의무

공무원은 직무와 관련하여 직접 또는 간접을 불문하고 사례, 증여 또는 향응을 수수할 수 없다.

(8) 외국정부로부터의 영예 등 제한

공무원이 외국 정부로부터 영예 또는 증여를 받을 경우에는 대통령의 허가를 얻어야 한다.

(9) 품위유지의 의무

공무원은 직무의 내·외를 불문하고 품위를 손상하는 행위를 하여서는 안 된다.

(10) 영리업무 및 겸직금지

공무원은 공무 이외의 영리를 목적으로 하는 업무에 종사하지 못하며 소속기관장의 허가 없이 다른 직무를 겸할 수 없다.

(11) 정치운동의 금지

공무원은 정당 기타 정치단체의 결성에 관여하거나 이에 가입할 수 없다.

(12) 집단행위의 금지

공무원은 노동운동 기타 공무 이외의 일을 하거나 집단적 행위를 할 수 없다.

3) 공직자윤리법상의 의무

공직자윤리법에는 공무원의 부정부패를 방지하기 위한 공무원의 재산등록과 공개를 규정하고 있다. 경사 이상 경찰공무원은 재산 등록하여야 한다. 일급 이상에 해당하는 공무원과 지방자치단체장을 비롯하여 지방경찰청장의 재산은 공직자윤리위원회가 공개하도록 하고 있다. 또한 시가가 미화로 100달러 이상이거나 국내시가로 10만원 이상인 외국 또는 외국인으로부터 받은 선물은 신고하여야 하며, 신고된 선물은 즉시 국고에 귀속된다.

공직자윤리법상 재산등록대상자인 4급 이상의 공무원 및 공직유관단체의 임원 등은 퇴직일로부터 2년간 퇴직전 2년 이내에 담당하였던 업무와 관련된 일정규모 이상의 영리를 목적으로 하는 사기업체에 취업할 수 없다. 다만 관할공직자윤리위원회의 승인을 얻을 때는 취업할 수 있다.

4) 경찰공무원법상의 의무

경찰공무원의 의무는 특별권력관계에 기초한 것이므로 포괄성을 갖는 것으로써 법령에 규정된 의무는 예시적인 것임을 인식하여야 한다.

(1) 선서의 의무

공무원은 취임시 소속기관장 앞에서 선서를 하여야 한다.[12)]

(2) 성실의 의무

공무원은 법령을 준수하며 성실히 직무를 수행하여야 한다.[13)]

12) 국가공무원법 제55조.
13) 국가공무원법 제56조.

(3) 직무상 의무

① 법령준수 의무

공무원은 성실히 법령을 준수하여야 한다.[14] 법령위반 행위는 위법행위가 되어 무효 또는 취소의 원인이 되고 당해 공무원은 민사책임, 형사책임, 또는 징계책임을 지게 된다.

② 복종 의무

공무원이 직무를 수행함에 있어서 소속상관의 직무상의 합법적 명령에 복종하여야 한다.[15]

③ 직무전념의 의무

공무원은 전력을 다하여 직무를 수행하여야 한다.[16] 직무전념 의무에는 직장이탈금지 의무와 영리업무 및 겸직금지 의무 등이 있다.[17]

④ 친절 · 공정의 의무

공무원은 국민전체의 봉사자로서 친절하고 공정하게 집무하여야 한다.[18] 동 의무는 단순히 도덕상 의무에 그치지 않고 법적 의무이며 위반할 때는 징계사유가 된다.

⑤ 허위보고 등 금지 의무

경찰공무원은 직무에 관하여 허위의 보고나 통고를 하여서는 아니 되고, 직무를 태만히 하거나 유기 하여서는 안 된다.[19]

⑥ 지휘권 남용 등의 금지 의무

전시 · 사변 기타 이에 준하는 비상사태, 작전수행중인 경우 또는 많은 인명손상이나 국가재산 손실의 우려가 있는 위급한 사태가 발생한 경우에 경찰공무원을 지휘 감독하는 자는 정당한 사유 없이 그 직무수행을 거부 또는 유기하거나 경찰공무원을 지정된 근무지에서 임의로 진출 · 퇴각 또는 이탈케 하여서는 안 된다.[20]

---

14) 국가공무원법 제56조.
15) 국가공무원법 제57조.
16) 국가공무원법 제58조 제1항.
17) 국가공무원법 제64조.
18) 국가공무원법 제59조.
19) 경찰공무원법 제18조.

⑦ 제복착용 의무

경찰공무원은 특수한 경우를 제외하고는 제복을 착용하여야 한다.[21]

(4) 신분상의 의무

① 비밀엄수의 의무

공무원은 재직 중은 물론 퇴직 후에도 직무상 지득한 비밀을 엄수하여야 한다.[22] 피의사실 공표(형법 제126조), 공무상 비밀의 유포(형법 제127조)에 의하여 동 의무의 위반은 징계사유가 될 뿐만 아니라 일정한 경우에는 형법상 범죄를 구성한다.

② 청렴의무

공무원은 직무와 관련하여 직접 또는 간접을 불문하고 사례와 증여 또는 향응을 수수할 수 없으며, 직무상의 관계 여하를 불문하고 그 소속상관에게 증여하거나 소속공무원으로부터 증여를 받아서는 안 된다.[23] 수뢰, 사전수뢰(형법 제129조), 공무원의 직무상 범죄에 대한 형의 가중(형법 제135조) 에 의하여 동 의무의 위반은 징계사유가 될 뿐만 아니라 일정한 경우에는 형법상 범죄를 구성한다.

③ 품위유지 의무

공무원은 직무의 내외를 불문하고 그 품위를 손상하는 행위를 하여서는 안 된다.[24]

④ 영리업무 및 겸직금지 의무

공무원은 공무 이외의 영리를 목적으로 하는 업무에 종사하여서는 안 되며, 소속기관장의 허가 없이 다른 직무를 겸할 수 없다.[25]

---

20) 경찰공무원법 제19조.
21) 경찰공무원법 제20조 제1항.
22) 국가공무원법 제60조.
23) 국가공무원법 제61조.
24) 국가공무원법 제63조.
25) 국가공무원법 제64조.

⑤ 영예의 제한 의무

공무원이 외국정부로부터 영예 또는 증여를 받을 경우에는 대통령의 허가를 받아야 한다.[26)]

⑥ 정치운동금지의무

공무원은 정치적 중립을 견지하여야 한다. 정당 기타 정치단체의 결성에 관여하거나 이에 가입할 수 없고 선거에 있어서 특정 정당 또는 특정인의 지지나 반대를 하기 위하여 일정한 행위를 하여서는 안 된다. 다만 대통령령으로 정하는 특수경력직 공무원에 대하여는 정치운동 금지에 관한 국가공무원법의 규정이 적용되지 아니한다.[27)]

⑦ 집단행위의 금지

공무원은 노동운동 기타 공무 이외의 일을 위한 집단적 행위를 하여서는 안 된다.[28)] 다만 사실상 노무에 종사하는 공무원과 대통령령으로 정하는 특수 경력직 공무원에 대하여는 예외를 인정하고 있다.

2. 복무제도

복무제도(System of Public Service)라 함은 경찰관의 근무를 규율에 맞게 하기 위하여 여러 가지 제도를 마련해 놓고 이것을 지키도록 함으로써 사전에 복무규율을 확보하는 방법과 복무규율을 어겼을 경우를 대비하여 징계제도를 두고 있다. 복무규율을 확보하기 위한 제도는 경찰복무규율의 제정, 근무방법에 대한 통제, 예절, 제복, 감찰, 감사, 징계 등 일반적인 것이다. 조직을 상징하는 제복은 그 구성원들의 행동에 제약요인으로 작용한다. 그 이유는 상징으로서 제복은 그 조직의 표상이기 때문이다. 따라서 다른 조직들도 물론이지만 특히 경찰이나 군대 구성원의 행동 통제가 강조되는 조직은 구성원의 행동통제 수단으로써 제복을 사용한다.

조직구성원은 조직의 목표에 따라 행동하기보다는 조직의 규칙에 따라서 행동한다. 이는 조직의 목표란 추상적이어서 그 내용을 쉽게 구체화하기 힘들기 때문에

26) 국가공무원법 제62조.
27) 헌법 제7조와 국가공무원법 제65조, 동 제3조 단서.
28) 국가공무원법 제66조, 동 제3조 단서.

규칙에 따라서 행동한다. 실제로 구성원들은 규칙에 따라서 행동하면 조직의 목표를 달성할 수 있는지도 모른다. 따라서 규칙은 가장 중요한 통제수단이 될 수도 있지만, 남용 또는 너무 강력한 제재를 할 경우에는 부작용이 발생할 수 있다.

감사나 감찰의 목적이 업무의 개선이나 시정에 있다고 하지만 위법, 부당한 사항이 적발될 경우에 흔히 처벌을 해야 하기 때문에 가장 강한 통제장치이다. 감사나 감찰은 복무규율을 확보하기 위한 제도의 실효성을 보완하는 제도라고 볼 수 있다.

1) 복무규정

경찰공무원복무규정에는 경찰의 복무에 관한 기본강령과 자세 등을 규정하여 근무하는데 있어서의 사고 및 행동의 기본지침 또는 근본이념을 제시하여 이를 실천하도록 하고 있다. 경찰공무원복무규정은 공무원복무규정에 대하여 특별법의 위치에 있기 때문에 경찰공무원복무규정에서 규정한 사항 외에는 공무원복무규정이 적용된다.

(1) 기본강령

① 경찰사명

경찰공무원은 국가와 민족을 위하여 충성과 봉사를 다하여 국민의 생명과 신체, 재산을 보호하고 공공의 안녕과 질서를 유지함을 그 사명으로 한다.

② 경찰정신

경찰공무원은 국민의 수임자로서 일상의 직무수행에 있어서 국민의 자유와 권리를 존중하는 호국, 봉사, 정의의 정신을 그 바탕으로 한다.

③ 규 율

경찰공무원은 법령을 준수하고 직무상의 명령에 복종하며, 상사에 대한 존경과 부하에 대한 신애로써 규율을 지켜야 한다.

④ 단 결

경찰공무원은 부여된 사명을 다하기 위하여 긍지를 가지고 한마음 한뜻으로 굳게 뭉쳐 임무수행에 모든 역량을 다한다.

⑤ 책 임

경찰공무원은 창의와 노력으로써 소임을 완수하여야 하며, 직무수행의 결과에 대하여 책임을 진다.

⑥ 성실 · 청렴

경찰공무원은 성실하고 청렴한 생활태도로써 국민의 모범이 되어야 한다.

(2) 복무자세

경찰공무원은 국민의 공복으로써 겸손하고 고운 말을 사용하여 친절히 봉사하며, 상·하간 및 동료간에 서로 예절을 지켜야 한다.

① 용모복장

경찰공무원은 항상 용모복장을 단정히 하여 품위를 유지하여야 한다.

② 환경정돈

경찰공무원은 근무부서 내·외의 환경을 깨끗이 정리 정돈하여 명랑한 분위기를 유지하여야 한다.

③ 일상행동

공·사 생활을 막론하고 국민의 모범이 되어야 하며, 건전하지 못한 오락행위 등을 하여서는 안 된다. 또한 상·하간에 협동심과 상부상조의 동료애를 발휘하여야 하고 경솔하거나 난폭한 행동을 하여서는 안 된다.

④ 관외에서의 직무수행 금지

상사의 허가나 명령에 의한 경우를 제외하고 직무와 관계없는 장소에서 직무수행을 하여서는 안 된다.

⑤ 보고 및 통보확행

직무상 필요한 상황의 보고와 통보를 신속 정확하게 확행하여야 한다.

⑥ 민사관계 불간섭

직무의 내·외를 막론하고 부당하게 타인의 민사관계에 개입하여서는 안 된다.

⑦ 상관에 대한 신고확행

신규채용, 승진, 전보, 파견, 출장, 연가, 교육훈련, 기타 신분관계 및 근무관계의 변동이 있을 때에는 소속 상관에게 보고하여야 한다.

⑧ 여행의 제한

휴무일과 근무시간 외에 관외에 여행하고자 할 때에는 소속기관의 장에게 보고하여야 한다.

⑨ 근무 중 음주금지

근무 중 음주를 하여서는 안 된다. 다만 특별한 사정이 있어 음주한 경우에는 직무를 수행하여서는 안 된다.

(3) 기 타

경찰기관의 장은 소속 경찰공무원에 대한 인사상담, 고충처리, 기타 방법으로 근무의욕의 고취 및 사기진작과 보건위생에 유의하여 건강관리와 체력증진에 노력하여야 한다.

3. 징계제도

1) 개 요

징계(Discipline)라 함은 공무원의 의무위반에 대한 제재를 의미한다. 즉 징계는 법령·규칙·명령 위반자에 대한 처벌을 뜻한다. 징계는 공무원이 맡은바 직무를 성실하게 수행하고 행동규범을 준수하게 하기 위한 통제제도로 의무위반자에 대한 제재를 통하여 잘못된 행태를 교정하려는데 그 주요 목적이 있다. 경찰공무원의 징계는 경찰관이 국가공무원법 및 경찰공무원법 또는 동법에 의한 명령이나 직무상의 의무에 위반하였을 때에는 국가가 공무원 관계의 질서를 유지하기 위하여 특별권력에 기하여 그 공무원에게 제재를 가하는 것을 말한다. 공무원 관계의 질서를 유지하기 위한 제재이므로 일반 통치권에 따른 형벌과는 그 본질이 다르다. 징계는 공무원의 법규위반과 의무위반행위를 예방하고 교정하기 위하여 가하는 제재이다. 징계는 개인의 행동에 대해서 행위자 자신에게 책임을 묻는 성질과 다른 사람들에게는 주의환기 또는 그릇된 행동을 억제시키는 성질을 갖는다. 따라서 징계는 공무원의 복무규율을 확보하기 위한 강제적 수단이다.

2) 형벌과 징계벌

형벌은 일반통치권에 그 근거를 두고 징계벌은 특별권력관계의 내부에서 성립하는 특별권력에 그 근거를 둔다. 형벌은 반사회적인 법익 침해에 대하여 국가사회의 일반적 질서를 유지하기 위하여 과하는 제재임에 반해 징계벌은 공무원의 의무위반에 대하여 공무원관계의 질서를 유지하기 위하여 과하는 제재이다.

형벌도 공무원의 비리나 부정부패를 억제하는 중요한 수단이지만 형벌과 징계는 그 권력적 기초, 대상, 목적 등을 달리하는 까닭에 동일한 행위에 대해 병과 할 수 있으며, 병과 하더라도 일사부재리의 원칙에 저촉되지 않는다. 징계는 경찰관의 신분과 권한에 커다란 불이익을 주는 것으로 법에 엄격한 요건을 정하고 있어 법치주의 원칙이 적용된다.

3) 징계사유

아래와 같은 사유가 발생하였을 경우에는 징계조치를 하여야 한다.[29] 공무원의 의무위반은 과실이 있음으로써 충분하고 고의를 요하는 것은 아니며, 행위자뿐만 아니라 감독자도 감독의무를 태만히 하였을 때에는 그 책임을 면하지 못한다.

① 국가공무원법과 경찰공무원법 또는 동법에 의한 명령에 위반하였을 때
② 직무상의 의무에 위반하거나 직무를 태만히 하였을 때
③ 직무의 내·외를 불문하고 체면 또는 위신이 손상되는 행위를 하였을 때

4) 징계의 종류

국가공무원법 및 경찰공무원법상의 징계에는 파면·해임·정직·감봉·견책 등이 있으며 파면·해임·정직은 중징계에 속하고 감봉·견책은 경징계에 속한다. 또한 전투경찰대설치법에서는 국가공무원법상의 징계 외에 영창·근신 등을 규정하고 있다. 영창·근신 등은 전투경찰대의 대원중에서 경사·경장·순경 및 전투경찰 순경에게 적용된다.

---

29) 국가공무원법 제78조.

(1) 국가공무원법 및 경찰공무원법상의 징계

① 파 면

경찰공무원의 신분을 박탈하는 징계처분으로 파면된 자는 5년동안 공무원이 될 수 없으며, 퇴직금은 50%만 지급된다.

② 해 임

경찰공무원의 신분을 박탈하는 징계처분으로 해임된 자는 3년간 공무원이 될 수 없으며, 퇴직금은 100% 지급된다.

③ 정 직

1~3월 이하의 기간 직무에 종사하지 못하고 경찰공무원의 신분은 보유하나 동 기간은 보수의 2/3를 감한다. 또한 정직중인 경우와 정직처분이 끝난 날로부터 18개월 동안 승진이나 승급을 할 수 없다.

④ 감 봉

1~3월 이하의 기간동안 보수의 1/3을 감하는 징계처분으로서 감봉처분중이거나 감봉처분이 끝난 날로부터 12개월 동안 승진이나 승급을 할 수 없다.

⑤ 견 책

전과에 대하여 훈계하고 회개하게 하는 징계처분으로 6개월 동안 승진 및 승급을 할 수 없다.

(2) 전투경찰대설치법상의 징계

① 영 창

전투경찰대 및 함정 기타 구금장에 구금하는 것으로 15일 이내로 징계처분의 집행이 종료된 날로부터 10개월간 승진이 제한되고 6개월 동안 승급이 제한된다.

② 근 신

교육훈련을 제외한 평상근무를 금지시키며, 일정 장소에서 비행을 반성하는 것으로 그 기간은 15일 이내이며, 8개월간 승진이 제한되고 6월간 승급이 제한된다.

5) 징계 위원회

(1) 설치 및 구성

경찰공무원에 대한 징계의결을 행하는 징계위원회에는 국가공무원법에 의해 국무총리 소속하에 설치된 중앙징계위원회와 경찰기관에 설치된 경찰공무원징계위원회로써 중앙징계위원회와 보통징계위원회가 있다.

① 중앙징계위원회

국무총리 소속하의 징계위원회로써 위원장 1인과 위원 6인으로 구성되어 있다.

② 경찰공무원징계위원회

경찰공무원중앙징계위원회로써 경찰청에 두고 위원장을 포함한 위원 5인 이상 7인 이하로 구성한다.

③ 보통징계위원회

경찰청 · 지방경찰청 · 해양경찰청 · 경찰대학 · 경찰종합학교 · 중앙경찰학교 · 경찰병원 · 경찰서 · 기동대 · 전투경찰대 · 경비함정 · 경찰청장이 지정하는 경감 이상의 경찰 공무원을 장으로 하는 기관에 두며 위원장을 포함한 위원 3인 이상 7인 이하로 구성한다.

6) 징계절차

(1) 징계권자

경찰공무원의 징계는 징계위원회의 의결을 거쳐 징계위원회가 설치된 경찰기관의 장으로써 중앙징계위원회에서 의결한 징계의 경우에는 경찰청장이 보통징계위원회에서 의결한 징계는 경감 이상의 경찰공무원을 장으로 하는 기관장이 행하는 것이 원칙이다. 그러나 파면, 해임, 정직의 경우에는 당해 경찰공무원의 임용권자가 행한다. 경무관 이상의 정직과 경정 이상의 파면, 해임은 경찰청장의 제청으로 행정안전부장관 및 국무총리를 거쳐 대통령이 정하고 총경, 경정의 경우는 경찰청장이 각각 행한다.

(2) 징계의결의 요구

① 징계요구사유

경찰기관의 장은 첫째, 국가공무원법상 징계사유가 있다고 인정된 때, 둘째, 하급기관으로부터 징계의결 요구의 신청을 받은 때에는 지체 없이 관할 징계위원회를 구성하여 징계의결을 요구해야 한다.

② 징계의결 기한

징계의결요구를 받은 징계위원회는 요구서를 받은 날로부터 30일 이내에 징계에 관한 의결을 하여야 한다. 그러나 부득이한 경우에는 징계요구자의 승인을 얻어 30일의 범위 내에서 기간을 연장할 수 있도록 하고 있다.

(3) 심의 · 의결

① 징계대상자의 출석

징계위원회는 징계사건을 심의할 때 미리 당해 징계심의 대상자에게 통지하여 징계심의에 참석하여 진술하도록 하여야 한다. 다만 다음과 같은 사유가 있을 때에는 징계 대상자의 불출석으로도 징계심의를 할 수 있다.

1 본인이 징계위원회에서의 진술을 위한 출석을 원하지 않을 때
2 해외에 체재 또는 부득이한 사유로 지정기일에 출석할 수 없다고 인정될 때
3 2회 이상의 출석통지에도 불구하고 정당한 사유 없이 출석하지 않을 때
4 징계 또는 형사사건의 사실조사를 기피할 목적으로 도피하였을 때
4 출석통지서수령을 거부하여 통지서의 직접전달이 곤란하다고 인정되는 때

② 진술권과 신문권

1 진술권

징계위원회는 징계심의 대상자에게 충분한 진술기회를 주어야 하며, 징계심의 대상자는 서면 또는 구술로써 자기에게 이익이 되는 사실을 진술하거나 증거를 제출할 수 있고 증인의 신문을 신청할 수 있다. 그리고 징계의결의 요구권자 또는 요구 신청자는 필요한 경우 서면 또는 구두로 의견을 진술 할 수 있다.

2 신문권

징계위원회는 출석한 징계심의 대상자에게 징계사유에 해당하는 사실에 관한 신

문을 행하고 심사상 필요하다고 인정될 경우 관계인의 출석을 요구하여 신문할 수 있으며, 필요시 사실조사를 하거나 특별한 학식이나 경험 있는 자에게 검증 또는 감정을 의뢰할 수 있다.

③ 징계위원회의 의결

징계위원회의 의결은 위원장을 포함한 위원 과반수의 출석과 출석위원 과반수의 찬성으로 의결하며, 의결내용은 공개하지 아니하도록 되어 있다.

④ 의결내용의 통고

징계의결을 한 때에는 지체 없이 징계의결서의 정본을 첨부하여 징계의결을 요구한 장에게 통고해야 한다. 이때 징계위원회에서는 의결요구권자가 요구한 징계의결 수준에 미치지 못할 경우에는 그 이유서를 첨부하여야 한다.

7) 집행과 시효

(1) 파면, 해임, 정직의 경우

징계의결을 요구한 자가 징계 의결 대상자의 파면, 해임, 정직의 의결을 통고 받은 때에는 지체 없이 당해 경찰공무원의 임용권자에게 그 처분을 제청한다. 이때 경무관 이상의 정직, 경정 이상의 파면 또는 해임처분의 제청과 총경, 경정의 정직처분의 집행은 경찰청장이 행한다.

(2) 감봉, 견책의 경우

감봉, 견책처분의 집행은 징계의결을 요구한 자가 그 징계의결을 통고 받은 날로부터 10일 이내에 행한다.

(3) 시 효

징계의결의 요구는 징계사유가 발생한 날로부터 2년을 경과한 때에는 이를 행하지 못하도록 되어 있으나 금품, 향응, 공금의 횡령 또는 유용의 경우에는 3년으로 되어 있다.

8) 관용심사위원회

경찰공무원 및 경찰업무 보조자가 소신을 가지고 열심히 일하는 과정에서 발생한 과실을 관용해 주기 위하여 구성되는 위원회이다.

(1) 설치 및 기능

위원회는 경찰청, 지방경찰청과 경찰청장 소속기관, 경찰서, 직할대로 구분하여 설치한다. 직할대는 경정급 이상의 지휘관이 지휘하는 지방경찰관서 소속 경찰기관을 말한다. 동 위원회는 그 기관 자체 또는 감사원 등의 감찰 또는 감사결과 관용 청구된 문책 대상자의 처벌 양정요구를 심사하여 그 기관의 장에게 관용여부에 대한 판단자료를 제공한다.

(2) 위원회의 구성

각급 위원회는 그 기관의 부기관장 또는 선임부서장을 위원장으로 하고 위원은 매개최시 그 기관장이 임명하되 위원수는 위원장을 보조하여 5인으로 하며 감찰 또는 감사부서 직원으로 간사를 둔다.

(3) 위원회의 개최

위원회는 관용심사청구가 있을 때 감찰 또는 감사활동 결과조치에 대한 소속 기관장의 최종결정 전에 개최하고 위원회는 위원장이 소집하며, 재적위원 과반수의 참석으로 개최한다. 그러나 위원회 개최가 어렵다고 판단될 때에는 서면심사로 대신할 수 있다.

(4) 심사대상

업무를 적극적으로 수행하는 과정에서 발생한 과실, 평소 성실한 직원의 업무추진상 발생한 규정위반 등 절차상 과실 중 관용이 필요하다고 판단되는 사안으로 제한하고 있다. 단, 2회 이상 관용 심사처분을 받은 자와 직무관련 금품수수행위 및 기타 중점 정화대상으로 조정된 비위를 야기한 자와 구속입건 된 자 그리고 직무태만, 무사안일 등 사정 역부조리를 행한 자 등의 사안에 대해서는 제외된다.

(5) 심사청구

① 감찰 또는 감사 책임자는 관용심사청구가 있을 때에는 특별한 사유가 없는 한 위원회에 심사를 청구하여야 한다.
② 조사결과 관용조치 할 필요가 있다고 판단될 때에는 관용심사 대상자를 선정하여 심사위원회에 관용심사를 청구할 수 있다.
③ 감찰 또는 감사 대상자의 소속 기관장은 조사를 받은 자에 대하여 관용조치가 필요하다고 인정되는 때에는 관용사유에 관련된 자료를 구비하여 조사 종료일로부터 10일 이내에 감찰 또는 감사기관의 장에게 심사를 의뢰하여야 한다.

(6) 심사절차 및 결정

감찰 또는 감사 책임관은 관용심사 청구시 관용심사 조서를 작성하여 위원회에 제출하여야 하고 위원회에서는 관용 심사대상자의 근무성적, 업무처리과정, 근무여건, 근무자세 등을 종합 검토하여 관용의 필요성 및 처벌양정의 적정 여부를 심사하여 필요시 감찰 또는 감사 조사관 및 관용대상자의 의견을 청취하거나 관련 서류제출을 요구할 수 있으며, 동 위원회는 위원장을 포함한 출석위원 과반수의 찬성으로 관용건의를 결정하고 회의록을 작성하여야 한다.

(7) 심사결과의 처리

각급 기관의 장은 징계요구 양정결정시 위원회의 심사결과를 최대한 반영하도록 노력하여야 하며 관용이 결정된 경우 관용내용을 징계처분사유 설명서에 명시하여 대상자에게 통보하여야 한다.

9) 소 청

소청은 공무원이 징계처분 등 기타 불리한 처분에 불복하여 재 심사청구를 하여 구재를 구하는 것을 말한다.

(1) 심사청구

경찰공무원이 징계처분, 직권휴직, 직위해제, 기타 등의 처분에 불복이 있는 경우 그 처분사유 설명서를 받은 날로부터 30일 이내에 총무처에 설치되어 있는 소청심사위원회에 당해 처분의 심사를 청구할 수 있으며, 이때 변호사를 대리인으로 선임할 수 있다. 단 그 처분을 한 날로부터 40일 이내에는 후임자의 보충발령을 하지 못한다.

(2) 보정명령

위원회는 청구서에 흠결이 있다고 인정할 때에는 청구서 접수 일로부터 7일 이내에 보정을 명하여야 하고 보정기간 내에 보정하지 않을 경우 소청심사의 청구를 취하한 것으로 본다.

(3) 소청의 취하

소청인은 위원회의 결정이 있을 때까지는 청구의 일부 또는 전부에 대하여 취하할 수 있다.

(4) 기일지정 통고

위원회는 소청 당사자에게 심사일시와 장소를 통지하여 출석할 수 있도록 해야 하고 통지 받은 소청 당사자가 정당한 사유로 불출석 보고를 한 경우 다시 기일을 정하여 출석할 수 있도록 해야 한다.

(5) 진술권 및 증거 제출권

위원회는 출석한 소청 당사자의 진술을 청취해야 하며 필요한 경우 구술로 신문할 수 있다. 소청 당사자는 통지를 받고 출석하지 않는 경우 서면으로 의견을 진술할 수 있고, 증인의 신문과 증거물 기타 심사 자료의 제출명령을 신청하거나, 증거물 기타 심사 자료를 제출할 수 있다.

(6) 심사의 결정

위원회는 심사절차에 대한 조서를 작성해야 하고 소청심사 결정시 소청심사결정서를 작성하여 소청인, 처분권자, 관계장관 등에게 송부해야 한다. 이때 소청심사위원회의 결정은 처분 행정청을 기속하며, 결정에 대하여 불복이 있는 소청인은 경찰공무원의 경우 경찰청장이나 임용권이 위임된 소속기관장을 상대로 행정소송을 제기할 수 있다.

(7) 재 심

위원회의 결정에 대한 재심요구는 그 이유를 명시한 재심 요구서에 의하고 재심사건의 심사는 필요한 경우 외에는 당사자의 출석 없이 결정할 수 있으며, 소청심사의 범위는 소청의 원인이 된 사실 이외의 사실에 대하여 심사하지 못한다.

4. 감 찰

1) 개 요

감찰(Inspection)은 경찰관의 복무규율 준수를 확보하기 위한 내부의 통제수단으로서 경찰공무원의 위법부당한 행위에 관한 조사와 정보의 수집, 비위공무원에 대한 정보의 제공 또는 처분의 요청 및 수사기관에의 고발 등을 내용으로 하는 직무행위를 말한다. 이는 일종의 내부통제로서 조직구성원의 근무행태의 감독과 회계감찰에 역점을 두고 있다. 실제로 감찰은 회계, 재무, 직무감찰 등 경찰업무 전반에 관한 불시통제의 성격을 띠고 있다. 따라서 감찰은 조직의 기강유지, 비위방지, 조직업무의 체계성과 능률성 및 적법성을 확보하기 위한 내부통제 장치이다.

감찰은 하급 또는 대등한 경찰기관을 지휘 감독하는 것이 아니라 그들의 행정집행상황을 관찰하여 공무상의 범죄, 비위 또는 사고, 업무의 능률 등 그 공과를 사실 그대로 감독기관에 보고하여 각각 지휘관의 행정통제에 관한 기능을 보조하는 역할을 한다.

2) 필요성

경찰의 직무수행에 있어서 하급자에 대한 지휘·감독의 책임은 상급자에 있고, 하급기관의 지휘·감독의 책임은 상급기관에 있는 것이다. 경찰행정기관의 각급 감독자는 직무수행에 있어서 하급직원을 지휘 감독하는 책임이 있다. 경찰 행정조직이 크면 클수록 그 조직내부의 질서유지와 조직목적을 효과적으로 수행하기 위하여 상부명령의 철저한 침투와 엄격한 규율의 유지가 가일층 요구되는 것이다. 이에 따라 상급자의 지휘감독의 범위는 점차적으로 확대되고 복잡화, 전문화되어 각급 감독자 만으로서는 그 임무를 효과적으로 수행할 수 없게 되기 때문에 행정조직상의 계통 이외에 특수감독기능을 행하는 감독기관의 설치가 중요하게 된다.

3) 근 거

복종의 의무에 대한 지휘감독 작용의 한 형태이므로 국가조직법상 상급경찰기관은 하급경찰기관에 대해 감찰할 권한이 있으며, 감찰기능의 효율적인 운영을 위하여 경찰청훈령에 의하여 경찰감찰규칙으로 규정하고 있다.[30)]

4) 감찰기관

경찰청에는 감사관을 두고 그 밑에는 감찰담당과 감사담당으로 나누어 업무를 관장하고, 지방경찰청에는 감사담당관실을 두어 감찰과 감사업무를 관장하며, 경찰서에는 청문담당관실에서 감찰과 감사업무를 수행하고 있다. 청문관은 감사, 감찰, 민원업무 등에 대한 지휘와 통제 등 책임을 맡고 있다.

5) 감찰관

감찰관이란 전국 경찰기관에 속한 감찰업무 담당자를 말하는 것으로 활동범위는 소속장의 지휘권의 범위에 준한다. 감찰관은 경위 이상의 간부로서 경찰업무 전반에 대한 지식이 풍부한 현 계급에서 2년 이상 실무경험이 있는 자로서 정직·청렴하고 정의감과 책임감이 있고 성실하게 직무를 수행하여야 한다. 감찰관은 질문에 대한 답변요구와 증거품 및 자료 제출지시와 현지조사시 협조요구, 그리고 진술서 제출과 출석요구 등을 할 수 있도록 되어 있다. 감찰관의 비행은 가중 징계하고, 감찰조사에 불응하거나 방해한 자에 대하여는 조사대상사건과 별도로 감찰 조치하도록 하고 있다.

6) 감찰의 기능

감찰은 직무와 명령의 이행 여부를 확인하고 부정과 비리 등을 적발하여 행정 책임자에게 조언·건의·정보의 제공·진상의 보고 등을 함으로써 새로운 계획수립에 도움을 주는 한편 행정책임자의 감독기능을 강화시키는 기능으로 작용하여 다음과 같이 조직의 발전에 공헌한다.

---

30) 국가공무원법 제57조.

(1) 감독자의 역할을 도와준다.

업무상의 특수한 직무에 관한 지식이나 기술이 부족한 행정책임자에게 감찰을 통하여 전문적인 지식과 기술을 제공함으로써 행정 책임자의 감독을 보좌하는 역할을 한다.

(2) 감독자의 취약점을 보완해준다.

감독의 대상이 원거리에 위치하여 행정 책임자자신의 감독이 미치지 않거나, 감독에 상당한 시간을 요하여 확인이 어려운 경우 감찰을 통해 취약점을 쉽게 극복할 수 있다.

(3) 감독자의 책임성을 강화시킨다.

하급기관장이 감독에 대한 직무를 소홀히 하거나 그 직무를 태만히 할 우려가 있는 경우 감찰을 통해 이를 사전에 예방할 수 있고, 행정능률이 저하되는 사항도 시정할 수 있다.

(4) 행정의 침체를 예방한다.

행정기관이나 직원 상호간의 관할권 및 책임한계를 명백히 함으로써 주관쟁의의 방지 등으로 인한 행정의 침체를 방지할 수 있다.

(5) 감독의 신회성을 확보할 수 있다.

행정 책임자의 감독은 직책의 한 분야로서 경시되는 경향이 있고 감독자의 주관과 편견에 치우칠 우려가 있기 때문에 감독의 신뢰성이 저하될 수 있으나 감찰을 통해 공정하고 객관적인 입장에서 감독에 대한 신뢰성을 회복할 수 있다.

7) 감찰의 종류

(1) 예방감찰

예방감찰이란 지휘관의 지휘방침 및 중요 관심사항에 대한 실행계획과 실천정도를 관찰하여 불합리한 요소와 사고성 요인을 사전에 제거하고 행정의 원활한 수행을 촉진케 하는 계획된 감찰활동이다.

(2) 감찰조사

조직구성원의 비위와 관련된 사안에 대한 증거수집과 사실을 명확하게 조사하여 시정방안을 건의하는 조사이다.

(3) 감찰검열

조직의 업무수행에 있어서 지휘감독에 현저한 결함이 있다고 인정되는 하급기관에 대하여 경찰조직의 업무 전반에 대한 문제점을 검열하는 지휘관의 불시 감독을 말한다.

(4) 청문수리

청문수리란 조직구성원에 대하여 애로와 건의를 년 2회 이상 서면 또는 구두로 청문하여 조직의 운영개선에 반영하는 활동을 말한다.

5. 감 사

1) 개 요

감사(Supervision)라 함은 경찰조직의 직무 전반에 관한 사실을 조사하여 경찰사무의 적법성과 타당성, 그리고 엄정한 규율을 확보하여 상부의 시책 및 방침의 이행을 철저히 하여 민주적이고 효율적인 경찰업무를 수행하기 위한 것이다.

2) 감사기관

경찰청에 감사관실을 두고 산하의 감사담당과, 지방경찰청의 감사담당관실에 감사계를 두고, 경찰서에서는 청문관실에서 감사기능을 수행한다.

3) 감사대상

감사대상은 경찰청장의 산하단체로 제1차 감독청이 행하는 것이 원칙이다. 경찰청과 그 소속기관 및 산하지방경찰청, 경찰서, 기동대, 방범순찰대, 전투경찰대, 파출소, 출장소, 검문소 등 경찰청장의 소관에 속하는 모든 조직체이다.

4) 감사의 종류

감사는 종합감사, 부분감사, 특별감사, 자체감사 등으로 나눌 수 있다.

(1) 종합감사

종합감사는 경찰 행정사무 전반에 대하여 1-2년에 한 번씩 정기적으로 실시하는 감사를 말한다.

(2) 부분감사

감사기관의 장이 필요하다고 인정하는 경우에 경찰행정사무전반에 대하여 수시로 실시하는 것을 말한다.

(3) 특별감사

특정경찰행정사무에 대하여 사실조사를 목적으로 행하는 감사로서 특별히 필요한 사유가 있는 경우에 실시한다.

(4) 자체 감사

경찰사무의 전부 또는 일부에 대하여 각급 경찰기관에서 스스로 행하는 감사를 말한다.

5) 감사계획의 수립

① 경찰청의 감사관은 매년 12월 10일까지 익년의 종합감사와 부분감사 계획을 확정하여 경찰청장 소속기관 및 지방경찰청에 하달한다. 지방경찰청장은 경찰청의 계획에 따라 매년 자체 종합감사와 부분감사 계획을 수립하여 경찰청장의 조정과 통제를 받아 피 감사기관에 하달하고 특별감사를 실시하고자 할 때에는 그 시행계획을 수립하여 실시 예정 15일 전까지 경찰청장에게 보고하여야 한다.

② 지방경찰청장은 부득이한 사정으로 인해 자체종합감사나 부분감사를 실시하기 어려울 경우에는 실시예정 15일전까지, 그리고 특별감사를 실시하기 어려울 경우에는 실시예정 7일 전까지 경찰청장에게 감사계획의 일정 등 변경을

요청해야 한다.

③ 감사의 결과에 따라 피 감사관서의 실정을 파악하여 우수한 점은 찬양 보급 권장하고, 결함이나 부족한 점은 시정하는 동시에 앞으로의 경찰기획 및 운영 기초 자료를 얻을 수 있다. 피 감사기관에서는 업무활동에 대한 평가를 받고 기대 이하의 평가를 받은 부분에 대한 시정조치를 함으로써 업무의 개선과 발전의 계기가 되도록 한다.

6) 감사단의 구성

감사단은 단장, 부단장, 감사관으로 구성한다.

(1) 단 장

감사단장은 경찰청의 감사관 중에서 지정하여 감사관이 분담할 업무를 지정하고 감사지침을 시달하며 감사관의 감사활동을 지휘·감독한다.

(2) 부단장

부단장은 감사담당관 중에서 지정하고 단장의 지휘를 받아 감사준비를 하고 감사시 단장을 보좌하고 단장 부재시 그 직무를 대행한다.

(3) 감사관

감사관은 감사관실에 근무하는 경정, 경감, 경위 중에서 지정하는데 업무분담에 있어서 회계감사관과 기술감사관은 따로 지정해야 한다.

7) 감사관의 자격과 권한

(1) 자 격

① 해당 감사부문에 3년 이상의 실무경험이 있는 자로서 업무를 분석 종합하는 능력과 이해력 및 표현력이 있는 자.

② 대학 졸업자 또는 동등 이상의 학력을 갖춘 자.

③ 신체와 정신이 건강한 자로써 사명감·청렴성·책임감이 투철한 자 등으로 징계사유 등이 없는 때에는 3년 이내에 전보되지 않는다.

(2) 권 한

감사관은 경찰청장을 대리하여 위임받은 범위내의 권한을 행사한다. 감사관은 필요 할 경우 감사에 필요한 각종 자료의 제출을 요구할 수 있고, 관계자에게 감사 사항에 대하여 설명하게 할 수 있다.

피 감사자의 입회하에 봉인을 할 수 있고, 당해 과·서의 장 또는 그 대리인을 입회하게 할 수 있다. 또한, 관계자에게 답변을 요구하거나 증거서류 등을 요구할 수 있고 기타 감사를 효율적으로 실시하기 위하여 필요하다고 인정되는 모든 조치를 할 수 있다.

8) 감사의 실시

(1) 진행순서

감사의 진행순서는 피 감사기관의 계장급 이상의 신고와 업무현황 청취, 집무환경 점검, 기능별 감사의 실시 등의 순서로 진행하는 것이 원칙이나 감사단장이 현지실정에 맞게 조정할 수 있다.

(2) 감사관의 준수 사항

① 감사사항에 대하여 과소 또는 과대평가를 하여서는 안 된다.
② 감사는 객관성 있는 판단과 사실에 근거하여 위법부당한 행위의 시정 및 행정의 능률향상에 중점을 두어야 한다.
③ 감사 중 발견한 긴급하고 중대한 사실은 즉시 단장에게 보고하여 지시를 받아야 한다.
④ 감사 시행중 취득한 비밀은 외부에 누설하여서는 안 된다.
⑤ 위법 부당한 사실을 발견하고도 이를 묵인하여서는 안 된다.
⑥ 감사에 관하여 부정행위를 하여서는 안 된다.

(3) 감사 후의 조치

① 결과의 보고

감사단장은 감사를 마친 날로부터 10일 이내에 지방경찰청장은 20일 이내에 결과 보고서를 경찰청장에게 보고하여야 한다.

② 감사단장의 조치

감사단장은 감사업무 수행에 현저한 공적이 있어 표창 받을만한 개인 및 기관에 대하여 표창할 수 있다.

③ 피 감사기관장의 조치

피 감사기관의 장은 감사결과에 의한 지시를 받았을 때에는 구성원에 대한 교양을 실시하여 업무개선 등의 조치를 취한 후 그 결과를 30일 이내에 경찰청장에게 보고하여야 한다. 이에 이의가 있는 기관이나 공무원은 그 요구가 있는 날로부터 1개월 이내에 이의 신청을 할 수 있다.

④ 건의 사항 등 처리

감사결과 개선·건의 사항을 접수한 경찰청 각 국의 소관 주무과장은 내용을 검토한 후 개선방안을 수립하여 당해 지방경찰청장에게 시달하고 10일 이내에 그 사본을 감사관에게 제출해야 한다.

⑤ 미실시 기관장의 조치

당해연도에 감사를 받지 않는 직속기관 및 지방경찰청장 등은 타 경찰청의 감사결과에 대해 직원교양을 실시하고 스스로 개선과 시정을 하여 지적되는 사례가 없도록 하여야 한다.

제4장 사기관리

1. 개 요

사기(Morale)라 함은 인간이 스스로 택한 영역에 있어서의 업무·작업 등에 대한 자부심에서 나타나는 지적 내지는 도덕적 만족감 때문에 자기가 종사하는 일에 자발적으로 전력을 경주하려는 일종의 정신상태 즉, 일종의 심리적 상태를 의미한다. 사기는 조직의 목표를 달성하려는 구성원의 직무수행 의욕이나 태도의 정도를 뜻하는 것으로 인식하고 있는 것이 일반적인 의견이다. 그러나 사기라는 말은 해석하는 자에 따라서 다양하게 정의되고 있기 때문에 논자에 따라서 달리 해석할 수 있는 것도 사실이다.

사기란 조직 참여자인 공무원들의 직무수행 의욕 또는 직무수행 동기라고 정의하기도 한다. 또는, 사기를 보는 관점에 따라 집단 중심으로 사기를 볼 경우에는 그 정의에 약간의 차이가 있을 수도 있다. 그러나 일반적으로 이해하는 사기의 개념은 일을 하려는 동기, 즉 직무수행 동기 또는 근무의욕 혹은 근무태도라고 정리해 볼 수 있다.[31] 사기는 개인적인 현상일 뿐만 아니라 집단적인 현상이라는 점에서 사기를 갖는 주체는 궁극적으로 개인이지만 그러한 사기는 조직 내의 집단생활과 관련하여 파악되는 것이기 대문에 개인적이며, 동시에 집단적인 현상이라는 것으로 파악할 수 있다. 그러므로 사기란 조직 구성원의 근무수행 의욕으로 조직의 발전을 위하여 기여하려는 개인과 집단의 정신자세 또는 태도이다. 우리는 사기가 높아지면 생산성이 항상 높아진다고 생각하지만 그러나 가능성이 높다는 것을 의미하는 것뿐, 높은 생산성이라고 하는 결과가 언제나 나타나는 것은 아니다. 리커트(Likert)는 사기 연구에서 조직원의 높은 사기가 반드시 높은 생산성을 가져오는 것이 아니고, 사기가 낮더라도 높은 생산성을 가져올 수 있다[32]고 주장하였다.

---

31) 오석홍, 1993: 545.
32) Rensis, Likert, 1961: 13.

2. 사기의 기능

사기는 조직구성원에게 다음과 같은 여러 가지 긍정적인 기능으로 작용한다는 사실을 간과 해서는 안 된다.

① 사기가 높으면 생산성도 높아지느냐의 문제는 논쟁의 핵심이 될 수 있지만 긍정적인 효과가 나타나고 있다는 것은 여러 가지 연구와 실험에서 증명된바 있다.

② 집단과 직업에 대한 자부심으로 사기가 높은 사람은 직업과 소속한 집단에 대해서 긍지와 자부심을 갖고 의욕적으로 업무를 수행한다는 것이다.

③ 충성심과 동질화의 강화로써 사기가 높으면 조직의 구성원은 집단에 동질화되고 충성심을 발휘하면서 애정을 갖게 된다.

④ 직업적 전문주의의 촉진에 기여한다. 이는 사기가 높은 사람은 자발적으로 조직의 규범을 준수하면서 조직의 자기조절 기능을 향상시켜 조직에 순응하려는 노력을 하여 자기가 맡은 임무에 전문가가 된다는 것이다.

⑤ 사회적 기여 등 중요한 요인을 제공하고 있다. 사기가 높은 사람은 현실에 긍정적이고 조직의 목표와 사회의 목표를 긍정적인 시각에서 조명하기 때문에 사회 구성원에게 긍정적인 사고를 갖도록 유인하는 요인이 될 뿐만 아니라 화합과 일체감을 형성한다.

3. 사기진작 요인

사기는 단순히 인간의 기본적 욕구를 충족하는 소극적 상태가 아닌 보다 적극적인 열성과 목적의식을 지속적으로 갖는 것을 말한다. 따라서 욕구가 충족되었을 때 사기는 진작되고 사기앙양은 인간관계 속에서 이루어질 수 있는 것으로 사기앙양과 인간관계는 긴밀한 관계를 갖는 것이다.

사기라고 하는 것은 특정 부문에 대한 몇 가지 요인에 의하여 결정될 수 없으며 조직의 전체적인 근무사항과 직무에 대한 사회적 평가, 인간관계, 조직과 개인의 목표의 완성과 각 개인의 능력에 따른 직무수행 범위와 환경 등 다양한 욕구의 충족에 따라 결정되기 때문에 수많은 요인에 의하여 결정된다.

조직 구성원의 목표와 조직의 목표를 모두 수행하기 위한 요건에 적합하면 대체적으로 사기는 상승되나 이들 중 어느 하나의 목표만을 달성할 수 있을 경우에 사기는 저하된다고 할 수 있다.

그래서 사기는 심리적, 사회적 욕구를 충족시키는 요인으로 안전감・성취감・인정감・귀속감・참여감 등을 열거하고 있다. 그러나 Maslow가 주장한 인간의 욕구단계이론을 적용하여 심리적인 기본적 욕구와 관련시켜 사기를 형성하는 요인을 열거하면 다음과 같다.

① 생리적 욕구인 물질적인 보수와 휴양제도
② 안전적 욕구인 신분보장, 연금제도
③ 사회적 욕구인 인간관계, 상담, 고충처리
④ 존경의 욕구인 제안제도, 포상제도, 승진, 공무원단체의 가입
⑤ 자신의 목표달성과 성취감

4. 사기저해 요인

경찰의 사기저해요인은 여러 가지 관점에서 논의할 수 있지만 실무적 차원에서 다음과 같이 크게 5가지로 나누어 생각할 수 있다.

1) 낮은 보수체계이다.

보수는 공무원의 사기 및 행정능률과 직접적인 관련이 있으며 동시에 공무원의 근무의욕을 자극시키는 경제적 유인이다. 보수문제가 사기 면에서 크게 영향을 주는 것은 보수문제가 그 만큼 중요하고 복잡하며 유능하고 숙달된 직원을 고용하는데 필요하다는 것을 의미한다. 보수는 일에 대한 반대급부이지만 지위에 대한 상징이며 심리적 상징이기 때문에 구성원의 사기와 능률과 직결되는 것이다. 일반적으로 공무원의 보수는 물가 변동과 화폐가치의 저하에 의해 유동적이기 때문에 능률급이 어렵고 보수수준의 변화는 국가재정과 직접 관련되는 경제 정책상의 문제이기 때문이다.

2) 승진제도의 문제점이다.

승진이란 하위계급에서 상위계급으로의 종적·수직적·상향적 이동을 의미하며 이에 따라 보수가 올라가고 직무의 곤란도 및 책임의 증대를 수반한다. 승진은 하위직에 임용된 유능한 인재를 공직에 계속 근무토록하고 새로운 인재를 유치할 수 있는 수단으로서 조직체의 유지·발전을 위하여 중요성을 가지나 공무원으로 하여금 높은 지위와 위신을 누려서 심리적인 만족도를 얻게 함으로써 행정능률을 제고하고 사기진작에 매우 중요한 요소로 작용되는 것이다. 이러한 승진제도가 합리적이고 객관적으로 이루어지지 않을 때 조직 구성원의 사기는 저하되고 있다.

우리나라 전체 경찰인력의 87%를 차지하는 하위직인 순경, 경장, 경사의 경우 경감 이상으로 승진을 한다는 것은 매우 어려운 실정으로 사기가 저하되고 있다. 왜냐하면 경위에 임용되는 과정이 경찰대학, 간부후보생 등의 비율이 매우 높기 때문에 감히 엄두를 내지 못한다는 것이다.

매년 경찰대 출신 경위가 100명이상 배출되고, 간부 후보생으로 매년 50명 이상이 배출되고 있기 때문에 하위직으로 경찰에 들어온 구성원들은 일부를 제외하고는 고위직으로의 승진은 기대할 수 없기 때문이다. 순경에서 경사까지는 연한 승진제도를 도입하여 순경에서 7년, 경장에서 8년, 경사에서 8년간 과오 없이 근무할 경우 각각 경장과 경사, 경위로 승진이 보장되고 있을 뿐이다.

3) 근무성적 평정의 객관성 보장이다.

경찰의 근무성적 평가는 근무실적, 근무수행능력, 근무수행태도 등으로 직근 상급자가 객관적인 점수와 주관적인 점수로 나누어 1차, 2차, 3차 평정을 하고 있으나 주관적인 점수는 객관성이 결여되어 있다고 믿고 있어 상당수 경찰관들은 이를 긍정적으로 받아들이지 않고 있다.

예를 들면, 근무성적 평정에 있어서 주관적 평정으로 감독자 또는 지휘관이 1차 7.5점, 2차 7.5점, 3차 5점을 줄 수 있기 때문에 지휘관의 영향력이 크게 좌우될 수 있다. 이는 부하의 근무평정을 지휘관이 정실에 의한 주관적인 방법으로 처리하고 있기 때문에 부하의 입장에서는 상사와 좋은 유대 관계를 유지하지 못할 경우에는 좋은 근무평정을 받을 수 없기 때문에 경찰조직 내부의 부조리로 작용될 수 있는 것이다.

4) 지휘관 또는 감독자의 권위주의적 태도이다.

조직의 운영은 구성원에 의하여 조직의 목표를 달성하는 것이다. 그러나 경찰조직은 상사와 부하간의 관계가 매우 경직되어 있어 의사전달이 원만하지 못하고 상하간의 갈등을 빚고 있는 경우가 허다하다.

이러한 현상은 상사의 권위주의적 태도와 부하위에 군림하려는 그릇된 행태에서 오는 것이다. 상사는 권위로써 업무를 수행하는 것이 아니고 사랑과 관용으로 부하가 열심히 업무를 수행할 수 있도록 유인책을 강구해야 한다.

그러나 대부분의 경찰간부들은 협박과 강요로 부하를 통제하고 지휘하는 것이 일상화되어 있는 실정이다. 권위로서 부하가 하는 일에 지나치게 간섭하거나 따지게 되면 부하가 소심하게 되어 소극적이며 면종복배하는 결과를 초래하게 된다.

5) 경찰조직 내 · 외의 부정부패이다.

경찰의 부정부패의 근절은 지휘관의 의지여하에 달려 있다. 경찰의 부정부패는 조직의 외부부패와 내부부패로 나눌 수 있는데, 내부 부조리가 더 큰 문제이다. 승진하기 위하여 또는 좋은 보직(요직)을 얻기 위하여 그리고 현재의 보직을 유지하기 위하여 상사와의 관계를 돈에 의하여 결정하기 때문이다. 이러한 경찰조직의 내부 부조리는 조직을 황폐화 시키는 것은 물론이거니와 상사와의 관계를 유지하기 위하여 사용되는 돈은 결국 국민의 몫으로 돌아간다는 것이다.

이러한 매관매직 등에 사용되는 자금은 조직의 외부 부조리로 연결되어 업무 수행 과정에서 피해자를 가해자로, 가해자를 피해자로 또는 각종 업무 집행 과정에서 공명정대한 업무를 수행하지 못하는 등 부패의 사슬은 조직 내부에서 외부로 연결되는 것이 일반적인 순환과정이라고 볼 수 있다.

사례1

1999년 4월 서울지방경찰청에서 사회여론조사 기관에 의뢰하여 조사한 경찰의 고백에서 과잉단속과 부정부패가 국민들로부터 불신 받은 가장 큰 이유라고 자백하고 있다.[33] 이러한

33) 서울특별시 지방경찰청에서 99. 4월 (주)현대 리서치에 의뢰하여 소속 경찰관 1천7백41명을 상대로 조사한 결과 조사대상의 65.4%가 “경찰이 국민으로부터 신뢰를 받지 못하고 있다”고 답변했으며 불신 이유에 대해서는 응답자의 27%가 과잉 단속을 꼽았으며, 부정부패는

경찰 내 · 외의 부정부패는 성실하고 열심히 일하는 조직 구성원에게 커다란 좌절을 안겨 주면서 사기저하로 이어지는 것이다. 이상의 경우 이외에도 부하에게 책임 떠넘기는 행위, 상관의 우유부단한 행태, 의사소통의 일방적 지시, 편애 등 많은 사기 저해요인이 있으나 가장 큰 원인은 조직의 부패행위라고 할 수 있으며 가장 시급히 해결해야 할 과제다.

사례2 : 유흥업소 · 보도방 등치는 경찰

현금 아니면 안 받는다. 우리도 2차(성매매) 등 불법을 저지르지만 우리를 등치는 경찰들의 행패는 도를 넘었다. 공공의 적이다.(종로 유흥주점 · 보도방 업주 K · L 씨 등) 상납은 관례다. 유흥업소 상가번영회와 개별 업소에서 형사과와 지구대 경찰들에게 매월 80만원정도 주고, 명절 때는 또 따로 챙겨준다.(중구 M주점 K이사 등) 서울시내 일부 지역의 유흥업소와 보도방 업주들이 털어 놓는 경찰의 비리행각이다. 그 동안 경찰과 업주들 간의 유착관계가 없었던 것은 아니지만 이번 사건은 경찰의 비리가 얼마나 깊숙이 뿌리박혀 있는지를 보여준다는 점에서 충격을 주고 있다. 2008년 12월 21일 서울신문이 일부 지역의 유흥업소 및 보도방 업주 등을 대상으로 입수한 경찰비리문건 등에 따르면 서울 종로경찰서 P경사는 올초 5년전 보도방 단속 때 알게 된 보도방 업주 L · K씨에게 '보증금 4000만원, 월 350만원'의 조건에 관내 J주점을 인수토록 알선했다. P경사는 싼 값에 가게를 운영토록 해줬다며 공짜 술을 요구했다. 업주 K씨는 'P경사는 거의 매일 종로서나 경찰청 등 동료형사들과 연예기획사 관계자들을 데려와 하룻밤 수십만원에서 100만원대 공짜 술을 먹었다'면서 '형사들 중에는 여종업원과 2차를 나간 이들도 많다.'고 털어놨다. P경사는 올 6~7월 J주점에서 일하던 A(23 · 여)씨가 종로의 한 나이트 클럽에서 만취한 남성에게 당할 뻔한 사건으로 종로서에 왔을 때 피의자와 합의를 주선한 뒤 돈을 받았다. J주점 업주 K씨는 'P씨가 전화해 가져오라고 해서 합의금 400만원 중 100만원을 은행에서 수표로 찾아 직접 건냈다'고 말했다. P경사는 2006년 말에도 불법 사채업자를 고소한 보도방 업주 L씨와 피고소인인 사채업자의 합의를 주선했고 L씨가 받은 합의금 1200만원 중 500만원을 현금으로 받은 것으로 알려졌다. 중부경찰서 K경장도 보도방 업주들에게서 지속적으로 술 접대를 받은 것으로 확인됐다. 동료경찰들은 '일부의 부조리가 너무 심하다'면서 이번 기회에 비리 경찰들을 척결해야 한다고 입을 모았다. 이에 대해 서울경찰청은 철저한 진상조사를 통해 당사자들을 엄벌하겠다면서 '액수나 횟수에 따라 파면 · 해임 · 정직 등의 징계를 하고 그보다 더 심하다면 형사 입건하겠다'고 밝혔다.[34]

26.7%, 권위주의적 태도 20.8%, 불친절 13.9%, 등의 순으로 지적했다. 경찰행정의 문제점으로는 불필요한 업무양산 73.2%, 일관성 없는 지시 61.5%, 미흡한 직원복지 59%, 비현실적인 지시 53.6%, 낙후된 경찰행정 47.1%, 잘못된 인사제도43.6% 등을 지적했다. 경찰내부 개혁의 문제점으로는 최고 상층부의 의도가 중간 단계에서 왜곡되거나 과잉 충성으로 변질 된다 57%, 일선 현실을 무시한 지시 23.1%의 의견도 제시했다(동아일보, 1999. 5. 12. 22면).

34) www.sportsseoul.com 2009. 1. 3.

사례3

사행성 오락실을 단속해야 할 경찰 간부들이 오히려 업주를 감싸고 저지른 부패행태가 혀를 차게 하고 있다. 2009년 1월 7일 광주지검에 따르면 이날 뇌물수수 혐의로 구속영장 또는 사전 구속영장이 청구된 광주 서부경찰서 소속 4명의 경찰관은 범행 당시 사행성 오락실 단속의 최일선에 있었다. '부패 경찰관'에는 유해업소 단속과 지구대 관리 업무를 맡는 생활안전과장(경정)을 비롯, 지난해 광주 최대유흥지역인 상무지구를 담당하는 상무지구대의 대장(경감)과 팀장(경위)를 맡았던 간부급 경찰관 3명과 경사 1명이 포함됐다. 경정, 경감, 경위, 경사 등 계급별로 1명씩 적발돼 '조직'을 연상하게 하는 이들은 길게는 2007년 1월부터, 짧게는 지난해 4월부터 계급 순으로 4천600만 원, 2천500만 원, 4천500만 원, 1천만 원 등 총 1억 2천600만 원을 받은 혐의를 받고 있다.

여러 곳에 사행성 오락실을 차려 놓은 업주로서는 단속정보를 받고 일부 업소가 단속에 걸려도 뒤처리를 부탁할 수 있었으니 오락실 영업으로 얻는 폭리를 고려하면 거액의 뇌물이 아깝지 않았던 것으로 보인다. 이 과정에서 경찰관들의 요구는 '갈취'와 다름없었다. 업주는 지휘책임자인 경정이 산 중형 승용차의 할부금까지 내주고 있었으며 지난해 11월 적발된 다른 경찰관의 변호사비 명목으로 1천만 원을 요구받기도 한 것으로 알려졌다. 검찰은 다른 경찰관과 업주들을 상대로 수사를 확대할 예정이어서 상무지구대와 서부경찰서 주변에서 이뤄진 관행적인 비리가 더 드러날지 관심이 쏠리고 있다.

검찰은 한 명의 업주가 이처럼 많은 액수의 뇌물을, 여러 명의 경찰관에게 준 점으로 미뤄 이번 사건이 '전부'가 아닐 것으로 보고 있다. 실제 광주지검은 이 사건 외에 이미 구속된 다른 업주에게서 회식비 등을 받은 혐의로 상무지구대에서 근무했던 경찰관 2명에 대해서도 조사하고 있다.

제5장 경찰예산

1. 예 산

1) 개 요

예산(budget)은 한정된 자원을 배분하고자 하는 의결과정이며 조직의 목표달성을 위한 계획을 수치로 표시한 것이다. 예산이란 조직의 하고자 하는 일을 효과적이고 효율적으로 수행하는 데 필요한 자금을 조달하고 사용하는 데에 관한 의사결정 과정이라고 볼 수 있다. 즉 일정기간 내에 있어서 국가의 수입과 지출의 예정적 계획을 말한다. 국가의 주요정책이나 사업계획은 예산을 통하여 구체화되고 실제 집행에 옮겨지게 된다. 예산을 통한 재정활동은 그 규모의 방대성과 기능의 다양성으로 말미암아 국민경제 전체에 대하여 커다란 영향을 미치게 되는 것이다. 또 다른 관점에서 보면 조직의 책임자가 회계연도 동안 이룩하고자 하는 것을 자금이라는 숫자로 표현한 것이며 숫자로 표현한 업무 계획서라고 할 수 있다.[35]

이러한 관점에서 생각할 때 경찰예산은 경찰에 관한 국가의 의사를 결정하고 이를 집행하기 위한 자금의 효율적 사용의 내역서라고 할 수 있는데 이는 치안행위를 위한 국민의 부담금 성격을 띠고 있는 것이다.

2) 예산의 중요성

경찰에 관한 정책을 공개하고 예산을 공개하지 않는다면 실제로 공개된 경찰의 정책을 수행하였는지의 여부를 알 수가 없다. 경찰에 관한 예산을 공개하면 경찰이 어떤 정책을 어떻게 수행하고 있는지 알 수가 있으며, 경찰도 예산의 집행을 정직하게 하지 않으면 안 된다. 왜냐하면, 이미 경찰이 수행해야 할 정책을 국민에게 공개하고 또 예산의 배정을 확정함으로써 정확한 정책의 집행을 할 수밖에 없다.

그래서 예산이 정확하게 기록되어 국민에게 보고된다는 사실이 그 무엇보다도 중요한 것이다. 예산은 이와 같이 정책의 실체를 가지고 업무를 집행하기 때문에

35) 이문영외, 1993: 91.

우리는 경찰이 무엇을 수행하고 있는지 알 수 있는 것이다. 만일 예산이 공개되지 않고, 정책도 공개되지 않는다면 경찰이 과연 국민을 위하여 치안업무를 잘 수행하고 있는 것인지 아니면 권력자의 시녀노릇을 하고 있는 것인지를 알지 못하기 때문에 정부에 대한 불신의 원인이 되는 것이다.

〈경찰예산 내역(2007년)〉 (단위 : 억원)

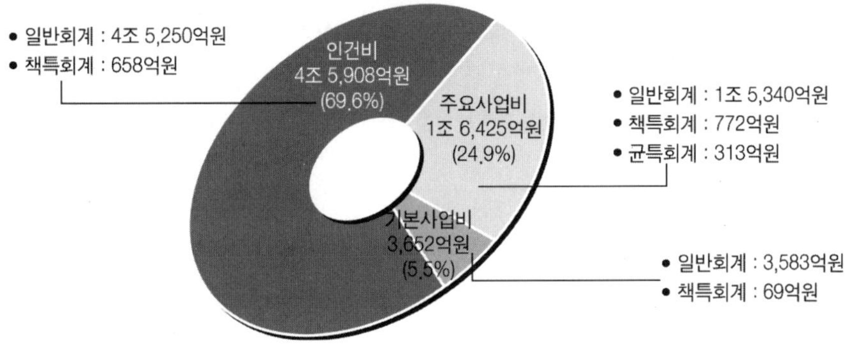

경찰백서, 2008: 356

2. 경찰예산의 동향

경찰예산은 경찰이 국민을 위해 수행하는 여러 가지 치안행정 서비스 중에서 국민의 안전한 사회생활을 보장하는 치안활동의 예산이라는 점에서 어느 행정서비스의 예산보다도 중요하다고 할 수 있다.

특히 최근 우리 국민의 '삶의 질'의 향상으로 이에 비례하여 치안서비스의 질도 높이지 않을 수 없는 처지에 놓여 있다. 그러므로 경찰예산의 지속적 증가를 요청하지 않을 수 없는 처지에 있는 것이다. 경찰예산은 기본적으로 일반회계로 편성되며 경찰관서의 중·장기 계획에 따라 청사의 신·개축 등 시설관련 경비는 국유재산관리특별회계, 운전면허 등 교통관련경비 중 일부는 자동차교통관리개선 특별회계에 의하여 집행되고 있다. 2007년도 경찰예산은 2006년보다 0.9%(수정) 감소한 총6조 5,985억원으로 정부예산의 4.6%를 점유하고 있다. 2007년도 경찰예산은 일반회계가 88.4%, 기타 국유재산관리특별회계와 자동차교통관리개선특별회계, 책임운영기관특별회계가 11.6%로 구성되어 있고 일반회계는 인건비 69.6%, 주요사업비 24.9%, 기본사업비 5.5%를 차지하고 있다.[36)]

3. 예산의 기능

경찰예산은 국민의 세부담을 전제로 하여 적정재원을 동원하고 동원된 재원의 배분을 통하여 경찰의 범죄예방과 수사활동 등 범죄에 대처하는 경찰활동을 조장하고 유도하는 역할을 한다. 한편, 경찰의 보수, 교육훈련, 물적시설제공, 근무환경개선 등 기본수요를 충족시켜 나감으로써 범죄에 대한 대응력을 높이고 궁극적으로 국민생활의 안전과 질서유지를 지원하게 된다. 경찰예산관리자는 경찰활동을 위한 재원의 확보는 물론이고 배정된 예산의 효율적인 배분과 조정을 통하여 재정지출의 생산성을 최대한 높여야 한다.[37] 나아가 세금을 부담하고 있는 국민으로부터 예산유용에 있어서 공정하고 능률적이라는 신뢰와 지지를 얻어야 할 것이다.

국가의 치안은 경찰력에 비례하기 때문에 보다 많은 경찰예산을 확보하는 것이 무엇보다도 중요하다. 이는 경찰예산과 치안유지 상태는 비례관계에 있다고 볼 수 있으며 경찰 예산이 미흡할 경우에는 완벽한 치안을 유지할 수 없다는 결론이다.

그렇다고 무한정 경찰예산을 증액할 수만은 없기 때문에 치안유지의 적정선 까지 예산을 증액하고 치안을 확보할 수 있도록 경찰력의 정예화와 효율성을 제고해야 한다. 경찰의 예산을 증액하는 것은 국민의 담세율을 높이는 결과를 가져오기 때문에 적어도 국민이 납득할 수 있는 기대수준의 치안유지를 위한 적극적인 경찰의 활동이 요청되는 것이다. 그래서 경찰예산은 정부가 국가 치안을 위하여 수립한 정책의 범위 내에서 합법적이며 효율적으로 업무수행을 하도록 통제한다. 그러므로 예산은 이해되기 쉬운 형식으로 국민에게 공개되어야 하며, 필요하고 중요한 정보가 누락되어서는 안 된다. 경찰의 예산에 대한 정보 공개는 국민 고유의 권리이며 헌법에 의해서도 제한될 수 없는 권리로서 매우 소중한 것이다.

---

36) 경찰백서, 2008: 356.

37) 예산의 기능이라 함은 정부의 예산 운영 과정에서 나타나는 정치적・행정적・법적 및 경제적 효과 내지 결과를 말한다. 예산은 정부의 사업 및 재정계획을 담고 있기 때문에 사업 집행과 세입 및 세출의 실행은 정치, 경제, 사회, 문화의 모든 분야에 대하여 여러 가지 영향을 미치고 효과를 나타낼 것이다. 이 때의 효과 중에는 의도된 것도 있고 의도되지 않았으나 부차적으로 또는 의외로 나타나는 것도 있을 것이다(강신택, 1993: 14).

제6장 문서관리

1. 사무의 관리

1) 개 요

문서관리(Paper-work management)란 조직체의 운영에 사용되는 계수 기타의 정보를 작성하고 이를 전달・보관하기 위하여 기록으로 작성하는 작업을 의미하는 것으로 '사무관리'라고도 한다. 즉, 각종 데이터를 수집・기록・분류・정리・계산・분석함으로써 특정목적에 도움이 되는 정보로 바꾸고 이를 필요로 하는 사람에게 전달하거나 관리・보관하는 업무를 의미한다.

2) 필요성

경찰의 문서 관리에 있어서 경찰에서 시행하고 있는 행정의 모든 분야에서 문서에 의하여 관리・통제되고 시행되는 것이기 때문에 더욱 필요한 것이다.[38] 따라서 업무를 수행하는 과정에서 시간이 흐름에 따라 기억할 수 없기 때문에 기록으로서 기억의 한계를 극복하는 것이 문서이다.

그러므로 경찰업무는 문서로 계획하고 기록하고 실행하여 보존하는 방법을 이용하여 업무를 수행하면서 문서로써 기억능력을 보완하고 있는 것이다. 현대 사회에서 경찰 업무가 증가함에 따라 기록하고 보관해야 할 것이 방대해지고 문서 이용으로 인한 업무량이 증가함으로 이를 중요도에 따라 선별적으로 부책화하여 관리하면서 행정의 능률을 높이는 것이다. 사무관리의 원칙은 용이성・정확성・신속성 및

---

38) 사기업체에서의 사무관리란 경영활동의 보조 활동으로서 행해지는 사무를 가장 효과적인 것으로 만들기 위한 일련의 체계적 시책. 사무란 계수를 비롯하여 경영활동에 관한 의사 결정에 필요한 여러 정보를 작성・전달・처리・보관하는 일이다. 기업이 대규모화하고 복잡해지면 사무량이 급속히 늘어나 사무부문과 사무원의 비중이 커지며, 사무 활동의 전부가 커다란 영향을 받게 된다. 이는 구매・제도・판매와 같은 직능적 업무활동에 대해서 뿐만 아니라 경영자나 관리자가 장기・단기, 구조적・운용적 문제들에 관한 의사결정을 내리는 경우에 그 효율에 대해서 결정적인 영향을 준다. 여러 업무활동은 사무에 의하여 유기적으로 결합되고, 전체적으로 계획・조정・통제되기 때문이다.

경제성이 확보될 수 있도록 관리하여야 한다. 따라서 문서란 협의로는 문자나 기호 등으로 인간의 의사 또는 사물의 상태, 관계, 현상 등을 지면을 이용하여 표시한 기록을 말하며, 광의의 문서는 기록을 표시하는 물체를 지면에 한하지 않고 계속 보존이 가능한 것으로 실무상 필요한 사항을 기록으로 만들어 놓은 문장을 말한다.

2. 공문서

공문서(Official Document)의 정의는 행정기관 내부 또는 행정기관 상호간이나 대외적으로 공무상 작성 또는 시행되는 문서(도서・사진・디스크・테이프・필름・슬라이드 등의 특수매체 기록을 포함한다) 및 행정기관이 접수한 모든 문서를 말한다.[39] 따라서 공문서는 각급 행정기관의 공적 임무수행을 위해서 공무원이 그 직무상 작성, 시행, 보존하는 것은 물론이고 사문서라 하더라도 행정기관에 공적 목적으로 제출되어 접수되면 사문서가 아니라 공문서이다. 일단 공문서가 되면 제출인이라 하더라도 임으로 철회・취소・회수 할 수 없다. 국가 행정작용에 의하여 작성되는 공문서가 유효하게 성립되기 위한 요건은 다음과 같이 생각할 수 있다.

① 당해기관의 의사표시가 정확하고 명백하게 표시될 것.
② 내용적으로 위법, 부당하거나 시행 불가능한 사항이 없을 것.
③ 당해기관의 권한 내의 사항 중에서 작성될 것.
④ 법적 기타의 요식행위 등 일정한 절차에 따라서 그 형식이 갖추어 질 것.

3. 형법상의 공문서

형법상의 공문서(Document of Penal Code)는 공문서 위조죄의 객체로서의 문서가 있다. 공문서에 관하여 형법에서는 공문서 위조죄, 허위공문서 작성죄, 허위공문서행사죄 등을 규정하고 있다.[40] 공문서 위조죄는 사문서 위조와 구별하여 중벌을 과하고 있으며, 또한 공무원이 직무상 작성한 문서의 공신력은 사문서보다도 강하다고 할 수 있다.

---

39) 사무관리 규정 제3조 제1항.
40) 형법 제225조 [공문서 등의 위조・변조] 행사할 목적으로 공무원 또는 공무소의 문서 또는 도서를 위조 또는변조한 자는 10년 이하의 징역에 처한다.

4. 형사소송법상의 공문서

형사소송법상의 공문서(Document of Criminal Procedure Code) 당연히 증거능력이 있는 서류로서 호적의 등본이나 초본, 공정증서등본, 기타 공무원 또는 외국 공무원이 직무상 증명할 수 있는 사항에 관하여 작성한 서류, 상업장부, 항해일지, 기타 업무상 필요로 작성한 통상문서, 그리고 특히 신용할 만한 정황에 의하여 작성된 문서 등은 그 증거능력을 인정하고 있다.[41)]

5. 민사소송법상의 공문서

민사소송법상 공문서(Document of Civil Code)의 진정성의 추정에 대하여 문서의 작성방식과 취지에 의하여 공무원이 직무상 작성한 것으로 인정한 때에는 이를 진정한 공문서로 추정한다. 그리고 공문서가 진정한지 의심스러운 때에는 법원은 직권으로 해당 공공기관에 조회할 수 있다.[42)] 따라서 주체에 따라 공문서와 사문서를 구별하고 직무상 작성한 것이 인정된 때 진정한 공문서로서 추정하여 증거능력을 부여하고 있다. 사문서는 그 진정한 것임을 증명하여야 하고 그 형식만으로는 진정성립을 인정할 수 없는 것이다.[43)]

6. 문서의 종류

문서의 종류(Sorts of Document)는 다음과 같이 분류할 수 있다.

---

41) 형사소송법 제315조 [당연히 증거능력이 있는 서류] 다음에 갈기한 서류는 증거로 할 수 있다.
   1. 호적의 등본 또는 초본, 공정증서등본 기타 공무원 또는 외국공무원의 직무상 증명할 수 있는 사항에 관하여 작성한 서류.
   2. 상업장부, 항해일지 기타 업무상 필요로 작성한 통상문서.
   3. 기타 특히 신용할 만한 정황에 의하여 작성된 문서.

42) 민사소송법 제356조.

43) 문서는 그 방식 및 취지에 의하여 공무원이 직무상 작성한 것으로 인정한 때에 한하여 이를 진정한 공문서로서 추정할 수 있을 뿐이고, (1960. 12. 27 대법4293民上239).

1) 문서의 주체에 의한 분류

공문서, 사문서 등이 있다.

2) 대상에 의한 분류

대내문서, 대외문서 등이 있다.

3) 문서의 성질에 의한 분류

법규문서, 지시문서, 공고문서, 비치문서, 전자문서, 민원문서, 일반문서 등이 있다.

4) 처리단계에 의한 분류

접수문서, 선결문서, 기안문서, 완결문서, 보관문서, 폐기문서, 보존문서 등으로 분류한다.

7. 공문서의 성립과 효력

1) 결재자의 최종결재

공문서의 성립과 효력(Realization and effect of Official Document)이라 함은 공문서가 유효하게 성립하기 위해서는 법령에 특별한 규정이 있는 경우를 제외하고는 문서를 처리할 결재자의 최종결재(전자서명에 의한 결재를 포함한다)가 있음으로써 성립한다.[44] 그러므로 기안 책임자가 기안 중이거나 보조기관의 검토단계에 있어서는 문서가 성립한 것이 아니라 문서성립을 위한 일련의 준비단계에 지나지 않는 것이고, 최종 결재권자가 결재를 한 시점에서 문서가 내부적으로 성립한 것이다. 따라서 중간 보조기관의 검토는 최종 결재권자로 하여금 판단을 올바르게 할 수 있도록 합법성과 합리성을 높이기 위한 하나의 과정일 뿐 문서의 성립요건은 아니므로 중간 보조기관의 검토를 거치지 아니하였다 하더라도 최종 결재권자의

44) 사무관리규정 제8조 제1항.

결재가 있으면 당해 문서는 유효하게 성립된 것이며, 문서의 성립시기 역시 최종 결재권자가 결재한 시점에서 시작된다.

2) 수신자 도달원칙

문서(전자문서를 제외한다)는 다른 법령에 특별한 규정이 있는 경우를 제외하고는 수신자에게 도달됨으로써 그 효력을 발생한다.[45] 다만 공고문서의 경우에는 다른 법령 및 공고문서에 특별한 규정이 있는 경우를 제외하고는 그 고시 또는 공고가 있은 후 5일이 경과한 날부터 효력을 발생한다. 따라서 사문서의 경우에는 사인 또는 사적단체 등이 작성한 문서를 행정기관에 접수를 완료한 시점부터 공문서의 효력을 발생할 수 있다.

3) 컴퓨터 파일 등록

전자문서는 다른 법령에 특별한 규정이 있는 경우를 제외하고는 수신자의 컴퓨터화일에 등록된 때에 그 효력을 발생한다.[46]

4) 절차에 의한 접수

민원문서를 전산망을 활용하여 접수·처리한 경우에는 당해 민원사항을 규정한 법령에서 정한 절차에 따라 접수·처리된 것으로 본다.[47]

8. 공문서의 종류와 발신

1) 공문서의 종류

공문서의 종류(Sorts of Public Document)는 법규문서·지시문서·공고문서·비치문서·민원문서 및 일반문서 등으로 나눈다.[48]

---

45) 사무관리규정 제8조 제2항.
46) 사무관리규정 제8조 제3항.
47) 사무관리규정 제8조 제4항.
48) 사무관리규정 제7조.

(1) 법규문서

헌법·법률·대통령령·총리령·부령·조례 및 규칙 등에 관한 문서를 말한다.

(2) 지시문서

훈령·지시·예규 및 일일명령 등 행정기관이 그 하급기관 또는 소속 공무원에 대하여 일정한 사항을 지시하는 문서를 말한다.

(3) 공공문서

고시·공고 등 행정기관이 일정한 사항을 일반에게 알리기 위한 문서를 말한다.

(4) 비치문서

비치대장·비치카드 등 행정기관이 일정한 사항을 기록하여 행정기관 내부에 비치하면서 업무에 활용하는 문서를 말한다.

(5) 민원문서

민원인이 행정기관에 대하여 허가·인가·기타 처분 등 특정한 행위를 요구하는 문서 및 그에 대한 처리문서를 말한다.

(6) 일반문서

이상 제1호 내지 5호에 속하지 아니하는 모든 문서를 말한다.

2) 공문서의 발신

공문서의 발신(Public Document Sending)은 발신원칙에 의하면, 문서는 특별한 사유가 있는 경우를 제외하고는 행정계통에 따라 발신한다.[49] 하급기관이 직근 상급기관 외의 상급기관에 발신하는 문서는 그 직근 상급기관을 경유하여 발신하여야 하고, 단순한 자료요구·업무연락·통보·조회 등을 위한 문서 및 상급기관의 예규 등에 의하여 승인된 문서는 직접 발신할 수 있다. 또한 상급 기관에서도 직근 하급기관 외의 하급기관에 문서를 발신하는 경우에도 차 하급기관을 거쳐 단

49) 공문서관리규정 제9조.

계적으로 발신하여야 한다. 여기서 상급기관이라 함은 하급기관에 대한 지휘·감독권을 가지는 상급기관을 말하고, 하급기관이라 함은 당해 상급기관이 지휘·감독권을 가지는 기관을 말한다.

9. 문서의 작성

1) 문서작성의 일반사항

문서의 작성(Making Document)에 관한 규정에 의하면 문서의 작성은 간명하게 한글로 작성하되 특별한 사유가 있는 경우를 제외하고는 한글 맞춤법에 따라 가로로 쓰고 문서에 쓰는 숫자는 특별한 사유가 있는 경우를 제외하고는 아라비아 숫자로 한다. 문서에 쓰는 날짜의 표기는 숫자로 하되 년·월·일의 글자는 생략하고 그 자리에 온점을 찍어 표시하며 시·분의 표기는 24시간제에 따라 숫자로 표기하고 시·분의 글자는 생략하여 그 사이에 쌍점을 찍어 구분한다. 문서에 쓰이는 용지의 크기도 가로 210밀리미터, 세로 297밀리미터의 크기로 한다.[50] 그러나 특별한 사유가 있는 경우에는 그러하지 아니 하도록 예외규정을 두고 있다.

2) 문서의 수정과 간인

작성된 문서의 일부분을 삭제하거나 수정한 때에는 행정안전부령이 정하는 바에 따라 삭제하거나 수정한 곳에 서명 또는 날인하여야 한다. 다만 전자문서를 본문의 규정에 따라 수정할 수 없을 경우에는 수정한 내용대로 재 작성하여 결재를 받아 시행한다. 문서의 전후관계를 명백히 할필요가 있고, 사실 또는 법률관계의 증명에 관계되는 문서와 허가·인가 및 등록 등에 관계되는 문서가 2장 이상으로 되어 있는 경우에는 행정안전부령이 정하는 바에 따라 간인하여야 한다. 다만, 민원서류를 발급하는 경우에는 간인에 갈음하여 천공방식으로 할 수 있다.

---

50) 문서관리규정 제2절.

3) 문서의 기안과 발신명의

(1) 문서의 기안

문서의 기안은 행정안전부령이 정하는 기안문서(기안문)로 하여야 한다. 다만 정기보고 또는 수시보고, 경미한 사항의 허가·인가·증명서교부 기타 사무에 관한 문서 및 비치문서는 그 내용을 관계서식에 기입하는 방법으로 기안할 수 있다. 동 문서의 내용이 서로 관련성이 있는 것으로서 동일한 기안용지에 일괄하여 기안하는 것이 필요하다고 인정되는 때에는 제1안·제2안 등으로 구분하여 동일한 기안용지에 기안할 수 있으며, 둘 이상의 행정기관의 장의 결재를 요하는 문서는 그 문서의 처리를 주관하는 기관에서 기안하여야 한다. 정책을 입안하는 문서의 결재란에는 정책의 발의자와 보고자를 알 수 있도록 표시하여야 한다.[51)]

(2) 발신명의

문서의 발신명의는 행정기관의 장으로 한다. 다만, 행정기관내의 보조기관 또는 보좌기간 상호간에 발신하는 문서는 당해 보조기관 또는 보좌기관의 명의로 한다. 행정기관의 장이라 함은 법령에 의하여 행정권한이 위임 또는 위탁된 경우에는 그 위임 또는 위탁을 받은 자를 말한다.

4) 기안문의 검토와 결재

(1) 검토와 협조

기안문은 결재권자의 결재를 받기 전에 보조기관 또는 보좌기관의 검토를 받아야 한다. 문서의 내용이 행정기관내의 다른 보조기관 또는 보좌기관이나 다른 행정기관의 업무와 관련이 있는 때에는 당해 문서 또는 별지에 그 의견을 표시하여야 한다.

(2) 결 재

문서는 당해 기관장의 결재를 받아야 한다. 다만, 보조기관 또는 보좌기관의 명

---

51) 여기서 정책발의자는 정책을 입안하도록 지시한 자를 말하며, 기안자가 정책을 스스로 입안한 경우에는 기안자를 말하고, 보고자는 결재권자에게 직접 보고하는 자를 말한다.

의로 발신하는 문서는 그 보조기관 또는 보좌기관의 결재를 받아야 한다. 행정기관의 장은 사무의 내용에 따라 그 보조기관 또는 보좌기관으로 하여금 위임 전결하게 할 수 있으며 그 위임 전결 사항은 당해 기관의 장이 훈령 또는 지방자치 단체의 규칙으로 정한다. 그리고 일상적·반복적인 단순 집행업무서류 등 경미한 사항의 경우에는 당해 업무 담당 공무원으로 하여금 결재하게 할 수 있다.[52)]

(3) 발신방법의 지정

결재권자가 전신 또는 전산망에 의하여 시행할 문서에 결재를 함에 있어서 그 내용이 비밀사항이거나 비밀사항이 아니라도 누설되는 경우 국가안전보장, 질서유지, 경제안정, 기타 국가이익을 해할 우려가 있는 사항은 그 발신방법을 암호 또는 음어로 지정하여야 한다.

(4) 시행문의 작성

결재를 받은 문서 중 발신을 하여야 할 문서에 대하여는 행정안전부령이 정하는 바에 따라 수신자별로 시행문을 작성하여야 한다.[53)] 시행문에는 그 처리 담당자의 소속부서·성명과 전화번호를 기재하여야 한다.

5) 문서의 심사와 관인날인 및 서명

(1) 문서의 심사

문서의 심사에 관한 사무를 관장하기 위하여 행정기관의 문서과에 문서심사관을 두고 동 기관장의 명의로 발신하는 문서는 문서심사관 또는 분임문서심사관[54)]의 심사를 받아야 한다. 문서 심사관 또는 분임문서 심사관은 심사의 규정에 의하여 다음과 같은 내용을 심사하여야 한다.

---

52) 결재권자가 휴가·출장 기타의 사유로 상당기간 부재중이거나 긴급한 문서의 경우에 결재권자의 사정에 의하여 결재를 받을 수 없는 때에는 그 직무를 대리하는 자가 대결할 수 있으며 내용이 중요한 문서에 대하여는 결재권자의 후결을 받아야 한다.

53) 관보규정 제17조에 의하여 시행문에 갈음하여 관보에 게재·공포하도록 한 문서에 대하여는 그 시행문을 1부만 작성할 수 있으며 전신·전신타자 또는 전화로 발신하는 문서에 대하여는 시행문을 작성하지 아니한다.

54) 행정기관의 장은 청사의 분리사용 등 특별한 사유가 있는 경우에는 문서심사관의 업무의 일부를 분장하기 위하여 분임문서심사관을 둘 수 있다.

① 결재권자의 결재여부
② 다른 문서와의 내용상 중복 또는 상충여부
③ 기안문과 시행문의 일치여부
④ 분류번호·보존기간, 시행문상의 처리담당자 기재여부 등
⑤ 전결·대결 구분의 표시 및 착오여부
⑥ 첨부물의 첨부여부
⑦ 발신방법의 지정 여부와 보고문서 심사대상문서의 심사여부 등
⑧ 업무협조문서의 심사 여부를 확인한 후에는 문서심사인을 찍어야 한다.

(2) 관인날인 및 서명

행정기관의 장의 명의로 발신하는 문서의 시행문과 임용장·상장 및 각종 증명서에 속하는 문서에는 관인을 찍고, 보조기관 및 보좌기관의 명의로 발신하는 문서의 시행문에는 서명을 한다.[55]

6) 문서의 접수처리와 등록·분류

(1) 문서의 접수처리

문서는 문서과에서 접수하여야 하며, 처리과에서 직접 받은 문서는 지체 없이 문서과에 이를 인계하여 접수하게 하여야 한다. 대내문서는 처리과에서 이를 직접 접수하여야 한다. 접수된 문서에는 행정안전부령이 정하는 문서처리인을 날인하고, 그 접수일시 및 번호를 기재한 후 이를 처리과로 보낸다. 처리과에서는 문서처리인의 해당란을 기입한 후 보조기관 또는 보좌기관의 공람서명을 거치기 전에 결재권자의 선결을 받아야 한다.[56]

---

55) 전신·전신타자 또는 전화로 발신하는 문서에는 관인을 찍지 아니하며, 경미한 내용의 문서에는 행정안전부령이 정하는 바에 따라 관인을 찍는 것을 생략할 수 있으며, 관인을 찍어야 할 문서로서 다수의 수신자에게 동시에 발신 또는 교부하는 문서에는 관인 날인에 갈음하여 관인의 인영을 인쇄하여 사용할 수 있다.

56) 부득이한 사유로 선결을 받을 수 없거나 일상 업무에 관한 문서로서 그 내용이 경미한 경우에는 그러하지 아니한다. 선결을 하는 결재권자는 문서의 처리기한 및 처리방법을 지시할 수 있으며 필요하다고 인정하는 때에는 그 처리담당자를 따로 지정할 수 있다.

(2) 문서의 등록과 분류

문서는 당해 문서에 대한 결재가 끝난 즉시 결재일자순에 따라 문서번호를 부여하고 처리과 별로 행정안전부령이 정하는 문서등록대장에 등록하여야 한다. 다만 비치문서는 다른 법령에 특별한 규정이 있는 경우를 제외하고 그 종류별로 당해 기관의 장이 지정하는 바에 따라 따로 등록할 수 있으며 등록된 문서는 기능별 10진 분류방법에 의하여 분류하며 그 분류기준은 행정안전부령으로 정하도록 되어 있다.

10. 문서의 보존

1) 문서의 편철

문서의 발송·등록·분류 등 작업이 끝나면 행정안전부령이 정하는 문서철에 완결 일자 순으로 최근 문서가 위에 오도록 철하되 수개의 문서가 내용적으로 관련이 있는 경우에는 그 내용을 최종적으로 종결하는 문서가 처리·완결된 때에 발생·경과 및 완결 순으로 최근 문서가 위에 오도록 하여 1건 문서로 문서의 양은 200매를 기준으로 철하여야 한다.[57)]

2) 문서의 보존

(1) 편철과 본존기간

문서는 보존기간을 영구·30년·20년·10년·5년·3년·1년 등 7종으로 구분하고 문서의 종류별 보존기간 책정기준은 행정안전부령으로 정하고 있으며 보존기간 기산일은 당해 문서를 처리·완결한 날이 속하는 해의 다음해 1월 1일로 한다.[58)]

57) 문서철은 문서의 기능별·보존기관별로 만들어야 하며 동일기능에 속하는 문서의 발생양이 적어 기능별로 문서철을 만들기에 부적합한 경우에는 보존 기간별로 상위기능에 통합하여 문서철을 만들 수 있다.

58) 행정기관의 장은 매년 1회 당해 기관에서 보존하고 있는 문서의 보존기간 변경 필요성 여부를 검토하고 행정여건의 변화 등에 따라 그 보존기간을 연장 또는 단축할 필요가 있다고 인정한 때에는 행정안전부령이 정하는 바에 따라 그 보존기간을 연장 또는 단축할 수 있다.

(2) 문서의 보존 등

문서는 보존기간의 기산일부터 3년간 각급 행정기관의 처리과에서 보존한 후 문서과에 인계하여 문서과에서 보존기간이 만료될 때까지 보존하여야 한다.

다만 처리과의 장이 문서과의 장과 협의한 경우에는 처리과 보존기간 중에 문서과에 인계할 수 있다. 각급행정기관이 생산·취득한 통일 또는 對 북한 임무와 직접 관련되는 문서와 외교통상부령이 정하는 외교문서 중 보존기간이 5년 이상 30년 이하인 문서는 4년간 각급 행정기관에서 보존한 후 통일부와 외교통상부에 각각 이관하여 통일원과 외교부에서 각각 보존하여야 한다.[59)]

(3) 보존대상 기록물의 지정

행정안전부장관은 역사적으로 보존가치가 있다고 인정되는 사건·사고 등에 관한 문서에 대하여 공문서관리규정 제31조의2(정부공문서평가심의회의)[60)] 규정에 의한 정부공문서 평가심의회의 심의를 거쳐 보존대상기록물로 지정할 수 있다.[61)]

---

59) 보존기간이 영구인 문서는 각급 행정기관에서 13년간 보존한 후 정부기록 보존소에 이관하여 정부기록 보존소에서 보존하여야 한다. 다만, 정부기록 보존소장의 협의한 경우에는 당해 기관의 보존기간 중에 정부기록 보존소에 이관할 수 있다. 외교문서는 외교통상부령이 정하는 바에 따라 일반에게 공개한 해부터 정부기록보존소에 이관하여야 한다. 통상부·외교통상부 또는 정부기록보존소에 이관하여 보존하여야 할 문서 중 당해 기관에서 계속 활용할 필요가 있는 통일 문서·외교문서 또는 영구문서 중 통일부장관·외교통상부장관 또는 정부기록보존소장과 각각 협의하여 당해 기관에서 이를 계속 보존할 수 있다. 비치문서는 처리과에서 비치·활용의 필요성이 없을 때까지 보존한 후 문서과에 인계하여 그 보존기간이 만료될 때까지 문서과에서 보존하여야 한다. 다만, 정부기록보존소장이 역사적 가치가 있다고 인정하는 비치문서는 정부기록 보존소에 이관하여 보존하여야 한다.

60) 사무관리규칙 제31의 2 [정부공문서평가심의회 등] ① 보존대상기록물의 지정 또는 보존기간이 20년 이상인 문서의 폐기여부 등에 대한 심의를 위하여 행정안전부에 정부공문서 평가심의회를 둔다. ② 비밀문서 보존, 보존기간이 20년·30년인 문서의 폐기여부에 대한 예비심의 또는 보존기간이 5년·10년인 문서의 폐기여부 등에 대한 심의를 위하여 각급 행정기관에 문서평가심의회를 둔다. ③ 정부공문서 평가심의회 위원장은 정부기록보존소장이 되며 위원은 행정안전부장관이 임명 또는 위촉하는 7인 이내의 관계 공무원 및 문서관련 전문가로 구성한다. ④ 문서평가심의회 구성은 당해 행정기관의 장이 정하되, 특별한 사유로 자체 문서평가심의회가 구성되지 아니한 경우에는 직근 상급기관의 문서평가심의회가 그 업무를 행하여야 한다. ⑤ 정부공문서평가심의회 및 문서평가심의회는 위원장이 필요하다고 인정하는 경우 수시로 개최할 수 있다. ⑥ 정부공문서평가심의회 및 문서평가심의회의 회의는 재적위원 과반수의 출석으로 개의하고 출석위원 과반수의 찬성으로 의결한다.

61) 행정안전부장관은 보존대상기록물을 지정하고자 할 때에는 정부기록 보존소장으로 하여금 관련문서 생산기 관에 당해 문서 등의 자료를 요구하거나 필요한 경우 소속직원 또는 관계

(4) 비밀문서의 보존

행정기관의 장은 보안업무규정에 의하여 비밀로 분류된 문서(비밀문서)중 영구적인 보존가치가 있다고 판단되는 문서에 대하여는 당해 문서의 비밀보호기간이 만료되는 즉시 정부공문서심의평가회의 규정에 의한 문서평가심의회의 심의를 거쳐 그 원본을 정부기론보존소에 이관하여야 한다.62)

(5) 전자문서 등 보존 · 관리

전자문서는 컴퓨터 파일로 보존하거나 출력하여 보존할 수 있다. 다만, 보존기간이 20년 이상인 전자문서는 컴퓨터 파일과 장기보존 가능한 용지에 출력한 출력물을 함께 보존하여야 한다.63)

(6) 문서의 정리와 폐기

행정기관의 장은 행정안전부령이 정하는 바에 따라 매년 1회 이상 문서 정리기간을 정하여 당해 기관에서 보존하고 있는 문서를 정리하고 그 결과를 행정안전부 장관에게 통보하여야 한다. 또한, 행정기관은 다른 행정기관이 그 업무를 수행하기 위하여 당해 행정기관에서 보존하고 있는 문서의 열람 또는 복사를 요청하는 때에는 특별한 사유가 있는 경우를 제외하고는 이에 응하여야 한다.64)

전문가를 파견하여 조사하게 할 수있다. 이 경우 문서생산기관은 특별한 사유가 있는 경우를 제외하고는 이에 응하여야 한다. 정부기록 보존소장 은 이관 받은 보존대상기록물 보존기록대상물에 대한 보존기간을 따로 정할 수 있으며 기타 보존대상기록물의 지정에 관하여 필요한 사항은 행정안전부 장관이 정하도록 하고 있다.

62) 비밀문서 보존의 규정에 의하여 이관되는 비밀문서의 보존에 관하여 필요한 사항은 행정안전부 장관이 관계 행정기관의 장과 협의하여 정한다.

63) 각급 행정기관 또는 정부기록보존소에서 보존하고 있는 문서는 행정안전부령이 정하는 바에 따라 마이크로 필름 또는 광디스크에 이를 수록하여 보존한 수 있으며 마이크로필름 또는 광디스크는 당해 문서가 폐기된경우에 한하여 이를 보존중인 문서로 본다.

64) 문서는 그 보존기간이 경과한 후에는 제31조의 2의 규정에 의한 문서평가심의회의 심의 및 정부공문서 평가 심의회의 심의를 거쳐 폐기하여야 하며 심의결과 폐기하지 아니하기로 결정된 문서 중 그 보존기간이 5년 또는 10년인 문서의 보존 · 관리 등에 관하여는 당해 행정기관의 장이 정하는 바에 의하고 그 보존기간이 20년 또는30년인 문서는 정부기록보존소장이 정하는 때에 정부기록보존소에 이관하여야 한다. 다만, 통일문서 또는 외교문서는 통일부 또는 외교통상부에서 계속 보존할 수 있다.

제7장 경찰홍보

1. 개 요

1) 개 념

홍보(public relation)란 국가·행정기관·기업·단체 또는 기타의 조직체가 자신의 사실에 관한 정보를 널리 알리는 행위를 말한다. 홍보는 소비자나 지역민 또는 일반의 인식이나 이해 또는 신뢰감을 높이고 합리적이고 민주적인 기초 위에 양자의 관계를 원만히 하려는 활동을 말한다. 따라서 정보를 전달한다는 측면에서 생각할 때 선전과 유사하지만 선전은 조직이나 개인이 상대방의 이익보다도 자기의 이익을 증진하거나 또는 특정한 목적을 달성하기 위해서 상대방의 의사에 관계없이 일방적으로 설득하고 그들의 감정과 심리에 영향을 주기 위한 행위이다. 그들이 행동을 자기 조직의 목표달성에 동원하는 조작적인 활동으로 주로 위에서 아래로의 정보전달 활동이다. 선전은 정보가 때때로 과장·왜곡되어 일방적으로 어느 특정 이미지를 형성하려는 것인 점에서 홍보와 다르다.

경찰홍보란 협의의 개념으로 경찰의 치안활동이나 민생업무와 관련된 사항으로 널리 알려서 경찰의 목표 달성에 유리한 사회환경을 조성하는 행위로부터 광의의 개념으로 지역주민의 경찰활동에 대한 참여를 확대하고 각종 기관과 단체 및 언론기관 등과의 상호협조체제를 강화하여 경찰이 수행하는 업무에 대한 지지와 협력을 이끌어 내는 활동을 말한다.

2) 경찰홍보의 특성

(1) 평등성

수평적으로 상·하 종속자 간의 설득이나 선전이 아니라 평등한 입장에서 경찰의 업무를 홍보함으로써 국민의 자발적인 협력을 획득할 수 있다.

(2) 경찰의 의무

업무적으로 경찰의 정책과 직무활동을 국민에게 정확히 알려주는 것은 국민의 공복인 경찰의 당연한 임무인 것이다.

(3) 진실과 공감

객관적으로 홍보는 사실을 과장하거나 왜곡함이 없이 있는 그대로 전달하고 국민의 의견을 수렴하여 정책에 반영하고 이를 실행한다는 사실을 정확히 알리는 쌍방적인 것이어야 한다.

(4) 계몽적 성격

경찰의 임무와 특성을 국민에게 바르게 인식시킴으로서 경찰에 관한 업무를 국민이 이해하고 신뢰할 수 있는 기회를 제공한다는 차원에서 교육적인 성격도 가지고 있다고 볼 수 있다.

2. 경찰홍보의 사명

경찰홍보의 사명(Mission of Police Public Relation)은 홍보매체를 이용하여 좋은 이미지를 광고하는 효과를 말한다. 홍보활동의 수단은 매개체를 말하는 것으로 오늘날의 mass media 즉, TV・라디오・신문・잡지 등 흔히 말하는 대량정보전달체계를 말한다. 경찰홍보는 경찰에서 수행하고 있는 업무를 신속하고 정확하게 국민의 알 권리에 충족할 수 있도록 의사를 전달하는 행위로써 국민으로부터 바르게 이해되고 적극적인 협력을 얻을 수 있도록 하는데 목적이 있다.

국민으로부터 신뢰를 얻기 위해서는 경찰의 목표는 어떠한 것이며, 어떻게 목표를 달성하겠다는 과정과 내용을 국민에게 확실하게 홍보함으로써 경찰과 국민간의 원만한 인간관계를 유지할 수 있다. 현대는 정보와 지식의 시대로서 홍보의 물결속에서 살아가고 있다. 이러한 홍보의 시대에 조직의 존립과 발전을 위해서는 조직의 임무와 성과 등을 공개하여 국민 모두의 알 권리를 충족시켜 주어야 한다.

경찰은 국민을 위해서 존재하고 국민의 경찰로 거듭나기 위해서는 국민을 하늘처럼 모시는 기풍을 만들어 국민에게 무언가 봉사해야 한다는 차원에서 경찰의 임무를 수행해야 한다. 이러한 경찰의 국민을 위한 막중한 임무를 수행하기 위해서는 먼저 국민에게 경찰을 바르게 인식시키는 홍보를 소홀히 해서는 안 된다.

경찰은 국민의 생명과 재산을 보호하고 공공의 안녕과 질서를 유지하기 위해서는 봉사 경찰상 정립, 치안의 목표달성, 지역 주민과의 관계정립, 경찰과 지역유관 기관과의 관계 등에서 발생할 수 있는 적지 않은 어려움을 해결해야 한다.

이러한 어려움을 극복하고 활성화하기 위해서는 경찰자신의 홍보 전략과 대중매체를 이용한 경찰의 이미지 쇄신, 그리고 국민을 위한 경찰의 치안전략을 개발하여 국민에게 홍보함으로써 국민들이 자발적으로 경찰의 임무수행에 협력할 수 있는 공감대를 형성할 수 있도록 노력하여야 한다.[65)]

3. 대국민 접근

대국민 접근(Approach to Public)이라 함은 공공관계 즉, 단순한 광고나 선전과는 다른 국민과의 관계를 말하는 것으로 국민과의 원활한 관계를 유지하는 것을 말하는 동태적인 개념이다. 따라서 여론의 지지를 획득하고 조직과 관계되는 국민으로부터 호의적인 감정을 획득하는 노력이라고 할 수 있다. 이는 개인이나 조직이 신뢰 및 호의적인 감정을 얻고자 일반 국민에게 정책이나 봉사활동 등을 설명하는 것으로써 경찰은 경찰관서나 경찰관 개인이 봉사의 대상인 국민에게 경찰 전체적으로 또는 개인과의 선린관계를 유지하면서 화합적인 분위기를 조성하여 상호간의 발전을 도모하는 활동이다. 이러한 공공 관계적 대국민 접근은 내부적으로 직원 상호간과 상하관계의 융화단결을 이루고 나아가서 경찰과 주민 간에 상호 이해를 증진시키려는 노력을 뜻하는 것이다. 대국민 신뢰회복은 국가의 주인인 국민이 경찰을 신뢰하지 않고 있다는 사실에 주목해야 한다. 이미 여러 언론기관에서 여론 조사하여 발표된바 있듯이[66)] 경찰의 편의주의적인 업무집행 등으로 인해 국민에게

---

65) 경찰의 업무는 국민의 자발적인 협력과 신뢰가 반드시 필요하다. 국민의 협력이 없이는 결코 경찰의 목표인 완벽한 치안을 확립할 수 없다는 것을 간과해서는 안 된다. 국민이 경찰을 신뢰하고 협력할 수 있도록 하기위해서는 경찰업무를 국민에게 홍보하고 개방하여 경찰을 이해할 수 있는 계기를 마련하고 민·경 일체가 될 수 있도록 하기 위해서는 대민관계(community relations)를 개선하고 경찰관 자신의 대국민 홍보노력과 함께 적극적인 대중매체를 활용하여야 한다. 경찰의 홍보가 필요하다고 해서 일방적으로 경찰에 관한 실적을 백화점에서 물건을 진열하여 고객에게 보여주는 식의 홍보를 해서는 안 되고 국민이 알아야 할 경찰의 진실을 사실대로 보여주는 노력이 필요하다.

66) 동아일보, 1999. 5. 12. 22면.

불신을 초래하고 있는 것으로 나타났다. 경찰의 다음과 같은 질적인 문화를 해결하지 않고서는 대국민적 접근은 기대할 수 없다는 것이다.

① 국민의 신뢰회복에 노력하여야 한다.
② 국민의 불신을 자초하는 경찰조직 내·외의 부정부패 척결이다.
③ 국민에게 친절한 경찰상 정립이다.
④ 관료·권위주의적 행태의 추방이다.

4. 적극적 홍보활동

경찰의 적극적 홍보(Positive on Police Public Relations)는 경찰청과 지방경찰청에 각각 대변인을 두고 경찰업무에 관한 일반적인 홍보를 하고 있다. 대변인은 경찰청에 출입하는 기자들과의 유대관계를 맺고 경찰의 이미지 향상을 위한 홍보와 경찰에서 취급하는 업무에 대한 대국민 알 권리를 공급 충족시키는 업무를 수행하고 있다. 그러나 이러한 소극적인 홍보 전략을 가지고는 경찰조직의 이미지 쇄신이나 대국민 협력을 받을 수 없다는 사실을 간과해서는 안 된다. 적극적인 홍보 전략으로 언론과의 관계를 원만하게 하고 여론의 지지와 협조는 물론이고 지역사회나 국민의 전폭적인 협력을 얻을 수 있어야 한다. 경찰의 적극적인 대민 홍보를 위해서는 우선 경찰행정 전반에 걸쳐서 지역 주민에게 공개하고 이해와 협조를 요청하여야 한다.

경찰이 수행하고 있는 경찰행정을 이해하지 못하고서는 주민이 경찰에 효과적인 협력을 할 수 없기 때문이다. 대국민 홍보를 위해서는 먼저 경찰이 솔선하여 업무 전반에 대하여 국민에게 소상히 이해시키는 프로그램을 개발하여 이용하는 방안과 전 경찰관이 홍보요원화 되어 직무 집행시 지역주민과 민원인을 상대로 경찰업무를 이해시키는 방안이 있을 수 있다.

경찰의 업무는 국민의 생활과 직결되어 있으므로 경찰관이 자신의 직무에 대하여 성실한 자세로 대국민 홍보를 할 경우 상당한 효과를 기대할 수 있을 것이다. 전국적이고 통일적인 경찰의 직무집행 상황에 대하여는 일정한 일간지와 계약하여 매주 또는 매월 1회씩 정기적으로 경찰업무에 대한 안내와 국민의 이해를 당부할 수 있다. 그리고 TV 대담 같은 프로그램을 이용하여 국민과 함께 경찰의 현안문제 등을 토론하고 협의하면서 국민의 의견을 수렴하는 기회를 마련함으로서 국민들로 하여금 경찰업무를 보다 쉽게 접근하여 이해하도록 하는 방안도 검토해 볼 수 있다.

제8장 법률제정과 소송

1. 법률제정

1) 개 요

법률제정(Legislation)라 함은 법률과 제도 또는 법규로 정해진 여러 가지 규정을 말한다. 경찰은 국민의 생명과 재산을 보호하고 공공의 안녕과 질서를 유지하기 위하여 국민의 자유에 대한 규제와 단속을 실시하여 사회의 질서를 유지하는 특수성을 가지고 있다. 따라서 경찰의 업무는 합법적인 절차에 따라 국회에서 제정된 법률에 근거를 두고 임무를 수행하여야 한다. 민주국가에서 법은 원칙적으로 국민 혹은 국민의 대표가 모인 국회를 통해 제정되고 공포된 것이어야 한다.

국회가 법률을 제정, 개정, 폐지하는 것은 고유한 권한이지만 법률을 제안하는 것은 행정부도 할 수 있다. 국민의 자유와 권리를 제한하는 것으로는 국회에서 제정한 법률에 근거해서 행정부가 하위법을 제정, 개정, 폐지하는 경우가 매우 많다.

2) 입법과정

(1) 법규의 종류

경찰법제사무처리규칙은 동 규칙에서 사용하는 법규와 용어의 정의는 다음 각호와 같이 설명하고 있다.[67]

① 법 령

법령이라 함은 법률과 명령을 포함하는 개념으로 법률과 법규명령(행정규칙을 제외한다)에 해당하는 대통령령과 부령을 말한다.

② 훈 령

훈령이라 함은 상급기관이 하급기관의 권한행사를 상당히 장기간에 걸쳐 일반적

---

67) 경찰법제 사무처리규칙 제3조.

으로 지시하기 위하여 발하는 명령 및 지시문서로서 조문형식 또는 시행문 형식으로 누년 일련번호에 의하여 작성·발령된 것을 말한다.

③ 예 규

예규라 함은 행정사무의 통일을 기하기 위하여 반복적인 사무의 처리기준을 제시하는 명령 및 지시문서로서 누년 일련번호에 의하여 조문 형식 또는 시행문 형식으로 작성·발령된 것을 말한다.

④ 고 시

고시라 함은 법령이 정하는 바에 따라 일정한 사항을 일반에 알리기 위한 문서로서 연도표시 일련번호에 의하여 작성·고시된 것을 말한다. 그리고 효력이 일시적이거나 단기적인 입법예고 외의 공고문서는 제외한다. 그러나 일단 고시된 사항은 개정이나 폐지가 없는 한 효력이 계속 된다.

⑤ 행정규칙

행정규칙이라 함은 법령에 속하지 않는 사항으로서 사무관리규정 제7조(공문서의 종류)[68]에 규정한 지시문서나 훈령, 예규 등으로 각급 경찰관서에서 일반 추상적으로 정립·발령한 것을 말하며 행정규칙의 제명은 "무슨무슨 규칙"으로 한다.

⑥ 심 사

심사라 함은 법령안 등 일정한 사안에 대하여 법적근거와 적법성·적정성 및 타당성을 검토하는 것을 말한다.

---

68) 사무관리규정 제7조(공문서의 종류) 공문서(이하 "문서"라 한다)는 다음과 같이 법규문서·지시문서·공고문서·비치문서·민원문서 및 일반문서로 나눈다.
1. 법규문서는 헌법·법률·대통령령·총리령·부령·조례 및 규칙 등에 관한 문서를 말한다.
2. 지시문서는 훈령·지시·예규 및 일일 명령 등 행정기관이 그 하급기관 또는 소속 공무원에 대하여 일정한 사항을 지시하는 문서를 말한다.
3. 공고문서는 고시·공고 등 행정기관이 일정한 사항을 일반에게 알리기 위한 문서를 말한다.
4. 비치문서는 비치대장·비치카드 등 행정기관이 일정한 사항을 기록하여 행정기관 내부에 비치하면서 업무에 활용하는 문서를 말한다.
5. 민원문서는 민원인이 행정기관에 대하여 허가·인가·기타 처분 등 특정한 행위를 요구하는 문서 및 그에 대한 처리문서를 말한다.
6. 일반문서는 제1호 내지 제5호에 속하지 아니하는 모든 문서를 말한다.

⑦ 질의회시

질의회시라 함은 일정한 사안에 대한 법적용 관계 등의 검토와 심사를 필요로 하는 문의 및 이에 대한 해석이나 의견제시를 말한다.

⑧ 정 비

정비라 함은 제정·개정 및 폐지를 말한다.

⑨ 주무국(과)

주무국(과)이라 함은 사무분장규정에 의하여 법령이나 행정규칙의 내용에 해당되는 사무를 처리하는 국(과) 또는 주무부서를 말한다.

(2) 훈령의 제정절차

중앙행정관청(경찰청)[69]의 관계 주무과에서 훈령안의 초안을 작성하여 각 부 내·외의 협의를 거친 다음 법무담당관의 심사를 받은 후 경찰위원회의 심의와 의결을 거쳐 확정된다.

(3) 입법절차

① 경찰청 안의 입안

경찰청에서 현안의 법률을 제정, 개정, 폐지하기 위해서는 우선 입안하는 부서에서 초안을 작성하고 관련 부서와 협의를 거쳐서 법무 담당관의 협의와 심사를 받은 다음 경찰위원회의 심의·의결을 받은 후 장관결재를 얻어 경찰청 안을 확정한다.

---

69) 행정관청 : 국가의 행정의사를 결정하고 국민에 대하여 이를 표시할 수 있는 권한을 가진 행정기관을 말한다. 이에 대하여 지방행정 관청이라 함은 지방 공공단체의 행정의사를 결정하고 주민에 대하여 이를 발표할 수 있는 권한을 가진 행정기관을 말한다. 이외에 법령 용어로서 행정청이란 말이 있는데, 이 용어는 法令에 따라 반드시 동일한 의미로 사용되는 것은 아니다. 보통 중앙행정 관청과 지방행정 관청을 합해 이렇게 부른다(행정대집행법2). 행정관청이 다른 행정기관 예를 들면 보조기관·자문기관·감사기관과 다른 점은 그가 결정하는 의사가 단순히 기관의사에 그치지 않고 국가 의사로 된다는 점이다. 관청의 구성원이 1인인가 수인인가에 따라 독임제 관청(각부장관, 市·도지사 등)과 합의제 관청(토지수용 위원회·선거 관리 위원회 등)으로 나누어진다. 관청의 권한이 전국에 미치는 관청을 중앙관청(각부 장관 등)이라 부르고, 그 권한이 특정 지역에만 한정되어 있는 관청을 지방관청(세무서 등)이라 한다. 또한 소관 행정사무가 비교적 광범위하게 미치는 관청을 보통 관청이라 말하고 소관 행정사무가 한정되어 있는 관청을 특별 관청이라 한다.

② 관계기관 협의

정부의 다른 관계부처와 협의가 필요하면 협의를 거치고 당정협의도 거쳐서 정치적 협력을 이끌어 낸다.

③ 입법예고

행정안전부에 경찰청 안을 관보에 게재하도록 의뢰하고 예고기간(통상 20일)을 경과한 후 관계부처협의, 당정협의 등을 한다. 예고기간에 변경된 사항이 있으면 다시 경찰청 안을 만들어 장관결재를 얻은 후 관계장관 회의에 부친다.

④ 법제처 심사

경찰청안은 법제처에 심사요청을 해서 수정을 받는다. 법제처는 다른 모든 법령과의 관계나 국가 이익의 관점에서 검토하게 된다.

⑤ 국무회의 심의

법제처 심사 후 안건을 국무회의에 상정하여 동 회의에서 최종적으로 심의한 후 통과시킨다.

⑥ 대통령 재가

국무회의에서 의결된 안은 법제처에서 국무총리와 관계국무위원의 부서를 받아 대통령의 재가를 받는다.

⑦ 법률안 국회제출

대통령의 재가를 받은 법률안은 법제처에서 국회에서 심의할 수 있도록 국회에 법률안으로 제출된다.

⑧ 국회의 심의의결

국회에 제출된 법률안은 의장이 본회의에 보고 후 내무위원회에 상정하여 전문위원의 검토가 이루어진다. 국회는 법제사법위원회에 상정하여 법사위축조심사와 의결을 한 후 본회의에 상정되어 의결이 된다.

⑨ 대통령 재가와 공포

국회에서 의결된 법안은 정부로 이송하여 대통령이 재가를 하여 정부에 이송된 날로부터 15일 이내에 공포하게 된다. 이때 대통령은 이의가 있을 때는 15일 이내에 국회의 재의요구를 할 수 있다.

4) 법령입안과 심사기준

법령안의 심사라 함은 법령안 등 일정한 사안에 대하여 법적근거와 적법성·적정성·타당성 등을 검토하는 것을 말한다. 법률안을 입안하거나 입안된 법률안을 심사함에 있어서 매우 신중을 기하여야 한다.

(1) 법령의 효력

민주주의 국가에서 모든 법령은 기본권 보장과 권력구조의 견제와 균형에 관한 헌법 원칙에 적합해야 하고, 특히 국민의 자유와 권리의 제한은 국민의 대표기관인 국회에서 의결되는 법률에 근거하여야 한다. 또는 헌법과 상위 법령에서 개별적으로 정하고 있는 사항에 위배되거나 모순이나 상충되는 사항을 하위 법령에서 정하는 것은 입법권 또는 행정입법권의 행사범위를 넘는 것으로써 효력을 갖지 못한다는 상위법 우선의 원칙과 특별법 우선의 원칙은 개별법 간의 갈등이 있을 때 적용의 기준이 된다.

(2) 입법의 요건

새로운 법령의 재정과 개정은 새로운 입법조치의 필요성이 있어야 하며, 그 내용이 명확히 구체화 될 수 있는 것이어야 한다. 즉, 입법내용이 그 적용대상이 되는 합리적 평균인의 준수를 기대할 수 있는 강제적 규범으로서의 실효성을 가지고 있어야 한다. 그러한 판단능력을 위해서 입법내용의 정당성 및 법적합성, 입법내용의 통일성 및 조화성, 표현의 명료성 및 평이성 등 시행의 효과와 시행에 따른 문제점 여부에 대한 면밀한 분석과 검토를 하여야 한다.

2. 소 송

1) 개 요

소송(Lawsuit)이라 함은 소송에 관계되는 업무를 말한다. 송무업무는 법집행과 관련하여 발생하는 권리와 의무에 대한 분쟁을 해결하는 소송법적 행위이기 때문에 매우 중요하다. 법을 집행하는 경찰이 법령의 범위를 넘어서 혹은 중대한 실수로 국민의 권리나 자유를 침해한 경우에는 국가가 배상하도록 하고 있다.

고의 또는 과실이 있는 관계공무원이나 행정관청에서 이에 대한 형사와 민사적인 책임을 지도록 하고 있다. 이러한 경우 경찰기관은 피고로써 또는 소송의 당사자가 되어 소송행위[70]를 수행해야 한다.

송무는 국가를 당사자로 하는 소송의 수행 및 지도업무를 말하는 것으로 송무에는 소송에 앞서 행해지는 행정심판 업무도 포함된다. 행정심판에 관한 사항은 경찰청의 부속기관 및 지방경찰청의 처분에 대한 행정심판 청구사건의 재결, 지방경찰청의 행정심판 업무의 지도와 경찰청장을 피청구인으로 하는 헌법소원의 수행 업무 등을 포함한다.

2) 행정심판

행정심판이란 행정관청의 위법한 처분으로 권리를 침해당한 사람이 그 처분의 취소나 변경을 요구하는 행정소송 전에 관계 행정관청에서의 조정하는 심판절차. 즉, 법률관계에 분쟁이 있는 경우 당사자의 청구에 의하여 행정관청에서 이를 심판하는 행정쟁송절차를 총칭한다. 헌법 제107조 제3항(법률 등 위헌제청 · 심사권 · 행정심판)[71]과 행정심판법 제1조(목적)[72]에 의하여 경찰의 위법 부당한 처분 또는 공권력[73]의 행사와 불 행사 등으로 인하여 권리와 이익을 침해당한 자는 그 권리

---

70) 소송행위라는 것은 소송절차에 있어서 일정한 소송법상의 효과를 발생시킬 목적으로 소송관계인이 행하는 의사행위. 소송행위는 법원이나 당사자 및 변호인 등이 행하는데 그 내용은 반드시 일정한 의사표시에 한하지 않고 관념의 통지의 성질을 가진 것도 있다. 소송 행위라는 관념은 민법상의 법률행위 론에서 발전한 것이라고 할 수 있으나 이 양자를 특히 구별할 실익은 희박하다. 소송행위를 그 주체 면에서 나누어 보면 (1)재판기관의 행위. 그 형식에 따라서 관념적 행위로서의 재판과 사실 행위로서의 증거조사 · 송달 등이 있으며 또 그 목적에서 보면 종국판결 · 소송지휘 등도 있다. (2) 당사자의 소송행위. 그 성질에 의하여 의사표시적인 것. 의사통지 또는 관념의 통지 등으로 구분할 수 있다. 최근에는 그 기능의 태양에 의하여 취효행위 즉 소송법상 어떤 효력을 구하는 행위로 신청 · 주장 · 입증 등이 있는가 하면 여효행위 즉, 관할의 합의 · 소의 취하 등으로 구분하는 학파도 있다. 소송 행위에는형사소송과 민사소송에서도 대개 그 뜻이 같으나 소송 구조상의 차이로 인하여 성질 · 절차 · 방법 등에 차이가 있을 뿐이다.

71) 헌법 제107조(법률 등 위헌제청 · 심사권 · 행정심판) ③ 재판의 전심 절차로서 행정심판을 할 수 있다. 행정심판의 절차는 법률로 정하되, 사법절차가 준용되어야 한다.

72) 행정심판법 제1조(목적) 이 법은 행정심판 절차를 통하여 행정청의 위법 또는 부당한 처분 그 밖에 공권력의 행사 · 불 행사 등으로 인한 국민의 권리 또는 권익의 침해를 구제하고, 아울러 행정의 적정한 운영을 기함을 목적으로 한다.

73) 공권력이라 함은 국가 또는 공공단체가 우월한 의사의 주체로서 국민에 대하여 명령 · 강제

를 구제하기 위하여 행정청에 시정을 요구하고, 행정청에서 이를 심판하는 쟁송 절차로서 행정소송[74]의 전심 절차이다.

3) 행정심판 절차

(1) 심판청구

행정관청(경찰)의 위법·부당한 행정처분으로 인하여 피해를 입은 국민은 처분청을 대상으로 위법·부당함에 대한 심판을 청구하는 심판청구서를 제출한다.

(2) 시정조치

처분청은 행정심판의 청구인이 제출한 청구서가 이유 있으면 즉시 시정 조치한다. 그러나 청구가 이유 없으면 답변서 3부를 첨부하여 심판 청구서를 상급 관청인 경찰청으로 송부한다.

(3) 행정심판위원회의결

심판청구서를 받은 상급관청은 국무총리 행정심판위원회의결에 따라 재결 처분한다. 처리기간은 심판청구일로부터 60일 이내에 처리하여야 하며, 사유가 있을 경우에는 30일의 범위 내에서 연장이 가능하다. 청구인은 재결서를 받은 날로부터 60일 이내에 행정소송을 제기할 수 있다. 이때 심판 청구일로부터 60일 이내에 재

하는 권력. 그 권력을 행사하는 국가 자체를 의미할 때도 있다. 국가가 국민에 대하여 공권력을 행사하는 관계가 본래의 공법 관계이며 사법의 지배를 받지 아니하고 공법의 규율을 받는다. 공권력의 개념은 대륙 법계의 행정국가(독일·일본·한국)에 있어서 공법 개념을 구성하는데 중요한 구실을 하였다.

74) 행정소송이라는 것은 행정기관의 위법한 처분 그 밖에 공권력의 행사·불 행사 등으로 인한 국민의 권리 또는 이익의 침해를 구제하고 공법상의 권리관계 또는 법 적용에 관한 다툼을 해결하는 소송 절차로써 이에 관한 행정 소송법이 있다. 행정 소송법은 행정작용이 법규에 위반되거나 공익을 해하는 경우에 공정한 절차에 의하여 구제하지 않으면 안 된다는 법치주의 요청에 따라 이루어진 제도이다. 이 유형에는 행정국가와 사법 국가의 양형이 있다. 우리나라는 후자를 택하고 있다. 소송의 종류에는 위법한 행정행위에 대하여 그 취소 또는 변경을 구하는 항고 소송과 대등하게 대립하고 있는 당사자 사이에 공법상의 권리 관계에 분쟁이 있을 때 법원에 대하여 그 해결을 구하는 당사자 소송, 구체적으로 권리나 이익의 침해를 받지 않았더라도 객관적인 행정 법규의 위법 적용에 대하여 이를 시정하기 위하여 일반 선거인·일반주민이 제기할 수 있는 민중쟁송, 행정기관 상호간에 주관쟁의 등이 있는 경우에 그 해결을 구하는 기관 소송이 있다.

결이 없는 경우에도 행정소송을 할 수 있다.

⑷ 국가소송의 수행

국가를 당사자로 하는 소송 및 행정소송의 수행에 있어서 법무부장관의 지휘를 받으면서 당해 행정청의 장은 그 행정청의 직원 또는 상급행정청의 직원을 지정하여 행정소송을 수행하게 하는 것을 말한다.

⑸ 행정소송의 수행

행정소송은 국가 또는 국가기관을 피고로 하여 소송을 제기하는 것을 말한다. 그러나 우리나라의 행정소송법은 국가 또는 국가기관이 유리하도록 규정되어 있어 행정소송을 제기하는 원고는 철저한 준비가 필요하다. 국가를 상대로 소송행위를 하기 때문에 약자의 입장에 있는 원고는 소송을 제기하기 전에 모든 증거자료를 준비하고 사실입증에 관한 준비를 해두어야 소송에서 승소할 수 있다. 특히 중요한 것은 행정소송의 경우 1심・2심・3심까지 진행해야 하는 경우가 많기 때문에 변호사를 선임하지 않고 소송을 수행하는 것은 상당한 어려움이 있어 변호사의 선임에도 세심한 주의가 필요하다.

⑹ 행정소송의 종료

행정소송에서 원고가 승소하였을 경우에는 국가(소송대상기관)를 상대로 소송비용을 청구할 수 있다. 그러나 국가기관에서는 자의적으로 소송비용을 지급하지 않기 때문에 원고는 제1심 법원에서 소송비용확정결정을 받아야 함으로 변호사선임비 등 소송에 들어간 비용을 증빙서류를 구비하여 제출하면 확정결정을 받음으로써 비용을 지급받고 소송은 종료하게 된다.

제9장 경찰보안

1. 보안업무

1) 개 요

보안관리(Security Management)란 보안업무(Preservation of Public Peace)수행에 필요한 사항으로 국가의 안전을 보장하기 위하여 필요로 하는 것으로써 인원, 문서, 자재, 시설, 지역 등을 보호하는 소극적 예방활동과 국가안전보장을 해하는 간첩, 태업, 전복 등으로 국가를 위태롭게 하는 불순분자에 대하여 탐지, 조사, 체포하는 등의 적극적인 예방활동을 말한다.[75] 보호되어야 할 국가의 보안대상이 보호되지 않을 경우 국가안전보장[76]이나 국가이익이 크게 침해되므로 보안의 중요성

75) 국가정보원법 제3조 ①항 제1호 [국내정보 및 국내보안정보(대공·대정부 전복·방첩·대테러 및 국제범죄조직)의 수집·작성 및 배포] 및 제2호(국가 기밀에 속하는 문서·자재·시설 및 지역에 대한 보안업무. 다만, 각급 기관에 대한 보안감사는 제외한다)의 직무수행을 위하여 필요한 사항과 동 제5호(정보 및 보안업무의 기획·조정)에 정하는 기획·조정의 범위와 대상기관 및 절차 등에 관한 사항은 대통령령으로 정한다.

76) National Security : 외부로부터의 군사·비군사적 위협이나 침략을 억제 또는 배제함으로써 국가의 평화와 독립을 수호하고 안전을 보장하는 일. 국가 정책에는 2가지 측면이 있다. 하나는 국민의 경제적 발전과 문화적 가치향상을 도모하는 일이고, 다른 하나는 국내의 치안을 유지하고 외적으로부터 나라를 수호하는 일이다. 전자를 국가의 적극적 작용이라고 하고 후자를 국가의 소극적 작용이라 한다. 이는 국가가 전자에 대하여는 적극적이며 후자에 대하여는 소극적이라는 뜻이 아니라 국가 가치의 창조적 측면에서 본 행정학상의 구분이다. 국내의 치안을 유지하고 외적으로부터 나라를 지키는 일은 국가의 경제적·물적 가치의 창조를 보완하고 그것을 完全한 것으로 하기 위한 말하자면 소극적인 의의밖에는 지니고 있지 못하여 그것은 스스로 그러한 가치를 창조해 내지는 못한다. 이와 같은 뜻에서 국가 정책은 적극적 측면과 소극적 측면의 2가지를 가지고 있다는 것이다. 소극적 작용에 속하는 국가 정책은 다시 2가지로 나누어진다. 하나는 대내적인 불안이나 위협에 대처하고 또는 이를 배제하기 위한 정책이다. 다른 하나는 대외적인 불안이나 위협에 대항하고 침략을 배제하기 위한 정책이다. 국가안전보장이나 국방정책 등은 후자에 속한다. 국내적 불안이나 국내 질서의 파괴, 또는 천재지변으로부터 사회의 안전을 보장하기 위한 정책은 원칙적으로 경찰이나 소방 관서에서 담당해야 할 문제이며 안전보장정책 등과는 상관이 없다. 국가안전보장정책이란 원래는 국가의 대외적 불안이나 위협, 나아가서는 대외적 침략으로부터 국가의 안전을 보장하기 위하여 채택된 정책이다. 그러나 요즘에 와서는 대내·대외적 위협을 구별하는 일도 그리 쉽지 않다. 이를 테면, 국내적 폭동 하나를 보더라도 그것은 이데올로기적인 성격을 때게 되었으며 간접

은 강조되지 않을 수 없다. 21세기의 세계 각국은 첨단산업의 발전을 위한 기술개발에 더욱 국력을 쏟을 것이므로 안보상황은 이러한 첨단 과학기술이나 기업비밀 등 경제정보를 입수하기 위한 정보활동이 치열하게 전개될 것은 자명한 일이다. 그러므로 경찰은 국내·외의 정보수집에 더욱 노력해야 한다는 것은 물론이고, 보유하고 있는 각종 중요 정보는 국가 안보유지에 매우 중요한 자료로서 필요성이 증가할 것이다. 국가안보의 중요성도 계속해서 증가하고, 개인의 사생활에 대한 보호요구도 역시 계속해서 증가한다는 사실은 자명한 일이기 때문에 국가의 기밀보호나 개인의 비밀보호에 대한 경찰의 활동이 증대된다고 할 수 있다.

경찰활동의 대부분은 국가안보와 개인의 비밀보호는 밀접하게 관련되어 있어서 밖으로 유출되는 경우에는 국가안보에 해를 주거나 개인의 비밀이 침해당하는 위협에 처하게 된다. 이러한 차원에서 경찰은 한편으로는 국가의 안보와 다른 한편으로는 개인의 비밀보호에 더욱 노력을 경주하여야 하며, 이를 보장하기 위해서는 적법하게 업무를 수행되지 않으면 안 된다.

2) 법적 근거

① 국가정보원법(법률 제5681호 1999. 1. 24)
② 정보 및 보안업무기획조정규정(대통령령 제15136호 개정 1996. 8. 8)
③ 보안업무규정(대통령령 제10478호 개정1981. 10. 7)
④ 보안업무규정시행세부규칙(경찰청훈령 제236호 개정1998. 11. 12)

2. 보안의 원칙

보안의 원칙(Principle of Preservation of Public Peace)이라 함은 보안업무를 효과적으로 수행하기 위해서는 보안대상에 대한 최소한의 접근만을 허용하여야 한다는 원칙으로 다음과 같은 원칙을 지켜야 한다.

침략으로서 국가의 외적 위협과도 관계되는 것으로 간주되는 수가 많다. 국가안전보장은 국가의 대외적 소극기능 가운데 가장 넓은 뜻을 지닌 것으로 보고 있다. 그것은 국방이나 방위의 개념보다도 더 폭넓은 것으로 해석되며, 여기에는 군사적 분야는 물론 심리·사상·사회·경제·정치 등 비군사적인 모든 분야까지도 포함된다. 때로는 전혀 무력을 전제로 하지 않는 무방비 중립론, 종교적 무저항주의까지도 포함시켜 논의될 때도 있다. 따라서 안전보장의 개념은 국방이나 방위의 개념보다도 보다 포괄적이며 차원이 높은 것으로 보아야 할 것이다.

1) 알 사람만 알아야 하는 원칙

보안에 있어서 가장 기본적이며 중요한 원칙으로서 보안의 대상이 되는 사실은 전파할 때 전파가 꼭 필요한가 또는 피 전파자가 반드시 전달받아야 하며 필요한 것인가를 검토하여 최소화하여야 한다.

2) 부분화의 원칙

알 사람만 알게 하고 한번에 다량의 비밀[77]이나 정보가 유출되지 않도록 하는 원칙을 말한다. 조직에는 종적 분화와 횡적 분화의 방법이 있고 문서에 있어서는 내용과 가치의 정도에 따라서 다른 비밀과 관련되지 않게 독립시키거나 부분적으로 차단하는 원칙을 말한다.

3) 효율적 유지의 원칙

보안과 업무효율이 균형을 유지하여야 한다는 원칙을 말하는 것으로 통상 보안과 업무효율은 반비례관계에 있으므로 양자의 적절한 조화를 유지하는 방법을 강구해야 할 것이다. 지나친 비밀주의는 꼭 알 필요가 있는 사람이 알지 못하게 되는 것은 업무의 효율성을 떨어뜨리는 결과를 초래한다.

3. 보안책임

보안책임(Responsibility of Preservation of Public Peace)이라 함은 보안에 문제가 발생할 경우에는 이에 대한 행정책임과 형사책임을 모두 부담하도록 하는 것을 말한다. 행정책임에는 보안업무를 담당하는 공무원과 각급기관[78]의 장이 고의 또는 과실 유·무와 관계없이 보안누설이나 보안사고 등에 대해서는 징계책임

---

77) 보안업무규정 제2조에서 정의하는 비밀이라 함은 그 내용이 누설되는 경우 국가안전보장에 유해로운 결과를 초래할 우려가 있는 국가 기밀로서 이 영에 의하여 비밀로 분류된 것을 말한다.

78) 보안업무규정 제2조 2호에서 정의하는 각급 기관이라 함은 헌법·정부조직법 기타 법령에 의하여 설치된 국가기관(군 기관 및 교육기관을 포함한다)과 지방자치 단체 및 공동 단체를 말 한다.

을 져야 한다. 공무원은 재직 중은 물론이고 퇴직 후에도 직무상 지득한 비밀을 엄수하여야 한다고 규정하여 비밀엄수의 의무를 부과하고 있다.[79)]

형사책임의 경우, 형법 제127조[80)]와 판례는 공무원이 공무상 자기가 취급하는 비밀이나 업무상 지득한 비밀을 누설하여 실제로 국가정책에 차질을 초래했을 경우 공무상 비밀 누설죄의 책임을 지게 되는데 이를 실질적 비밀누설이라고 한다.

통설은 공무원이 자기가 취급하는 비밀이나 다른 사람으로부터 전해들은 공무상의 비밀 중 Ⅰ급·Ⅱ급·Ⅲ급 등에 해당하는 비밀의 내용을 누설할 경우에만 공무상 비밀누설죄의 책임을 진다는 것을 형식적 비밀누설이라고 한다.

4. 비밀의 보호

비밀의 보호(Protection of Secrecy)라 함은 경찰의 보안업무는 비밀에 대하여 일정한 중요도에 따라 분류하고 등급별로 특별한 보호를 하도록 하는 것을 말한다. 비밀문서에 대해서는 별도의 보관함을 만들어 이중으로 시건장치를 하여 취급하고 있으며 시설이나 건물에 대해서는 통제구역을 설정하여 출입을 제한하고 있다.

경찰에서 보유하고 있는 음어자재, 정보자료, 문서 등이 외부로 유출되었을 때 국가안보나 사회안전, 개인의 비밀 등이 침해의 우려가 있을 경우에는 비밀로 구분하여 보호하고 있다. 보안업무규정에 의하면 중요도에 따라 생산된 문건은 Ⅰ급, Ⅱ급, Ⅲ급, 대외비 등으로 구분하여 관리를 철저히 하도록 해야 하고[81)], 비밀은 해당 등급의 비밀 취급인가를 받은 자에 한하여 취급할 수 있도록 규정하고 있다.[82)]

1) 비밀의 구분

(1) I급 비밀

I급 비밀이 누설되는 경우 대한민국과 외교관계가 단절되고 전쟁을 유발하며, 국

79) 국가공무원법 제60조.

80) 형법 제127조(공무상 비밀의 누설) 공무원 또는 공무원이었던 자가 법령에 의한 직무상 비밀을 누설한 때에는 2년 이하의 징역이나 금고 또는 5년 이하의 자격정지에 처한다.

81) 보안업무규정 제4조.

82) 보안업무규정 제6조.

가의 방위계획 및 국가방위상 필요 불가결한 과학기술의 개발을 위태롭게 하는 등의 우려가 있는 비밀을 I급 비밀로 한다.[83)]

(2) II급 비밀

II급 비밀은 누설되는 경우 국가안전보장에 막대한 지장을 초래할 우려가 있는 비밀은 이를 II급 비밀로 한다.[84)]

(3) III급 비밀

III급 비밀은 누설되는 경우 국가안전보장에 손해를 끼칠 우려가 있는 비밀은 Ⅲ급 비밀로 한다.[85)]

(4) 대외비

특별한 보호를 요하는 사항을 대외비로 분류하고 비밀업무에 준하여 취급하는 것을 말한다.[86)]

2) 암호자재의 제작공급 및 반납

암호자재[87)]는 국가정보원장이 제작하여 필요한 기관에 공급한다. 다만, 국가정보원장이 필요하다고 인정할 때에는 암호자재의 사용기관으로 하여금 국가정보원장이 인가하는 암호체계의 범위 안에서 암호자재를 제작하게 할 수 있고, 사용기간이 만료된 암호자재는 지체 없이 그 제작기관의 장에게 반납한다.[88)]

---

83) 보안업무규정 제4조 제1호.
84) 보안업무규정 제4조 제2호.
85) 보안업무규정 제4조 제3호.
86) 보안업무규정 제4조.
87) 보안업무규정 제2조에서 정의하는 암호자재라 함은 통신문의 내용을 보호할 목적으로 문자·숫자·기호 등의 암호로 만들어진 문서나 기구를 말한다.
88) 보안업무규정 제5조.

5. 구성원의 보안

1) 보안업무의 취급

구성원의 보안(Preservation of Public Peace in Members)에 관한 사무는 각급 경찰기관의 인사업무 취급부서에서 분장하도록 하고 있다. 의무경찰 및 전투경찰 순경에 대한 인원보안업무는 그 인사업무를 취급하는 부서에서 담당한다.

2) 구성원의 보안대상

공무원, 정부 또는 공기업의 임직원, 해외출입자(항공종사원, 선원, 여행자), 국가보안목표시설 등 중요시설 및 장비관리자, 기타 국가보안에 관련된 사람 등이다.

3) 비밀취급 인가권자

(1) I급 비밀 및 암호자재 취급인가권자는 다음과 같다.[89]

① 대통령
② 국무총리
③ 감사원장 및 국가정보원장
④ 각 원 · 부 · 처의 장 및 정무장관
⑤ 국가안전보장회의 사무국장
⑥ 경제과학 심의회의 사무국장
⑦ 대통령 비서실장 및 경호실장
⑧ 검찰총장
⑨ 합동참모의장 · 각군 참모총장 및 육군의 1, 2, 3군 사령관과 국방부장관이 지정하는 각군 부대장.

(2) II급 및 III급 비밀취급 인가권자는 다음과 같다.[90]

① I급 비밀취급 인가권자

89) 보안업무규정 제7조 제1항.
90) 보안업무규정 제7조 제2항.

② 중앙행정관서인 청의 장
③ 서울특별시장 · 직할시장 및 도지사
④ 서울특별시 · 직할시 및 도교육위원회의 교육감
⑤ 제①호 내지 제④호의 자가 지정한 기관의 장.

⑶ 경찰청장의 위임에 의한 II · III급 비밀취급 인가권자는 다음과 같다.[91)]

경찰대학장, 경찰종합학교장, 중앙경찰학교장, 해양경찰청장, 경찰병원장, 각 시 · 도의 지방 경찰청장 등은 보안업무규정 제7조에 의하여 II급 및 III급 비밀 취급 인가권을 가지고 있다. 각 시 · 도 지방 경찰청은 경찰서장과 기동대장에게 비밀취급인가권을 위임할 수 있고, 해양경찰청장은 해양경찰서장에게 II급 및 III급 비밀취급인가권을 위임할 수 있다. 또한 경정 이상의 경찰공무원을 장으로 하는 단위경찰기관의 장에게도 위임할 수 있다. 그러나 위임받은 서장이나 단위기관장은 이를 재 위임할 수 없다. 경찰공무원은 임명과 동시에 III급 비밀 취급인가권을 갖는다.

⑷ 비밀취급인가 및 해제

비밀취급인가권자는 비밀을 취급 또는 비밀에 접근할 직권에 대하여 해당 등급의 비밀취급을 인가한다. 비밀취급인가는 대상자의 직책에 따라 필요한 최소한의 인원으로 제한하여야 하고 비밀취급 인가를 받은 자가 고의 또는 중대한 과실로 보안사고를 범하였거나 이령에 위반하여 보안업무에 지장을 초래한 때와 비밀취급이 불필요하게 된 때에는 비밀취급 인가를 해제하여야 한다. 이때 비밀취급의 인가 및 해제와 인가 등급의 변경은 문서로써 하여야 하며 직원의 인사기록 사항에 이를 기록하여야 한다.

⑸ 비밀의 분류 기준

① 분류의 원칙

비밀은 적절히 보호할 수 있는 최저등급으로 분류하되 과도 또는 과소하게 분류해서는 아니 된다. 다만, 암호자재는 동 규정 제4조의 비밀의 구분 규정에 불구하고 Ⅱ급 이상으로 분류하여야 한다. 비밀은 그 자체의 내용과 가치의 정도에 따라 분류하여야 하며, 다른 비밀과 관련하여 분류하여서는 안 된다. 또한, 외국정부 또

91) 보안업무규정 제7조 제2항.

는 국제기구로부터 접수한 비밀은 그 발행기관이 필요로 하는 정도로 보호할 수 있도록 분류하여야 한다.

② 비밀의 분류

비밀취급인가를 받은 자는 인가 받은 비밀 및 그 이하 등급 비밀의 분류권을 가지며, 동등 이상의 비밀 취급인가를 받은 자로서 직속상급직위에 있는 자가 분류한 비밀등급을 조정할 수 있고 비밀을 생산 또는 관리하는 자는 그 비밀을 분류 또는 재분류할 책임이 있다. 비밀은 적절히 보호할 수 있는 최저등급으로 분류하되 과도 또는 과소하게 분류하여서는 안 된다. 그리고 각급 기관의 장은 비밀분류의 통일성과 적절한 분류를 위하여 세부분류 지침을 작성하여 시행하여야 하며, 분류된 비밀에는 보호기간을 명시하기 위하여 예고문을 기재하여야 한다.

③ 비밀의 재분류

비밀은 그 효율적인 보호를 위하여 등급의 변경 또는 파기 등의 재분류를 실시하여야 하며, 재분류는 그 비밀의 예고문 또는 발행자의 직권에 의하여 실시한다. 다만, 긴급 또는 부득이한 사정으로 비밀을 계속 보관하거나 안전하게 지출할 수 없을 때와 국가정보원장의 요청이 있을 때, 그리고 보안유지를 위하여 예고문의 파기시기까지 계속 보관할 필요가 없을 때에는 당해 소속 비밀취급 인가권자의 사전 승인을 얻은 후에는 예고문 파기시기가 아님에도 불구하고 이를 파기할 수 있다.

외국정부 또는 국제기구로부터 접수된 비밀 중 예고문이 없거나 기재된 예고문이 비밀관리상 부적당하다고 인정되는 것은 접수한 기관의 장이 그 비밀을 최대한으로 보호할 수 있는 범위 안에서 재분류할 수 있다. 그리고 비밀을 존안하고자 할 때에는 그 예고문이나 비밀등급을 변경하여서는 아니 되며, 존안된 비밀자료는 존안기간중 이를 재분류하여서는 안 된다. 그러나 일반문서로 재분류하는 때에는 그러하지 아니한다.

6) 비밀의 관리

(1) 비밀의 보관

비밀은 그 취급자 또는 관리자에게 경고하고 비밀취급인가자의 접근을 방지하기 위하여 분류(재분류 포함)와 동시에 등급에 따라 구분된 표지를 하고 도난·화재 또는 파괴로부터 보호하고 비밀취급비인가자의 접근을 방지할 수 있는 적절한 시설에 보관하여야 한다. 비밀의 보관용기 외부에는 비밀의 보관을 나타내는 표지를 하지 못하며 시건의 종류·사용방법은 보관책임자 이외의 누구도 알지 못하도록 통제를 실시하여야 하며, 타인이 알았을 때는 즉시 이를 변경하여야 한다.

그리고 여행 또는 출장 중 비밀을 휴대할 때에는 안전을 위하여 국내경찰기관 또는 국외주재공관에 위탁 보관할 수 있다. 위탁받은 기관은 이를 보관할 의무를 진다. 또한, 각급기관의 장은 비밀의 보관을 위하여 필요한 인원을 보관책임자로 임명하여야 한다. 비밀을 수발함에 있어서는 그 비밀을 최대한으로 보호할 수 있는 방법을 이용하여야 하고 Ⅰ·Ⅱ급 비밀을 수발할 때에는 이를 확인하기 위하여 영수증을 주고 받아야 한다. 그리고 각급기관의 장은 비밀문서의 통제를 위하여 통제규정을 따로 작성하여 운영할 수 있다.

(2) 비밀관리 기록부

각급 기관의 장은 비밀의 작성·분류·수발 및 취급 등에 관한 일체의 관리사항을 기록하기 위하여 비밀관리 기록부를 작성·비치하여야 한다. 다만, Ⅰ급 비밀관리기록부는 따로 작성·비치하여야 하며 암호 및 음어자재는 암호자재기록부에 의하여 관리한다. 그리고 비밀관리기록부에는 모든 비밀과 암호자재에 대한 보안책임 및 보안관리사항이 정확히 기록·보존되어야 한다.

(3) 비밀의 복제·복사의 제한

비밀의 일부 또는 전부를 모필·타자·인쇄·조각·녹음·촬영·인화·확대 등 비밀의 원형의 재현은 할 수 없다. 다만, Ⅰ급 비밀은 그 발행자의 허가를 얻은 때와 Ⅱ·Ⅲ급 비밀은 당해 발행자의 특정한 제한이 없는 것으로서 해당 등급의 비밀취급인가를 받은 자가 공용으로 사용할 때에는 할 수 있다.

그러나 암호 및 음어자재는 어떠한 경우를 막론하고 복재 또는 복사하지 못한다. 비밀을 복재 또는 복사한 경우에는 그 원본과 동일한 비밀등급과 예고문을 명시하고 사본번호를 부여하여야 한다. 예고문의 경우 재분류 구분이 파기로 되어 있는 때에는 원본의 파기 시기보다 그 시기를 줄일 수 있다.

(4) 비밀의 열람

비밀은 해당 등급의 비밀취급인가를 받은 자로서 그 비밀과 업무상 직접관계가 있는 자에 한하여 열람할 수 있다. 비인가자에게 비밀을 열람·공개 또는 취급하게 할 때에는 미리 국가정보원장의 보안조치를 받아야 한다. 다만, 비밀이 군사에 관한 사항인 경우에는 국방부장관의 보안조치를 받아야 한다.

공무원 또는 공무원이었던 자는 법률이 정하는 경우를 제외하고는 소속 또는 소속되었던 기관의 장의 승인 없이는 비밀을 공개하지 못한다. 그러나 각급 기관의 장은 연 2회 비밀소유현황을 조사하여 국가정보원장에게 통보하여야 한다.

(5) 비밀의 지출

비밀은 보관하고 있는 시설 밖으로 지출하여서는 안 된다. 다만, 공무상 지출이 필요할 때에는 그 소속기관의 장의 승인을 얻어 지출할 수 있다. 각급 기관의 장은 비상시에 대비하여 비밀을 안전하게 지출 또는 파기할 수 있는 계획을 수립하고 소속 직원에게 사전에 주지시켜야 하며 일반문서 보관소에 이관하여서는 안 된다.

(6) 보호구역의 설치

각급 기관의 장과 국가중요시설·장비 및 자재를 관리하는 자는 국가비밀의 보호와 국가중요시설, 장비 및 자재의 보호를 위하여 필요한 장소에 일정한 범위를 정하여 보호구역을 설정할 수 있다. 보호구역은 그 중요도에 따라 이를 제한지역, 제한구역 및 통제구역으로 나누어야 하고 보호구역 설정자는 보호구역에 보안상 불필요한 인원의 접근 또는 출입을 제한하거나 금지시킬 수 있다.

7) 신원의 확인

(1) 신원조사

국가보안을 위하여 국가에 대한 충성심·성실성 및 신뢰성을 확인하기 위하여 신원조사를 해야 한다. 신원조사는 국가정보원장이 그 직권 또는 관계기관의 장의 요청에 의하여 이를 실시한다. 신원조사의 대상이 되는 자는 다음과 같다.

① 공무원임용 예정자
② 비밀취급인가 예정자

③ 해외여행을 하고자 하는 자(입국하는 교포를 포함한다)
④ 국가중요시설과 장비 및 자재 등의 관리자와 기타 각급기관의 장이 국가보안상 필요하다고 인정하는 자
⑤ 공공단체의 직원과 임원의 임명에 있어서 정부의 승인이나 동의를 요하는 법인의 임원 및 직원
⑥ 기타 법령이 정하는 자

(2) 권한의 위임

국가정보원장은 신원조사에 관한 권한의 일부를 행정안전부장관과 국방부장관에게 위임할 수 있다. 다만, 국방부장관에 대한 위임은 군인・군무원・군수조달에 관한 특별조치법에 규정된 군수업체 및 연구기관의 종사자와 기타 군사보안에 관련된 인원의 신원조사의 경우에 한다.

(3) 조사 결과의 처리

신원조사기관의 장은 신원조사의 결과 국가안전보장상 유해로운 정보가 있음이 확인된 자에 대하여는 관계기관의 장에게 그 사실을 통보하여야 한다. 통보를 받은 관계기관의 장은 신원조사의 결과에 따라 필요한 보안대책을 강구하여야 한다.

8) 보안조사

(1) 보안의 측정

국가정보원장은 국가보안에 관련된 시설・자재 또는 지역을 파괴・태업 또는 비밀누설로부터 보호하기 위하여 보안측정을 실시하여야 한다. 보안측정은 파괴・태업 또는 비밀누설로 인하여 전략적 또는 군사적으로 막대한 손해를 초래하거나 국가안전보장에 연쇄적 혼란을 초래할 우려가 있는 시설 또는 지역(보안목표시설)과 선박・항공기 등 중요장비(보호장비)에 대하여 실시한다. 보안측정은 국가정보원장이 그 직권으로 실시하는 경우를 제외하고는 보안목표시설 및 보호 장비의 관리자 또는 관계감독기관의 장의 요청에 따라 이를 실시하여야 한다.

보안목표시설 및 보호장비의 관리자와 그 감독기관의 장은 국가 정보원장이 그 시설 및 장비의 보호를 위하여 요구하는 보안대책을 성실히 이행하여야 하고 국가

정보원장은 관계기관에 대하여 보안측정상 필요한 협조를 요구할 수 있으며, 비밀의 누설 또는 분실과 국가중요시설 및 장비의 파괴, 보호구역에 대한 불법침입 등 보안사고에 대하여 전말 조사를 실시할 수 있다.

(2) 조사결과의 처리

국가정보원장은 보안감사 및 통신보안감사의 결과를 대통령에게 보고하여야 하고 또한 해당기관의 장에게 통보하여야 한다. 국가정보원장으로부터 조사결과의 통보를 받은 기관의 장은 이에 대한 필요한 조치를 취하여야 한다.

(3) 권한의 위임

국가정보원장은 필요하다고 인정할 때에는 관계기관의 장에게 보안조사에 관한 권한의 일부를 위임할 수 있다. 다만, 국방부장관에 대한 위임은 국방부본부를 제외한 합동참모본부, 국방부직할부대 및 기관, 각군, 군수조달에 관한 특별조치법에 규정된 군수업체 및 연구기관 기타 군사보안대상의 보안조사의 경우에 한 한다. 국가정보원장은 필요하다고 인정할 때에는 권한을 위임받은 기관의 장에 대하여 조사결과의 통보를 요구할 수 있다.

6. 보안감사

보안감사(Inspection on Preservation of Public Peace)는 국가정보원에서 실시한다. 국가정보원장은 인원·문서·자재·시설·지역 및 장비 등의 모든 보안관리상태와 그 적정여부를 조사하기 위하여, 그리고 통신수단에 의한 비밀의 누설방지와 모든 통신시설의 보안상태를 조사하기 위하여 보안감사를 정기감사 연 1회, 수시감사는 필요에 따라 수시로 구분하여 실시하여야 하며 정책 자료의 발굴에 중점을 둔다.

1) 감사의 종류

(1) 정기감사

정기감사는 연1회 실시하며, 감사시에는 피감사기관에 감사계획을 통보하여 실시한다. 감사는 정보 및 보안업무 기획조정규정에 의하여 중앙기관에 한하여 연 1회 이상 정보사업 및 그에 따른 예산과 보안업무감사를 실시하고 있다.

(2) 수시감사

상급경찰기관은 하급경찰기관에 대하여 보안감사를 실시할 수 있다. 수시감사는 사전에 계획의 통보 없이 수시로 실시할 수 있으며, 보안감사 기간 중인 피감사기관에는 실시할 수 없다.

(3) 감사의 내용

보안감사를 실시함에 있어서는 보안정책자료의 발굴에 중점을 두어야 하며, 감사관은 감사에 필요한 관계기관의 증언 또는 필요한 서류의 제시를 요구할 수 있다.

2) 결과의 처리

국가정보원장은 감사결과를 서면으로 대통령에게 보고하고 대통령의 재가를 얻어 피감사기관에 이를 통보하여야 한다. 통보를 받은 피감사기관은 그 결과에 대한 필요한 조치를 하여야 한다.

7. 보안심사위원회

보안심사위원회(Committee of Preservation of Public Peace)는 경찰보안업무의 효율적인 운영과 중요보안사항을 심의결정하기 위하여 경찰청, 각 시·도지방경찰청, 경찰서에 보안심사위원회를 운영한다.

1) 보안심사위원회의 구성

경찰보안업무의 효율적인 운영과 중요보안사항을 심의결정하기 위하여 경찰청, 직속기관, 각 시·도 지방경찰청, 경찰서에 보안심사위원회를 운영한다. 심의결정된 사항은 기관의 장에게 보고하여야 한다. 각 위원회의 위원장은 위원회를 주재하고 표결권을 가지며 가·부 동수인 때에는 결정권을 가지고 위원장 유고시 부위원장 또는 선임위원이 그 직무를 대행한다. 보안심사위원회의 심의는 재적위원 과반수의 출석과 출석위원 과반수의 찬성으로 결정한다. 보안심사위원회에 참여한 자는 직무상 취득한 비밀을 누설하여서는 안 된다.

(1) 경찰청

경찰청차장을 위원장으로 하고 기획관리관, 각국장, 전산통신관리관을 위원으로 구성하고 간사는 경무과장이다.

(2) 경찰대학, 경찰종합학교, 중앙경찰학교

교수부장을 위원장으로 하고 과장급이 위원이 되고 서무계장이 간사가 된다.

(3) 해양경찰청

경무부장을 위원장으로 하고 각 부장 및 정비청장은 위원이 되고 경무과장이 간사가 된다.

(4) 지방경찰청

지방경찰청차장을 위원장으로 하고 부장 또는 관계과장은 위원이 되고 경무계장이 간사가 된다.

(5) 경찰서

서장을 위원장으로 하고 경무과장을 부위원장으로 하며, 과장급은 위원이 되고 경무계장이 간사가 된다.

2) 심의사항

보안내규 수립 및 그 개정에 관한 사항, 분야별 보안대책의 수립, 보안에 관계된 사건에 관한 조치사항, 기타 소속기관 고유업무 기능에 입각한 보안업무수행에 필요한 사항에 대하여 심의하고 결정한다.

제10장 민원업무

1. 경찰민원

1) 개 요

민원행정업무(Civil Appeal of Police)는 국가의 주인인 국민을 위한 행정의 최고 가치로써 우선시 되어야 하며, 이를 위하여 시민의 의견에 대한 부응과 행정업무의 합리적 수행을 위한 수단으로 민주성과 효율성이 확보되어야 한다. 국민이 행정기관에 특정의 행위를 요구하는 의사표시와 이에 대한 행정기관의 반응으로 이루어져 있는 민원행정체계는 행정의 존재 정당성이 총체적으로 제시되기 때문이다.

민원행정은 행정기관이 국민에 대하여 얼마만큼의 관심과 애정을 가지고 있는가를 가장 적나라하게 보여주는 것이기 때문에 역대 정권에서는 민원행정업무에 지대한 관심을 보였다. 이와 같이 민원행정이 국민에게 미치는 영향은 지대하기 때문에 1960년대 박정희 대통령정권 때부터 현재의 정부에 이르기까지 각종 행정개혁작업에서 항상 거론된 부분은 민원행정이 논쟁의 대상이 되었다.

2) 중요성

국민의 생명과 재산을 보호하고 공공의 안녕과 질서를 유지하는 국가기관은 바로 경찰이다. 경찰의 직무[92]를 수행하기 위해서는 국민을 상대로 일정한 행위를 금지하고 예외적으로 인가나 허가를 하여 적법하게 금지된 행위를 할 수 있도록 하는 등 국민과 직접적인 관련이 있기 때문에 매우 중요한 것이다.

이러한 과정에서 시민이 금지된 행위를 인가 또는 허가 받기 위해서는 경찰관청

---

92) 경찰민원봉사실운영규칙 제4조(직무) ① 민원실은 다음 사항을 관장한다.
1. 민원사무의 접수 및 결과회시
2. 민원상담 및 안내(출입자 통제포함)
3. 각과의 민원사무 처리에 대한 지도감독 및 확인
4. 민원사무에 관한 연구 및 직원교양
5. 경미한 민원사무의 즉석처리
② 민원실은 모든 경찰문서의 통제 및 수발업무를 겸한다.

에 각종 민원사항을 신청, 신고, 증명, 확인을 받아야 하는 것이 경찰민원행정이다. 민원업무는 우선적으로 신속・정확하고 공명・정대하게 친절봉사로 1회 방문처리의 원칙(one stop service)[93]을 지키면서 민원인의 입장에서 처리하여야 한다.

3) 관련규정

경찰민원업무는 경찰민원봉사실운영규칙(1998. 11. 12) 제182호의 규정에 의하여 경찰청과 지방경찰청 그리고 경찰서에 민원봉사실을 설치하여 운영하고 있다.[94]

2. 민원처리의 원칙

행정규제및민원사무기본법에 의한 민원사무처리의 원칙을 다음과 같이 규정하고 있다.[95]

① 행정기관은 민원사항을 법령이 정하는 바에 따라 다른 업무에 우선하여 처리하여야 한다.

② 행정기관의 장은 민원사항의 신청에 필요한 제출기관・처리기간・구비서류・처리기준・처리절차 등에 관한 사항을 게시하거나 편람을 비치하여 민원인이 이를 볼 수 있도록 하여야 한다.

③ 민원사항의 신청이 있는 때에는 다른 법령에 특별한 규정이 있는 경우를 제외하고는 그 접수를 보류하거나 거부할 수 없으며, 접수된 민원서류를 부당하게 되돌려 보내서는 아니 된다.

④ 행정기관은 민원사무처리와 관련된 정보에 대하여 민원인의 이익이 침해되지 아니하도록 노력하여야 한다. 이는 행정기관에서 민원사무를 처리함에 있어

---

93) 행정규제 및 민원사무 기본법 제10조(민원1회 방문처리제의 시행) ① 민원사무를 처리함에 있어서 당해 행정기관의 내부에서 할 수 있는 자료의 확인, 관계기관・부서와의 협조 등에 따른 모든 절차는 담당 공무원이 직접 행하도록 하여 민원1회 방문처리제를 확립함으로써 불필요한 사유로 민원인이 행정기관을 다시 방문하지 아니하도록 하여야 한다.

94) 경찰민원봉사실 운영규칙 제3조(설치) ① 민원실은 경찰청, 지방 경찰청, 경찰서에 설치한다. ② 지방 경찰청 교통과 면허 시험장에 민원창구를 별도 설치할 수 있다.

95) 행정규제및민원사무기본법 제9조.

서 일반 업무에 비하여 우선적으로 처리하여 민원인이 억울한 피해를 입지 않도록 하기 위한 기준을 마련한 것이다.

3. 민원업무의 과제

민원업무의 과제(Task of Civil Appeal)는 민원행정에 대한 법률적 규정은 1971년 12월 대통령령 제5398호로 제정·공포된 민원사무처리규정에서 구체적으로 제시하였다. 동개정안의 규정은 1988년 12월 31일 대통령령 제12598호로 개정되어 현재 시행 중에 있지만 본 규정이 지닌 여러 가지 문제점 때문에 1993년 정부에서는 시민생활의 불편과 경찰활동의 제약을 완화하고 국가경쟁력을 높이기 위하여 그간 규제해 오던 행정규제[96]를 과감하게 축소하기 위한 작업을 하고 있다.

그러한 정부규제 축소의 일환으로 1997년 8월 22일 행정규제기본법을 제정하였다. 이 법은 행정규제에 관한 기본적인 사항을 규정하여 불필요한 행정규제를 폐지하고 비효율적인 행정규제의 신설을 억제함으로써 사회·경제적 활동의 자율과 창의를 촉진하여 국민의 삶의 질을 높이고 국가경쟁력의 지속적인 향상을 도모함을 목적으로 첫째, 국민의 자유와 권리의 보장 둘째, 기본적 생존권 보장 셋째, 국민의 고충해소 차원에서 처리되어야 한다.

1) 자유와 권리보장

국가 또는 지방자치 단체는 민원업무에 해당하는 업무를 규제할 때에는 행정규제의 원칙[97]에 입각하여 국민의 기본적 자유와 권리가 존중되어야 하고 규제를 해제하는 경우에도 해제로 인하여 그 본질이 왜곡되거나 침해되어서는 안 된다. 특히 경찰의 업무가 특수성을 지니고 있기 때문에 국민의 자유와 권리가 침해될 수 있다는 사실을 간과해서는 안 될 것이다.

---

96) 행정규제 및 민원사무 기본법 제2조(정의) 1. 행정규제라 함은 국가 또는 지방자치 단체가 특정한 행정목적의 실현을 위하여 국민의 권리를 제한하거나 의무를 부과하는 것을 말한다.

97) 행정규제 및 민원사무 기본법 제5조(행정규제의 원칙) 행정규제의 대상과 수단은 그 목적을 실현하는데 필요한 최소한의 범위 내에서 설정되어야 하며, 그 적용은 객관적이고 공정하여야 한다.

2) 기본적 생존권 보장

국가 또는 지방자치 단체는 국민의 기본권인 생명과 보건 및 환경, 그리고 사회질서 유지 등을 위하여 부단한 노력을 경주하여야 한다. 생존권을 보호하기 위하여 경찰의 치안 목표달성과 국민의 일상생활에 불편이 없도록 최소한의 범위 내에서 비례관계가 유지되어야 하며 이를 위해서는 국민의 여론을 겸허하게 청취하는 자세가 필요하다.

3) 국민의 고충해소

민원행정의 목적이 국민의 고충을 해결하여 적법하고 불편 없이 생활할 수 있도록 소극적 규제를 실시하여야 한다. 이는 규제로 인하여 고충민원[98]이 증가하면서 국민의 생활이 불편하고 복잡해진다면 민원행정의 목적에서 벗어나는 결과를 초래하기 때문이다. 규제는 필요한 부분에 대해서만 최소한의 범위 내에서 소극적이고 효과적인 방법으로 객관성과 투명성 및 공정성이 보장되도록 설정하여야 한다.

4. 민원행정규제의 절차

1) 규제의 등록 및 공표

중앙행정기관의 장(경찰청장 포함)은 민원행정에 대한 규제를 하고자 할 때에는 소관 규제의 명칭, 내용, 근거, 처리기관 등을 규제개혁위원회에 등록하여야 한다. 동 위원회에서는 등록된 규제사무에 대한 목록을 작성하여 공표하여야 한다. 규제개혁위원회는 직권으로 행정기관에 대하여 규제에 대한 조사를 실시하여 등록되지 아니한 규제가 있는 경우에는 관계 중앙행정기관의 장에게 지체 없이 동 위원회에 등록하게 하거나 당해 규제를 폐지하는 법령 등의 정비계획을 제출하도록 요구할 수 있다.

98) 행정규제 및 민원사무 기본법 제2조 4. '고충민원'이라 함은 행정기관의 위법·부당하거나 소극적인 행정행위(사실행위·부작위를 포함한다) 및 불합리한 행정제도로 인하여 국민의 권리를 침해하거나 국민에게 불편·부담을 주는 사항에 관한 민원을 말한다.

2) 규제의 신설과 강화의 억제

(1) 규제영향분석

중앙행정기관의 장(경찰청장)은 규제를 신설 또는 강화하고자 할 때에는 그 내용을 종합적으로 분석·심사하고 다음과 같은 규제영향분석서를 작성하고 심사하여 규제를 최대한 억제하도록 하고 있다.

① 규제의 신설 또는 강화의 필요성
② 규제목적의 실현 가능성
③ 규제 외 대체수단의 존재 및 기존규제와의 중복여부
④ 규제를 받는 집단 및 국민이 부담하여야 할 비용과 편익의 비교분석
⑤ 경쟁제한적 요소의 포함여부
⑥ 규제내용의 객관성과 명료성
⑦ 규제의 신설 또는 강화에 따른 행정기구와 인력 및 예산의 소요
⑧ 관련 민원사무의 구비서류와 처리절차의 적정여부 등

(2) 자체심사

중앙행정기관의 장(경찰청장)은 규제영향 분석의 결과를 기초로 국민의 불편과 불이익이 없도록 규제의 대상과 범위 및 방법 등을 결정하고 규제로 인한 투입과 산출 등 그 타당성에 대하여 자체적으로 심사를 실시하여야 한다. 이 경우 이해관계인과 관계전문가 등의 의견을 충분히 수렴하여 심사에 반영하여야 한다.

3) 규제의 존속기한 명시

민원사무[99]의 대상이 되는 경찰업무와 관련하여 규제를 신설 또는 강화하고자 할 때에 계속하여 존속시켜야 할 명백한 사유가 없는 규제에 대하여는 존속기한을 설정하여 당해 법령 등에 명시하여야 한다. 규제의 존속기한은 규제의 목적을 달성하기 위하여 필요한 최소한의 기간 내에서 설정되어야 하며 그 기간은 원칙적으로 5년을 초과할 수 없다. 규제의 존속기한을 연장할 필요가 있는 때에는 당해 규제의

99) 행정규제 및 민원사무 기본법 제2조(정의) 민원사무라 함은 민원인이 행정기관에 대하여 처분 등 특정한 행위를 요구하는 사항(이하 민원 사항이라 한다)에 관한 사무를 말한다.

존속기한이 도래하기 1년 전까지 규제개혁위원회에 심사를 요청하여야 한다. 위원회는 필요하다고 인정하는 경우에는 당해 규제의 존속기한을 설정할 것을 권고할 수 있다.

4) 의견수렴

민원행정의 대상이 되는 경찰업무와 관련된 규제를 신설 또는 강화하고자 하는 경우에는 국민의 의견수렴을 위한 여론조사와 공청회, 입법예고 등의 방법으로 행정기관・민간단체・이해관계인・연구기관・전문가 등의 의견을 충분히 수렴하여야 한다.

5) 심사요청

민원행정에 대한 규제를 신설 또는 강화하고자 하는 경우에는 규제위원회에 심사를 요청하여야 한다. 이 경우 법령안에 대하여는 법제처에 법령안심사를 요청하기 전에 하여야 한다. 심사를 요청할 때에는 규제안에 규제영향분석서와 자체심사의견 및 행정기관과 이해관계인 등의 의견요지 등을 첨부하여 제출하여야 한다.

5. 민원서류의 처리

민원서류의 처리(Handling of Civil Appeal Document)는 경찰민원봉사실운영규칙에 의하여 민원서류는 민원실에서 접수하여야 한다.[100] 다만 고소・고발・진정 및 탄원, 범죄 또는 피해신고는 순찰지구대・파출소에서나 방범순찰대의 순찰중에도 접수할 수 있다. 이 경우에는 즉시 민원실에 이송하여야 한다. 이러한 민원서류를 접수하였을 때에는 접수증을 교부하여야 하고 고소・고발 등 형사소송 절차에 의하여 처리하여야 할 민원서류는 지체 없이 주무과에 이송하여야 한다. 민원사무처리 주무과에서 민원서류를 직접 접수하였을 때에는 즉시 민원실의 접수처리부에 등재한 후 처리하여야 한다. 민원서류는 접수 후 근무시간 이내에 주무과에 이송하여야 하며 주무과는 이를 지정한 기간 안에 처리하여 민원실을 경유 본인에게 회시하여 민원인[101]의 권리[102]가 존중되도록 민원실장은 민원사무처리상황을

100) 경찰민원봉사실운영규칙 제8조.

수시로 확인하고 신속공정한 처리를 촉구하여야 한다.[103)]

고소·고발·진정·탄원 기타 수사 또는 징계사항에 관한 민원으로 민원인이 직접 내방하였을 때에는 접수 후 민원서류와 민원인을 주무과의 관계 직원에게 인도하여 필요한 조치를 할 수 있도록 하여야 하고 민원서류처리결과 회시는 우편으로 하여야 한다. 다만 본인이 내방하였을 경우에는 본인에게 직접 교부할 수 있으며, 주무과에서는 민원서류를 처리기간 안에 처리할 수 없을 때에는 민원실을 경유 그 사유를 명시하여 민원인에게 중간회시를 하여야 한다.

6. 경찰민원 처리의 문제점

경찰의 업무는 공공의 안녕과 질서를 위한 특수성으로 인하여 국민에게 명령·강제하는 특성이 강함으로 소홀하게 민원업무를 수행할 경우 국민에게 큰 부담으로 작용할 수 있다. 경찰이 민원업무를 처리하는 과정에서 국민에 대한 충성스러운 자세로 임무를 수행하여야 하나 이를 극복하지 못하고 민원인의 원성을 야기하는 경우가 있다는 것은 다음과 같은 문제점이 있기 때문이다.

① 민원행정의 처리과정에서 금지나 규제에 치중한 나머지 민원행정법령체계의 복잡화를 초래하였고 이에 따른 관계서류 작성의 어려움, 그리고 결재권자의 독단과 일방적이고 법규만능주의식 처리로 민원인의 불만을 야기하고 있다.

② 경찰조직 운영면에서는 민원인에 대한 경찰의 권위주의적인 태도, 그리고 소극적인 자세, 이권관련 민원처리에 있어서 공무원의 청렴성과 도덕성의 결여 등이 문제되고 있다.

③ 민원인을 진심으로 환영하면서 소상하게 안내하는 자세와 정성스럽게 민원인의 고충을 해결하여 주는 분위기 조성이 아쉽다.

---

101) 행정규제 및 민원사무 기본법 제2조 2. 민원인이라 함은 행정기관에 대하여 처분 등 특정한 행위를 요구하는 개인·법인 또는 단체를 말한다.

102) 행정규제 및 민원사무 기본법 제13조(민원인 등의 권리) ① 행정기관이 처리기간 내에 민원사무를 처리하지 아니한 때에는 신청인은 당해 행정기관 또는 감독기관에 대하여 지체 없이 처리할 것을 요구할 수 있다. ② 민원인 또는 이해관계인은 당해 행정기관에 대하여 심사기준을 제시하여 줄 것을 요청할 수 있다.

103) 경찰민원봉사실운영규칙 제10조.

7. 민원업무의 효율적 처리방안

민원행정을 처리하는 경찰관청에서는 민원행정을 단순히 관련 당사자들의 특수한 요구 투입에 대한 소극적인 대응차원에서 관련규정의 해석과 기계적인 처리의 관계에서 비인간적이고 비효율적인 산출로 건수를 해결하는 방식의 환원주의적 해결방안을 탐색하지 말고 다음과 같은 차원에서 민원을 해결해야 한다.

1) 주민편익 및 권익실현

민원업무는 민원인에게 구체적이며 실천적인 이익실현을 위한 인간적이고 적극적인 실천행정으로 보아야 한다. 왜냐하면 행정의 존재이유가 대부분 민원행정의 처리와 관련되어 있다고 볼 때 민주국가에 있어서는 민원행정이 행정시혜적·소극적·행정편의적 차원으로 다루어져서는 안 된다. 민원행정을 주민편의 및 권익실현의 장으로서의 행정으로 인식해야 한다. 따라서 민원행정에 대한 인식전환이 요구된다.

2) 민의의 탐색과 실현

민원의 실현은 주민의 가장 가까운 행정기관을 통하여 이루어지도록 하여야 한다. 민원행정 관련부서간의 협조를 긴밀하게 하여 민원인이 직접 모든 관계 자료를 구비·증명하지 않도록 하여야 한다. 민원업무를 진심으로 민원인의 입장에서 처리하기 위해서는 민원업무를 총괄 지휘하는 민원전담기구에서 민의에 충실할 수 있도록 제도적 장치와 질적 변화가 요구된다.

3) 민원인의 입장관철

민원관련서류의 단순화와 처리기한의 명확화이다. 민원행정관련서류의 과다와 처리기간의 장기화로 인하여 민원인은 필요 이상으로 행정기관을 방문하거나 관계 공무원을 면접하게 되고 이렇게 됨으로서 부조리의 발생 가능성이 증가하게 되는 것이다. 민원행정 담당공무원의 소극적이고 선례답습적인 수행, 그리고 이해관계에 따른 차등적인 결과 도출 등과 같은 태도는 민원행정을 정착시키는데 있어서 큰 한계로 나타나고 있다. 따라서 이를 해소하기 위한 공무원의 물질적 안정책 확보,

행정기관 자체의 기관운영비의 양성화 및 윤리의식의 제고를 제안할 수 있다. 따라서 민원행정 관련서류의 단순화와 처리기간의 명확화 그리고 민원담당경찰관의 자세 변화가 요구된다.

4) 민원인의 권익실현

우리나라의 행정법은 민원행정사무의 처리에 있어서 행정관청을 민원인보다 더 보호하는 입장을 취하고 있기 때문에 민원인의 적극적인 권익실현이 상당히 어렵다. 구체적인 실현과정을 행정의 특정한 한 영역으로 인정한다면 이 과정에서 제기되는 중심적인 내용은 법규의 재해석을 통하여 공익이 실현될 수 있도록 하여야 한다. 따라서 기존의 각종 행정편의주의적 규정을 제고하여 민원인의 권익이 적극적으로 보호되도록 개정되어야 할 것이다.

제11장 사격술

1. 사 격

1) 개 요

경찰의 사격(shooting)은 권총 · 소총 등으로 목표물을 조종하여 발사하는 것을 의미한다. 화약에 의해 탄환을 발사하는 총이 발명되고 그 성능이 향상되자 사람들은 활 대신에 총을 전쟁과 수렵에 사용하게 되었고 그 목적으로 익힌 사격 기술을 겨루기 위한 방법을 생각해 낸 것이 사격술이다.

2) 목 적

사격은 전쟁에서 적을 죽이거나 사냥에서 동물을 잡기 위하여 발달하였으나 오늘날에는 군에서 국방의 목적으로, 경찰에서는 사회치안의 목적으로 무기의 사용은 매우 중요한 위치를 점하고 있다.

2. 역사적 배경

우리나라 사격의 시초는 이조 말엽에 육군 연성학교에서 비롯되었다고 한다. 당시 이 학교는 지금의 각군 대학이나 국방연구원에 해당되는 장교들의 재교육기관인데 그 곳에서 오늘날과 같은 큰 규모와 규칙 아래 이루어진 사격이라고는 볼 수는 없으나 일정한 거리에 고정된 표적을 두어 장총으로 입사(서서쏘기), 슬사(무릎받쳐쏘기), 복사(엎드려쏘기) 등으로 그 명중률에 따라서 우열을 결정했다.

그 후 오랜 공백기를 거쳐 광복 이후에 사격인들의 단체가 창설되고 1955년 2월에 대한사격협회가 발족 대한체육회에 가입했다. 올림픽위원회의 후원을 받아 1956년 국제사격연맹에 임시회원국으로 가입했고 1960년에는 정회원국으로 승인을 받았다. 국제대회 참가는 1956년 제16회 멜버른 올림픽 대회부터였다. 오늘날에는 사냥 등 스포츠로 많은 사람들의 흥미를 끌고 있다. 유럽에서는 사격이 경기의 하나로 정착한 것은 16세기경부터이고 17세기에는 각지에 클럽 조직도 생겼으며 18세기에는 크게 성황을 이루었다.

1) 소총(rifle)

세계사적으로 소총은 1300년 이전의 기록은 없고 14세기말에 최초의 hand-gun이라는 소총이 등장하였다. 미국에서 소총이 공식적으로 등장한 것은 미국의 독립전쟁 당시인 1812년 멕시코 전쟁 때이고 현대식 소총인 칼빈은 1865년에 생산하였다. 군대의 기본적인 개인휴대용 화기, 구경 7mm내외의 선조총으로 탄환의 중량은 약 15g 최대 사거리 3,000-4,000m, 유효 사거리 300-500m 정도의 성능을 가지며 매초 당 12발 내외로 사격할 수 있다. 제2차 세계대전 때까지는 총의 길이에 따라 긴 것을 보병총, 짧은 것을 기병총이라고 하였으나 근래에는 그러한 구분이 없이 발사기구에 따라 단발식·연발식·자동장전식 등이 있다.

단발식은 일정한 탄알을 탄창에 넣어 두었다가 노리쇠를 작동시켜서 1발씩 약실로 보내도록 되어 있으며, 자동장전식은 발사할 때마다 탄창의 탄알이 자동적으로 약실에 장전되도록 되어 있다. 소총은 보병의 기본 화기이므로 어떤 환경 조건에서도 사용할 수 있어야 하며, 불빛 없이도 손쉽게 분해·결합이 가능하고 가격이 저렴하며 대량생산이 가능할 뿐만 아니라 백병전에 사용할 수 있도록 총검을 꽂을 수 있고 개머리판이 튼튼하다. 미국의 콜트 회사에서는 1937년 초에 6연발 자동소총이 생산되어 동년 7월부터 군대에 보급하기 시작하였다.[104)]

제2차 세계대전을 계기로 자동장전발사가 가능한 자동소총의 개발이 촉진되어 현재는 거의 모든 국가가 자동소총으로 무장하게 되었다. 특히 빈번하게 일어나는 국지전을 위해서 사거리를 희생해서라도 근거리 전투에 유리한 초속도가 빠르고 탄알을 연달아 발사할 수 있는 성능이 개발되어 미국·한국 등 자유진영의 국가에서는 M-16 소총, 러시아·북한 등 공산국가는 AK-47 소총으로 무장하고 있다.

M-16 소총은 1957년 미국에서 개발되고 1967년에 미군의 제식총으로 채택되었다. 구경 56mm, 무게2.9kg, 길이 99cm, 최대사거리 2,653m, 유효사거리 460m, 최대발사속도 분당 700-800발의 제원을 가지고 있다.

이 소총의 특징은 구경이 5.56mm에 불과하다는 점이다. 따라서 무거운 소총을

---

104) Grolier XVII, 1961: 64.

휴대할 때에 비해서 그만큼 다량의 탄약을 개인이 휴대할 수 있도록 고려된 것으로 월남전에서 사용된 대표적인 소총이다.

우리나라 경찰에서는 과거 미국에서 생산한 칼빈소총을 사용하였으나 현재는 국산 M-16 소총으로 무장하고 간첩 또는 공비의 출현이 있을 때에 전투용으로 사용하고 있다.

〈M-16 소총〉

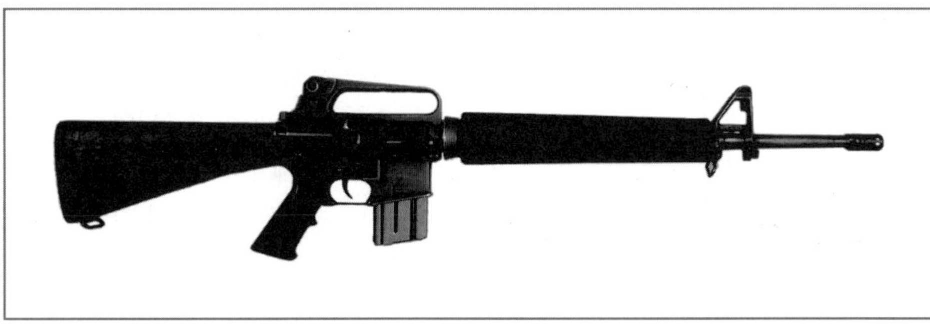

2) 권총(pistol)

(1) 권총의 역사

권총은 불어로 단도 또는 단검이라 부르는 pistolet 또는 pistola라 부르며 조작하기 쉽고 손에 잘 맞도록 만들어진 작은 무기를 말하는 것으로 리벌바(revolver), 반자동 권총(semiautomatic pistol), 자동 권총(auto loading pistol) 등 3가지 종류가 있다. 권총은 근접, 전투용 또는 호신용 총기로 한 손으로 조작할 수 있는 총을 말하는 것으로 1515년 독일의 한 발명가가 최초로 만든 것으로 알려지고 있다.[105)]

권총의 기원은 소총과 거의 같은 14세기 초에 구리로 만든 총에 화약 점화구를 뚫고 통안에 화약이나 탄환을 장전하여 점화구에 화승 또는 뜨겁게 달군 철봉을 끼워서 발화시키는 원시적 화기인 핸드 케넌(hand canon)을 소형으로 만든 것이 시초라고 전해진다. 영어의 피스톨의 어원은 처음에 피스톨을 만든 곳이 이탈리아의 피스톨라시(Pistola)이었기 때문이라는 설, 초기의 피스톨은 구경이 옛 화폐인 피

105) Grolier XVI, 1961: 65.

스톨(피아스톨)의 크기였기 때문이었다는 설, 권총을 말안장 앞 끝에 두었기 때문에 피스타로(안장 앞부분의 명칭)가 되었다는 등의 여러 설이 있다.

화승총 시대에는 발화방식이 불편하였기 때문에 군용으로는 적당하지 못하였으나 16세기 중기부터 휠록(톱니바퀴식 발화 장치), 플린트록(부싯돌식 발화장치)이 발명되어 프랑스 기병이 처음 군용으로 사용한 외에 지중해・대서양을 누비고 다녔던 영국・포르투칼・스페인 등의 해적들이 호신용으로 애용하였다.

19세기 초기에 버커션록(뇌관식 격발장치)이 발명되자 권총은 급속히 전세계에 보급되기 시작하였다. 특히 미국에서는 남북전쟁(1861-1865)에 여러 종류의 뇌관식 권총이 사용되어 구조도 짧은 기간 동안에 개량되었다.

그 후의 서부 개척시대에는 권총이 법이라고 할 정도로 많이 보급되었고 현재의 일부 주에서는 그 풍조가 아직도 남아 있다. 미국에서는 세계 1차대전 후에 자동권총이 등장하기 시작하였다. 회전식 권총은 연뿌리 모양의 회전 탄창에 탄환과 약협을 일체로 한 탄약포(5~8발)를 장전하여 발사 때마다 수동 또는 자동적으로 탄창을 회전시키면서 연속적으로 발사할 수가 있다.

18세기 중기까지는 격발장치를 손으로 일으켜 세우고 탄창도 쏠 때마다 손으로 회전시켰는데 1835년 미국의 사뮤엘 콜트가 격침을 세우면 회전탄창이 변경되는 싱글 액션 장치의 특허를 얻었고 이어 1856년 영국에서는 방아쇠를 당기면 격침이 서고 회전탄창이 돌면 다시 격침이 떨어져서 뇌관을 발화시켜 탄환을 발사하는 작동이 한 동작으로 될 수 있는 더블액션 장치가 발명되어 회전식 권총에 이르고 있다.

현대식 권총은 1897년 미국에서 John M. Browning이 자동권총을 설계하여 특허를 받은 것이다.[106] 자동권총은 6~12발의 탄환을 넣는 탄창이 손잡이 내부 또는 탄약실 아래에 들어 있어서 놀이쇠를 강하게 뒤로 당겼다가 놓으면 탄창 안의 탄환이 튕겨서 위로 밀여 올라가 놀이쇠의 전진운동으로 총신 뒤끝에 있는 탄약실에 장전됨과 동시에 격침이 발화 준비 위치에 머문다.

방아쇠를 당기면 격침의 록(lock)이 빠져서 격침 스프링의 힘으로 격침은 전진하여 뇌관을 때려 탄환이 발사된다. 그 반동으로 총신이 후퇴하여 또는 가스 압력으로 놀이쇠가 후퇴하여 빈 약협이 튕겨나오고 다음 탄환이 장전되어 격침의 발화준비 위치에의 후퇴 등이 자동적으로 이루어진다. 이와 같이 반복해서 방아쇠를 당기면 같은 동작이 반복되어 방아쇠를 당길 때마다 발사・장전이 자동적으로 이루어

106) Grolier XVI, 1961:66.

져 연발이 된다. 세계의 주요한 권총에는 콜트 자동권총(미국), 웨브리 자동권총(영국), 브로닝 자동권총(영국, 카나다, 중국), 모제르(중국), 월서 · 루가 자동권총(독일), 베레타 자동권총(이탈리아), 토카레프 자동권총(러시아) 등이 있다.

(2) 우리나라 경찰의 권총

해방과 더불어 우리나라의 경찰에서는 미군들이 군용으로 사용하던 45P권총과 리벌바권총을 사용해 왔다. 미국산 45P 또는 리벌바 권총은 우리나라 사람들의 손에는 잘 맞지 않기 때문에 2000년대 초부터 우리나라에서 제작한 권총으로 무장하고 있다. 경찰이 현재사용하고 있는 권총은 38리벌바 4인치와 3인치 2종류가 지급되고 있다. 3인치는 680g으로 4인치 865g 보다 185g이 가볍기 때문에 2004년도부터 3인치 권총이 보급되고 있다.

〈38권총 4인치 · 3인치〉

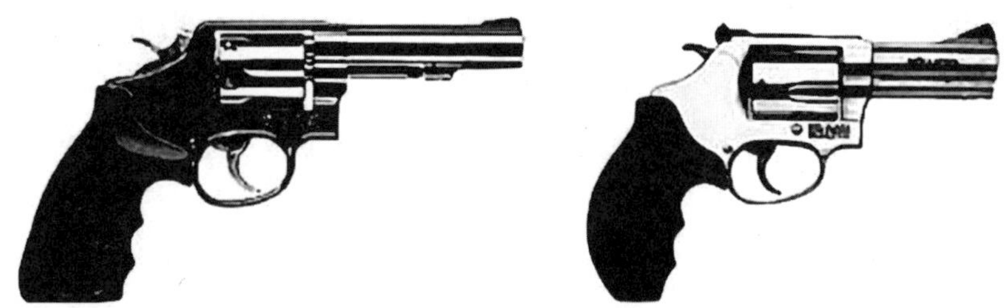

▲ 38권총 4인치　　▲ 38권총 3인치

(3) 자동권총

자동권총은 장탄수가 많고 장전이 간편하기 때문에 군사용으로 많은 나라에서 애용되고 있다. 대표적인 것으로는 콜트 M1911A1(미국, 일본, 한국 등), 토카레프 T33(러시아 등), 월셔 P38(독일), 브로닝 M1935(NATO가맹국 · 영국연방 제국)가 있다. 회전식 권총은 자동권총에 비해 장전탄수가 적으나 안전도가 높고 불발탄의 처리나 취급이 간편하여 경찰용으로 널리 사용되고 있다. 대표적인 것으로는 콜트,

스미스 엔드 웻슨(미국), 뉴넘프(일본) 등이 있다.

현재 사용되는 권총의 구경에는 0.22 inch(5,56mm)에서 0.455 inch(11,5mm)까지 있고 구경 0.22 inch 및 0.32 inch의 일부가 림 파이어, 그 이외의 것은 센터 파이어이다. 초속은 200-300m/sec, 유효사거리 20-50m이다. 그 밖에 경기용 권총에는 프리 피스톨용(구경 0.22 inch, 연발), 센터 파이어용(구경 0.38 inch, 연발)이 있다.[107] 우리나라 경찰에서 사용하고 있는 권총은 22구경, 38구경 리벌바, 45구경을 주로 사용하고 있다.

3. 사격장수칙

사격의 안전을 위하여 사격장 내에서는 다음의 사항을 준수하여야 한다.[108]

① 사격장 주위에 경계기와 위험표지기를 게시하여야 한다.

② 사격장 외곽에 경계수를 배치하여 탄착위험지구에 사람 또는 가축의 접근을 금지하여야 한다.

③ 사격장 내에서는 사격통제관의 명령에 절대 복종하여야 하며, 항상 안전수칙을 준수하여야 한다.

④ 사격장 내에서는 질서를 유지하고 관계자 이외에는 사선에 접근하여서는 아니 된다.

⑤ 사격 지휘관의 명령 없이는 실탄장전 또는 사격을 하여서는 아니 되며, 총기 노리쇠 또는 실린더를 개방하여야 한다.

⑥ 사격 중 총기의 이상이 발견되었을 때에는 즉시 사격지휘관에게 보고하여 그 지시에 따라야 한다.

⑦ 사격 중 총구는 안전한 방향을 향하게 하여 사격 전후에는 반드시 약실을 확인하여야 한다.

⑧ 사격지휘관의 명령이 없이는 사격장 내에서 조준이나 격발연습을 하여서는 아니 된다.

⑨ 동일한 사격장 내에서는 사거리가 다른 사격을 하여서는 아니 된다.

---

107) Ritchie H. Clarke, 1997:66.

108) 경찰공무원사격규칙 제16조.

4. 사격안전수칙

사격수칙(Principle of Shooting)에는 안전수칙, 기본수칙, 사수의 보호수칙 등이 규정되어 있어 반드시 지켜야 할 사항이다.

1) 사격전의 안전수칙

① 사격장내 안전한 장소에 교양 및 사수대기 장소를 설치해야 한다.
② 사격장의 안전, 총기조작요령, 안전사격요령 등에 대한 교양을 실시한다.
③ 사격장에서는 개별행동을 금하여 대기 장소를 무단이탈하여서는 안 된다.
④ 사격 지휘관 명령 없이 총기를 조작하거나 조준 격발연습을 엄금한다.
⑤ 사격장에서의 언행은 지휘관의 지시에 따른다.

2) 기본수칙

① 사수는 실탄사격에 앞서 기본수칙을 숙지하고 실천한다.
② 안전을 위해서 최선을 다한다.
③ 안전을 사수 각자의 책임 하에 이루어 져야 한다.
④ 총기의 관리는 안전수칙에 따라야 한다.

3) 사수 자신의 보호수칙

① 사수는 자신의 눈과 귀를 보호하는 조치를 취한다.
② 조수나 주위에 있는 사람들도 보호조치를 한다.
③ 사격시 실린더(약실)이나 총열의 파열 등에 주의한다.
④ 개인행동을 엄금한다.

5. 사선안전수칙

사선 안전수칙(Safety Principle of Line of Fire)에는 총기관리수칙, 총기안전수칙, 사격안전수칙, 사격 중 주의사항 등으로 규정하여 시행하고 있다.

1) 총기 관리수칙

① 총기를 받으면 안전수칙에 의하여 취급한다.
② 총구는 항상 위로 향하는 자세로 한다.
③ 모든 총기는 실탄이 장전되어 있다고 생각하고 약실과 총구를 확인한다.
④ 사격장에서는 사격할 때를 제외하고 총기는 항상 약실을 개방한다.
⑤ 지휘관의 명령에 따라서만 장탄한다.
⑥ 모든 안전조치가 완료될 때까지 사격을 해서는 안 된다.

2) 총기 안전수칙

① 사선에서는 약실을 개방하고 총구와 약실에 이물질의 유무를 확인한다.
② 실탄과 총기의 이상 유무를 확인한다.
③ 총구와 약실을 검사할 때는 방아쇠에 손가락을 넣어서는 안 된다.
④ 안전장치를 확실하게 한다.

3) 사격 안전수칙

① 사격준비 상태에서 장탄하거나 손가락을 방아쇠에 넣어서는 안 된다.
② 실탄이 장전된 후부터는 매우 조심해서 총기를 다룬다.
③ 총구는 항상 표적 또는 하늘을 향하도록 한다.
④ 모든 행동은 사격 지휘관의 지시에 따른다.

4) 사격시 주의사항

(1) 표적(목표물)에만 사격한다.

목표물을 정확히 조준하여야 하며 목표물 이외에 사격을 해서는 안 된다.

(2) 명중사격의 자긍심을 확보한다.

총은 적법, 타당한 경우만 사용하고, 명중시킬 수 있는 자신감을 갖는다.

(3) 엄정한 규율과 질서를 유지한다.

사격은 엄정한 규율과 질서를 지키며, 잡담을 하거나 소란을 피워서는 안 된다.

(4) 사격 후에는 반드시 안전장치를 한다.

총기를 사용 후에는 탄피를 제거하고 검사총과 약실검사를 한다.

5) 사격중 안전조치

① 사격 중에는 절대로 총기를 함부로 취급해서는 안 된다.
② 사격 중 총기에 이상이 있으면 손을 들어 안전요원이 처리하도록 한다.
③ 총기에 이상이 있을 때는 안전장치를 한 후 적절한 조치를 취한다.

6) 사격 예비훈련

(1) 예비훈련의 목적

① 권총의 주 용도는 적과의 근접전에서 또는 급박한 상황에서 선제 또는 방어하기 위하여 신속하고 정확한 사격을 하는데 있다.
② 사격술의 기본요소는 사격자세, 조준과 격발 요령과 완사격, 속사격, 급사격 요령을 숙달하여 정확하고 신속한 사격술을 숙달할 수 있게 된다.
③ 사격술의 연마는 사격술 예비훈련을 통해서 이루어지며, 신속하고 정확한 사격술은 올바른 동작을 부단히 숙달함으로써 이루어진다.
④ 예비훈련은 사격훈련의 기본요소인 자세와 파지, 조준, 격발 훈련과 완사격 연습, 속사격 및 급사격 연습을 단계별로 숙달하여야 한다.

(2) 권총사격자세

① 정확한 사격을 위해서 사격자세, 조준, 호흡정지, 격발이라는 일련의 동작수행이 요구되며, 모든 동작은 조화를 이루면서 상호관련성을 필요로 한다.
② 발사한 실탄이 목표물에 명중하기 위해서는 총의 부동성이 보장되어야 하고 총과 사수의 몸이 일체가 되는 안정성 있는 자세와 고정파지가 이루어져야 한다.

(3) 자세의 기본요건

① 사수의 몸과 총으로 이루어지는 전체로서의 평형성이 유지되어야 한다.
② 신체의 구조적 균형과 신체의 근육이 발달되어 있어야 한다.
③ 사수의 체격과 체질적 개성에 맞도록 총을 유기체화 할 수 있어야 한다.
④ 편안한 자세, 자연스러운 자세, 한결같은 자세가 유지되어야 한다.

(4) 자세의 유형

① 권총사격자세는 사거리와 그 용도에 따라 여러 형태로 구분할 수 있다.
② 스포츠 사격자세에는 한손 파지식 서서 쏴 자세만을 채택하고 있다.
③ 국제사격연맹규칙이 채택한 권총사격 경기는 한손, 양손파지 등이 있다.[109)]
④ FBI요원의 사격과 같은 양손파지의 웨버자세(Weaver Position)도 있다.

(5) 서서쏴 자세

① 권총 사격자세는 서서쏴 자세가 기본이 되며 그 근거는 근접전에서 또는 급박한 상황에서 신속하고 정확하게 선제 또는 방어해야 하기 때문이다.
② 권총서서쏴 자세는 총의 부동성과 몸의 평형성 유지가 관건이며 안정된 자세가 보장되지 않는 한 명중사격은 기대할 수 없다.
③ 가장 훌륭한 사격과 가장 빠른 사격기법을 구사하기 위한 방안으로 채택한 것이 웨버 서서쏴 자세로 미연방수사국에서 채택하고 있다.
④ 서서쏴 자세는 안정성과 평형성유지에 가장 좋으며 실전에서의 총기 탈취방지, 발사 때의 반동처리가 용이하다는 점에서 훌륭한 자세로 평가되고 있다.
⑤ 웨버자세의 양발간격은 표적방향과 1/4가량 비껴서서 왼쪽발을 한족장 앞으로 내민 자세로 체중은 양발에 중심을 두고 균형 있게 바로선 자세이다.
⑥ 총을 눈의 높이까지 들어 올렸을 때 사수의 우세한 눈과 총의 조준구, 표적의 조준점이 일치되어야 한다.
⑦ 사수는 몸을 세워 거총자세에서 권총이 무게만큼의 기울기를 신체의 중심으로부터 상체를 뒤로 기울여 총과 몸무게의 총체적 중심이 이루어지게 해야 한다.

---

109) 서서쏴, 무릎쏴, 엎드려쏴, 바리케이드 의탁쏴 자세도 채택하고 있다.

⑧ 어깨와 팔의 근육에 힘이 들어가서는 안 된다. 힘이 들어가면 오랜 동안 사격할 경우 목과 어깨 근육에 부담을 주어 장시간 지탱이 어려워진다.
⑨ 근력 또는 근육의 힘에 의존한 자세를 유지하려하지 말고 안정성, 평형성을 유지하기 위하여 몸의 균형유지는 몸 전체를 골격으로 지지하여야 한다.

(6) 무릎쏴 자세(Kneeling Position)

① 원거리 사격이나 은폐 사격시 정확한 사격이 요구될 때 이용되고 서서쏴 자세의 불안전 요소를 줄이고 안정된 사격을 기하기 위하여 이용된다.
② 무의탁 무릎쏴와 의탁무릎쏴 자세로 구분되며 전자는 신속한 사격이 필요할 때 후자는 보다 정확한 사격이 요구될 때 사용된다.
③ 웨버무릎쏴 자세는 웨버 서서쏴 자세의 기본 원리와 같다. 우측 무릎을 지면에 지지하고 왼쪽 무릎은 90˚각을 이루게 하여 상체를 바로 세운 자세이다.
④ 몸의 중심을 지면에 지지한 우측 무릎과 우측발 앞측, 좌측발이 이루고 있는 삼각형의 중심에 두고 몸의 방향을 표적 방향과 1/4 비껴선 자세와 동일하다.
⑤ 의탁무릎쏴 자세는 우측 다리 허벅지와 장딴지를 겹쳐 접은 상태로 하여 발 뒤꿈치를 걸터앉은 상태이다.
⑥ 몸의 중심은 무의탁 사격보다 더 뒤쪽으로 이동되고 왼쪽무릎관절은 45°가까이 굽히고, 우측발은 좌측발 뒤쪽으로 표적방향과 일직선상에 놓인 상태가 된다.
⑦ 좌측 팔꿈치는 좌측 무릎에 얹혀지게 올려놓고 총을 든 팔은 뻗은 상태가 되어야 한다.
⑧ 우측 발등이 지면에 닿지 않도록 발가락과 발 앞측으로 지지하여야 한다. 우측 발등이 지면에 닿으면 발목과 상체가 비틀려 조준에 나쁜 영향을 주게 된다.

7) 파지(Grip)

권총의 파지는 사격자세와 함께 사격술의 기본요소가 되며 총의 부동성 유지, 발사시의 반동 작용과 직결되고 조준, 격발에 이르기까지 전반적으로 일정한 상호 협력관계로 작용한다. 파지는 고정시키듯이 손으로 총을 잡아 고정시키는 것이며, 신체의 일부분으로 일체화하는 원리이다. 이는 발사시의 반동 또는 충격을 몸 전체로 받는 원리에서 비롯한다. 그리고 한손 파지와 양손 파지가 있으며, 한손 파지는 국제사격연맹(UIT) 규정에 의한 스포츠 사격에서 이용되며 양손파지는 국제실전사격연맹(IPSF) 및 미국경찰, 연방수사국 사격훈련 코스에서 채택 이용하고 있다.

(1) 한손파지

① 한 손으로 총열부분을 감아 잡고 총구는 지면과 45° 또는 전방으로 향하게 한다.

② 권총 손잡이의 윗부분이 오른손의 무지와 시지 사이의 V자 홈에 완전히 밀착되게 파지한다.

③ 권총의 손잡이가 물리듯이 측면보다는 앞뒤로만 주로 힘이 작용하게 파지하여 고정한다.

④ 파지한 상태에서 인지가 총 몸통에 닿지 않은 상태로 하여 인지만이 독립운동이 용이하게 해야 한다.

⑤ 엄지손가락은 자연 상태로 두어 힘을 빼고 감아쥔다.

⑥ 권총의 손잡이 위로 최대한 올려서 파지하고 방아쇠를 아래쪽에 밀착되게 받쳐지게 한다.

⑦ 손잡이의 뒷부분이 손바닥 안쪽으로 받쳐서 사격시 반동을 효과적으로 받아주게 한다.

⑧ 반동시에 파지가 풀리지 않도록 견고하게 잡아야 한다.

(2) 양손 파지

① 오른손은 한손파지와 동일하게 잡는다.

② 왼손으로 오른손을 감싸 잡아 손바닥을 벌리지 않고 밀착되게 잡는다.

③ 왼팔은 힘을 빼고 팔목을 약간 굽힌 듯 오른쪽으로 밀리지 않게 해야 한다.

④ 오른팔은 최대한 곧게 펴 전방으로 지지하여 한손 파지시와 동일하게 한다.

⑤ 왼팔은 반동억제를 위해서 앞쪽으로 미는 듯이 힘을 주는 파지를 해야 한다.

⑥ 양손에 동일한 힘을 주고 파지를 해야 한다.

⑦ 왼손이 총의 어느 부분에 직접 닿게 파지하면 총에 동요를 가져오게 된다.

⑧ 총을 보지 않고 거총을 하여 자연적으로 조준선 정열이 되어 있어야 한다.

⑨ 파지가 완벽하게 이루어져 자연스럽게 사격할 수 있도록 한다.

(3) 파지시 유의사항

① 가늠자와 가늠쇠가 자연스럽게 조준선 정열이 될 수 있도록 파지해야 한다.
② 파지는 항상 동일한 위치에 잡고 동일한 압력으로 힘을 주어야 한다.
③ 인지를 먼저 방아쇠에 넣고 파지하면 파지가 정확히 되지 않는다.
④ 인지만이 독립운동을 돕기 위해서는 인지를 편 상태로 총을 먼저 잡는다.
⑤ 인지를 방아쇠에 대고 격발 준비를 해야 한다.
⑥ 사격시에 반동이 팔 전체의 뼈로 받쳐지게 하여 자연스럽게 반동을 받는다.
⑦ 손목, 팔목, 어깨 등의 힘이 같은 양으로 고정되어야 총의 안정이 유지된다.

8) 완사격 연습

(1) 기초연습

① 기초연습에는 웨버자세 양손파지법, 양눈조준, 더블액션 격발로 한다.
② 사수는 사격술예비훈련의 기초단계인 자세, 조준, 격발 순으로 연습한다.
③ 사수자신이 총기에 대한 감각을 조절, 적응시키는 기술을 훈련하여야 한다.

(2) 종합연습

① 기초연습이 숙달된 후에 시작하여야 한다.
② 기초연습 단계가 자연스럽고 연속적으로 이루어지도록 훈련한다.
③ 기초연습의 각 단계가 종합적으로 중점을 두어 이루어지게 한다.
④ 전체적으로 연속성 있게 조절, 적응시키는데 중점을 두어야 한다.

(3) 적응연습

① 사수는 웨버자세로 준비를 한다.
② 총구는 항상 표적 쪽으로 향한다.
③ 총을 눈높이까지 들어 올렸을 때 표적방향과 자연스럽게 일치되도록 한다.
④ 긴장을 풀고 호흡을 고르게 조절하면서 몸을 편안하게 한다.
⑤ 사수는 2~3회 심호흡을 하며 혈류 속에 산소의 일정 함유량을 유지시킨다.
⑥ 사수는 호흡을 조절하면서 자세, 조준선정열, 정조준을 마음속으로 계속한다.
⑦ 자세를 흩트리지 않고 눈을 표적에 고정시킨다.

⑧ 목표를 가늠쇠선단으로 자연스럽게 옮기면서 격발동작을 머릿속으로 그린다.

(4) 완사격 순서

① 총을 올리면서 호흡을 조절
② 최소의 동요 폭을 유지
③ 조준점에 조준선 정열
④ 최초의 방아쇠 압력
⑤ 호흡중지
⑥ 조준선 정열과 가늠쇠와 목표물의 일치
⑦ 적극적인 방아쇠 압력을 가한다.
⑧ 가늠쇠 선단에 눈의 초점을 집중한다.
⑨ 제1격발 후 추적과 예언을 한다.

(5) 속사격 연습

속사격 또는 연속사격 연습은 제한된 시간 내에서 규칙적인 짧은 간격으로 조준하여 격발하는 요령을 연습하는 과정이다. 이는 신속하고 정확하게 사격할 수 있는 능력을 연마하기 위한 훈련으로 웨버 서서쏴, 무릎쏴를 동시에 훈련하고 사수 개개인의 체격과 체질에 맞추어 숙달하여야 한다.

① 웨버자세, 양손파지, 양눈조준, 점압적 복동격발 방법으로 연습한다.
② 완사격의 단계별 사격동작을 연속적 조준격발이 되도록 훈련한다.
③ 완사격과 같이 정확한 사격을 기하려면 조준시 동요 폭을 최소화한다.
④ 안정된 자세와 균형을 유지하고 직후방 격발이 이루어지도록 한다.

(6) 속사격 순서

1~2초 내에 조준선 정열 3초 이내에 격발 완료 제한된 시간을 머리 속으로 계산하면서 연속적으로 조준선 정열, 격발 반복연습을 한다.

① 웨버 준비자세(사격준비)
② 총을 눈높이까지 들어 올리면서 호흡조절
③ 조준선정열 눈의 초점은 가늠쇠 끝에 집중
④ 정조준 심호흡 한 후 동요 폭 최소화

⑤ 가늠쇠 끝에 초점을 두고 일부 숨을 내쉬고 호흡중단
⑥ 방아쇠 압력을 가하면서 조준점에 조준선 정열유지
⑦ 적극적인 방아쇠 압력을 가하여 제1탄 발사

(7) 급사격 연습

급사격은 근접전 또는 급박한 상황에서의 시간적 여유가 없을 때 신속하고 정확하게 사격할 수 있는 감각과 능력을 연마하기 위하여 훈련한다. 그리고 급사격 또는 근접 사격은 총기를 휴대하는 외근 경찰은 반드시 속사격 훈련과 함께 충분한 예비훈련을 거쳐 숙달하여야 한다.

① 실탄을 장전하여 웨버준비 자세로 양손으로 파지하고 호흡조절
② 최종적인 심호흡과 최소의 동요폭 유지하고 일부 숨을 내쉬고 호흡 중단한다.
③ 머리속으로 육감 조준 격발 연습하면서 총을 눈의 높이까지 들어 올린다
④ 조준선을 정렬하여 유지하고 1발 1초로 적극적인 방아쇠에 압력을 가한다.

6. 조 준

1) 조준의 원리

① 조준(Sight Alignment)이라 함은 총기의 가늠자, 가늠쇠와 표적이 조준점을 동일선상에 배치하여 총의 바른 방향을 부여하는 것이다.
② 사격자세가 총의 절대적 부동성을 보장할 수 없는 것과 같이 정도의 차이는 있으나 조준 역시 총이 동요하고 있다는 조건하에서 수행되어야 한다.
③ 조준은 시각작용과 신체의 동요에 적용시키려는 운동으로 조준기구와 표적과의 편차를 지각함과 동시에 적절한 동작으로 교정의 실현과정이다.

2) 조준의 특성

① 조준선 정열은 조준구가 오픈 사이트일 경우 가늠자 홈과 가늠쇠를 일치시킨 상태에서 가늠자의 좌우 공간과 상하면이 수평되게 맞추는 것을 말한다.
② 정조준은 일명 표적정열이라고도 하며 조준선정열이 이루어진 상태에서 표적

이 중앙 하단이 가늠쇠 선단에 접하게 되는 상태를 말한다.

③ 조준선 정열의 편차와 탄착관계는 가늠쇠의 선단이 너무 표적 하단 쪽으로 딱 붙거나 떨어지면 사수가 조준 당시의 판단과 다른 탄착이 형성된다.

④ 조준선과 탄착 편차관계는 조준선의 정확성을 좌우하는 요소로 사수의 바른 조준선을 형성유지하는 능력과 바른 조준선을 조준점에 일치시키는 능력이다.

⑤ 조준선이 정열된 상태로 총의 평행이동은 이동한 거리만큼 실제 탄착이 편차가 생기지만 수직이동은 가늠쇠만큼의 각 이동은 명중탄의 편차를 크게 한다.

3) 조준 연습

① 조준선 정열시 눈의 초점을 가늠쇠 선단에 둔다.
② 탄착점의 편차를 줄이기 위해서는 눈의 초점은 가늠쇠 끝에 두어야 한다.
③ 눈의 기능적 특징을 알고 가늠자에서 가늠쇠, 가늠쇠에서 표적으로 한다.
④ 시선을 고정시켜 조준선 정렬에 착오를 일으키지 않아야 한다.
⑤ 눈의 잔상현상을 감안 조준시 특정의 물체를 응시하지 말아야 한다.
⑥ 동공은 조도가 증대할 때 수축하고 낮아질 때 확대되므로 주의하여야 한다.
⑦ 사격시 아주 밝은 곳이나 캄캄한 곳에 눈을 돌리는 것을 삼가야 한다.
⑧ 명암의 교차는 가늠자, 가늠쇠, 표적 등의 정확성을 깨닫지 못하게 한다.

4) 조준시 시각작용

(1) 눈의 초점의 위치

사람의 눈은 동시에 두 개의 목표물에 초점을 둘 수 없다. 초점을 표적의 조준점에 두게 되면 가늠쇠가 흐리게 보이므로 그 편차를 찾을 수 없기 때문에 탄착을 예측하지 못한다. 눈의 초점을 가늠쇠에 두어 조준선 정열을 끝까지 지켜볼 때 가늠쇠는 똑똑히 보이나 표적은 흐리게 보이는 것이 정상이다. 이때 표적이 흐리게 보인다고 조준선을 다시 확인하기 위해서 눈의 초점이 표적의 조준점을 보고 확인하고 다시 또 가늠쇠를 번갈아 보면서 사격한다면 시선은 초점이 일치되지 않아서 탄착이 한 곳에 모이지 않게 된다.

(2) 우세한 눈의 선택

양 눈을 뜨고 사격을 하더라도 실제 조준에 사용되는 눈은 한쪽 눈 뿐이므로 다른 한쪽 눈은 사용이 되지 않는다. 이를 시험하기 위해서 3-4미터 거리의 벽에 일정한 점을 정해두고 오른팔을 펴서 엄지손가락 끝이나 원을 만들어서 두 눈을 뜨고 점과 일치시켜 본다. 점과 일치된 상태에서 한쪽 눈을 차례로 감아 어느 한쪽 눈에 초점이 일치하면 그 눈이 자신의 우세한 눈이다.

(3) 조준에 필요한 눈

조준에 필요한 눈은 우세한 눈이지만 오른손잡이가 왼쪽 눈을 사용하면 올바른 조준이 되지 않으므로 오른쪽 눈으로 옮기는 훈련이 필요하다.

5) 조준시 양눈의 관계

(1) 한쪽눈 조준

오랜 시간 사격시 시력의 약화 및 민첩성이 결여되고 눈을 감는데 따르는 얼굴의 일그러짐과 조준 안구의 압박으로 거북한 긴장이 유발된다. 그리고 장기간 사격시 뇌세포의 피로와 정신통일의 안되고 시야범위 제한과 평형감각이 둔화되며 야간사격 곤란 및 움직이는 물체의 식별이 곤란해진다.

(2) 양눈 조준

눈을 감지 않으므로 얼굴이 긴장되지 않고 한 눈 감기보다는 양 눈으로 보게 되면 정확한 시력이 보장되며 뇌세포 활동에 자연스러운 조건을 제공한다. 그리고 양 눈을 뜨되 초점의 집중은 오른쪽 눈만 사용하므로 조준의 정확성을 확보할 수 있고 넓은 시야의 감시로 실제 상황시 유리하다.

6) 조준시 호흡 요령

① 조준시 호흡을 해서는 안 된다. 정지된 상태에서 격발을 해야 총의 동요가 적은 상태의 격발이 가능하다.

② 격발과 동시에 호흡을 해서는 안 된다. 격발 후에도 잠시 동안 호흡은 정지상태에 있어야 한다.

③ 평상시 정상인의 호흡은 1분간 12~15사이클 정도의 템포를 유지하므로 1호흡 사이클은 4~5초 간격이다.

④ 사수가 거총하기 전에는 심호흡을 고르게 하여야 한다.

⑤ 총을 파지 후 숨을 들이마시면서 거총하여 폐포에 산소를 충분히 들여보낸 후에 서서히 내쉬면서 정지하는데 2/3 정도는 내쉬고 1/3정도는 남겨 두어 규칙적인 사격 템포가 유지되게 하여야 하며, 체내에서 산소 결핍과 빨리 오게 되는 근육의 피로를 예방할 수 있다.

7) 조준시 호흡중지 요령

① 호흡을 멈추기 전에 심호흡을 하여 충분한 산소를 몸 안에 공급해 둔다.
② 호흡을 중지하는 것은 횡격막에서, 다물지 않고 약간 벌리고 있어야 한다.
③ 호흡중지는 심호흡 후 2/3를 내쉬는 것이 가장 좋다.
④ 호흡 후 중지하는 시간은 8~12초간이 이상적이다.
⑤ 거총사격 후 10~15초 정도 휴식 후 다시 거총 한다.
⑥ 권총 사격의 격발은 2~5초 동안에 이루어 져야 한다.
⑦ 자연스런 자세와 정확한 조준선 정렬은 호흡 중단과 동시에 이룬다.
⑧ 호흡을 따라서 정신통일을 병행하여야 한다.
⑨ 호흡의 중단과 더불어 적극적인 정신통일 상태로 접어들도록 노력한다.
⑩ 호흡중지와 동시에 방아쇠 조정으로 들어가야 한다.

8) 유의사항

① 호흡정지 상태에서 긴장감을 피하고 안정을 유지해야 한다.
② 호흡정지의 최상컨디션이 유지되는 10~12초 내에 격발해야 한다.
③ 무리한 호흡중지는 혈액순환의 장애와 근육의 긴장이 되므로 피한다.
④ 매 발 사격 간 이루어지는 호흡조절은 리듬을 개발하여 숙달시켜야 한다.
⑤ 속사격 또는 급사격의 경우에도 호흡조정과 중지요령을 익혀야 한다.
⑥ 주어진 시간 내에서 연속적으로 격발이 완료되도록 숙달하여야 한다.

7. 격 발

1) 격발 연습

(1) 격발(Firing)의 원리

① 격발 동작은 발사에 관계된 모든 동작을 마무리하여 완성하는 단계이다.
② 격발은 표적을 명중시키는 가장 중요한 요소로 결정적인 역할을 한다.
③ 조준을 정확하게 했어도 격발동작이 나쁘면 조준은 필요 없게 된다.
④ 격발은 총의 지향에 변경을 가하지 않고 부드럽게 이루어져야 한다.
⑤ 부드러운 격발의 실현은 방아쇠를 당기는 시지의 작용에 크게 좌우된다.
⑥ 방아쇠를 당기는 동작과 조준동작은 병행적 협조적으로 수행되어야 한다.
⑦ 총기의 격발장치의 형식 여하를 불문하고 격발동작 요령을 지켜야 한다.

(2) 격발의 종류 및 방법

① 격발에는 단동식 격발과 복동식 격발이 있다.
② 격발장치는 기계식송탄기능과 가스압력을 이용한 반자동식 송탄기능이 있다.
③ 리벌바식 격발장치는 손으로 공이치기를 제끼는 단동식과 복동식이 있다.
④ 복동식은 방아쇠만으로 일시에 당기면서 송탄격발하는 장치로 되어 있다.
⑤ 단동식은 정밀사격 때, 복동식은 신속사격이 요구된 때 사용된다.
⑥ 반자동식 격발장치는 총기의 기능상 단동식 격발만이 가능하다.
⑦ 22구경 반자동권총은 노리쇠를 후퇴, 전진시켜 복동식 격발이 가능하다.

(3) 반자동 권총 격발 요령

① 복동식(double action)

목표물에 조준하고 안전 자물쇠를 완전히 밀어 올려 안전장치를 풀어 준다. 그리고 방아쇠를 당기면 공이치기의 격발준비와 격발이 한 동작으로 이루어진다.

② 단동식(single action)

목표물에 조준하고 안전 자물쇠를 완전히 밀어 올려 안전장치를 풀어 준다. 손으로 공이치기를 젖혀 격발준비 상태로 한 후 첫발 사격 이후에는 공이치기는 자동적으로 격발준비 상태가 되므로 단동식 결발이 가능하다. 그리고 마지막 탄이 발사되고 나면 가스활대는 가스활대 멈치의 작동에 의해 후퇴된 채 머물러 있게 된다.

2) 격 발

① 긴장을 완화시키고 안정된 상태를 유지한다.
② 시지의 동일한 위치 선정 즉, 방아쇠의 동일한 위치에 놓이도록 한다.
③ 최초의 압력조절, 파지압력을 조정하여 시지에 최대한 집중시킨다.
④ 호흡조정, 동요유지, 조준선정렬, 협조성으로 방아쇠를 당긴다.

3) 올바른 격발

① 격발은 시지만의 직후방 독립운동에 의한 격발이 되어야 한다.
② 시지가 총신축 또는 총열과 평행으로 운동하듯이 뒤로 향해 똑바로 한다.
③ 무의식적으로 방아쇠를 당기고 계속 힘을 주면 발사가 되도록 한다.
④ 격발하는 힘은 한 번 시도하면 끝까지 압력을 주어야 한다.
⑤ 격발과정에서 눈의 초점은 조준선 정열과 가늠쇠 선단에 집중해야 한다.
⑥ 시지의 첫째 마디로 격발이 이루어지는 것이 가장 바람직하다.
⑦ 방아쇠울이나 총대에 시지의 일부분이 닿게 하여서는 안 된다.
⑧ 격발하는 압력은 점압적 방법으로 격발이 되어야 한다.

4) 점압적 격발(squeeze)

① 방아쇠에 최초의 압력을 가한 뒤 계속해서 가하는 힘의 기술을 균등하게 증가시키면서 방아쇠를 당기는 과정을 점압적 격발이라 한다.
② 완사격시에는 1.5~2.5초 이내에 격발하여야 하며, 적절한 격발동작의 수행을 위하여 격발의 시기를 총의 동요가 가장 적은 때와 일치시켜야 한다.
③ 조준할 때 총의 동요에 대한 성질과 정확한 리듬을 유지해야 하며, 조준과 격발시에는 동요방지를 위하여 몸을 일정한 자세로 유지해야 한다.
④ 총을 몸의 일부분으로 일체화가 되도록 하고, 총의 동요를 감소시키기 위하여 근육의 긴장을 이완하고 심호흡으로 심리적 안정을 유지한다.

5) 격발의 실패원인

(1) snapping

방아쇠를 급히 당겨 근육의 긴장, 심리적 부담 등으로 빨리 쏘려고 하는 마음에서 방아쇠를 잡아채면서 격발하는 경우

(2) pushing

시지가 너무 길거나 너무 짧아서 방아쇠를 좌로 밀거나 우로 당기면서 격발하는 경우

(3) jerking

한 번에 격발을 끝내지 못하고 방아쇠에 힘을 가하다가 다시 조준하면서 힘을 가하거나 빼고 급히 당기거나, 오래 끌면서 격발하는 경우

(4) flinching

반동 또는 충격으로 오른쪽 어깨를 내밀거나, 총신 축과 평행하지 않는 방아쇠의 압력 등으로 총의 지향을 편중시켜 격발하는 경우

(5) consciousness

계속적인 방아쇠 압력을 가하는 과정에서 자연스럽게 격발되게 하지 않고 긴장하여 격발을 의식적으로 하는 경우

6) 격발시 주의사항

① 총성이나 반동에 의한 마음이 위축된 상태의 격발을 해서는 안 된다.
② 격발을 시도할 때 시지 외에 다른 손가락에 힘이 들어가서는 안 된다.
③ 정조준상태에서 급작스럽게 인지에 힘을 가해 격발해서는 안 된다.
④ 신체의 전체적인 긴장을 풀고 자연스럽게 균형을 유지해야 한다.

7) 격발시 인지의 위치선정

① 방아쇠의 아래쪽 2/3지점에 시지를 놓는다.
② 싱글액션 경우 손가락 끝마디의 중앙부분이 방아쇠에 닿게 한다.
③ 더블액션 경우는 손가락 첫마디 부분이 방아쇠에 닿도록 한다.
④ 시지가 방아쇠에 자연스럽도록 유지하고 손가락의 긴장을 풀어준다.

8. 평가와 반영

1) 평 가

① 실탄사격이 끝나면 즉시 채점하여 실탄사격 기록부에 기록 관리한다.
② 직장사격훈련 및 외근경찰관사격훈련성적은 본인에게 열람토록 한다.
③ 사격성적은 훈련카드에 기록하고 매년 7월 1일 기준 근무성적에 반영한다.
④ 사격훈련성적은 실탄사격 기록부에 기록한다.
⑤ 사격성적은 사격등급결정, 사격휘장수여에 반영한다.
⑥ 사격표적지, 실탄사격기록부는 1년간 보존 관리한다.

2) 반 영

① 기록사격 평가는 가능한 한 사수 본인에게 공개 후에 채점 기록하여야 한다.
② 기록사격 채점을 할 때에는 표적지 탄착수를 확인하여 결정한다.
③ 탄착점이 표적지의 금에 물려있는 경우 상위 점수로 채점한다.
④ 채점 기록은 표적지 우측상단 채점 기록표란에 기록한다.
⑤ 완사 10발, 속사 20발을 기준으로 100점 만점 환산점수를 기록한다.
⑥ 평균점수 100점 만점을 상반기 3점, 하반기 3점으로 구분 평가한다.
⑦ 환산방법은 반기별로 배정점수 3점×당해기록사격점수(100점)로 환산한다.

제12장 생활안전

1. 개 요

생활안전(Life Safety & Crime Prevention)이라 함은 국민생활의 안전과 질서를 유지하기 위하여 범죄의 예방과 단속을 실시하여 국민생활의 안전을 확보하는 것으로 방범, 외근, 소년, 풍속, 위험물 단속, 교통단속 등을 그 대상으로 하는 예방경찰을 의미한다. 그러므로 생활안전 경찰은 사건이나 사고 등을 미연에 방지하는 임무를 수행하는 것을 주목적으로 한다.

2. 생활안전 활동

1) 불심검문

주위의 사정을 합리적으로 판단하여 죄를 범하거나 범하려 하고 있다고 판단되는 자를 정지시켜 질문하고 불심점을 발견하고, 경찰관서에 동행을 요구하여 범죄를 예방하거나 범인을 검거하는 것을 말한다.[110)]

2) 보호조치

경찰관은 수상한 거동 기타 주의 사정을 합리적으로 판단하여 자기 또는 타인의 생명 신체와 재산에 해를 끼칠 우려가 있는 자, 정신착란자, 병자, 자살기도자, 미아, 가출인, 부상자 등에게 적절한 조치를 취할 수 있는 것을 말한다.[111)]

3) 위험발생의 방지

경찰관은 인명 또는 신체에 위해를 미치거나 재산에 중대한 손해를 끼칠 우려가

---

110) 경찰관직무집행법 제3조.
111) 경찰관직무집행법 제4조.

있는 천재, 사변, 공작물의 손괴, 교통사고, 위험물의 폭발, 광견, 분마류 등의 출현, 극단한 혼잡 기타 위험한 사태가 있을 때에는 이를 방지하기 위하여 필요한 경고 또는 제지를 할 수 있다.[112)]

4) 범죄의 예방과 제지

경찰관은 범죄가 목전에 행하여지려고 하고 있다고 인정될 때에는 이를 예방하기 위하여 관계인에게 필요한 경고를 발하고 그 행위로 인하여 인명·신체에 위해를 미치거나 재산에 중대한 손해를 끼칠 우려가 있어 긴급을 요하는 경우에는 그 행위를 제지할 수 있다.[113)]

5) 범죄예방을 위한 출입

경찰관은 위험한 사태가 발생하여 인명·신체 또는 재산에 대한 위해가 절박한 때에 그 위해를 방지하거나 피해자를 구조하기 위하여 부득이 하다고 인정할 때에는 합리적으로 판단하여 필요한 한도 내에서 타인의 토지·건물· 또는 선차 내에 출입할 수 있다. 그리고 흥행장·여관·음식점·역 기타 다수인이 출입하는 장소의 관리자 또는 이에 준하는 관계인은 그 영업 또는 공개시간 내에 경찰관이 범죄의 예방 또는 인명·신체와 재산에 대한 위해방지를 목적으로 그 장소에 출입할 것을 요구할 수 있으며 정당한 이유 없이 출입을 거절할 수 없다.[114)]

6) 경범죄 등 단속

경찰관은 외근 활동을 하는 중에는 일반적인 범죄의 예방은 물론 경범죄에 해당하는 각종 사범 및 형사범을 검거하거나 범죄를 예방하는 역할을 한다.

7) 특별 방범활동

특별방범활동은 범죄의 발생을 미연에 방지하기 위하여 외근 직무집행 이외에 특별한 방범활동이 필요한 목표나 대상에 대하여 특별히 행하는 방범활동과 방범

112) 경찰관직무집행법 제5조.
113) 경찰관직무집행법 제6조.
114) 경찰관직무집행법 제7조.

대책을 의미한다. 특별방범활동을 실시하기 위해서는 우범지역 설정, 방범시설 점검 및 방범시설 설치의 권장, 방범심방 및 진단, 현장방범 개선방안의 지도와 권고 또는 방범상담, 방범 홍보와 방범의식 고취, 방범단체와 협조 방범활동의 추진 등을 하는 활동을 의미한다.

3. 순찰지구대 · 파출소

1) 개 요

순찰지구대 · 파출소는 경찰청과 그 소속기관 등 직제에 의하여 서울특별시 · 광역시 · 시 · 읍 · 면 등의 소재지에 설치하며 인구, 면적, 행정구역, 대상업무 등을 고려하여 설치한 경찰의 최하위 집행기관으로써 일반 행정기관의 면 단위 또는 동 단위에 설치하여 치안을 확보하는 최일선 대민 접촉 기관이다.

순찰지구대 · 파출소에는 경감 또는 경위를 순찰지구대장 · 파출소장 등으로 하고 순경 · 경장 · 경사 등 경찰관 5-40여명을 상주시키면서 3교대로 경찰서장의 지휘 · 감독을 받아 경찰에 관한 업무를 수행하는 경찰기관이다. 순찰지구대 · 파출소 경찰관은 당번 또는 비번 등으로 순환하면서 담당 책임구역 및 공동 순찰구역을 담당하여 소내대기, 출동, 방범심방, 제조사, 방범단속 등의 외근 근무 방법으로 관할구역 내에서 경찰의 기초임무를 수행한다.

2) 순찰지구대 · 파출소의 직무

(1) 기본근무

외근 경찰관 근무규칙에 의하여 통상적으로 외근 경찰관의 기본근무는 다음과 같이 나누어 볼 수 있다.[115)]

115) 외근경찰관근무규칙 제7조 제2항.

〈112 신고센터 설치현황('04년)〉

총 계	주센터(개소)			보조센터	근무인원(명)		
	계	지방청	경찰서	경찰서	계	경찰(여경)	전・의경
243	152	11	141	91	1,326	823(121)	503

* 주센터 : 112 신고접수와 지령, 종결업무를 모두 취급
보조센터 : 주센터의 지령을 받아 중계지령

① 소내 근무 및 대기
② 순찰
③ 방범심방
④ 제조사
⑤ 방범단속
⑥ 등서
⑦ 파출소장의 근무

(2) 특수 근무

특수근무는 외근경찰관 근무규칙에 의한 근무로써 관할구역 내에 있어서 필요가 있다고 인정되는 경찰 사안이 발생하는 경우에 근무에 임하는 경우를 말하는 것으로 다음과 나누어 볼 수 있다.[116]

① 교통정리
② 사고처리 또는 범죄수사
③ 경비 및 입초

(3) 병행근무

병행근무는 외근경찰관근무규칙에 의하여 기본근무 또는 특수근무와 병행하여 실시하는 것으로 다음과 같이 나누어 볼 수 있다.[117]

① 출입자조사
② 우범자 관찰보호

116) 외근경찰관근무규칙 제7조 제3항.
117) 외근경찰관근무규칙 제7조 제4항.

③ 보호 및 수배
④ 지도홍보
⑤ 첩보수집
⑥ 경찰사범단속
⑦ 불심검문

3) 근무방법

순찰지구대・파출소장은 공휴일을 포함하여 일일 근무를 원칙으로 한다. 다만 경찰서장이 필요하다고 인정하는 때에는 야간근무를 하게 할 수 있다. 그리고 당・비번, 격일근무를 원칙으로 하되 경찰관서장이 관내상황을 참작하여 순차로 계속 당번 및 일근근무를 행하게 할 수 있다. 그러나 경찰서장은 순찰지구대장・파출소장에게 1주일에 1일의 비번을 주어야 한다. 다만, 치안여건을 감안하여 비번일수를 증감할 수 있다.

4) 경찰관의 동원

외근경찰관은 다음과 같은 사유가 있어 필요하다고 인정할 때에는 외근경찰관을 동원할 수 있다. 다만, 당번 또는 일근 근무자를 먼저 동원하고 부족할 때에 비번자를 동원하여야 한다.

① 다중범죄 진압, 대간첩작전 기타의 비상사태
② 경호경비 또는 각종 집회 및 행사의 경비
③ 중요범인의 체포를 위한 긴급배치
④ 화재, 폭발물, 풍수설해 등 중요사고의 발생
⑤ 기타 다수 외근 경찰관의 동원을 필요로 하는 행사 또는 업무

5) 기본근무

(1) 소내근무

외근경찰관은 소내 근무를 할 때에는 용모와 복장을 단정히 하고 정확한 근무 자세로써 책임 있는 근무를 하여야 한다. 그리고 소내 근무는 다음 각호에 해당하는

업무를 파출소 내에서 행함을 의미한다.

① 관내 치안상황전반에 대한 파악
② 순찰근무자와 무전상황 유지
③ 문서접수와 발송 및 부책정리
④ 속보, 즉보 및 수배상항의 보고 및 전파
⑤ 민원 및 사건의 접수 처리
⑥ 피보호자 또는 피의자에 대한 보호 및 감시
⑦ 청소정돈 및 자체경비
⑧ 안내
⑨ 기타 순찰지구대·파출소 내에서 행하는 각종 근무

(2) 대기근무

대기근무자는 사고에 대비하기 위하여 치안상황과 취약시간을 참작하여 소내 근무자 이외의 대기 근무자를 둘 수 있다. 그러므로 대기근무자는 소내 근무를 협조하면서 대기하여야 한다.

6) 순 찰

(1) 순찰근무

순찰은 다음 각호에 정하는 근무를 수행하기 위하여 순찰지구대·파출소 관내의 일정한 구역을 순회함을 말한다. 순찰은 순찰지구대장·파출소장이 담당구역 내에서 자율순찰을 실시토록 순찰근무를 지정하고 도보순찰을 원칙으로 하고 112 순찰차에 의한 순찰근무는 파출소 전 구역을 대상으로 한다.

(2) 순찰근무중 취급사항

① 불심검문
② 범죄의 예방과 제지
③ 현행범 또는 피의자의 체포
④ 위험발생의 방지 또는 위험방지를 위한 출입
⑤ 방범 또는 보안의 지도 홍보

⑥ 관내상황의 관찰 및 파악
⑦ 우범자 관찰보호 및 수배 또는 사범의 단속
⑧ 기타 순찰 중 인지한 사건의 취급 및 처리

(3) 유의사항

외근 경찰관이 순찰을 할 때에는 다음 각호에 정하는 사항을 유의하여야 한다.

① 순찰의 실효를 거둘 수 있도록 주도면밀하게 관찰한다.
② 담당 구역에서 지정된 근무시간을 준수하고 임의로 근무지 이탈금지
③ 부여된 임무의 실천과 검문 등 중요사항은 근무수첩에 기록 유지한다.
④ 정중하고 친절한 대민 처우를 한다.
⑤ 순찰 중 항시 불의의 공격으로부터 방어할 수 있도록 철저한 경계를 한다.
⑥ 순찰중 사건처리를 위하여 부득이한 때에는 순찰을 중지할 수 있다.[118)]

7) 제조사

제조사는 경찰업무 수행상의 필요 또는 상급경찰관서의 지시에 따라 신원관계나 각종 민원사항 등을 조사하는 것을 말한다. 외근 경찰관이 제조사를 할 때에는 다음 각호에 정하는 사항을 유의하여야 한다.

① 모든 조사는 직접조사와 간접조사로 구분하여 실시하되 간접조사를 원칙으로 하고 직접조사는 본인의 진술을 듣거나 현장에 임하지 아니하고는 조사할 수 없는 상황에 한 한다.
② 신원조사는 피조사자에게 감지되지 아니하도록 하고 보안에 유의한다.
③ 조사는 신속정확을 기하고 기간을 준수한다.

8) 방범진단

방범진단카드는 관내의 각 가정·기업체·시설 등을 방문하여 범죄예방 및 상담·지도를 행하고 예방 경찰상의 기초자료를 수집하기 위하여 실시하며 근무에 관한 사항은 방범진단규칙에 의한다.

---

118) 사건을 처리하기 위하여 순찰을 중지할 때에는 순찰지구대장 또는 파출소장에게 보고하고 근무일지에 변경사유를 기재하여야 한다.

9) 방범단속

(1) 방범단속 근무

방범단속은 형사사범, 경찰법규위반행위 또는 각종 사고를 예방하거나 단속하기 위하여 방범지도, 불심검문, 경고, 제지, 출입, 조사 등을 하는 근무를 말한다.

(2) 방범단속 근무의 지정

파출소장은 다음 각호에 정하는 사항을 유의하여 방범단속 근무를 지정하여야 한다.

① 방범단속에 적합한 때를 선정하여 실효를 거둘 수 있도록 하여야 한다.
② 방범단속 상 필요하다고 인정할 때에는 근무인원의 범위 내에서 2인 이상의 외근 경찰관을 지정할 수 있다.

(3) 근무자의 유의사항

외근 경찰관이 방범단속을 할 때에는 다음 각호에 정하는 사항을 유의하여야 한다.

① 다각적인 방범지도로 주민자율 방범 체제를 강화토록 하여야 한다.
② 미리 관계법령과 단속요령을 연구하여 합법·타당성 있게 실시하여야 한다.
③ 방범단속 중 취급한 사건은 파출소장에게 즉시 보고하고 적법·공평하게 처리하여야 한다.
④ 방범단속 중 필요한 때에는 수사 주무자인 사법경찰관의 지휘를 받아 수사를 행할 수 있다.

10) 등 서

(1) 등 서

등서는 외근경찰관이 조회, 문서체송, 교육소집, 기타 사유로 경찰서에 출입함을 말한다. 그리고 정기적인 문서체송, 교육소집 이외의 등서는 부득이하다고 인정되는 경우에 한하여 일일 근무에 지장이 없도록 하여야 한다.

(2) 문서체송의 방법

경찰서장은 관내의 교통사정 등을 참작하여 편리한 문서체송의 방법을 정하여야 한다. 그리고 문서를 체송할 때에는 문서의 분실 또는 훼손이 없도록 하여야 한다.

4. 특수근무

1) 교 통

(1) 교통정리

교통정리는 도로교통의 원활한 소통과 안전을 확보하기 위하여 지정된 장소에서 보행자 및 차량의 통행을 정리하고 필요한 단속을 행하는 근무를 말한다.

(2) 교통정리 근무의 지정

경찰서장은 관내의 교통상황이 교통전담경찰관으로서 충분한 교통정리를 할 수 없다고 인정할 때에는 외근경찰관으로 교통정리근무를 지정할 수 있다.

2) 사고처리 및 수사

(1) 사건사고처리

사고처리 및 수사는 각종 사고 또는 범죄사건이 발생하였을 때에 이재민 또는 피해자를 구호하고 재산을 보호하며, 범인의 검거, 증거의 수집 등 근무를 행함을 말한다. 그리고 각종 중요사건은 경찰서장에게 즉시 보고하고 지휘를 받아 처리하여야 한다.

(2) 현행범의 체포

외근경찰관이 현행범인을 발견하였을 때에는 이를 즉시 체포하는 동시에 다음 각호에 정하는 조치를 취하여야 한다.

① 범죄의 현장 보존과 증거수집
② 피의자를 동행 보고하고 사건을 수사전담 경찰관에게 인계하여야 한다.

(3) 범죄사건의 처리

외근 경찰관이 범죄의 신고를 받았거나 피의사실을 인지하였을 때에는 범죄현장의 보존, 증거의 수집, 피해현장과 범죄 실황조사 기타 필요한 조치와 수사를 행하고 수사 전담경찰관에게 인계하여야 한다.

(4) 긴급배치

긴급사건 수배로 인하여 긴급 배치되는 외근경찰관은 교통의 요소, 범인의 도주, 잠복, 배회 등이 예상되는 장소 기타 특히 지정하는 장소에서 불심검문, 잠복, 범죄용의 차량의 검문검색을 행하여야 한다.

(5) 변사사건의 처리

파출소의 관내에서 변사사건이 발생하였을 때에는 다음 각호에 정하는 바에 의하여 처리하여야 한다.

① 변사체의 발견 연월일시, 변사자의 인적사항, 변사장소와 그 상황, 변사체 발견자의 성명 기타 참고사항 조사보고
② 검시관에 의한 검시에 지장이 없도록 현장보존
③ 검사관의 검시에 협조하고 그 지휘를 받아 수사에 협조하거나 사체 처리

(6) 교통사고의 처리

파출소의 관내에서 교통사고가 발생하였을 때에는 다음 각호에 정하는 바에 의하여 처리하여야 한다.

① 현장에 임하여 사고 현장을 보존하고 조사를 행하며 교통정리
② 부상자가 발생하였을 때에는 즉시 필요한 구호조치
③ 교통사고 전담 경찰관이 현장에 도착하였을 때에는 이를 인계하고 사고조사에 협조

(7) 화재, 폭발물, 풍수해 등 사고의 처리

파출소의 관내에서 화재, 폭발물, 풍수해 등 사고가 발생하였을 때에는 다음 각호에 정하는 바에 의하여 처리하여야 한다.

① 소방관서 기타 관계기관과 긴밀히 협조하고 필요한 방재조치
② 부상자 또는 이재민이 발생하였을 때에는 즉시 필요한 구호활동 전개
③ 사고현장의 교통을 정리하고 도난사고 방지 조치

3) 경비 및 입초

(1) 경비와 입초의 개념

경비라 함은 외근 경찰관이 다중범죄진압, 대간첩작전, 경호경비, 비상경비, 집회 및 행사의 경비 기타 각종 경비 사안에 대비하여 경계 또는 진압활동을 하는 근무를 말한다. 입초라 함은 외근경찰관이 지구대 또는 파출소의 청사정문 또는 적당한 장소에서 청사의 외부 및 출입자의 동태를 감시하는 자체경비 근무를 말한다. 지구대와 파출소의 입초근무 지정은 경찰관서장이 정하는 바에 의한다.

(2) 경비근무의 방법

경비근무는 각종 경비상황에 따라서 경찰서장이 수립하는 경비계획에 의하여 그 임무를 수행한다.

① 다중범죄 진압에 있어서는 지휘관의 명령에 따라 민첩한 행동을 취하여야 하며, 다중에게 자극을 주는 언동 금지
② 대간첩작전에 있어서는 지휘관의 명령에 복종하여야 하며, 신속 과감하게 그 임무를 수행
③ 경호경비에 있어서는 담당구역내의 안전조사와 철저한 검문검색실시로 피 경호자의 안전도모

4) 병행근무

(1) 출입조사

외근경찰관은 다음 각호에 정하는 영업소에 대하여 관계법령이 정하는 바에 의하여 출입 및 조사를 행하여 법규위반 사실의 유무를 검사하여야 한다.

① 풍속영업을 영위하는 장소
② 총포・도검・화약류제조소・판매소・저장소・사용장소 또는 보관장소 등
③ 전당포와 기타 대상업소

(2) 우범자 관찰보호

우범자 관찰보호 등 각종 관찰업무는 경찰서에서 직접 처리함을 원칙으로 한다. 그러나 파출소에서 관찰업무를 처리하는 경우에는 관계규정이 정하는 바에 따라 외근 경찰관의 담당 구역별로 실시한다.

(3) 보호 및 수배

외근경찰관이 정신착란자, 주취자, 자살기도자, 미아 또는 병상자로서 응급의 구호를 요한다고 인정되는 자를 발견하였을 때에는 경찰관직무집행법이 정하는 바에 의하여 즉시 조치를 하여야 한다. 외근경찰관은 경찰수배규정에 의한 수배가 있을 경우에는 이를 검거하여야 한다.

(4) 지도 홍보

외근경찰관은 다음 각호에 정하는 사항을 주민에게 주지 홍보하여 주민의 이해와 협조를 얻도록 노력하여야 한다.

① 방범 및 보안에 관한 사항
② 각종 안전사고의 방지에 관한 사항
③ 각종 민원에 관한 사항
④ 경찰의 중요시책 또는 관내의 특수사항
⑤ 기타 주민에게 홍보해야 할 사항

(5) 첩보 수집

외근경찰관은 근무 중 다음 각호에 정하는 사항을 수집하여 경찰서장에게 보고하여야 한다.

① 각종 범죄와 방범에 관한 사항
② 다중범죄와 관련된 사항
③ 국가의 존립과 안전을 해하는 공산계열에 관한 사항
④ 경제, 사회, 문화 등 사회문제에 관한 사항
⑤ 공안, 풍속, 영업 기타 민심동향에 관한 사항
⑥ 기타 경찰업무 수행상 필요하다고 인정되는 사항

⑹ 경찰사범 단속

외근경찰관이 근무중 경찰사범을 인지하였거나 신고 받았을 때에는 이를 단속 또는 처리하여야 한다.

⑺ 불심검문

경찰관서장은 관내의 우범지역 등에 대하여 필요한 때에는 외근경찰관으로 하여금 불심검문을 하도록 하여야 한다. 불심검문을 할 때에는 다음 각호에 정하는 사항을 유의하여야 한다.

① 침착, 치밀, 과감, 기민하여야 하며, 피검문자에게 친절하여야 한다.
② 항상 피검문자에 의한 불의의 공격에 대비하여야 한다.

5. 외근사무

1) 외근근무 성적평가

외근경찰관의 근무실적을 공정하게 평가하여 포상함으로써 사기를 진작시키고 외근 활동의 활성화를 기하기 위하여 외근 근무성적을 평가하여야 한다. 그리고 지방경찰청장은 이를 시행하기 위한 필요한 세부사항을 따로 정하여야 한다.

2) 파출소에 대한 문서 하달과 보고

경찰서 각과에서는 순찰지구대・파출소에 일반문서를 직접 하달하지 않고 경무과의 문서통제를 받은 후 순찰지구대・파출소에 해당되는 부분만 요지를 발췌한 지시문서를 생활안전과에 제출하여야 한다. 생활안전과장은 각과의 지시문서를 취합하여 일일 업무지시를 작성 1일 1회 하달하여야 한다. 순찰지구대・파출소에 하달하는 전통(수배사항은 제외)은 생활안전과장의 협조서명과 경무과의 문서통제를 받은 후 각과에서 직접 하달한다. 다만, 일과 후이거나 공휴일인 때에는 상황실장의 통제를 받아 하달할 수 있다. 중요지시 또는 일반 공지사항은 회보를 최대한 활용하고 순찰지구대・파출소에 대한 문서 하달은 가급적 억제하여야 한다. 순찰지구대・파출소의 보고사항은 사무관리규정 등에서 정하는 바에 의한다.

3) 문서부책

순찰지구대 · 파출소에는 법령 또는 다른 훈령이나 예규에 별도의 규정이 없는 한 다음 각 호에 정한 문서부책만을 비치하여야 한다.

① 경찰기본대장과 법령집 · 훈령 · 예규집
② 수배(범죄 · 행정)철 · 경찰업무편람 · 회보철 및 참고철
③ 방범심방카드 및 색인표 · 제조사하명부 및 일일업무지시철
④ 도급경비 현금출납부 및 지출결의서철
⑤ 근무일지 및 외근경찰관 근무수첩
⑥ 비밀관리기록부 및 음어자재철
⑦ 보안처분대상자 접수부 및 피보안처분자 보호관찰부
⑧ 문서사송부 · 통고처분 및 즉심사범처리부 · 직원 및 의경 신상면담부
⑨ 출입항 기록부 및 신고서철과 예비군 무기탄약원부 및 출납부(해당파출소)

6. 지구대장 · 파출소장의 임무

1) 지구대장 · 파출소장의 근무

순찰지구대장 · 파출소장은 법령 또는 지시사항을 솔선하여 준수하여야 한다. 보고 사항은 신속히 처리하고 감독자의 본분을 지켜 직무를 성실히 수행하여야 하며, 아울러 다음 각호에 정하는 근무를 수행하여야 한다.

① 외근근무 계획 등의 작성
② 개인별 일일 임무부여와 근무요령의 지시
③ 조회 및 교양
④ 중요업무의 처리 및 외근 근무의 연구개선
⑤ 외근 근무의 확인 및 지도와 감독
⑥ 외근 근무의 실적 파악과 심사분석
⑦ 소속 외근 경찰관의 애로 및 건의사항의 해결과 반영
⑧ 관내의 순시와 상황 파악
⑨ 경찰 중요시책의 홍보와 민경친선의 도모

2) 조회 및 교양

순찰지구대장·파출소장은 매일 조회를 실시하여 외근경찰관에게 개인별 일일 근무의 지정과 필요한 지시 및 교양을 실시하고 법령 또는 근무요령에 정통하도록 하여야 한다.

3) 외근근무의 지도

순찰지구대장·파출소장은 다음 각호에 정한 사항을 유의하여 외근 근무를 지도하여야 한다.

① 월중 근무 계획표에 의거한 외근 근무의 실시 여부
② 개인별 일일업무부여 사항에 의한 외근 근무의 실시여부
③ 외근경찰관 근무수첩의 취급 사항의 업무통계의 적부 확인
④ 병행 근무의 확행 여부
⑤ 외근 근무 중 취급사항의 보고 확행 여부
⑥ 대민 처우의 적부와 부정행위의 유무
⑦ 기타 법령 및 지시 사항의 이행 여부

4) 관내의 순시

순찰지구대장·파출소장은 관내를 순시하여 상황을 파악하여야 하며, 민경친선의 분위기를 조성함에 노력하여야 한다. 그리고 순찰지구대장·파출소장은 1일 1회 이상 현지진출 직원의 근무를 확인 지도하여야 한다.

5) 부소장의 임무

팀장은 순찰지구대장·파출소장을 보좌하며 다음 각호의 직무를 수행해야 한다.

① 파출소장 사고시(연·병가, 비번, 휴무 등) 그 직무를 대행
② 파출소의 행정·외근업무 지도
③ 도급경비 담당
④ 직원 신상관리 사항에 대하여 보고처리
⑤ 소내, 대기, 순찰(112순찰차 승무 포함) 등 기타업무
⑥ 순찰지구대장·파출소장이 지정한 중요업무

7. 청소년 범죄

1) 개 요

청소년범죄(Juvenile Crime)에서 청소년(Teen ager)이라 함은 청년과 소년을 아룰러 이르는 말로 10대에서 성인기 사이의 나이에 있는 미성숙상태에 있는 남·여를 의미한다. 청소년기는 인생의 여정에서 가장 변화무쌍한 시기라고 표현할 수 있을 만큼 육체적·정신적으로 많은 문제를 가진 시기이다. 청소년기는 연령적으로 10대가 중심을 이루고 있으며, 이 시기는 아동기에서 성인기에 이르는 과도기로써 중요한 의의를 가지고 있다. 우리나라에서 매년 소년범죄의 발생은 약16만 건이 넘으며 공식적으로 드러나지 않은 수까지 합친다면 많은 청소년과 그들 부모가 사법처리 경험을 하게 된다.[119)]

2) 소년경찰

청소년 경찰이라 함은 방범업무의 일부로써 청소년들이 건전하게 성장하여 사회인으로 발전할 수 있도록 청소년 범죄를 사전에 방지하여 죄를 범하지 않도록 특별히 환경을 조성하고 바르게 생활할 수 있도록 지도와 선도를 하여 보호하는 경찰의 업무를 의미한다. 청소년 문제가 제기하는 과제는 여러 가지로 구분할 수 있는데 이를 크게 나누면 다음과 같다.

① 청소년 교육과 생활지도
② 생활환경의 정화
③ 연소노동 내지 근로청소년 문제
④ 청소년의 비행과 비행집단
⑤ 비행대책과 갱생보호
⑥ 요보호 아동 등

3) 비행소년

비행소년이라 함은 정상적인 소년으로써 활동을 하지 못하고 법적 또는 도덕적

---

119) 남미애·홍봉선, 2000: 380.

일탈 행위를 하는 미성년자를 의미하고 범죄소년, 촉법소년, 우범소년, 불량소년, 요보호소년 등으로 나누어 생각할 수 있다.

(1) 범죄소년

범죄소년이라 함은 14세 이상 19세 미만의 자로서 범죄를 범한 미성년자를 의미한다.

(2) 촉법소년

촉법소년이라 함은 12세 이상 14세 미만의 자로써 범죄행위를 범한 자를 의미한다.

(3) 우범소년

우범소년이라 함은 보호자의 감독에 복종하지 않거나 가정에서 이탈하여 범죄를 범할 가능성 있는 자 또는 이와 같은 자와 친교관계에 있는 자, 그리고 성벽이나 환경 등으로 보아 죄를 범할 우려가 있는 12세 이상 19세 미만의 자를 의미한다.

(4) 불량소년

범죄를 범한 행위를 하지는 않았으나 음주, 흡연, 우범지역 배회 등 자기 또는 타인의 정상적인 활동을 해하거나 해할 우려가 있는 자를 의미한다.

(5) 요보호소년

요보호 소년이라 함은 미성년자로써 학대, 혹사, 질병 등으로 보호를 요하는 자 등을 의미한다.

3) 보도활동

(1) 비행소년의 조기발견

경찰관은 비행소년을 조기에 발견하여 치료하고 올바른 청소년으로 성장할 수 있도록 하기 위하여 공연장, 유기장, 풍속영업장소, 번화가, 터미널, 역, 유원지 등 비행 청소년이 출입하기 쉬운 장소를 중점적으로 점검하여 이들을 조기에 발견하는데 노력하여야 한다.

(2) 가두보도

외근경찰관은 일상 근무 또는 순찰 등 직무수행 중에 비행소년을 발견하기 위하여 끊임없이 노력하여야 한다. 특히 국경일, 공휴일, 축제일, 방학기간, 졸업기, 입시철 등 소년 비행이 발생할 우려가 있는 일시와 장소를 선별하여 지역의 청소년지도위원, 교사, 교육청 등 관계기관과 합동으로 가두보도를 실시하여야 실효를 거둘 수 있다.

(3) 상담보도

상담보도는 경찰기관, 민간상담기관 등에서 청소년 등을 상대로 적극적으로 대처하여야 한다. 청소년의 상담은 이성문제, 성폭행, 왕따, 본드 등 마약류, 폭력행위 등의 상담의 요청이 있을 때는 시간과 장소를 피상담자의 입장에서 우호적이고 친절하게 가족적인 분위기에서 실시하여야 한다.

4) 청소년 사건의 처리

(1) 방범과 처리사건

일반적인 소년범죄는 반드시 소년법에 의하여 방범과 소년계에서 처리하여야 한다. 소년범죄는 인지하거나 신고를 접하고 처리하였을 때에는 적절한 경고, 주의, 조언을 하는 등 필요에 따라 학교 또는 보호자에게 연락하여 인계하여야 하고 요보호 소년으로 판명될 때에는 보호자에게 인도하고 보호자가 없을 때에는 사회복지시설에 인계하여야 한다.

(2) 수사과 업무 중 청소년 사건

① 성인과 미성년자가 관련된 공범사건
② 집회 및 시위에 관한 사건
③ 도로교통법 위반사건
④ 보안 및 정보사범
⑤ 소재수사, 기소중지자, 사건의 수배자 등 검거사건
⑥ 수사본부를 설치한 중요사건
⑦ 소년 범죄인지 또는 신고사건의 초동수사

⑧ 살인, 강도, 강간, 방화, 절도, 폭력, 마약, 밀수 등 사건
⑨ 조직범죄로 5명 이상 공범사건, 전과 3범 이상 사건 등

5) 소년사건 수사시 유의사항

① 실체적 진실인 사실의 여부
② 범행의 동기와 원인
③ 범인의 성격, 행상, 비행경력
④ 가정, 학교, 직장, 친구 등 관계
⑤ 거주지의 환경조사
⑥ 보호자의 유무

6) 소년비행의 원인

소년비행이라 함은 성인 범죄에 상대되는 개념으로 범죄인의 연령을 기준으로 하여 구별되는 유형이다. 비행의 개념은 일반적으로 제반법률 위반행위와 도의에 어긋나는 반사회적 행위까지 포함하는 포괄적인 개념이다.

(1) 청소년의 발달적 요인

소년기는 단순한 신체적, 생리적 성장뿐만 아니라 정신적, 사회적 성숙 등 다양한 변화 발달의 양상이 나타나며, 이 시기에 어떠한 경험을 하느냐에 따라서 청년기의 성장 발달이나 인격 형성에 미치는 영향은 매우 크다. 청소년은 아동도 아니고 성인도 아닌 과도기의 위치에서 자신의 존재 가치와 역할에 의문을 품으며, 회의에 빠지게 된다. 따라서 청소년기에는 심한 자아의식, 주의산만, 열등감, 욕구좌절, 신체적 미성숙, 정신적 미성숙의 불균형에서 오는 정서적인 동요와 불만이 심하게 일어나며 사회적 부적응 등에 의한 갈등, 초조, 흥분, 고심 등의 정서적 불안 현상이 나타난다고 한다. 이러한 정서적 불안정, 정신적 갈등, 욕구불만 등이 지속되는 경우 청소년 범죄와 밀접한 관련이 있게 된다.

(2) 가정적 요인

① 핵가족 제도에 따른 고립화로 전통적인 대가족제도에서 이어져 온 예의범절

이나 협동심, 양보심, 인내심을 체험하고 학습할 기회가 줄어들어 어른 경시풍조, 이기심, 자기중심적인 성격으로 형성되어 비행의 원인이 될 수 있다.

② 가정의 자녀 교육에 대한 무관심으로 부모가 자녀에 대한 교육에 있어서도 일관성이 없이 때와 장소에 따라 교육 내용이 다르거나 명령 위주의 일방적인 교육, 또는 교육에 전혀 무관심한 경우에 청소년은 일탈하기 쉽다.

③ 결함가정

1 부도덕한 가정

가족원 중 범죄자, 알코올중독자 등이 있는 가정을 말하는 것으로 일찍이 많은 학자들이 비행성의 원인으로 지적하고 있다.

2 결손가정

양친중의 일방 또는 쌍방이 사별, 이혼, 별거중인 가정을 말한다. 이와 같은 결손가정은 그 자체가 비행의 직접적인 요인이 되기보다는 이를 계기로 자녀의 욕구불만, 애정 결여의 감정을 낳게 하여 비행으로 유도한 결과를 가져온다.

3 갈등이 심한 가정

가족원 사이에 감정, 이해관계 등에 갈등이 심화되어 화목하지 못한 경우를 말한다. 이러한 가정의 갈등은 청소년들이 가정 밖에서 시간을 보내기를 더 즐기게 되는 가출과 방황의 현상을 나타내어 불량한 교우 관계에 빠지고 쉽게 비행으로 연결되게 된다.

4 빈곤가정

경제적으로 어려운 상태를 말하는 것으로 빈곤 그 자체는 아무런 문제가 없으나 궁핍한 생활이 사람의 인격형성 면에서도 중대한 영향을 미치므로 빈곤의 간접적인 영향이 자녀들로 하여금 열등감, 정서적 불안 등을 초래하여 청소년의 비행을 유발시키는 요인이 될 수 있다.

5 시설 가정

고아원 등 아동 양육 시설의 가정에서 생활하는 경우로서 정상적인 가족간의 애정관계가 형성되지 못하여 흔히 반항적 심리를 나타내고 안정감을 느끼지 못하기 때문에 비행성에 친근하게 된다.

⑥ 기타 애정결여 가정

부모, 가족 등의 훈육 결여가정 등도 비행성의 원인이 될 수 있다.

(3) 학교와 교육적 요인

청소년의 인격발달에 영향을 미치는 가장 큰 요인인 사회 환경이 학교로써 장기결석이나 빈번한 결석 등으로 인한 퇴학은 무엇보다도 비행의 위험이 높은 것이며 학업 부진, 불량교우, 무미건조한 학교생활 등은 학업에 대한 흥미를 상실하게 되고 거리, 극장, 유흥가 등이 비행을 유발하게 하는 요인이 되고 있다.

(4) 직업적 요인

청소년이 생계수단으로 각종 직업계로 진출하게 되면 가정에 머물러 있는 시간보다도 더 많은 시간을 그곳에서 보내게 되고 그 접촉 환경의 복잡 등도 더해진다. 범죄통계에 의하면 직업 관계에서 무직자, 직업노동, 종업원, 직공 등의 빈도가 상당히 높다는 것이다.

(5) 환경적 요인

사회의 환경적 요인이 청소년 범죄에 미치는 영향은 매우 크다. 환경은 상호간에 많은 영향을 주고받기 때문에 청소년 상호간에도 지대한 영향을 미치는 것이다.

(6) 지역적 요인

청소년 유해 업소가 산재해 있는 지역에서는 많은 청소년들을 유혹하고 있음이 우리의 현실이고 학교 주변에까지 러브호텔, 모텔, 유흥접객업소, 숙박업소가 침투해 들어오고 있는 실정이다. 향락, 퇴폐, 유흥 등의 업소증가와 청소년 범죄의 증가는 함수관계에 놓여 있다.

(7) 문화적 요인

우리나라의 유교적 사상과 도의심, 사회적 가치 등은 외래문화의 무분별한 수용과 유입으로 우리사회의 가치의식을 혼란으로 몰아넣었고 고유문화는 외래문화와 충돌하여 가치체계는 동요하고 있으며, 청소년 비행의 증가현상의 원인이 되고 있다.

(8) 교우관계

소년기에 있어서 교우관계는 어느 시기보다도 중요하다. 비정상적이고 불량한 교우관계가 맺어지면 탈선과 비행만을 일삼게 되어 결국 자신의 파멸은 물론 가족과 국가 사회의 불행을 초래하게 되는 것이다. 청소년 비행 문제가 불량한 교우관계에서 일어나고 있는 것을 볼 때 건전한 교우관계가 매우 중요시 되고 있다.

6) 청소년 비행 예방

(1) 가정의 역할

① 가급적 대화 시간을 많이 가지고 진지하게 들어주는 노력과, 핵가족화에 따른 과보호를 지양하고, 교육과 훈육에 있어서 일관성을 유지해야 한다.
② 자녀에 대한 편애를 지양하고 자녀들의 친구에 대한 깊은 이해와 관심을 갖고 자녀들 앞에서 부부간의 다툼이나 부부간의 애정표시 등을 주의해야 한다.
③ 가정에서 폭력, 음란 비디오테이프 등을 시청하지 말고 독서실 이용시 부모가 선정해 주고 독서실과 전화연락 유지와 자녀를 방과 후에는 반드시 어머니가 집에 정착하는 것이 정서적으로 중요하다.
④ 용돈의 지급과 사용처 확인 및 맹목적이거나 과다 용돈지급을 지양하고 부모가 자녀들의 가치관, 사고방식 등을 바르게 이해하면 자녀 교육에 상당한 도움이 되며 자녀들의 부모에 대한 저항감도 없어질 수 있으며, 다양한 부모교육이 실시되어야 한다.

(2) 학교의 역할

① 입시위주의 주입식 교육을 지양하고 각자의 적성과 재능에 맞는 창의성 개발과 가치관 교육 등으로 균형 있는 성장과 발달을 기할 수 있는 전인 교육이 요구된다.
② 과밀학급을 해소하고 개별적인 접촉의 교육환경을 제고하여 사제간에 충분한 대화 기회를 부여함으로써 학생들의 고민, 갈등 등 문제 발생에 대해 사전에 예방하는 노력이 필요하다.
③ 교내·외의 생활지도 내실화로 문제 학생을 선도하고 학생들의 진로문제, 인생문제, 정서적인 문제 등 학생들이 안고 있는 각종 어려운 문제들을 들어주고 해결해 줄 수 있는 상담실, 상담원 배치, 운영 등이 요구된다.

(3) 사회의 역할

① 청소년 유해환경의 제거

주류판매행위, 만화가게, 소극장 등에서 음란비디오 상영행위, 유흥주점, 단란주점 등에서 미성년자 출입 묵인 행위 등 청소년들의 비행과 범죄를 유발시키는 사회의 유해환경이 만연, 청소년 범죄예방을 기대하기가 사실상 불가능한 실정이다.

② 대중매체의 교육화

대중매체는 청소년의 교육적인 면은 외면한 채 본분을 일탈하여 저속하고도 선정적인 내용을 제작, 출판, 방영함으로서 청소년들의 호기심, 모험심, 모방심을 자극하여 범죄의 수단과 기술을 가르쳐 주거나 범죄를 촉진시키는 기능을 하고 있다.

③ 청소년의 보호 지원활동

소년, 소녀가장, 생활보호대상자 등 소외감을 갖기 쉬운 불우청소년에 대한 정부와 사회 각계 단체는 이들에게 삶에 대한 의욕과 긍지를 갖도록 재정적으로 지원하고 애정으로 후원하여야 한다.

제13장 경비경찰

1. 개 요

경비(Security)경찰은 국가나 사회의 질서를 유지하기 위하여 긴급한 비상상태가 발생하였거나 발생할 우려가 있는 경우에 이를 제거하거나 진압하기 위하여 필요한 조치를 취하는 경찰의 활동을 의미한다. 경비경찰은 사태의 긴급성을 감안하여 신속히 해결해야 하는 매우 중요하고 시급히 해결해야 할 입체적인 업무이기 때문에 다른 어떤 경찰 업무보다도 우선하여 처리하여야 하는 특성을 가지고 있다.

2. 경비의 수단

1) 경 고

경찰관은 인명 또는 신체에 위해를 미치거나 재산에 중대한 손해를 끼칠 우려가 있는 천재, 사변, 공작물의 손괴, 교통사고, 위험물의 폭발, 광견 · 분마류 등의 출현, 극단한 혼잡, 기타 위험한 사태가 있을 때에는 그 장소에 집합한 자, 사물의 관리자 기타 관계인에게 필요한 경고를 발할 수 있다.[120] 그리고 특히 긴급을 요할 때에는 위해를 받을 우려가 있는 자를 필요한 한도 내에서 억류하거나 피난시킬 수 있다. 또한, 그 장소에 있는 자, 사물의 관리자 기타 관계인에게 위해방지상 필요하다고 인정되는 조치를 하게 하거나 스스로 그 조치를 할 수 있다.

2) 제 지

경찰관직무집행법에서 범죄의 예방과 제지를 할 수 있다고 규정하고 있으므로, 경찰관은 범죄행위가 목전에 행하여지려고 하고 있다고 인정될 때에는 이를 예방하기 위하여 관계인에게 필요한 경고를 발하고 그 행위로 인하여 인명 · 신체에 위해를 미치거나 재산에 중대한 손해를 끼칠 우려가 있어 긴급을 요하는 경우에는 그 행위를 제지할 수 있다.[121]

---

120) 경찰관직무집행법 제5조.

3) 검 거

검사 또는 사법경찰관은 피의자가 사형·무기 또는 장기 3년 이상의 징역이나 금고에 해당하는 죄를 범하였다고 의심할 만한 상당한 이유가 있고 구속의 사유에 해당하는 경우에 긴급을 요하여 지방법원 판사의 체포영장을 받을 수 없는 때에는 그 사유를 알리고 영장 없이 피의자를 체포할 수 있다.[122] 그러므로 체포는 범죄의 예방·공안의 유지 또는 범죄수사상 지목된 자를 일시 억류하는 것으로서 긴급을 요하는 경우 일단 검거한 후 영장의 발부를 받아야 한다.

검거는 구속과는 다르므로 본인의 승낙 없이 강제할 수는 없다고 본다. 그러므로 만일 강제처분이 필요한 경우라면 법관에게 영장을 신청하여 체포 또는 구속할 수 있을 뿐이다. 형사소송법이 인정하는 특수한 경우에 긴급구속을 할 경우에도 반드시 사후에 영장을 교부 받아야 하며 또한 엄격한 법정요건을 갖추어야 한다.

3. 경비수단의 3원칙

1) 균형의 원칙

한정된 경비력으로 최대의 효과를 발휘할 수 있도록 상황과 대상에 따라서 유효적절하게 경력을 배치하여 실력을 행사하는 것을 의미한다.

2) 위치의 원칙

경비사태에서 실력행사를 함에 있어서 상대방보다 유리한 지점과 위치를 신속하게 확보 유지하는 것을 의미한다.

3) 시점의 원칙

상대방의 기세와 힘이 가장 허약한 시점을 포착하여 그 때를 기준으로 하여 집중적으로 강력하게 실력행사를 감행하는 것을 의미한다.

---

121) 경찰관직무집행법 제6조.

122) 형사소송법 제200조의 3.

4. 특수경비

1) 특수경비의 의미

특수경비라 함은 폭발물, 독극물, 총포, 도검 기타 총기류에 의한 인질, 난동, 살상, 유괴납치, 폭파, 암살 등 사회 이목을 집중시키는 특수범죄 또는 중요사건을 예방·경계 또는 진압하는 경찰활동을 의미한다.

2) 특수범죄 진압규칙

(1) 목 적

본 규칙은 총포, 도검, 폭발물, 기타 총기류에 의한 인질 또는 난동 등의 수단으로 목적을 관철하려는 중요 범죄 행위의 대처, 전문적 지식과 기술에 의하여 효과적으로 진압하기 위한 특공대를 설치 운용함을 목적으로 한다. 특공대는 특수한 범죄를 단기간에 2차적 피해가 없이 효과적으로 진압 처리하기 위하여 편성하여 운영하는 것을 말한다. 특공대의 편성과 운영은 특수범죄 진압규칙에 의하여 설치 운영한다.

(2) 설 치

서울, 부산, 대구, 인천, 광주, 대전, 수원, 춘천, 청주, 전주, 마산지역의 특공대는 경찰기동대 내에 설치하고 그 소속요원으로 편성 운용한다. 그리고 이외의 관할경찰서는 다중범죄 진압부대에 설치하고 소속요원으로 편성 운용하도록 하고 있다.

(3) 임 무

① 인질 또는 난동사건의 진압
② 부수피해의 방지
③ 군중격리
④ 채 증

(4) 편성 및 기능

특공대는 다음과 같이 전문 기능별로 반을 편성하고 지휘관은 각 반별 기능을 통합 조정 지휘하여 효과적으로 진압한다.

① 지휘반

치밀한 진압계획, 종국처리 방안을 신속히 강구, 용병 및 공작지휘, 동기, 배후인물, 가족 등 환경을 조사, 영향력자 물색

② 공작반

범죄동기, 가족환경, 범인의 배경, 친・인척 동료를 위한 유・무선 설득, 범인과의 각종 타협(출입교섭, 식사제공 등), 마취제 사용, 기타 각종 범인체포를 위한 공작

③ 경비반

범인 난동 건물의 출입구 및 비상구, 은신포위, 경력배치, 범인 동정감시, 사격거리 밖으로 인원대피 차량통제, 장내・외 부수피해 방지조치, 가스총에 의한 가스발사, 저격, 범인검거에 따른 무기폭발물 안전처리, 범인검거 후의 폭발물 안전처리 등

④ 수사반

범증수집, 범인신문, 의료인 동원, 부상자 발생시의 응급구호, 각종 약품 및 구급차량 동원

(5) 지휘 및 협조체제

사건 진압의 지휘는 관할지방경찰청장 또는 경찰서장이 직접 지휘함을 원칙으로 하되 초동조치의 경우와 일관성 있도록 지휘체계를 유지하기 위하여 필요한 경우는 지방경찰청장 또는 경찰서장이 위임한 자가 이를 지휘할 수 있다. 그리고 상황기록유지, 보고처리의 책임한계는 무장공비 또는 간첩에 의한 사건의 경우는 경비과장 주관 책임으로 하고 기타 일반범죄의 경우는 수사과장 주관 책임으로 한다. 그러나 이 업무와 관련이 있는 각 기능 참모는 주관참모와 적극 협조하여 지휘관을 보좌한다.

(6) 장 비

각 특공부대는 다음의 장비를 상비 운용하고 사건 진압에 대처하여야 한다.

① 저격총 또는 가스발사총 각 2정 이상과 동 실탄

② 방탄모 및 방탄복 각 6착 이상
③ 가스 마스크 6개 이상
④ 방송기 또는 메가폰 1조 이상
⑤ 도청기류 1조 이상
⑥ 망원경 1조 이상
⑦ 기 타

(7) 운 용

지방경찰청장 또는 경찰서장은 관내에서 인질 또는 난동사건이 발생한 경우에는 다음과 같이 단계적 조치를 취하여야 한다.

① 제1단계(준비과정)

- 특공대의 출동
- 군중격리 등 경계배치
- 현장 상황판단
- 범인 인적사항 및 목적 배경 파악
- 작전계획의 확정

② 제2단계(선무공작과정)

- 기도탐색
- 설득유도
- 접촉기도 와해공작
- 부수피해 방지조치

③ 제3단계(공격검거과정)

- 마취공격 검거
- 가스공격 검거
- 저격공격 검거

④ 제4단계(수습과정)

- 폭발물 등 위해 제거
- 사상자 후송처치

- 범인신문
- 사건종결

(8) 지휘통제 본부

지방경찰청장 및 경찰서장은 관내에서 발생한 사건이 종결될 때까지 지휘본부 또는 통제본부를 개설하고 상황기록유지, 보고, 처리 등 진압업무의 지휘통제 임무를 수행한다.

(9) 훈 련

임무를 효과적으로 수행하기 위하여 각 특공대 단위로 평소 직장훈련을 실시한다. 그리고 총기발사 대응술, 폭발물 대응술, 도검류 대응술 등 교과목을 옥내, 옥외 또는 차내 등에서 대처할 수 있는 가상 상황 하에서 훈련계획에 의거 실시하여야 한다.

5. 재해경비

1) 재해경비의 의미

재해경비라 함은 재앙으로 인하여 피해가 발생하였거나 발생할 우려가 있는 천재지변, 폭풍우, 지진, 홍수, 화재, 해일, 수난사고 등 괴변의 사태에 대처하기 위한 경찰의 활동을 의미한다.

2) 재해경비의 준비

(1) 기초조사

① 해당지역의 거주 주민 파악
② 국가 또는 민간의 중요시설과 장비 등의 파악
③ 위험 지형지물과 시설의 파악
④ 사회 간접 자본의 파악
⑤ 피난소, 수용시설, 교통로, 통신장비, 수송장비 등 파악
⑥ 관계기관 협조방안

(2) 인력 · 장비 · 물자의 확보

① 의료진, 구조인력, 자원봉사자 등
② 수송차량, 구급차량, 소방차량, 통신장비, 구급정, 확성기
③ 천막, 비상식량, 취사도구, 침구, 의약품, 의류

(3) 구조계획

① 기상의 예보, 경보, 전달방법
② 피해상황 파악과 보고
③ 피난소, 피난수단, 유도방법
④ 구조요원 등의 상호협력 방안
⑤ 유치인 등 수용시설인의 보호 및 이감사항
⑥ 재해 후 치안확보 조치 등

3) 현장조치

(1) 경 고

평상시 위험개소를 조사한 후 재해시 재차 위험지역 전반에 걸쳐 위험도를 판단하여 재해예보와 경고를 하여야 한다.

(2) 재난구조

재해 상황이 위급하여 피난조치를 하여야 할 경우 사전 관계기관과 협의에 따라 피난조치를 한다.

(3) 이재민 구호

피난구조 후에는 이재민, 사망자, 행방불명자 및 피해상황을 조사 보고하고 관계기관과 협의하여 이재민의 의식주와 구호대책·방역대책 등을 강구한다.

(4) 범죄예방과 단속

재해지구는 물자가 부족하고 혼잡한 틈을 이용하여 각종 범죄가 발생할 가능성이 많기 때문에 경찰은 이에 대한 예방과 진압대책을 세워야 한다.

(5) 정보수집과 공보활동

재해 후에는 민심이 극도로 불안정하고 유언비어가 난무하므로 치안의 불안해질 가능성에 관심을 두고 정보수집과 공보활동을 계속해야 한다.

6. 혼잡경비

1) 혼잡경비의 의미

혼잡경비라 함은 혼란한 상황이 발생할 수 있는 축제행사, 국제행사, 기념행사, 경기대회, 경축일, 제례행사 등에 수반하여 미조직 군중의 혼란에 의하여 발생되는 무질서와 피해를 예방하기 위한 경찰의 활동을 의미한다.

2) 사전 검토사항

① 현지 치안상태와 집회목적의 검토
② 집회장소의 지리적 조건과 사고유발 시설의 개조, 보수, 제거, 확인 등
③ 출입구 혼잡방지와 비상출입구 수용능력 예측과 동원경력의 검토
④ 집회일시와 기상조건, 입장자의 제한조건과 좌석구분 검토
⑤ 집회장소 내외의 화기·폭발물 취급소의 단속과 안내방송시설 확보
⑥ 주차장 시설과 승용입장자 교통차단 대비
⑦ 야간 행사시 정전을 대비한 발전시설 등 대비
⑧ 유관기관 및 주최 측과 충분한 협의

3) 혼잡경비의 주요임무

(1) 경력배치

현지상황에 대처할 수 있는 경력을 편성하여 배치하고 임무, 통신수단, 지휘본부, 예비대의 배치, 경력의 출입로의 확보, 필요한 장비와 장구의 준비, 비상시 지원수단 등을 명확히 하여야 한다.

(2) 출입구 경비강화

출입구 근무의 중요성은 한정된 출입구에 일시에 군중이 집중될 경우 압사사고의 우려와 혼잡으로 인한 질서문란이 있을 수 있기 때문에 출입문에 중점배치 경비를 강화하여야 한다.

(3) 기상조건에 따른 대비

계절적 기상조건에 따른 경비 대책을 강구하여야 한다. 기상의 악화로 발생할 수 있는 혼란에 대비하여 비상구의 활용, 우회로의 이용, 질서유지 유도, 방송시설을 이용한 유도책 등이 필요하다.

(4) 경비의 변수에 대비

혼잡경비는 행사장에서 군중들이 소요사태를 유발하거나 불순분자가 잠입하여 불순선동이나 혼란을 야기할 수 있으므로 그 대비책을 강구하여야 한다.

7. 중요시설경비

1) 중요시설경비의 의미

중요시설경비라 함은 적의 공격으로부터 파괴 또는 폭파 등으로 기능이 마비될 경우 국가에 중대한 영향을 미칠 수 있는 시설로서 국가의 보안목표로 지정한 시설과 중앙부처의 장 또는 시·도지사가 시설 보안상 필요하다고 인정한 시설 등을 보호하기 위한 제반 근무를 말한다.

2) 방호대책

(1) 제1지대(경계지대)

시설 울타리 전방 취약지역에서 시설에 접근하기 전에 저지할 수 있는 예상접근로상의 주요 '목'으로서 평시에는 수시 순찰활동을 하여야 한다.

(2) 제2지대(주 방어지대)

시설 울타리를 포함한 방호 지역으로서 적을 결정적으로 방호하고 시설 내부로의 침투 및 핵심시설에 접근하지 못하도록 평시에는 고정초소 및 순찰근무로 출입자를 통제한다.

(3) 제3지대(핵심방어지대)

시설의 가동기능에 결정적인 영향을 미치는 주요핵심으로서 지하화, 방호벽, 방탄망 등을 설치하고 항상 감시 하에 통제되도록 하며 유사시에는 결정적인 보호가 될 수 있도록 경비인력을 증가배치 한다.

3) 통 제

(1) 방문자 출입통제

방문자를 통제하기 위해서는 위험도에 따라 경비구역 외곽에 면회실과 대기실을 설치하고 출입제한과 동태파악을 하여야 한다.

(2) 작업자의 통제

① 신원조회를 거치지 아니한 자는 출입금지 시킨다.
② 작업장은 담벽이나 판자로 막아서 경계물을 설치한다.
③ 작업감시, 경비원을 고정 배치하여 불순행동을 감시한다.
④ 작업자는 활동지역을 한정하여 이탈하지 못하도록 한다.

(3) 보호구역 설정

① 제한지역

기밀 또는 재산을 보호하기 위하여 시설의 일정지역에 제1차적으로 제한을 가하는 울타리, 경비원 등에 의하여 일반 출입의 감시가 요구되는 시설을 말한다.

② 제한구역

기밀·주요시설·자재 등에 대한 비인가자의 접근을 방지하기 위하여 그 출입에 안내가 요구되는 구역이다.

③ 통제구역

비인가자의 출입이 일절 금지되는 보안상 극히 중요한 구역이다.

4) 사태별 조치

(1) 대기태세

무장공비 및 간첩이 침투한 확실한 정보는 없으나 침투징후가 예상될 경우 당해 지역 작전 사령관이 발령하며 전투 대비 정규전 작전요소는 기본 임무를 수행하면서 평시보다 경계태세를 강화하고 대기하는 태세를 의미한다.

(2) 출동태세

무장공비 및 간첩이 일부 또는 수개 지역에 침투한 상당한 징후가 예상될 경우 발령하며 전 대비 정규전, 작전요소는 대기 태세보다 경계태세를 강화하는 단계를 의미한다.

(3) 전투태세

무장공비 또는 간첩이 일부 또는 수개 지역에 침투하였거나 침투한 확실한 정보가 있을 경우 당해 작전 사령관이 발령하며 전 대비 정규전 작전요소는 기본 임무 수행을 제한 받고 명에 의거 지정된 지역으로 부대를 출동시키는 단계이다.

8. 검문소

1) 개 요

검문소(Check Point)라 함은 중요지역의 요로에서 무장공비 · 간첩 · 범인 · 수배자 등의 검거와 불법물품의 발견을 위하여 통행인과 차량의 검문검색, 그리고 지역경계, 중요사건의 초동조치 등을 위하여 최소규모의 시설 · 장비 · 인원을 배치하는 것을 말한다.

2) 검문소 운영규칙

(1) 운영규칙

검문소운영의 규칙은 합동검문소·경찰초소의 설치기준·근무요령 기타 운영상 필요한 사항을 규정함으로써 운영의 적정을 기하고 돌발사태에 즉응할 수 있는 완벽한 근무태세를 확립함을 목적으로 한다.

(2) 설치기준

① 검문소는 적의 침투예상로 및 주요 간선도로의 취약요소와 교통통제 요소 등을 고려한 중요지점에 설치한다.
② 시·도계와 경찰서 관할의 경계에 설치하는 검문소는 상급관서의 조정 통제하에 단일 검문소를 설치함을 원칙으로 한다.
③ 고속도로의 톨게이트에는 설치할 수 없으며 인터체인지 부근의 일반도로 상에 설치하여야 한다.

(3) 종 류

① 경찰초소

경찰 단독으로 24시간 계속 운영하는 곳

② 합동검문소

군·경 합동으로 24시간 계속 운영하는 곳

③ 임시검문소

비상시 또는 적정 발생시 임시 운영하는 곳

④ 야간검문소

일몰 후부터 일출 전까지 야간에만 운영하는 곳

(4) 임 무

검문소에 근무하는 경찰관의 임무는 다음과 같다.

① 불순분자와 범법자 색출을 위한 통행인 및 차량의 검문검색

② 대공 중 감시 및 거부 등 거점 형성에 의한 지역 경계
③ 주요 신고사건의 초동조치

(5) 근무방법

평상시 경찰관은 격일제, 전투경찰 순경은 시차제 교대 근무를 원칙으로 근무조는 2명을 1조로 편성하고 비상사태 발생시는 다음과 같은 구분에 의한다.

① **갑호 비상사태** : 비번자 전원대기
② **을호 비상사태** : 비번자 2/3 대기
③ **병호 비상사태** : 비번자 1/2 대기
④ **작전사태 발생** : 지체 없이 비번자 전원을 소집하여 비상근무

(6) 근무요령

검문소 요원의 근무는 기본근무와 병행근무를 구분하되 기본근무는 통상적인 검문검색 및 경계근무에 당하여 다음 각호의 요령에 의하여 실시한다.

① 검문검색을 실시할 때는 2명 이상이 1조가 되어 1명은 검문에 당하고 그 이외자는 엄호사격 자세로서 불의의 습격에 대비 경계태세를 취한다.
② 거동이 수상하거나 범죄의 용의점이 있다고 인정되는 자는 누구를 막론하고 신분증과 주민등록증에 의하여 신분을 확인하고 그 소지품을 철저히 검색한다.
③ 통행금지 시간 내 또는 비상경계령이 하령되었을 때에는 차단봉을 내리거나 바리케이트 등 장애 시설물을 설치하여 차량의 통행을 철저히 검문한다.
④ 검문검색에 불응 도주하는 통행인과 차량은 반드시 검거하여 의법 조치한다.
⑤ 검문검색에 당할 때에는 언어와 태도의 불손으로 상대방의 감정을 자극하지 않도록 설득 이해시켜 협조를 구한다.
⑥ 병행근무는 임무수행시 병행하여 근무하는 것을 말하며 경호경비, 교통정리, 첩보수집, 사고발생시 응급조치 등을 말한다.
⑦ 근무교대는 출근시간 10분전에 당번 근무조장이 전 당번 조장으로부터 근무인수를 받고 정시 교체한다.
⑧ 인원, 장비, 자재 및 통신소통 여부와 전일 취급사항과 음어 등을 확인한다.

(7) 복무기간

검문소 요원의 복무기간은 6개월로 하고 교체사유가 없는 한 기간 중 타부서 전보를 제한한다.

(8) 자체방어

검문소는 다음사항을 고려하여 자체방어 시설을 하여야 한다.

① 총안, 방탄망, 사낭, 참호 등
② 적으로부터 노출을 방지하기 위한 위장시설
③ 경계호 전방의 시계청소
④ 통로를 봉쇄할 수 있는 차단시설

(9) 장 비

① 검문소 요원은 M16 소총, K2 소총, 기관단총 또는 권총과 실탄을 휴대하여야 한다.
② 취약지 검문소에는 공용화기를 비치할 수 있다.
③ 무기는 평소 손질 및 관리의 철로로서 유사시 활용에 지장이 없도록 하여야 한다.

(9) 통신망

① 검문소는 관할 경찰서 및 가까운 경찰관서 간에 유무선 통신망을 구성 유지하여야 한다.
② 동일 도로상에 위치한 검문소와 파출소간에는 유선 통신망을 구성 유지하여야 한다.
③ 검문소와 경계호 간에는 부자 또는 설렁줄 등으로 경보 또는 연락수단을 강구하여야 한다.
④ 검문소의 내무반, 근무실 및 옥상 등에는 자체 경보시설을 설치하여야 한다.

(10) 교육훈련

경찰서장 및 경비·보안과장은 검문소 요원에 대하여 월 1회 이상 다음 사항에 관하여 직장훈련을 실시하여야 한다.

① 검문검색 요령
② 간첩 식별방법
③ 위조 주민등록증 식별방법
④ 주민등록증 식별기 사용법
⑤ 기타 필요한 근무요령

9. 검문검색

1) 개 요

검문검색(Stop and Frisk)이라 함은 수상한 거동 기타 주위의 사정을 합리적으로 판단하여 죄를 범했거나 범하려 하고 있다고 의심할 만한 상당한 이유가 있는 자 또는 이미 행하여진 범죄나 행하여지려고 하는 범죄행위에 관하여 그 사실을 안다고 인정되는 자를 정지시켜 질문하는 것으로 범죄의 수사, 범인의 검거 및 예방 등 그 직무를 수행하기 위하여 행하는 경찰관의 직무행위를 의미한다.

2) 법적 근거

(1) 경찰관 직무집행법

① 직무질문

경찰관은 거동이 수상한 자, 죄를 범한 자, 범하려 하는 자, 범인으로 의심할만한 상당한 이유가 있는 자, 범죄행위에 관하여 그 사실을 안다고 인정되는 자 등을 상대로 직무상의 질문을 할 수 있다.[123)]

② 동행요구

직무질문 장소에서 질문을 하는 것이 당해인에게 불리하거나 교통의 방해가 된다고 인정되는 때에는 질문하기 위하여 부근의 경찰서·순찰지구대·파출소·출장소·검문소에 동행할 것을 요구할 수 있다. 이 때 피검문자는 동행요구를 거절할 수 있다.

---

123) 경찰관직무집행법 제3조.

③ 흉기의 조사

경찰관은 피질문자에 대하여 흉기의 소지여부를 조사할 수 있다.

④ 증표의 제시

경찰관이 질문하거나 동행을 요구할 때에는 자신의 신분을 표시하는 증표를 제시하고 목적과 이유, 동행의 장소 등을 밝혀야 한다.

⑤ 가족 등에의 통지

동행을 한 경우에는 가족 또는 친지 등에게 동행의 목적과 이유 등을 고지하거나 본인으로 하여금 즉시 연락할 수 있는 기회를 부여하여야 하며, 변호인의 조력을 받을 권리가 있음을 고지하여야 한다.

⑥ 동행 시간의 제한

경찰관이 동행을 한 경우에는 6시간을 초과하여 경찰관서에 머물게 할 수 없다.

⑦ 신체구속 및 답변강요 금지

형사소송에 관한 법률에 의하지 아니하고는 당해인은 신체를 구속당하지 아니하며 그 의사에 반하여 답변을 강요당하지 않는다.

⑵ 형사소송법

① 현행범인

범죄의 실행 중이거나 실행의 즉후인 자를 의미한다.[124)]

② 준현행범인

준 현행범인은 현행범인으로 간주한다.

1 범인으로 호창되어 추적되고 있는 때

2 장물이나 범죄에 사용되었다고 인정함에 충분한 흉기 기타의 물건을 소지하고 있는 때

3 신체 또는 의복류에 현저한 증적이 있는 때

4 누구임을 물음에 대하여 도망하려 하는 때

124) 형사소송법 제211조.

(3) 주민등록법

① 경찰관은 간첩의 색출, 범인의 체포 등 그 직무를 수행함에 있어서 주민의 신원 또는 거주관계를 확인할 필요가 있는 경우에 17세 이상의 자에 대하여 주민등록증의 제시를 요구할 수 있다.[125)]

② 경찰관은 주민등록증을 제시하지 아니한 자로서 신원을 증명하는 증표나 기타 방법에 의하여 그 신원이나 거주관계가 확인되지 아니한 자에 대하여 범죄의 혐의가 있거나 간첩이라고 인정되는 상당한 이유가 있을 때에 한하여 인근 경찰관서에서 그 신원이나 거주관계를 밝힐 것을 요구할 수 있다.

(4) 전투경찰대 설치법

전투경찰 순경은 임무수행 상 필요하다고 인정할 때에는 경비지역 안에서 검문을 할 수 있다.[126)]

3) 검문검색의 종류

(1) 일제검문검색

거동 수상자 또는 특정 중요사건이 발생했을 때 관할 경찰서의 전 경찰관을 동원하여 중요 도로 및 용의 지점에 배치하여 실시하는 검문검색을 말한다.

(2) 고정검문검색

검문소를 설치하고 부근 일대와 통행하는 사람과 차량에 대하여 의심점을 발견하기 위하여 실시하는 검문검색을 말한다.

(3) 유동검문검색

일정한 용의지점 또는 중요지역에 거점을 정한 후 옮겨 다니면서 검문검색을 실시하는 것을 말한다.

---

125) 주민등록법 제 17조.

126) 전투경찰대설치법 제2조의 2.

(4) 특별검문검색

타 경찰관서에서 중요사건이 발생했거나 수배 요청이 있을 경우 용의지점에 임시 검문소를 설치하여 실시하는 것을 말한다.

4) 주의사항

① 인권존중에 노력할 것
② 위해를 받지 않도록 유의할 것
③ 도주에 유의할 것
④ 불심점에 유의할 것
⑤ 증거인멸에 유의할 것

5) 검문검색의 방법

① 겸손하고 의연한 자세로 한다.
② 신분을 고지한다.
③ 언어 구사에 유의한다.
④ 정지시기를 잘 선택한다.
⑤ 위치나 장소에 주의한다.
⑥ 질문을 계속하고 논쟁을 피한다.
⑦ 상대방의 안색과 태도를 본다.
⑧ 냉정하고 침착한 태도로 질문한다.

10. 요인경호

1) 개 요

경호(Guard)라 함은 요인 등 다른 사람의 신변의 안전을 돌보는 일을 임무로 하는 것을 의미하는 것으로 피 경호자의 신변에 대하여 직접 또는 간접적으로 가해지려는 위해를 미연에 방지하고 제거하여 그의 안전을 도모하는 경비 활동을 말한다.

2) 법적근거

(1) 경찰관직무집행법

경찰관의 직무 범위에서 경비, 요인경호 및 대간첩작전 수행을 규정하여 요인경호를 경찰의 직무로 규정하고 있다.[127]

(2) 대통령경호실법

대통령과 그의 가족, 대통령령으로 당선이 확정된 자와 그 가족의 경호와 필요하다고 인정되는 국내외 요인에 대한 경호를 경호실의 임무로 규정하고 있다.

(3) 전직대통령예우에관한법률

전직 대통령과 그 유족에 대하여는 관계법령이 정하는 바에 따라 필요한 기간의 경호, 경비를 할 수 있다.

(4) 경호규칙

경찰관 경호업무에 관하여 포괄적이며 일반적으로 규정한 것으로 현재 경호경비 업무에 관해서 최우선적으로 적용되는 것이다.

(5) 대통령경호대책위원회규정

경호임무수행에 있어 관계부서의 책임을 명확히 하고 관계 부서간의 협조를 원활히 함으로서 경호 임무의 수행에 만전을 기하기 위한 것이다. 그리고 대통령 경호 안전 대책 위원회의 구성 운영과 관계 부서의 책임 사항을 규정하는 것으로 경찰의 책임은 다음과 같다.

① 입수된 경호 유관 첩보 및 정보의 신속한 전파보고
② 위해인물 감시와 행사 참석자 및 종사원 신원조사
③ 입국 체류자·관광업소 출입자에 대한 동향 파악
④ 우범지역·취약지역에 대한 검문검색
⑤ 행사장 및 행차로 주변에 산재한 물적 취약요소에 대한 봉쇄 조치
⑥ 행차로 요충지 등에 정보쎈타 설치 운영

127) 경찰관직무집행법 제2조 제2항.

⑦ 총기 · 화약류의 영치 및 봉인 등 안전관리
⑧ 불법 무기류 색출 및 분실무기 수사

3) 경호의 목적

① 피 경호자의 신변 안전보장
② 질서유지와 혼란방지
③ 환영 · 환송자 등과 친화도모
④ 위엄과 예식과시

4) 경호의 대상

(1) 갑 호

대통령과 그 가족, 대통령으로 당선 확정된 자와 그 가족, 외국의 원수

(2) 을 호

국회의장, 대법원장, 국무총리, 헌법재판소장, 이와 대등한 지위에 있는 외빈

(3) 병 호

경찰청장이 필요하다고 인정한 인사

5) 경호성격에 따른 구분

(1) 공식경호(1호)

사전통보에 의해 계획되고 준비되는 공식행사시 실시하는 경호

(2) 비공식 경호(2호)

사전통보나 절차 없이 이루어지는 비공식 행사시 실시하는 경호로서 고도의 행차보안이 요구된다.

(3) 약식경호(3호)

출동 또는 퇴근시에 실시하는 경호

6) 경호수준에 따른 구분

(1) A급 경호

공식행사 또는 비공식 행사라도 행사보안이 사전 노출되어 경호위해가 증대된 상황 하에서 이루어지는 각종 행사와 국가원수 급의 1등급 경호대상으로 결정된 국빈행사의 경호

(2) B급 경호

비공식 행사 및 공식 성격의 행사라도 행사준비 등의 시간적 여유 없이 갑자기 결정된 상황 하에서 이루어지는 각종 행사와 수상 급의 2등급 경호대상으로 결정된 국빈행사의 경호

(3) C급 경호

행차보안이 유지된 비공식 행사시 사전 경호조치가 거의 전무한 상황 하에서 이루어지는 경호

7) 경호의 책임

① 경호 최고 지휘 계통상의 책임
② 경호 실무 집행 위원으로서의 책임
③ 경찰내부 직책상의 책임

8) 경호의 4대 원칙

① 자기희생의 원칙
② 자기 담당구역 책임의 원칙
③ 하나의 통제된 지점을 통한 접근의 원칙
④ 목표물 보존의 원칙

9) 경호 경찰관의 교양내용

① 경호의 방침 및 경호계획에 의한 세부지침
② 책임구역과 임무수행 요령
③ 일반수칙과 특별수칙
④ 경호근무 중의 유의사항
⑤ 사고 또는 범죄발생시의 조치 방법
⑥ 총기휴대 방법
⑦ 기타 경호경찰관 회의시 강조사항

10) 경호활동의 범위

① 의도적 위해 행위의 거부
② 행사거부 행위의 예방
③ 불안전 요소의 사전 제거
④ 반사회적 행위의 예방

11) 경호 경계인물

① 경호 요시찰인 · 일반 요시찰인
② 경호사범(피 경호자의 명예훼손 · 모독자, 불온문서 사범, 유언비어 유포사범)
③ 영웅주의자 · 염세주의자 · 전과자 · 실업자 · 정신병자 · 파산자
④ 총기 및 폭발물 소지자 · 기타 불순분자

12) 암살수법

① 장총 · 권총발사, 수류탄 · 폭약투척
② 시한폭탄 장치에 의한 폭파
③ 식장 · 숙소 · 교량 · 터널 · 철도 · 지하도 · 산악 · 하수구 등 폭파
④ 비행기 · 헬리콥터 폭파
⑤ 음식물에 독약 투입
⑥ 열차 탈선

⑦ 승용차 충돌
⑧ 선박폭파 인위적 통로 방해
⑨ 도검류 자상

13) 경호의 사례

세계 각국의 경호 시스템은 크게 세 부류로 나뉜다. 첫째, 영국, 일본, 독일 등 내각책임제 국가에선 경찰이 총리경호를 담당한다. 둘째, 중동과 아프리카 국가 등 정치상황이 불안하고 후진국일수록 군이 국가원수의 경호를 맡는다. 북한도 군호위사령부가 김정일 국방위원장 경호를 맡고 있다. 셋째, 대통령경호실이 법적으로 별도로 마련되어 있는 국가이다. 우리나라처럼 경호실이 별도로 법적기구로 구성되어 독립되어 있는 나라를 의미한다. 2008 Beijing올림픽의 경호를 사례로 하여 선진외국의 경호를 분석해 본다. 올림픽경기 개막식에 참석하는 요인을 경호하기 위해 세계 최고의 보디가드들이 베이징에 집결했다. 올림픽 개막식에 맞춰 베이징에 도착하는 각국정상급 인사 90여명을 지키기 위해서다. 2008년 8월 4일 신장 위구르 자치구에서 폭탄테러사건이 발생한 이래 중국정부는 최고수위의 경계경보를 발령하였다. 각국 경호팀도 VIP경호에 대한 안전대책을 재점검하느라 비지땀을 흘렸다. 중국 외교부 관계자는 평안(平安)한 올림픽을 목표로 세운 만큼 안전올림픽이 치러지도록 최선을 하고 있다고 말했다. 중국의 언론은 이미 베이징에서 세계최고의 경호대전이 벌어지고 있다고 전했다.

(1) 미 국

한국을 거쳐 8월 7일 도착하는 GEORGE W. BUSH 미국대통령의 경호팀은 재무성 소속 USSS(US Secret Service)이다. 1개월전 베이징에 들어온 SS선발대는 부시방중 48시간 전 숙소와 외부 행사장을 사전 점검하며 동선[128]을 확정했다. 8일 오후 부시대통령은 숙소인 웨스틴호텔에서 메인스타디움까지 약 7km를 이동한다. 이때 대통령 전용차인 2006년형 캐딜락 DTS 프레지덴셜 리무진을 비롯해 SUV 등 경호차량 27대가 한조가 되어 움직였다.[129] 대열 앞뒤에선 베이징 공안차량이 호

---

128) 건설용어로 건축물의 내외부에서, 사람이나 물건이 어떤 목적이나 작업을 위하여 움직이는 자취나 방향을 나타내는 선을 의미한다.

129) 미국 내에서 이동할 때 대통령이 사용하는 방탄차와 똑같은 차량 12대가 동시에 이동하여

위하였고, SS가 신경을 곤두세우고 있는 일정은 10일에 집중돼 있었다. 부시대통령은 이날 오전에 베이징의 교회를 방문해 주일 예배에 참석했다. Bush는 오후에는 하이뎬구 우커쑹 농구장에서 열리는 미국농구팀의 경기도 관람했다. 무려 20km 이상을 움직이는 동선이라 시나리오별 위기대응전략이 별도로 마련됐었다. 비밀경호국은 국장밑에 부국장을 두고 있고 그 예하 기관으로는 관리부, 수사부, 경호조사부, 경호운용부, 검찰부 등이 있다. SS의 총인원은 약 3,500명 선으로 우리나라처럼 독립된 기관에 경호업무만을 담당하는 것이 아니라 재무성 소속으로 수사, 정보분야의 업무를 겸하고 있고 그 분야의 최고 엘리트로 친다. 미국에서는 대통령과 군중과의 거리가 10m 이상 떨어져 있으면 누구라도 법적으로 통제할 수가 없다. 세계에서 근접경호기법이 가장 고도로 발달한 나라가 역시 미국이다.

경호유관기관으로는 국내테러, 폭력, 납치 및, 범죄조직에 대한 첩보수집, 범죄예방, 및 수사, 기타 방첩활동을 통한 경호 첩보제공 등을 하고 있는 연방수사국(FBI), 국제 테러조직, 적성국 동향에 대한 첩보수집 분석전파, 외국 국빈방문에 따른 국내 각 정보기관 조정을 통한 경호정보제공 등을 하고 있는 중앙정보부(CIA), 해외 불순인물의 출입국 동향파악 및 통제, 국내 체류 외국인중 불순인물에 대한 첩보제공 등을 하고 있는 이민국(INS), 영부인 및 가족경호, 국무장관, 차관, 외국대사경호, 기타 요인경호를 하고 있는 국무성요인경호과, 경호관련 첩보제공을 하고 있는 안전국, 군관련 첩보수집 분석전파, 국내외 외국정부관료 경호을 하는 국방성 육국부 등이 있다. CIA나 FBI 요원들에게도 선망의 대상이 되고 있는 교육과정도 비밀에 부쳐 있다. 세계에서 국가원수가 가장 저격을 많이 당하는 나라는 미국이다. 세계 최고 수준의 경호를 자랑하는 나라도 미국이다. 지난 63년 존 F. 케네디 대통령이 암살된 것을 비롯해 1865년부터 1901년까지 36년 동안에 무려 세명의 대통령이 암살됐을 정도로 미국 대통령은 총에 맞는 일이 잦다. 미국 내에만 권총 등 1억정의 총기가 민수용으로 나돌아 다닌다. 대통령과 대중과의 접촉이 어느 나라보다도 자유로운 나라가 미국이다. 그런 만큼 근접 경호기법이 가장 고도로 발달한 나라가 역시 미국이다. 비밀경호국은 1865년 위폐 수사를 목적으로 창설된 재무부 산하 기관으로 1901년 매킨리 대통령 암살 이후 대통령 경호까지 맡게 됐다. SS 직원의 핵심인 특별수사관(Special Agent)들은 위폐·마약 수사를 할 수 있는 능력과 대통령 경호능력을 겸비해야 한다. SS 요원은 미국에서도 수사·정보

대통령이 어느 차에 승차하고 있는지를 알 수 없도록 하고 있다.

분야의 최고 엘리트로 친다. 경호요원 중 전체의 60% 정도가 석사 학위 소지자이고 20% 정도는 박사 학위를 갖고 있다. CIA나 FBI 요원들도 SS 경호요원으로 발탁되길 바란다고 한다. SS 요원의 우수성은 철저한 선발과 교육과정에서 나온다. SS 요원은 선발된 뒤 거의 1년간 고도의 훈련을 받는데 구체적인 교육과정은 일절 외부에 알려지지 않는다. CIA나 FBI에선 외국 경호요원이나 특수요원들의 위탁교육을 받지만 SS만은 일절 받지 않는다. 실력을 인정받는 만큼, 퇴직하는 SS 요원들은 그만두기가 무섭게 기업체의 안전관리 담당간부 등으로 영입되거나 대학교에서 교편을 잡기도 한다. 측근인사 발탁은 절대 안하고 있다. SS가 갖고 있는 또 다른 강점은 뛰어난 정보수집력이다. 원래 위폐 및 마약 수사업무에서 시작했기 때문에 SS는 미국 내 73곳에 지부를 두고 있다. 이들 지부는 주지사 등 요인들을 경호하기도 하고 때론 대통령 해외순방에 동행하기도 한다. 미국 대통령이 방한할 때엔 SS 하와이지부장이 선발대를 이끌고 우리나라를 먼저 찾았다.

(2) 러시아

2008올림픽에서 러시아 블라디미르 푸틴 총리는 4중 경호체제를 가동하여 경호한 것으로 알려졌다. 개회식엔 근접 거리에서 경호할 요원 3명만 대동한다. 옥외행사일정은 비밀에 부쳐져 있다. 푸틴은 근접경호 외에 가이드라인 앞과 군중 속에 요원들을 심어 2. 3차 경호망을 형성하여 위험에 대비했다. 러시아 대통령경호 특수잠수부대는 정예전투부대로 1960년 초에 창설되었으며, 주요 임무는 강과 Moskva의 하수구 등 지하네트워크를 구성하여 수중공격에서 Kremlin을 보호한다. 그들은 Kremlin 주위의 하수구와 강, 인근 바다에서 대통령의 거주를 보호하는 부대이다. 특별한 무기는 수중사용을 위해 디자인된 특별한 수중권총으로 반자동이며, 탄알은 잠수용으로 긴바늘과 못으로 되어 있어 'Needle Gun'이라고 부른다. 못은 여섯개에 17m의 거리에서 깊이 박히게 하여 죽일 수 있다. 수중전투의 기본원리는 선제공격으로 승리하는 것이고, 물 압력이 잠수부를 혈액의 다량손실하게 만들기 때문에 경미한 부상으로도 수중에서 치명적일 수 있다. 또한 이들 잠수부들은 예비산소공급을 위하여 가슴에 작은 예비풍선을 붙인다.

그 외 특수부대로 Vympel(Pennant)이라는 경호기관이 있다. 창설의 결정은 소연방의 중앙위원회에서 하였으며 정찰, 파괴활동, 투쟁, 시민보호, 소련사회주의연방공화국의 해외 진출한 상대국의 수력발전, 원유사업. 원자력, 화학제품 및 기업활동 등에 대한 정보수집과 소련국내 테러리스트와 게릴라들의 중요한 목표, 상대의 파괴 활동가능성이 있는 중요목표의 보호감시 등의 임무를 가지고 있다. 아프가니스탄의 전쟁동안에 부대원들은 조사, 자료수집, 사보타주의 임무를 수행하였다.

1991년에 대테러리스트 임무가 추가되었다. 맨투맨 전투를 위하여 호신술, 단검, 도끼 등을 사용하며, 수송장비로는 각종 자동차, 기갑차량, 헬기, 비행기로 출동한다. 폭발물 제거 및 설치와 외국어는 어느 나라든 외국 언어와 학문, 전통, 예절 등을 사전에 완벽하게 배우며 언어는 완전 독해할 수 있는 능력을 갖고 있다. 그 외 1950년대 초에 창설한 Spetsnaz 특수부대로 소련참모본부 첩보부대(GRU)로 베일에 쌓여 있었으나 1990년대 초에 서방측에 '양동부대'라고 알려졌다. 임무는 육해공으로 적에 잠입하여 사보타지, 테러, 적국군부요인암살, 폭파, 정보수집, 적후방의 핵기지와 사령부 등 주요목표물의 공격과 적을 혼란하게 만들어 전투력을 약화시킨다. 무기로 대다수는 5.45mm AKS-74 자동소총 및 5.45mm PRI 소음기가 부착된 자동권총, 전투나이프, 수류탄 6발, 7.62mm 구경 유탄발사기 등으로 무장을 하며 임무에 따라 SA-7휴대용 지대공 미사일 발사기, 지향성지뢰, 폭약 등으로 무장하기도 한다. 그리고 외국의 모든 형식의 무기를 사용할 수 있도록 훈련된다. 소련시대에는 징병제에서 현재는 지원제로 하고 있으며, 내무부 소속과 군소속으로 지원방법에 있어서 다소 차이는 있다. 훈련은 목숨을 거는 화학병기와 실탄을 사용하여 죽음에 이를 정도의 훈련을 실시한다. 훈련과목은 잠입술, 정찰, 가상목표포착술, 목표국의 언어와 습관, 가혹한 환경인 적의 후방에서 생존, 위장술, 추적술, 다양한 수단의 사보타지, 격투기, 낙하산 강하 등의 특수훈련과 스키, 등산, 기본체력훈련을 실시한다. 낙하산 강하훈련은 고정익 및 회전익 등에서 스카이다이빙에 고도낙하, 저고도낙하를 5~300번 반복하며 필요시 100회 추가훈련을 행해지며 이 기술을 마스터하면 적 후방 약 50km까지 발견되지 않고 잠입할 수 있을 정도가 된다. 사격훈련은 정지한 표적에 있어서는 소총은 480m, 기관총은 400m, 권총은 25~30m까지 정확하게 명중하며, 이동표적은 소총의 경우 550m의 거리 표적을 명중시킬 정도로 훈련을 실시한다. 또한 은밀한 작전을 위하여 단도 훈련을 실시하는데 8m 이상의 거리의 적을 단도를 던져서 무력화 시킬 정도이다.

(3) 이스라엘

중국보안당국이 2008올림픽에서 세심한 관심을 쏟는 정상은 이스라엘의 시몬 페레스 대통령이다. 개막일인 8월 8일이 마침 일체의 생산활동은 물론 차량 이용도 금지하는 유대교 안식일과 겹치는 바람에 페레스 대통령은 걸어서 이동해야 한다. 중국 당국은 동선을 최소로 줄이기 위해 메인 스타디움과 가장 가까운 곳에 특별 숙소를 마련했다. 페레스 대통령은 '1당3'의 실전무술로 무장한 이스라엘 특수경호팀인 신베트요원 4명의 그림자 경호를 받는다.

중국은 올림픽 개회식에 전 세계 중요인사들을 초청했다. 부시 미국대통령, 푸틴 러시아 수상, 사르코지 프랑스 대통령, 그리고 시몬 페레스 이스라엘 대통령 등을 초청했다. 그런데 개회식이 하필이면 8월 8일 안식일 저녁이다. 유대인 대통령으로서 안식일을 어기는 차를 타고 개회식장으로 가야하기 때문에 페레스 대통령은 혹시 된다면 걸어서 갈 수 있도록 2백미터 이내에 숙소를 마련해 주면 참석할 수 있다고 답장했다. 대통령 특급경호를 펴야 하는 세계정상들 숙소가 이미 정해졌기 때문에 중국은 거절을 했다. 그러나 시몬 페레스는 세계에서 가장 존경받는 현직 정치인이며 노벨평화상 수상자로 참석 가치가 아주 높으며 또 세계를 주름잡는 유대인의 대통령으로 중국정부가 놓쳐서는 안 되는 사안이었다. 중국 정부는 마침내 경기장 한 쪽에 시몬 페레스 대통령만을 모시는 특별숙소를 만들고 초청을 통보했다. 숙소뿐만 아니라 유대인식 코셔로 식단도 준비하겠다고 하였다. 인구 6백만의 작은 나라 이스라엘 대통령을 모시기 위해 대중국이 개회식이 열리는 경기장 근처에 특별 숙소를 만들어서까지 모시는 일이 벌어졌다. 또 엄청난 부대시설을 만들어야 하는 수고가 들어감에도 안식일을 지키기 위해 걸어서 갈 수 있는 거리에 숙소를 마련해 달라는 시몬 페레스의 주문도 특이했다. 이번 올림픽 개최 뒷얘기로 그가 묵었던 장소가 올림픽 기념장소로 보존될 때 시몬 페레스 대통령의 안식일을 지키기 위한 특별 숙소이야기는 아주 특이한 경우에 해당한다.

(4) 프랑스

당일치기 일정으로 방문하는 니콜라 사르코지 프랑스 대통령은 8일 오전 11시 30분 베이징에 도착해 후진타오 중국 국가주석과 오찬을 한 뒤 개막식만 참석하고 돌아갔다. 일정이 짧다고 경호부담이 줄어드는 것이 아니다. 경비대 소속경호원 50~60명이 들고 다니는 서류가방 안에는 MP5K기관단총, 마취수류탄 등 각종 최신무기와 함께 긴급 상황에서 방패로 사용할 수 있는 특수섬유방탄막 등이 들어 있다. 프랑스는 GIGN(Groupement D'Intervention De La Gendarmerie Nationale)

라는 경호특공부대가 있다. 1973년 11월 프랑스 정부는 대테러리스트 특공대 지젠느(GIGN) 을 창설했다. 창설 초기에는 제1 GIGN과 제4 GIGN의 2개의 부대로 구성되어 있었으나 1976년에 통합되었고, GIGN의 임무가 점차적으로 늘어나자 1979년에는 핵심요원을 15명에서 42명으로 보강했고, 1984년에는 58명(장교 6명)으로 증원했다. GIGN은 12명으로 구성된 4개의 타격대(Strike Unit)로 되어 있으며, 4개의 타격대 중 1개 타격대는 비상대기조로 언제 어디로든 출동할 수 있는 태세를 갖추고 24시간 대기하고 있다. GIGN은 인질구출작전이 주된 임무이지만, VIP에 대한 경호, 주요 시설물에 대한 방어, 극악범 호송 임무도 아울러 수행하고 있다. 프랑스는 서방 국가들과의 대테러 국제 협력에서 비교적 소극적 입장을 취해 왔으나, 최근 프랑스가 세계의 주목을 받고 있는 국제 테러분자의 상호연계 및 음모의 온상지가 되면서 서방국가의 비판이 높아지고 1978년 모로 수상이 피살되자 이에 자극을 받아 강경책으로 전환하였다. GIGN 대원의 선발은 헌병대에서 5년 이상 근무자중 지원자를 대상으로 1차 서류심사와 GIGN 대장과의 인터뷰를 통해 100명을 선발한 후 일주일 동안 체력, 담력, 사격능력 검사를 받게 되는데, 체력검사는 완전군장 8km 달리기, 암벽타기, 레펠훈련 등이며, 담력검사는 훈련된 사나운 군견과 무술 유단자와의 연속대결 등이고, 사격은 권총 및 소총 사격능력 평가가 포함된다. 2차 관문을 통과한 지원자들은 8개월간의 각종 대테러리즘 전술과 전기를 연마하게 되고, 모든 과정을 성공적으로 수료하면 정식으로 GIGN의 대원으로서 임무를 수행하게 된다. 마지막관문까지 통과한 인원은 불과 10%가 되지 않을 정도로 힘든 과정이라고 알려져 있다. 이중에서 다른 나라의 특공대와는 달리 GIGN은 전투 수영훈련을 강조하고 있다. 이것은 해상에서 선박납치 사건이 발생하거나, 해안에 있는 호텔과 같은 위락 시설의 점거와 인질억류에 철저하게 대비하고 있음을 보여주는 것이다. GIGN의 특징중의 하나는 대원 개개인들이 맞서게 될 테러리스트들을 심리적으로 압도하기 위해 정신수양 훈련을 하고 있으며, 테러리스트 단체에 대한 공격 유형과 추구하는 목적에 대한 끊임없는 연구를 하고 있다. 이러한 연구를 통해 작전에 투입될 경우 테러리스트 및 단체에 대해 세밀한 사항까지 파악하고 있음으로 테러리스트들을 압도할 수 있는 능력을 갖추고 있다는 것이 강점중의 하나이다. GIGN은 정부의 전폭적인 지지와 최고의 엘리트 대테러리즘 특공대의 명성을 유지하기 위해 자체적인 연구와 각종 훈련을 통해 그 어느 특공대보다 훌륭한 성과를 거두고 있다. 창설이후 지금까지 GIGN이 행한 작전은 실패한 일이 없으며, 지난 20여년 동안 560여 차례의 특수작전을 통해 모두 5백 50여명의 테러리스트들을 무력화시켰으며, 3백 50여명의 인질을 구출해 냈다.

1976년 지부티에서의 발생한 스쿨버스 인질구출작전, 1979년 사우디아라비아의 회교 원리주의자들이 일주일간 장악하고 있던 회교성지 메카사원 진압작전, 1983년 파리의 오를리 공항 납치범 제압작전 등이 대표적인 작전이다. 그중에서 가장 널리 알려진 구출작전은 1994년에 발생한 에어 프랑스 항공기납치사건의 구출작전이다. 알제리의 우아리 부메디엔 공항에서 알제리 회교 원리주의 테러리스트 4명이 자국의 항공기를 납치하여 프랑스의 마르세이유 마리난 공항에 강제 착륙시키고 프랑스 정부와 대치하자, GIGN이 투입되어 납치범 4명을 사살하고 인질 1백 70명을 성공적으로 구출했으며, 17분간의 작전중 사용한 총탄은 모두 1,500여발 이었다. GIGN은 사우디아라비아를 비롯한 제3세계 국가의 대테러리즘 특공대원들의 훈련을 지원하고 있다. 우리나라의 특수부대 역시 GIGN부대를 방문하여 대테러리트 특공대 훈련에 필요한 기술과 정보를 얻고 있다. 현재까지 GIGN 대원중 8명이 사망했는데 1명은 작전중, 나머지 7명은 훈련 중에 사망했다.

(5) 우리나라

우리나라는 청와대에 경호실이 있어 경호실에서 경호에 대한 총체적인 업무를 맡아서 처리하고 있다. 그러나 경호에 있어서 밀착경호는 경호실에서 실시하고, 근접경호는 경찰의 경비과 경호계와 보안과 안전계에서 협조하여 실시한다. 2008 Beijing올림픽에는 경호실의 경호팀선발대가 8월 1일부터 이명박 대통령이 묵는 싼리툰 지역의 대사관저와 외부행사장 주변을 훑으며 이 대통령의 동선을 최종 점검하고 행사에 참여했다. 그러나 우리나라 대통령이 동유럽이나 동남아, 중남미 등을 방문할 때에는 미국 USSS의 정보협조를 많이 받는다. 우리나라도 미국처럼 대중과 대통령간의 거리를 좁히면서도 유사시 대통령을 보호하는 미국의 근접경호기법은 우리나라경호실이 본받아야 할 모델이다. 현재와 같은 통제는 민주국가에선 앞으로 거의 불가능하다. 대중과 대통령간의 거리를 좁히면서도 유사시 대통령을 보호하는 미국의 근접경호기법을 개발해야 한다.

11. 다중범죄 진압

1) 개 요

다중범죄(Repression of Multiple Crime)라 함은 정치·경제·사회·문화·교육 등 사회 전반에 대한 남비·임피 현상, 주의·주장, 욕구불만, 이기주의, 사회병리 등의 해결을 목적으로 시위·소요·폭동 등의 행위를 의미한다.

2) 특 징

(1) 군중심리

다중범죄는 군중심리의 영향을 받아 아무런 주견이 없이 남의 의견이나 행동에 덩달아 충동적이며 편협적인 경향이 있다.

(2) 확신범

다중범죄를 발생시키는 주동자나 참여자들은 자신들의 주의·주장이 정의라는 확신을 갖고 행동하기 때문에 죄책감이 없는 경향이 있다.

(3) 조직에 기초

다중범죄는 조직에 기초하여 발생하는 경향이 많으며 조직이나 단체의 설치목적, 활동방침을 파악 할 경우 사태의 해결이 용이하다.

(4) 전국적 파급성

교통과 통신의 발달로 급속히 전국적으로 파급되고, 연계되어 동시 다발적으로 발생하는 경향이 있다.

3) 효율적 진압

(1) 정책적 치료법

① 선수 승화법

경찰의 정보기능을 강화하여 활발한 정보활동으로 불만집단과 불만요인을 찾아

내어 사전에 해소시키는 요법이다.

② 전이법

집단이나 군중의 관심을 다른 사건, 행사로 집중시켜 원래의 의견, 감정, 이슈 등을 약화하여 무산시키는 요법이다.

③ 경쟁 행위법

불만집단에 반대하는 대중의 의견을 크게 부각시켜 불만집단의 의견이 상대적으로 약화되도록 하는 요법이다.

④ 지연 정화법

불만집단의 고조된 주장을 시간을 끌어 이성적으로 사고할 기회를 부여하고 정서적으로 감정을 둔화시켜서 흥분을 가라앉게 하는 요법이다.

(2) 진압의 기본원리

① 세력분산 및 통제파괴
② 배제(격리분산)
③ 선동자 · 주모자의 격리 검거
④ 방 어

(3) 진압의 사전대비

① 사전정보의 수집
② 경비계획의 수립
③ 경비요원의 소집
④ 경비부대의 편성
⑤ 응원 · 지원부대의 파견요청
⑥ 진압장비 및 통신 · 수송 장비의 점검
⑦ 교육훈련의 실시
⑧ 출동태세 점검

4) 현장조치

① 부대의 배치
② 현장선무활동
③ 실력의 행사 : 위력시위, 대형공격, 가스공격

5) 진압의 3대 원칙

① 신속한 해산
② 주모자 체포
③ 재집결 방지

6) 5대 행동수칙

① 규율확립
② 시민과 시위 군중과의 신속한 분리
③ 과감한 행동 금지
④ 감정적 언행 금지
⑤ 개인행동 엄금

7) 사후조치

(1) 단계별 철수

현장상황을 고려하면서 병력을 단계별・순차별로 철수하여야 한다.

(2) 재집결 방지조치

2차 집결 예정지를 선점하여 재차 집결할 수 없도록 사전 조치한다.

(3) 조사활동

완전 진압한 후 피해상황, 현장 목격자, 참고인, 관계자료, 여론 등을 토대로 검거자를 상대로 조사한다.

(4) 검거자 처리

체증활동을 철저히 한 후 가담자를 검거하여 형사사건과 즉심 사건으로 분류하여 처리한다.

(5) 사후 법적 처리

사건전모를 규명하여 주모자와 그 조직의 배후관계를 파악하여 사후대책의 강구하는 것을 말한다.

8) 진압장구

(1) 개인장구

① 방석모
② 방석복
③ 방독면
④ 방패
⑤ 경찰봉
⑥ 가스탄
⑦ 가스탄 발사기

(2) 차량장비

① 가스차
② 지휘차
③ 경력수송차
④ 조명차
⑤ 살수차

(3) 특수장비

① 반동식 구조막
② 소화포
③ 석면장갑·

④ 투석 방어판
⑤ 창문 가리개

12. 종합상황실

1) 목 적

종합상황실(Consolidated Situation Room)의 목적은 국가 비상사태 또는 긴급 중요 치안상황이 발생하였을 때 업무체계를 일원화하여 능동적이고 효율적으로 업무를 처리하기 위하여 경찰청, 지방경찰청, 경찰서에 긴급 상황을 처리하기 위한 전담요원을 배치하고 지휘와 통제를 단일체제화 하여 신속 정확한 상황파악과 초동조치를 취하는데 그 목적이 있다.

2) 기 능

(1) 상황의 신속 · 정확한 파악

상황실은 24시간 근무체제를 갖추고 있기 때문에 언제든지 신속 정확하게 상황을 파악할 수 있다.

(2) 상황의 신속한 전파

상황실에서는 일사분란한 지휘와 통제체제를 갖추고 있기 때문에 접수된 상황을 필요한 상 · 하 또는 대등한 부서와 요원에게 신속하게 전파할 수 있다.

(3) 긴급조치

상황을 접수한 상 · 하 또는 대등부처에서는 즉시 초동조치를 취할 수 있으며 상황의 진전에 따라 후속조치를 취할 수 있다.

(4) 유관기관의 협조

상황처리에 필요한 유관기관과 협조체제를 유지하면서 즉시 정보교환 및 지원과 응원을 할 수 있다.

3) 조 직

(1) 상황실장

상황실장은 상황요원을 지휘·감독하며 정형적인 상황의 처리와 비정형적인 상황이 발생하였을 경우 상사에게 보고하여 지휘와 통제를 받아 처리한다.

(2) 접수반

상황의 접수를 전담하고 상황의 진행상황을 파악하여 상사에게 보고하고, 관계인에게 전달하여 상응한 조치를 취하도록 한다.

(3) 전파반

전파반은 접수반에서 받은 상황을 관계기관과 관계인에게 각종 통신시설을 이용하여 보고, 통보, 하달하는 업무를 전담한다.

(4) 분석반

신문, 방송청취, 신고사건 등을 분석하여 접수되지 않은 사건, 사고가 발생하였을 때 관계기관에 하달하여 상황을 파악하도록 지시한다.

(5) 기록반

작전상황 등의 진행상황에 따라 상황일지와 상황판을 기록하고 비상소집시에는 응소자의 기록 등 기타 관련기록을 전담한다.

4) 상황의 처리

(1) 인접지역 등 긴급수배

상황발생지역 및 인접지역 경찰서 파출소·초소 등에 하달·통보하여 긴급수배 의뢰한다.

(2) 5분대기 부대 출동

상황의 접수와 동시에 5분대기 부대를 출동하도록 하고 계속 상황을 유지하면서 통신한다.

(3) 지휘관 등에게 보고

상황을 파악한 후에는 지휘관과 관계 참모에게 보고 통보하여 상황에 적응하는 조치를 강구하도록 한다.

(4) 도주로 차단

범인의 도주로를 차단하고 포위망을 구축하여 좁혀가면서 비상배치 계획에 의거 경력을 배치한다.

(5) 특수부대 출동

상황의 진전에 따라 필요한 특공부대, 임시편성부대, 기동대 등 특수부대를 출동시키고 작전개시 준비를 한다.

(6) 상급기관 보고

상급기관 보고는 상황의 발생시 초동조치를 한 후 즉시 보고하여 상급에서 필요한 조치를 취할 수 있도록 한다. 그리고 상황의 진전 동향과 조치사항 등을 계속해서 동시에 추보하여야 한다.

(7) 유관기관에 통보 또는 협조요청

상황의 유형에 따라서 관계기관에 통보하고 필요한 경우에는 협조 요청하여 조기에 상황을 종료할 수 있도록 한다.

(8) 상황의 유지와 지원

상황이 계속되는 경우에는 증원부대를 출동시키고 진행사항을 계속 보고하면서 상황이 종료될 때까지 대응 조치를 한다.

5) 상황실장의 임무

(1) 상황실 요원의 감독

상황실장은 상황실에 근무하는 전종요원과 1일 당직자 등에 대한 정착 근무를 확인하고 부여된 임무 수행에 착오가 없도록 감독하면서 상황실이 정상적으로 운영되도록 관리한다.

(2) 5분 대기부대 점검

긴급 상황에 대비하여 5분 대기부대와 분대장 및 분석조, 조사요원 등의 출동 준비태세를 확인하고 무기와 통신 장비 등의 준비사항을 확인한다.

(3) 근무교대 확행

상황실에는 전담요원과 1일 근무요원이 24시간 단위로 하여 2교대 근무하기 때문에 근무교대시 상황의 인수인계를 소홀하게 할 수 있다. 근무교대는 반드시 교대 전 30분 동안 합동 근무할 수 있도록 하고 상황실장의 책임 하에 교대토록 한다.

6) 상황요원의 임무

(1) 정착근무

상황실 근무 요원은 자기의 자리를 지키면서 1분 1초라도 상황에 대비한다는 마음가짐이 필요하다. 그리고 언제든지 상황을 처리할 수 있도록 준비하고 전화접수 등 소홀하게 되는 일이 없도록 노력한다.

(2) 보안유지

상황실은 통제구역이기 때문에 관계자 이외는 출입하지 못하도록 하고 외부인의 출입을 엄격히 통제하여 상황실에서 처리하는 업무의 비밀이 유출되는 일이 없도록 주의하여야 한다.

(3) 기능의 유지

상황실은 치안과 관련되는 모든 상황을 처리하는 곳이기 때문에 각 기능별로 직원이 배치되어 상황을 처리하고 있다. 이 때 주무기능 직원과 상근상황실 요원 등이 상호 협력관계를 유지하여 상황처리에 빈틈이 없도록 노력한다.

(4) 업무의 인수인계 철저

상황실의 업무는 정확하게 처리되어야 하기 때문에 업무의 인수인계를 철저하게 하여야 한다. 반드시 상황실장의 입회하에 근무교대를 하고 30분간 합동근무를 하도록 하여야 한다.

(5) 매스컴의 청취

경찰의 활동에는 한계가 있기 때문에 매스컴에 관심을 두고 청취를 계속해야 한다. 특히 전국적인 상황에서는 전국상황 또는 인접지역 동향 등을 정확하게 파악하여 이에 대비하는 자세가 필요하다.

(6) 기록 유지

상황실에서 처리하는 모든 사항은 기록으로 만들어 보고·통보하고 진행사항을 시간별로 상세하게 기록을 유지해야 한다.

13. 비상업무

1) 개 요

비상업무(Emergency Task)라 함은 정상적인 상태가 아닌 긴급사태가 발생하였거나 발생할 우려가 있는 경우의 업무를 의미한다. 비상업무는 경찰비상업무규칙에 의하여 사태의 종류에 따라 지역별, 기능별로 구분하여 경비, 작전, 정보, 수사, 교통 등 주관별로 경찰력을 동원하여 예방, 진압, 경계하는 경찰활동을 말한다.

2) 비상업무규칙

(1) 목 적

각종 긴급 또는 주요사태의 구분에 따른 지역별, 기능별 경력운용 및 활동체제의 정형화로 비상 업무를 효율적으로 수행함을 목적으로 한다.

(2) 방 침

비상업무 대상기능은 경비·작전정보·수사·교통업무 중 긴급사태에 국한한다. 다만, 2개 이상의 기능에 관련되는 사례에 대하여는 경비 비상으로 통할·단일화하여 운용한다. 그리고 기능별 사태의 정황에 따른 비상 등급을 갑호, 을호, 병호 등으로 구분하여 운용한다. 적용지역은 전국 또는 지방경찰청 및 경찰서 관할 등 한정 지역으로 구분한다. 그러나 2개 이상의 지역에 관련되는 사태는 차 상급 기관에서 주관 운용한다.

(3) 비상의 명칭

① 경비과 소관

- 작전비상 : 갑호, 을호, 병호
- 경비비상 : 갑호, 을호, 병호

② 정보과 소관

- 정보비상배치 : 갑호, 을호

③ 수사과 소관

- 수사비상배치 : 갑호, 을호

④ 교통과 소관

- 교통비상배치 : 갑호, 을호

(4) 발령권자

① 전국 또는 2개 이상 지방경찰청 관할 지역 : 경찰청장
② 지방경찰청 또는 2개 이상 경찰서 관할지역 : 지방경찰청장

(5) 비상근무 실시요령

① 작전비상 : 각 시 · 도 작전계획 중 사태별 조치적용

- 병호 : A사태(3급사태) - 적용실시
- 을호 : B사태(2급사태) - 적용실시
- 갑호 : C사태(1급사태) - 적용실시

② 경비비상 배치

경비, 작전 비상경계에 의거 실시한다.

③ 정보비상 배치

간첩 또는 정보사범 색출을 위한 경계지역 내의 검문검색 활동을 실시한다.

④ 수사비상 배치

가용경력으로 중요 가두, 은신 용이장소, 숙박업소 기타 우범장소의 검문검색을

실시한다. 그리고 긴급 수사요원 및 을호경계 중 동원되지 않은 수사형사는 주무계에서 지정하여 계속근무를 실시한다.

⑤ 교통비상 배치

을호 경계기간 중은 교통 경찰관의 반수 인원을 동원하여 일제히 교통통제관리, 지도단속, 사고예방 활동을 실시한다. 그리고 갑호 경계기간 중 교통경찰관 전원을 동원하여 일제히 교통통제관리, 지도단속, 사고예방활동을 실시한다.

(5) 보 고

발령권자는 비상근무 명령 하령시에는 지체 없이 비상구분, 실시목적, 기간, 범위, 경력 및 장비동원 상황과 지휘부 요원 등을 차상급기관의 장에게 보고하여야 하며, 비상해제시는 6시간 이내에 해제일시, 사유 및 단속실적 등을 보고하여야 한다.

(6) 비상업무의 실시한계

① 대간첩작전 및 치안상 긴급사태가 발생하거나 발생할 우려가 있을 때
② 연말연시, 국경일, 기념일, 국제행사 등을 계기로 불순분자의 책동이 현저하게 예상될 때
③ 간첩 또는 정보사범의 색출을 위한 검문검색이 필요할 때
④ 무기 또는 특별장비에 의한 중대 범죄사건의 발생으로 긴급히 범인 체포가 필요할 때
⑤ 해일, 농무, 풍수, 설해, 폭동, 화재 등으로 피해가 예상되거나 발생하여 치안상 영향이 있을 때
⑥ 기타 긴급 사태의 징후가 있을 때

(7) 감독 등

발령권자는 소속직원에 대한 교양과 감독을 실시하여 비상근무를 빙자한 직권남용 사례 등이 없도록 하고 경력 동원의 적정으로 불필요한 경력소모가 없도록 유의하여야 한다.

14. 비상소집

1) 개 요

비상소집(Emergency Call)이라 함은 간첩의 출현 또는 치안상 긴급사태가 발생하였거나 발생할 우려가 있는 경우에 이를 예방·진압·경계 등을 하기 위하여 비상소집 규칙에 의하여 긴급히 소집하는 것을 말한다.

2) 비상소집규칙

(1) 목 적

대간첩작전 및 치안상의 긴급사태가 발생하였거나 발생할 우려가 있을 때에 이를 신속히 예방, 경계, 진압 기타 필요한 조치를 취하기 위하여 경찰공무원을 소집하는 절차를 규정함을 목적으로 한다.

(2) 운영지침

① 응소거리와 응소시간을 최대한으로 단축하여 긴급 상황에 즉응할 수 있도록 전력화를 기한다.

② 긴급사태에 즉응할 수 있도록 시차별 응소 가능인원을 판단하여 부대 운영계획을 수립한다.

③ 서울, 부산 등 두개 이상의 경찰서가 있는 대도시는 지방경찰청에서 관내경찰서의 위치와 수 및 거주분포 등을 고려하여 두개 이상의 지역 군으로 구분하여 비상소집계획을 수립하고 각서는 지방경찰청계획에 의하여 자체계획을 수립한다.

④ 교통수단이 없는 야간에는 자체 보유차량에 의한 수송계획을 수립 운영한다.

⑤ 대도시를 제외한 기타 지역은 각 서별로 계획을 수립 운영한다.

⑥ 각급 경찰기관의 장은 자체 비상소집 계획을 수시로 재검토 보완하여 소집의 신속을 기한다.

⑦ 원거리 거주자를 거주지 관할 경찰서에 근무토록 조정한다.

(3) 소집범위

경찰기관의 장은 소속 경찰관의 전부 또는 일부를 지역별 또는 계급별로 구분하여 소집할 수 있다.

(4) 비상 연락망 제출

새로 임용된 자와 숙소 및 부서를 이동한 자는 부임 또는 이동한 날 즉시 비상연락망 2부를 작성 소속과장의 확인을 받아 주무과에 1부를 제출하여야 하며 1부는 거주지 순찰지구대·파출소에 제출하여야 한다. 그리고 경비과장 또는 경비교통과장, 순찰지구대장, 파출소장은 매월 1회 이상 비상소집 연락부를 정비 보완하여야 한다.

(5) 소집명령

경찰기관의 장은 비상소집을 명할 때에는 소집명령서에 의하되, 유·무선 전화, 팩시밀리, 방송 기타 신속한 방법을 사용한다.

(6) 소집전달

비상소집 명령이 하달되면 당직 근무자는 해당과, 계, 분직, 파출소에 전달하고 전달받은 자는 해당부서 직원을 릴레이식으로 즉시 소집한다. 자동 전파 장치가 설치된 경찰관서는 자동전파장치를 이용하여 전파하되 무응답으로 처리된 자에 대하여는 상황실 근무자가 해당 과, 계, 분직자에게 통보하여 다시 전파하도록 한다. 그리고 전화전달이 불가능하거나 거리상 현장 전달이 곤란할 때는 관할 순찰지구대·파출소에서 전달토록 한다. 각 과 및 파출소는 비상소집 사항을 신속히 전달하고 그 결과를 기재해 두어야 한다.

(7) 응 소

경찰기관의 장은 응소자 명부를 작성 비치하여야 한다. 비상소집 명령을 전달받은 자와 이를 알게 된 경찰관은 소집 장소로 응소함을 원칙으로 하고 교통수단이 두절되거나 없을 때에는 가까운 경찰서에 응소신고 후 지시에 따른다. 소집관은 응소자의 복장 및 휴대품을 점검하고 시차제에 의거 출동 기타 필요한 조치를 강구하여야 한다.

(8) 수송계획

지방경찰청장은 책정된 지역관할에 거주하는 경찰관의 응소방법과 차량동원 및 수송코스 등을 포함한 사후 지원계획을 수립하여야 한다. 그리고 경찰서장은 지방경찰청 계획에 의거 관내 실정에 맞는 자체 세부계획을 수립하여 응소거리와 시간을 최대한 단축하여야 한다.

(9) 수송방법

경찰기관의 장은 외곽지 경찰서에 차량을 배치하여 응소자를 지방경찰청 또는 중심지 경찰서에 집결시킨 다음 각각 소속경찰서의 방향으로 갈 차량에 다시 승차시켜 응소시키고 당해차량은 소속경찰서로 각각 복귀케 한다. 경찰서장은 대기소를 지정하여 다른 경찰서의 경찰관이 응소하면 소속별로 구분하여 수송에 신속을 기하여야 한다.

(10) 부대편성 및 장비지급

경찰기관의 장은 교통수단을 고려하여 응소 소요 시간의 기준은 사전에 책정하여 시차별 응소 소요인원을 판단하여야 한다. 응소자로서 부대편성을 할 때에는 임시 편성부대 편제로 하고 상황에 따라 증감 편성할 수 있도록 계획을 수립하여야 한다. 소집권자는 응소자가 보기 쉬운 곳에 무기 또는 기타 장구의 휴대기준 및 지급장소 등을 게시하여 지급할 수 있도록 한다.

(11) 소집훈련

① 지방경찰청 이상은 연 2회 이상 또는 반기 1회 이상
② 경찰서는 연 4회 이상 또는 분기 1회 이상

(12) 교육실시

① 비상소집의 취지 및 응소 요령
② 비상소집 전달요령 및 경력 수송방법
③ 전출·입 및 변동사항 통보 의무와 책임
④ 비상함 비치
⑤ 기타 비상소집에 관한 규정 및 필요한 사항

⒀ 비상함 비치

경찰관서에는 다음과 같은 비품을 갖춘 비상함을 종합상황실에 비치하여야 한다.

① 자체 직원 비상소집 연락망
② 비상소집 명령서 및 응소자 명부
③ 성냥, 양초, 손전등
④ 소집관, 점검관, 기록반 표찰
⑤ 기타 소집업무에 필요한 비품

순찰지구대·파출소에는 다음 각호의 물품과 부책을 갖춘 비상함을 비치하여야 한다.

① 자체 비상연락망
② 성냥, 양초, 손전등

⒁ 인사조정

타 관내 원거리 거주자(경위이하)는 가능한 한 거주지 관할 경찰관서에 근무토록 인사 조정함을 원칙으로 하되 부득이한 경우에는 자서관내로 이주하도록 권장한다.

⒂ 징 계

비상소집의 신속 정확과 책임이행으로 목적달성을 위하여 다음의 고의와 태만이 인정될 때에는 이를 징계할 수 있다.

① 비상소집 연락망 신고 불이행자와 전출·입 통보 등 불이행 서무담당자
② 소집전달 임무를 불성실하게 처리한 자
③ 전달을 받고도 이유 없이 불응하거나 미응소 행위자

15. 무기의 사용

1) 개 요

무기의 사용(Use of Weapons)은 경찰상 즉시강제의 최후의 수단으로서 가장 긴급한 상태 하에서 행하는 경찰의 조치를 의미한다. 일반적으로 무기라 함은 적을

치거나 막기 위하여 만들어진 총포류 등으로 기계적 능력을 가진 이기로써 성질상 사람을 살상하기 위하여 제작된 것을 말한다. 그러나 경찰에서 무기의 사용은 그 목적이 살상에 있는 것이 아니라 인명을 보호하는데 최소한도로 사용되어야 한다.

2) 법적근거

경찰의 무기휴대[130]와 무기의 사용[131] 등은 범인의 체포·도주의 방지, 자기 또는 타인의 생명·신체에 대한 방호, 공무집행에 대한 항거의 억제를 위하여 필요하다고 인정되는 상당한 이유가 있을 때에는 그 사태를 합리적으로 판단하여 필요한 최소한도 내에서 사용할 수 있도록 규정하고 있다.

3) 위해를 수반하지 않는 무기의 사용

① 범인의 체포, 도주의 방지를 위하여 필요하다고 인정되는 상당한 이유가 있는 경우로서 통상구속, 긴급구속, 현행범 체포 등에 한하지 않고 형집행시 신병의 구속도 포함한다.

② 자기 또는 타인에 대한 방호를 위하여 필요하다고 인정되는 상당한 이유가 있는 경우로서 자기 또는 타인의 방호는 자기 또는 타인의 생명, 신체, 재산에 대한 위해를 방지하는데 필요한 최소한도의 것을 의미한다.

③ 공무집행의 항거를 억제하기 위하여 필요하다고 인정되는 상당한 이유가 있는 경우로서 공무집행은 합법적 직무수행을 말하며 항거는 폭행, 협박, 도주, 봉조 등에 의하여 공무집행을 방해하는 것을 의미한다.

4) 위해를 수반하는 무기의 사용

(1) 형법의 정당방위에 해당하는 경우로서 자기 또는 타인의 법익에 대한 현재의 부당한 침해를 방위하기 위한 행위를 의미한다.[132]

---

130) 경찰공무원법 제20조.

131) 경찰관직무집행법 제11조.

132) 형법 제21조 ① 피해자의 침해 행위에 대하여 자기의 권리를 방위하기 위한 부득이한 행위가 아니고 그 침해 행위에서 벗어난 후 분을 풀려는 목적에서 나온 공격 행위는 정당방위에 해당한다고 할 수 없다(대판 1996. 4. 9. 96도241).
② 정당방위에서 방위 의사는 행위자의 주관을 표준으로 하는 동시에 객관적으로 사회 통

(2) 형법의 긴급피난에 해당하는 경우로서 자기 또는 타인의 법익에 대한 현재의 위난을 피하기 위한 행위를 의미한다.[133)]

(3) 경찰관직무집행법

① 사형, 무기 또는 장기 3년 이상의 징역이나 금고에 해당하는 범죄를 범하였거나 범하였다고 의심할 만한 충분한 이유가 있는 자가 경찰관의 직무집행에 항거하거나 도주하려고 할 때 이를 방지 또는 체포하기 위하여 무기를 사용치 않고는 다른 수단이 없다고 인정되는 경우.

② 구속영장과 압수수색영장을 집행할 때에 본인이 경찰관의 직무집행에 대하여 항거하거나 도주하려고 할 때 또는 제3자가 그를 도주시키려고 경찰관에게 항거할 때 이를 방지 또는 체포하기 위하여 무기를 사용하지 아니하고는 다른 수단이 없다고 인정되는 상당한 이유가 있는 경우

③ 범인 또는 소요 행위자가 무기, 흉기 등 위험한 물건을 소지하고 경찰관으로부터 3회 이상의 투기 명령이나 투항 명령을 받고도 이에 불응하면서 계속 항거하여 이를 방지 또는 체포하기 위하여 무기를 사용하지 아니하고는 다른 수단이 없다고 인정되는 상당한 이유가 있는 경우

④ 대간첩 작전 수행에 있어 무장간첩이 경찰관의 투항명령을 받고도 이에 불응하는 경우[134)]

5) 무기사용의 원칙

(1) 합리성의 원칙

현재의 부당한 침해·위난을 객관적·합리적으로 판단해야 한다.

념에 비추어 방위 의사를 추정할 수 있는 경우라야 한다. 또 방위 행위는 사회 통념상 침해를 방위하는 데 필요한 행위로 인정될 만한 정도여야 한다(대판 1955. 8. 5. 4288형상124).

133) 형법 제22조 ① 피고인이 스스로 야기한 강간범행의 와중에서 피해자가 피고인의 손가락을 깨물며 반항하자 물린 손가락을 비틀며 잡아 뽑다가 피해자에게 치아결손의 상해를 입힌 소위를 가리켜 법에 의하여 용인되는 피난행위라 할 수 없다.
② 순순히 손을 들고 나오면서 도주하는 범인의 등에 총을 쏘아 사망케 한 경우 현재의 부당한 침해를 방지하거나 현재의 위난을 피하기 위한 정당성 있는 행위라 볼 수 없다(대판 1991. 5. 28. 91다10084).

134) 경찰관직무집행법 제11조.

(2) 필요성의 원칙

현재 무기를 사용하지 않고는 안 되는 긴급한 필요성이 있어야 한다.

(3) 보충성의 원칙

현재의 침해·위난, 긴급한 필요성 이외에 생명존중의 보충성이 있어야 한다.

6) 무기사용의 보고

경찰관이 무기를 사용하였을 경우에는 일시, 장소, 이유, 결과 등을 소속관서의 장에게 보고하여야 한다.

7) 무기탄약 등의 대여와 관리

(1) 대여 절차

① 경찰기관의 장은 관리하고 있는 무기 탄약을 해당 계장 또는 과장 명의의 신청을 받아 소속 경찰관에게 대여할 수 있다.
② 무기탄약을 대여할 때에는 무기탄약 출납부에 기재하여야 한다.
③ 무기탄약을 대여할 때에는 무기탄약 대여 신청서 및 무기탄약 출입고서에 의하여 처리하여야 한다.
④ 무기탄약을 대여 받은 자는 무기소지 근무를 제외하고는 무기고에 보관하여야 한다.

(2) 탄약 개인 휴대량

① 22권총

탄창에 실탄 5발, 공포탄 2발 장전 탄창집에 분리 휴대

② 38권총

• 4인치 : 안전탄창에 실탄 4발, 공포탄 2발 장전
• 2인치 : 안전탄창에 실탄 3발, 공포탄 2발 장전, 탄창집에 분리 휴대

③ 45권총

탄창에 실탄 5발 장전, 공포탄 2발 장전 탄창집에 분리 휴대

(3) 무기탄약의 회수 및 보관

① 경찰기관의 장은 무기를 휴대한 자 중에서 다음과 같은 경우에는 즉시 대여한 무기탄약을 회수하여야 한다.[135]

- 직무상의 비위로 인하여 징계 대상이 된 자
- 형사 사건으로 인하여 조사의 대상이 된 자
- 사의를 표명한 자
- 신체, 정신상의 장애가 있는 자

② 경찰기관의 장은 무기를 휴대한 자 중에서 다음과 같은 경우에는 대여한 무기탄약을 회수 또는 보관할 수 있다.[136]

- 평소에 불평이 심하고 염세 비관하는 자
- 주벽이 심한 자
- 변태성벽이 있는 자
- 가정환경이 불안한 자
- 대내·대외적으로 분규 야기 중인 자

③ 경찰관서의 장은 무기를 휴대한 자 중에서 다음에 해당하는 자에 대해서는 무기를 일시 회수하여야 한다.[137]

- 주석 또는 연회 장소에 출입할 경우
- 상사의 사무실에 출입할 경우
- 기타 필요하다고 판단되는 경우

(4) 무기 탄약의 손질

① 보관하고 있는 무기 탄약의 손질은 매월 2회 이상 행하여야 한다. 그러나 대여 받은 무기탄약의 손질은 매주 1회 이상 하여야 한다.

② 무기탄약이 우기 또는 습기에 접한 때에는 즉시 손질하고 기름칠을 하여야 한다.

---

135) 무기탄약관리규칙 제11조 제1항.
136) 무기탄약관리규칙 제11조 제2항.
137) 무기탄약관리규칙 제11조 제3항.

(5) 무기 탄약 취급시 주의사항

① 무기 탄약고에는 인화물질을 보관해서는 안 되고 성냥, 인근에서 담배를 피우거나 라이터 등을 휴대하고 출입을 해서는 안 된다.
② 방화시설을 완비하고 조명은 건전지 또는 후레쉬를 사용한다.

(6) 계속 대여 무기에 대한 점검

① 순찰지구대·파출소, 초소 등에 대여한 무기 및 탄약은 2차 책임자인 순찰지구대장·파출소장은 임무교대, 중식, 석식, 심야 등 하루 4회 이상 인수인계 상태와 입·출소 상태 및 재고에 대한 정기점검을 하여야 한다.
② 상황실, 강력팀(형사계) 등 관리 책임자는 1일 2회 이상 점검한다.

(7) 무기고 경비 및 순찰

① 무기고 및 탄약고의 위치와 제반 여건이 취약하다고 판단될 때에는 경비요원을 배치하여야 한다.
② 무기고 및 탄약고는 취약한 장소에 순찰함을 설치하고 야간에는 매2시간 간격으로 순찰하여야 하고 비상시에는 순찰을 강화한다.
③ 무기고 및 탄약고의 감독순찰은 관서장 월 1회 이상, 주무과장 월2회 이상, 주무계장 주2회 이상, 담당자는 매일 점검을 하여야 한다.
④ 무기와 탄약에 대한 관리 책임은 담당자는 1차, 경리·장비계장·행정반장은 2차 책임, 경무과장과 서·대장은 3차 책임을 진다.

16. 청원경찰

1) 개 요

청원경찰(Entreaty Police)이라 함은 국가기관, 공공단체와 그 관리 하에 있는 중요시설 또는 사업장, 국내주재 외국기관, 기타 행정안전부령으로 정하는 중요시설·사업장 등의 경영자가 소요경비를 부담할 것을 조건으로 경찰의 배치를 신청하는 경우에 그 기관·시설 또는 사업장 등의 경비를 담당하게 하기 위하여 배치하는 경찰을 말한다.

2) 직 무

청원경찰은 청원주와 배치된 기관·시설 또는 사업장 등의 구역을 관할하는 경찰서장의 감독을 받아 그 경비구역 내에 한하여 경찰관직무집행법에 의한 경찰관의 직무를 행한다.

3) 청원경찰의 배치

청원경찰의 배치를 받고자 하는 자는 대통령령이 정하는 바에 의하여 관할 지방경찰청장에게 신청하여야 한다. 지방경찰청장은 그 신청에 대한 배치여부를 결정하여 신청인에게 통지하여야 한다. 그리고 지방경찰청장은 청원경찰의 배치가 필요하다고 인정되는 기관의 장 또는 시설·사업장의 경영자에게 청원경찰을 배치할 것을 요청할 수 있다.

4) 임용자격

① 대한민국 국민으로서 18세 이상 50세 미만의 자
② 행정안전부령으로 정하는 신체조건에 해당하는 자
③ 국가공무원법 제33조 1항의 임용 결격사유에 해당하지 않은 자

5) 장 비

청원주는 청원경찰의 직무수행을 위하여 무기 휴대가 필요하다고 인정할 때에는 관할 경찰서장으로 하여금 무기를 대여하여 휴대할 수 있으며, 관할 경찰서장은 청원경찰의 무기 휴대를 수시 점검해야 한다. 그리고 청원경찰은 행정안전부장관이 정한 청원경찰 무기관리수칙을 준수하여야 한다.

6) 감 독

청원주는 항시 소속 청원경찰의 근무수행 상황을 감독하고 필요한 교양을 실시하여야 한다. 지방경찰정은 청원경찰의 효율적인 운영을 위하여 청원주를 지도하며 감독상 필요한 명령을 발할 수 있다.

7) 해임명령

지방경찰청장은 청원경찰이 그 업무에 관하여 이 법 또는 이 법에 의한 명령에 위반하거나 결격사유에 해당하게 된 때에는 청원주에 대하여 그 청원경찰의 해임을 명할 수 있다. 청원주가 해임명령을 받은 때에는 즉시 해임조치를 하고 지방경찰청장에게 보고하여야 한다.

8) 직권남용 등의 금지

청원경찰이 직무를 수행함에 있어서 직권을 남용하여 국민에게 해를 끼친 경우에는 6월 이하의 징역이나 금고에 처한다. 청원경찰 업무에 종사하는 자는 형법 기타 법령에 의한 벌칙의 적용에 있어서는 공무원으로 본다.

9) 권한의 위임

지방경찰청장은 경원경찰의 배치, 임용, 해임명령, 감독 등의 권한을 관할 경찰서장에게 위임할 수 있다.

17. 독도법

1) 개 요

독도법(Map Reading)이라 함은 지도를 판독하는 방법으로서 지도는 지구표면의 일부 또는 전부를 일정한 축척으로 줄여서 평면상의 여러 가지의 기호, 문자, 색채 등으로 그린 그림을 말하는 것으로 작전에 필요한 계획을 수립하는 자료를 제공할 뿐만 아니라 일반경찰업무 중에서도 위치방향을 식별하는 업무로 경찰작전에 매우 중요하고 필요한 것이다.

2) 지도의 종류

(1) 형태에 의한 분류

① 평면지도

지구평면의 진로, 철도 행정구역 등 물체를 평면으로 그린 것이다.

② 지세지도

지구표면의 각종물체의 수평상의 상태와 지형, 지세를 측정할 수 있도록 그린 것으로 지형의 높고 낮음을 등고선으로 표시한 것이다.

③ 사진지도

항공사진에 의하여 편집한 지도로서 좌표선 난외주기와 장소명 등이 기입된 것이다.

④ 기복지도

입체적으로 제작된 지도로 지구표면의 고도를 볼 수 있게 만든 것이다.

(2) 축적에 의한 분류

① 소축척지도

축척이 1/60,000의 이하의 비율로 제작된 것이다.

② 중축척지도

축척이 1/600,000 보다 크고 1/75,000 보다 작은 지도이다.

③ 대축척지도

축척이 1/75,000 보다 큰 지도로 군·경 작전 및 행정에 가장 많이 이용한다.

(3) 용도별 지도

① 일반지도

축척이 1/1,000,000보다 작은 비율의 지도로 국가전역 또는 세계전역에 분산된 군부대의 일반적인 계획수립에 사용되는 지도이다.

② 전략지도

축척이 1/1,000,000 이상의 비율로 작성된 지도로 군·경 작전계획에 이용된다.

③ 전략·전술지도

축척이 1/250,000 또는 1/500,000의 비율로 작성된 지도로 군단급 이상 작전계획수립에 이용된다.

④ 전술지도

축척이 1/50,000 또는 1/25,000 비율의 대축적지도로 기복이 모두 표시되어 소부대 전술계획 수립에 이용된다.

⑤ 기타지도

시가지 평면지도 및 지적도 등이다.

3) 고도 및 기복

(1) 기준면

수직측정을 하기 위한 기준으로 일반적으로 바다해면을 기준으로 한다.

(2) 고 도

기준면으로부터 어느 물체의 위로 또는 밑으로의 높이를 말하며 기준면으로부터의 수직거리를 의미한다.

(3) 기 복

지형의 모양과 특징 및 높이를 의미한다.

4) 등고선

등고선이라 함은 지도상의 고도 및 기복을 표시한 선으로 기준면 이상의 수직거리를 말하며 0점으로 표시되는 해면에서 시작되기 때문에 각 등고선은 해발로부터의 높이를 나타낸 것으로 그 종류는 다음과 같다.

(1) 지표 등고선

굵은 갈색선으로 간격은 축척 1:50,000 지도의 경우 100m이다.

(2) 중간 등고선

지표 등고선 중간에 가는 갈색선으로 간격은 축척 1 : 50,000 지도에서 20m이다.

(3) 보조 등고선

조곡선과 간곡선이 있으며 조곡선은 가는 긴 갈색 점선으로 간격은 10m이고, 간곡선은 짧은 갈색 점선으로 간격은 5m이다.

(4) 저하 등고선

지형을 둘러싼 모든 물체보다 높이가 낮은 곳을 표시하는 선으로 얕아진 곳에 점을 찍어 표시하고 간격은 5m이다.

(5) 근이 등고선

확인되지 않은 등고선으로 지도를 만들 때 정확한 등선을 그리는 것이 불가능할 때 적은 지역의 관계 고도를 표기하기 위한 것이다.

5) 수심곡선

수중 등고선이라고도 하며 바다 물의 깊이 기복을 표시하는 곡선을 수심선이라 하고 깊이를 측정하는 축척단위는 주로 미터법으로 표시한다.

6) 방 향

(1) 개 요

북쪽은 모든 방향의 기준이 되는 것인데 혼란스럽게도 북쪽은 진북, 자북, 도북의 세 가지 북쪽으로 나누어져 있으며 가리키는 방향도 조금씩 차이가 있다. 지형에는 이 세 가지 북쪽이 지도 아래 부분에 있는 난외주기의 방위표에 그려져 있는데 그 이유는 국가마다 지역마다 자북과 도북이 조금씩 다르기 때문이다. 방향은 향하거나 나아가는 쪽을 의미하는 것으로 방위라고도 한다. 즉, 자기의 위치 또는 선정된 지점들 가운데서 어느 특정한 지점으로부터 다른 한 지점을 바라보는 각을 말한다.

(2) 진 북

진북(True North)이란 항상 변하지 않는 북쪽으로 은하의 중심 쪽인 북극성의 방향이다. 지구가 속한 태양계는 은하를 중심으로 돌기 때문에 지구에서 볼 때 북극성을 변하지 않는 방향으로 정한 것이다. 진북의 방향은 지리적으로 북극의 방향이며 지리좌표의 경선, 즉 자오선이 모이는 지점이 된다.

① 북극을 향한 방향이다.
② 지도상에서 진북은 자오선 또는 정오선으로 표시한다.
③ 표시는 별표(*)이다.

(3) 자 북

자북(Magnetic North)은 나침반의 N극이 가리키는 북쪽으로 북반구에 있는 캐나다 북쪽 허드슨만 부근 부샤반도 일대의 천연자력지대를 가리킨다. 지구도 하나의 커다란 자석이기 때문에 지구둘레로 자기장이 만들어지는데 나침반의 바늘은 이 자기장을 따라 나란히 놓이는 것이며 이 때 지구 자기장이 북쪽으로 모이는 곳이 바로 캐나다 북쪽 허드슨만이기 때문에 나침반이 가리키는 자북과 북극성 방향인 진북 사이에 차이가 생기는 것이다.

① 나침반상의 북쪽이다.
② 지구상의 자력선은 캐나다의 허드슨 만에 있는 부샤반도에 천연적인 자력지대가 있고 그곳을 가리키고 있어 이곳을 자북이라 한다.
③ 자북의 표시는 반 화살표(↾)를 그린다.

(4) 도 북

도북(Grid North)은 지도상의 북쪽으로 지도의 직각좌표 수직방향, 즉 세로선의 위쪽이 도북에 해당된다. 지형도에는 도북선이 14.6cm 간격으로 두개가 있으며 좌, 우측의 지도 외곽선까지 포함하면 모두 4개인 것이다. 지형도에 있는 세로선은 모두 도북선이라고 할 수 있으며 기호는 화표(↑)로 나타낸다.

① 지도상의 북으로 지도의 모든 횡좌표선이 가리키는 북쪽을 말한다.
② 지도상에서 북으로 남, 즉 경도 자오선으로 표시한 방향이다.
③ 도북은 GN이라고 표시한다.

7) 방위각

방위각이라 함은 기본방향에서 측정하는 우회 수평각으로서 방위각이 시발되는 지점을 원의 중심이라 하고 일원은 360°로 한다.[138)]

(1) 진북 방위각

진북으로부터 목표물까지 우회 수평각을 의미한다.

(2) 자북 방위각

진북으로부터 목표물까지 우회수평각을 의미하며 나침반에 의하여 측정한다.

(3) 도북 방위각

도북으로부터 목표물까지 우회수평각을 의미하며 분도기로 측정한다.

8) 편차각

편차각이라 함은 진북과 자북 또는 도북간의 각도의 차를 의미하며 지도 사용자가 지도를 정확하게 정치하여 지도와 지상과 일치시키기 위하여 사용되며 그 종류는 다음과 같다.

① 진북에서 자북까지의 편차를 자편각이라 한다.
② 진북에서 도북까지의 편차를 도편각이라 한다.
③ 도북에서 자북까지의 편차를 도자각이라 한다.

---

138) 후퇴 방위각(逆방위각) : 전방 방위각의 반대 방향의 방위각을 말하는 것으로 방위각으로부터 후퇴 방위각을 얻으려면 방위각이 180도 또는 이하일 경우180도를 더하고 방위각이 180도 또는 그 이상일 대는 180도를 뺀다. 후퇴 방위각 180도는 0도나 360도로 나타낼 수 있다.

9) 나침반

나침반이라 함은 자침으로 방위를 알 수 있도록 만든 기구로 나침의(羅針儀)라고도 한다. 나침반은 렌즈식 나침반과 포병 나침반 등 2종류가 있으며 경찰에서는 렌즈식을 사용하고 있다.

(1) 사용수칙

① 사용치 않을 때는 닫아서 케이스에 넣어둘 것
② 야간에 사용시는 빛을 이용할 수 있을 때 미리 방위각을 조정해 둘 것
③ 나침반 뚜껑을 개방하여 쇠붙이나 전선 가까이 하지 말 것
④ 정기적으로 사용법을 연습하여 비상시에 불편이 없도록 할 것
⑤ 사용할 때는 수평을 유지할 것
⑥ 사전 수리하여 사용할 때 문제가 없도록 할 것

(2) 기능유지 안전거리

① 고압전선 : 60m
② 야포, 트럭, 전차 : 20m
③ 전선, 전화선, 철조망 : 10m
④ 철모, 소총 : 0.5m

(3) 방향유지법

① 주간 사용법

나침반의 손잡이에 바른손 엄지를 넣고 인지와 중지로 나침반 밑을 밀면서 잡고 덮개를 직각으로 올리고 관독렌즈를 약 45도 가량 올려 문자판이 자유롭게 움직이게 한다.

• 확정된 목표물의 방위각 측정법

가늠구멍을 통하여 내다보면서 가늠선의 중앙에 목표물이 올 때까지 나침반을 움직인다. 나침반을 그 상태로 유지하면서 기준선 밑에 오는 도 또는 mm가 알고저 하는 자북방위각이다.

• 주어진 방위각을 찾아가는 법

나침반을 가지고 가동 유리판을 돌리면서 주어진 방위각이 기준선과 일치될 때까지 돌린다. 나침반을 그 상태로 유지하면서 가늠구멍을 통하여 덮개의 가늠줄을 바라보며 나타나는 목표물을 찾는다. 이 목표물이 자기가 가고자 하는 방위각 선상의 물체이다. 이와 같이 반복함으로서 목표하는 거리까지 갈 수 있다. 이때 목표물에 도달하면 후퇴 방위각을 이용하여 확인함으로서 정확성 여부를 검토할 수 있다.

② 야간 사용법

나침반의 야간 기준선 45도 보조점 야간 조준점 및 문자판의 E. S. W. 등의 문자와 지침은 야광체로 되어 있고 크릭을 돌림에 따라 '딱' '딱' 소리가 나며 '딱' 소리 한 번이 1크릭이고 1크릭은 3도이다. 야간 조준 요령도 주간과 같은 방법으로 측정하나 야간에는 보이지 않기 때문에 한사람이 하얀 수건을 들고 전방에 서게 한 후 그 손수건을 조준선상에 오게 한 다음 움직이지 못하게 하고 그 지점까지 전진 후 반복하여 목표지점까지 찾아가는 것이다.

18. 경 계

1) 개 요

경계(Precaution)라 함은 우군의 부대를 적으로부터 보호하기 위하여 적으로부터 침입·공격 등의 동향을 파악하기 위한 제반 활동과 수단을 말한다.

2) 임 무

① 적의 접근을 조기발견 경고한다.
② 적의 전진을 지연·와해·격퇴한다.
③ 적을 기만한다.
④ 능력의 범위 내에서 적을 격파 또는 포위한다.
⑤ 아군부대의 철수를 엄호한다.
⑥ 적의 지상관측을 방해한다.
⑦ 책임지역을 감시한다.

⑧ 적의 작전행위를 탐지한다.
⑨ 기타 지휘관의 지시사항의 수행

3) 경계제공 수단

① 경계부대
② 장애물과 축성
③ 수색·정찰 및 대수색·대정찰
④ 소산
⑤ 이동의 신속
⑥ 비밀의 유지
⑦ 편의대
⑧ 정보와 방첩
⑨ 주민의 협조
⑩ 통신보안
⑪ 은폐와 엄폐
⑫ 과감한 행동과 기선 유지

4) 경계에 영향을 주는 요소

① 적의 상황
② 지형
③ 기상 및 기후
④ 지방주민의 동태
⑤ 아군의 상황

5) 보 초

(1) 임 무

① 보조는 부대의 눈·귀·신경이 되어 최전선의 감시선을 형성한다.
② 담당구역을 감시한다.
③ 적의 행동을 발견·보고한다.

④ 적을 포획 또는 사살한다.

(2) 보초의 자격

① 경계교육을 받은 자
② 부대 환경에 익숙한 자
③ 책임 관념이 왕성한 자
④ 신체조건이 경계근무에 적합한 자
⑤ 담력과 기지를 겸비한 자

(3) 보초의 권한

① 보초는 분대장・소대장・전초 중대장 이외의 어떠한 사람으로부터도 주의나 지시를 받지 아니한다.
② 보초는 적의 습격이나 또는 위급할 때 사격할 수 있다.
③ 보초의 수하에 불응할 때는 계급・신분여하를 불문 포획 또는 사살한다.
④ 보초는 사전에 허가된 자 외에는 출입을 금지시킨다.

(4) 보초의 위치

① 주 간

- 넓은 지역 감시에 용이한 높은 곳
- 공중 및 지상으로부터 은폐・엄폐된 곳
- 적의 행동 및 접근로 감시에 용이한 곳

② 야 간

- 공제선 투시가 용이한 낮은 곳
- 음향청취 및 화염을 발견하고자 할 때에는 높은 곳에 위치
- 적의 접근로(목)
- 주위가 조용한 곳

(5) 보호 감시요령

① 주 간

- 가까운 곳에서 먼 곳으로 반복한다.
- 좌에서 우로, 우에서 좌로 반복한다.
- 50m씩 끊어서 약간 중첩되게 한다.
- 의심나는 곳은 반복해서 한다.

② 야 간

- 낮은 곳에서 공제선으로 투시한다.
- 사소한 음향에도 주의한다.
- 청각을 최대로 활용한다.
- 한 곳에 집념하지 말고 추정해서는 안 된다.
- 방향을 숙지하고 필요시에는 표시를 한다.

(6) 수하요령

① 즉각 사격할 자세로 : 손들어, 움직이면 쏜다, 암구호, 누구냐, 용무는?
② 가능한 한 접근하여 기습적으로 수하한다.
③ 뱃속에서 울려나오는 낮은 소리로 저력이 있게 적을 위압한다.
④ 1명은 수하하고 1명은 주위와 상대방을 감시한다.
⑤ 확인되기까지는 적으로 간주한다.

(7) 포획요령

① 손들어
② 뒤로 돌아
③ 1명은 허리 총으로 측방에서 경계
④ 잔여 인원은 사격자세
⑤ 무장 해제
⑥ 포박

(8) 적 발견시 조치

① 전투 준비를 갖추고 침착하게 계속 감시한다.
② 인접초소와 상호 연락한다.
③ 적의 상황을 정확히 판별한다.
④ 적의 기만에 유의한다.
⑤ 6하 원칙에 따라 보고한다.
⑥ 소수의 적은 포획 또는 사살한다.
⑦ 다수의 적은 보고 후 초소장의 지시에 따른다.

(9) 포로 후송 및 취급요령

① 분류 및 격리
② 침묵 강요
③ 신속한 후송
④ 보호
⑤ 후송 도중 동태에 유의한다.

(10) 보고요령

① 초소의 번호
② 시간
③ 장소
④ 내용

(12) 인수인계 사항

① 경계 중 발생한 전방 상황
② 아군 정찰대의 활동 및 최근 정보
③ 인접 초소 및 아군 상황
④ 질문 및 확인

6) 행군간 경계

(1) 첨병의 임무

① 행군간 적발견 보고
② 행군로상의 장애물 유무보고

(2) 위치 및 대형

① 첨병분대로부터 50~100m 전방
② 첨병분대에서 통상 2명 차출
③ 도로 양측에 10~20m 유지

(3) 경계요령

① 착검 후 앞에 총 자세로 감시하면서 행동
② 중요지형, 지물, 의심지역 등 반복 감시
③ 좌에서 우, 우에서 좌, 원거리에서 근거리로 50m씩 중첩감시
④ 유효사정 밖의 적은 적발견 신호로 보고
⑤ 유효사정 내의 적은 사격 후 보고
⑥ 도로 및 교량의 절단, 파괴, 장애물 등 발견시 보고

(4) 첨병분대의 임무

① 첨병의 운용 및 전방 경계
② 측방 경계
③ 조기에 적발견
④ 소수의 적 병력은 구축·섬멸
⑤ 적으로부터 종대를 보호
⑥ 의심지역 및 상황보고

(5) 위치 및 대형

① 첨병분대는 지형에 따라 거리유지가 달라지나 첨병소대 앞 약 200m 이내에서 행군한다.

② 첨병분대 각 병사간의 거리는 최소한 10m를 유지한다.
③ 첨병분대는 능대 대형이나 도로 양측에 1열씩 2열종대로 행군한다.
④ 대형 변경은 적의 상황이나 지형과 기상조건 등에 따라 조정한다.
⑤ 야간 혹은 시도가 불량할 때 또는 산림지역 통과시 각 개인 거리 또는 대형은 적절히 단축하거나 변경할 수 있다.

(6) 경계요령

① 첨병분대의 책임 완수 및 성패에는 분대장 지휘가 큰 영향을 미친다.
② 행군간 첨병분대장은 구두, 음향, 완수신호를 사용한다.
③ 첨병의 효과적 경계와 신체적, 정신적 조건을 고려하여 첨병을 교대시킨다.
④ 야간행군시 정숙 행군을 강조하고 방광, 방음 상태를 점검한다.
⑤ 명령, 지시의 이행 상태를 항상 감독한다.

(7) 적발견시 조치

① 유효 사정 외에 적이 있을 때는 소대에 보고한다.
② 유효 사정 내의 적은 사격으로 공격한다.
③ 유효 사정 외의 적을 발견하면 사정 내에 들어올 때까지 적에게 접근한다.

(8) 첨병소대의 임무

① 적 상황 적극감시
② 첨병분대의 운용과 조치
③ 적 구축·섬멸
④ 관측으로 측방경계 제공
⑤ 의심지역 및 상황보고
⑥ 적의 기습 방지
⑦ 불필요한 지연 방지
⑧ 행군방향 및 속도의 유지
⑨ 첨병분대와의 연락 유지

(9) 전초 중대의 임무

① 경계부대의 저항선 형성
② 적 기습 및 침투의 방지
③ 적 공격을 격퇴
④ 소초의 지원 및 철수 엄호
⑤ 별명이 없는 한 저항선 고수
⑥ 경계 강화

7) 작전간 경계

(1) 공격간 경계

적의 기갑 공격을 포함하여 공중 및 지상공격에 경계 대책을 세워야 하며 필요한 부대의 재배치, 적의 공격에 신속한 보고를 제공할 수 있도록 계획되어야 한다.

또한 노출된 측방을 방호하기 위하여 예비대의 전부 또는 일부를 배치할 수도 있고 전투정찰대를 사용할 수도 있다.

(2) 방어간 경계

방어간 국지경계에 대한 방안을 세밀하게 점검하고 협조하여야 하며 적극적인 방책으로 경계부대를 사용한다. 경계부대의 사용은 가용 병력과 지형, 기상조건에 따라 전부 또는 일부를 사용하며 소극적인 방책으로는 진지와 시설의 위장 이동의 통제, 방음, 방광, 무선과 유선 통신 등을 제한한다.

(3) 후퇴 이동간 경계

후퇴 이동시의 경계는 소극적인 경계 및 기만 방책을 통하여 달성할 수 있다. 이동에는 부대의 무선 침묵이 필요하고 전방 방어 지역에서는 정상적인 무선 통신이 유지되어야 한다.

8) 해안경계

(1) 경계 임무

① 적의 해상 접근을 조기에 발견 및 경고한다.
② 해안에 유인하여 포획 및 사살한다.

(2) 경계의 영향요소

① 해안의지형
② 기상
③ 지방 주민의 동태
④ 어업관계

(3) 관측요령

① 지상관측과 같은 요령
② 우선보고
③ 목표물을 달빛 방향에 위치
④ 한쪽 귀를 해변 쪽으로 한다.
⑤ 쌍안경의 사용은 제한한다.

(4) 경계초소 선정의 유의사항

① 적 예상 침투지역
② 관측용이
③ 전투력 최대 발휘 가능
④ 해안지역 기상의 특징감안
⑤ 은폐와 엄폐
⑥ 해안선에 인접지역
⑦ 연락유지 가능

(5) 관측의 유의사항

① 위장, 은폐, 엄폐를 확인한다.

② 실거리보다 가까이 보인다.
③ 월광하의 물체는 실물보다 크게 보인다.
④ 야간 수풍 암석에 유의한다.

(6) 적 발견시 조치

① 계속적인 감시
② 인접초소 은밀·신속한 경고
③ 해안 상륙에 유의
④ 기습 및 집중사격으로 섬멸

(7) 어민 통제

① 친족끼리 조 편성
② 출입통로 제한
③ 귀가시 규정된 신호
④ 비상시 출입 통제
⑤ 편의대 이용

(8) 어선통제

① 출입항 통제
② 어선단 구성
③ 식별 표시 및 신호법 규정
④ 통제요원 동승
⑤ 비상시 출입항 금지
⑥ 입출항 증명서 휴대

(9) 예상 공작목표

① 주요 산업·군사시설
② 아군의 작전이 어려운 지역
③ 동조자와 접선이 용이한 지역
④ 은신처가 있는 지역
⑤ 주민의 포섭이 용이한 지역

⑽ 예상 침투로

① 목표지점이 가까운 지역
② 은폐지역
③ 이동이 용이 지역
④ 민가 회피 지역
⑤ 행정구역 경계지역

⑾ 예상 상륙지점

① 항구 및 어촌으로부터 격리된 지역
② 절벽 또는 수목 지역
③ 암초가 많은 지역
④ 얕게 만곡된 지역

9) 보초의 일반 · 특별 수칙

(1) 일반수칙

① 지휘관의 명령만을 받아 근무한다.
② 담당구역에 대한 일체의 경계책임을 진다.
③ 초소이탈 및 경계근무에 불필요한 행동을 할 수 없으며 어떠한 경우에도 무기를 방치하거나 타인에게 넘겨주어서는 안 된다.
④ 최대의 은폐, 엄폐 하에 오관을 집중, 사주경계와 대공감시를 철저히 하며 사소한 징후라도 깊게 관찰해야 한다.
⑤ 지시된 사항에 추가하여 긴급상황 발생시 즉각 조치 및 보고하며 필요시 인접초소에 전달한다.
⑥ 수하에 불응하거나 보초의 정당한 명령에 응하지 않는 자를 포획 또는 사살하며 신원이 확인된 자에 한하여 초소를 통과시킨다.
⑦ 귀순 및 투항자에 대하여 보초선 외곽에서 무장을 해제시키고 포로취급 요령에 따라 조치한다.
⑧ 모든 차량을 일단 정지시켜 확인하며 필요시 탑승인원 및 적재물에 대하여 검문검색 후 초소를 통과시킨다.

⑨ 특별수칙 및 근무 중에 일어났던 사항과 감시장비 사용상 주의사항을 인수인계한다.

(2) 특별수칙

① 초소의 명칭, 경계 및 감시구역
② 중요도로, 부락, 고지 등 지형지물 명칭
③ 특별히 경계해야 할 요소 및 방향
④ 초소 본부에 이르는 통로 및 순찰로
⑤ 적에 관한 사항 및 적 발견시 행동
⑥ 보초선 전방에 관한 사항
⑦ 아군부대 활동에 관한 사항
⑧ 초소통과 인원 및 차량 검문검색 요령
⑨ 신호·연락방법 및 보고요령

제14장 교 통

1. 경찰교통

1) 개 요

교통(transportation)이라 함은 일반적으로 재화 등 유체물은 물론 의사·정보 등 무체물의 공간적 이동의 총칭이다. 좁은 의미에서의 교통은 그 중 유체물의 장소적 이동을 뜻한다. 인간의 사회생활은 항상 일정한 지역적인 확대를 추구하며 이 지역적인 확대, 즉 공간적 거리를 극복하는 행위를 교통이라고 말할 수 있다.

교통의 기능은 이와 같은 공간적 거리를 가능한 한 가장 작은 시간적·경제적 손실에 의해 극복하는데 있으며 교통수단의 발달과 향상은 그 기능의 강화를 가져온다. 교통에 의한 인간이나 재화의 이동은 장소적인 효용을 창조하므로 경제학적으로 교통은 생산의 일부라고 간주된다. 일반적으로 경제사화가 지닌 교통조건은 그 사회에서의 생산력과 시장의 발달을 규정하는 것을 통해서 그 사회의 발달을 근본적으로 규정하지만, 반면에 사회가 지닌 생산력의 발달이 그 사회에 속하는 교통의 기술적·경제적 발달을 규정한다.

2) 교통의 연혁

교통의 역사는 인류사회의 역사와 그 기원을 거의 같이 하고 있으며 그것은 사회경제가 발달하는 원인이 되어 발달해 왔다. 처음에 인류의 교통은 보행과 인력에 의한 재화의 수송이었으나 그 후 가축을 사육하게 됨에 따라 축력을 교통에 이용하게 되었다. 고대에 있어서 특히 획기적인 것은 수레의 발명인데 수레 문화가 발달함으로써 그 결과 도로의 연장을 재촉하였다.

교통은 육상에서의 지역간의 교류를 현저하게 증대시켰다. 또한 수상 교통의 필수품인 배를 이용함으로써 하천이나 호수는 일찍부터 중요한 교통으로 등장하게 되었다. 중세에는 육상에서 말이나 마차를 많이 이용하였으며 해상에서는 나침반이나 고정타를 발명하였고 대항범선을 건조하였다.

특히 대항범선에 의한 해상교통의 발전은 콜럼버스의 미국대륙 발견(1492), 바스코다가마의 인도항로 발견(1498), 등과 같이 중세 후기 이후 유럽 각국의 상업·무역이 발전하는데 큰 역할을 하였다. 1760년대 이후 영국에서 시작된 산업 혁명은 기계의 발달, 공장제도의 확립을 가져왔는데 그 중에서도 증기기관의 개량은 육상·해상에 걸쳐 교통기관의 비약적인 발달을 가져왔다. 즉, 스티븐슨에 의한 리버풀-멘체스타 사이의 철도개설(1830)은 그 후의 폭발적인 철도 건설 시대의 서막이 되었다. 또 증기력을 사용한 기선은 마침내 스크루 추진의 실용화, 철선·강철선을 건조하게 되었다. 이러한 새로운 교통기관의 발달은 일면에서는 그 스스로가 철이나 석탄의 대량수요를 필연화하고, 자본주의 생산의 확대를 초래함과 동시에 수많은 공업기술·산업기술의 발달을 재촉하였다. 19세기 말에서 20세기 초에 걸쳐서는 내연기관·증기터빈의 발명 그리고 전력기술의 개발과 급속한 보급 및 자동차 생산의 공업화와 항공기의 등장 등 새로운 동력 기술이나 교통기관의 등장을 보게 되었다.

또한 제2차 세계대전(1939. 9. 1-1945. 8. 15) 이후는 제트기와 레이다의 개발 등 항공기술의 눈부신 발전, 새로운 동력으로서의 원자력의 개발과 이용 등 교통수단의 발달은 계속되었다. 현재 각국에는 자동차의 대량생산 체제가 확립되어 있는데 자동차의 보급으로 인하여 도로의 개량이나 확장이 급진적으로 이루어져서 도시·교외·지방의 교통을 일변시킴과 동시에 기계공업을 위시하여 각 산업 부문에의 파급효과도 매우 크다.

그리고 각종 교통기관의 발달은 단거리 여객수송 수단인 버스와 시가 전차, 원거리 역수송 수단인 항공기와 철도, 화물수송을 하는 트럭과 철도 등 같은 지역 내에서의 교통기관의 경쟁을 불러일으키고 있다. 교동수단은 점점 안전하고 신속하면서도 저렴하기를 추구하고 시간과 거리의 극복을 한층 더 추진하게 하고 있다.

2. 교통의 기능

1) 생산적 기능

교통의 기능(Function of Traffic)이라 함은 교통의 발달에 의하여 생산 수단으로서 생산의 3요소인 토지·노동·자본의 결합을 쉽게 한다. 즉 경제지역의 확대,

지역적 분업의 전개와 촉진, 노동력을 원활하게 공급함과 동시에 전국적인 자본시장, 나아가서는 국제적인 자본시장의 형성을 가능하게 한다. 한 나라의 사회적 생산력의 발달은 그 나라의 교통조건에 의해서 규정된다고 할 수 있다.

2) 시장형성의 기능

일반적으로 교통권은 시장권을 규정함과 동시에 교통의 발달은 시장권의 확대, 시장가격의 형성과 지역적인 평준화를 촉진하고 상품의 전국적인 가격, 나아가서는 국제가격의 형성까지도 가능하게 한다. 또 교통의 발달, 교통기관의 진보는 사람들이 사회생활을 하는데 있어서 지역적인 기반을 외연적으로 확대함과 동시에 내연적으로도 사회관계의 기밀화·고도화와 결부된다. 즉 도로·철도를 비롯하여 각종 교통수단에 따른 전국적인 교통망의 보급이나 발달은 사람들의 지역적인 편견을 타파하고 국민적인 감정을 빚어낸다. 또한 국가적인 질서, 치안의 유지, 국민문화의 형성과 발달에도 크게 도움이 된다.

3. 교통경찰

교통경찰(Traffic Policeman)은 교통의 위험을 방지하고 안전·원활하게 소통시키기 위해 교통상의 장애를 방지 또는 제거하는 경찰을 의미한다. 도로교통에 따르는 교통사고를 방지하고 개인의 생명과 신체, 그리고 재산의 보호를 목적으로 교통수송에 의하여 교통의 안전과 원활을 위하여 교통질서 유지를 담당하는 것을 말한다. 그 대상은 차량·보행자·거마 등 모든 교통수단의 왕래와 교통기구 설비 운용에 이르기까지 매우 광범위하다. 교통경찰의 권한은 다음과 같이 나누어 생각 할 수 있다.

1) 통행의 금지 또는 제한

위험방지 및 교통의 안전·원활을 기하는데 필요한 일정 구간의 통행금지 또는 제한을 할 수 있다.[139)]

---

139) 도로교통법 제6조.

2) 교통완화를 위한 조치

교통이 정체되거나 혼잡한 때 이를 완화하기 위한 조치를 취할 수 있다.[140] 교통경찰은 교통의 안전하고 신속한 소통을 위하여 필요한 모든 조치를 취해야 한다.

3) 차량에 대한 점검

교통경찰은 정비 불량차량에 대한 점검을 할 수 있다.[141] 차량의 점검은 사고의 예방을 위하여 도로를 진행하고 있는 모든 차량을 대상으로 정비불량여부 등 안전에 대한 점검을 할 수 있다.

4) 위험방지를 위한 조치

도로상에서 도로의 손괴・사고발생, 기타 사정으로 도로가 위험 또는 혼잡한 염려가 있을 때에는 이를 방지하기 위한 통행금지 제한 등의 조치를 취한다.

5) 교통단속

교통과 관련된 법률, 명령, 규칙 등을 위반하지 못하도록 통제하거나 위법행위가 발생하면 처벌하거나 훈방하는 조치를 한다.

6) 교통경찰의 임무

① 교통사고 방지를 위한 종합적 대책수립
② 교통안전 계몽활동
③ 교통단속
④ 교통정리
⑤ 교통사고・사건의 처리와 수사
⑥ 교통법규 및 교통안전 시설의 유지관리
⑦ 운전면허시험 및 관리
⑧ 교통통계 등의 작성・분류・검토
⑨ 기타 행정처분 등

140) 도로교통법 제7조.
141) 도로교통법 제41조.

7) 교통경찰의 특징

① 모든 계층의 사람이 교통경찰의 대상이다.
② 사회・경제생활에 중대한 영향을 미친다.
③ 경찰활동을 평가하는 창구가 된다.
④ 기술적 분야에 속하는 사항이 많다.
⑤ 행정적 분야에 속하는 사항이 많다.
⑥ 전국적인 관련성이 강하다.
⑦ 교통정세의 변화가 급격하다.

4. 교통용어의 정의

교통용어의 정의(Traffic-related Term)는 도로교통법 제2조에서 정의하고 있다.

1) 도 로

도로법에 의한 도로, 유료도로법에 의한 유료도로 그 밖의 일반교통에 사용되는 모든 곳을 말한다.

2) 자동차 전용도로

자동차만이 다닐 수 있도록 설치된 도로를 말한다.

3) 고속도로

자동차의 고속 교통에만 사용하기 위하여 지정된 도로를 말한다.

4) 차 도

연석선(차도와 보도를 구분하는 돌 등으로 이어진 선을 말한다), 안전표지 그 밖의 이와 비슷한 공작물로써 그 경계를 표시하여 모든 차의 교통에 사용하도록 된 도로의 부분을 말한다.

5) 중앙선

차마의 통행을 방향별로 명확하게 구분하기 위하여 도로에 황색실선이나 황색점선 등의 안전표지로 표시한 선 또는 중앙 분리대·철책·울타리 등으로 설치한 시설물을 말하며, 그리고 가변 차로가 설치된 경우에는 신호기가 지시하는 진행 방향의 제일 왼쪽 황색점선을 말한다.

6) 차 로

차마가 한 줄로 도로의 정하여진 부분을 통행하도록 차선에 의하여 구분되는 차도의 부분을 말한다.

7) 차 선

차로와 차로를 구분하기 위하여 그 경계지점을 안전표지에 의하여 표시한 선을 말한다.

8) 자전거 도로

안전표지, 위험방지용 울타리 그 밖의 이와 비슷한 공작물로써 그 경계를 표시하여 자전거의 교통에 사용하도록 된 도로의 부분을 말한다.

9) 보 도

연석선, 안전표지 그 밖의 이와 비슷한 공작물로써 그 경계를 표시하여 보행자(유모차 및 신체장애자용 의자차를 포함한다)의 통행에 사용하도록 된 도로의 부분을 말한다.

10) 길가장자리 구역

보도와 차도가 구분되지 아니한 도로에서 보행자의 안전을 확보하기 위하여 안전표지등으로 그 경계를 표시한 도로의 가장자리 부분을 말한다.

11) 횡단보도

보행자가 도로를 횡단할 수 있도록 안전표지로써 표시한 도로의 부분을 말한다.

12) 교차로

+자로, J자로 그밖에 둘 이상의 도로가 교차하는 경우에 그 둘 이상의 도로(보도와 차도가 구분되어 있는 도로에서는 차도)가 교차하는 부분을 말한다.

13) 안전지대

도로를 횡단하는 보행자나 통행하는 차마의 안전을 위하여 안전표지 그 밖의 이와 비슷한 공작물로서 표시한 도로의 부분을 말한다.

14) 신호기

도로교통에 관하여 문자 · 기호 · 등화로써 진행 · 정지 · 방향전환 · 주의 등의 신호를 표시하기 위하여 사람이나 전기의 힘에 의하여 조작되는 장치를 말한다.

15) 안전표지

교통의 안전에 필요한 주의 · 규제 · 지시 등을 표시하는 표지판 또는 도로의 바닥에 표시하는 기호나 문자 또는 선 등을 말한다.

16) 차 마

차와 우마를 말한다. '차'라 함은 자동차 · 건설기계 · 원동기장치자전거 · 자전거 또는 사람이나 가축의 힘 그 밖의 동력에 의하여 도로에서 운전되는 것으로서 철길 또는 가설된 선에 의하여 운전되는 것과 유모차 및 신체장애자용 의자차 외의 것을 말하며, '우마'라 함은 교통 · 운수에 사용되는 가축을 말한다.

17) 자동차

철길 또는 가설된 선에 의하지 아니하고 원동기를 사용하여 운전되는 차(견인되는 자동차의 일부로 본다)로서 자동차 관리법 제3조의 규정에 의한 승용자동차·승합자동차·화물자동차·특수자동차·이륜자동차 및 건설 기계 관리법 제26조 제1항 단서의 규정에 의한 건설기계를 말한다. 다만, 제15호의 규정에 의한 원동기 장치 자전거를 제외한다.

18) 원동기 장치 자전거

자동차 관리법 제3조(자동차의 종류)의 규정에 의한 이륜자동차중 배기량 125cc 이하의 이륜자동차와 50cc 미만의 원동기를 단 차를 말한다.

19) 긴급 자동차

소방자동차·구급자동차·경찰긴급자동차 그 밖의 대통령령이 정하는 자동차로서 그 본래의 긴급한 용도로 사용되고 있는 자동차를 말한다.

20) 어린이 통학버스

초·중등 교육법에 의한 유치원·초등학교·특수학교, 영유아보육법에 의한 보육시설 또는 학원의 설립·운영에 관한 법률에 의하여 설립된 학원 중 주로 어린이(13세 미만의 사람을 말한다)를 교습 대상으로 하는 학원의 자동차로서 도로교통법의 규정에 의하여 신고된 자동차를 말한다.[142)]

21) 주 차

차가 승객을 기다리거나 화물을 싣거나 고장 그 밖의 사유로 인하여 계속하여 정지하거나 또는 그 차의 운전자가 그 차로부터 떠나서 즉시 운전할 수 없는 상태를 말한다.

22) 정 차

차가 5분을 초과하지 아니하고 정지하는 것으로서 주차 외의 정지상태를 말한다.

---

142) 도로교통법 제52조.

23) 운 전

도로에서 차를 그 본래의 사용방법에 따라 사용하는 것(조종을 포함)을 말한다.

24) 서 행

차가 즉시 정지할 수 있는 느린 속도로 진행하는 것을 말한다.

25) 앞지르기

차가 앞서가는 다른 차의 옆을 지나서 그 차의 앞으로 나가는 것을 말한다.

26) 일시(단)정지

차가 일시적으로 그 바퀴를 완전 정지시키는 것을 말한다.

27) 보행자 전용도로

보행자만이 다닐 수 있도록 안전표지 그 밖의 이와 비슷한 공작물로써 표시한 도로를 말한다.

28) 하이패스

차량용단말기(OBU: on board unit)와 전자카드를 장착한 차량이 하이패스구간을 통과할 때 정차 없이 자동으로 고속도로 통행요금이 지불되는 시스템을 말한다. 이는 고속도로 톨게이트를 통과할 때 통행요금을 지불하면서 지체되는 시간을 절약하여 신속하게 톨게이트를 통과하도록 하기 위한 것이다. 하이패스구간은 톨게이트 전후방에 청색점선으로 표시하여 누구나 쉽게 알아볼 수 있도록 되어 있다.

5. 교통의 원칙

교통의 원칙(Principles of Traffic)이라 함은 교통의 원활한 흐름과 안전하고 신속하게 이동하기 위한 것으로 교통의 4대원칙이라 한다. 교통의 원칙은 합리적이며 타당한 교통의 근본이 되는 법칙으로 교통사고를 예방하고 교통지체를 제거하여 교통의 소통이 원할 하게 이루어질 수 있도록 하기 위한 것으로 교통교육, 교통공학, 교통단속, 교통환경 등으로 나누어 생각할 수 있다.

1) 교통교육(education)

교통안전에 관한 교육·홍보·계몽 등을 말하며, 교통사고를 미연에 방지하기 위하여 일반 공중에게 교통안전에 대한 교육을 시킴으로써 교통안전의식을 고취하고 그 실천을 유도하는 활동으로 교통교육의 내용은 다음과 같다.

① 교통법규 위반자 및 교통 관계자에 대한 교육
② 각급 학교 기관에서의 교육
③ TV·레디오방송·간행물 등 대중매체를 이용한 교육
④ 강습회·이동 전시회·가두방송 등을 이용한 교육

2) 교통공학(engineering)

교통안전에 관한 도로환경정비·교통안전시설·차량 등과 같은 물질적 요소를 말하며 널리 경찰·교통시설·운수 등의 분야에 걸쳐 있으며 서로 관련성을 가지고 있다. 경찰이 담당하는 분야는 속도·주정차 등 각종 규제, 교통안전표지·신호기 등의 안전시설, 도로구조 그 밖의 여러 가지 시책으로 교통의 안전과 원활화에 기여하도록 하는 것을 말한다.

(1) 신호기

신호기라 함은 도로교통에 안전을 도모하기 위하여 제작하여 설치한 것으로 문자, 기호, 등화 등으로 진행, 정지, 방향전환, 주의 등을 유도하기 위하여 인위적 또는 전자기적으로 기능하도록 하는 시설을 말한다.

(2) 교통안전표시

교통안전표지라 함은 교통의 안전과 원활한 소통을 위한 시설로써 도로구조의 결함을 보완하고 안전한 교통의 소통을 목적으로 설치한 시설물로 규제, 지시, 안내, 주의 등으로 정보를 표시하여 도로이용자에게 시각적 정보를 전달하는 기능을 하는 것을 말한다.

(3) 노면표시

도로구조를 보전하고 도로교통의 안전을 도모하기 위한 시설로써 안전표지를 보완하거나 도로이용자에게 규제 또는 지시의 시각적 정보를 전달하는 기능을 하는 것을 말한다. 노면에 페인트 등으로 기호, 문자, 선 또는 색상 등으로 표시하는 것을 말한다. 선에는 실선(연속선), 파선(불연속선), 점선 등이 있으며, 색상에는 적색, 백색, 황색, 녹색 등이 있으나 우리나라에서는 백색과 황색 등을 이용하고 있다.

3) 교통단속(enforcement)

교통규제·면허제도·교통지도 등이 포함되며 아무리 안전교육을 실시하고 안전시설을 완벽하게 갖춘다 해도 운전자가 교통법규를 지키지 않으면 필요 없게 되므로 교통법규를 지키지 않는 도로 이용자에 대해서는 단속으로 도로교통의 질서를 유지하기 위한 것이기 때문에 교통단속은 기본자세를 유지하면서 집행하여야 한다.

(1) 합법성

도로교통법, 도로운송차량법, 도로운송차량법시행령 등 관계 법령을 정확히 이해하고 적용하여야 한다.

(2) 합리성

국민의 공감을 받을 수 있도록 객관적 위반행위의 발견과 합리적이고 신속한 조치가 필요하다.

(3) 타당성

교통단속은 누구나 인정할 수 있는 정도에서 단속을 실시하여야 한다. 함정단속, 인권침해, 과잉단속이 없고 공감할 수 있도록 타당성하게 시행되어야 한다.

4) 교통환경(environment)

교통환경은 교통안전교육·교통안전공학·교통단속만으로는 그 안전성이 부족하므로 교통의 안전과 원활한 소통을 위하여 교통에 관계된 여러 가지 환경적 요인 등을 개선하여 교통의 환경을 보호하여야 한다.

(1) 교통질서의 생활화

현대의 교통은 국력을 상징할 수 있을 만큼 중요한 위치를 점하고 있기 때문에 교통질서를 생활화함으로써 국가발전과 선진국으로의 진입을 약속받을 수 있다.

(2) 안전한 환경의 조성

도로교통의 생명은 안전에 있기 때문에 안전을 최선의 정책으로 개발하여 확보하는 것이 매우 중요하다. 안전한 환경을 조성하기 위해서는 어린이보호구역(school zone), 노인보호구역(old aged zone) 등의 확대설정, 교통의식의 선진화, 물전시설의 첨단화가 매우 중요하다.

(3) 교통피해자의 보장제도

교통사고에 의한 피해자는 피해보상이 원만히 이루어질 수 있도록 미비한 보험제도를 보완하고 뺑소니에 의한 피해보상을 확대하여 교통사고로 인한 피해자의 사회보장제도를 확대하여야 한다.

5) 교통원칙의 목표

교통의 원칙은 교통을 안전하고 신속하게 소통하기 위한 것으로 차량운전자와 보행자를 보호하기 위한 것이다. 도로교통에 있어서 모든 위험을 제거하여 국민의 생명과 재산을 보호하기 위한 의도된 행정행위를 말하는 것으로 다음과 같은 과정을 거쳐서 목표를 달성할 수 있는 것이다.

(1) 문제점의 규명

교통사고가 발생하였거나, 교통지체현상이 심화되었을 때에는 원인을 규명하고 교통지체의 환경적 여건을 분석하여 이에 상응하는 대책을 세워 추후 같은 사고와 지체현상이 발생하지 않도록 노력하는 것이다.

(2) 대안의 발굴

교통사고나 교통지체현상이 발생하였다면 원인과 여건을 분석하여 판단하고 이에 대비하여야 한다. 대안의 발굴은 교통사고와 지체로 인한 국민의 생명을 보호하고 재산의 손실을 방지하기 위한 것이다.

교통사고와 교통의 지체를 방지하여 소통을 원활하게 하기 위해서는 운전자와 국민이 모두 합심하여 교통법규를 잘 지키고 협력할 수 있도록 계도하여야 한다. 국민의 협력이 없이는 교통의 안전과 소통은 원만하게 이루어 질 수 없다. 그러므로 국민 모두가 협력을 할 수 있도록 계몽하고 선도하는 자세가 매우 필요하다.

6. 운전면허

1) 면허제도

운전면허(Driver's License)는 자동차 등을 운전하고자 하는 사람은 지방경찰청장의 운전면허를 받아야 한다고 규정하여 무면허 운전을 금지하고 있다.

2) 운전면허의 종류

(1) 제1종

제1종 면허에는 대형면허, 보통면허(보통연습면허), 소형면허, 특수면허 등이 있다.

① 대형면허

승용자동차, 승합자동차, 화물자동차, 긴급자동차, 건설기계(덤프트럭, 아스팔트 살포기, 노상안정기, 콘크리트믹서트럭, 콘크리트펌프, 천공기(트럭적재식)

② 보통면허(보통연습면허)

승용자동차, 16인 이하 승합자동차, 12인 이하 긴급자동차(승용 및 승합자동차에 한한다), 적재중량 12톤미만 화물자동차, 원동기장치 자전거

③ 소형면허

3륜화물 자동차, 3륜승합 자동차, 원동기장치 자전거

④ 특수면허

추레라, 레이카, 제2종 보통면허로 운전할 수 있는 차량

(2) 제2종

① 보통면허(보통연습면허)

승용자동차, 승차정원 9인 이하 승합자동차, 적재중량 4톤이하 화물자동차, 원동기장치 자전거

② 소형면허

2륜자동차(측차부를 포함), 원동기장치 자전거

③ 원동기장치 자전거 면허

원동기장치 자전거

7. 안전거리

1) 안전거리 확보

안전거리(Safety Distance) 확보라 함은 같은 방향으로 가고 있는 앞차의 뒤를 따라 운전하는 때에는 앞차가 갑자기 정지하게 되는 경우에 그 앞차와의 충돌을 피할만한 필요한 거리를 확보하여야 한다.[143)]

(1) 진로변경 금지

진행하는 모든 차는 그 진로를 변경하고자 하는 경우에 그 변경하고자 하는 방향으로 진행하고 있는 모든 차의 정상적인 통행에 장애를 줄 우려가 있을 때에는 진로를 변경하여서는 안 된다.

(2) 급제동 금지

진행 중인 모든 차의 운전자는 위험방지를 위한 경우와 그 밖의 부득이한 경우가 아니면 운전하는 자를 갑자기 정지시키거나 속도를 줄이는 등의 급제동을 하여서는 안 된다.

143) 도로교통법 제19조.

2) 정지거리

(1) 개 요

정지거리라 함은 진행 중인 자동차가 필요에 따라 멈추기 위한 필요한 거리를 말한다. 정지거리는 차의 종류, 운전기술, 적재량, 구조, 속도, 성능, 도로의 상황, 주간과 야간의 차이, 가시의 전망, 감각, 기후조건 등 조건에 따라 차이가 있으므로 구체적 상황에 따라서 큰 차이를 나타낸다.

(2) 충돌방지 가능거리

일반적으로 건조하고 포장된 도로인 경우에는 시속 약 16km 마다 보통 승용차의 경우 6m를 가한 차간 거리를 확보하면 충돌을 방지할 수 있다. 그러나 자동차의 성능, 도로여건, 기후여건, 운전기술 등에 따라서 그 2배 이상의 차간거리가 필요한 경우가 허다하다.

(3) 제동거리의 산정방법

① 제동거리 = 공주거리 + 활주거리(속도2 × 0.88 / 100, 또는 = 속도2 / 100
② 제동시간 = 공주시간 + 활주시간(지각시간 + 반응시간 + 정지시점)
③ 초속산출 = V(km) / 3.6
④ 공주시간 = 위험감지시점 + 브레이크 효과 발생 시점
⑤ 활주시간 = 브레이크 효과 발생시점 + 정차시점

8. 도로교통법

도로교통법(Traffic Law)은 도로에서 일어나는 교통상의 모든 위험과 장해를 방지·제거하여 안전하고 원활한 교통을 확보하기 위한 목적으로 제정된 것이다.[144)]

144) 도로교통법 제1조.

1) 진로양보 의무

(1) 일반적인 도로

긴급 자동차를 제외한 모든 차는 통행 구분이 설치된 도로의 경우를 제외하고는 통행의 우선순위 상 앞 순위의 차가 뒤를 따라오는 때에는 도로의 우측 가장자리로 피하여 진로를 양보하여야 한다.[145] 통행의 우선순위가 같거나 뒷 순위인 차가 뒤에서 따라오는 때에 그 따라 오는 차보다 계속하여 느린 속도로 가고자 하는 경우에도 도로의 우측 가장자리로 피하여 진로를 양보하여야 한다.[146]

(2) 특수한 도로

경사진 좁은 도로에서는 자동차가 교행 할 때에 올라가는 차가 내려가는 차에게 도로의 우측 가장자리로 양보하여야 한다. 좁은 도로에서 화물을 실었거나 승객이 승용한 차와 공차가 교행 할 때에는 공차가 우측 가장자리로 양보하여야 한다.

2) 앞지르기

(1) 앞지르기 방법

모든 차는 다른 차를 앞지르고자 하는 때에는 앞차의 좌측을 통행하여 한다. 앞지르고자 하는 모든 차는 반대 방향의 교통 및 앞차의 전방 교통에도 충분한 주의를 기울여야 하며 앞차의 속도나 진로 그 밖의 도로 상황에 따라 방향지시기, 등화, 경음기 등을 사용하여 안전한 속도와 방법으로 하여야 한다.[147]

(2) 앞지르기의 방해금지

모든 차의 운전자는 앞지르기를 하려는 차가 앞지르기 방법으로 앞지르기를 하는 때에는 속도를 높여 경쟁하거나 앞지르기를 하는 차의 앞을 가로막는 등 앞지르기를 방해하여서는 안 된다.[148]

---

145) 도로교통법 제20조.

146) 진로양보 의무를 규정한 취지는 앞지르기 과정에서 두 대의 차가 병행하여 경쟁 질주하는 것을 예방하여 앞지르기 할 때의 위험 방지와 교통의 원활을 기하기 위한 것이다.

147) 도로교통법 제21조.

148) 도로교통법 제21조 제3항.

(3) 앞지르기 금지시기

앞차의 좌측에 다른 차가 앞차와 나란히 가고 있는 때에는 그 앞차를 앞지르지 못하고, 뒤차는 앞차가 다른 차를 앞지르고 있거나 앞지르고자 하는 때에는 그 앞차를 앞지르지 못한다. 그리고 모든 차의 운전자는 이 법이나 이 법에 의한 명령 또는 경찰공무원의 지시를 따르거나 위험을 방지하기 위하여 정지 또는 서행하고 있는 다른 차를 앞지르지 못한다.

(4) 앞지르기 금지장소

모든 차의 운전자는 다음의 경우에 해당하는 경우에는 다른 차를 앞지르지 못한다.

① 교차로·터널 안 또는 다리 위
② 도로의 구부러진 곳
③ 비탈길의 고개 마루부근 또는 가파른 비탈길의 내리막
④ 지방경찰청장이 도로에서의 위험을 방지하고 안전 상 필요하다고 인정하여 안전표지에 의하여 지정한 곳

(5) 끼어들기 금지장소

모든 차의 운전자는 이 법이나 이 법에 의한 명령 또는 경찰 공무원의 지시에 따르거나 위험방지를 위하여 정지 또는 서행하고 있는 다른 차 앞에 끼어들지 못한다.

3) 철길 건널목 통과

① 모든 차는 철길 건널목을 통과하고자 하는 때에는 그 건널목 앞에서 일시 정지를 하여 안전함을 확인한 후에 통과하여야 한다. 다만, 신호기 등이 표시하는 신호에 따르는 때에는 정지하지 아니하고 통과할 수 있다.[149]
② 모든 차가 건널목을 통과하고자 하는 때에 그 건널목의 차단기가 내려져 있거나 내려지려고 하는 때 또는 건널목의 경보기가 울리고 있는 동안에는 그 건널목으로 들어가서는 아니 된다.

---

149) 건널목을 통과하려고 할 때의 일시 정지는 무조건 정지하는 뜻이 포함되어 있으므로 비록 안전을 확인할 수 있고 앞차가 통행하고 있어 안전함이 확인되었다 하더라도 일시 정지 의무는 면제되는 것이 아니다.

③ 모든 차의 운전자는 건널목을 통과하다가 고장 등의 사유로 인하여 건널목 안에서 차를 운행할 수 없게 된 때에는 즉시 승객을 대피시키고 비상 신호기 등을 사용하거나 그 밖의 방법으로 이를 철도 공무원 또는 경찰 공무원에게 알려야 한다.

5) 교차로 통행방법

(1) 좌 · 우 회전 차의 통행방법

모든 차는 교차로에서 우회전하려는 때에는 미리 도로의 우측 가장자리를, 좌회전하려는 때에는 미리 도로의 중앙선을 따라 교차로의 중심 안쪽을 각각 서행하여야 한다. 다만, 좌회전하는 경우 지방경찰청장이 교차로의 상황에 따라 특히 필요하다고 인정하여 지정한 곳에서는 교차로의 중심 바깥쪽을 통과하여야 한다.[150]

(2) 회전하는 차의 진행방해 금지

좌회전 또는 우회전하기 위하여 손이나 방향지시기 또는 등화로서 신호를 하는 차가 있는 때는 그 뒤차는 신호를 한 앞차의 진행을 방해하여서는 안 되고, 신호기에 의하여 교통정리가 행하여지고 있는 교차로에 들어가려는 모든 차는 진행하고자 하는 진로의 앞쪽에 있는 차의 상황에 따라 교차로(정지선이 설치되어 있는 경우에는 그 정지선을 넘은 부분)에 정지하게 되어 다른 차의 통행에 방해가 될우려가 있는 경우에는 그 교차로에 들어가서는 안 된다.

6) 교통정리가 없는 교차로의 우선통행

(1) 선입 차의 우선

교통정리가 행하여지고 있지 아니하는 교차로에 들어가려는 모든 차는 다른 도로로부터 이미 그 교차로에 들어가고 있는 차가 있는 때에는 그 차의 진행을 방해하여서는 아니 된다.

150) 도로교통법 제25조 제1항, 제2항.

(2) 우측 차의 우선

우선순위가 같은 차가 동시에 교차로에 들어가려고 하는 때에는 우측도로의 차에 진로를 양보하여야 한다.

(3) 폭넓은 도로에서 우선

교통정리가 행하여지고 있지 아니하는 교차로에 들어가려는 모든 차는 그 차가 통행하고 있는 도로의 폭보다 교차하는 도로의 폭이 넓은 경우에는 서행하여야 하며 폭이 넓은 도로로부터 그 교차로에 들어가려고 하는 다른 차가 있는 때에는 그 차에 진로를 양보하여야 한다.

7) 직진 및 우회전차 등의 우선

모든 차의 운전자는 교차로에서 좌회전하려는 경우에 그 교차로에 진입하여 직진하거나 우회전하려는 다른 차가 있는 때에는 선입차 우선의 규정에 불구하고 그 차의 진행을 방해해서는 안 되고, 교차로에서 직진하려고 하거나 우회전하려는 차의 운전자는 이미 그 교차로에 진입하여 좌회전하고 있는 다른 차가 있는 때에는 그 차의 운전자 진행을 방해하여서도 안 된다.[151)]

8) 보행자의 보호

모든 차의 운전자는 보행자가 횡단보도를 통행하고 있는 때에는 그 횡단보도 앞(정지선이 설치되어 있는 곳에서는 그 정지선)에서 일시 정지하여 보행자의 횡단을 방해하거나 위험을 주어서는 안 되고, 교통정리가 행하여지고 있는 교차로에서 좌회전 또는 우회전하려는 경우에 신호기 또는 경찰공무원 등의 신호나 지시에 따라 도로를 횡단하는 보행자의 통행을 방해하여서는 안 된다. 그리고 모든 차의 운전자는 교통정리가 행하여지고 있지 아니하는 교차로 또는 그 부근의 도로를 횡단하는 보행자의 통행을 방해하여서는 안 되며, 도로에 설치된 안전지대에 보행자가 있을 때와 차로가 설치되지 아니한 좁은 도로에서 보행자의 옆을 지나는 때에는 안전한 거리를 두고 서행하여야 하고, 횡단보도가 설치되어 있지 아니한 도로를 횡단하는 보행자가 있을 때에는 보행자의 통행을 방해하여서는 안 된다.[152)]

---

151) 도로교통법 제26조 제4항.

9) 긴급 자동차의 우선

긴급 자동차는 긴급하고 부득이한 경우에는 도로의 좌측 부분을 통행할 수 있다. 그리고 긴급 자동차는 이 법 또는 이 법에 의한 명령의 규정에 의하여 정지하여야 할 경우에도 불구하고 정지하지 아니할 수 있으며, 긴급 자동차의 운전자는 특히 주의하면서 통행하여야 한다. 교차로 또는 그 부근에서 긴급 자동차가 접근한 때에는 모든 차는 교차로를 피하여 도로의 우측 가장자리에 일시 정지하여야 한다. 다만, 일방통행으로 된 도로에서 우측 가장자리로 피하여 정지하는 것이 긴급 자동차의 통행에 지장이 있는 때에는 좌측 가장자리로 피하여 정지할 수 있다.153)

10) 긴급 자동차에 대한 특례

긴급 자동차에 대하여는 자동차의 속도 및 앞지르기 금지시기 내지 끼어들기의 금지 등의 규정을 적용하지 아니한다. 다만, 자동차의 속도의 규정에 의하여 긴급 자동차의 속도를 따로 정한 경우에는 그 규정을 적용한다.154)

(1) 서행할 장소

모든 차의 운전자는 다음 각호에 해당하는 곳에서는 서행하여야 한다.155)

① 교통정리가 행하여지고 있지 아니하는 교차로
② 도로가 구부러진 부근
③ 비탈길의 고개 마루 부근
④ 가파른 비탈길의 내리막
⑤ 지방경찰청장이 도로에서의 위험을 방지하고 교통의 안전과 원활한 소통을 확보하기 위하여 필요하다고 인정하여 안전표지에 의하여 지정한 곳

(2) 일시 정지할 장소

모든 차의 운전자는 다음 각호의 1에 해당하는 곳에서는 일시 정지하여야 한다.

152) 도로교통법 제27조 제3항.
153) 도로교통법 제27조.
154) 도로교통법 제30조.
155) 도로교통법 제31조.

① 교통정리가 행하여지고 있지 아니하고 좌우를 확인할 수 없거나 교통이 빈번한 교차로
② 지방경찰청장이 도로에서의 위험을 방지하고 교통의 안전과 원활한 소통을 확보하기 위하여 필요하다고 인정하여 안전표지에 의하여 지정한 곳

12) 정차 및 주차의 금지

모든 차는 다음 각호의 1에 해당하는 곳에서는 이 법과 이 법에 의한 명령 또는 경찰공무원의 지시에 의한 경우와 위험 방지를 위하여 일시 정지하는 경우를 제외하고는 정차하거나 주차하여서는 아니 된다. 다만 버스 여객 자동차가 그 운행 노선에 따르는 정류소에서 승객을 태우거나 내리기 위하여 정차하거나 주차하는 때에는 그러하지 아니한다.[156)]

① 교차로, 횡단보도, 차도와 보도가 구분된 도로의 보도 또는 건널목(차도와 보도에 걸쳐 설치된 주자장법에 의한 노상주차장에 주차하는 경우를 제외)
② 교차로의 가장자리 또는 도로의 모퉁이로부터 5미터 이내의 곳
③ 안전지대가 설치된 도로는 안전지대의 사방 각각 10미터 이내의 곳
④ 버스 여객 자동차의 정류를 표시하는 기둥이나 판 또는 선이 설치된 곳으로부터 10미터 이내의 곳 다만, 그 버스 여객 자동차의 운행시간 중에 한한다.
⑤ 건널목의 가장자리 또는 횡단보도로부터 10미터 이내의 곳
⑥ 지방경찰청장이 도로에서의 위험을 방지하고 교통의 안전과 원활한 소통을 확보하기 위하여 필요하다고 인정하여 지정한 곳
⑦ 주차 금지 장소

모든 차는 다음 각호에 해당하는 곳에서 주차하여서는 아니 된다.[157)]

① 소방용 기계 기구가 설치된 곳으로부터 5미터 이내의 곳
② 소방용 방화 물통으로부터 5미터 이내의 곳
③ 소화전 또는 소화용 방화 물통의 흡수구나 흡수관을 넣는 구멍으로부터 5미터 이내의 곳
④ 화재경보기로부터 3미터 이내의 곳

156) 도로교통법 제32조.
157) 도로교통법 제33조.

⑤ 터널 안 및 다리 위
⑥ 도로공사를 하고 있는 경우에는 그 공사 구역의 양쪽 가장자리로부터 5미터 이내의 곳
⑦ 지방경찰청장이 도로에서의 위험을 방지하고 교통의 안전과 원활한 소통을 확보하기 위하여 필요하다고 인정하여 지정한 곳

13) 고속도로 등에 있어서의 특례

고속도로 및 자동차 전용 도로에서의 자동차 또는 보행자의 통행방법 등을 규정한 것이다.

(1) 위해방지 등의 조치

경찰공무원은 도로의 파손이나 교통사고의 발생 그 밖의 사정으로 고속도로 또는 자동차 전용 도로에서 교통이 위험, 혼란하거나 또는 그러할 염려가 있을 때에는 이의 방지와 교통의 안전 및 원활한 소통을 확보하기 위하여 필요한 한도 안에서 진행 중인 자동차의 통행을 일시 금지 또는 제한하거나 그 자동차의 운전자에게 필요한 조치를 명할 수 있다.[158)]

(2) 신호기 등의 설치 관리

① 고속도로의 관리자는 고속도로에서의 위험을 방지하고 교통의 안전과 원활한 소통을 확보하기 위하여 교통안전시설을 설치 · 관리하여야 한다. 이 경우 고속도로의 관리자가 교통안전시설을 설치하고자 하는 때에는 경찰청장과 협의하여야 한다.
② 경찰청장은 고속도로의 관리자에게 교통안전시설의 관리에 관하여 필요한 사항을 지시할 수 있다.[159)]

(3) 갓길 통행금지 등

① 자동차는 고속도로에서 앞지르기를 하거나 도로상황 그 밖의 사정으로 부득이한 경우를 제외하고는 진행방향의 우측인 주행차로에 따라 통행하여야 하

158) 도로교통법 제47조.
159) 도로교통법 제59조 제1항, 제2항.

며 갓길로 통행하여서는 아니 된다. 다만, 긴급 자동차와 고속도로의 보수 · 유지 등의 작업을 하고 있는 자동차는 그러하지 아니하다.

② 자동차는 고속도로에서 앞지르고자 하는 때에는 방향지시기 · 등화 · 경음기를 사용하여 정하는 차로로 안전하게 통행하여야 한다.[160]

(4) 횡단 등의 금지

자동차는 고속도로 또는 자동차 전용도로를 횡단하거나 유턴 또는 후진하여서는 안 된다.[161]

(5) 통행 등의 금지

보행자 또는 자동차 외의 차마는 고속도로 또는 자동차 전용도로를 통행하거나 횡단하여서는 안 된다.[162]

(6) 정차 및 주차의 금지

자동차는 고속도로 또는 자동차 전용 도로에서 정차 또는 주차하여서는 아니된다. 다만, 법령의 규정 또는 경찰관의 지시에 따르거나 위험을 방지하기 위하여 일시 정지하는 때에는 그렇지 않다.[163]

(7) 고속도로진입시의 우선순위

자동차는 고속도로에 들어가고자 하는 때에는 그 고속도로를 통행하고 있는 다른 자동차의 통행을 방해하여서는 안 되고, 긴급자동차 외의 자동차는 긴급자동차가 고속도로에 들어가는 때에는 그 진입을 방해하여서도 안 된다.[164]

(8) 고장 등의 경우의 조치

자동차의 운전자는 고장이나 그 밖의 사유로 고속도로나 자동차 전용 도로에서 그 자동차를 운행할 수 없게 된 대에는 행정안전부령이 정하는 표지를 설치하여야

---

160) 도로교통법 제60조.
161) 도로교통법 제62조.
162) 도로교통법 제63조.
163) 도로교통법 제64조.
164) 도로교통법 제65조.

하며 그 자동차를 고속도로 또는 자동차 전용도로 외의 곳으로 이동하는 등의 필요한 조치를 하여야 한다.[165]

⑼ 운전자 및 승차자의 특별한 준수사항

고속도로 또는 자동차 전용도로를 운행하는 자동차중 행정안전부령이 정하는 자동차를 운전하는 자는 모든 승차자에게 좌석 안전띠를 매도록 하여야 한다. 다만, 부상, 질병, 장해, 임신 등으로 인하여 좌석 안전띠를 매는 것이 곤란하거나 행정안전부령이 정하는 사유가 있는 때에는 그러하지 아니니다.[166] 그리고 운전자는 고장차량의 표지를 항상 휴대하여야 하며, 고장 그 밖의 사유로 그 차를 운행할 수 없게 된 때에는 그 자동차를 도로의 우측 가장자리에 정지시키고 그 자동차로부터 주간에는 100m 이상, 야간에는 200m 이상 후방 도로상에 이를 설치하여야 하고, 주행 속도계의 이상 유무를 수시로 확인하여야 하며 휴식하지 아니하고 2시간 이상 계속 운전을 하여서는 아니 되며, 승차자는 교통안전에 적극 협조하여야 하며 운전자 및 안내자의 안전상 필요한 공지사항을 지켜야 한다.[167]

9. 교통사고의 처리

1) 개 요

교통사고처리(Traffic Accident Investigation)라 함은 자동차·기차·전차·비행기·선박 등 교통기관에 의한 인명 및 재산상의 모든 사고에 대하여 과실의 유무를 조사하는 것을 말한다. 일반적으로는 도로상의 자동차 사고에 조사를 의미한다고 할 정도로 자동차에 의한 사고가 가장 많다. 오늘날 자동차의 대량 보급으로 자동차는 도로상에서 보행자와 가장 밀접한 관계에 있으므로 자동차 사고는 그 발생건수가 급증하여 하루도 빠짐없이 발생하고 있기 때문에 커다란 사회문제가 되고 있다. 교통사고의 원인은 주로 운전자나 보행자의 부주의라 하겠으나 도로 폭이 좁고 안전시설이 불충분한 상황에서 지켜야 할 안전수칙이 너무 많은 데에도 그 원인

165) 도로교통법 제66조.
166) 도로교통법 제67조.
167) 도로교통법 제67조 제2항, 시행규칙 제24조 제4항.

이 있으며 이에 대한 적극적 정책이 요망된다.

교통사고가 발생하면 운전 관계자는 즉시 정차하여 부상자 구호와 도로상의 위험방지를 위하여 최선을 다하고 교통 경찰관이나 인근 경찰관서에 사고현황을 보고해야 한다. 이러한 조치를 게을리 하면 운전자는 형사책임을 지게 되고 면허취소·운행정지 등의 불리한 처분을 받게 된다. 자동차 사고가 어떤 원인에서 발생했을 때에는 그 사실 여부를 입증하여 피해자는 의사의 진단과 경찰관의 증명으로 자동차 손해배상을 받을 권리가 있다. 교통사고의 대부분이 안전운행의 불이행으로 발생하지만 보행자의 과실에 의해서도 많이 발생하므로 각자의 세밀한 주의가 사고예방의 가장 큰 지름길이다. 2007년 1년 동안 차종별 교통사고 발생률은 승용차 사고가 가장 많아 67.0%를 차지하였으며 141,806건의 승용차 사고가 발생하였다.[168)]

〈차종별 교통사고현황('07년)〉 (단위 : 건, 명, %)

구 분	계	승용차	승합차	화물차	특수차	이륜차	기 타
발생 (구성비)	211,662 (100.0)	141,806 (67.0)	15,872 (7.5)	31,578 (14.9)	1,137 (0.5)	15,703 (7.4)	5,566 (2.6)
사망자 (구성비)	6,166 (100.0)	3,009 (48.8)	532 (8.6)	1,383 (22.4)	71 (1.2)	913 (14.8)	258 (4.2)

경찰백서, 2008: 208.

2) 교통사고 처리특례법

(1) 개 요

업무상 과실 또는 중대한 과실로 교통사고를 일으킨 운전자에 관한 형사처벌 등의 특례를 정함으로써 교통사고로 인한 피해의 신속한 회복을 촉진하고 국민생활의 편익을 증진함을 목적으로 1981년 12월 31일 제정된 법률을 말한다.

(2) 목 적

교통사고특례법의 입법 목적은 운전자가 교통사고로 사람의 신체를 상해하거나 재물을 손괴한 경우 형법상의 업무상 과실치상죄나 중과실치상죄 및 도로교통법상의 재물손괴죄 등의 규정에 피해자의 명시한 의사에 반하여 논할 수 없다는 반의사

168) 경찰백서, 2008: 208.

불벌죄의 규정이 없기 때문에 피해자의 피해를 보상하고 원만한 합의를 보았더라도 형사적으로 공소되어 재판을 받아야 할 폐단을 시정하기 위한 것이다.

운전자가 교통사고로 사람의 신체를 사상하거나 재물을 손괴한 경우에는 피해자의 명시한 의사에 반하여 공소를 제기할 수 없게 되었다. 그러나 운전자가 피해자의 구호조치를 취하지 아니하고 도주하거나, 피해자를 사고 장소로부터 옮겨 유기하고 도주한 경우, 도로교통법상의 규칙을 위반하여 운전하다가 사고를 낸 경우에는 예외로 하고 있다. 그리고 교통사고를 일으킨 차가 보험업법 또는 육운진흥법에 의한 보험 또는 공제에 가입되어 있는 경우에도 운전자에 대하여 공소를 제기할 수 없게 하고 있는데, 이는 피해자의 피해 보상을 촉진하려는 데에 그 취지가 있다.

(3) 처벌의 특례

① 신호위반, 통행의 금지, 일시정지 등의 안전표지가 표시하는 지시에 위반
② 중상선 침범, 고속도로 등에서 횡단, 유턴 또는 후진 위반
③ 시속 20km 초과속도 위반
④ 앞지르기 방법·금지시기·금지장소 또는 끼어들기의 금지 등 위반
⑤ 건널목 통과방법 위반
⑥ 횡단보도에서 보행자 보호의무 위반
⑦ 무면허 운전
⑧ 주취 및 약물복용 운전
⑨ 승객의 추락방지 위무 위반
⑩ 사망사고, 도주, 피해자 유기 등

3) 사고처리

교통사고의 처리라 함은 경찰관이 교통사고의 신고를 받거나 인지하였을 경우에 즉시 현장에 출동하여 피해자의 구호, 사고원인의 조사, 2차 사고의 예방, 교통소통 등 제반 조치를 신속하 하기 위한 조치를 말한다. 교통사고의 처리는 교통사고가 발생되었을 때 경찰관서의 인지 즉시 관할 순찰지구대 또는 파출소에서 초동 조치를 하여 본서에 보고한 후 본서의 사고 처리반에서 과실 유무 등을 수사하여 검찰에 송치함으로써 종결된다.

〈뺑소니 교통사고 발생현황〉 (단위 : 건, 명, 명)

구 분	'98	'99	'00	'01	'02	'03	'04	'05	'06	'07
발 생 (%)	23,410 (9.8)	21,407 (7.8)	22,994 (7.9)	19,367 (7.4)	18,555 (8.0)	18,440 (7.7)	16,346 (7.4)	14,653 (6.9)	14,480 (6.8)	12,684 (6.0)
사망자	732	667	664	549	508	472	387	370	360	340
부상자	228,734	28,835	31,386	26,572	26,062	27,035	24,075	22,349	22,660	20,057

※ 백분율(%)은 전체교통사고 발생건수 중 뺑소니 교통사고 발생건수의 점유율
(경찰백서, 2008: 204)

4) 사고현장의 조치

(1) 사상자 유무확인

현장에 임해서는 우선적으로 사상자의 유무를 확인하고 부상자는 신속히 병원으로 후송하여 응급치료 할 수 있도록 한다. 그러나 이미 사망한 자는 현장의 증거조사가 끝난 뒤에는 적당한 장소에 이동하여야 하고 이동시 사자에 대하여 결례되지 않도록 하여야 하고 신원이 확인 될 때까지 절차에 따라 보존한다.

(2) 재사고 방지

사고 현장은 교통이 통제 체증현상이 발생되고 질서가 문란하여 재사고의 발생가능성이 있다. 현장실정에 맞도록 안전한 방법으로 교통을 통제하여 재사고가 발생하지 않도록 한다.

(3) 교통정리

교통사고가 발생할 경우에는 통행차량과 보행인, 구경꾼 등 혼란이 초래될 우려가 있으므로 신속한 교통정리로 현장의 질서가 유지되도록 한다.

(4) 현장보존

사고 발생시에는 우선적으로 순찰지구대 및 파출소 직원이 출동하여 필요한 조치를 하고 교통사고 처리 전담반 직원이 나올 때까지 현장을 보존하여 현장수사에 지장이 없도록 하여야 한다.

(5) 참고인 확보

교통사고는 가해 운전자와 피해자 등이 첨예한 대립을 할 우려가 있으므로 현장 목격자 등 참고인을 확실하게 확보하여 수사에 지장이 없도록 하여야 한다.

(6) 사진촬영

교통사고 현장은 분쟁의 문제가 발생할 가능성이 매우 높기 때문에 작은 부분도 빠뜨리는 일이 없도록 세밀하게 촬영하여 사후에 대비하여야 한다.

(7) 교통회복

응급조치, 증거수집, 사진촬영 등 필요한 조치가 끝나면 교통을 원상태로 회복시켜 통행차량에 불편이 없도록 하여야 한다.

5) 사고 조사

(1) 발생원인 조사

사고원인 조사는 과실의 유무와 책임을 결정하는 중요한 사항이므로 객관적으로 분명하게 실체를 밝혀야 한다. 그리고 발생원인은 법적인 책임은 물론이고 사후 교통사고 방지대책 등 정책에 반영되는 것이기 때문에 작은 사안도 간과하는 일이 없도록 하여야 한다.

(2) 사고의 유형 조사

사고의 내용이 무엇인가를 확실하게 한다. 자동차 대 자동차, 자동차 대 사람, 자동차 대 재물 또는 전복사고, 범죄에 의한 사고인지의 여부를 밝힌다.

(3) 사고관련 당사자

사고에 관련된 당사자에 대한 면허증, 인적사항, 피해사항, 주취, 약물중독, 피로, 차량결함 등에 대해서 확인한다.

(4) 사고지점 조사

충돌지점, 스키드마크[169], 증거물(유리파편 등), 피해흔적, 방향, 사고지점의 측정, 정차위치, 충돌부분과 파손유무, 목격자의 위치와 목격경위 등을 조사한다.

(5) 노면상태

도로의 폭, 차도와 인도의 유무, 포장상태, 시야장애 유무, 일기관계, 교통량 등

(6) 차량관계

제동·조향·주행장치, 경음기, 전조등, 탑승자, 적재량, 차폭, 차장, 속도, 방향지시등, 기타 결함 여부 등

〈음주 교통사고 발생현황〉 (단위 : 건, 명)

구 분	'98	'99	'00	'01	'02	'03	'04	'05	'06	'07
발 생	25,269	23,718	28,074	24,994	24,983	31,227	25,150	26,460	29,990	28,416
사망자	1,113	998	1,217	1,004	907	1,113	875	910	920	991
부상자	40,489	39,282	47,155	42,165	42,316	55,230	44,522	48,153	54,255	51,370

경찰백서, 2008: 240

10. 행정처분

1) 행정처분의 절차

교통법규 위반 또는 사고(Accident or violation of Traffic Regulation)를 야기한 운전자에 대하여 과하는 과태료 이외에 행정적인 차원에서 가해지는 처분이 벌점제도이다. 법규위반이나 사고로 인한 벌점이 40점 이상이 될 때만 1점을 1일로 계산하여 면허정지 처분을 하는데 면허 정지처분 대상인 벌점 40점 이상이 된 때에는 경찰청 전산실에서 그 대상자를 발췌하여 대상 운전자 주소지 경찰서에 집행대상자 명단을 통보하고 대상자 명단을 통보 받은 주소지 관할 경찰서장은 집행대상자에게 예정일 7일전에 운전면허 정지집행 통지서를 발송하고 집행통지서를 받은 대상자는 집행통지서에 지정되어 있는 날에 경찰서에 출석하여 운전면허증을

---

169) 사고발생 직전의 속도와 진행방향 및 급정차 조치 상태를 파악하는 가장 중요한 증거이다. 스키드 마크의 농도, 관형, 곡직, 방향, 길이 등에 의해서 그 차량의 제동력이 개시된 지점, 급제동의 강약, 방향전환의 유무 등을 파악할 수 있는 중요한 요소다.

제출하고 경찰서에서는 집행기간 동안 운전면허증을 보관하여 면허정지를 집행한 후 해제되는 날에 다시 당사자에게 반환하는 것이다.

2) 처분벌점의 소멸

처분벌점이 40점 미만인 경우에 최종위반일 또는 사고 일로부터 무위반, 무사고로 1년을 경과한 때에는 누산점수에서 삭제함으로써 소멸되는 것이다.

3) 벌점합산

벌점합산은 법규위반으로 교통사고를 야기한 경우 조치 등 불이행에 따른 벌점과 법규위반시의 벌점, 사고 야기시 결과에 따른 벌점 등을 모두 합산하여 행정처분을 하고 있다.

4) 누산벌점 초과로 인한 면허취소

1년 동안의 벌점 또는 누산벌점이 121점 이상, 2년 동안의 벌점 또는 누산점수가 201점 이상, 3년간 벌점 또는 누산점수가 271점 이상이면 면허가 취소되며 3년간 관리된다. 그리고 누산점수는 법규위반 또는 교통사고시의 벌점을 누적 합산한 점수에서 상계치(무사고, 무위반 경과시에 부여되는 점수)를 뺀 점수를 말한다.

5) 벌점 또는 처벌벌점 초과로 인한 면허정지

운전면허 정지처분은 1회의 위반, 사고로 인한 벌점 또는 처분벌점이 40점 이상이 된 때부터 결정하여 집행하되, 원칙적으로 1점을 1일로 계산하여 집행한다. 처분벌점은 누산 점수에서 이미 정지처분이 집행된 벌점의 합계치를 뺀 점수를 말한다.

6) 정지처분 집행일수의 가감

교통안전교육을 이수한 때 정지처분집행일수 20일을 감경한다. 그러나 본인의 누산점수에서는 공제해 주지 않는다. 그리고 모범운전자·무사고운전자·10년 이상 무사고, 유공운전자의 표시장을 받고 교통안전봉사활동에 종사중인 자에게는 면허정지처분 집행기간을 1/2로 감경한다. 그러나 사고로 인한 경우는 제외한다.

7) 행정처분의 철회

위반, 사고가 법원의 판결로 무죄가 확정된 경우에 벌점은 소멸한다. 그리고 검사의 무죄불기소 처분을 받은 경우도 포함한다.

8) 운전면허 취소 개별기준

① 교통사고 야기 도주
② 주취 운전(혈중 알코올농도 0.05% 이상에서 인명피해사고)
③ 만취한 상태(혈중 알코올농도 0.1% 이상)에서 운전
④ 주취 측정에 불응한 때
⑤ 타인에게 운전면허 대여 또는 타인의 면허로 운전
⑥ 운전면허 취득 결격사유에 해당된 때
⑦ 적성검사 불합격 또는 적성검사 기간 1년경과
⑧ 운전면허 정지처분 기간 중 운전행위
⑨ 등록 또는 임시 운행허가를 받지 아니한 자동차로 운전한 때
⑩ 자동차를 이용하여 범죄행위를 한 때
⑪ 타인의 차량 등을 절취하거나 빼앗은 때
⑫ 타인을 위해 운전면허 시험에 부정응시한 때
⑬ 단속경찰공무원 등에 대한 폭행
⑭ 도로교통법 외의 다른 법령규정에 의하여 취소사유에 해당한 때

9) 교통법규 위반의 벌점기준

(1) 벌점 100점, 형사입건

주취 운전한 때(혈중알코올 농도 0.05% 이상 0.1%미만)

(2) 벌점 90점, 형사입건

단속경찰공무원 등에 대한 폭행으로 형사 입건된 때

(3) 벌점 30점, 범칙금 부과

① 통행구분위반(중앙선침범에 한함)
② 고속도로갓길, 버스전용차, 다인승 전용차로 등 통행위반
③ 운전면허증 제시의무 위반

(4) 벌점 15점, 범칙금 부과

① 신호 또는 지시에 따를 의무위반
② 제한속도위반(20km/h 초과부터)
③ 앞지르기 금지위반
④ 철길건널목 통과방법 위반
⑤ 어린이 통학버스 운전자의 의무위반

(5) 벌점 10점, 범칙금부과

① 통행구분위반(보도침범, 보도횡단방법 위반)
② 차로에 따른 통행위반(진로변경 금지장소에서의 진로변경포함)
③ 일반도로 버스전용차로 통행위반
④ 안전거리 확보 불이행(진로변경 방법위반 포함)
⑤ 일반도로 버스전용차로 통행위반
⑥ 앞지르기 방법 위반
⑦ 보행자 보호의무 불이행(정지선위반 포함)
⑧ 승객 또는 승하차자 추락 방지조치 위반
⑨ 안전운전의무 위반
⑩ 노상시비 · 다툼 등으로 차마의 통행방해 행위
⑪ 어린이 통학버스 특별보호위반

10) 교통사고 야기의 벌점기준

(1) 벌점 90점

사고 발생시부터 72시간 내에 사망한 때 사망1명당 90점

(2) 벌점 15점

상해 3주 이상의 치료를 요하는 의사의 진단 부상 중상1명당 15점

(3) 벌점 5점

상해 3주미만 5일 이상의 치료를 요하는 의사의 진단 1명당 5점

(4) 벌점 2점

상해 5일 미만의 치료를 요하는 의사의 진단 1명당 2점

11) 교육에 의한 벌점상쇄

벌점상쇄는 벌점 40점에 근접한 운전자가 교통소양교육을 받으면 벌점 20점을 감하고, 면허정지 처분을 받은 운전자가 교통현장교육을 받으면 50점을 감해준다. 그러나 과거 1년 이내에 감경 혜택을 받은 사람은 교육대상에서 제외한다.

11. 교통사고 후 도주(뺑소니)

1) 뺑소니의 의미

교통사고 야기 후 도주(hit and run · 뺑소니)는 교통사고를 발생시킨 후 구조행위 등 현장조치를 하지 않고 도주하는 범죄를 의미한다. 국가 경제의 급속한 발달에 따라 우리나라에서는 1970년대부터 자동차의 보유대수가 급속하게 증가하여 2006년 12월말 현재 1,589만대 이상으로 국민 3인당 1대의 자동차 보유국이 되어 교통사고의 발생과 교통체증 현상이 심각하게 나타나고 있다. 교통사고의 발생은 피해자가 양산됨으로써 심각한 사회문제로 대두되고 있다. 특히 교통사고 후 도주하는 속칭 뺑소니는 피해자의 생명과 신체에 중대한 위험을 초래하여 그 가족은 물론 생계문제와 치료비 등으로 심각한 고통을 안겨주는 결과를 가져온다.

뺑소니 사고는 비인간적인 범죄로 사회적 비난을 받아 마땅할 뿐 아니라 법정 최고형으로 중하게 처벌해야 한다는 국민적 공감을 받을 정도로 심각한 현실적 문제에 직면해 있다. 뺑소니사건은 음주운전과 무면허운전 상태에서 많이 발생하는데

시골의 한적한 도로, 야간의 어두운 도로, 사람의 왕래가 적은 한적한 곳에서 발생률이 높게 나타난다. 우리나라 2007년 한해 동안의 뺑소니 사건은 16,346건이 발생하였으며, 그 중 12,153건을 해결하여 검거율이 74.3%로 과학수사 기법이 상당히 발전되어 있음을 보여주고 있다.[170)]

〈뺑소니 교통사범 검거현황〉 (단위 : 건, 건, %)

구 분	'98	'99	'00	'01	'02	'03	'04	'05	'06	'07
발 생	23,410	21,407	22,994	19,367	18,555	18,440	16,346	14,653	14,480	12,684
검 거	19,720	17,554	19,606	16,600	16,126	14,428	12,153	10,744	10,791	10,264
검거율	84.2	82.0	85.3	85.7	86.9	78.2	74.3	73.3	74.5	80.9

경찰백서, 2008: 204

2) 법적근거와 특징

(1) 법적근거

특정범죄가중처벌등에관한법률은 형법·관세법·조세범처벌법·산림법 및 마약류관리에 관한 법률 등에 규정된 특정 범죄에 대한 가중처벌 등을 규정함으로써 건전한 사회질서의 유지와 국민경제의 발전에 기여함을 목적으로 한다. 교통사고 처리 특례법에서는 업무상과실 또는 중대한 과실로 교통사고를 일으킨 운전자에 관한 형사처벌 등에 특례를 정함으로써 교통사고로 인한 피해의 신속한 회복을 촉진하고 국민생활의 편익을 증진함을 목적으로 한다.

(2) 사고의 특징

① 자기 행위에 대한 책임을 기피하는 반인륜적 범죄
② 사고 후 도주로 사망 또는 중상으로 이어지는 인명경시 범죄
③ 피해자는 물론 그 가족까지 고통을 안겨주는 가정 파괴 범죄
④ 생명을 유기하는 미필적 고의의 살인범
⑤ 타인의 생명을 위협하는 반인륜적 범죄
⑥ 자기만 존재하겠다고 생각하는 극단의 이기주의적 범죄

170) 경찰백서, 2005: 361.

3) 뺑소니 범죄유형

뺑소니 범죄는 운전자가 사고를 야기하고 환자 등에 대한 구호조치를 하지 않고 현장을 이탈한 경우를 말하는 것으로 상해 치사상 도주, 대물손괴 도주, 무과실 운전자의 사고도주 등으로 나누어 볼 수 있다. 현행법상의 관계규정에 의하여 분류하면 다음과 같다.

(1) 특정범죄가중처벌법상의 도주

법률의 규정은 자동차 사고에 대한 처벌규정은 형법 및 도로교통법상의 처벌규정과는 별도로 교통사고 후 도주 등의 운전자에 대하여 가중 처벌하는 특정범죄가중처벌법에 의하여 사형, 무기 또는 5년 이상의 징역에 해당한다.[171] 이에 해당되는 차량은 자동차와 원동기 장치 자전거로 교통으로 인한 인적피해의 결과가 발생하여야 하며, 업무상과실에 해당하는 당해 차량 운전자가 해당된다.

(2) 자동차와 원동기 장치 자전거

자동차라 함은 승용, 승합, 화물, 특수, 이륜, 건설기계(6종), 군용차량 등을 의미한다.[172] 그러나 자전거, 우마차, 농기계, 건설기계(20종) 등은 사고 후 도주시 도로교통법 제50조 제1항[173]만 적용하여 처벌한다. 원동기장치 자전거는 125cc이하와 50cc미만 원동기장치 자전거를 의미한다. 그리고 궤도차라 함은 궤도(철길, 레일) 또는 가선(삭도)에 의해 육상의 움직이는 기차, 전차, 캐이블카 등을 말한다.

(3) 교 통

① 특가법 보호법익은 공공 교통의 안전

공공교통에 해당되는 곳으로는 공중에게 허용되는 공중 주차장, 공공이 출입하는 상가, 불특정 고객을 위해 마련된 주차장, 공공 이용의 관공서 주차장, 주유소, 병영 앞 주차장 등

---

171) 특정범죄가중처벌법 제5조의 3.

172) 교로교통법 제2조 17.

173) (교통사고발생시의 조치) ① 차의 교통으로 인하여 사람을 사상하거나 물건을 손괴한 때에는 그 차의 운전자 그 밖의 승무원은 곧 정차하여 사상자를 구호하는 등 필요한 조치를 하여야 한다.

② 발생장소가 꼭 도로임을 필요하지 않고 도로에 접한 점포, 사유지 등의 돌진 사고 후 도주의 경우를 포함한다.

(4) 인적피해 결과 발생

① 사람을 치사 또는 치상케 한 사고결과의 발생시 적용
② 사상의 결과 발생이 있었다고 볼 수 없는 경우는 생명이나 신체에 대한 단순한 위험, 일시적 쇼크는 제외하고 신체의 건강이 상당한 정도로 그리고 일정한 시간동안 지속적으로 침해된 경우로 피해자의 피부가 약간 할퀸 것 또는 몇 군데 푸른 멍이든 것으로는 불충분하다.
③ 본인의 신체적 피해는 제외한다.

(5) 형법의 적용대상

① 사고발생 방지를 위한 업무상 주의의무
② 과실 없는 피해차량(#2 차량) 운전자 적용 제외
③ 쌍방과실사고의 #2 차량의 운전자에게는 적용된다.
④ 고속도로, 자동차전용도로, 주・정차 차량 뒤에서 튀어나오는 보행자를 충돌한 경우에는 운전자에게 업무상 주의의무가 없으므로 특가법적용을 하지 않고 도로교통법의 환자조치 불이행죄를 적용한다.

4) 도로교통법상의 도주

(1) 관련근거

차의 교통으로 인하여 사람을 사상하거나 물건을 손괴한 때에는 그 차의 운전자나 그 밖의 승무원은 곧 정차하여 사상자를 구호하는 등 필요한 조치를 하여야 한다.[174] 본조는 도로에서 차의 교통으로 과실 불문하고 인적·물적 피해결과가 발생하였을 때에는 운전자나 그 밖의 승무원은 필요한 조치를 하여야 한다.

(2) 성립요건

① 피해자의 사상 사실의 인식(예견)이 가능하여야 한다.

174) 도로교통법 제54조 제1항.

② 병원 후송 등 필요한 조치 없을 때
③ 피해자를 방치한 채 사고현장을 이탈하여야 한다.

5) 특가법과 도로교통법의 이동

(1) 행위주체

특정범죄가중처벌법은 자동차·원동기장치자전거·궤도차의 운전자는 모두 해당되나 도로교통법은 교통사고를 낸 차의 운전자나 승무원은 모두 해당된다.

(2) 행위내용

특정범죄가중처벌법은 도로에서든 도로 이외에서든 교통사고를 내고 구호조치를 하지 아니 함으로써 성립하고, 도로교통법에서는 도로에서 교통사고를 내고 구호조치를 하지 않은 행위만이 성립한다.

(3) 과실유무

특정범죄가중처벌법은 사고에 대한 운전자의 과실이 요구되나, 도로교통법은 사고에 대한 운전자의 과실유무는 묻지 않는다.

(4) 피해내용

특정범죄가중처벌법은 당해 사고로 사람을 치사상하는 경우에만 해당하나, 도로교통법은 당해 사고로 사람을 치사상하거나 물건을 손괴한 경우를 의미한다.

6) 도주가 인정되는 경우

① 사상사실을 인식하고도 가버린 경우
② 피해자 방치한 채 사고현장을 이탈 도주한 경우
③ 사고현장에 있어도 사고사실 은폐하기 위한 거짓진술 신고한 경우
④ 사고 야기자로써 확정될 수 없는 상태를 초래한 경우
⑤ 피해자가 사망했어도 사체안치, 후송 등 조치 없이 가버린 경우
⑥ 부상피해자에 대한 적극적 구호조치 없이 가버린 경우
⑦ 피해자를 병원에 후송 치료받을 수 있는 조치 없이 도주한 경우

7) 도주가 인정되지 않는 경우

① 피해자의 부상이 없거나 극히 경미하여 구호조치 필요 없는 경우
② 피해자가 괜찮다고 하여 간 경우
③ 경찰이 환자후송 조치하는 것을 보고 연락처 주고 간 경우
④ 사고운전자의 부상 때문에 타인의뢰 피해자를 후송 조치한 경우
⑤ 피해자 일행의 구타·폭언·폭행이 두려워 현장 이탈한 경우
⑥ 피해자에게 가해자의 연락처 건네주고 헤어진 경우
⑦ 사고 운전자 자신과 차량 사고시 조치 없이 가버린 경우
⑧ 사고 장소혼잡으로 다소 진행 후 되돌아와 조치한 경우
⑨ 급한 일로 탑승자에 사고처리 위임 탑승자가 사고 처리한 경우.

8) 무과실 차량운전자

과실 없는 #2 차량 운전자는 특정범죄가중처벌법에서 당해 차량 운전자란 업무상주의 의무위반 과실 있는 경우에 적용되며 귀책 없는 차량 #2 차량 운전자는 특가법 적용 대상은 아니나 도로교통법 제 54조 제1항 환자조치불이행 적용하여 처리해야 한다.

9) 사고 후 유기도주

피해자를 사고 장소로부터 옮겨 유기하고 도주한 때[175] 라고 함은 사고운전자가 범행을 은폐하거나 죄증을 인멸할 목적으로 사고 장소로부터 피해자를 옮기는 행위를 감행하였고, 그 결과 피해자를 단순히 방치하고 도주한 때에 비하여 피해자의 발견과 그 구호, 사고경위의 파악, 범인의 신원파악 등을 불능 또는 어렵게 만든 행위를 말하는 것이다.

175) 특가법 제5조의3 제2항.

10) 물적 피해 후 도주

(1) 법률상의 규정

사고 운전자가 물적 피해를 야기하고 교통상의 위험과 장애를 제거하는 등 안전하고 원활한 교통을 확보함이 없이 도주한 경우 도로교통법 제 54조(사고발행시 조치)의 사고 발생시 조치불이행의 과실이 인정되므로 동법 제13장(벌칙)를 적용하여야 한다.

(2) 대물사고의 조치불이행

① 대물사고 후 조치 없이 현장 이탈한 때
② 대물사고 후 조치 없이 현장을 떠났다가 되돌아 온 경우
③ 가축을 친 후 조치 없이 가버린 경우
④ 피해액 80만원 미만이라도 조치 없이 현장을 떠난 경우

(3) 음주 또는 무면허 운전 중 사고로 재물 손괴 후 도주

음주나 무면허로 자동차를 운전 중 사고를 내고 도주한 경우에는 실체적 경합관계가 성립됨으로 양 죄를 모두 의율 하여 처리하는데 적용법조를 음주운전의 경우 죄명별로 기재하는 것이 아니라 피의사실로 기재하여야 하며, 도로교통법 제148조~제161조(벌칙), 제150조의 제2호(주취측정거부), 제44조 제1항(주취 중 운전금지)으로 처리하여야 한다. 특히 실체적 경합범 규정인 형법 제37조(경합범)[176], 제38조(경합범과 처벌예)를 추가 적용하여야 한다. 이때 범죄사실 기재에는 손괴하였다는 내용과 수리비 내역을 명시하여야 한다.

11) 비도로 대물사고 도주

사고 장소가 주택가의 공터, 주차장 등 도로가 아닌 장소에서 대물사고 후 도주한 경우 교통사고로 인한 어떠한 교통상의 위험과 장애가 발생하거나 조직적인 조치가 필요하다고 볼 수 없어 도주한 경우라도 조치 불이행죄는 해당되지 아니하므로 대물사고 야기 도주한 부분은 혐의 없음으로 처리한다. 그러나 재물을 손괴한

---

176) 경합범 : 판결이 확정되지 아니한 수개의 죄 또는 판결이 확정된 죄와 판결확정 전에 범한 죄를 경합범으로 한다.

부분은 처벌하여야 하고, 도주한 범인을 체포하는 것은 수사기관의 임무로 보아야 한다.

12) 교통사고 신고불이행

(1) 미신고 · 지연신고

입법목적과 헌법상의 보장된 진술거부권에 비추어 볼 때 교통사고를 낸 자의 신고의무는 교통사고를 일으킨 모든 경우에 항상 요구되는 것이 아니라 사고의 규모나 당시의 구체적인 상황에 따라 피해자의 구호 및 교통질서의 회복을 위하여 경찰공무원이나 경찰관서의 조직적인 조치가 필요한 경우에만 요구되는 것이다.

(2) 경합관계

구호의무 위반죄와 신고 불이행죄는 이를 상상적 경합의 관계로 보는 견해가 있으나 뺑소니 사고로 입건되면 미신고 사항이 흡수되어 따로 의율할 필요는 없다.

13) 공범과 교사 · 방조범

(1) 범죄성립 여부

사고 후 도주차량 운전자의 가중처벌 규정인 특가법은 신분범으로 신분 없는 자가 그 도주에 가공하였다고 하더라도 특가법상의 범죄나 그 방조는 성립하지 않는다. 그러나 차량의 조수와 같이 당해 차량 운전자를 보조하는 사람이 사고 발생시 사상자의 구호 등 조치 없이 도주한 경우에는 사고 발생시 환자구호 등 필요한 조치 불이행에 해당한다.

(2) 특가법 대상

도주차량 운전자의 가중처벌 규정인 특가법은 신분범으로 신분 없는 자가 도주에 가공한 경우라도 특가법의 방조죄는 성립되지 않으므로 도주차량 운전자만 특가법을 적용하고, 차장이나 조수와 같이 운전자를 보조하는 사람이 사고발생시 사상자의 구호 등 조치 없이 가버린 경우 도로교통법의 환자구호조치 등 조치불이행으로 처리한다. 그러나 단순한 동승관계에 있는 경우에는 교통사고 발생시의 조치불이행의 책임을 물을 수 없다.

14) 자동차사고의 보상

(1) 보험가입

자동차 보험은 보험가입이 강제되어 있는 자동차 손해배상 보장법에 근거한 책임보험과 종합보험으로 되어 있다. 책임보험은 의무적으로 가입해야 하며, 종합보험은 책임보험 초과손해에 대한 것으로 대인배상과 자동차 사고로 인한 그 밖의 손해를 보상한다.

(2) 보험의 종류

책임보험은 모든 차량은 의무적으로 책임보험에 가입하도록 하여 자동차사고로 인한 피해자가 발생할 경우 최소한의 보상이 이루어지도록 하고 있다. 종합보험은 대인보상 보험, 대물보상 보험, 자기신체 보상보험, 자기차량 보상보험, 무보험자 보상보험 등으로 구분하고 있다.

(3) 뺑소니의 보상

보상체계는 뺑소니 사고의 피해자는 가해자를 알 수 없기 때문에 사고로 인한 피해보상을 받을 수 없어 피해자는 매우 불리한 입장이 된다. 이러한 사고로 인한 피해를 최소한 하기 위해 자동차손해배상 보장법에 의하여 자동차손해보장사업을 통해 책임보험액의 한도 내에서 보상을 하도록 하고 있다. 이는 동부화재해상보험에서 전담 처리하고 있으며 피해자는 사고를 관할하는 경찰서에서 '보유불명자동차사고증명'을 발급 받아 진단서와 치료비명세서, 치료비 납부 영수증 등을 첨부하여 제출하면 보상을 받을 수 있다. 보상정도는 사망자의 유족은 최고 6,000만원까지 보상을 받을 수 있다. 부상자는 상해 등급에 따라 최고 1,500만원~최저 20만원(상해 1급~14급)까지이며, 후유 장애자 장애의 등급에 따라 최고 6,000만원~최저240만원(장애 1급~14급)까지 보상하도록 규정하고 있다.

제15장 전산통신

1. 전산통신망

1) 개 요

전산통신망(Computer Communication Network)은 경찰의 임무수행에 필수적인 컴퓨터와 통신의 전국적인 연결망을 의미한다. 경찰의 업무는 신속성과 광역성을 필요로 하는 경우가 많으므로 이를 효과적으로 처리하기 위해서는 조직적 활동과 기동성이 요구된다. 경찰이 조직적으로 활동하기 위해서 인원과 장비 및 물자를 신속하고 안전하며 정확하게 동원하고 전달할 수 있어야 한다. 이것을 지원하는 것이 통신이므로 경찰통신도 역시 신속성, 정확성, 안전성을 기본적인 요소로 하고 있다.

2) 중요성

전자통신은 유선·무선·광선 및 기타의 전자에 의하여 부호·문언·음향·영상 등을 이용하여 의사를 송신·수신하는 것을 말한다. 시대의 발전과 더불어 날로 흉포화, 지능화, 광역화, 조직화, 기동화 되어 가는 범죄에 신속하게 대응하기 위해서는 현대적인 통신의 중요성은 더욱 그 가치를 더해 가고 있다. 이러한 범죄에 효과적으로 대응하고 신속한 치안 서비스를 제공하기 위해서는 신속·정확한 경찰통신이 작동되어야 하며, 그렇게 하기 위해서는 경찰 통신망의 첨단화가 절대 필요한 것이다.

2. 통신망

경찰의 통신망(Communication Network)은 유선망과 무선망으로 구성되어 있으며 상호 보완성을 유지하며 경찰의 업무수행에 중요한 기능을 하고 있다.

1) 유선망

경찰 유선망이란 일반적으로 경찰(경비)전화를 칭하는 것으로 경찰의 유선망은 별도의 선로를 이용하여 경찰 상호간은 물론이고 경찰관청 상호간에 통신 선로를 이용하여 각종 기호, 신호, 문언, 영상, 음향 등을 전달하는 방식의 통신망을 말한다. 유선망을 이용할 경우에는 전화 사용자의 수칙[177]을 준수하도록 규정하고 있다.

(1) 경찰 자동전화망

우리나라 전역의 각 경찰관서에 연결되어 있으며 경찰의 기본 통신망으로 경찰청에서부터 도서 벽지의 파출소와 출장소까지 경찰이 있는 곳에는 전화 통신망이 구성되어 있다. 일반 전화와의 접속은 제한되고 있으나 민원안내와 신고전화 접수 등은 가능하도록 되어 있다.

(2) 일제(지령)전화망

여러 상대를 동시에 호출하여 1 : 다수(사전에 지정된 다수의 가입자) 통화될 수 있는 전화로써 중요하거나 긴급한 내용을 신속하게 관내의 경찰관서에 전파하는데 적합하도록 설치되어 있다. 전체호출, 그룹호출, 과별호출이 가능하다. 일제전화를 사용할 때에는 일제전화 번호를 호출한 후 교환원의 안내를 받아 사용한다. 일제전화는 경찰청과 지방경찰청간, 지방경찰청과 경찰서간, 경찰서와 순찰지구대・파출소간에 구성되어 있다.

(3) 직통전화망

교환원을 거치지 않고 자동 연결되거나 전화기와 전화기로만 상호 연결하여 통화하는 전화다. 긴급하고 중요한 내용을 고정된 상대방에게 반복적으로 전파하는데 적합한 전화이다. 혼선이나 혼잡 없이 연결된 상대방에게만 이용할 수 있는 장점이 있다. 주로 경찰청 및 시・도 상황실간 또는 타기관상황실 간에 사용된다.

---

177) 경찰통신운영규칙 제19조(전화 사용자의 수칙) 전화를 사용하는 모든 직원은 다음 사항을 준수하여야 한다.
1. 직위와 성명을 먼저 대고 용건을 말한다.
2. 통화는 간단명료하여야 한다.
3. 비밀사항은 음어화하여 사용하여야 한다(Ⅱ급 비밀 이상 사용불가).
4. 전화기는 사용자 책임 하에 관리하여야 한다.

(4) 모사전송망(facsimile)

경찰업무수행을 위하여 모사전송교환기와 모사전송기, 모사전송동보장치와 모사전송기 또는 모사전송기 상호간에 연결하여 문자, 사진, 그림, 도면 등을 송신하고 수신하는 통신망이다.

① 행정망

경찰 자동전화의 fax번호를 이용하여 상대 경찰관서의 fax를 호출 1 : 1 통신하는 망이다. 전국의 경찰관서 각 사무실에 연결하여 송・수신 할 수 있으며 공문서 등 서류를 급송할 경우 사용하고 있다.

② 상황망

일제전화와 같이 여러 상대방 fax를 동시에 호출하여 송・수신하는 망이다. 보고나 지시 및 중요하고 긴급한 수배사항을 신속하게 전파하는데 적합한 통신망이다. 사전에 지정된 여러 상대방 fax를 전체호출, 그룹호출, 개별 호출하여 송신과 수신을 할 수 있다. 동 통신망 역시 전국을 단위로 통신할 수 있도록 구성되어 경찰청과 지방 경찰청 상황실, 지방 경찰청과 경찰서 상황실, 경찰서 상황실과 파출소간에 통신 할 수 있다.

(5) 기타 유선망

전화망과 모사전송망 외에 신고전화 접수 및 감시용 카메라 설치 활용 또는 비상소집 자동전파장치 등 기타 유선망이 있다.

① 신고전화망

범죄신고전화 112와 간첩신고용 113 또는 가출인 신고 182, 차량분실, 미아와 같은 각종 일반전화를 이용한 신고를 경찰관서에서 접수・처리할 수 있도록 구성한 통신망이다.

② 감시 카메라

CCTV(closed circuit television)는 교통소통과 사고예방 또는 피의자 감시, 근무감독 등을 위하여 설치한 폐쇄회로 텔레비전으로써 도로변, 유치장, 형사계, 무기고 파출소 또는 중요시설 등에 설치 사용하고 있다.

2) 무선 통신망

무선통신망이란 통신기기 상호 간에 전파를 이용하여 상대방에게 의사를 각종 기호, 신호, 문언, 음향 등을 전달하는 방식의 통신망을 말한다고 규정하고 있다.[178] 무선은 유선과 달리 이동 중에 사용할 수 있고 선을 관리할 필요가 없는 장점이 있으나 보안이 어려운 것이 문제점으로 지적되고 있다.

(1) 무선 통신망의 분류

경찰에서 사용하는 제반 무선 통신망을 다음과 같이 분류하여 그 명칭을 통일하도록 규정하고 있다.[179]

① 행정무선망

1 지청, 서단위 무선망

지방경찰청상황실에서 참모 및 관할서, 대장, 외근자와 교신하는 통신망과 경찰서 단위 지휘망으로 경찰서상황실에서 참모 및 외근자와 교신하는 통신망을 말한다.

2 개인휴대 통신망(HP)

외근 경찰관이 휴대하는 휴대전화 또는 호출기로써 업무지시와 보고·확인 등에 편리하게 사용할 수 있으나 통신보안이 노출되어 있다.

3 고속도로 통신망

고속도로지령실 및 관할 지방경찰청에서 고속도로 외근자와 통신하는 통신망

4 페이징 통신망

각 기능별 외근직원을 호출하는 일반 통신망

5 기능별 교통, 수사, 정보, 대공, 외사 등 통신망으로 각 기능업무별 외근자와 교신하는 통신망

② 작전 통신망

1 전경대 통신망

전경대에서 예하 전경중대와 상호 교신하는 망

---

178) 경찰통신운영규칙 제42조.

179) 경찰통신운영규칙 제47조.

② 전경중대 통신망

전경중대에서 예하 소대와 상호 교신하는 망

③ 기동대 통신망

기동대 본부와 예하 소대간의 상호 교신하는 망

④ 레이다기지 통신망

레이다기지에서 인접 작전요소와 교신하는 망(군·경 합동통신망 제외)

⑤ 군·경 합동 통신망

군·경 합동 작전을 위하여 합동통신 전자 준칙 및 운용지시에 의거 운용하는 통신망

⑥ 관공선 지휘 통신망

해군 통신 운용지시에 의거 관공선 통제소와 관공선 및 해안무선국 간에 교신하는 망

③ 비상 무선통신망

각급 경찰관서장은 관할지역 내의 제반 통신망을 사전에 파악하여 전시, 사변, 천재지변 또는 긴급상황 발생시 즉각 활용할 수 있도록 하여야 하고, 유선 통신망이 두절되었을 때는 지체 없이 비상무선통신망을 이용, 소통하여야 한다고 규정하고 있다.[180] 비상 무선통신망은 single side band(단축파대 통신)의 두문자로써 유선통신 두절시 또는 기타 통신에 운용하는 통신망이다.

(2) 행정망

경찰행정의 일상적인 업무수행에 사용하는 무선망으로 지방청, 경찰서 단위 무선망, 고속도로 통신망, 기능별 통신망 등이 있다.

(3) 작전망

전투 경찰대 설치법에 의한 대간첩작전 및 경찰과 군과의 합동작전시 이용하는 무선망이다.

---

180) 경찰통신운영규칙 第3조(비상 통신망 활용) ① 각급 경찰관·서장은 관할지역 내의 제반 통신망(자체 유·무선망 및 타 기관 통신망 포함)을 사전에 파악하여 전시, 사변, 천재지변 또는 긴급상황 발생시 즉각 활용할 수 있도록 하여야 한다. ② 유선 통신망이 두절되었을 때는 지체 없이 비상 통신망(SSB)을 이용 소통하여야 한다.

(3) 비상통신망

천재지변 등 재해 및 비상사태로 인하여 유·무선 통신 두절시에 사용하는 통신망이다.

(4) 조회용 단말기

① 이동 자료 조회기(MDT)

이동 자료 조회기(Mobile data terminal)는 순찰차에 장착한 컴퓨터 단말기로 TRS (trunked radio system)[181]무선망에 연결되어 각종 정보의 조회작업, 지도를 이용한 위치정보의 이용 및 순찰차 자동위치표시(auto vehicle location)를 이용한 순찰자의 위치를 지휘본부로 알려 능률적인 범죄신고 업무를 수행하기 위한 것이다. TRS는 다수의 이용자가 여러 개의 channel를 공동으로 사용하는 통신 방식으로써 종래의 간이 무선국 기능을 크게 개선한 system이며, 주파수 효율성이 높고 통화 이동 범위가 매우 넓은 것(30~50km)이 특징인 통신망을 말한다.

그리고 원하는 통화그룹을 혼신과 잡음 없이 신속하고 정확하게 선택적으로 호출할 수 있으며 통화그룹 설정은 작업상황 및 조직형태에 따라 얼마든지 다양하게 구성·변경이 가능하여 DATA전송과 FAX 기능도 할 수 있다. MDT는 주민조회, 기소중지자조회, 차적조회, 운전면허조회, 수배자조회, 수배차량조회 등 조회기능 정보를 활용한 주요 지형지물 및 번지, 호, 도로 등의 지리정보를 제공하는 기능을 가지고 있다.

② 휴대용 자료 조회기(HDT)

휴대용 자료 조회기(Hand data terminal)는 휴대용 조회 단말기로써 외근 경찰관이 근무 현장에서 기소중지자, 수배자, 도난차량 여부를 즉시 조회함으로써 수배자를 신속히 검거하고 도난차량을 회수 할 수 있는 것으로 휴대용 전자계산기와 유

---

181) TRS(trunked radio system)는 다수의 이용자가 여러 개의 channel을 공동으로 사용하는 통신 방식으로 종래의 간이 무전기의 기능을 크게 개선한 system이며, 주파수 효율성이 높고 통화 이동 범위가 넓다. 1972년 미국에서 처음으로 소규모 집단의 무선통신용으로 운용하였으며 현재는 전 세계적으로 공안, 운용, 건설, 서비스 등 많은 분야에 활용하고 있다. 우리나라에서는 1988년 서울 올림픽기간 중 한국 통신에서 서울 지역을 대상으로 사용하였으며 경찰은 1994년 6월부터 서울 지방 경찰청에서 800MHZ대역 TRS운영 후 1997년 인천경찰청에 이어 부산, 대구, 광주 등 5대 지방 경찰청에 도입되었다.

사하게 사용할 수 있다. 사건현장 등에서 신속한 조회로 검문검색을 받는 시민들의 불편도 획기적으로 줄일 수 있다. 휴대용 조회기는 경찰서에 주전산기, 자료분배기, 외장모뎀, 충전분배기 등으로 구성되어 있으며 수록된 자료는 범죄수사 등 경찰목적 이외에는 사용할 수 없으며 자료가 누설되기 쉬우므로 보안관리에 관한 주의를 하여야 한다.

3. 범죄신고 즉응체제

1) C3 제도의 개념

사건발생시 경찰의 도움을 요청하는 시민의 SOS인 112신고에 즉시 대응키 위해 전 경찰자원을 범죄 현장으로 일시에 총 집결될 수 있도록 자동화된 지휘, 통제, 통신 시스템을 종합 체계화함으로써 범죄사건의 광역, 고속화, 강력화 추세에 신속히 대응하고 초동대처 시간을 최소화한 대범죄 선제 대응체제를 말한다.[182]

2) 경찰 즉응체제

범죄신고즉응체제(Crime-stop Response System)는 컴퓨터와 DATA통신을 결합한 종합정보처리 설비를 갖춘 중앙통제 지령실에서 112전화 등 긴급신고의 접수와 동시에 통신망으로 출동 지령하여 현장처리 및 초동수사 지휘를 동시에 하도록 하여 긴급 상황 하에서 치안능력을 획기적으로 발휘하는 최첨단의 정보통신기술을 이용한 업무처리 방식이다. C3는 command, control, communication의 두문자로써 군의 전자 작전 하에서의 적에 대한 선제 대응 수단으로써 대응시간을 실시간으로 단축한다는 개념을 적용한 것으로 즉시처리제도(real time system)라고 한다. 이는 컴퓨터의 실시간 작동(real time operation)으로 입·출의 속도가 정보처리 과정과 동시에 이루어지는 것을 말하는 것으로 경찰에서 범죄의 신고 또는 접수와 비상사태에 동시에 경찰이 현장에 출동하는 방식을 도입한 것이다.

182) 치안본부, 1990:2.

3) 긴급상황 대처능력

(1) 현장 상황대비

범죄의 기동성과 광역성에 대비하기 위한 것으로, 즉시 현장출동 개념을 도입한 것으로 날로 증가되는 치안수요와 국민의 불편신고에 동시 대응하기 위해 지역적으로 분산되어 있는 모든 경찰력을 통합 지령실에 온라인으로 통제할 수 있게 하는 것이 목적이다. 긴급상황 출현시 최단시간 내에 경찰력을 현장에 도착시키고 경력을 효율적으로 통제하기 위해 자동화된 지휘, 통제, 통신의 통합 시스템을 운영함으로써 범죄의 광역화, 기동화, 지능화 추세에 신속히 대응할 수 있다. 범죄발생 초기에 신속히 대응함으로서 범죄예방과 진압을 신속히 처리할 수 있다.

(2) 업무의 효율성 제고

범죄신고 체제의 효율적 운용은 기동력과 통신망이 필수이며 이것을 운용할 수 있는 통신지령 시스템이 자동화로 완비되었을 때 완벽한 운영이 이루어진다. 따라서 범죄신고 전화 112체제를 운영하는 경찰서에서는 항상 순찰차나 경찰관의 출동태세, 통신체계, 지휘체계의 확립여부를 준비하고 점검하여야 하며 이를 보다 효율적으로 운용하기 위해서는 중단 없는 무전청취와 신속전파, 즉응태세 확립과 신속한 보고 등이 확행 되어야 한다. 이는 범죄 현장에서 범인을 검거하고 피해자 구호 및 피해품을 회수하는 데 기여할 수 있는 첨단 장치라고 할 수 있다.

4) 신고제도의 홍보

경찰즉응 체제의 도입으로 일선 경찰에서는 국민의 요구에 신속히 대응하여 경찰의 이미지 개선에 크게 기여하고 있다. 그러나 아직도 국민의 요구 수준에 미치지 못하여 확실한 국민의 신뢰를 얻지 못하고 있음은 매우 안타까운 일이다. 사실 국민의 입장에서 생각하면 범죄로 인하여 피해를 입고 경찰에 신고하면 「오라, 가라, 증거를 대라」는 등 상당히 괴롭게 하고 결국은 범인을 검거하지 못하고 시간만 끌다가, 관계인 조사 등으로 인하여 피해자만 입장이 난처하게 되는 사례가 있다는 것은 누구나 공감하는 현실이다.

그 동안 C3제도가 적지 않은 성과에도 불구하고 아직도 많은 사건·사고의 상당수가 112에 신고 되지 않거나 순찰지구대·파출소 등에 신고 되어 C3의 운영을 어렵게 하고 있으며 이에 대응하는 경찰관의 상당수가 대응의식 연결로 늑장 출동하여 국민의 외면을 사는 사례가 아직도 존재하고 있다. 경찰 즉응체제인 C3가 무엇인지도 모르는 국민에게 사건사고에 대한 신고가 없기 때문에 범인을 조기에 검거하지 못한다고 하는 것은 경찰의 문제로 지적되고 있다. 아무리 많은 경찰차가 순찰을 강화하여 활동하고 있어도 집안에서 또는 폐쇄된 공간에서 범죄가 발생하고 있어도 신고가 없으면 소용없는 일이다. 적극적인 홍보만이 경찰즉응체제의 효과를 기대할 수 있다는 사실을 간과해서는 안 되고 국민 누구나 112범죄 신고 의식을 생활화하도록 하고, 신고된 범죄는 반드시 검거된다는 사실을 실적으로 보여 주어야 한다.

4. 한달음시스템

1) 개 요

한달음 시스템은 강도나 절도 등 범죄피해가 발생했으나 전화통화를 할 수 없는 긴급한 상황이 발생하였을 때 일반전화 수화기만 내려놓고 7초만 지나면 지구대나 파출소 등의 컴퓨터 화면에 자동으로 주소와 위치가 나타나도록 하여 경찰이 즉각적으로 출동할 수 있도록 개발한 전자기 시스템을 말한다. 범죄에 취약한 가정이나 영업소 등과 관할 경찰서에 전화선을 이용하여 방범망을 구성한 것이다. 한편 경찰 한달음시스템은 주민이 경찰을 필요로 하면 한걸음에 쉬지 않고 달려간다는 의미로 가입자가 전화수화기를 내려놓으면 7초 후에 경찰서112지령실에 설치된 전용전화기로 연결이 되며 전화기와 연결된 컴퓨터 화면에 신고자의 정보인 발신번호, 주소, 업소명, 성명 등을 자동으로 팝업 되게 함으로써 신고접수와 동시에 신고자의 주소 및 상세 정보를 확인하여 지체 없이 출동지령을 할 수 있도록 한 것이다.

2) 활용대상

경찰이 한국통신과 협력하여 개발한 것으로 위급한 상황이 발생하였을 때 전화수화기를 범인이 눈치채지 못하게 내려놓으면 경찰이 곧바로 출동할 수 있기 때문에 매우 유용하게 활용할 수 있다. 이용사례를 들면, 모자와 마스크를 쓴 20대 남자가 편의점에 들어와 여자 종업원을 흉기로 위협한다. 종업원은 시키는 대로 돈을 준비하는 척 하다가 범인의 눈을 피해 슬쩍 전화 수화기를 내려놓으면 수화기가 내려진지 약 1분 후에는 경찰이 출동한다. 범인이 편의점을 나서기도 전에 검거될 수 있다. 경찰이 이처럼 빠르게 출동할 수 있었던 건 편의점과 경찰서 사이에 설치된 한달음시스템에 의한 것이다. 경찰서 컴퓨터 화면에는 즉시 자동으로 편의점 주소와 전화번호가 나타나기 때문에 은행의 비상 스위치 못지않게 신속한 출동이 가능하다. 범인과 대화를 하는 도중에도 수화기를 살짝 내려놓기만 하면 바로 경찰서에 연락되기 때문에 매우 신속하고 확실한 신고가 이루어진다. 주유소, 금은방 등 현금 취급이 많은 업소는 물론, 독거노인이나 장애자의 위급상황에도 큰 도움을 줄 수 있어 앞으로 범죄의 표적이 될 수 있는 사람들에게 홍보하여 활용할 수 있도록 하여야 할 것이다. 한달음시스템은 별도의 설치비용이 들지 않고 간단한 방법으로 설치할 수 있으며, 관할 지구대나 파출소에 신청하면 설치가 가능하다.

3) 발신자추적 장치

발신자추적 장치는 경찰이 발신번호를 추적한 뒤 주소 검색을 직접 해야 했기 때문에 출동 지시까지는 1~2분 이상의 시간이 지체되기 때문에 경찰이 현장에 출동했을 때에는 이미 범인은 전화를 건 장소에서 멀리 피할 수 있는 시간적 여유가 생긴다. 그러나 한달음 시스템은 경찰관서에서 실시간으로 전화번호와 주소 및 위치까지 파악이 가능해 초를 다투는 긴박한 상황에서도 신속하게 범인을 검거할 수 있기 때문에 훨씬 효과적인 전자장치이다.

4) 시스템 활용사례

경찰의 한달음 시스템이 귀중한 재산과 인명피해를 막았다. 2008. 9. 23. 새벽 2시 58분경 전주덕진경찰서 112지령실에 한달음 시스템 벨이 울렸다. 벨이 울린 곳은 팔복동의 한 편의점으로 지령실에서 팔복지구대 순찰차에 무전연락을 취해 3분도 채 되지 않은 시간에 순찰차가 현장에 도착하여 확인에 들어갔다. 편의점 출입문은 안에서 잠겨있고 카운터에는 종업원이 보이지 않는 등 의심점이 곳곳에서 발견됐다. 팔복지구대 직원들은 유선전화로 수차례 확인했으나 안전하다는 말만하고 별다른 이야기가 없어 수상히 여긴 경찰은 신속히 강력반 지원요청과 함께 인근목 차단 근무에 들어갔으며 편의점에 접근을 시도했다. 10여분의 시간이 흐른 뒤 피의자는 편의점 종업원의 목에 흉기를 대고 위협하며 인질로 삼아 편의점에서 200m 떨어진 휴비스 2공단 철조망 앞으로 도주했다. 피의자는 뒤쫓아 온 경찰을 보고 혼자 철조망을 넘어 도주하다 추적하는 팔복지구대 직원을 흉기로 위협했다. 경찰은 공포탄 1발을 발사하고 피의자를 검거했다. 이날 피의자 임 모씨(24)는 팔복동의 한 편의점에 모자와 마스크를 쓰고 들어가 종업원 곽 모씨(30.여)를 흉기로 위협해 현금출납기 안에 있던 현금 28만여원과 담배 5보루(시가 12만5,000원 상당)를 강취한 후 도주하려 했다. 경찰 조사결과 임씨는 지난 20일 서신동의 한 편의점에서도 강도 범죄를 실행한 것으로 드러났다. 피의자는 경찰에서 회사를 퇴직한 후 돈이 떨어져 유흥비를 마련하기 위해 범행을 저질렀다고 자백했다.

5. 컴퓨터 조회

1) 개 요

컴퓨터 조회(Computer Reference)란 경찰업무 수행을 위하여 미확인된 범죄의 의심 있는 사실을 발견한 후에 평소 수집 분석하여 놓은 자료와 대조 확인함으로써 범죄사실 등을 확실히 하는 것이다. 조회는 어떤 사건의 수사의뢰가 아니라는 점에서 수배와 구별된다. 수배는 범죄가 발생하였을 때 용의자의 발견과 타 사건의 수사자료 발견 및 조치를 타 경찰관서에 의뢰하는 것이며, 조회는 용의자가 진실로 범죄사실과 관련된 것인지의 여부를 확인하는 것을 말한다.

2) 조회제도의 활용

(1) 기본 자료의 준비

조회에 대하여 기초 자료가 정확하고 성실하게 준비되어 있어야 소기의 목적을 달성할 수 있다. 컴퓨터에 입력한 기초 자료를 성실하게 수집하여야 한다. 범죄경력조회 등을 위하여 피의자를 검거하였을 때에는 지문규정 등을 지켜 십지지문원지 등을 작성하거나, 수법범에 대해서도 역시 십지지문 원지를 작성해야 한다.

컴퓨터에 의한 범죄수법 조회를 하기 위해서는 기초 자료인 수법원지, 발생원표, 피의자표, 검거원표, 피해통보표를 작성하고 컴퓨터 입력을 위한 작업을 정확히 하여야 되는 것이다.[183] 이러한 기초 자료의 작성은 어느 일부 경찰관만 잘하면 되는

183) 손봉선, 2000: 176~177.

것이 아니므로 사건을 처리하는 모든 경찰관이 범죄수사의 장래를 위해서 사명의식을 가지고 빠짐없이 작성해야 하는 것이다.

(2) 신속 정확한 조회

조회를 할 때에는 조회할 사항을 명백히 하고 특징이 있는 것을 조회할 때에는 그 특징을 정확히 확정해야 한다. 또한 조회를 받은 감식 요원 등 경찰관은 대조하여야 할 자료를 빠짐없이 대조하고 직접적인 자료뿐만 아니라 관련된 자료에 대해서도 체계적으로 종합분석 대조하여 그 결과를 통보하여야 한다. 동시에 대조업무는 항상 조직적인 분석이 가능하도록 하여야 한다.

3) 조회의 종류

(1) 범죄경력조회

범죄경력조회란 범죄를 범하여 형사 입건되었거나 즉결심판에 회부된 사실이 있느냐의 여부를 지문 또는 컴퓨터로서 조회하는 것이다. 경찰서장[184]은 지문규칙에서 지문원지가 작성된 피의자에 대하여 범죄 경력조회가 필요하다고 인정할 때에는 동 지문원지의 서식 중 통보서의 통보란에 통보여부를 표시하여야 한다.[185] 범죄수사규칙에서 사건을 검찰청에 송치할 때에는 송치서류에 범죄경력조회 지문조회 통보서를 첨부하여야 한다.[186] 다만 범죄수사상 특히 긴급을 요할 때에는 전화 또는 전신 등으로 이를 조회할 수 있다고 규정하고 있다.

---

184) 1999. 1. 20. 경찰청훈령 제252호.

185) 지문규칙 제3조(수사자료표 작성 송부) ① 피의자를 입건하였을 때에는 별지 제1호 서식에 의한 수사자료표 1매를 작성하며 주민등록증 미발급자나 미소지자에 대하여는 별지 제1호 서식에 의한 수사자료표와 제2호 서식에 의한 십지지문원지를 작성하여 지체 없이 경찰청에 송부하여야 한다. 다만 다음 각 호의 1에 해당하는 경우에는 그러하지 아니한다(개정 1999. 1. 20). 1. 즉결심판 대상자 2. 사법 경찰관이 수리한 고소·고발 사건에 대하여 혐의 없음. 공소권 없음. 죄가 안 됨. 각하의 불기소 의견으로 송치하는 사건의 피의자.

186) 범죄수사규칙 제189조(송치서류) ① 사건을 송치할 때에는 수사서류에 사건송치서, 압수물 총목록, 기록목록, 의견서, 피의자 환경 조사서, 피의자의 본적 조회 회답서 및 범죄 경력 조회(지문조회)통보서 등 필요한 서류를 첨부하여야 한다. 다만, 형의 실효 등에 관한 법률 제5조 제1항 단서 제2호에 해당하는 경우로서 다음 각 호의 1에 해당하는 의견으로 송치할 때에는 범죄 경력 조회(지문조회)통보서를 첨부하지 아니한다. 1. 혐의 없음 2. 공소권 없음 3. 죄가 안됨 4. 각하.

(2) 지명수배 여부 조회

피의자를 체포 또는 구속하거나 피의자의 성명 또는 위명, 이명, 별명 등에서 본명이 판명되거나 기타 불심검문 등 수사상 필요할 때에 지명수배 또는 지명통보중 인지의 여부를 조회하는 것을 말한다. 긴급을 요하여 문서로서 행할 여유가 없거나 불심검문 기타 수사상 특히 필요한 때에는 경비전화로 조회할 수 있다. 이는 특정한 피의자에 대하여 그의 체포를 의뢰하는 제도로서 특히 기소중지의견으로 사건을 송치할 때에는 지명수배 또는 지명통보를 하여야 한다.

(3) 장물조회

장물조회라 함은 장물로 인정되는 물건을 발견하고 진실로 범죄행위와 관련성이 있는가의 여부를 알기 위하여 그 피해자의 발견을 의뢰하여 조회하는 것을 말한다. 즉, 범죄수사, 임검조사, 불심검문, 탐문수사 기타 직무집행중인 경찰관이 장물의 의심이 있는 물품을 발견했을 때 지방 경찰청 수사과 수법주무계에 조회하여 장물여부의 확인과 피해자의 발견을 의뢰하는 수단이다. 장물로 인정되는 물건을 발견할 후 진실로 범죄행위와 관련성이 있는가의 여부를 알기 위하여 그 피해자의 발견을 의뢰 조회하는 것이다. 긴급을 요하여 장물조회표 등 문서로써 조회할 여유가 없는 때에는 경비전화로써 지방경찰청 수법주무계에 조회할 수 있다.[187]

(4) 수법조회

동일수법에 해당하는 자의 유무, 범죄수법에 기한 지문, 필적, 인상, 사진, 성벽에 해당하는 자의 유무, 신체특징에 해당하는 자의 유무, 여죄유무, 지명수배와 지명통보 유무, 장물조회 등을 각 경찰서장이 적극 활용하도록 하고 있다.[188] 범인,

---

187) 손봉선, 2000: 134~135.

188) 범죄수법공조자료관리규칙 제12조(수법원지 및 피해통보표 등의 폐기) ① 수법원지가 다음 각호의 1에 해당할 때에는 전산자료를 삭제하고 이를 폐기하여야 한다.

1. 피 작성자가 사망하였을 때.
2. 피 작성자가 80세 이상이 되었을 때.
3. 원지작성 후 10연이 경과하였을 때.
4. 피 작성자의 수법분류번호의 동일한 원지가 2매 이상 중복될 때 1매를 제외한 자료.

② 피해통보표가 다음 각 호의 1에 해당할 때에는 전산자료를 삭제하고 이를 폐기하여야 한다.

1. 피의자가 검거되었을 때.

여죄, 지명수배(통보)자 및 장물 등의 발견을 위해서 지방 경찰청에 대하여 적극적으로 조회하도록 의무규정을 두었다.[189] 범죄수법의 대조에 의하여 범인을 발견하기 위해서 또는 범죄수법 자료인 수법원지, 피해통보표, 공조제보, 각종소표, 동일범행자 조사표 등에 의하여 수사의 단서를 찾거나 수사과정에 있어서의 자료를 얻기 위해서 그러한 수법 기타 자료를 조회하는 것이다.

(5) 신원확인조회

변사자 또는 기타 수사에 필요가 있다고 인정되는 자의 신원 및 범죄경력에 관하여 지문으로 확인하는 조회이다.[190] 기타 수사에 필요하다고 인정되는 자라 함은 피의자를 제외한 자 즉, 해외여행자, 이민, 공무원 시험응시자 등을 말하며 신원조회를 하고자 할 때는 경찰서장에게 신원조회 서식에 의하여 신원조회를 의뢰하여야 한다.

(6) 기타의 조회

기타 조회로서는 본적지 조회, 지문조회, 여죄조회, 전과조회, 피의자 인적사항 허위진술여부 확인조회, 새로운 범죄사실을 발견한 경우에도 여죄 및 지명수배(통보)의 유무를 조회하여야 한다.[191]

4) 긴급조회

긴급조회는 우범지역을 수사하거나 불심검문, 전당포 등 영업장소의 임검, 제사범 단속, 기타 범인의 조사에 있어서 즉시 알아야 할 수사상 필요가 있을 때 수법(수배)주무계, 지방 경찰청 과학수사계, 경찰청 감식과 등에 확인 조사하는 것이다.

---

2. 피의자가 사망하였을 때.
3. 피해통보표 작성 후 강도에 있어서는 5연, 절도 및 기타에 있어서는 3연이 경과하였을 때.
4. 다만 전3호의 전산자료 삭제·폐기 이전에 피해품만 발견되었을 때에는 피해통보표의 해당 피해품 항목만 삭제하여야 한다.

189) 범행수법 공조자료관리규칙(1998. 8. 28 경찰청훈령 제227호) 제12조.

190) 지문규칙 제10조.

191) 범죄수사규칙 제130조(범죄경력조회 등) ① 구속한 피의자에 대하여는 지체 없이 지문을 채취하고 사진 기타 감식자료를 정확히 작성하는 동시에 범죄경력조회(수사자료 조회를 포함한다)를 하는 외에 여죄 및 지명수배(통보)의 유무를 조회하여야 한다. ② 조사과정에 있어서 새로운 범죄사실을 발견한 경우에도 여죄 및 지명수배(통보)의 유무를 조회하여야 한다.

긴급조회의 근거법규는 범죄수사자료 긴급조회 규칙이 있다.

긴급조회는 범인이 묵비권을 행사하거나 상대방이나 소지자가 답변하지 아니하는 경우 또는 범죄혐의가 있는 물품을 발견하였을 때 직접 경찰조직력에 의하여 광범위하게 작성된 자료를 활용하여 수사를 신속히 진행시킬 수 있는 것이다. 긴급조회는 부호를 사용하도록 하고 있으며 범죄경력조회는 A, 지명수배 조회는 B, 장물조회는 C, 신원확인조회는 D, 수법조회는 E 라 칭하고 컴퓨터 터미널, 경비전화, 지문전송기 등을 이용하여 조회할 수 있다.[192]

5) 컴퓨터 조회

(1) 개 요

시대의 발전과 더불어 각종 범죄의 광역화, 지능화, 기동화 되어 가는 범죄에 대비하기 위하여 1972년 11월부터 컴퓨터를 도입하여 시험에 들어갔으며 1975년 12월에는 서울·부산·광주·대구·인천·대전 등 6개 시·도 지방경찰청에 컴퓨터를 설치하여 본격적으로 전과조회 등에 활용하기 시작하였다. 그리고 1977월 12월 말부터는 제주도 지방 경찰청을 포함한 적국 각 시·도 지방 경찰청에 컴퓨터 단말기를 설치하여 전자계산소를 중심으로 전국적으로 파출소·출장소에까지 컴퓨터 망을 조직하여 다양한 조회업무를 수행할 수 있게 되었다. 단말기라 함은 컴퓨터의 중앙처리장치에 의해 주 전산기에 자료를 입력하거나 저장된 자료를 조회 또는 출력하기 위하여 사용되는 기기를 말한다.

각종 경찰관련 자료인 주민등록 자료, 수사자료표, 지명수배, 수법, 경찰인사, 공안자료, 차적, 운전면허, 182업무 등 30여종의 기능별 업무를 입력하여 경찰청에서부터 말단 파출소까지 전국적인 조회업무와 확인 등을 신속하고 정확하게 수행할 수 있어 범죄의 광역화, 기동화 지능화에 대비하여 과학적이고 능률적인 경찰업무를 수행할 수 있다. 이에 대한 관련 근거로는 경찰청 훈령 제227호, 범죄수법 공조자료 관리규칙[193]과 경찰청 예규 제184호, 경찰 컴퓨터 온라인 운영규칙[194] 등

---

192) 범죄수사자료 긴급조회규칙 제1조(목적) 이 규정은 컴퓨터 온라인, 경찰전화 또는 지문 전송기에 의하여 범인 및 여죄발견, 신원확인, 범죄경력, 지명수배·통보 및 장물 여부 등을 긴급히 조회함을 목적으로 한다.

193) 이 규칙은 범죄수법과 피의자의 사진 등 각종 인적·물적 특징에 관한 자료의 수집, 관리방법과 그 조직적인 운영절차를 규정함으로써 과학적인 범죄수사에 기여함을 목적으로 한다.

이 있다. 온라인(on-line)이라 함은 컴퓨터의 중앙처리장치에 직접 연결한 것을 의미하는 것으로, 여기에서는 유선 또는 무선통신에 의해 컴퓨터 기기를 통하여 상호간에 자료를 즉시 주고받을 수 있는 방식을 말한다.

(1) 주민등록 조회

주민등록증 발급 신청서를 전산 처리하여 신속하고 정확한 인적사항 확인으로 경찰조사업무의 능률을 제고한다. 수록내용은 성명, 주민등록 번호, 지문가치, 원적, 본적, 호주, 주소, 세대주, 전입일, 직업, 혈액형, 병적사항, 특수기술 등이다. 조회방법은 성명, 생년월일(주민등록 번호), 지역 등으로 구분하여 조회를 할 수 있으며 주로 피의자나 사망자의 신원을 확인하는데 활용된다.

(2) 지명수배 조회

형사사건 관련수배자 발생 즉시 수배관서 터미널에서 직접 수록 신속한 광역수배망을 구축하므로 써 지명수배자 색출에 기여한다. 수록내용은 인적사항과 수배사항이다. 수배사항은 수배일, 수배관서, 수배번호, 사건번호, 죄명코드, 범죄일시, 공소시효 만료일, 지명통보, 수배여부, 형사사건 또는 즉심사건 여부 등으로 불심검문, 수배자검거, 신원조회 등에 활용한다.

(3) 운전면허조회

컴퓨터 온라인 조회를 통한 면허소지확인 및 무면허 운전자 등의 범법자 검거에 활용한다. 수록내용은 인적사항, 면허사항, 위반사고기록, 면허결격기록 등으로 주로 자동차 운전자 불심검문시, 교통사고 및 법규위반 등에 이용한다.

(4) 차적조회

교통사고 야기 차량 및 범법차량의 확인을 위한 조회로서 수록내용은 전국 자동자등록관청에 등록된 4륜차 이상을 대상으로 차량번화, 차명칭, 소유자 인적사항, 차량특정사항 등으로 도난차량 및 무적차량 적발에 이용한다.

---

194) 이 규칙은 경찰 컴퓨터 온라인 운영에 관하여 필요한 사항을 정함으로써 전산화를 통한 경찰행정 및 정보자료의 신속·정확한 처리와 범죄수사의 과학화에 기여함을 목적으로 하고 있다.

⑸ 도난차량 조회

차량수배를 대상으로 민원인의 신고사항과 경찰이 보호하는 자료를 컴퓨터에 수록 문의 즉시 확인할 수 있게 한다. 수록내용은 차량에 관한 것과 차량도난과 신고자에 대한 사항으로 조회는 차량번호로 한다.

⑹ 미아 · 사람찾기(182)조회

미아 · 가출인을 대상으로 민원의 신고사항과 경찰이 보호하는 자료를 컴퓨터에 수록 문의 즉시 확인 응답 민원을 신속히 해결한다. 수록내용은 미아나 가출인의 인적사항과 특징 및 신고자의 인적사항이다.

⑺ 민유총기 조회

불법무기 소지여부, 총기 범죄발생시 필요한 수사자료를 제공한다. 수록내용은 총기에 관한 사항, 경찰서 영치에 관한 사항, 소유자에 관한 사항 등이다. 주로 분실이나 습득된 총기 및 불법무기 소지여부, 그리고 수렵총기 관리를 위해 이용된다.

⑻ 도난과 분실총기 조회

경찰 및 기타 관공서의 도난 또는 분실총기를 전산 관리하여 수배체제의 일원화를 기함으로써 범행에 이용된 총기의 수배사실여부의 신속한 확인으로 범죄수사에 기여한다. 수록내용은 도난이나 분실된 총기에 관한 사항, 분실자 및 피해자에 관한 사항 등이다. 도난 또는 분실총기여부 신속파악 및 민유총기의 수배총기여부 확인에 이용한다.

⑼ 기타의 조회

정보기록 · 외사기록 · 운전자기록 · 차량 · 장물 등 조회업무는 자료의 프로그램 작성 및 준비가 완료되면 조회를 실시하게 된다.

⑽ 보안 기타 사항

컴퓨터 터미널 조회센터는 보호구역으로 설정하고 보안을 유지하여야 하며 터미널 조회는 경찰목적 이외의 조회를 엄격히 규제하여 경찰 자료가 외부로 유출되지 않도록 하고 온라인실 근무자는 근무수칙을 엄격히 지켜야 한다. 조회는 경찰전화 또는 일반전화를 이용할 수 있고 급고급소 사건이 발생하여 긴급조회 할 필요가 있을 때에는 지정시간 이외에도 이용할 수 있다.

⑾ 경찰 컴퓨터 on-line 근무자 수칙

① 출입자를 엄격히 통제하고 출입자는 출입 대장에 기록 유지한다.
② 온라인실 근무일지를 정확히 기재하고 매일 결재를 받아야 한다.
③ 단말기는 취급자 및 정·부 책임자를 단말기 측면에 부착하여 관리한다.
④ 컴퓨터실 담당 경찰관은 파출소와 검문소 등 관내에 설치된 단말기를 매일 점검하여 고장시 본청에 보고 및 기기 고장시는 공급 회사에 그리고 회선 이상시는 전화국에 신고하는 등 신속히 복구 조치한다.
⑤ 모든 조회처리는 의뢰자의 신원을 명확히 확인하여 일일조회 처리부에 반드시 기록한 후 회보한다.
⑥ 범죄경력 조회는 형의 실효 등에 관한 법률 및 동 시행령에 의하여 엄격히 관리한다.
⑦ 비밀(대외비)에 속하는 자료는 자료제공부서 주무과장의 통제 하에 조회되어야 한다.
⑧ 자료인쇄 회보시는 일일조회 처리부 인쇄 회보난에 반드시 수령자의 서명·날인을 받은 후 교부한다.
⑨ 자료입력 및 삭제는 결재권자의 결재를 득한 후 서면 요청에 한하며, 그 변경 유·무를 확인하여야 한다.

6) 전산통신의 보안

(1) 개 요

통신보안이라 함은 각종 통신수단에 의하여 소통되는 제반 통신내용이 직접 또는 간접적으로 제3자(비인가자 또는 적)에게 누설되는 것을 미리 방지하거나 지연시키기 위하여 취하여지는 각종 수단과 방책을 말한다.[195] 이러한 규정은 경찰활동의 많은 부분이 전산통신에 의해 이루어지기 때문에 전산통신 과정에서의 보안이 더욱 중요해지고 있음을 감안하여 혼란을 막기 위하여 통신순위[196]에 의하여

195) 경찰통신 운영규칙 제74조.

이용되어야 한다.

(2) 통신보안[197]의 필요성

전산통신의 발전에 따라 이용이 증가하고 있으며 이에 따라 전산통신의 정보나 자료는 수집방법이 쉽고 대량으로 유출될 수 있다. 정보유출이 모르는 사이에 원격적으로 이루어지는 특징이 있다. 구체적으로 전산통신의 취약성은 살펴보면 다음과 같이 요약할 수 있다.

① 북한과 지리적 근접성으로 전파도청이 용이하다.
② 전산통신이용 및 관리자가 복잡 다양해서 통제가 용이하지 않다.
③ 도청 기술이나 정보수집 등 장비성능이 날로 향상되고 있어서 이에 대한 대처가 어렵다는 점이다.

이에 따라 통신보안 필요성이 제기되고 있으며 정보의 누설을 최소화하기 위해서는 도청이 용이한 통신수단 이용을 자제하고 불필요한 통신제한과 노출가능성이 있는 정보량을 극소화하고 노출된 정보의 분석지연수단 사용 등 다각적인 대책이 필요하다.

(3) 통신망 보안대책

각종 통신망 운용과정에서 정보의 유출을 방지하기 위해서는 통신망을 설치하는 계획단계부터 보안측정과 진단을 반드시 실시하고 정보유출을 최소화할 수 있는 통신수단을 이용하며 계속적인 확인 점검이 필요하다. 통신보안 대책을 완벽하게

---

196) 경찰통신 운영규칙 제4조(통신순위) 경찰통신의 우선순위는 다음과 같다.
① 비상통신
1. 국가의 비상사태 또는 천재지변 등의 긴급사태 발생에 관한 통신.
2. 국가원수, 요인경호 및 작전에 관한 통신.
② 긴급통신
1. 다중범죄 진압에 관한 통신중 긴급을 요하는 사항.
2. 중요범죄, 수배, 대형사고, 재해 및 안전에 관한 통신중 긴급을 요하는 사항.
③ 일반통신
일반업무에 관한 통신

197) '통신보안'이라 함은 통신수단에 의하여 소통되는 제반 통신내용이 직접 또는 간접적으로 제3자에게 누설되는 것을 미리 방지하거나 지연시키기 위하여 취하여지는 각종 수단과 방책을 말한다.

하기 위해서는 모사전송기 운용지침 등 통신망별 운용지침 수립과 같은 구체적이고 전문화된 지침을 통해 통신을 운용하여야 한다.

(4) 보안대책

① 유선전화

유선전화는 가장 쉬운 방법으로 대화내용을 도청할 수 있고 또 대화내용도 쉽게 녹음할 수 있기 때문에 전선, 맨홀, 지하선로, 단자판 등을 수시로 확인 통신선로 개입을 차단하고 주요내용은 음어화 하거나 보안장비를 사용하여야 한다.

② 무전기

무전기는 무선통신 방법으로 전파를 이용하여 상대방에게 의사를 전달하는 통신방법을 총칭한다. 무선통신은 통신보안에 가장 취약한 통신망이므로 필히 통신보안 대책을 강구 후 운용하여야 하고 필요한 최소한도로 출력을 유지하고 음어와 통신 보안장비[198]를 사용하여 쉽게 해독할 수 없도록 한다.

③ 무선(휴대)전화

무선전화 역시 전파를 이용하여 통화를 하기 때문에 통신보안이 취약한 기기로써 사용할 때는 사전에 고지하고 보안관련 내용은 음어화 하거나 가급적 언급하지 않도록 한다.

④ 모사전송(fax)통신

모사 전송이라 함은 영어 facsimile의 약어로써 사진·문자·도면 등을 전기 신호로 바꾸어 전송하면 수신 신호를 본래의 상태로 나타내고 기록하는 통신방식을 말하는 것으로 경찰에서는 통신의 주요 수단으로 이용되고 있다. 모사전송 통신은 모사수발실[199]에 보안장비를 설치하고 국제간의 자료 송출시는 공개된 자료 이외

---

198) '통신보안장비'라 함은 암호기와 비화기 및 감청장비를 말한다.

199) 경찰통신운영규칙 제32조(전문수발실의 정의 및 관리 책임자 지정) ① 전문수발실이라 함은 모사전송기 및 일제통보장비(순차동보 fax) 등을 설치하여 전문접수 및 송·수신 등을 수행하는 부서를 말하며(이하 '전문수발실' 이라 한다) 구분은 다음의 각호와 같다.
1. 경찰청, 지방 경찰청(해양 경찰청), 학교 통신실.
2. 경찰서 통신실, 상황실.
3. 해양 경찰서 통신실.
② 모사전송기 장비관리 및 운용책임 지정.

는 소통을 자제하고 국내에서도 비밀에 해당하는 내용은 소통을 금지하여, 음어화하여 소통하거나 음어화가 불가능한 도면 또는 그림 같은 것은 문서수발 계통을 이용하도록 하고 있다.

⑤ DATA 통신

DATA 통신이라 함은 컴퓨터와 통신기술을 상호 결합한 각종 전자기기를 이용하여 문자, 부호, 영상, 음향 등의 정보를 교환하며 사무자동화[200], 정보의 수집, 가동, 처리, 저장, 분배하는 기계 상호간 또는 인간과 기계간의 모든 전기 통신 수단의 총칭을 말한다.[201] DATA 통신은 보안장비를 설치하고 암호 프로그램을 개발하여 사용하고 있으며, 전송선로는 특별 보호하여야 한다.

⑥ 보안자재 취급

암호자재[202]는 2급 비밀 취급인가를 받은 자로 암호자재 취급인가를 받은 자만이 취급하여야 한다. 음어자재[203]는 3급비밀 취급인가를 받은 자는 누구나 취급가능하다. 약호자재[204]는 비밀 취급인가와 관계없이 소속기관의 장이 인가한 자는 취급할 수 있다. 보안자재는 암호, 음어와 평문 혼합사용을 금지하고 암호나 음어약호로 송신 후 평문으로 재송신 금지하고 두문, 본문, 미문 등 전량을 암호 또는 음어로 처리하여야 하며, 비밀 또는 대외비가 아닌 일반문을 암호, 음어, 약호화할 경우 조립문 내용에 「평문」임을 표시한다.

---

1. 경찰청, 지방 경찰청(해양 경찰청), 학교 : 정(해당 과장), 부(해당 계장).
2. 경찰서(해양 경찰서) : 정(해당 과장), 부(해당 계장).
3. 파출소 : 정(소장), 부(차장).

200) '사무자동화'라 함은 사무 실내에서 이루어지는 일정한 형식이 없고 그 구조가 불명확한 다종다양한 모든 업무를 통신기술, 컴퓨터 기술, 시스템 과학 및 행동과학을 적용하여 인간의 손으로 하는 일을 기계가 대신 수행케 함으로써 사무 능률을 지속적으로 극대화시켜 가는 과정을 말한다.

201) 경찰통신 운영규칙 제52조 제1항.

202) 보안업무규정 제74조(정의) 7. 암호자재라 함은 통신내용을 비익할 목적으로 문자, 숫자, 기호 등으로 구성하는 데 사용하는 문서나 이를 수록한 매체로서 난수와 환자표를 말한다.

203) '음어자재'라 함은 통신문의 내용을 비익할 목적으로 문자, 숫자, 기호 등으로 구성된 문서나 이를 수록한 매체로서 환자 표를 말한다.

204) '약호자재'라 함은 음어자재에 준하여 통신보안상 특정내용을 비익할 목적으로 사용하는 문서를 말한다.

(5) 전산보안

전산망 확산과 개인용 컴퓨터 및 워드프로세서의 생활화로 전산자료[205]에 대한 보안의 취약성이 증대되고 있어 전산보안에 대한 이해와 관심이 필요한 실정이다.

① 단말기 취급자 등록

경찰관이 컴퓨터 온라인 조회 단말기를 사용하려면 사용 전에 서면으로 단말기 취급자 등록신청을 주무 부서를 통하여 경찰청에 보고하여야 한다.

② 출입통제

종합조회 처리실은 제한구역 이상으로 설정하고 출입을 통제하며 보안을 유지하여야 한다.

③ 기록유지

단말기를 운용하는 각 사무실 및 파출소 및 검문소 등에서는 일일조회 실시부, 기기 장해 관리일지, 개인정보 타 기관 제공대장 등을 비치하고 기록을 유지하여야 한다.

④ 컴퓨터 무단사용금지

비밀번호를 사용하고 이용할 때에는 코드사용과 비인가자는 부정사용할 수 없도록 하고 인가된 업무 열람과 출력사항을 확인하고 비밀번호는 분기 1회 이상 변경 사용하여 타인이 이용할 수 없도록 하며 취급자 교체 때는 즉시 변경하여야 한다. 컴퓨터 사용자에 대하여는 단계별로 이용 통제방안을 세워야 하고 인가되지 않는 노트북이나 개인용 컴퓨터의 사용을 금해야 한다.

⑤ 워드프로세서 보안관리

개인용 워드프로세서에 비밀을 담고 있을 수 있으므로 취급자 및 관리책임자를 지정하고 자료별 비밀번호를 부여한다. 비밀번호 입출력에는 다른 자료와 혼합되지 않도록 비밀자료 입력 전용 디스켓을 별도로 사용하고 입·출력시에는 비밀등급과 예고문이 표시되도록 한다.

---

205) 경찰 컴퓨터 운영규칙 제3조(용어의 정의) 8. '전산자료'라 함은 디스크·테이프·디스켓 등에 수록되어 컴퓨터에 의하여 처리되는 자료를 말한다(신설 1998. 12. 28).

⑥ 디스켓 관리

디스켓 별로 경찰서 주무과의 디스켓 등록대장에 등록 후 등록필증 부착하여 사용하며 각과의 디스켓 관리 대장을 이용하고 비밀 디스켓은 비밀관리 기록부에 등재 후 비밀용기에 보관 관리한다.

⑦ 하드 디스켓

비밀문건은 하드 디스크에 수록을 절대 금지한다. 일반문서 편집자료 만 보관하고 작성의뢰자별 업무별로 등록부를 작성하여 관리하며 불필요한 자료는 반드시 삭제한다.

⑧ 휴대용 조회기의 관리

보안 집적회로(IC, integrated circuit)카드의 관리비밀번호의 신규등록, 수정, 삭제, 조회는 자료 분배기에서만 한다. 충전 분배기의 신규등록은 경찰서의 과・계・순찰지구대・파출소 등의 코드가 반드시 등록되어 있어야 한다. 휴대용 조회기는 최소 24시간 이내에 1회 이상 충전 분배기로부터 자료를 입력받아 사용불능상태를 방지하여야 한다. 그리고 개인자료가 유출되기 쉬운 점을 감안하여 개인별 비밀번호는 대외비 이상으로 분류하여 취급자 및 관리책임자 이외의 사람에게는 비밀로 한다. 휴대용조회기를 경찰관에게 지급할 때에는 근무일지에 취급일시, 장소, 취급자 등을 기록하여야 하고, 조회기의 보안사항[206]은 경찰 전산업무 보안관리 세부지침, 경찰 컴퓨터 온라인 운영규칙[207] 등 관련법규를 지켜야 한다.

---

206) 경찰 컴퓨터 온라인 운영규칙 제8조(보안) ① 전산 또는 조작요원은 업무상 알게 된 전산처리 자료의 내용을 임의로 외부에 누설하거나 정보를 제공하여서는 안 된다.

207) 1998. 12. 28 경찰청 예규 제184호는 경찰 컴퓨터 온라인 운영에 관하여 필요한 사항을 정 함으로써 전산화를 통한 경찰행정 및 정보자료의 신속・정확한 처리와 범죄수사의 과학화에 기여함을 목적으로 하고 있다.

제16장 경찰정보

1. 개 요

정보(Intelligence)[208]라 함은 생활주체와 외부의 객체와의 사이에서 사정이나 정황에 관한 보고로써 사물의 내용이나 형편에 관한 소식이나 자료를 의미하는 것이다. 국가안보 등의 분야에서는 어떤 사안의 정황이나 그에 관한 지식 또는 보고를 의미한다. 정보의 기원은 생물의 탄생과 함께 시작되었다고 볼 수 있다. 생물은 생존유지를 위해 끊임없이 외부로부터 그를 둘러싼 정황에 관한 정보를 얻고 이를 식별・분석・평가하여 외부환경에 대응하는 행동을 취한다. 즉, 그것이 식용물이면 잡고 적이면 피한다. 그래서 정보에는 반드시 생활주체 → 객체 → 소식 → 평가 → 행동 → 선택 → 효용 실현이라는 합리적인 사이클이 있으며 이를 정보 사이클이라고 한다. 그리고 정보의 효용은 어떤 특정의 목적을 달성하기 위한 행동 선택에 작용하는 유용성이다. 이와 같이 현대는 정보사회로 전환되어 가면서 정보에 관한 새로운 용어들이 사용되고 있어 이에 적응하기 위해서는 몇 가지 용어에 대한 이해가 필요하다.

(1) 정보이론

여기서 말하는 정보란 물리계・생체계 또는 그 양자를 포함하는 계에 있어서의 정보의 전달 및 처리에 관한 이론으로 문자・음성・화상・유전자 등 넓은 의미의 정보를 뜻한다. 정보는 문자의 경우 종이와 잉크, 음성의 경우 공기의 소밀파, 라디오・텔레비전에 있어서는 전파 등과 같이 그것을 표시하기 위하여 약간의 물질을 필요로 하며 그것을 전달하기 위하여 약간의 에너지를 필요로 한다. 그러나 그 작용은 물질이나 에너지와는 다른 추상적인 개념이여 어떤 의미에서는 물질이나

208) 생물의 진화와 함께 정보의 개념도 복합화하고 고도화하여 인간의 경우는 언어나 문자와 같은 고도의 정보 매체가 생산되었고 정보는 인간이 사회생활을 유지하는 데 필요 불가결의 생활 용구가 되었다. 그리고 컴퓨터 정보는 정보화 사회에 있어서 대량으로 생산되는 정보이며 그 특징은 논리적・예지적・행동 선택적인 점에 있다. 지식이란 이와 같은 동종의 정보가 집적되어서 일반화된 형태로 정리된 것으로 따라서 이것은 어떤 특정 목적의 달성에 유용한 추상화되고 일반화된 정보라고 할 수 있다.

에너지를 제어하는 것으로도 생각할 수 있다. 협의의 정보 이론에서는 정보의 내용이나 인간감정의 작용 등에 관하여는 논의하지 않으며 정보를 순수하게 공학적으로 다루어 그 형식적 외관 즉 보호화된 정보의 전달 등에 관해서만 논의한다. 이 부분은 특히 통신 이론이라고도 불린다. 이에 대하여 광의로는 사이버넥틱스 패턴 인식, 학습이론·언어이론, 오퍼레이션 리서치 등의 제 분야와 밀접하게 관련된 광범위한 학문체계를 뜻한다.

(2) 정보검색

정보를 수집·분류·축적하여 필요에 따라서 빼내는 일 또는 그 목적으로 사용되는 기계시스템, 방법론을 총칭할 때도 있다. 여기서 말하는 정보란 의미가 있는 데이터를 말하며 과학기술·연구개발·자연·정치·경제·문예·미술 등 모든 분야에서 발생하는 것으로 생각한다. 정보의 형상은 음성·사진·도면·회화·문자·숫자 등 가지각색인데 현재 정보검색 시스템으로서 취급하는 정보의 형상은 문자·숫자가 대부분이다. 정보검색의 시스템은 필요한 정보를 주문하여 이것을 모색하는 부분과 정보를 수집·분류·축적하는 부분으로 구분된다.

(3) 정보관리

의사결정을 위하여 필요한 각종 정보의 수집·처리·전달·저장을 합리적으로 행하기 위한 체계적인 시책을 말한다. 정보가 의사결정에 도움이 되기 위해서는 정확성·신속성·적시성·대량성 등의 조건이 충족되지 않으면 안 된다. 그러기 위해서는 우선 수집의 시스템이 완비되어야 함은 물론 그것이 처리·전달·저장의 각 시스템과 유기적으로 결합되어 있지 않으면 안 된다.

(4) 정보과학

기계·생물체 및 인간사회에 있어서의 정보의 생성·전달·처리·축적·이용에 대한 일반적 원리에 관한 학문을 말한다. 변화가 상태화한 현대라는 시대는 인간의 역사에 있어서 또 하나의 위대한 전환기이다. 그것은 물질이나 에너지의 생산·유통·소비가 주체이어서 환경을 계획적으로 조작할 필요가 거의 없었던 사회로부터 정보에 관련된 인간 생활이 주체가 되고 계획적으로 환경을 조작하려고 하는 사회로의 전환기이며 정보화 사회 또는 고도지식 사회라 일컫는 사회의 이륙이 시작되고 있는 시대이다.

(5) 정보기관

정보활동을 담당하는 국가기관을 의미하는 것으로 미국의 CIA・우리나라의 국가정보원과 같이 내각이나 행정부 직속으로 되어 있는 것, 나치스 독일의 국민계몽선전성과 같이 독립된 성을 이루는 것, 한국의 기무사, 미공군의 OSI와 같은 중앙기관 외에 군 내부에 설치되는 것도 있다. 정보기관의 활동은 정보의 수집・배포・통제의 세 분야로 나눌 수 있다. 이와 같은 정보기관은 제1차 세계대전 무렵부터 그 존재의 의의가 인식되기 시작하였다. 그 이유는 종래의 전쟁이 군사력의 우열을 다투는 것이 제1차 세계대전이 총력전으로 양상이 바뀌어 국민 총동원이 불가피하여지고 군사력뿐만 아니라 생산력・인적자원・사회상태・국민심리가 전쟁의 승패를 좌우하게 되었기 때문이다.

(6) 정보사회

공업을 주체로 발전해 온 공업사회를 벗어나 정보산업을 주체로 하며 다양한 정보의 생산과 전달을 중심으로 전개되는 사회를 말한다. 사회의 정보화는 공업화가 일정한 수준에 도달했거나 공업화가 완료된 사회에서 일어나기 때문에 정보사회는 공업사회의 다음 단계로 생각되고 있다.

(7) 정보산업

산업정보를 비롯한 각종 정보를 신속하게 제공하는 것을 사명으로 하는 서비스업, 고도의 기술혁신으로 현대 사회의 교통수단의 발달은 세계를 1일 생활권으로 축소시켰고 통신수단은 즉시권으로 발전하였다. 이와 같은 현실은 기업경영을 비롯하여 기타의 각종 사업운영에 있어 필요한 정보 내지 데이터의 입수・전달・제공의 신속성과 정확성의 중요도를 더욱 가중시키고 있다.

(8) 정보오염

정보를 환경요소의 하나로 파악할 때 대량 정보 시대의 정보 과다로 인한 환경의 파괴를 말한다. 인간 환경은 물리적 환경과 정보적 환경의 두 가지로 이루어져 있다고 볼 수 있다. 물리적 환경은 대기・해양・대륙・하천・호소・삼림・산악・동물·식물 등의 자연과 건축물·도시·교통기관·공장·학교 등이 인공물 등 이른바 제2의 자연의 두 가지로 이루어진다. 정보적 환경은 신문·서적·방송·광고·전신·전화·영화·연극·음악·회화·교육 등 형형색색의 방법과 매체에 의한 정보의 흐름으로 이루어져 있다. 고속대량정보 시대 하에서는 정보과다에 의한 신경증과 부적응증을 대량으로 발생시키고 있다. 동 증상은 단락형사고, 자폐증적 반응, 분열증 반응 등의 증상으로 나타난다. 이와 같은 정보처리의 병리증상에다 결함 정보가 범람하게 되면 거기에 형성된 의견·판단·선택이라는 것이 현저하게 왜곡될 가능성이 짙다.

(9) 정보혁명

정보의 생산·처리·전달·소비를 둘러싸고 현재 선진국 사이에서 일어나고 있는 혁신적인 동향을 말한다. 사회의 역사를 발전 단계적으로 볼 경우 선진국에서는 산업혁명에 의하여 성립하고 발전해 온 산업사회가 성숙하여 고도화하여 탈공업사회 또는 정보사회라고 부를 수 있는 새로운 단계로 전환하고 있다고 생각된다. 이 새로운 전환이 태동하고 있는 동향을 산업 혁명이라는 말과 대응시켜 정보 혁명이라고 부른다.

2) 정보의 특성

정보의 특성이라 함은 정보의 의미를 명백히 하는 요소로서 첩보와 구별되는 의미인 동시에 정보가 가지는 지식으로서 필요적 조건이다. 정보는 사용자를 위하여 일반적으로 특수한 과정을 밟아서 생산되는 지식이기 때문에 일반 지식이라기보다는 특수 지식으로 보게 되는 것이다.

(1) 학문적 특성

① 합목적성

정보란 국가목적의 정책 자료로서 국가 의도에 맞추어 만들어지는 지식으로 합법성보다는 합목적성이 지배한다.

② 전문성

첩보는 수집 및 정보의 생산은 어떠한 원리에 의한 공식적 수단만으로 해결되지 않는 것이며 정보활동이라고 하는 특수과정을 거쳐 이루어지는 고도의 기술 전문성이 있어야 한다.

③ 제약성

정보는 과거와 현재의 지식과 사상, 그리고 미래에 대한 예측으로 가공된 사상을 근간으로 생산되는 예외적 존재로 제약성이 따른다. 여러 가지 변화요인에 충돌하는 경우가 있어 문제의 보완적 수정이 수반되는 변화에 대한 대응이 요구된다는 점에서 사상에 따른 제약성이 크다.

(2) 일반적 특성

① 정확성(accuracy)

정보란 국가가 추구하는 가치의 달성을 위한 정책의 수립과 수행에 있어 이용 가능한 사전 지식으로서 존재 가치가 있기 때문에 정확해야 한다. 그러나 정보의 작성자가 유능하다 할지라도 인간이 하는 일이기 때문에 미비한 점이 있을 수밖에 없으나 가능한 한 모든 객관적인 판단 자료를 근거로 최대한 정확하게 작성되어야 정보로서의 가치가 있는 것이다.

② 완전성(completion)

정보에서 요구하는 완전성은 절대적인 개념이 아니고 당시의 시점에서 최대로 완전한 지식이 되어야 한다는 의미이다. 긴급한 사항은 완전하지 못하더라도 모든 사항을 최대로 수집하여 완전한 지식이 되도록 하여야 한다는 것이다.

③ 적시성(timeliness)

아무리 정확한 정보라도 시기가 적절하지 못할 경우에는 사용의 가치가 반감되는 것이기 때문에 필요한 때에 필요한 정보가 제공될 수 있도록 하여야 한다는 것이다. 그래서 정보는 사용자가 필요로 하는 때에 제공되어야 정보로서의 가치를 인정받을 수 있는 것이다.

2) 첩 보

(1) 첩보의 의미

첩보라 함은 분석 · 평가 · 해석되지 않은 정보의 자료가 되는 제1차적 지식을 의미하는 것으로 정보가 되기 전의 모든 사회 현상을 말하는 것으로 부정확하고 단편적인 불규칙한 사실에 대한 견문을 의미한다. 그래서 첩보는 분석・평가・해석되지 않은 지식이며 정보의 자료라고 말한다.

(2) 첩보의 특성

① 자료성

첩보는 방송・신문・잡지・유언비어 등과 같은 공개된 것과 공인의 사적행동 또는 개인의 역할관계 등 은밀한 부분 등과 같은 비공개 원천 자료가 있고 이러한 자료를 분석하고 평가하여 새로운 정보의 자료가 된다.

② 미확인 지식

첩보는 정보 처리과정을 거치지 않은 자료로서 미확인 또는 미검증된 지식을 의식적으로 수집하는 활동이다.

③ 신속성

첩보는 견문의 상태를 가감 없이 수집하여 정보의 자료로 사용하는 것으로 신속성이 생명이다.

④ 불안전성

첩보는 신속하게 수집하여 조합해야 하는 특성 때문에 단편적이고 미완성된 것으로 정보로서는 아직 신뢰성과 정확성이 미흡하여 불안정성을 포함하고 있다.

2. 정보경찰

1) 개 요

정보경찰(Intelligence Police)은 실질적 의미의 정보경찰과 형식적 의미의 정보경찰로 나누어 생각할 수 있다. 전자는 국가의 안전을 침해하는 개인이나 단체의 모든 위해행위를 예방 수사하는 경찰을 의미하고, 후자는 각급 경찰관서의 정보부서에 소속되어 정보업무에 종사하는 경찰을 의미한다.

2) 활동근거

경찰의 임무로 치안정보의 수집[209], 경찰의 직무로 치안정보의 수집과 작성 및 배포[210]를 명기하고 있기 때문에 이를 근거로 활동하는 것이다.

3) 목 적

정보경찰은 국가 안전과 사회공공의 질서유지를 목적으로 한다. 따라서 상대적으로 국민의 생명의 보호와 신체의 자유, 재산의 보호를 목적으로 하는 보안경찰과 구별된다. 보안경찰은 사회 안녕과 국민의 생명 및 신체의 보호를 목적으로 한다.

4) 임 무

(1) 견문수집

경찰관의 견문수집은 일상생활에서 견문을 수집 분석·평가하여 국가의 안전과 사회공공의 질서유지 및 국가와 사회 발전을 위한 정보의 수집하기 위한 활동이다.

(2) 위해요소의 제거와 진압

정보경찰은 위해요소를 사전에 포착하여 이에 대해 대비하고 민주적 기본질서 유지에 필요한 제반 위해요소를 사전에 제거하는 것이다.

(3) 국가 시책의 자료 제공

국가목적상 국민과 정부의 의사를 교류하는 매체로서의 역할을 수행하며 국가와 사회의 발전과 공공의 질서유지를 위해 필요한 자료를 제공하는 활동을 포함한다.

5) 특 징

(1) 수단적 특징

① 신분의 비노출

임무수행 상 목적을 달성하기 위하여 신분을 노출시키지 않는다.

---

209) 경찰법 제3조.

210) 경찰관직무집행법 제2조.

② 업무의 비공개

업무의 내용이 공개되지 않아야 한다.

③ 불법적 합법성

공익상 상당성이 있을 때는 도청·미행 등의 불법적인 활동이 인정되지만 그 불법성은 결과적으로 개인의 법익에 아무런 피해를 주지 않는 수사활동이다.

(2) 성질상 특징

① 국가의 안전

정보경찰의 제1차적 목적은 국가의 안전이다.

② 예방적 활동

정보경찰의 활동은 사전적·예방적 수사활동이다.

③ 활동 대상

정보경찰의 활동 대상은 위태성 범죄이다.

④ 보호법익

정보경찰의 보호법익은 국가의 안전이다.

6) 대 상

업무는 사회전반과 자연현상까지도 그 대상으로 하기 때문에 매우 광범위하다. 특히 이념과 사상에 대한 갈등은 아직도 계속되고 있기 때문에 이에 대한 중요도는 더욱 심각한 수준에 있다.

(1) 일반정보

정치, 경제, 문화, 사회, 교육 등 사회전반에 관한 정보의 처리

(2) 대공정보

남·북 관계, 대공산권 관계, 대일 관계, 대러 관계 등에 관한 보안업무

(3) 외사정보

국내·외의 외국 및 외국인 관계와 특히 우회침투와 국제성 범죄에 관한 업무

7) 활동의 범위

(1) 법적 범위

헌법상 보장된 기본권은 국가안보와 질서유지, 그리고 공공복리를 위하여 필요한 경우 법률에 의하여 최소한으로 제한할 수 있으나 기본권의 본질적 범위를 초과할 수는 없다. 따라서 정보활동은 원칙적으로 헌법과 법률이 허용하는 범위 내에서 수행되어야 한다.

(2) 초 법규적 범위

정보경찰은 국가의 안보를 위한 위해방지 및 제거가 필요한 경우에 초 법규적인 차원에서 수행되어야 하나 국민의 공감을 얻을 수 있는 범위 내에서 상당성과 사회상규성에 의해서 수행되어야 한다.

(3) 비합법의 범위

비합법적 활동의 범위는 국가의 안보와 개인의 권리와 자유의 침해에 대한 범위는 구체적 사정에 따라서 판단해야 할 것이다.

8) 정보의 분류

(1) 일반정보

일반사회의 일상적인 본질에서 벗어난 사회 공공의 질서 유지 등 포괄적인 정보활동에서 입수되는 일반 사회 전반에 관한 정보를 말한다.

(2) 보안정보

국가의 안보와 관련된 분야로써 국가의 전복, 테러, 요인의 납치, 남북관계에 관한 동향, 불순분자의 침투, 국가 산업에 관한 첨단기술 등에 관한 정보를 말한다.

(3) 범죄정보

범죄조직 · 밀수 · 마약 · 폭력집단, 공무원의 부패 등 국민생활에 깊숙이 침투하고 있는 각종 범죄의 동향과 자료 등에 관한 것을 의미한다.

(4) 외사정보

외국 또는 외국인과 관련된 정보를 말하는 것으로 여기에는 수출입동향, 외국인의 출입국 동향, 내국인의 외국 관련 실태, 제외동포, 외국인 범죄, 외국투자업체 등에 관한 제반 사항을 의미한다.

(5) 교통정보

전국적인 교통 사항에서부터 육상 · 해상 · 공중 교통수단에 관한 제반 사항을 치안확보의 차원에서 취급하는 것을 말한다.

9) 정보의 순환

정보는 일반적으로 정보의 요구 → 수집 → 생산 → 배포 등의 과정으로 순환되어 반복되는 것이다.

(1) 요구과정

정보의 요구는 구체적, 계획적으로 진행되는 것으로 정보수집기관 또는 정책 수립자와 사용자에게 필요한 사항을 제공하기 위하여 필요로 하는 내용을 말한다. 요구방법은 계속성, 일시성의 여부에 따라서 첩보의 기본요소(EEI · essential element information)와 특수요소(SRI · special requirement information)로 구분하여 요구하는 것이다.

① 기본요소 결정

요구의 내용을 결정하고 구체적인 요구를 가능하게 하기 위하여 정치 · 경제 · 사회 · 문화 · 군사 등 어느 부문의 정보를 요구할 것인가를 먼저 결정한다.

② 수집 계획서의 작성

요구한 첩보를 철저히 수집하여 보고하도록 사전에 어떠한 내용을 누가, 언제까지, 어떠한 방법으로 수집 · 보고할 것인가 결정하여 계획서를 작성한다.

③ 명령 · 하달

계획서가 완성되면 적합한 수집활동시기에 요구방법에 따라 구두 또는 서면으로 수집기관에 명령 · 하달하며 수집기관에 수집책임을 부여한다.

④ 사후검토

명령 · 하달 후에는 요구내용이 정확히 수집되고 있는지 또는 요구내용 중 불필요한 사항이나 첨가하여 보완할 사항은 없는지를 사후에 검토하여야 한다.

(2) 수집과정

정보의 요구에 따라서 필요한 부분을 수집하기 위하여 수집 대상이나 정보원을 상대로 조사하고 내사하는 과정을 말한다.

① 출처의 개척

철저한 첩보를 얻는 원천으로 사람 · 사물 · 사건 등 사회현상 전반에 걸쳐서 제한 없이 자료를 개발할 수 있다.

② 첩보의 수집

개척된 원천을 대상으로 하여 관련첩보를 입수하는 것을 말한다.

③ 보 고

수집된 첩보를 안전하고 정확하게 적시에 보고하여 필요한 기관이나 사용자가 이용할 수 있도록 한다.

(3) 생산과정

수집된 첩보를 분석 · 평가하여 정확성, 신뢰성, 완전성 등을 보완하여 새로운 정보로 변환하는 과정을 의미한다.

① 선 택

보고된 첩보 중에서 내용을 분석 · 평가하여 필요한 부분을 선택하는 것을 말한다.

② 기 록

선택된 첩보를 유형별 · 사건별로 분류 · 기록하여 관리하는 과정을 말한다.

③ 평 가

출처와 내용에 대한 신뢰성 · 타당성 · 적시성 등을 판단하는 과정을 말한다.

④ 분 석

평가된 첩보를 기본 요소별로 분류하고 기존자료와 관계있는지의 여부를 확인하고 요소나 성질에 따라서 처리하는 것을 말한다.

⑤ 종 합

분석된 자료를 관련성이 있는 자료로 정리하여 새로운 정보로 생산하기 위하여 취합하는 것을 말한다.

⑥ 해 석

분석하여 종합한 자료에 대해서 필요성과 중요성 등을 자세하게 이론적으로 연구하는 것을 말한다.

(4) 배포과정

생산된 정보를 필요로 하는 관련 기관과 사용자에게 적시에 적절히 분배하는 것을 말하는 것으로 배포의 원칙에 따라야 한다.

① 필요성의 원칙

정보는 알아야 할 필요가 있는 대상에게만 알려야 하고 필요가 없는 대상에게는 알려서는 안 된다는 원칙을 말한다.

② 적당성의 원칙

정보는 사용자의 능력과 상황에 맞게 적당한 양을 조절하여 필요한 만큼만 배포하여야 한다는 원칙을 말한다.

③ 적시성의 원칙

배포시기의 결정기준이 되는 원칙으로 보안과 효과를 극대화하기 위한 것으로 필요한 시기에 맞게 배포되어야 한다는 것이다.

10) 견문 보고서 작성과 보고요령

(1) 개 요

보고라 함은 일정한 사실을 구두나 서면으로 상급기관 또는 상사에게 전달하는 것을 말한다. 정보의 보고는 신속을 요하는 경우에는 구두에 의하여 전달하지만 일반적으로는 서면에 의하여 보고하는 것이 일반적이다.

(2) 보고의 원칙

① 필요성

반드시 필요성이 있는 보고가 되도록 하여야 한다.

② 완전성

보고의 형식과 내용이 6하 원칙에 의하여 완전하게 작성되어야 한다.

③ 적시성

보고는 너무 빠르거나 늦어서는 안 되고 적절한 시기에 보고되어야 한다.

④ 정확성

내용을 사실 그대로 실체적 진실을 보고하여야 한다.

⑤ 간결성

전달하고자 하는 내용을 요약하여 간단·명료하게 보고하여야 한다.

⑥ 경제성

보고서는 작성하는 사람이나 읽는 사람이 모두 시간을 절약할 수 있도록 하여야 한다.

(3) 보고요령

① 임무에 대한 정확한 이해가 있어야 한다.
② 정확하고 구체적으로 작성하고 보안을 유지한다.
③ 수집된 내용은 객관적으로 기술한다.
④ 확실한 근거에 의하여 명확하게 기술한다.

⑤ 시기를 조절하여 적시성이 있도록 한다.

11) 견문수집의 책임

경찰청 및 지방경찰청에서는 연간 견문 수집성적을 심사하여 우수한 직원에 대하여는 특별승진 또는 표창장을 수여하는 등 첩보 수집을 독려하고 있으며 책임량에 미달할 경우에는 근무평정에서 불이익을 주고 있다.

① 외근 정보요원 : 월30건 이상
② 수사 · 보안 · 외사 외근요원 : 월4건 이상
③ 파출소 직원 : 월4건 이상
④ 초소 직원 : 월2건
⑤ 경무 · 경비 · 생활안전 등 내근요원 : 월2건 이상
⑥ 운전 · 통신 · 항공 요원 등 : 월1건 이상

3. 집회 및 시위

1) 개 요

집회및시위에관한법률(Law on Meeting and Demonstration)은 적법한 집회 및 시위를 최대한 보장하고 위법한 시위로부터 국민을 보호함으로써 집회 및 시위의 권리의 보장과 공공의 안녕질서가 적절히 조화되게 하는 것을 의미한다. 여기서 집회라 함은 공동목적을 위하여 많은 사람이 일정한 때에 일정한 장소에 모여 회합하는 것을 말하고, 시위라 함은 다수인이 공동목적을 가지고 도로 · 광장 · 공원 등 공중이 자유로이 통행할 수 있는 장소를 진행하거나 위력 또는 기세를 보여 불특정 다수인의 의견에 영향을 주거나 제압을 가하는 행위를 뜻한다.

2) 옥외집회 및 시위의 신고

옥외집회 및 시위를 주최하고자 하는 자는 그 목적, 일시, 장소, 주최자, 연락 책임자, 질서유지인의 주소, 성명, 직업과 연사의 인적사항, 참가예정단체, 참가예정인원, 시위방법 등을 기재한 신고서를 관할경찰서장에게 48시간 전에 제출하여야

한다. 그리고 2개 이상의 경찰서의 관할에 속하는 경우에는 관할지방경찰청장에게 제출하고, 2개 이상의 지방경찰청의 관할에 속하는 경우에는 주최지를 관할하는 지방경찰청장에게 제출하여야 한다. 이때 신고서를 접수한 관할경찰서장 또는 관할지방경찰청장은 접수 일시를 기재한 접수증을 교부하여야 한다. 그러나 동 법 제13조는 학문·예술·체육·종교·의식·친목·관혼상제·국제행사 등에는 동 법이 적용되지 않는다.

3) 집회 및 시위의 방해금지

누구든지 폭행·협박 기타의 방법으로 평화적인 집회 또는 시위를 방해하거나 질서를 문란하게 하여서는 안 된다. 그리고 폭행·협박 기타의 방법으로 집회 또는 시위의 주최자 및 질서유지인의 적법한 임무수행을 방해하여서는 안 된다. 주최자는 평화적인 집회 또는 시위가 방해될 염려가 있는 경우에는 관할경찰서장에게 그 사실을 통고하여 보호요청을 할 수 있고 요청을 받은 경찰서장은 정당한 이유가 없는 한 이에 응하여야 한다.

4) 집회 및 시위의 금지

헌법재판소의 결정에 따라 해산된 정당의 목적을 달성하기 위하여 집회 및 시위와 집단적인 폭행·협박·손괴·방화 등으로 공공의 안녕질서에 직접적인 위협을 가할 것이 명백한 집회 또는 시위 또는 금지된 집회나 시위를 하도록 선전 또는 선동하는 행위를 금하고 있다.[211)]

5) 시위 등의 금지장소

집회 및 시위를 하는 자는 국회의사당, 각급법원, 헌법재판소, 국내주재 외국의

---

211) 집회 및 시위에 관한 법률 제5조(집회 및 시위의 금지) ① 누구든지 다음 각 호의 1에 해당하는 집회 및 시위를 주최하여서는 아니 된다.
1. 헌법재판소의 결정에 의하여 해산된 정당의 목적을 달성하기 위한 집회 또한 시위.
2. 집단적인 폭행·협박·손괴·방화 등으로 공공의 안녕질서에 직접적인 위협을 가할 것이 명백한 집회 또는 시위.
② 누구든지 제1항의 규정에 의하여 금지된 집회 또는 시위를 할 것을 선전하거나 선동하여서는 아니 된다.

외교기관, 대통령 관저, 국회의장 공관, 대법원장 공관, 헌법재판 소장 공관, 국무총리 공관, 국내주재 외국의 외교사절의 숙소 등의 경계 지점으로부터 1백 미터 이내의 장소에서는 옥외집회 또는 시위를 금하고 있다.[212)]

6) 경찰관의 출입

경찰관은 집회 및 시위의 주최자에게 통보하고 그 집회 또는 시위의 장소에 정복을 착용하고 출입할 수 있다. 다만 옥내집회장소에의 출입은 직무집행에 있어서 긴급성이 있는 경우에 한하며, 집회나 시위의 주최자·질서유지인 또는 장소 관리자는 질서를 유지하기 위한 경찰관의 직무집행에 협조해야 한다.

7) 집회 또는 시위의 해산

관할경찰서장은 집회 또는 시위는 상당한 시간 내에 자진해산할 것을 요청하고 이에 응하지 않을 때에는 해산을 명할 수 있고 해산의 명령을 받았을 때에는 모든 참가자는 지체 없이 퇴거하여야 한다.[213)]

8) 취급상 유의사항

① 본법의 취지는 헌법에서 보장하는 집회의 자유에 한계를 두고 사회질서 유지에 장해가 되지 않는 범위 내에서 48시간 전에 관계기관에 신고하여 집회의 승인을 받아야 하고 일시, 장소, 주최자, 참가자, 집회목적 등 통제를 받아야 하며, 집회 및 시위의 장소는 제약을 두고 있기 때문에 이러한 규정을 위반할

---

212) 집회 및 시위에 관한 법률 제11조.

213) 집회 및 시위에 관한 법률 제18조(집회 및 시위의 해산) ① 관할 경찰관서장은 다음 각호의 1에 해당하는 집회 또는 시위에 대하여는 상당한 시간 이내에 자진 해산할 것을 요청하고 이에 응하지 아니할 때에는 해산을 명할 수 있다.

1. 제5조 제1항, 제10조 본문 또는 제11조의 규정에 위반한 집회 또는 시위.
2. 제14조 제3항의 규정에 의한 종결선언을 한 집회 또는 시위.
3. 제6조 제1항의 규정에 의한 신고를 하지 아니하거나 제8조 또는 제12조 제1항의 규정에 의하여 금지된 집회 또는 시위.
4. 제10조 단서 또는 제12조의 규정에 의한 조건에 위반하여 교통소통 등 질서유지에 직접적인 위험을 명백하게 초래한 집회 또는 시위.

② 집회 또는 시위가 제1항의 규정에 의한 해산명령을 받았을 때에는 모든 참가자는 지체 없이 퇴거하여야 한다.

때에는 처벌의 대상이 되고 있다.[214)]

② 형법의 다중불해산죄[215)]의 해산명령은 집회및시위에관한법률[216)]에 규정하고 있으며, 교통소통을 위한 제한 등의 이유로 해산명령을 받았을 때에는 지체 없이 해산하도록 규정하고 있다.[217)] 이러한 형법에서의 해산명령은 이를 단속할 권한 있는 공무원이 할 수 있도록 규정하였으나, 집회 및 시위에 관한 법률에서는 관할경찰서장 또는 지방경찰청장으로 하고 있다.

③ 사회적 불안을 야기하는 시위 등을 처벌하도록 규정하고 있기 때문에 실무에서는 소요행위를 시위로 간주하여 본법을 적용하고 있다.

④ 형법의 다중불해산죄[218)]는 3회 이상의 해산명령을 받고 해산하지 않을 경우라고 규정하고 있으며, 그리고 이 때에는 해산할 수 있는 시간적 여유를 주어야 하나, 집회및시위에관한법률에서는 이러한 해산명령의 횟수를 규정하지 않고 지체 없이 퇴거하여야 한다고 규정하고 있다.[219)]

4. 신원조회

1) 개 요

신원조사(Background Checking)라 함은 국가안보를 위하여 보안의 대상이 되는 사람들에 대한 출생이나 출신 · 경력 · 성행 등에 관한 조사를 뜻한다. 이는 국가안전에 관련되는 임무에 종사하거나 이에 관련되는 행위를 하는 자 또는 그 예정자에 대한 충성심, 성실성, 신뢰성 등을 조사하여 확인하는 대인정보자료 수집활동을 말한다.

---

214) 집회 및 시위에 관한 법률 제11조.
215) 형법 제116조.
216) 집회 및 시위에 관한 법률 제18조.
217) 집회 및 시위에 관한 법률 제12조.
218) 형법 제116조.
219) 집회 및 시위에 관한 법률 제18조.

2) 신원조사기관 및 조사대상

(1) 경찰청장

① 중앙관서에 근무하는 5급 이하 지방관서 4급 공무원 및 동등한 대우를 받는 직위에 근무하는 자의 임용 또는 비밀 취급인가를 할 때
② 대통령 경호실에서 의뢰하는 신원조사
③ 국가정보원에서 의뢰하는 신원조사
④ 사법, 외무, 행정 및 기술고시 합격자
⑤ 경찰청 근무 기능직, 고용직 및 임시직
⑥ 각 초·중·고등학교의 교장(사립학교 제외)
⑦ 국·공립대학의 5급 공무원 및 이와 동등한 대우를 받는 직위의 임용 예정자
⑧ 각급 대학교의 조교수 및 전임강사
⑨ 해외여행을 하고자 하는 자 및 출·입국하고자 하는 교포 또는 해외이주 신청자 및 해외취업을 하고자 하는 자

(2) 지방경찰청장

① 중앙관서에 근무하는 기능직, 고용직 및 임시직의 임용 또는 비밀취급인가 할 때
② 관할구역 내 지방관서장이 요청하는 5급 이하의 인원
③ 관할구역 내 국영 및 정부관리기업체의 장이 임용하고자 하는 인원
④ 선원수첩 발급대상자
⑤ 시·도 교육위원회에서 의뢰되는 교육 공무원
⑥ 각급 대학 시간강사 및 조교와 6급 이하의 공무원 및 이와 동등한 대우를 받는 자
⑦ 기타 보안관리자가 지정되어 있는 중앙, 도 단위 지방관서 및 기관의 장이 요청하는 위 항목에 준하는 인원
⑧ 해외여행을 하고자 하는 자

(3) 경찰서장

① 관할구역 내 시·군·읍·면장이 요청하는 기능직, 고용직, 임시직

② 관할구역 내 초·중·고등학교장이 요청하는 기능직, 고용직, 임시직
③ 관할구역 내 국·공립대학 및 사립대학에서 요청하는 기능직, 고용직, 임시직
④ 기타 보안관리자가 지정되어 있는 지방관서 및 기관의 장이 요청하는 기능직, 고용직, 및 임시직에 해당하는 자

3) 해외여행 신원조사

(1) 대 상

① 해외에 여행하는 자 및 출·입국하는 교포
② 해외이주자 및 해외에 취업하는 자
③ 자비 또는 강제로 송환되는 자
④ 기타 외국 기관으로부터 요청이 있는 자

(2) 처리과정

① 해외여행자 신원 진술서 3부·주민등록 등본 1부 등을 검토하여 접수한다.
② 해외여행자 신원조사는 범죄경력 조회와 신원기록편람 대조 등에 의하여 간접 조사한다.
③ 사상 및 범죄경력 등 신원특이사항 유무를 검토하고 신상변동의 경우를 제외하고는 관계 자료의 조회로서 적부를 판정하여 회보 한다.

4) 긴급신원조사

긴급신원조사는 국가원수에 대한 경호 및 안전업무수행을 위하여 실시한다.

(1) 조사 대상

① 본인 및 연고자
② 직계존속과 비속
③ 형제자매
④ 배우자의 부모

(2) 조사 내용

① 반역행위, 반국가 행위, 반국가 언동 여부 등 사상관계
② 용공, 혁신, 반징부 단체의 결성 또는 가입활동 여부
③ 국가원수에 대한 불온한 서신, 문서, 진정서, 투서 등의 우송 여부
④ 주벽 등 정신상태 이상 여부
⑤ 총포, 화약류, 흉기 등 불법소지・은닉 여부
⑥ 국가원수에 대한 비방, 모독, 유언비어 날조・유포행위 등 여부
⑦ 전과관계 일체
⑧ 주거사실 등
⑨ 기타 경호안전 대책에 필요하다고 인정되는 사항

(3) 조사 방법

① 타 업무에 우선하여 처리한다.
② 수명시로부터 24시간 이내에 조사・회보 한다.
③ 공부・신원기록 편람・지방경찰청 정보기록 대조로 확인한다.
④ 반드시 간접조사를 원칙으로 한다.
⑤ 중계 기관에서는 30분 이내에 처리한다.
⑥ 경찰청・지방 경찰청・경찰서・파출소・출장소 등에 긴급신원조사 처리부와 별지 제20・21・22호 서식을 비치하고 사용한다.
⑦ 경찰관서의 장은 조사결과를 종합하여 신원특이자 명부 2부를 경호실장 및 행사지 관할 지방경찰청장에게 통보하여야 한다.

제17장 보안경찰

1. 개 요

보안경찰은 사법경찰(Judicial Police)에 대응하는 넓은 의미의 행정경찰을 의미하는 것으로 그 중에서 사회의 공안유지를 목적으로 타행정작용에 부수하지 아니하고 독자적으로 그 자체가 하나의 독립된 경찰행정부문을 형성하는 경찰작용을 의미한다. 그러므로 보안경찰의 임무는 국가의 안전을 유지하는 것을 최고의 목적으로 한다. 보안경찰은 국가의 안전을 유지하기 위해서는 전복, 태업, 간첩행위 등을 예방하고 이러한 행위로부터 국가를 보위하기 위하여 국가 보안에 관한 첩보수집과 분석·판단·보안사범 수사 등 제반 활동을 의미하는 것이다.

2. 특 징

1) 국가의 안전

보안경찰은 국가의 난전과 사회 공공의 안녕과 질서의 유지를 목적으로 한다.

2) 대공업무 수행

보안경찰의 주요 업무는 대공·대북한에 관한 업무를 처리하기 위한 활동이다.

3) 비공개 주의

국가안전보장에 관계되는 범죄를 대상으로 하기 때문에 비공개를 원칙으로 한다.

3. 임 무

① 국가안보에 관한 첩보의 수집·분석·평가·배포 등

② 보안관찰업무의 수행
③ 보안사범의 수사와 위해요인의 발견과 제지
④ 방첩 계몽과 관련단체와 협조
⑤ 불온 유인물 수집 분석 등

4. 보안정보의 수집

1) 수집방법

① 관내사정에 정통한다.
② 민심동향에 주의한다.
③ 민중의 신뢰를 얻는다.
④ 관계기관과 긴밀한 관계를 유지한다.

2) 정보수집 요령

① 각계각층의 인물과 긴밀한 관계를 갖는다.
② 상대방의 신분을 정확히 파악한다.
③ 상대방의 인격을 존중하고 관심을 갖는다.
④ 상대방이 마음을 열어 놓을 수 있도록 진솔한 관계를 유지한다.
⑤ 상대방의 언행에 대해서는 중단시키거나 추궁하지 않는다.
⑥ 일상적인 화재로부터 시작하여 요점에 접근한다.
⑦ 중상, 모략, 비방 등 상대방의 진의를 정확히 파악한다.
⑧ 업무의 중요성을 주지시키고 정확한 정보수집에 노력한다.
⑨ 상대방의 질문에는 성의 있게 답변한다.

3) 상황발생시 조치요령

① 신속하게 보고와 통보를 한다.
② 신속히 현장으로 출동한다.
③ 현장을 보존하고 조사한다.

④ 목격자를 확보한다.
⑤ 정확하게 분석 · 판단한다.

4) 상황보고 · 통보의 원칙

① 적시성
② 정확성
③ 보안성
④ 명료성
⑤ 필요성

5. 방 첩

1) 개 요

방첩(counter intelligence)이라 함은 적국 또는 가상 적국의 아국에 대한 간첩활동이나 첩보활동을 무력화시키고 납치 · 암살 · 테러 등 행위로부터 인명을 보호하며 태업 · 파괴 활동으로부터 시설이나 물자를 방호할 뿐만 아니라 자국의 정보가 적국이나 가상 적국 또는 제3국에 유출되는 것을 방지하기 위하여 수행되는 모든 보안통제 방책에 관계되는 활동을 말한다. 원래는 군대 용어로써 간첩을 막는 것을 의미한다.

2) 방첩의 목표

(1) 전복(subversion)

불법적으로 국가를 변혁시키거나 국가기능을 소멸시켜 뒤집어엎어 정권을 탈취하는 행위를 말한다.

(2) 태업(sabotage)

불법적인 노동조합의 통제 하에 일의 능률을 떨어뜨려 사용자에게 손해를 주는 행위로써 국가의 방위력 또는 전쟁수행능력을 물리적 또는 심리적 방법으로 파괴 또는 약화시키는 행위를 말한다.

(3) 간첩(spy)

적국의 내부에 침투하여 그 기밀을 알아내어 상대국을 타도하는 행위로써 비밀 또는 허위의 구실 하에 첩보수집을 하거나 태업, 전복활동을 목적으로 상대국을 무력화시키기 위한 행위를 말한다.

3) 방첩의 수단

(1) 적극적 방첩수단

① 적에 대한 첩보 입수
② 적의 첩보공작 분석·평가
③ 대상인물 감시
④ 침투 공작수행
⑤ 역용공작
⑥ 간첩신문

(2) 소극적 방첩수단

① 인원보안
② 정보 및 자재 보안
③ 시설보안
④ 보안업무의 규정화
⑤ 입법사항 건의

(3) 기만적 방첩수단

① 허위정보의 유포
② 양동·간계 시위
③ 유언비어 유포

6. 간 첩

1) 개 요

간첩(espionage)이라 함은 비밀리에 적국의 내정·동정 등을 탐지하여 보고하는 사람 또는 자기 나라의 비밀을 수집하여 적국에 제공하는 사람을 말한다. 첩자·간자·오열·밀정·스파이라고도 한다. 그러나 일반적으로는 국가나 어떠한 단체의 비밀에 속하는 정보를 몰래 또는 허위나 매수 등의 수단을 써서 탐지하고 수집하여 대립관계에 있는 다른 나라나 단체에게 제공하는 자를 통틀어 말한다.

2) 간첩의 종류

(1) 임무부여에 의한 분류

① 일반간첩

일반적인 정보를 수집하거나 태업·전복 등 공작을 수행하는 간첩을 말한다.

② 증원간첩

간첩요원의 보충, 유인, 납치 등 인적자원의 확보를 위한 간첩을 말한다.

③ 보급간첩

일정한 장소에 토대를 구축하고 침투된 간첩에게 공작금품, 장비, 증명서 등 물적지원의 임무를 수행하는 간첩을 말한다.

④ 무장간첩

간첩의 호송, 안내, 연락, 침투로 등을 개척하기 위하여 특별히 훈련시켜 파견하는 간첩을 말한다. 그런데 무장간첩은 무기를 휴대하기 때문에 붙여진 것이 아니고, 대부분 군인 복장을 착용하기 때문에 붙인 명칭이다.

(2) 활동방법에 의한 분류

① 고정간첩

일정한 지역 내에서 간첩행위를 하도록 임무를 부여받고 영구적으로 활동하는 간첩을 말한다.

② 배회간첩

일정한 공작기간이 설정되어 있으나 일정한 주거 없이 전국을 배회하면서 임무를 수행하는 간첩을 말한다.

③ 공행간첩

타국에 공용의 명목으로 입국하여 합법적인 신분을 유지하면서 이를 기화로 각종정보를 수집하는 것을 목적으로 활동하는 간첩을 말한다.

(3) 행위의 대상의 의한 분류

① 군사적 간첩

전쟁에서 적을 알고 유리한 위치에 아군을 침투시키기 위한 정탐 행위로써 정확한 군사력을 파악하기 위하여 활동하는 간첩을 말한다.

② 정치적 간첩

상대국가의 국정이나 국민에 대하여 정치적 판단을 정탐하기 위하여 활동하는 간첩을 말한다.

③ 경제적 간첩

첨단기술·산업시설 등을 정탐하기 위하여 활동하는 간첩을 말한다.

3) 간첩망의 유형

(1) 삼각형(triangle type)

간첩이 3명 이내로 행동 공작원을 포섭하여 직접 지휘하고 포섭된 공작원간 횡적연락을 차단시키는 활동조직으로 주로 지하당 등 구축이 이용된다. 종적연락은 가능하나 횡적연락이 안되므로 비교적 보안유지가 잘되나 활동범위가 좁고 행동공작원이 검거되면 주 공작원의 정체가 쉽게 밝혀진다.

(2) 써클형(circle type)

합법적 신분으로 침투하여 상대국의 정치와 사회문제 등을 이용 적국의 사상이나 이념에 동조토록 유도하여 공작목표를 달성하는 것으로 간첩활동이 자유롭기 때문에 대중적 조직을 할 수 있고 동원이 용이하나 정체가 폭로되었을 때는 외교문제로 비화할 수 있다.

(3) 피라미드형(pramid type)

간첩 밑에 주 공작원 2~3명을 두고 다시 주 공작원 밑에 각각 2~3명의 행동 공작원을 두는 형태로 활동 범위가 넓고 단시간에 많은 공작 임무를 수행할 수 있으나 간첩과 주 공작원, 행동 공작원 상호간에 연락이 차단되므로 구성원 상호간 정체를 보장받을 수 있으나 활동이 노출되기 쉽고 일망타진 가능성이 높다.

(4) 레포형(rapport type)

피라미드형 조직으로 간첩과 주 공작원과 행동공작원 간에 연락원을 두고 종횡으로 연결하는 방식으로 연락원이 검거될 경우 일망타진의 가능성이 매우 높은 형태로 현대에는 거의 사용하지 않는다.

7. 공 작

1) 개 요

공작(Operation)이라 함은 보안목적을 달성하기 위하여 일을 만들어 가는 것으로 간첩, 보안사범, 보안정보의 수집, 반국가 단체의 색출 또는 이와 관련된 증거의 획득, 체포 등을 위하여 비노출 보안경찰의 활동을 말한다.

2) 공작의 종류

(1) 내 사

보안목표를 달성하기 위하여 공작의 가치가 있는 대상자를 선정하여 혐의점을 찾아내기 위한 조사에 착수한다. 내사할 수 있는 기간은 2개월로서 이 기간동안에 혐의점을 발견하기 위한 비밀조사를 계속한다.

(2) C급 공작

C급 공작은 내사를 실시한 결과 상당한 공작의 가치가 있다는 증거를 포착한 경우에 실시하는 것으로 3개월의 기간에 구체적인 증거를 발견하지 못할 경우에는 사건을 종결하고 계속할 필요가 있다고 판단되면 계속해서 공작에 들어간다.

(3) B급 공작

C급 공작에서 상당한 성과가 있을 경우 B급 공작으로 상향 조정하여 계속하여 공작임무를 수행한다. 이 때에도 성과가 있을 경우에는 공작을 계속하지만 성과가 없을 경우에는 사건을 종결한다.

(4) A급 공작

보안목표의 달성이 확실한 경우에 실시하는 것으로써 확실한 증거를 수집하고 유죄판결을 확신할 수 있다고 판단될 때에는 피의자를 검거하여 보안사범으로 처리한다.

3) 공작의 4대 요소

(1) 주관자

보안목적을 달성하기 위하여 책임을 맡아 주동적으로 일을 계획하여 준비하고 수행하는 자를 말하는 것으로 공작관이라 한다.

(2) 목 표

보안목적을 달성하기 위한 일정한 대상을 말하는 것으로 특정한 인물, 장소, 물건 등을 의미하며 일의 진행에 따라서 구체화 또는 세분화된다.

(3) 공작원

보안목표를 달성하기 위하여 직접 공작임무를 수행하는 사람을 말한다. 공작원은 주 공작원・행동공작원・지원공작원 등으로 나누고 있으나 실제로는 공작관이 정보원을 이용하여 보안목표에 접근시켜 공작에 필요한 임무를 수행하고 있다.

(4) 공작금

보안목표를 달성하기 위한 활동을 하기 위해서는 정보비·활동비 등 자금이 있어야 하는데 이를 공작금이라 한다.

4) 공작대상

(1) 고정간첩

① 6·25 당시 월북자·행불자 등의 연고자
② 6·25 당시 전사자·실종자 등의 연고자
③ 남북귀환 어부 및 미귀환 어부의 연고자
④ 기타 신원 특이자·장기 출타자

(2) 우회침투 간첩

① 조총련 및 민단 전향자
② 조총련 모국 방문자 및 연고자
③ 국내 유학생(일본인·교포·특정국가인)
④ 해외 취업자(연예활동 등)
⑤ 밀항 도일자(강제 송환자·자비 송환자 등)
⑥ 외항 선원(무단 이선 또는 탈선자)
⑦ 해외 유학자 및 취업자(동시 수교국)
⑧ 해외 빈번 여행자(일본·홍콩·싱가폴·동남아·중국·러시아)
⑨ 북미·중미·남미·독일·중국 등 특정국가 교포 및 유학생

(3) 기타 대상

① 미전향 좌익수 출소자
② 문제 종교인 및 학생
③ 불순언동자 및 시국불만자
④ 근로자 합숙소·기숙사·행상 중 거동 수상자
⑤ 기타 보안 용의자

(4) 좌익사범

① 자유 민주주의 부정, 사회주의 찬양자
② 노동현장 위장 침투자・노사분규 조장자
③ 노학연대투쟁 선동자
④ 민중혁명 선동자
⑤ 주체사상 연구 및 전파자
⑥ 반국가 단체, 반미, 독재정권 퇴진운동자
⑦ 야학 등 집단 의식화 교육
⑧ 불온유인물 제작, 배포
⑨ 각종 사회혼란 초래 및 집회, 시위활동

5) 공작의 순환과정

(1) 지 령

지령이라 함은 보안목표를 달성하기 위하여 특정 공작을 추진하도록 공작관에게 명령하는 것을 말한다.

(2) 계 획

명령을 받은 공작관은 그 명령을 성공적으로 수행하기 위하여 필요한 구체적인 실행계획을 세운다.

(3) 선 발

계획에 의하여 공작을 성공적으로 수행할 수 있는 사람을 선발하여 공작원으로 채용한다.

(4) 교육・훈련

채용한 공작원은 일정한 교육기관에서 공작활동에 필요한 지식과 기술을 습득하도록 교육・훈련을 시킨다.

(5) 브리핑

공작임무에 투입하기 위해서는 공작활동 과정에서 극복해야 할 어려운 상황과 실시 요령 등에 대하여 상세하게 지시한다.

(6) 파견 및 귀환

보안목적을 달성하기 위하여 예정된 일시에 공작원을 공작대상지역에 투입하여 임무를 수행하고 귀환하도록 한다.

(7) 결과보고

공작업무를 마치면 공작원은 공작관에게 공작수행 과정과 결과를 보고하고 그 공작 상황을 보고서 형식으로 보고한다.

(8) 해 고

공작의 목표가 달성되었거나 공작을 계속시킬 이유가 없을 때에는 그 공작원은 해고시킨다. 이때 공작원으로부터 공작에 관한 일체의 비밀을 보안·유지한다는 자필 각서를 받는다.

8. 보안관찰법

1) 개 요

보안관찰법(Law on Safety Observation)이라 함은 보안 처분인 보안관찰처분의 해당자에 대한 대상·절차 등을 규정한 법이다.

2) 목 적

내란죄 등 특정범죄를 범한 자에 대하여 재범의 위험성을 예방하고 건전한 사회복귀를 촉진하기 위하여 보안관찰처분을 함으로써 국가의 안전과 사회의 안녕을 유지함을 목적으로 하는 것이다.

3) 해당범죄

(1) 형법상 해당자

내란목적 살인죄, 내란목적살인 미수죄, 내란목적 살인의 예비・음모・선동・선전 등 죄, 외환 유치죄, 여적죄, 모병 이적죄, 시설제공 이적죄, 시설파괴 이적죄, 물건제공 이적죄, 간첩죄 등의 죄를 범한 자

(2) 군형법상 해당자

반란죄, 반란 목적의 군용물 탈취죄 및 미수범, 반란의 예비・음모・선동・선전 등, 반란불보고죄, 군대 및 군용시설 제공죄, 군용시설 등 파괴죄, 간첩죄, 일반이적죄 및 미수범, 예비・음모・선동・선전 등의 죄를 범한 자

(3) 국가보안법

목적수행죄, 자진지원・금품수수죄, 잠입탈출죄, 총포・탄약・무기의 편의 제공죄와 미수범과 예비・음모죄 등을 범한 자

4) 처분대상자

보안관찰 해당범죄 또는 이와 경합된 범죄로 금고 이상의 형의 선고를 받고 그 형기 합계가 3년 이상인 자로서 형의 전부 또는 일부의 집행을 받은 사실이 있는자를 말한다.

(1) 출소전・후의 신고의무 등

보안관찰처분 대상자는 그 형의 집행을 받고 있는 교도소・소년교도소・구치소・유치장・군교도소・영창에서 출소 전에 교도소장 등을 경유하여 거주 예정지 관할 경찰서장에게 신고하고 출소 후 7일 이내에 관할 경찰서장에게 출소사실을 신고하여야 한다.

(2) 대상자의 동태보고

관할경찰서장은 그 관할구역 내에 거주하는 보안관찰처분대상자에 대하여 아래와 같은 사유가 발생한 때에는 지체 없이 이를 주거지 관할 검사에게 보고하여야

한다.

① 사망한 때
② 죄를 범한 때
③ 소재가 불명하거나 도주한 때
④ 보안관찰 해당범죄를 범할 우려가 있을 때
⑤ 외국 여행을 할 때
⑥ 기타 신원에 중대한 사유가 발생한 때

(3) 처분대상자 통고

교도소 등의 장은 보안관찰처분대상자가 발생한 때에는 지체 없이 보안관찰처분 심의위원회와 거주 예정지 관할 검사 또는 경찰서장에게 통고하여야 한다.

5) 관찰처분의 절차

(1) 청구의 결정

보안관찰 처분은 검사의 청구에 의하여 보안관찰처분 심의 위원회의 의결을 거쳐 법무부장관이 결정한다.

(2) 절 차

① 청 구

처분의 청구는 검사가 피 청구자의 인적사항과 청구원인 및 증명자료・의견서를 첨부한 처분 청구서를 법무부장관에게 제출함으로써 행하고 청구 후 지체 없이 처분 청구서 등본을 피 청구자에게 송달한다.[220)]

② 조사 및 심사

검사 또는 사법경찰관리는 필요시 처분 대상자와 처분시 필요한 자료・청구원인이 되는 사실을 조사할 수 있다. 법무부장관은 처분 청구서와 자료에 의하여 청구된 사안을 심사한다.

---

220) 보안관찰법 제8조.

③ 면 제

법무부장관은 준법정신이 확립되어 있는 자, 일정한 주거와 생업이 있는 자, 대통령령이 정하는 신원보증이 있는 자에 대하여는 면제결정을 할 수 있다.

④ 결 정

위원회의 의결을 거쳐 법무부장관이 행한다. 그러나 법무부장관은 위원회의 의결과 다른 결정을 할 수 없다. 다만, 보안 관찰처분 대상자에 대하여 위원회 결정보다 유리한 결정을 하는 때에는 그러하지 아니한다.

⑤ 집 행

보안관찰 처분의 집행은 검사가 지휘한다.

9. 국가보안법

1) 개 요

국가보안법(Law of State Safety)이라 함은 국가의 안전을 위태롭게 하는 행위를 통제하여 국가의 안전보장과 국민의 자유와 권리를 보장하기 위한 것이다. 동 법은 종전의 국가보안법과 반공법 그리고 형법 등의 규정과 통일성을 기하기 위하여 1980년 12월 31일 법률 제3318호로 종합적으로 새로 제정한 법률이다. 그러나 동법의 목적을 달성하기 위해서는 필요한 최소한도에 그쳐야 하며 이를 확대 해석하거나 헌법상 보장된 국민의 기본적 인권을 부당하게 제한하는 일이 있어서는 아니 된다.

2) 목 적

국가보안법은 국가의 안전을 위태롭게 하는 반국가 활동을 규제함으로서 국가의 안전과 국민의 생존 및 자유를 확보함을 목적으로 하고 있다.

3) 보호법익

본 죄의 보호법익은 국가안전보장이다. 국가안전보장이라 함은 외부로부터의 군사·비군사적 위협이나 침략을 억제 또는 배제함으로써 국가의 평화와 독립을 수호하고 안전을 보장하는 것을 의미한다. 이는 적극적 작용으로 국민의 경제적 발전과 문화적 가치향상을 도모하는 일이고, 소극적 작용으로 국내의 치안을 유지하고 외적으로부터 나라를 수호하는 일이다고 할 수 있다.

4) 주요범죄유형

(1) 반국가단체의 구성 등

반국가단체를 구성하거나 이에 가입하거나 타인에게 가입할 것을 권유하거나 본죄를 범할 목적으로 예비 또는 음모함으로써 성립하는 것이다. 여기서 반국가단체라 함은 정부를 참칭하거나 국가를 변란 할 것을 목적으로 하는 국내·외의 결사 또는 집단으로서 지휘통솔 체제를 갖춘 단체를 말한다고 규정하여 지휘통솔체제를 갖춘 단체만을 처벌 대상으로 하고 있다.[221)]

① 주 체

본죄의 주체에는 제한이 없다.

② 행 위

반국가단체를 구성하거나 이에 가입할 것을 의미하는 것으로 '구성죄'와 '가입죄'는 일정한 시간적 계속을 필요로 하지 않고 행위가 완료되면 바로 범죄가 완성되어 기수가 되는 즉시범이다. 본죄의 공소시효는 구성한 때 또는 가입한 때를 기준으로 기산 한다.

(2) 반국가단체 가입권유죄

타인에게 반국가 단체에 가입할 것을 권유함으로서 성립하는 것으로서 이는 가입할 수 있게 하거나 기존의 가입의사를 더욱 확고히 할 수 있는 행위이며 충분하다.[222)]

① 주 체

본죄의 주체에는 제한이 없으나 반국가단체의 구성원 물론 구성원이 아닌 자도 주체가 될 수 있다.

---

221) 국가보안법 제3조.
222) 국가보안법 제3조 제2항.

② 행 위

타인에게 반국가 단체에 가입할 것을 권유하는 행위이다. 행위는 직접적 · 간접적 또는 명시적 · 묵시적인 행위를 불문한다.

(3) 단순찬양 · 고무 등 죄

반국가단체나 그 구성원 또는 그 지령을 받은 자의 활동을 찬양 · 고무 · 선전 또는 이에 동조하거나 국가변란을 선전 · 선동하므로써 성립한다.[223)]

① 주 체

주체에는 제한이 없으나 반국가단체의 구성원이나 그 지령을 받은 자도 주체가 될 수 있다.

② 행 위

반국가단체나 그 구성원 또는 그 지령을 받은 자의 활동을 찬양 · 고무 · 선전 또는 이에 동조하거나 국가변란을 선전 · 선동하는 행위로써 국가의 존립 · 안전이나 자유민주적 기본질서를 위태롭게 한다는 정이 있어야 한다.

(4) 찬양 · 고무 등 단체구성 · 가입죄

반국가단체나 그 구성원 또는 그 지령을 받은 자의 활동을 찬양 · 고무 · 선전 또는 이에 동조하거나 국가변란을 선전 · 선동하는 행위를 목적으로 하는 단체를 구성하거나 이에 가입함으로써 성립한다.[224)]

① 주 체

주체에는 제한이 없으며 반국가단체의 구성원이나 그 지형을 받은 자도 주체가 될 수 있다.

② 행 위

단체를 구성하거나 가입함으로써 성립한다.

---

223) 국가보안법 제7조 제1항.
224) 국가보안법 제7조 제3항.

(5) 찬양 · 고무 등 단체 구성원의 허위사실 날조 · 유포죄

찬양·고무 등 단체의 구성원으로서 사회질서의 혼란을 조성할 우려가 있는 사항에 관하여 허위사실을 날조하거나 유포함으로써 성립하는 것이다.[225)]

① 주 체

본죄의 주체는 찬양·고무 등 단체의 구성원이다.

② 행 위

사회질서의 혼란을 조성할 우려가 있는 사항에 관하여 허위사실을 날조하거나 유포하는 행위이다.

(6) 찬양 · 고무 등을 위한 표현물 제작 · 수입 등 죄

반국가단체 등을 찬양·고무·선전 또는 이에 동조하거나 국가변란을 선전·선동하는 행위와 이와 같은 행위를 목적으로 하는 단체를 구성하거나 이에 가입하는 행위 또는 단체와 구성원으로서 사회질서의 날조를 조성할 우려가 있는 사항에 관하여 허위사실을 날조하거나 유포하는 행위를 할 목적으로 문서·도화 기타의 표현물을 제작·수입·복사·소지·운반·반포·판매·취득함으로서 성립하는 것이다.[226)]

① 주 체

본죄의 주체에는 아무런 제한이 없다.

② 행 위

문서·도화 기타의 표현물을 제작·수입·복사·소지·운반·반포·판매·취득 등의 행위이다.

(7) 회합 · 통신 등 죄

국가의 존립·안전이나 자유민주주의적 기본질서를 위태롭게 한다는 정을 알면서 반국가단체의 구성원 또는 그 지령을 받은 자와 회합·통신 기타의 방법으로 연락함으로써 성립하는 것이다.[227)]

---

225) 국가보안법 제7조 제4항.
226) 국가보안법 제7조 제5항.

① 주 체

본죄의 주체는 제한이 없으나 반국가단체의 구성원이나 그 지령을 받은 자 상호간에도 본죄가 성립한다.

② 반국가 단체의 구성원 또는 그 지령을 받은 자와 회합·통신 기타의 방법으로 의사를 전달하는 행위이다.

(8) 편의 제공죄

반국가단체의 구성 등 죄, 목적수행죄, 자진지원·금품수수죄, 잠입·탈출죄, 찬양·고무 등 죄, 회합·통신 등 죄를 범하거나 범하려는 자라는 정을 알면서 총포, 탄약, 화약 기타 무기나 물품 기타 재산상의 이익 또는 잠복, 회합, 통신, 연락을 위한 장소를 제공하거나 기타의 방법으로 편의를 제공함으로써 성립하는 것이다.[228)]

① 주 체

본 죄의 주체에는 아무런 제한이 없으나 제3조 내지 제8조의 죄를 범한 자나 범하려 한 자도 주체가 될 수 있다.

② 행 위

총포·탄약·화약 기타 무기나 금품 기타 재산상의 이익 또는 잠복·회합·통신·연락을 위한 장소를 제공하거나 기타의 방법으로 편의를 제공하는 행위이다.

(9) 불고지죄

반국가단체의 구성 등 죄, 목적수행죄, 자진지원죄와 미수범 및 예비 또는 음모의 죄를 범한 자라는 정을 알면서 수사기관 또는 정보기관에 고지하지 아니함으로써 성립한다.[229)]

① 주 체

주체에는 제한이 없다.

---

227) 국가보안법 第8조.

228) 국가보안법 第9조.

229) 국가보안법 第10조.

② 행 위

그 정을 알면서 수사・정보기관에 신고하지 아니하는 것을 말한다. 본 죄의 기수 시기는 체포하기 위한 사회통념상 허용되는 상당한 시간 내에도 고지하지 않은 경우를 의미한다.

⑽ 특수직무유기죄

범죄수사 또는 정보의 직무에 종사하는 공무원이 국가보안법의 죄를 범한 자라는 정을 알면서 그 직무를 유기함으로써 성립하는 범죄를 말한다.230)

① 주 체

본 죄의 주체는 공무원 중 범죄 또는 정보의 기관에 종사하는 공무원이다.

② 행위

직무를 유기하는 것이다. 죄를 범한 자라는 정을 알면서 그 직무를 유기한다는 인식이 있어야 한다.

⑾ 반국가 단체 및 구 구성원 등과 금품수수, 잠입, 탈출, 찬양, 고무, 회합, 통신행위는 국가의 존립・안전이나 자유민주적 기본질서를 위태롭게 한다는 정을 알면서 행한 경우만을 처벌대상으로 하고 있다.

⑿ 국외 공산계열과 관련한 잠입・탈출・찬양・고무・동조・회합・통신 등은 처벌대상에서 제외하였다.

5) 공소보류 제도

(1) 개 요

공소보류 제도라 함은 동법 위반자에 대하여 위법행위가 있음에도 불구하고 형법의 양형의 조건을 참작하여 검사가 공소를 제기하지 않고 보류하는 제도이다.231)

230) 국가보안법 제11조.
231) 형법 제51조.

(2) 보류의 내용

① 양형의 조건

범인의 연령·성행·지능과 환경, 피해자에 대한 관계, 범행의 동기·수단·결과·범행 후의 정황 등을 참작하여야 한다.[232)]

② 공소보류 결정

검사가 공소를 보류할 때에는 공소보류자의 거주지를 관할하는 경찰서장과 수사기관의 장에게 통지하여야 한다. 통지를 받은 경찰서장은 공소보류자의 동태를 감시·파악하여 출석 기타 감시상 필요한 조치를 취할 수 있다. 검사가 소추하지 아니할 때에는 압수물의 패기나 국고 귀속을 명할 수 있다. 공소보류 된 자가 공소의 제기 없이 2년을 경과한 때에는 소추할 수 없다.

③ 공소보류 결정의 취소

공소보류 결정을 받은 자가 법무부장관이 정한 감시·보도에 관한 규칙에 위반한 때에는 공소보류를 취소할 수 있다. 이때에는 동일한 범죄사실로 재 구속할 수 있다.

6) 보상제도

(1) 개 요

보상제도라 함은 국민의 반공사상을 높이고 공산분자들의 파괴·간첩활동 등을 봉쇄하여 국가의 안전을 보호하기 위하여 반국가단체·간첩·불순분자 등을 검거케 하거나 신고·검거·사살 등을 할 수 있게 한 유공자를 보상하는 것을 말한다.

(2) 종 류

① 상 금

국가보안법을 위반한 죄를 범한 자를 수사·정보기관에 신고·체포케 한자, 체포한 수사·정보기관에 종사하는 자, 체포할 때 반항 또는 교전 상태 하에서 사살 또는 자살하게 한 자 등에게 대통령이 정한 상금을 지급한다.[233)]

232) 형법 제51조.

② 보로금

국가보안법의 죄를 범한 자를 인지·체포 또는 수사·정보기관에 통보하여 체포·사살케 한 경우 압수물이 있을 때 상금을 지급하는 경우에 한하여 그 압수물 가액의 1/2에 상당하는 범위 내에서 지급한다.[234)]

③ 보 상

국가보안법에 해당하는 죄를 범한 자를 신고 또는 체포하거나 이에 관련하여 상이를 입은 자와 사망한 자의 유족은 대통령령이 정한 바에 따라 국가유공자등예우및지원에관한법률에 의한 공상군경 또는 순직군경의 유족으로 보상할 수 있다.[235)]

(4) 심 사

상금·보로금·보상 등을 할 경우에는 법무부장관 소속하의 국가보안 유공심사위원회에서 심의·의결하여 결정한다.[236)]

---

233) 국가보안법 제21조.
234) 국가보안법 제22조.
235) 국가보안법 제23조.
236) 국가보안법 제24조.

제18장 외사경찰

1. 개 요

외사경찰(Foreign Affair's Police)이라 함은 외국·외국사람·교포 등과 관련한 우리나라의 안전과 이익, 사회공공의 안녕과 질서유지를 목적으로 활동하는 경찰을 의미한다. 외사경찰의 업무에는 외국인 범죄의 예방과 진압, 간첩·불순분자의 우회 침투의 방지와 검거, 마약·밀수·출입국관리법 위반행위, 테러·납치, 외국인의 보호, 첩보수집, 기타 국제성 범죄의 수사 등 업무를 수행한다.

2. 특 징

1) 국익의 보호

국가의 안전과 보호업무를 최우선으로 수행한다.

2) 비공개·비노출

외사업무는 국제문제로 비화할 수 있어 신분과 업무의 내용을 비밀로 한다.

3) 고도의 전문성

외사업무는 그 자체가 외국 또는 외국인과 관련된 임무이기 때문에 외국어는 물론 외국의 문화와 역사를 이해해야 하기 때문에 고도의 전문성이 필요하다.

3. 임 무

1) 외사범죄 수사

테러·밀수·마약·강도·절도·성범죄 등 우리나라의 형법 및 특별법 위반 외국인의 국내에서의 범죄에 대한 예방과 수사 임무를 수행한다.

2) 첩보수집

외국 · 외국인 · 동포 등에 대한 광범위한 첩보수집 활동을 한다.

3) 우회침투간첩 및 관찰임무

불순분자의 제3국을 통한 침투와 활동에 대한 예방과 수사, 외국공관원 · 일반외국인 · 외국기관 · 상사 · 단체 · 외국인 우범자 등에 대한 동향파악과 관찰임무를 수행한다.

4) 국제 경찰기구의 협력

국제형사 경찰기구와의 협력을 위한 제반 임무수행 및 정보의 교환 등 업무를 집행한다.

4. 대 상

1) 인적대상

(1) 외국 공관원

주한 외국 대사, 공사, 영사, 국제기관의 직원 등

(2) 외국군의 구성원

주한 외국군인, 군속, 가족, 고용원 등

(3) 주한 외국인

거류자, 체류자, 항공기와 선박 등의 승무원 중 상륙허가를 받은 자

(4) 해외 교포 및 취업자

교포, 동포, 장기 거주자, 위업자 등

(5) 외국관련 내국인

외국공관·외국기관의 내국인 종사자, 외국인 접객업소의 종업원, 관광 안내원 등

2) 물적대상

(1) 외국공관

대사관, 공사관, 영사관, 국제기관 등

(2) 주한 외국군 기관

주한 UN군, 주한 미군, 군사정전위원회 등

(3) 외국인 사회단체

각종 민간단체, 봉사단체, 종교단체, 구호단체, 문화·학술 단체 등

(4) 외국 기업체

금융기관, 항공사, 선박회사, 투자업체, 상사 등

(5) 외국 언론 기관

외국 신문, 방송, 기타 통신사 등

(6) 기타 외국인과 관련된 국내 단체 등

5. 활동 범위

1) 외국공관 및 외국기관

외국공관 및 기관의 출입은 경찰청에서 전담하며 지방경찰청에서는 사전에 경찰청장의 승인을 받아야 한다. 경찰서에서는 경비, 도난사건, 화재, 기타 형사사건의 수사 등을 위해서만 출입할 수 있다.

2) 기타 중요대상

외국인 단체, 투자업체, 상사 등에 대한 접촉은 경찰청에서는 소속담당과장의 사전 승인, 지방경찰에서는 외사과장의 업무지시서를 휴대하여야 하고, 경찰서에서는 서장이 발급하는 업무지시서를 휴대할 때에만 출입할 수 있고 출입 후에는 그 결과를 반드시 보고하여야 한다.

6. 범죄인 인도

1) 개 요

범죄인인도(Extradition)라 함은 대한민국의 영역 내에 있는 범죄인에 대하여 청구국의 인도청구가 있을 경우 범죄인 인도법이 정하는 절차에 의하여 인도하는 것을 말한다.

2) 인도 범죄

인도범죄는 대한민국과 청구국의 법률에 의하여 인도범죄가 사형 · 무기 · 장기 1년 이상의 징역 또는 금고에 해당하는 경우에 한하여 범죄인을 인도할 수 있다.

3) 인도의 관한 원칙

(1) 범죄인 인도원칙

우리나라의 영역 내에 있는 범죄인은 범죄인 인도법이 정하는 바에 의해서 소추, 재판, 형의 집행을 위하여 청구국에 인도할 수 있다.

(2) 상호주의 원칙

우리나라와 범죄인 인도 조약이 체결되어 있지 않은 국가에서 범죄인 인도를 청구할 때에는 우리나라의 범죄인 인도 청구에 응한다는 보증이 있을 때 상응한 조치를 한다.

(3) 쌍방 범죄성의 원칙

범죄가 청구국과 피 청구국의 쌍방 법률에 의하여 범죄를 구성하지 않는 경우에는 범죄인을 인도하지 않는다.

(4) 특수성의 원칙

범죄인 청구국이 범죄인 인도청구를 한 범죄만 처벌하고 그 외의 범죄는 처벌할 수 없다.

(5) 자국민 불인도의 원칙

일반적으로 자국민을 청구국에 인도하지 않는다.

(6) 정치범 · 군사범 불인도의 원칙

정치적 · 군사적인 범죄는 인도하지 않는 것이 원칙이나 우리나라는 예외규정을 두고 있다.

(7) 비인도적 형벌 거부

탄압에 항거하는 범죄, 인권에 관한 범죄 등 비인도적 처벌을 위한 형벌을 하기 위한 인도 요구는 거부하고 있다.

4) 인도 거절 사유

(1) 절대적 거절사유

① 대한민국 또는 청구국의 법률에 의하여 인도범죄에 관한 공소시효 또는 형의 시효가 완성된 경우
② 인도범죄에 관한 사건으로 인하여 대한민국 법원에서 재판계속 중이거나 확정재판이 있는 경우
③ 범죄인이 인도범죄를 행하였다고 의심할 만한 상당한 이유가 없는 경우. 다만, 인도범죄에 관하여 청구국에서 유죄의 재판이 있는 때에는 예외이다.
④ 범죄인이 인종 · 종교 · 국적 또는 특정 사회단체에 속해 있다는 이유로 처벌되거나 기타 불이익한 처분을 받을 염려가 있다고 인정되는 경우

(2) 임의적 거절사유

① 범죄인이 대한민국 국민인 경우
② 인도범죄의 전부 또는 일부가 대한민국 영역 안에서 행하여진 경우
③ 범죄인이 인도범죄의 범죄에 관한 사건으로 인하여 대한민국 법원에 재판이 계속 중인 경우 또는 형의 선고를 받고 그 집행을 종료하지 아니하거나 면제받지 않은 경우
④ 범죄인이 인도범죄에 관하여 제3국에서 재판을 받고 처벌되었거나 처벌받지 않기로 확정된 경우
⑤ 인도범죄의 성격과 범죄인의 환경에 비추어 범죄인을 인도함에 비인도적이라고 인정되는 경우

〈범죄인 인도조약 및 형사사법 공조조약 체결 현황〉 ('07.12.31. 기준)

구 분	범죄인 인도조약	형사사법 공조조약
발효중인 국가	• 호주('91) • 캐나다 · 스페인('95) • 필리핀 · 파라과이('96) • 칠레 · 멕시코('97) • 미국('99) • 몽골 · 아르헨티나('00) • 태국('01) • 브라질 · 중국 · 뉴질랜드 · 일본('02) • 우즈벡('04) • 베트남 · 인도 · 페루('05) • 과테말라('06) • 홍콩 · 인도네시아('07)	• 호주('93) • 캐나다('95) • 프랑스 · 키국('97) • 몽골 · 홍콩 · 중국 · 뉴질랜드('00) • 러시아('01) • 우즈벡('04) • 태국 · 베트남 · 인도('05) • 브라질('06) • 멕시코 · 일본 · 알제리('07)
체결 국가	• 카자흐스탄('03), 코스타리카('05) • 프랑스('06) • 쿠웨이트 · 알제리 · 남아공('07)	• 인도네시아('02) • 필리핀 · 카자흐스탄('03) • 쿠웨이트 · 벨기에 · 남아공('07)

※ 외교통상부 자료
1. 괄호안은 체결연도
2. ① 발 효 : 양국 국회의 비준동의 절차가 완료되어 이행중인 상태
② 체 결 : 양국 정부대표(해당부처 장관 등)가 서명하였으나 국회비준 절차를 거치지 않은 상태
③ 가서명 : 양국 교섭대표간(심의관급) 조약의 문안을 확정한 상태

5) 인도 심사절차

(1) 범죄인의 인도결정

청구국으로부터 범죄인의 인도청구를 받은 외교통상부장관은 법무부장관에게 인도청구서류와 관계 자료를 송부하고 법무부장관은 서울 고등검찰청에 인도 심사명령을 해야 하며 동 검찰청 검사는 지체 없이 서울 고등법원에 인도 심사 청구를 해야 한다. 인도심사청구를 받은 법원은 범죄인의 인도 여부를 심사하여 인도의 허가 또는 거절 결정이나 인도심사청구 각하 및 인도청구가 경합시 그 인도할 국가를 결정하고 인도 범죄로 인하여 발생 또는 취득한 물건을 청구국에 양도할 것을 허가한다.

(2) 범죄인의 인도구속

서울 고등검찰청 검사는 법무부장관의 인도 심사 청구 명령이 있는 경우 범죄인을 구속해야 하며 이 경우 구속에 관한 형사소송법상의 규정이 준용된다.

6) 범죄인의 인도

(1) 범죄인의 석방

법무부장관은 인도심사명령의 취소 또는 법원의 인도심사 각하결정이나 인도거절결정이 있는 경우 서울 고등검찰청 검사는 구속 중인 범죄인을 지체 없이 석방해야 한다.

(2) 인도 장소와 기간

① 범죄인이 인도명령 당시 구속된 경우에는 교도소・구치소 기타 법무부장관이 지정하는 장소에서 인도명령 후 30일 이내에 행한다.

② 구속되어 있지 않은 경우에는 범죄인이 인도집행장에 의하여 구속되었거나 구속의 집행정지 취소에 의하여 다시 구속된 날로부터 30일 이내로 행한다.

(3) 인도를 위한 구속

인도장을 받은 서울 고등검찰청 검사는 인도장을 교부하고 범죄인의 인도를 지휘해야 하며 범죄인이 구속되어 있지 않은 경우에는 인도집행장을 발부하여 범죄인을 구속해야 한다. 이 때 법무부장관은 범죄인의 구속사실 및 인도할 기간을 지체 없이 외무부장관에게 통지해야 하며 외교통상부장관은 청구국에 그 내용을 지체 없이 통지해야 한다.

7) 외국에 대한 인도청구

(1) 법무부장관의 결정

대한민국 법률을 위반하여 대한민국에서 수사 또는 재판을 받고 있는 자 또는 유죄의 재판을 받은 자가 외국에 소재하는 경우 그 국가에 대하여 당해인의 인도를 청구할 것인지의 여부는 법무부장관이 결정한다.

(2) 인도청구서 송부

법무부장관은 범죄인의 인도청구결정을 한 때에는 인도청구서에 관계 자료를 첨부하여 이를 외교통상부장관에게 송부하여야 한다.

(3) 외교통상부장관의 조치

외교통상부장관은 법무부장관으로부터 인도청구서와 관계 자료를 송부 받은 때에는 이를 해당 국가에 송부하여야 한다.

〈불법체류 외국인 범죄현황〉 (단위 : 명)

구 분	계	살 인	강 도	강 간	절 도	폭 력	지능범	기 타
2007	1,961	16	44	18	324	322	523	714
2006	3,475	33	38	16	322	311	2,202	553
대비 (%)	−1,514 (▽77.2%)	−17 (▽51.5%)	+6 (▽15.8%)	+2 (▽12.5%)	+2 (▽0.06%)	+11 (▽3.5%)	−1,679 (▽76.2%)	+161 (▽29.1%)

경찰백서, 2008: 305

7. 한 · 미 행정협정

1) 개 요

한 · 미 행정협정(The ROK-US Agreement on Status of Forces in Korea, status of forces agreement)은 한국과 미국간의 상호 방위조약[237] 제4조[238]에 의한 시설과 구역 및 한국에서의 미국 군대의 지위에 관한 협정이다. 동 협정을 체결하게 된 이유로는 우리나라의 영역 및 그 주변에 미국의 군대를 배치하고 있음에 비추어 양국간의 긴밀한 상호 이익의 유대를 공고히 하기 위하여 체결한 것이다.

미국의 군대가 우리나라의 공동방위를 목적으로 주둔하고 있으므로 이러한 목적을 원활하게 수행할 수 있도록 하기 위하여 우리나라는 가능한 접수국으로써 파견국가의 군대에게 특권과 면제를 제공하여 부여된 임무를 원만하게 수행할 수 있도록 하는데 그 의의가 있는 것이다. 접수국은 이러한 외국 군대에 대하여 양국간의 우호관계와 군대의 특수성을 고려하여 최대한도의 특권과 면제를 부여하고 있는 것이 오늘의 국제적 실례이다.[239]

이러한 한 · 미간의 협정을 우리나라에서는 국회의 비준을 거쳤으므로 정식조약이기 때문에 한 · 미 행정협정이라는 표현 대신에 공식적으로는 「한 · 미 주둔군 지위 협정」이라고 한다. 그러나 미국에서는 비준을 거치지 않았기 때문에 약식 조약인 「한 · 미 행정협정」이라고 하고 있다. 원래 주둔군 지위협정은 전시 등 특수한 상황에서 협상이 이루어지는 것으로 주둔군의 지위에 관한 국가간의 중요한 논의사항을 몇 개의 조문에 포괄적으로 규정하고 있는 것처럼 보여 지지만 사실은 상당히 복잡하게 구성되어 있다. 이러한 주둔군의 법적 지위에 대한 논제 중에서 가장 중요시되는 부분이 범죄 행위에 대한 형사 재판권(criminal jurisdiction)이다.

미국 정부에서는 한 · 미 행정협정 체결 교섭을 개시하는 시초부터 미국 군대의 구성원[240], 군속[241] 및 그들의 가족[242] 등을 우리나라 재판권에 회부함에 있어서

---

237) 한국과 미국간의 상호 방위조약은 1953년 10월 1일 워싱턴에서 체결되었다.

238) 상호적 합의에 의하여 미국의 육군 · 해군과 공군을 한국의 영토 내와 그 부근에 배치하는 권리를 한국은 이를 허여 하고, 미국은 이를 수락한다.

239) 한형건외, 1989: 74.

240) 합중국 군대의 구성원이라 함은 대한민국의 영역 안에 주둔하고 있는 미합중국의 육군, 해군, 공군에 속하는 현역 군인을 말한다(외무부, 1967: 14).

미국 헌법과 소송제도에 의하여 미국 시민에게 보장되어 있는 피의자 또는 피고인의 사법상 기본적인 권리와 재판 전 피의자의 구금 및 재판 후 수형자에 대한 형의 집행문제 등에 적지 않은 준비를 하였음을 협정의 내용에서 읽을 수 있다.

우리나라에서는 우리의 우방이며 안보에 직접적인 영향을 미치는 미국 군대의 특수한 사명을 고려하여 교섭에 임했었다는 것이 사실이다.[243] 본 협정은 전문을 포함하여 32개의 조항으로 구성되어 있으며 그 중에서 가장 중요한 부분이 제22조에 규정되어 있는 형사 재판권이다. 그리고 동 협정의 전체 내용 중에서 가장 대표적인 불평등 조항으로 지적되어 온 것이 형사재판권이다.

형사재판권에 대한 국제법상의 원칙은 타국에 주둔하는 외국 군대의 구성원은 이른바 국가면제를 누리지 못하며, 영토 국가인 접수국의 관할권에 속하게 된다. 다만, 접수국과 파견국의 공동 방위를 위하여 외국 군대가 주둔한다는 점과 군대 내의 지휘 조직과 규율을 고려하여 파견국과 접수국 간의 협정에서 형사재판권의 일정한 배분과 협력을 규정하고 있다.[244]

2) 연 혁

(1) 해방과 미군정

우리나라는 제2차 세계대전을 일으킨 일본의 패망으로 1945년 8월 15일 해방이 되었다. 그러나 해방과 더불어 한반도는 공산주의와 민주주의라고 하는 이데올로기에 의한 대립과 강대국의 힘의 논리에 의하여 38선을 기점으로 남과 북으로 갈라지는 역사적 비운을 맞게 되었다. 일본의 패망이 초읽기에 들어간 1945년 8월 8일 소련군은 Ivan Chistiakov 장군의 지휘 하에 125,000명의 병력이 한반도에 주둔하고 있는 일본군을 공격·남진하여 해방일인 1945년 8월 15일에는 38선 이북지역을 거의 장악하였다. 이에 반하여 미국 군대의 한국 주둔은 남한에서 군정을 실시하기 위하여 오키나와에 주둔하고 있던 미육군 제24군단이 1945년 9월 8일 인천으

241) 군속이라 함은 합중국의 국적을 가진 민간인으로서 대한민국에 주둔하고 있는 합중국 군대에 고용되거나 동 군대와 함께 근무하거나 동반하는 자를 말한다(외무부, 1967: 14).

242) 가족이라 함은 배우자와 만21세 미만의 자녀, 부모 및 21세 이상의 자녀 또는 친척으로서 그 생계비의 반액 이상을 미합중국 군대의 구성원 또는 군속에 의존하는 자 등을 말한다(외무부, 1967: 14).

243) 외무부, 1972: 68~69.

244) 유병화, 1993: 465.

로 상륙하게 되면서 시작된다. 다음날 9월 9일에는 당시의 조선 총독부인 중앙청에서 미육군 John R. Hodge 장군과 미해군 제7함대 Thomas C. Kinkaid 사령관은 일본군으로부터 항복을 받았다.245) 당시 남한에 주둔한 John R. Horge 장군 휘하의 미육군 제24군단 제4, 6, 7 보병 사단의 병력은 최소 77,643명 이었다.246)

John R. Horge 장군은 한편으로는 주한 미군의 사령관으로, 다른 한 편으로는 주한 군정청장으로 재임하면서 남한에서의 군정을 실시하였다. 그러나 미육군 제24군단은 필리핀과 오키나와에서 오랫동안 혁혁한 전공을 세웠으나 전후 단계에서 통치를 해본 경험은 없었기 때문에 남한에서의 통치행위에는 적지 않은 시행착오를 겪지 않을 수 없었다. 그러한 가운데 주한 미군정은 1948년 8월 15일 2년 11개월의 군정을 마감하고 이승만 대통령에게 행정권을 이양하였으며 이승만 대통령은 남한 군의 통수권을 완전히 장악하게 되었다.247)

그리고 이승만 대통령은 남한의 군이 빠른 속도로 발전을 거듭하여 한국이 외국으로부터 공격당하지 않는 한 자체 안보를 확보할 수 있는 수준에 이르고 있다고 성명을 발표했다.248) 미군정청으로부터 정권을 이양 받아 독립한 후 미군은 잠정적으로 접수국인 한국 영토 안에 주둔하게 되었으며 이때 비로소 미국 군대의 지위에 관하여 규제할 필요성이 제기되어 1948년 8월 24일 서울에서 서명된 『이승만 대통령과 미국 군대 사열관 간에 체결된 과도기에 시행될 잠정적 군사 안전에 관한 행정협정』을 체결한 것이다.

동 협정 제3조에서 우리나라는 미군이 완전 철수할 때까지 필요한 시설과 구역에 대한 사용권과 더불어 미국 군인, 군속 및 그들의 가족에 대한 전속적 재판권을 미군 당국에 부여하였던 것이다. 그러나 한달 후인 9월 15일 주한 미군은 crabapple과 Twinborn 등의 작전계획에 의하여 동년 말까지 주한 미군을 전원 철수한다는 계획을 확정하였다.249) 한편 북한에 주둔하고 있는 소련군은 1948년 12월말까지 완전 철수함으로써 미군은 한반도에 남아 있는 유일한 외국군이라는 점에서 아주 난처한 입장에 처하게 된다. 이러한 입장을 타개하기 위하여 동년 12월 28일 미군은 1개 육군 사단을 철수한다는 발표와 동시에 철군하기 시작하여 다음해인 1949

245) US Far East Command, 1948: 46.
246) New York Times, May 20. 1949.
247) UN. Official Record, 1951: 31.
248) New York Times, April 19, 1949.
249) US. Department of the Army, 1949: 55.

년 1월에는 제24군단 제5전투 연대만을 남기고 철군하였다.[250)]

이 후 동년 2월 이승만 대통령과 미국방상 Kenneth C. Royal과 Wedmayer 장군은 미군 철수 문제와 한국군 훈련문제 등을 협의하였다. 그리고 미국은 동년 6월 29일까지 철군을 계속하였으며, 한국군을 완벽하게 교육시킬 수 있는 약 500명의 장병으로 편성된 군사 고문단을 남긴채 완전 철수하였다. 그러나 이러한 군사 고문단은 외견상으로는 남한의 국방을 방위할 수 있는 희망이 없는 것이었다.[251)]

이로써 결국 이승만 대통령과 미국 군대 사열관 간에 체결된 군사 안전에 관한 행정협정은 1949년 6월 29일 미국 군대가 500명의 군사고문단원을 잔류시키고 우리나라로부터 완전히 철수함과 동시에 그 효력을 상실하였다.

(2) 6 · 25와 미군의 참전

1950년 6월 25일 04:00시 소련의 지원을 받은 북한은 조선을 무력통일 한다는 야욕을 실현하기 위하여 남침을 감행하였으며 8만 여명의 북한군이 150여대의 T-34탱크의 지원을 받으면서 옹진, 개성, 춘천 부근의 38선을 공격하며 남진하는 일방 강릉의 남북 해안에서 상륙작전을 감행했다.[252)]

1950년 6월 30일 Truman 미대통령은 미군이 한국전쟁에 참전할 것을 명령하여 동년 7월 5일 미육군은 최초로 경기도 오산에서 남진하는 북괴군에 대항하여 전투에 참여하게 된다.[253)] 미군은 UN 안전보장이사회의 결의에 따라 UN군의 일원으로서 참전하게 되었으며, 이 때 주한 미군의 신분과 지위에 관하여 논의하게 되었으며 한 · 미간에 주둔군 지위협정이 체결된 것이다.

① 주한 미군 관할권에 관한 한 · 미 협정(대전협정)

1950년 7월 12일 대전에서 전시 상황하의 절박한 여건 하에서 잠정적 조건으로 한 · 미 양국간에 각서교환 형식으로 소위 '대전협정'이 체결되었다. 이 협정에 의하여 우리나라는 미군 당국에게 배타적인 재판권을 허용하게 되었던 것이다.

당시 임시 수도를 대전으로 정하고 있을 때 동년 7월 12일 주한 미국 대사관에서는 한국을 위기에서 구출하기 위한 미군의 진주에 대하여 한국 정부가 미군의 보호

250) KMAG History, MS, pt. 1, 1951: 61.
251) John Toland, 1991: 17.
252) T. R. Fehrenbach, 1963: 34~35.
253) T. R. Fehrenbach, 1963: 457.

자적 법적지위를 수락토록 요구하는 각서를 보냈으며, 이승만 대통령이 각서를 교환함으로써 이루어진 것이 '주한 미국 군대의 관할권에 관한 한·미 협정'이다.

그래서 일명 '대전협정'이라고 하며 그 주요 내용은 다음과 같이 3가지로 나누어 구성되어 있다.

첫째, 주한 미국 군대의 구성원에 대한 배타적 재판권은 미국 군법회의에서 행사하도록 할 것.

둘째, 미군의 한국인에 대한 구속은 한국인의 미국 군대 또는 그 구성원에 대한 가해 행위가 발각된 경우에 한 할 것.

셋째, 한국 정부는 절박한 사태에 임하여 미국 군대는 미국 군대 이외의 여하한 기관에도 복종할 것을 지시할 수 없다는 것을 양해할 것.

주한 미대사관은 이상과 같은 내용을 요구하는 서한을 우리 정부에 보내 와 이를 접수한 외무부는 같은 날 이 요구조건을 확인하여 수락하는 서한을 주한 미대사관에 발송함으로써 양국간에 이른바 「대전협정」이 체결된 것이다.

② 한 · UN군 통합 사령부간의 경제조정에 관한 협정(마이어 협정)

그 밖에도 우리나라는 1952년 5월 24일자로 체결된 통합 사령부와의 경제조정에 관한 협정에서 미군을 포함한 통합 사령부 산하의 개인과 기관에 그들의 임무수행상 필요한 특권과 면제 및 편의를 제공함으로써 광범위한 권한을 부여하였던 것이다. 이 협정은 주한 미군에 고용되는 종업원, 시설, 물자, 용역 등에 관한 UN군 통합 사령부의 특권과 배타적 통제권을 규정한 것으로 주한 미군에게 전쟁수행에 필요한 모든 특권을 제공함으로써 주권의 일부분을 허용한 것이라고 볼 수 있다.

당시 6·25 전쟁의 급박한 상황에서 채결된 것으로 주한 미군은 미 군법회의에 의해서만 재판을 받도록 되어 있었으며 이것을 소위 '마이어 협정'이라고도 한다.

마이어 협정은 당시 재무장관인 백두진과 미국 대통령 특사인 마이어 클라렌스 사이에 경제적인 문제를 해결하기 위하여 체결되었다. 이 협정은 주한 미군에 고용되는 한국인과 주한 미군이 사용하는 시설, 물자, 용역 등에 관한 UN군 통합 사령부의 특권과 배타적 통제권을 규정한 것이다. 그리고 6·25 전쟁이 끝난 후 1953년 10월 1일 한·미 양국 정부 대표가 워싱턴에서 상호 방위 조약에 서명하였으며 1954년 11월 17일 발효되었다.

③ 한 · 미 상호방위조약

한국과 미국간의 상호 방위조약은 1953년 10월 1일 워싱턴에서 체결되었다. 본 조약의 내용은 당사국은 모든 국민과 모든 정부가 평화적으로 생활하고자 하는 희망을 재확인하며 또한 태평양 지역에 있어서의 평화기구를 견고히 할 것을 희망한다. 그리고 당사국 중 어느 일국이 태평양 지역에 있어서 고립하여 있다는 환각을 어떠한 잠재적 침략자도 가지지 않도록 외부로부터의 무력 공격에 대하여 자신을 방위하고자 하는 공통의 결의를 공공연히 정식으로 선언한 것이다.

그리고 태평양 지역에 있어서 더욱 포괄적이고 효과적인 지역적 안전보장 조직이 달성될 때까지 평화와 안전을 유지하고자 집단적 방위를 위한 노력을 견고히 할 것을 희망하는 조약으로 전6조로 구성되어 있다. 동 조약의 파기는 어느 일국이 조약파기를 선언하면 1년 후에 자동적으로 파기되도록 규정하였으며 우리나라에서는 1954년 11월 18일 조약 제34호로 비준되었다.

④ 한 · 미 행정협정

한・미 행정협정의 체결경위는 1953년 8월 7일 한・미 상호방위조약 체결협상 때부터 한국 측에서 새로운 협정체결의 필요성을 제시하였다. 대전협정이 6・25 사변의 절박한 상황 하에서 체결되었으며 한국의 일방적인 양보로 미군의 범법행위 등에 한국정부는 주권 국가로서 이의 개선을 주장한 것이다.

1962년 9월 20일 한・미 양국은 제1차 실무자 회의를 개최한 이 후 1965년 5월에 워싱턴에서 개최된 한・미 양국 대통령간의 회담에서 중요 미해결문제에 대한 원칙적인 합의를 본 후 계속하여 여러 차례의 공식 또는 비공식 교섭의 결과 1966년 7월 8일 개최된 제82차 실무자 회담을 끝으로 동년 7월 9일 Dean Rusk 미국무장관의 방한으로 서명하게 된 것이다.[254)]

결국 16년이 지난 66년 7월 9일 「한국과 미국간의 상호 방위조약 제4조에 의한 시설과 구역 및 한국에서의 미국 군대의 지위에 관한 협정」이 체결되어 67년 2월 9일 발효되었다. 동 협정은 본문, 합의 의사록, 합의양해사항, 형사 재판권에 관한 교환서한 등 협정 본문과 3개의 부속문서로 구성되었다. 그럼에도 불구하고 한・미 행정협정은 많은 문제점이 제기되어 한・미 양 국가 간에 협정을 개정하기 위한 협상을 계속하여 다시 1991년 1월 4일 개정하여 동년 2월 1일 서명되었다.[255)]

---

254) 외무부, 1967: 4.

그러나 개정된 협정은 본 협정과 합의 의사록은 전혀 손을 대지 않고 하위 규정인 합의양해사항과 교환서한 만을 폐기하고 새로운 양해사항으로 바꾸어 놓았다. 새로운 양해사항에는 지금까지 한국 측이 사건 발생 15일 이내에 서면으로 재판권 행사를 요청하지 않으면 재판권이 자동으로 미군 측에 넘어가게 되어 있던 자동 포기 조항이 폐기되었다. 또한 계엄령이 선포되면 한국 측이 재판할 수 있는 범죄를 국가안전에 관한 범죄・살인・강도・강간 등으로 한정하던 규정을 삭제하였다.

그리고 미군 측에서 발부하는 공무집행 증명서에 대한 이의 제기권을 검찰총장에서 일선 검사에게까지 확대하고 한국 당국이 피의자를 체포한 후 신병을 미군 당국에 인도하기 전에 예비수사를 할 수 있도록 규정한 것이 실적이라고 할 수 있다.

2002년 12월 23일 한・미주둔군 지위협정 합동위원회 산하 형사재판권분과 위원회가 합의한 사항은 형사소송법 제48조(조서의 작성방법)와 제244조(피의자신문조서의 작성)에 의거 모든 미군범죄의 피의자 또는 참고인에게 조서에 서명할 것을 요구할 수 있다. 그리고 피의자 또는 참고인의 서명할 것을 요구할 수 있고 서명거부의사를 표명한 경우 거부사유를 조서에 기재토록 했다. 그리고 하루 중 24시간 언제라도 미국정부 대표를 출석시켜 한・미 행정협정 적용대상 피의자에 대한 신병인도 전에 조사를 마칠 수 있도록 했다.

3) 외국의 주둔군 지위협정

(1) 개 요

주둔군 지위 협정이라 함은 집단적 안보를 위하여 자국의 우방국가가 군대를 파견할 경우에 이들 파견군에게 특별한 지위를 부여하여 파견군으로서의 기능을 발휘할 수 있도록 지위를 부여하는 협약을 의미한다. 이러한 주둔군 지위협정은 세계 제2차 대전이 끝난 후 UN 헌장 제8장에 규정된 지역 협력 체제의 발전과 제51조의 집단적 자위권 개념의 확립에 따라 지역적 집단안보체제를 구축하려는 의도에서 발전하였다. 그리고 지역적 집단 안보체제를 목적으로 국가간에 상대방의 군대를 자국에 주둔시키는 것을 허용하는 관행이 정착하게 되었다.[256] 이러한 관행이 정착되기 이전에는 식민지 지배 또는 군사 점령 등 무력에 의한 논리만이 성립되었다.

---

255) 손봉선, 2000: 682~683.

256) 김부찬, 1990: 161.

우방국의 요청에 따라 공동 방위를 목적으로 그 국가 내에 주둔하는 파견군은 일반적으로 접수국에서 파견된 목적을 원활하게 수행할 수 있도록 일정한 특권과 면제를 부여한다. 이로 인하여 여러 가지 문제가 발생하여 충돌하게 되는데 특히 형사 재판권에 관한 사항이 가장 중요한 현안으로 등장하게 되어 이를 원만하게 해결하기 위하여 상호간에 협정을 체결하는 것을 의미한다.

(2) 면제의 근거

① 치외법권설(extra-territoriality)

과거 굴복체제의 치외법권의 개념을 외국군대 면제에까지 확대하여 적용하는 입장으로 외국군대는 자국 즉, 파견국의 영토를 떠나지 않는 것으로 생각하여 비록 체류국 안에서 그 임무를 수행하고 있으나 법률적으로는 체류국 영토밖에 있는 것으로 간주한다는 것이다.

② 대표설(representation)

외국 군대는 파견국가의 기관으로서 파견국 및 파견국 원수를 대표하고 있기 때문에 그 독립성을 존중하는 것이 곧 파견국가 및 그 국가원수의 독립성을 인정해주는 결과가 된다는 것이다. 이 대표설은 특권과 면제가 비교적 넓게 인정되고 있으며, 외교관이나 외교공관의 경우에는 설득력이 있으나 외국군대의 경우는 거의 설득력이 없다.

③ 기능설(function)

외국 군대의 특권 및 면제는 외국군대의 기능을 체류국가의 간섭 없이 독립적으로 행할 수 있도록 하기 위해 인정된 것이다. 즉, 외국 군대는 군대라는 특수성 때문에 획일적인 지휘·명령관계를 존중하여 그 외국군대가 체류국에 체류하는 목적을 달성하도록 그 외국 군대에게 면제와 특권을 부여한다는 것이다.[257] 일반적으로 오늘날의 주둔군 지위협정이 파견국의 목적달성을 위하여 접수국에서 요청하고 있는 것으로 기능설에 의하여 체결되고 있다고 보아야 할 것이다.

---

257) 한형건 외, 1989: 76.

4) 외국 협정의 형사 재판권

(1) 접수국의 전속적 형사 재판권

오늘날에는 접수국이나 파견국에 전속적으로 주둔군의 형사재판권이 모두 귀속된 조약이나 협정은 없다.

(2) 배분된 형사재판권

① 미국과 필리핀간의 군사기지 협정

과거 필리핀 당국은 미군병사나 민간인 구성원 그리고 그들의 가족이 죄를 범하였을 때에는 그 재판 관할권을 가지며 필리핀 법에 의하여 처벌한다.[258] 필리핀에 주둔하고 있는 미군 당국은 필리핀 내에서의 모든 미군인 범죄자와 징계 대상자에 대해서 재판권을 가지며 미국과 미군의 법령에 의한다.[259]

필리핀 당국의 사법권은 필리핀에 주둔하는 미군과 민간인 구성원 그들의 가족의 범죄에 대하여 배타적 재판권을 행사하지 않고, 필리핀의 안전에 관련되어 있는 범죄는 필리핀의 법에 의하여 처벌하고 미국 법에 의하지 않는다.[260] 그러나 필리핀에 주둔하고 있는 미군 당국은 미군인 범죄자와 미군의 안전에 관련되어 있는 범죄자에 대하여 배타적 재판권을 가지며, 필리핀의 법률에 의하지 않는다.[261]

② 소련과 폴란드, 소련과 헝가리의 지위협정

1. 폴란드 영역에 주둔하고 있는 소련군인과 군속 및 그들의 가족이 죄를 범하였을 경우에는 일반적으로 폴란드 법이 적용되며, 폴란드의 법원, 검찰청 및 범죄를 다루는 권한을 가진 그 밖의 폴란드 당국이 적용한다. 폴란드의 군검찰기관 및 군사법원은 소련 군인이 범한 죄를 다룰 수 있는 권위기관이다.
2. 소련 군인과 군속 및 그들의 가족이 소련과 소련군인 군속 및 그들의 가족에 대하여만 범죄를 범하였을 경우와 소련군인 및 군속이 공무집행 중 죄를 범하였을 경우 등은 소련의 법원 및 소련법에 따라서 행동하는 그 밖의 기관이 관할권을 가진다.

---

258) 미군과 필리핀 기지협정 제13조 제1항 제1호.
259) 미군과 필리핀 기지협정 제13조 제1항 제2호.
260) 미군과 필리핀 기지협정 제13조 제2항 제1호.
261) 미군과 필리핀 기지협정 제13조 제2항 제2호.

③ 폴란드 및 소련의 관계 당국은 서로 이 조문에 규정된 개별적 사건에 있어서의 관할권을 양도 또는 수락할 것을 요청할 수 있으며 그런 요청을 우호적 정신에서 검토하여야 한다.

(3) 재판권의 경합

일정한 경우는 전속적 재판권을 인정하고 나머지 경우는 제1차적 재판권을 가지는 국가를 설정하여 해결하는 경우로 London협정 제7조에 규정하고 있다.

(4) 형사재판권이 모두 파견국에 귀속된 협정

6·25전쟁 중 1950년 7월 12일 대전에서 한·미간에 체결된 주한 미국 군대의 관할권에 관한 협정, 일명 대전협정으로 제1조에 미국 군법회의는 주한 미국 군대의 구성원에 대하여 배타적 재판권을 행사할 수 있다고 규정하였다.[262] 그리고 1953년에 체결된 미국과 에티오피아간의 방위 시설 이용에 관한 협정 등이 있다.

5) 형사재판권 귀속에 관한 학설

형사재판권 귀속에 대해서는 접수국의 재판권을 원칙적으로 인정하여야 한다. 그러나 주둔군의 군사 작전상 필요한 범위 내에서 파견국의 재판권을 예외적으로 인정할 수 있는 것이다. 일반적으로 공무수행 중의 범죄에 대한 재판권의 행사에 있어서는 파견국의 군사 당국이 제1차적 권리를 보유하나 그러한 권리는 본래부터 파견국이 향유하는 것이 아니라 협정 조문의 규정을 통한 합의에 의하여 인정되는 것이다. 동시에 접수국도 그러한 범죄에 대하여 재판권을 향유한다는 주장이 설득력을 더해 가고 있다.

(1) 속지주의(Territorial Principle)

우리나라 형법 제2조[263]는 한국의 영역 내에서 죄를 범한 내국인과 외국인에 적용한다고 규정하여 속지주의를 선언하였다. 여기서 영토라 함은 우리나라의 영토·영해·영공을 말하는 것으로 영토 내인 이상 설사 그 장소가 외국 대사관·공사관 내라 할지라도 우리나라 영토이며 영해 내인 이상 외국 상선내의 범죄도 우리나

---

262) 김은영, 1989:23~26.
263) [국내법] 본법은 대한민국 영역 내에서 죄를 범한 내국인과 외국인에게 적용한다.

라의 재판권에 복종하여야 한다. 영공에 대해서도 마찬가지다. 또 '죄를 범한'이란 범죄의 행위가 있는 것을 의미하고 중간 현상이나 결과는 포함되지 않는다. 과실행위가 우리 영역 내에서 있었다면 결과는 국외에서 발생하여도 우리 형법이 적용된다.

한편 형법 제4조[264]는 본 법은 한국 영역 외에 있는 한국의 선박 또는 항공기내에서 죄를 범한 외국인에게 적용한다고 하여 기국주의를 채택하였다. 그리고 여기의 한국의 영역 외란 공해상이건 외국인이건 묻지 않는다.

속지주의는 접수국이 재판권을 가진다는 것으로서 파견군에 대한 광범위한 재판권의 배제는 영토주권에 대한 침해이며 더 이상 국제법상으로도 인정하지 않고 있다. 속지주의에 의한 협정의 예는 영국의 연합군법(1940), 미 · 이집트간의 군대 지위에 관한 협정(1943) 등이 있다.

(2) 속인주의(National Principle)

우리나라 형법 제3조[265]는 한국의 영역 외에서 죄를 범한 내국인에 적용한다고 하여 적극적 속인주의를 선언하였다. 여기서 내국인이란 한국의 국적을 가진자를 말하고 범행 당시에 한국의 국민임을 요한다. 그리나 이 규정은 지나친 과욕이며 법규가 시공을 초월하여 그 타당성을 벌할 수 있는지는 의문이라 하겠다.[266]

이것은 범행장소를 불문하고 범인의 국적국이 형사재판 관할권을 행사한다는 원칙으로서 국적주의 또는 파견국 관할설이라고도 한다.

이 학설은 원래 군대의 외국 파견은 강대국 군대가 약소국의 영토에 파견되는 경우가 대부분으로 실질적인 국가 평등이 이루어지기 이전에는 모든 재판권이 전속적으로 파견국에 귀속되었다는 통례에 그 근거를 두고 있다.

그리고 특별한 협정이 없는 한 국제법의 원칙은 파견국이 그 파견 병력에 대한 배타적 관할권을 행사할 수 있다는 주장을 기초로 하며[267] 군기 및 질서 유지의 필요성, 군의 권위 및 사기의 손상 우려, 체류국의 인권 상황이 파견국보다 열악한

---

264) [국외에 있는 내국선박 등에서 외국인이 범한 죄] 본법은 대한민국 영역 외에 있는 대한민국의 선박 또는 항공기 내에서 죄를 범한 외국인에게 적용한다.

265) [내국인의 국외범] 본법은 대한민국 영역 외에서 죄를 범한 내국인에게 적용한다.

266) 유기천, 1989: 35.

267) 역사적인 예로 1812년의 미국 대법원 판결인' Schooner Exchange Ⅴ. McFaddon case (Supreme Court of the U. S. 1812: 11 U. S. 7 Crauch 116, 1. Ed. 287)을 인용. 「군대의 주둔권 내지 통과권의 인정은 그 군대가 주둔 중 또는 통과 중 그 군대에 대한 영토국의 모든 관할권을 포기하는 것을 의미 한다」고 하는 주장이 있다.

경우 국가적 사명을 완수하기 위해 외국에 파견된 군인이 일반 자국민보다 인권상 불리한 대우를 받게 되는 불합리성의 방지 등을 그 근거로 제시한다.

속인주의에 의한 협정의 예는 프랑스와 스페인간의 주 스페인 프랑스군에 대한 협정(1842), 제1차 세계대전 당시 벨기에와 프랑스에 주둔하는 동맹국들 간의 제협정(1941), 주영 미군에 관한 영국의 미방문군법(1942), 제2차 세계대전 당시의 연합국에 주둔하던 영국군의 지위에 관한 협정(1943), 미・필리핀 군사기지 협정(1947), 미・에티오피아간의 방위 시설 이용에 관한 협정(1953), 우리나라의 대전협정(1950) 등에서 볼 수 있다.

(3) 절충주의(eclecticism)

속지주의와 속인주의를 절충하여 일정한 범위 내에서는 주둔군의 특권을 인정하는 것으로서 군사시설 내 또는 공무집행 등 범위 내에서는 파견국이 재판권을 행사하고 그 이외에는 접수국이 재판권을 행사한다는 학설이다.

외국군의 주둔이 허용된 경우 그 주둔군의 작전의 효율적 기능에 필요한 한도 내에서 접수국이 묵시적으로 재판권을 포기한 것으로 보아야 한다. 절충주의는 별도의 협정이 없는 한 군대의 파견 국가가 배타적 관할권을 가지며 다만 영외나 공무외에 범한 범죄는 접수국의 관할권 하에 있다는 주장이다.

원칙적으로는 치외법권을 인정하지만 파견군이 병영지를 떠나서 개인적인 휴양이나 휴가 중에 행한 범죄는 영토 국가가 그를 소추할 수 있다[268]는 주장이다.

절충주의에 의한 협정의 예는 NATO의 지위협정(1951), 미・일협정(1960), 미・필리핀협정(1965), 미・호주협정(1963), 소련과 폴란드간의 군대지위협정(1956), 소련과 헝가리간의 군대지위협정(1957) 등이 있다.

이상과 같은 협정 중에서도 가장 문제가 되는 부분이 형사재판권이다. 한・미 행정협정에 있어서 주한 미국 군대의 구성원, 군속 및 그들의 가족이 한국 내에서 죄를 범할 경우에 그것이 미국 법령에 의하여서는 처벌할 수 있으나 한국 법령에 의해서는 처벌할 수 없는 범죄로써 미국의 안전에 관한 범죄 등일 때에는 미국이 전속적 재판권을 행사할 권리를 가진다.

그리고 한국 법령에 의해서는 처벌할 수 있으나 미국 법령에 의해서는 처벌할 수 없는 범죄로써 한국의 안전에 관한 범죄에 대해서는 한국 측에서 전속적 재판권을

268) LFL. Oppenheim, 1955: 793.

행사할 권리를 가진다. 한편 재판권을 행사할 권리가 경합하는 경우에는 오로지 미국의 재산이나 안전에 대한 범죄와 미국 군대, 군속 및 그 가족의 신체나 재산에 대한 범죄, 공무집행 중의 작위 또는 부작위에 의한 범죄에 대해서는 미군 당국이 제1차적 재판권을 가지며, 기타의 범죄에 대해서는 한국이 제1차적 재판권을 가진다. 그러나 합의 의정서에서 한국 측은 미국 당국의 요청이 있을 때 재판권 행사가 특히 중요하다고 인정하는 경우를 제외하고는 1차적 권리를 포기한다고 규정하고 있다.

7) 합리적 수사방안

(1) 개 요

한·미 행정협정 수사라 함은 주한 미군의 구성원, 군속, 가족 등의 범죄에 대한 범죄수사를 말하는 것으로 일반 형사사건의 수사와 같은 방법으로 실시하는 것이나 다만 절차와 신병관리에 대해서는 협정에 의하여 처리하여야 한다. 이것은 한국과 미국간에 체결된 주둔군 지위 협정에 따라 절차와 범위에 관한 제한이 있기 때문이다. 그러므로 한·미 행정협정 대상자의 수사는 내국인 수사와는 달리 특별히 주의해야 할 기본적 유의사항이 있다. 범죄의 수사는 수사기관이 범죄사실을 탐지·발견하고, 공소의 제기 및 유지를 위하여 범인을 검거·조사하고 증거를 수집 보전하는 활동이며, 이에 대한 적절한 국가 형벌권을 행사함으로써 국민의 생명, 신체 및 재산을 보호하고 사회 정의를 실현하는데 궁극적인 목적이 있기 때문에 이들에게 주어진 권리를 존중하여야 한다.

(2) 피의자·피고인의 권리

동 협정에서도 고문, 폭행, 협박이나 기망에 의하거나 신체 구속의 장기화에 의하여 수집되거나 또는 임의로 행하여지지 아니한 자백, 자인 또는 기타 진술 및 영장 없이 불합리하게 행한 수색 및 압수의 결과로서 수집된 물적 증거는 한국 법원에 의하여 유죄의 증거로 인정되지 아니한다고 규정하고 있다. 한·미 행정협정에 의하여 공소가 제기 되었을 때 인정된 권리는 다음과 같은 기본적인 권리가 있다.

① 지체 없이 신속한 재판을 받을 권리.

② 공판 전에 자신에 대한 구체적인 공소 사실의 통지를 받을 권리.

③ 자신에게 불리한 증인과 대면하고 그를 신문할 권리.

④ 증인이 한국의 관할 내에 있는 때에는 자신을 위하여 강제적 절차에 의하여 증인을 구할 권리.

⑤ 자신의 변호를 위하여 자기가 선택하는 변호인을 가질 권리 또는 대한민국에서 그 당시에 통상적으로 행하여지는 조건에 따라 비용을 요하지 아니하거나 또는 비용의 보조를 받는 변호인을 가질 권리.

⑥ 피고인이 필요하다고 인정하는 때에는 유능한 통역인의 조력을 받을 권리.

⑦ 미국의 정부 대표와 접견 교통할 권리 및 자신의 재판에 대표를 입회시킬 권리.

그리고 다음과 같은 부가적인 권리가 부여된다.

① 유죄판결 또는 형의 선고에 대하여 상소할 권리.

② 한국이나 미국의 구금 시설에서의 판결 선고전의 구금기간을 구금형에 산입받을 권리.

③ 행위시 한국 법률에 의하여 범죄를 구성하지 아니하는 작위 또는 부작위로 인하여 유죄로 선고받지 아니하는 권리.

④ 혐의 받는 범죄의 범행시 또는 제1심 법원의 원판결 선고시에 적용되는 형보다도 중한 형을 받지 아니하는 권리

⑤ 범행 후 피고인에게 불리하게 변경된 증거 법칙이나 증명 요건에 의하여 유죄로 선고받지 아니하는 권리.

⑥ 자기에게 불리한 증언을 강제 당하거나 또는 달리 자기 부죄를 강제 당하지 아니하는 권리와 참혹하거나 비정상적인 처벌을 받지 아니하는 권리.

⑦ 입법행위나 행정행위에 의하여 소추를 받거나 처벌을 받지 아니하는 권리와 동일 범죄에 대하여 이중으로 소추를 받거나 처벌을 받지 아니하는 권리.

⑧ 심판에 출석하거나 자신의 변호에 있어서 육체적으로나 정신적으로 부적당한 때에는 재판에 출석하도록 요청받지 아니하는 권리.

⑨ 적절한 군복이나 민간복으로 수갑을 채우지 아니할 것을 포함하여 미국 군대의 위신과 합당하는 조건이 아니면 심판을 받지 아니하는 권리.

(3) 우리나라에서 재판권을 행사하는 범죄

한국의 안전에 관한 죄, 살인, 상해치사, 폭행치사, 강도, 강간, 공무집행방해,

특수폭행, hit and run, 음주나 약물복용 운전 중 치사상, 마약류의 밀수출입 불법 판매와 배포, 중대한 관세법 위반, 위 범죄의 미수와 공범, 죄질이 위 범죄에 상응하다고 인정되는 범죄, 특히 사회의 이목을 끌어 재판권을 행사함에 중요하다고 판단되는 범죄 등이다.

(4) 행정협정 제외 대상자

① 미국정부와 한국 정부간의 군사 합동 고문단 설치에 관한 협정(제3조)에 해당되는 자로 동 단원은 주한 미국대사관 직원과 같은 신분 대우로 외교 특권을 가진다.

② 주한 UN군사령부 산하 직원인 태국, 호주, 필리핀 군인 등에 대하여는 직무 수행 중의 사건인 경우 면책 특권이 부여되고 직무 외 사건은 일반 외국인 사건과 같이 처리한다.[269)]

8) 피의자의 체포와 신병인도

(1) 피의자의 체포와 통보

우리나라의 수사기관은 행정협정대상 사건에 해당하는 범죄를 범한 피의자를 검거하였을 때에는 지체 없이 미군 당국에 통보하여야 한다. 그리고 재판권을 행사할 제1차적 권리를 가지는 사건에 있어서는 미국 군대의 구성원, 군속 또는 그들의 가족의 체포에 있어서도 즉시 통보하여 미군 당국에서 상응한 조치를 취할 수 있도록 하여야 한다.

(2) 피의자의 구금

우리나라가 재판권을 행사할 미국 군대의 구성원, 군속 또는 그들의 가족인 피의자의 구금은 그 피의자가 미군 당국의 수중에 있는 경우에는 모든 재판 절차가 종결되고 또한 우리나라에서 구금을 요청할 때까지 미군 당국이 계속 구금하도록 한다. 그 피의자가 우리나라 수사기관의 수중에 있는 경우에는 미군 당국이나 피의자의 요청이 있으면 미군 당국에 인도되어야 하며 모든 재판 절차가 종결되고 우리나라에서 구금을 요청할 때까지 미군 당국이 계속 구금한다.

---

269) 한국과 통합사령부의 경제조정에 관한 협정 제3조 제13호.

피의자가 미군 당국의 구금 하에 있는 경우에는 미군 당국은 어느 때든지 우리나라에 구금을 인도할 수 있으며 또한 특정 사건에 있어서 우리나라에서 행할 수 있는 구금 인도의 요청에 대하여 호의적 고려를 하여야 한다. 미군 당국은 수사와 재판을 위한 요청이 있으면 즉시 우리나라에서 수사와 재판을 할 수 있게 하여야 한다. 그리고 형사재판권의 행사 목적과 절차의 진행에 장애가 되지 않도록 모든 적절한 조치를 취하여야 한다. 미군 당국은 우리나라에서 행한 구금에 관한 특별한 요청에 대하여 충분히 고려하여야 한다. 그리고 우리나라는 미군 당국이 미국 군대의 구성원, 군속 또는 가족인 피의자의 구금을 계속함에 있어서 동 당국으로부터 조력을 요청하면 이에 대하여 호의적 고려를 하여야 한다.

(3) 증인출석 등 협조의무

① 증인의 출석

우리나라와 미군 당국은 우리나라 내에서 행하는 소송절차에 필요한 증인을 출석하도록 상호 조력하여야 한다. 우리나라에 있는 미국 군대의 구성원이 증인이나 피고인으로서 한국의 법정에 출석하도록 소환을 받는 때에는 미군 당국은 군사상의 긴급사태로 인하여 달리 요구되지 않는 한 이러한 출석이 우리나라의 법률상 강제적인 것을 조건으로 출석하도록 하여야 한다. 군사상의 긴급사태로 인하여 그가 출석할 수 없을 때에는 미군 당국은 출석 불능의 예정 기간을 기재한 증명서를 제출하여야 한다.

② 서류의 송달과 접수

증인이나 피고인이 미국 군대의 구성원, 군속 또는 가족에 대하여 발부되는 소송서류는 영어로 작성하여 직접 송달하여야 한다. 소송 서류의 송달이 군사 시설이나 구역 안에 있는 자에 대하여 우리나라의 송달인에 의하여 집행될 경우에는 미군 당국은 송달인이 송달을 집행하도록 하는데 필요한 모든 조치를 취하여야 한다.

이에 부가하여 우리나라는 미국 군대의 구성원, 군속 또는 가족이 관련된 우리나라 형사소송의 모든 단계에 있어서 즉시 모든 형사상의 영장의 사본을 전기 영장을 영수할 미군 당국이 지정한 대리인에게 송달하여야 한다. 우리나라의 법원과 당국은 미군 당국이 우리나라의 국민이나 거주자를 증인이나 감정인으로서 필요로 할 때에는 우리나라 법령에 따라 출석하도록 하여야 한다. 이때 미군 당국은 우리나라 법무부장관 또는 우리나라에서 지정하는 기타 기관을 통하여 행한다.

③ 증인의 권리

증인의 특권과 면제는 출석하는 법원, 재판부 또는 기타 당국의 법률의 정하는 바에 따라야 하며 어떠한 경우에도 자기의 죄가 발견될 우려가 있는 증언을 하도록 요구할 수 없다. 그리고 우리나라나 미군 당국의 형사소송의 진행 중에 어느 일방 국가의 공무상의 비밀에 관한 사항이나 어느 일방 국가의 안전을 침해할 우려가 있는 정보의 진술이 소송절차의 정당한 처리상 필요한 경우에는 관계 당국으로부터 이에 대한 서면의 승낙이 있어야 한다.

9) 적법절차의 준수

행정협정 위반에 대한 수사를 할 때에는 행정협정의 내용을 확실하게 이해하고 이에 적절하게 대처하지 않으면 안 된다. 그리고 형법, 형사소송법, 수사규칙 등 관계법령을 엄수하여 개인의 자유와 권리를 부당하게 침해하는 일이 없도록 주의하여야 한다.[270] 이러한 법과 규칙 등은 수사관에게 일정한 권한을 부여하고 동시에 권한의 행사를 제한하고 있으며, 법의 정신을 확실히 파악하여 개인의 권리와 자유가 침해되지 않도록 필요한 최소한도에 그치지 않으면 안 된다.[271]

그리고 수사관은 이러한 목적을 효과적으로 완수하기 위하여 아무리 사소한 사건이라도 수사에 대한 계획을 세우고 앞으로 전개될 방향을 예견하여야 한다. 또한 사건에 대한 예단이나 편견에 치우쳐서는 안 되고 확고한 신념으로 수사 방향을 설정하여야 한다. 수사 방향을 설정한 다음에는 수사의 종결이 될 때까지 이를 외부로 유출되지 않도록 유의하고 상황 변화에 탄력성 있게 대처하여야 한다. 항상 소신을 가지고 수사하여야 하며 언동을 신중히 하여 관계인으로부터 오해를 사는 일이 없도록 조심하여야 한다.

수사는 강한 의욕과 집념을 가지고 합법적이고 합리적으로 하여야 하며[272] 소신

270) 범죄수사규칙 제3조(법령 등 엄수) 수사를 할 때에는 형사소송법 등 관계 법령과 규칙을 엄수하여 개인의 자유와 권리를 부당하게 침해하는 일이 없도록 주의하여야 한다.

271) 중앙경찰학교, 1998: 19.

272) 범죄수사규칙 제4조 (합리수사) 수사를 할 때에는 증거에 의하여 사안을 명백히 하여야 하며 선입감에 사로잡혀 육감에 의한 추측만으로 行하는 일이 없이 어디까지나 기초수사를 철저히 하여 모든 증거의 발견・수집에 힘쓰는 동시에 감식시설과 자료를 충분히 활용하여

이 없이 수사에 참여하면 결코 좋은 실적을 기대할 수 없다. 그러나 의욕을 앞세운 무리한 수사는 인권침해의 원인이 됨은 물론 후일 반대 자료가 나타날 경우 사건 자체를 해결할 수 없게 만드는 원인이 된다. 따라서 이러한 기본적인 수사 자세 이외에 외국인을 상대로 수사할 때에는 수사관 자신이 우리나라를 대표한다는 자부심을 가지고 성실하고 친절하게 실시해야 한다.

10) 정확한 의사전달

행정협정 대상자는 대부분이 미군인 등으로서 우리나라 언어로 의사소통하기가 어렵고, 우리나라 형사 절차에 관하여 잘 알지 못하기 때문에 가능한 범위 내에서 설득력 있게 의사전달을 하여야 하며, 이들의 생활양식, 사고, 의식, 관습 등의 상위를 고려하여야 한다.[273] 수사의 대상자가 한국어로 의사전달이 되지 아니하는 경우에는 통역인[274]으로 하여금 통역하게 하여야 한다.

우리 국어로 피의자 신문조서나 진술조서를 작성하여야 하나 특히 필요한 때에는 외국어로 진술조서를 작성하거나, 또는 외국어의 진술서를 제출하게 하여야 한다.[275] 수사관이 외국어에 능통하지 못 할 때에는 미리 통역인을 선정하여 신문 사항에 관하여 통역인과 상의하고 통역인이 준수하여야 할 사항을 주지시키는 등 사전에 수사 준비를 철저히 하여야 한다. 수사관은 사건 관계자와 의사가 정확히 소통되어야 원활한 수사를 할 수 있기 때문이다.

통역인은 수사를 돕는 수사 기관의 중요한 보조자이므로 통역인과 사전에 신문사항 등에 관하여 충분히 상의하고 준비하여야 수사의 목적을 달성할 수 있다. 그

수사를 합리적으로 진행하도록 하여야 한다.

273) 범죄수사규칙 제215조(조사와 구속에 대한 주의) 외국인의 조사와 구속에 있어서는 언어·풍속과 습관의 상위를 고려하여야 한다.

274) 현행법상 통역인은 통역에 관한 필요한 능력을 갖춘 사람이면 충분하고 그 자격에 대한 구체적 제한은 없다. 통역이 정확하지 못하면 심문의 내용을 정확하게 피의자에게 전달할 수 없고 언어 상의 사소한 뉘앙스에 따라 뜻이 아주 달라지는 경우도 있기 때문에 유능하고 숙달된 사람을 통역인으로 선정하는 것이 바람직하다. 법원이나 수사기관이 유능한 통역인을 확보하는 것은 쉽지 아니한 실정이고 그 확보는 법원, 수사기관의 공통의 고민이라고 할 수 있으며, 특히 지방에서 통역인을 확보한다는 것은 더욱 곤란하다고 하겠다. 수사기관이 외국인을 상대로 수사하는데 있어 유능한 통역인을 확보하는 것이 필수적이라고 할 수 있으나 예산상의 제약 등 여러 가지 사정으로 그렇지 못한 실정이다. 유능한 통역인을 확보하기 위해 많은 노력을 하여야 할 것으로 생각된다(경찰청, 1996: 54).

275) 범죄수사규칙 제217조 ①항.

러나 통역인은 수사 기관의 편에 서서 통역을 하는 것이 아니고 중립적인 위치에서 통역을 한다는 사실을 주지시켜야 한다.

수사기관에서 통역인을 선정하였더라도 통역인을 통하여 사건의 내용이 외부로 유출되거나 피의자가 알게 되면 수사에 혼란을 초래함은 물론 정당한 사건 처리도 부당 처리라는 비난을 받을 우려가 있다. 그리고 피의자를 신문하는 도중에는 통역인이 수사 기관의 편에 있다는 인상을 줄 수 있는 사람이나 친밀감 표시 등은 삼가하여야 한다. 그러한 인상을 주는 것 자체가 사건 관계인에게 수사의 공정성에 의심을 품게 할 오해를 제공하는 원인이 될 수 있다.[276]

피의자를 조사(interview)할 경우에는 가능한 완벽하게 증거자료를 수집하여 확실한 증거에 의하여 신문을 하여야 하며, 피의자에게 진실을 진술할 수 있도록 기회를 제공하여 자유로운 분위기에서 자의에 의하여 자백하도록 유도하여야 한다.[277]

11) 수사의 절차

(1) 신속한 수사착수

행정협정사건이 발생하였을 때에는 수사의 3대 원칙인 급속착수의 원칙에 따라 즉시 수사에 착수하여야 한다. 그리고 행정협정대상 범죄가 112 등에 신고 되거나 경찰관이 범죄사실을 직접 인지하였을 경우에는 현장에 즉시 출동하여 범인이 현장에 있는 경우에는 검거하고 도주하였을 경우에는 현장보존과 함께 주민의 협력을 받아 피해자 구조 후 범인의 인적사항, 인상착의, 피해품, 도주로, 휴대품 등을 확인하여야 한다. 그리고 행정협정대상 범죄임이 확인되어 확실한 경우에는 인근 미군 당국의 수사기관에 통보하여 수사에 협조할 수 있도록 하여야 한다. 이때 미 수사기관에서도 미군 관련 범죄에 대해서는 적극적인 의지를 가지고 수사에 협력하고 있기 때문에 상호 협조적인 수사 협력체계를 유지하는 것이 중요하다. 그리고 중요범죄의 현장에 도착하였을 때에는 지체 없이 다음 사항을 확인하여야 한다.[278]

① 현장위치, 주변상황, 구조 등

---

276) 경찰청, 1996: 28.
277) Fred E. Inbau et al., 1967: 102.
278) US AFOSI, 1998: 21.

② 출입문의 시건 여부, 개폐여부, 보조시건 장치의 작동여부
③ 범인의 침입구와 도주로 등
④ 현장의 기상상태(구름, 비, 눈, 만월, 바람 등)
⑤ 범죄 현장의 온도 및 습도
⑥ 전기불의 점등 또는 소등 여부, 가전제품 등의 가동 또는 작동여부
⑦ 방안의 가구상태 및 정돈상태
⑧ 자동차의 이용여부 및 차종, 차의 상태 등 구체적 내용 등

(2) 신분증명서 확인

범죄 후 도주하지 않고 현장에 있을 경우에는 검거하여 소지하고 있는 신분증 등을 제시하도록 하여 신분을 확인하여야 한다. 신분증에는 계급, 성명, 생년월일, 소속부대명, 군번(사회보장 번호) 등이 기록되어 있기 때문에 진위 여부를 확실하게 확인하여야 한다. 그리고 수사기관은 우리나라의 영역 안에서 미국 군대의 구성원, 군속 또는 그들의 가족이 죄를 범하여 체포하였을 때에는 즉시 미군 당국에 통보하여야 한다. 증거인멸 등의 우려가 있을 경우 신병을 인도하지 않고 미국대표를 출석시켜 예비수사를 한 후 신병을 인도할 수 있다. 예비수사를 할 때에는 적법절차에 의하여야 하고 반드시 먼저 미란다 법칙을 설명하고 미국정부 대표를 참여하게 하여야 한다.

(3) 신속 정확한 보고

행정협정관련 범죄가 발생하였을 때에는 신속하게 현장에 임하여 수사에 착수하여 범죄현상을 상세하게 확인하여 보고하여야 한다. 보고 내용은 6하 원칙에 의하여 1차보고 후 수사의 진행에 따라서 계속적으로 후속 보고를 하여야 한다.

특히 중요사건에 해당하는 범죄에 대해서는 경찰청장과 관할검찰청에 보고하여 수사 지시를 받아 처리하여야 한다. 또한 범인이 도주하였을 경우에는 도주로를 차단하고 범인을 조기에 검거하기 위하여 수사 비상배치 등을 실시하여야 한다.

12) 수사 공조체제

(1) 공조수사의 내용

수사공조의 내용으로는 보통 수사의뢰, 관할구역 외의 수사, 피의자의 신병인도, 공조제보 등이 있다. 행정협정대상 피의자는 범죄를 범한 후 즉시 소속부대로 도주하는 사례가 발생하고 있기 때문에 이를 방지하기 위하여 퇴로를 차단하기 위하여 검문소 등에 연락하여 검문검색을 철저하게 하여 도주할 수 없도록 신속한 수사공조 체제를 유지한다. 또한 인근 미군부대 등에 주재하고 있는 경찰관에게 연락하여 미헌병대, 범죄수사대, 특수수사대 등에 정보를 제공하여 공조수사 체제를 확립하고 부대 정문에서 귀대하는 미군인을 상대로 검문검색을 실시하여 부대 내로 잠입하기 전에 검거할 수 있도록 하여야 한다.

(2) 공조수사의 유의점

① 정확한 정보제공

공조수사의 의뢰는 그 취지·내용·인적사항 기타 인상착의 등 수사에 필요한 사항을 명확히 하여 의뢰를 받은 미군 수사기관이나 타 경찰관서에서 혼란이나 폐를 끼치지 않도록 주의해야 한다. 현실적으로는 취지가 명확하지 못한 것과 목적이 불분명한 것이 적지 않기 때문에 확실하지 않은 사항을 수사 의뢰하여서는 안 된다.

② 적극적 수사협력 체제 유지

관할구역 외의 수사에 대해서는 서로 폐쇄적으로 되지 않는 태도가 기본이 되어야 한다. 수도권 같은 대도시와 그에 인접한 지역에 있어서는 종래와 같은 행정구역이라는 테두리 속에서 해 오던 수사만으로는 소기의 목적을 달성할 수 없기 때문이다.[279] 행정협정대상 피의자는 소속부대로 귀대한 후 잠입하여 알리바이 등을 조작하여 증거를 인멸하는 경우가 있다는 사실도 간과해서는 안 된다. 그리고 군속이나 가족 등은 범죄 후 즉시 미국으로 귀국하려고 시도하거나 외국으로 도피하려고 하기 때문에 공항과 항만 근무자와 경찰서간의 공조수사는 특히 중요한 의미를 가진다.

---

279) 윤원호, 1983: 422.

13) 범죄첩보 수집

(1) 행정협정대상자의 실태파악

행정협정 대상자의 실태를 파악하기 위해서는 외근 형사들은 평소 일상업무 수행 중 또는 순찰 등을 통하여 관내의 미군부대 주변, 기지촌, 외국인 거주지역, 유흥업소주변, 자주 모이는 장소, 성향 등에 대한 첩보를 수집하고 관계자의 협조를 얻어 인적사항과 이들의 동향과 실태 등을 확인해 두는 것이 필요하다. 특히 국제결혼하여 영외 거주하는 미군인 등에 대한 실태를 파악하여 범죄가 발생하였을 때에는 이들에 대한 동향을 파악하는 것이 매우 중요하다.

(2) 정보원의 활용

행정협정대상자를 상대로 첩보수집 활동을 하기 위해서는 평소에 일부 또는 특정 대상자를 상대로 친밀한 관계를 유지하여 필요할 때에는 언제든지 이들을 정보원으로 활용하는 것이 바람직하다. 행정협정대상자들은 다같이 미국인이라는 우월감을 가지고 공감대를 형성하면서 서로 돕는 입장에 있다. 그래서 이들은 상호간에 협력하면서 정보를 교환하고 있다는 사실에 주목하여야 한다.

미군이나 가족 등이 자주 출입하는 유흥업소, 외국인 대상업소, 왕래가 빈번한 아지트, 밀집지역 등에 대한 순찰근무 강화 및 검문검색 등으로 동향을 철저히 파악하는 동시에 범죄 첩보수집 활동을 계속해야 한다.

13) 철저한 증거수집

(1) 범죄사실의 확인

범죄현장의 모양, 피해상태, 목격자의 진술, 범죄가 발생한 사실 및 그것이 행협대상자에 의하여 실행되었다는 증거를 제시할 수 있도록 철저하게 수집하여야 한다. 증거는 범죄와 범인과의 관계를 확정시켜 주는 것이기 때문에 범죄사실을 확인하고 증거수집에 노력하여야 한다. 특히 피의자에 대해서는 인상착의, 도주로, 휴대품, 공범 등에 대해서 확인하여야 한다.

(2) 수사자료의 수집

현장에 남겨진 유류품이나 범행의 흔적이 행정협정 대상자의 범행이라는 사실을 확정할 수 있도록 수사자료 수집을 철저히 하여야 한다. 그리고 범인 또는 범행에 어떠한 인과관계가 있는 사물의 상태 및 행정협정 대상자라고 특정 지울 수 있는 확실한 증거 등을 발견하는 것이 매우 중요하다. 또한 범죄현장 및 예비음모 장소는 확실하게 보존하여 피의자의 지문, 혈흔, 족적, 유류품 등에 대한 감식을 철저하게 실시하여야 한다.

(3) 합리적 대비

행정협정대상 피의자는 우리나라의 언어가 잘 소통되지 않음을 기화로 범죄사실 자체를 부인하는 경우가 많음으로 이에 대비하여 유류품·피해자 및 참고인 조사·피해물품 등 증거를 완벽하게 수집하여 범죄사실을 부인할 경우 증거품을 하나하나 제시하기 위한 범죄수사의 기본원칙인 수사자료 완전수집의 원칙과 수사자료 감식·검토의 원칙 등을 확행 해야 한다. 증거수집이 종결되면 현장의 범죄사실과 일치하는지의 여부를 다시 확인할 필요가 있다는 사실도 기억해야 한다.

14) 통역요원 활용

(1) 전문가의 협력

행정협정대상 범죄를 수사하는 경찰관이 외국어에 능통하면 직접 피의자를 조사하는 것이 가장 좋은 방법이지만 현실적으로 그러하지 못하는 경우가 있기 때문에 제3자의 도움을 받아 수사를 진행할 수밖에 없다. 행정협정 대상자들은 우리나라 언어로 의사소통이 가능한 사람도 한국어를 모른다고 하면 사건전모 파악의 어려움으로 속수무책인 경우와 범죄사실을 부인하는 경우가 있다.[280)]

이러한 경우에 대비하여 경찰에서 선발해 놓은 경찰통역센타 요원이 있다. 경찰통역센타 요원은 지역의 중·고등학교 및 대학에서 외국어를 지도하고 있는 교사·교수 등으로 위촉되어 있다. 이들은 경찰서 및 지방 경찰청과 경찰청 등과 연계되어 있기 때문에 필요시 연락을 할 경우 언제든지 활용할 수 있으며 또한 수사 방법이나 절차 등에 있어서도 외사경찰 등 전문가의 협력을 쉽게 얻을 수 있다. 2004

280) 동아일보 2001. 1. 7. 40면.

년 1년 동안 통역센타 활용실적을 보면 9,420건으로 높은 이용률을 보이고 있다.[281)]

(2) 외사경찰의 활용

행정협정사건은 외사경찰이 직접 수사하는 것이 상례이지만 외사요원이 없는 경찰서나 외사요원이 있지만 수사의 경험이 없거나 인력이 부족한 경우에는 형사과나 수사과에서 처리하는 것이 일반적이다. 그러므로 통역이 필요할 경우 외사경찰관의 협조를 얻어 통역센타 요원들을 이용할 수 있다. 통역센타의 운영을 맡고 있는 외사경찰은 기히 위촉되어 있는 통역요원과 긴밀한 연락망을 구축하고 상호협력관계에 있으므로 필요시 요청하면 언제든지 협조 받을 수 있다.

통역센타 요원을 이용하여 행정협정대상 피의자를 조사할 경우에는 통역인으로 하여금 범죄사실, 조사방법, 조사내용 등을 사전에 준비하도록 하여 통역 장애로 인하여 수사가 지연되거나 방해되지 않도록 수사력을 집중하여야 한다.

그러나 경우에 따라서는 미군부대에서 통역을 대동하고 출두하는 경우가 있는데 이때에는 대동한 통역을 이용하는 것이 좋다. 부대에서 대동한 통역은 대체적으로 중립적인 입장에서 통역을 하기 때문에 문제가 되지 않는다. 그러나 이들을 반드시 믿어서는 안 되고 경찰 측에서도 외국어에 능통한 사람이 있으면 입회하도록 하는 것이 좋다.

14) 인권침해 등 유의

(1) 합법수사

미국인들은 인권에 대한 의식이 철저하기 때문에 작은 부분이라도 손상하는 점이 있을 때에는 매우 민감하게 반응한다는 사실에 관심을 두어야 한다. 수사를 할 때에는 형사소송법, 수사규칙 등 관계법령을 엄수하여 불법적인 수사를 하였다고 주장하는 일이 없도록 주의하여야 한다. 그리고 행정협정대상자들은 출석할 때 미정부 대표자를 입회하기 때문에 수사과정을 면밀히 관찰하고 있다가 실수나 잘못이 있을 경우 반드시 이를 문제 삼는 다는 사실을 잊지 말아야 한다.

만일 경찰에서 결정적인 잘못이 있을 경우 이를 이유로 범죄사실 자체를 부인하

281) 경찰백서, 2005: 330.

면서 수사에 협조하지 않도록 규정하고 있기 때문에 주의하여야 한다.

(2) 인권의 존중

범죄수사규칙 제2조 제2항에는 「수사를 할 때에는 개인의 인권을 존중하고 공정하고 성실하게 직무를 수행하여야 한다」라고 규정하고 있어 범죄 수사에 있어 피의자의 인권은 물론 참고인 등에 있어서도 인권의 중요성을 강조하고 있다.

행정협정대상 피의자 등은 대부분 우리나라의 관습·언어·형사절차 등을 잘 알고 있지 못함으로 범죄사실을 부인하는 등 변명하는 사례가 있으나 오해가 없도록 이해시키면서 공명정대하게 조사하여야 한다.

언어 소통이 잘 되지 않음을 이유로 친절하지 못한 언행 또는 불쾌한 감정으로 조사 할 경우에는 인권침해라는 시비는 물론이고 우리나라 수사기관에 대한 인상마저 흐리게 한다. 그리고 대체적으로 미국인들은 인권의식이 강하여 작은 부분이라도 인권의 손상이 있을 때에는 이를 이유로 묵비권을 행사하는 등 수사에 협조하지 않는다는 사실도 잊지 말아야 한다.

(3) 인권의 범위

사람은 누구나 태어나면서부터 부여된 생명, 자유, 평등 등에 대한 기본적인 권리를 가지고 있다. 그러나 구체적으로 외국인에게 인정되는 권리와 인정되지 않는 권리에는 어떠한 것들이 있는가가 문제된다.[282] 행정협정대상자들도 대부분이 미국인이기 때문에 일반적으로 외국인에 준하여 처리하면 문제가 되지 않는다.

외국인에게 보장되는 기본권으로서는 인간의 존엄과 가치, 행복추구권, 평등권, 자유권적 기본권, 청구권적 기본권 등을 들 수 있으며,[283] 생존권적 기본권, 참정권 등은 인정되지 않는다고 한다.[284]

---

282) 허영 교수는 「외국인은 우리 민족의 동화적 통합을 해치지 않고 그들을 우리 사회에 동화시키는 데 필요한 범위 내에서 기본권의 주체가 될 수 있다」고 주장한다(1995: 237).

283) 기본적 인권의 보장은 권리의 성질상 일본 국민만을 그 대상으로 하고 있다고 해석되는 것을 제외하고는 일본국에 재류하는 외국인에 대해서도 똑같이 미친다(최대판소 53. 10. 4).

284) 김철수, 1996: 258.

15) 피의자 심문

(1) 권리의 확인

진술거부권(right of silence)[285]은 일명 '묵비권'이라고도 하며 우리나라 형사소송 절차에서 형사소송법 제200조 제2항[286]에 규정되어 있다. 피의자를 심문할 때에는 진술거부권이 있음을 알리고 「진술거부권」이 무슨 뜻이라는 사실을 구체적으로 상세히 설명하여 묵비할 수 있는 권리가 있음을 알려야 한다. 이때 사건을 수사중인 수사관은 묵비권이 있다는 사실을 일방적으로 알리는 것으로 족하지 말고 피의자가 확실하게 이해하고 있다는 사실을 확인할 필요가 있다.

왜냐하면 일방적으로 알리기만 할 경우 불리하면 경찰관으로부터 고지 받은 것 자체를 부인할 수 있기 때문이다. 진술거부권은 헌법상 보장된 권리로써 미국 대법원은 Miranda case[287]를 경고의 의미로서 설명하도록 하고 있다.[288]

---

285) 진술거부권(right of silence) : 자유권적 기본권의 하나. 광의로는 형사책임에 관하여 자기에게 불리한 진술을 강요당하지 않는 권리이다. 통설은 형사 피고인 또는 피의자가 수사기관의 조사나 공판에 있어서 각개의 신문에 대하여 진술을 거부하는 권리를 말한다. 이는 강제적인 고문에 의한 자백의 강요를 방지하여 피의자·피고인의 인권을 옹호하려는 취지에서 나온 것이다. 피고인·피의자는 이익·불이익을 불문하고 묵비할 수 있다. 진술 당시에는 이익·불이익이 반드시 판정되는 것이 아니기 때문이다. 성명·연령·본적·주소·직업 등의 인정신문에 묵비가 인정되는가에 관하여는 긍정설과 부정설 및 성명·직업 등의 진술로 자기가 범인임이 확인될 때에는 묵비할 수 있다는 제3설이 있는데 묵비권의 성질로 보아 제3설이 타당하다고 본다. 수사기관은 피의자에게 이 권리가 있음을 고지할 의무를 가진다. 피고인에 대하여는 고지의무의 명문이 없으나 통설은 고지의무가 있다고 한다. 강요된 진술은 이를 유죄의 증거로 하지 못하기 때문이다.

286) 피의자의 출석요구와 진술거부권의 고지 : ① 검사 또는 사법 경찰관은 수사에 필요한 때에는 피의자의 출석을 요구하여 진술을 들을 수 있다. ② 전항의 진술을 들을 때에는 미리 피의자에 대하여 진술을 거부할 수 있음을 알려야 한다.

287) The Supreme Court of the United States in the Miranda case:
(1) That he has a right to remain silent, and that he need not answer any questions;
(2) That if he does answer questions his answers can be used as evidence against him;
(3) That he has a right to consult with a lawyer before or during the questioning of him by the police; and
(4) That if he cannot afford to hire a lawyer one will be provided for him without costs.

288) Fred E. Inbau et al., 1967: 4.

(2) 진술 분위기 조성

피의자에게 진술거부권이 있음을 고지할 때에는 피의자가 자유로운 상태에서 생각할 수 있는 시간적 여유를 제공해야 한다. 우리나라 경찰에서의 피의자 신문은 일반 사무실에서 많은 사람들이 있는 소란스러운 분위기에서 실시하고 있다.

이때 행정협정대상 피의자는 한국의 수사기관에 검거되거나 소환되어 신문을 받기 때문에 심리적으로 불안한 상태에 있으므로 수사관의 고지에 대하여 정상적으로 이해하지 못할 수 있음을 감안하여 심리적으로 안정된 상태에서 신문할 수 있도록 별도 신문실을 이용하는 등 평온한 분위기를 제공하는 것이 필요하다.

그리고 수사관은 피의자에게 수집된 증거자료가 이미 과학적인 방법에 의하여 입증되었다는 사실과 동 사실이 조사하고 있는 범죄와 직접적인 관련이 있다는 것을 인식할 수 있도록 설명하여야 한다.[289)]

(3) 피의자 권리의 존중

변호인 선임권의 고지는 헌법 제12조 제4항[290)]과 제5항[291)] 그리고 형사소송법 제72조[292)]에 의하여 어떤 범죄의 혐의를 받아 수사기관에 의하여 체포되었을 당시에 구체적으로 설명되어 피의자가 이해하고 있어야 한다.

그러나 당시의 정황과 의사소통의 문제점 등으로 인하여 설명하지 못하였을 경우를 대비하여 심문조서 작성시에도 상세히 설명할 필요가 있다. 우리나라의 형사소송법에 변호인 선임권자, 선임의 효력, 국선변호인 제도, 변호인 선임의뢰 등의 사항을 상세히 설명하여 피의자로 하여금 변호인 선임 제도에 대하여 충분히 이해할 수 있도록 하여야 한다.

---

289) Charles E. O'hara et al., 1960: 3.

290) 누구든지 체포 또는 구속을 당한 때에는 즉시 변호인의 조력을 받을 권리를 가진다. 다만 형사 피고인이 스스로 변호인을 구할 수 없을 때에는 법률이 정하는 바에 의하여 국가가 변호인을 붙인다.

291) 누구든지 체포 또는 구속의 이유와 변호인의 조력을 받을 권리가 있음을 고지 받지 아니하고는 체포 또는 구속을 당한지 아니한다. 체포 또는 구속을 당한 자의 가족 등 법률이 정하는 자에게는 그 이유와 일시·장소가 지체 없이 통지되어야 한다.

292) 구속과 이유의 고지 : 피고인에 대하여 범죄 사실의 요지, 구속의 이유와 변호인을 선임할 수 있음을 말하고 변명할 기회를 준 후가 아니면 구속할 수 없다.

(4) 편의제공

일반적으로 행정협정대상 피의자는 변호인 선임을 소속부대 법무처에서 선정하고 있기 때문에 수사관에게 변호인 선임을 부탁하는 경우는 거의 없다. 그러나 현행범으로 검거되거나 소속부대와 원거리에 있을 경우에는 변호인 선임을 의뢰하는 경우가 있을 수 있다. 이때에는 변호사회 등에 연락하여 피의자가 변호사와 직접 면담하여 변호사를 선임할 수 있도록 편의를 제공하는 것이 중요하다.

경찰관은 변호인 선임권이 있다는 사실 자체를 고지하는 것과 선임 의사를 밝힐 경우 통신 등 편의를 제공하는 것 이상의 행위를 하여서는 안 된다.

(5) 인정신문

행정협정대상 피의자를 심문할 때에는 이들로부터 신분증을 제시할 것을 요구하여 신분증에 의한 인적사항을 확인하여야 한다. 그런데 행정협정대상자로 지목이 되면 미정부 대표가 참여하기 때문에 인정사항 등을 허위로 진술하거나, 위조된 신분증을 제시하지는 않는다. 그러나 최초 초동수사 단계에서는 위조된 신분증을 제시할 수 있기 때문에 인근 미군 수사기관에 통보하고 확인하는 것이 중요하다.

(6) 입국 및 체류자격 등 확인

행정협정 대상자가 주한 미군 부대에 체류하는 경우 군대의 구성원이 아니고 군속이나 그 가족의 경우에는 여권을 가지고 있기 때문에 신분증 외에 여권을 확인하여 입국자격, 체류기간 등을 확인하는 것이 필요하다.

여권에는 체류자의 입국자격과 활동범위 및 체류기간[293) 등이 기록되어 있으며, 체류자격은 행정협정, 관광, 친선, 예술, 학술, 공연 등 33종류로 나누어져 있다. 체류자격 이외의 활동이나 업무 등을 한다거나 취업 또는 체류기간을 경과하였을

293) 외국인은 입국한 날부터 90日 이상 체류하게 되는 때에는 입국한 날부터 90日 이내에 체류지 관할 출입국 관리 사무소 또는 출장소에 외국인 등록을 하여야 하며 체류자격을 부여받은 외국인으로서 90일을 넘는 체류 기간을 정해 받은 경우에는 그 체류자격을 받은 때에 등록하며 체류자격 변경허가를 받은 외국인이 입국한 날부터 90日이 넘는 체류기간을 정해 받은 경우에는 그 체류자격 변경허가를 받을 때에 등록하여야 한다. 다만, 주한 외국공관 및 국제기구의 직원과 그 가족 또는 우리나라와 맺은 협정에 따라 외교관이나 영사와 비슷한 특권과 면제를 누리는 사람과 그 가족 또는 우리나라 정부가 초청한 사람 등으로서 법무부장관이 정하는 사람 등은 외국인 등록이 면제된다.

경우에는 출입국 관리법 위반죄를 구성하게 된다.

그리고 주한 미군 부대에서는 미국인 민간인이나 그 가족 등이 부대 내에서 취업을 하는 경우가 있다. 이때에는 체류자격이 문제가 되어 출입국 관리법 위반죄를 구성하기 때문에 반드시 확인하여야 한다.

(7) 심문조서의 작성

① 미정부 대표의 참여

행정협정대상자에 대한 피의자 심문조서를 작성할 때에는 반드시 미정부 대표가 참석하도록 되어 있기 때문에 미정부 대표로부터 대표자로 지정되었다는 미정부대표 참여 확인서를 받아서 동 조서 말미에 첨부하여야 한다. 대표자 확인서가 없을 경우에는 심문조서의 증거능력이 부인되기 때문이다. 이들은 미정부대표로 참석하기 위하여 소속 부대의 법무참모가 발행하는 증서를 지참하도록 되어 있다.

② 서명 및 날인

피의자의 심문조서는 외국인이 한국어를 이해하는 경우에는 한국어로 작성할 수 있으며 한국어를 이해하지 못하는 경우에는 자국어나 피의자가 이해할 수 있는 외국어로 작성한 후 동 조서의 내용을 열람하여 증감이나 오기 또는 변동사항이 있는지를 확인하도록 하거나, 또는 통역인으로 하여금 읽어 주도록 하여 심문조서 내용에 대한 피의자의 진술 내용이 일치하는지의 여부를 확인한 후 서명 날인하도록 한다. 외국인에 대한 조서에는 외국인의서명날인에관한법률[294]에 따라 서명만으로 이를 대신할 수 있다.

③ 서명을 거부할 경우

행정협정대상 피의자가 심문조서의 내용에 대해서 서명, 날인, 또는 무인 등을 거부할 경우에는 그 사유를 조서에 기재하고 심문조서를 종결한다. 특히 미군인 피의자의 경우 묵비권을 행사하거나 서명을 거부하는 경우가 많다.

이 경우 통역인을 이용하여 심문을 하였을 때에는 통역인이 서명거부 이유를 확

---

294) 외국인의 서명날인에 관한 법률(1958년 7월 12일 법률 제488호): 법령의 규정에 의하여 서명날인(기명날인도 포함한다. 이하 같다.)하여야 할 경우나 또는 날인만을 하여야 할 경우에 외국인은 서명만으로써 이에 대신할 수 있다. 단 그 외국인이 서명날인의 제도를 가지는 국가에 속하는 때에는 본법을 적용하지 아니한다.

인하도록 하는 것이 훗일을 위하여 필요하다. 그리고 통역인이나 번역인을 이용하여 조서를 작성하였을 경우에는 반드시 이들에 대한 인적사항과 연락처를 기재하고 서명, 날인하도록 하여야 한다.[295]

15) 수사상 유의사항

한・미 행정협정 사건에 해당하는 범죄 수사는 범죄발생 접수에서 피의자의 검거, 증거수집, 심문조서 작성, 피해자 조사 등 수사를 종결하여 검찰에 송치할 때까지 면밀한 주의를 하지 않으면 안 된다. 왜냐하면 미국인은 문화와 생활, 사고방식, 법률체계, 소송절차 등에 이르기까지 우리와는 전혀 다른 면이 있기 때문에 이에 대한 배려도 필요하다. 물론 우리나라의 영역 안에 체류하는 동안에는 한・미 행정협정에 따라 법대로 처리하면 된다.

그러나 국제적인 관례를 벗어날 경우 한・미 외교마찰로 발전할 수 있다는 사실을 항상 염두에 두고 적법절차(due process of law)에 의한 수사를 하지 않으면 안 된다. 또한 수사관은 형사사법절차에 있어서 우리나라를 대표하는 외교관이라는 자세로 수사에 임하여야 한다. 그러므로 행정협정대상 피의자를 조사할 경우에는 항상 국경을 초월한 국제적 안목을 가지고 공명정대하게 수사에 임해야 하며 적법성・합리성・타당성에 입각한 수사를 하여야 한다.

미군인, 군속, 그 가족 등이 우리나라의 수사 기관에서 부당한 대우를 받아 나쁜 감정을 가지고 있다면 우리나라를 떠난 이 후에도 우리나라에 대하여 부정적인 감정으로 생각하게 되며, 나쁜 이미지를 형성하게 된다.

그리고 한・미 행정협정 관련 수사는 미군 수사기관의 협조 없이는 이루어 질 수 없다. 그러므로 수사를 할 때에는 주한 미군 소속 수사기관인 헌병대(MP, SF, SP), 또는 육군은 범죄수사대(CID), 공군은 특수수사대(OSI), 해군은 해군수사대(NIS) 등과 긴밀한 협조 하에 동 협정에 체결된 절차를 준수하면서 수사하여야 한다.

미군 수사기관에서는 결코 편파적인 수사를 하지 않으며 사적인 감정이나 국가간의 어떤 이익과 결부하여 수사를 하지 않는다는 사실에 주목해야 한다. 미군 수사기관에서 수사업무에 종사하는 자들은 국가관이 투철하고 수사에 전문성을 갖고 있기 때문에 결코 부정이나 부당한 수사를 하지 않는다는 것은 확실하다고 볼 수

---

295) 손봉선, 2000: 696~720.

있다. 이들과 합동 수사를 하거나 업무의 협조를 위해서는 정정당당하게 접근해야 하며 수사를 적당히 하고 협조해 달라는 식의 관계는 성립하지 않는다.

미군 수사관들은 합리성과 공정성을 바탕으로 업무를 처리하기 때문에 준법정신이 강하다. 그러므로 이들과 합동수사를 할 때는 준법정신과 적법절차에 따라 수사를 해야 한다는 사실을 잊지 말아야 한다.

8. 외국인 범죄수사

1) 개 요

외국인범죄수사(Foreigner's Crime Investigation)는 외국인이 우리나라의 형법·특별법 등을 위반하는 범죄를 말한다. 대부분의 외국인 범죄는 국내에서 발생하고 있으며 상황에 따라서는 외국에서 범할 수도 있다. 현대 사회의 범죄는 교통과 통신수단의 발달 그리고 인적·물적 교류의 증가에 따라 국경을 초월하여 발생하고 있으며, 이는 범행의 일시, 장소, 대상, 실행에 있어서도 국경이나 국적을 초월하여 세계의 어느 곳이든 상관없이 발생하고 있다는 것을 의미하는 것이다. 이러한 범죄의 무국경화·무국적화 현상은 국가간의 다양한 기능의 지속적인 인적, 물적 교류의 확대로 인하여 계속해서 증가하고 있다.

국제사회의 환경변화에 따라 우리나라의 많은 국민이 해외 도처에서 생활하고 있으며, 또한 외국인[296]도 우리나라에서 생활하고 있기 때문에 우리나라 사람이 외국에서 범죄를 범할 수 있고, 외국인도 우리나라에서 범죄를 범할 수 있는 것이

296) 외국인 : 외국의 국적을 보유한 사람. 무국적자도 그 거주국 내에서는 외국인과 같이 대우된다. 우리나라 국적법(1948. 12. 20. 법률 제16호)에서는 대한민국의 국민이 아닌 자를 외국인이라 한다. 그리고 외국인은 귀화에 의하여 우리나라 국적을 취득한다(동법 제3조). 외국인도 내국인과 마찬가지로 거주국의 지배를 받는 것이 원칙이나 그 밖에 국제법에 의한 규율을 받으며, 통상 항해 조약이나 국제 관습법에 의해 처우된다. 국제법상 외국인의 입국을 승인할 의무는 없으나 그 출국을 금지할 수도 없다. 그러나 본인의 의사에 반하여 출국을 강제(예 추방·범인인도)할 수는 있다. 외국인에게도 원칙적으로는 내국인과 같은 의무가 과해지나 병역의 의무는 없다. 참정권을 비롯한 정치상의 권리는 인정되지 않으나 사법상으로는 내국인과 동등의 권리를 인정하는 경우가 많다. 다만 사법상의 권리라 할지라도 국가의 안전, 국민의 이익을 수호하는 데 필요한 권리에 대해서는 법령으로 금지·제한이 가해지고 있다(예 선박·항공기의 소유권의 금지, 토지 소유권의 제한). 우리나라에서의 외국인에 대한 실제적인 처우는 기본적 인권의 보장을 기본적인 방침으로 하고 있다.

다. 범죄라고 하는 것은 역사적, 문화적 조건을 초월하여 자연적, 필연적으로 존재하며 사회에서 긍정적으로 기능하는 것이 아니고 사회의 문화구조에 있어서 유해하다고 판단하기 위한 규범이며 억제와 처벌기준인 법에 저촉하는 행위로 정의되는 것[297]으로 인간이 존재하는 한 범죄가 발생하지 않을 수 없는 것이다.

외국인 범죄라 함은 외국인이 대한민국 내에서 대한민국의 법령을 위반한 것으로써 수사기관에 의하여 소추중인 외국인 형사피의사건과 외국 또는 외국인에 관계되는 형사사건을 말하는 데, 외국인에 관해서는 국제관계를 고려하여 내국인 사건과는 다른 취급상의 주의를 필요로 한다.[298]

외국인 범죄수사는 헌법·형법·형사소송법·수사규칙·국제조약·협정 기타 특별한 규정이 있는 때에는 동 규정에 의하여 수사하여야 하며 이때 치외법권[299]에 해당하는 자는 제외된다. 정부의 개방정책에 따라 외국인의 입국자가 증가하고 있으며 한국인 역시 외국으로 출국하는 사람들이 계속해서 증가하고 있다.

외국인의 입국이 증가하는 이유로는 최근 수년 전부터 주로 중국 동포를 비롯하

---

297) 이상현, 1994: iii.

298) 임종팔, 1994: 741.

299) 치외법권(extraterritoriality) : 외국인이 현재 체재하고 있는 국가의 권력작용, 특히 재판권에 복종하지 않을 수 있는 자격. 또는 권리. 일반적으로 외국인은 속지주의 또는 영토적 권한 주의에 의하여 현실적으로 체류하고 있는 국가의 법에 복종하지 않으면 아니 된다. 그러나 예외적으로 일정한 외국인에 대하여서는 이것으로부터 면제되는 특권이 인정된다. 이 권리를 향유하는 자는 여러 가지가 있으며 그 내용도 같지는 않다. 치외법권은 문자 그대로는 「영토외적 성질」이 되지마는 현실적으로 영토밖에 있는 것은 아니므로 이것은 한낱 총체적인 비유적 표현에 지나지 않는 것이다.

⑴ 외교사절의 치외법권 : 외교 특권이라고도 한다. 원칙적으로 형사·민사의 재판관할로부터 면제되며, 강제처분의 면제, 조세의 면제, 주거·사무소·문서의 불가침이 인정된다. 국제 관습법으로서 확립되어 있으며 1961연에는 외교관계에 관한 Wien조약이 채택되어 그 내용이 한층 명확하게 되었다. 치외법권 중에서도 가장 일반적이고 중요한 것이 이 외교 특권이다. 국가원수는 외교사절에 준한다. 영사도 일정범위에서 이것을 향유한다.

⑵ 군대 및 군함의 치외법권 : 외국의 승인을 얻어 외국의 영토·영해에 들어간 경우에는 원칙적으로 외국의 재판권 및 행정권으로부터 면제된다. 군함은 국제 관습법에 의하여 외교관의 치외법권에 가까운 권리를 향유하나 외국군대·외국군용 항공기는 조약에 의하여 各各 일정범위의 치외법권이 부여된다.

⑶ 기타 : 최근에는 국제 사법재판소의 재판관·유엔 사무총장·전문기관 사무국의 수뇌자·국제하천 위원회 위원 등에게도 일정 범위에서 치외법권이 인정되고 있다. 구 터키제국영토와 중국 등에서 볼 수 있는 옛날의 영사재판제도 하에서는 외국인 개인에게도 치외법권이 인정되었었다. 이러한 치외법권은 현재 전면적으로 폐지되었다. 우리나라에서 조선 말기에 각 개항장에 설정되었던 외국인 거류지도 일종의 치외법권적 존재였다.

여 한족 등 동남아 권의 저개발 국가의 국민들이 고임금을 받을 수 있다는 환상으로 밀입국, 기술연수 또는 기타 방법으로 위장, 무작정 입국하여 범죄조직에 가입하거나 또는 개별적으로 생계의 수단으로 범죄를 자행하고 있는 것이다. 입국한 외국인들은 모두가 우리나라의 법을 준수하면서 생활해야 하기 때문에 입국 목적에서 이탈하는 것 자체부터 위법행위인 것이다.

외국인들은 속지주의 원칙에 따라 우리나라의 법률에 위반하거나 범죄행위를 했을 때에는 우리나라의 형사소송법과 형법 그리고 특별법에 따라 수사를 하여 재판에 회부하고 재판결과에 따라 형의 집행 또는 자국으로의 추방 등 강제조치가 취해져야 한다. 외국인이 관련되는 수사 대상 범죄로는 대체적으로 밀수, 마약, 밀수출, 위조사범, 위장이민, 해외취업사기, 위장결혼, 인신매매, 납치, 밀항, 출입국관리법 위반, 외국환 관리법 위반, 범죄조직 결성 등이다. 그리고 최근에는 범죄유형도 동남아인들의 절도, 폭력 등 단순 범죄에서 나이지리아인, 일본인 등에 의한 사기범죄로 확대되고 있다.[300] 이들 외국인 피의자를 검거할 경우 이들에 대해서는 국적을 조사하여 해당 국가와 우리나라와의 국제조약·협정·협약·의정서·헌장 등의 체결관계 유·무를 파악하여 이에 상응한 조치를 취하여야 하고 이러한 국제조약 등이 없을 경우에는 내국인과 동등한 지위로써 법에 따라 처리를 하여야 한다.

2) 외국인의 지위

외국인이라 함은 외국의 국적을 가진 자와 대한민국의 국적을 가지지 않은 자를 말한다. 외국인은 속지주의 원칙에 따라 대한민국의 주권과 권능에 복종해야 한다. 다만 조약 및 일반 국제법에 의하여 다소 상이한 지위를 갖는 경우가 있다. 여기서 외국인이란 사인으로서의 외국인을 말하며 외국의 공적 기관이나 지위에 있는 자, 외국의 외교관 및 군대는 포함하지 않는다. 외국인은 국적을 통하여 본국과의 유대관계를 계속하며 재외 국민에 대한 보호권을 가지므로 외국인은 대한민국과 본국의 이중 지배 하에 있게 된다. 이러한 외국인의 특수 지위로 인하여 대한민국은 외국인의 신분상 또는 공법상의 권리·의무에 관하여 어느 정도의 차별을 두고 있다.

---

300) 동아일보, 2001. 1. 7. 40면.

〈내 · 외국인 출입국 현황〉 (단위 : 천명)

구 분	'98	'99	'00	'01	'02	'03	'04	'05	'06	'07
총 계	14,975	18,192	21,802	22,643	25,147	23,973	29,609	32,638	35,851	39,834
내국인	6,714	9,212	11,481	12,649	14,808	14,698	18,177	20,638	23,538	27,175
외국인	8,261	8,980	10,321	9,994	10,339	9,275	11,432	12,000	12,313	12,659
출국자	7,544	9,110	10,903	11,346	12,575	12,004	14,821	16,364	17,905	19,855
입국자	7,431	9,082	10,899	11,297	12,572	11,969	14,788	16,274	17,946	19,979

※ 출입국 · 외국인 정책본부 통계자료

(1) 외국인의 권리

① 기본권

헌법이 보장하는 기본권의 주체에 외국인이 포함될 것인가가 문제되는 데, 여기서 외국인이란 한국 국적을 갖지 않고 외국 국적을 보유한 자는 물론이고 나아가 무국적자도 포함하는 개념이다. 우리나라 헌법 제2장은 「국민의 권리와 의무」 라고 규정하고 있는바 문헌상으로 보아 외국인에게도 기본권이 인정되는가에 관하여는 학설이 대립되고 있다.

1 부정설

우리 헌법이 보장하는 국민에는 외국인이 포함되지 않는다 하여 외국인의 기본권 주체성을 부인하는 견해이다.[301] 이 견해에 의하면 외국인에게 기본권을 인정할 것인가는 입법정책의 문제이지 헌법상의 보장문제가 아니라고 한다.

2 긍정설

헌법이 명문으로 외국인의 기본권 주체성을 부인하고 있지 않으므로 특정한 기본권은 외국인에게도 인정된다고 한다(통설). 이 설은 다시 권리의 성질에 따라 외국인에게도 인정되는 기본권과 외국인에게는 인정되지 않는 기본권을 구분하는 학설(성질설)과 헌법의 문언에 따라 구분하는 학설(문헌설)로 나뉜다.[302]

---

301) 우리 헌법상 외국인의 국내법상의 권리는 제6조 2항의 규정에 따라 인정되는 특수한 법적 권리로서 제2장의 국민의 기본권 보장과는 무관한 것이다.

302) 김철수, 1996: 257~258.

⑵ 일신 전속적 권리

일반적으로 국제법상 생명・신체・명예・인격 등과 같은 전속적인 권리도 내국인과 동등한 권리를 가진다. 그러나 거주, 영업 및 기타 경제적・사회적인 권리는 두 국가간에 상호적으로 인정하는 경우가 많으며 공법상의 권리에 관해서는 인정치 않음이 보통이다. 사법상의 권리에 있어서도 신분상의 권리 또는 국가의 안전 및 국민의 이익 보호를 위하여 필요한 권리는 제한하고 있다.

⑶ 일반적 권리

외국인이 향유할 수 있는 권리에 관하여 국제법상 일반적으로 확립된 규칙은 없다. 통상적으로는 외국인에 대하여 공법상의 권리는 인정하지 않는다. 사법상의 권리에 있어서도 국가의 안전, 공공의 질서, 국가의 중대한 이익 등에 관련되는 재산권 및 직업 등을 외국인이 향유할 수 없으나 일반적인 재산권은 원칙적으로 내국인과 동등하게 인정되며 보호를 받는다. 그러나 다음과 같은 경우에는 문제가 된다.[303)]

① 입국의 자유와 체류의 자유

외국인에게는 원칙적으로 입국의 자유가 인정되지 않는다고 하겠다. 일본 판례도 「헌법 제22조는 외국인이 일본국에 입국하는 것에 대하여 하등 규정하지 않고 있다고 할 것이며, 이것은 국제 관습법상 외국인의 입국의 여부는 당해 국가의 자유재량에 의하여 결정할 수 있는 것으로서, 특별한 조약이 존재하지 않는 한 국가는 외국인의 입국을 허가할 의무를 지지 않는 것이다」라고 하고 있다. 한편 입국 후의 체류의 자유에 대해서는 독일 외국인 법의 해석상 많은 논란이 있었으나, 외국인에게도 원칙적으로 체류의 권리가 인정되지만, 다만 특정한 법적 근거가 있는 경우에는 국외 추방을 할 수 있다고 본다.

② 출국의 자유

일단 입국이 허용된 외국인은 출국의 자유가 보장된다고 하겠다. 일본 최고 재판소는 외국 이주의 자유는 그 권리의 성질상 외국인에 한하여 보장되지 않는다고 할 이유는 없다고 판시하고 있다.[304)]

303) 김철수, 1996: 259~261.
304) 일본헌법 제22조 2항.

③ 재입국의 자유

일본 하급심은 체류 외국인이 체류기간 내에 재입국 할 의도를 가진 출국을 「일시적 해외여행」이라고 보아 헌법 제22조에 의하여 보장된다고 한다.

④ 정치활동의 자유

외국인에 대하여서도 시위운동의 자유를 인정한 것이 일본 판례의 입장이다. 그러나 외국인은 정당의 간부나 노동조합의 간부가 될 수는 없을 것이며, 정치운동의 자유는 집회·결사 등 복수의 사람들이 공동의 행동을 통하여 직접 그 나라의 정치과정에 간섭 내지 관여하는 참정권적 기능을 행하고 있으므로 특별한 제약을 인정하는 나라가 많다.

⑤ 망명권

외국인에 대하여 정치적 망명을 인정하는 규정은 우리 헌법이나 법령에는 없다. 또 망명권을 보장하는 국제 조약에도 우리나라는 가입하지 않고 있다. 그러므로 우리나라는 현재 외국인에 대하여 망명권을 보장하지 않고 있다고 할 것이다. 그러나 이탈리아, 독일, 프랑스, 벨기움 등은 이를 인정하고 있다.

⑥ 국가배상 청구권

외국인이 피해자인 경우에는 상호의 보증이 있는 경우에 한하여 허용한다고 하여 외국인에 대하여는 상호보증이 있는 경우에 한하여 국가배상청구권을 인정하고 있다.[305] 비슷한 규정을 둔 일본에서는 이에 대하여 「이는 헌법규정의 취지에 적합하지 않을 우려가 있다」는 견해가 있다. 이것은 상호주의의 원칙에 입각한 것으로 위헌은 아니라고 하더라도 위법한 국가작용에 대하여 외국인의 손해배상청구권을 제한 한 것은 바람직하지 못한 것이라고 하겠다.

⑦ 토지소유권

외국인의토지취득및관리에관한법률에서는 상호주의 원칙에 따라 대통령령에 의하여 외국인이 토지에 관한 권리의 향유에 제한을 가할 수 있게 하고 있다.[306]

305) 국가배상법은 제7조.
306) 외국인의 토지 취득 및 관리에 관한 법률 제4조.

⑧ 평등권

인간으로서 당연히 향유하는 권리로는 평등권이 있는데, 이 평등권을 개인의 인간으로서의 평등으로 보는 이상 외국인에게도 인정되어야 할 것이다. 그러나 정치적 권리 등에 있어서 외국인에 대한 합리적 차등은 가능하며, 직업선택의 자유, 재산권의 보장 등에 있어서도 마찬가지라고 하겠다.

⑨ 생존권

생존권은 국가의 내적 실정권으로서 일반적으로 외국인에게는 인정되지 않지만, 그것은 입법정책의 문제로서 법률에 의하여 이를 인정할 수는 있다는 주장이 있어 외국인에게도 인정해 주는 것이 바람직하다.[307]

⑩ 참정권

참정권도 국가내적 실정권으로서 국민의 권리이므로 원칙적으로 외국인에게는 인정되지 않는다. 그러나 정주 외국인에 대해서는 지방자치 단체에서의 선거권을 인정하자는 경향이 있으며, 권력의 행사 또는 국가의사의 형성에 참여하는 공무원으로는 임용될 수 없으나 비관리직인 공무 즉, 국립대학의 교원 등에는 취임할 수 있다고 한다.

(4) 외국법인

법인에 기본권 주체성이 인정되는 경우에도 내국법인에 한정하고 외국법인에는 인정하지 않는 나라도 있다. 이러한 규정이 없는 우리 헌법에 있어서는 성질상 법인에 인정될 수 있는 기본권은 외국인에 준하여 외국법인에게도 인정된다고 하겠다. 그러나 기본권이 내심의 자유 등과 같이 그 성질상 인간의 권리인 경우에는 외국인에게는 인정되지 않을 것이다. 이 외에도 성질상 외국법인에 인정될 수 있는 기본권으로는 재산권, 재판청구권, 영업활동의 자유 등이 있을 것이다. 한편 독일 연방 헌법재판소는 외국법인의 재판청구권을 인정하고 있으며 외국법인도 법률유보에 의한 보호를 받으며 법치국가 원리가 적용된다고 판결하고 있다.

307) 환경권과 보건권은 제한된 범위 안에서 외국인에게도 인정된다고 본다(권녕성, 1995: 343).

3) 외국인의 의무

(1) 인간의 의무

고전적인 기본 의무는 국가의 존립을 유지하고 보위하기 위한 의무이기에 이를 국민의 의무라고 할 수 있으나, 새로운 기본 의무는 사회복지를 향상시키기 위한 인간의 의무라고 할 수 있다. 국민의 의무는 국적 소지자의 의무인 경우가 많은 데 대하여, 인간의 의무는 국적의 여하를 불문하고 모든 인간에게 공통되는 의무라고 하겠다. 인간의 의무는 오늘날에 있어서 사회국가[308]의 발달과 함께 기본의무도 그 양과 질의 양면에 있어서 많은 변화를 가져왔다.

(2) 일반적 의무

외국인은 대한민국의 법률 하에 있으며 원칙적으로 대한민국 국민과 거의 같은 의무를 부담한다. 우리나라는 속지주의 원칙에 따라서 외국인에게 경찰권, 과세권 및 재판권에 복종할 의무를 부여하고 있다.

(3) 공법상 의무

국가와의 특수한 유대를 전제로 한 신분상, 공법상의 의무인 교육의무와 병역의무는 부담하지 않는다. 그러나 기타 공법상의 의무는 모두 부담한다.

4) 외국인의 보호

(1) 신체 · 재산의 보호

외국인은 국제법상 신체, 재산에 대하여 체류 국가의 보호를 받을 권리가 있고

---

308) 국민 각자에 대하여 인간다운 생존을 보장할 것을 임무로 하는 국가. 바이에른 헌법(1946) 제3조에 Sozialstaat라고 한 것은 이 사회국가를 뜻한다. 또 sozialer Bundesstaat(1949年의 독일 연방공화국 기본법 제20조), sozialer Freistaat(1947年 바덴 헌법 제50조), sozialer Volksstaat(1946年 바덴 · 뷔르뎀베르크 헌법 제43조), République sociale(1946년 프랑스 헌법 제1조) 등의 sozial social 등 형용사도 역시 같은 취지를 표현하는 것으로 해석된다. 그 밖에도 사회국가란 사회정의의 실현(경제적 · 문화적 약자에 대한 압박의 부정)을 목적으로 하는 국가라고 정의 할 수 도 있다. 이는 자유방임주의를 이념으로 하는 야경 국가적 자유국가에 대비되는 개념이다. 20세기의 각국 헌법, 특히 제2차 세계대전 이후의 각국 헌법은 모두가 이런 의미의 사회국가 이념에 입각하고 있다.

해당 국가는 보호할 의무를 진다. 외국인은 경찰 등의 기관을 통하여 침해를 사전에 방지해야 하며, 또한 침해에 대하여는 피해자에게 적정한 보상을 해 주어야 하나 문제가 되는 것은 보호의 정도이다.

(2) 보호의 기준

자국에 체류하는 외국인에 대하여는 내국인과 동등한 보호를 부여해야 한다는 내국인 표준설과 기본적으로 보호하여야 할 국제적 최저 표준설이 있다. 그러나 선진 국가에서는 이러한 것이 문제가 되지 않고 있으나 후진 국가에서는 국제적 최저 표준설에 반대하고 있다. 그러나 일반적으로 세계적인 추세는 자국민의 수준과 동등한 보호를 요하는 것으로 인식되고 있으며 국제적 최저 표준설에 반대하는 국가가 많다.

5) 합리적 수사방안

외국인 범죄 수사는 내국인 수사와는 달리 특별히 주의해야 할 기본적 유의 사항이 있다. 외국인 수사는 수사 절차상 비록 작은 실수를 하더라도 인권문제[309] 등 외교적 문제로 비화될 우려가 있기 때문에 신중을 기하지 않으면 안 된다. 특히 외교특권(diplomatic privileges)[310] 소지자 등의 사건은 상부에 보고하여 관계기관의 협조와 지시를 받아 처리하여야 한다.[311] 범죄수사는 수사기관이 범죄사실을 탐지·발견하고, 공소의 제기 및 유지를 위하여 범인을 검거·조사하고 증거를 수집 보전하는 활동이며, 이에 대한 적절한 국가 형벌권을 행사함으로써 국민의 생명,

---

309) 인권 또는 인간의 권리(human rights)란 인간이 인간이기 때문에 당연히 갖는 것으로 생각되는 생래적이며 기본적인 권리이다. 이러한 인권 내지 인간의 권리의 개념은 계몽주의적 자연법론과 사회계약설 등 근대적 사상의 전개 과정에서 나타난 천부인권론에 사상적 기초를 두고 있다.

310) 외교 특권 : 외교 사절이 그 주재국에서 가지는 특권. 외교 특권은 보통 특권과 면제를 함께 말하는 것으로 외교관 및 외교사절단이 파견국 대표로서 파견국의 권위를 대표·유지하고 직무를 독자적이고 효율적으로 수행할 수 있게 하기 위하여 접수국내에서 누리는 특별한 국제법상의 지위를 말한다. 이 특권은 관습으로 인정되어 오다가 1961年 빈에서 외교관계 협약이 채택됨으로써 명문화되었다.

311) 범죄수사규칙 제208조(섭외사건의 수사의 착수) 섭외사건 중 중요한 범죄에 관하여는 미리 경찰청장에게 보고하여 그 지시를 받아 수사에 착수하여야 한다. 다만, 급속을 요하는 경우에는 필요한 처분을 한 후 신속히 경찰청장의 지시를 받아야 한다.

신체 및 재산을 보호하고 사회 정의를 실현하는데 궁극적인 목적이 있다.

수사를 할 때에는 형법과 형사소송법 등 관계법령과 수사규칙을 엄수하여 개인의 자유와 권리를 부당하게 침해하는 일이 없도록 주의하여야 한다.[312] 형사소송법은 수사관에게 일정한 권한을 부여하고 동시에 권한의 행사를 제한하고 있으며, 법의 정신을 확실히 파악하여 개인의 권리와 자유의 제한은 필요한 최소한도에 그치지 않으면 안 된다. 수사관은 이러한 목적을 효과적으로 완수하기 위하여 아무리 사소한 사건이라도 수사에 대한 계획을 세우고 앞으로 전개될 방향을 예견하여야 하며, 사건에 대한 예단이나 선입견을 가지지 말고 자기 나름대로의 수사 방향을 설정하여야 한다.

수사 방향을 설정한 다음에는 수사의 종결이 될 때까지 이를 외부로 유출되지 않도록 유의하고 상황 변화에 탄력성 있게 대처하여야 한다. 조직 내·외의 청탁이나 압력에 흔들리지 않고 소신을 가지고 수사하여야 하며 언동을 신중히 하여 관계인으로부터 오해를 사는 일이 없도록 조심하여야 한다. 수사는 강한 의욕과 집념을 가지고 합리적으로 수사하여야 하며[313] 소신이 없이 수사에 참여하면 결코 좋은 실적을 기대할 수 없다. 그러나 의욕을 앞세운 무리한 수사는 인권침해의 원인이 됨은 물론 후일 반대 자료가 나타날 경우 사건 자체를 해결할 수 없게 만드는 원인이 된다. 따라서 이러한 기본적인 수사 자세 이외에 외국인을 상대로 수사할 때에는 수사관 자신이 우리나라를 대표한다는 자부심을 가지고 성실하고 친절하게 실시해야 한다. 외국인은 우리나라 언어로 의사소통하기가 어렵고, 우리나라 형사 절차에 관하여 잘 알지 못하기 때문에 우리와 생활양식, 사고, 의식, 관습 등의 상이를 고려하여야 한다.[314]

외국인 피의자 기타의 관계자가 한국어로 통하지 아니하는 경우에는 통역인[315]

---

312) 범죄수사규칙 제3조(법령 등 엄수) 수사를 할 때에는 형사소송법 등 관계 법령과 규칙을 엄수하여 개인의 자유와 권리를 부당하게 침해하는 일이 없도록 주의하여야 한다.

313) 범죄수사규칙 제4조 (합리수사) 수사를 할 때에는 증거에 의하여 사안을 명백히 하여야 하며 선입감에 사로잡혀 육감에 의한 추측만으로 행하는 일이 없이 어디까지나 기초수사를 철저히 하여 모든 증거의 발견·수집에 힘쓰는 동시에 감식시설과 자료를 충분히 활용하여 수사를 합리적으로 진행하도록 하여야 한다.

314) 범죄수사규칙 제215조(조사와 구속에 대한 주의) 외국인의 조사와 구속에 있어서는 언어·풍속과 습관의 상이를 고려하여야 한다.

315) 현행법상 통역인은 통역에 관한 필요한 능력을 갖춘 사람이면 충분하고 그 자격에 대한 구체적 제한은 없다. 통역이 정확하지 못하면 신문의 내용을 정확하게 피의자에게 전달할 수

으로 하여금 통역하게 하여야 한다. 우리 국어로 피의자 신문조서나 진술조서를 작성하여야 하나 특히 필요한 때에는 외국어로 진술조서를 작성하여야 하며, 또한 필요가 있는 경우에는 외국어의 진술서를 제출하게 하여야 한다.

외국인이 구술로써 고소·고발이나 자수를 하려 하는 경우에 국어에 통하지 아니할 때의 고소·고발 또는 자수인 진술조서는 규정에 준하여 작성하여야 한다.

수사관이 외국어에 능통하지 못 할 때에는 미리 통역인을 선정하여 신문 사항에 관하여 통역인과 상의하고 통역인이 준수하여야 할 사항을 주지시키는 등 사전에 수사 준비를 철저히 하여야 한다. 수사관은 사건 관계자와 의사가 소통되어야 원활한 수사를 할 수 있기 때문이다. 통역인은 수사를 돕는 수사 기관의 중요한 보조자이므로 통역인과 사전에 신문 사항 등에 관하여 충분히 상의하고 준비하여야 수사의 목적을 달성할 수 있다.

그러나 통역인은 수사 기관의 편에 서서 통역을 하는 것이 아니고 중립적인 위치에서 통역을 한다는 사실을 명심하여야 한다. 수사기관에서 통역인을 선정하였더라도 통역인을 통하여 사건의 내용이 외부로 유출되거나 피의자가 알게 되면 수사에 혼란을 초래함은 물론 정당한 사건 처리도 부당 처리라는 비난을 받을 우려가 있다. 그리고 외국인 피의자를 신문하는 도중에는 통역인이 수사 기관의 편에 있다는 인상을 줄 수 있는 사람이나 친밀감 표시 등은 삼가 하여야 한다.

그러한 인상을 주는 것 자체가 사건 관계인에게 수사의 공정성에 의심을 품게 할 빌미를 제공하는 오해의 원인이 될 수 있다. 피의자를 조사(interview)할 경우에는 가능한 완벽하게 증거자료를 수집하여 확실한 증거에 의하여 신문을 하여야 하며, 수사관은 진실을 진술할 수 있도록 기회를 제공하여 피의자가 자유로운 분위기에서 자의에 의하여 자백하도록 유도하여야 한다.[316)]

또한, 수사관은 피의자에게 수집된 증거자료가 이미 과학적인 방법에 의하여 입증되었다는 사실과 동 사실이 조사하고 있는 범죄와 직접적인 관련이 있다는 것을

없고 언어 상의 사소한 뉘앙스에 따라 뜻이 아주 달라지는 경우도 있기 때문에 유능하고 숙달된 사람을 통역인으로 선정하는 것이 바람직하다. 법원이나 수사기관이 유능한 통역인을 확보하는 것은 쉽지 아니한 실정이고 그 확보는 법원, 수사기관의 공통의 고민이라고 할 수 있으며, 특히 지방에서 통역인을 확보한다는 것은 더욱 곤란하다고 하겠다. 수사기관이 외국인을 상대로 수사하는데 있어 유능한 통역인을 확보하는 것이 필수적이라고 할 수 있으나 예산상의 제약 등 여러 가지 사정으로 그렇지 못한 실정이다. 유능한 통역인을 확보하기 위해 많은 노력을 하여야 할 것으로 생각된다(경찰청, 1996:54).

316) Fred E. Inbau, 1967: 102.

인식할 수 있도록 설명하여야 한다.[317)]

(1) 신속한 수사착수와 보고

① 급속 착수의 원칙

수사의 3대 원칙인 급속착수의 원칙에 따라 외국인 범죄가 112 등에 신고되거나 경찰관이 범죄사실을 직접 인지하였을 경우에는 현장에 급거 출동하여 범인이 현장에 있는 경우에는 검거하고 도주하였을 경우에는 현장보존과 함께 주민의 협력을 받아 피해자 구조 후 범인의 인적사항, 인상착의, 피해품, 도주로 등을 확인하여야 한다.

② 신속정확한 보고

외국인 범죄가 발생하였을 때에는 신속하게 현장에 임하여 수사에 착수하여 범죄현상을 상세하게 확인하여 보고하여야 한다. 특히 외교특권에 해당하는 자가 관련되어 있거나 중요사건에 해당하는 범죄는 경찰청장에게 보고하고, 상사의 지시를 받아 처리하여야 한다. 또한 범인이 도주하였을 경우에는 도주로를 차단하고 범인을 조기에 검거하기 위하여 수사 비상배치 등을 실시하여야 한다.

(2) 정확한 신원확인

① 여권의 확인

외국인이 범죄 후 도주하지 않고 현장에 있을 경우에는 검거하여 소지하고 있는 여권 등을 제시하도록 하여 신분을 확인하여야 한다. 여권에는 성명, 생년월일, 국적, 입국일시·장소, 입국목적, 체류기간과 체류지 등이 기록되어 있기 때문에 확인하고 진위 여부를 확실하게 하기 위하여 경찰청 및 법무부 출입국 관리사무소에 조회를 하여야 한다.

② 외국인 등록증 확인

외국인이 우리나라에 입국하여 90일 이상 체류하게 될 경우 대통령령이 정하는 바에 따라 입국한 날부터 90일 이내에 관할 출입국 관리사무소장 또는 출장소장에게 외국인 등록을 하여야 한다.[318)] 동 규정에 의하여 외국인 등록을 받은 출입국

---

317) Charles E. O'hara, 1960: 3.
318) 출입국관리법 제31조 제1항.

관리소장은 대통령령이 정하는 바에 따라 그 외국인에게 외국인 등록증을 발급하여야 한다.[319] 외국인이 90일 이상 체류하면서 출입국 관리사무소에 체류사실을 신고하지 않을 경우에는 출입국관리법 위반죄를 구성하게 된다.

(3) 외국인 등록사항

외국인 등록증에는 다음과 같은 사항을 기재하도록 되어 있기 때문에 인적사항과 여권 및 외국인 등록증과의 진위여부를 쉽게 확인할 수 있다.

① 성명 · 성별 · 생년월일 및 국적
② 여권번호와 발급일자 및 유효기간
③ 체류자격과 체류기간
④ 근무처와 직위 또는 담당업무
⑤ 본국의 주소와 국내 체류지
⑥ 기타 법무부령이 정하는 사항 등이 기재되어 있기 때문에 동 등록증과 여권을 대조하여 동일인 여부를 확인하여야 한다.

(4) 공조 수사체제 유지

① 공조수사의 내용

수사공조의 내용으로는 보통 수사의뢰, 관할구역 외의 수사, 지명수배된 피의자의 신병인도, 공조제보 등이 있다. 외국인 범죄의 국제화에 따라 범죄를 저지른 후 즉시 외국으로 도주하는 사례가 발생하고 있기 때문에 이를 방지하기 위하여 퇴로를 차단하기 위한 검문소와 공 · 항만을 관할하고 있는 경찰서 등에 출국로를 차단하여 외국으로 도피할 수 없도록 신속한 수사공조 체제를 유지한다. 또한 주한 외국공관 및 공 · 항만 출입국 관리사무소와 세관 등과 협조하여 범인의 신원파악과 출입국 사항 등을 파악하여 수사자료로 활용하여야 한다.

② 공조수사의 유의점

1 정확한 정보제공

공조수사의 의뢰는 그 취지 · 내용 · 인적사항 기타 인상착의 등 수사에 필요한 사항을 명확히 하여 의뢰를 받은 타 경찰관서에 폐를 끼치지 않도록 주의해야 한

319) 출입국관리법 제33조 제1항.

다. 현실적으로는 취지가 명확하지 못한 것과 목적이 불명한 것이 적지 않기 때문에 확실하지 않은 사항을 수사 의뢰하여서는 안 된다. 왜냐하면 불확실한 사실을 의뢰할 경우 수사에 혼선이 빚어지기 때문이다.

② 적극적 수사협력 체제 유지

관할구역 외의 수사에 대해서는 서로 폐쇄적으로 되지 않는 태도가 기본이 되어야 한다. 수도권 같은 대도시와 그에 인접한 지역에 있어서는 종래와 같은 행정구역이라는 테두리 속에서 해 오던 수사만으로는 소기의 목적을 달성할 수 없기 때문이다.[320] 외국인은 범죄 후 즉시 외국으로 도피하려고 시도하기 때문에 경찰서간의 공조수사는 특히 중요한 의미를 가진다.

(5) 외국인 범죄첩보 수집

① 외국인 실태의 파악

외국인의 실태를 파악하기 위해서는 외근 형사들은 평소 일상업무 수행 중 또는 순찰 등을 통하여 관내의 외국인 거주지역, 근무처, 전화번호, 자주 모이는 장소, 성향 등에 대한 첩보를 계속해서 파악하고 관계자의 협조를 얻어 인적사항과 이들의 동향과 실태 등을 확인해 두는 것이 필요하다.

② 정보원의 활용

외국인을 상대로 첩보수집 활동을 하기 위해서는 평소에 일부 또는 특정 외국인을 상대로 친한화 공작을 철저히 하여 필요시 이들을 정보원으로 이용하는 것이 바람직하다. 외국인들은 국적을 달리하고 있어도 한국이 제3국이다는 사실에 다같이 공감대를 형성하면서 서로 돕는 입장에 있다. 그래서 이들 외국인들은 상호간에 협력하면서 정보를 교환하고 있다는 사실에 주목하면서, 버스터미널 · 기차역 · 인력시장 · 직업소개소 · 유흥가 등 외국인의 왕래가 빈번한 업소나 밀집지역에 대한 검문검색의 강화 및 잠복근무 등으로 동향을 철저히 파악하는 동시에 첩보수집 활동을 계속해야 한다.

③ 국제적 조직범죄 연계차단

국제범죄 조직으로는 대체적으로 일본의 야쿠자, 러시아의 체첸조직, 중국의 삼

320) 윤원호, 1983: 422.

합회와 흑방, 미국의 한국계인 코리안 파워[321] 등 범죄조직이 있는 것으로 파악되고 있다.

④ 한국 범죄조직과 연계 추적

국제 범죄조직은 전 세계적으로 조직망을 가지고 있기 때문에 언제든지 우리나라의 범죄조직과 연계될 가능성이 있기 때문에 외국인 범죄를 수사할 때에는 이들에 대한 연결고리 추적에 노력하여야 할 것이다. 최근 들어 마약사범의 증가와 보석류의 밀수, 위조여권, 위조지폐 등이 적발되고 있어 무기류 등도 밀수입 될 가능성이 있다. 이러한 점에 착안하여 외국인 범죄를 수사할 때에는 각종 국제 범죄조직과의 연계성을 추적해야 할 시점에 있다는 사실도 간과해서는 안 된다.

⑤ 국내 연계 실태

국제적 범죄조직의 국내 조직과의 연계 실태는 대체적으로 중국과 동남아 국가인들의 불법입국의 알선망과 중국동포 및 대만을 통한 마약 밀매, 밀수출, 위조지폐의 반입, 참깨 등 농수산물의 밀수입 등이 국내조직에 연계되어 있는 것으로 나타나고 있다. 이러한 외국의 국제범죄조직에 관련된 범죄를 인지하였을 경우에는 단호한 의지로써 국제형사경찰기구(Interpol)에 의뢰하는 등 완벽한 수사로 처음부터 외국의 범죄조직이 입국하는 것을 막아야 할 것이다. 이러한 국제 범죄조직으로 일본의 야쿠자 조직인 스미요시파(조직원 8천명)와 연계된 마약 범죄가 지난 1999년 4월 북한의 흥남에서 히로뽕 1백kg(싯가 5천억원 상당)을 제첩 등 해산물로 위장하여 선적한 후 강원도 동해항을 거처 일본으로 밀반입 하려다 검거된 사건이 이를 증명하고 있다[322].

321) 경찰청, 1966: 66.

322) 조직폭력배 출신 국내 사업가가 일본 야쿠자 조직과 연계해 북한산으로 추정되는 히로뽕 1백kg(시가5천억 상당)을 북한의 흥남항에서 제첩 등 수산물로 위장 선적한 후 한국의 동해항을 거쳐 일본 돗토리현 사카이항에서 밀매하려다가 지난 '99. 4. 13. 검찰에 검거되었다. 동 조직은 중국 선적의 임양냉2호(50t)로 남북한을 오가며 농수산물 교역을 하는 선박으로 일본 야쿠자 조직과 연계하여 북한, 한국, 일본 등을 연계한 삼각 마약밀매 범죄조직으로 판명되었다(동아일보, 1999. 5. 10).

6) 철저한 증거수집

(1) 범죄사실의 확인

범죄현장의 모양, 피해상태, 목격자의 진술, 범죄가 발생한 사실 및 그것이 외국인 피의자에 의하여 실행되었다는 증거를 제시할 수 있도록 철저하게 수집하여야 한다. 증거는 범죄와 범인과의 관계를 확정시켜 주는 것이기 때문에 범죄사실을 확인하고 증거수집에 노력하여야 한다.

(2) 수사자료의 수집

현장에 남겨진 유류품이나 범행의 흔적이 외국인의 범행이라는 사실을 확정할 수 있도록 수사자료 수집을 철저히 하여야 한다. 그리고 범인 또는 범행에 어떠한 인과관계가 있는 사물의 상태 및 외국인이라고 특정 지울 수 있는 확실한 증거 등을 발견하는 것이 매우 중요하다

(3) 합리적 대비

외국인 피의자는 우리나라의 언어가 잘 소통되지 않음을 기화로 범죄사실 자체를 부인하는 경우가 많음으로 이에 대비하여 유류품·피해자 및 참고인조사·피해물품 등 증거를 완벽하게 수집하여 범죄사실을 부인할 경우 증거품을 하나하나 제시하기 위한 범죄수사의 기본원칙인 수사자료 완전수집의 원칙과 수사자료 감식·검토의 원칙 등을 확행해야 한다. 증거수집이 종결되면 현장의 범죄사실과 일치하는지의 여부를 다시 확인할 필요가 있다는 사실도 기억해야 한다.

7) 통역요원 활용

(1) 전문가의 협력

외국인 범죄를 수사하는 경찰관이 외국어에 능통하지 못하고 통역을 구하지 못하여 사건전모 파악에 어려움이 많고 형사계와 외사계의 업무분담도 주먹구구식으로 되어 있으며 외국인 범죄인이 '나 한국말 또는 영어 몰라'라고 잡아떼면 속수무책인 것이 현실이다.[323]

---

323) 동아일보, 2001. 1. 7. 40면.

수사관이 직접 피의자를 조사하는 것이 가장 좋은 방법이지만 현실적으로 그러하지 못하는 경우가 있기 때문에 제3자의 도움을 받아 수사를 진행할 수밖에 없다. 우리나라에 체류하는 외국인들은 우리나라 언어로 의사소통이 가능한 사람도 한국어를 모른다고 하면서 범죄사실을 부인하려고 하는 경우가 있다. 이러한 외국인에 대비하기 위하여 경찰에서 기히 선발해 놓은 경찰통역 센타 요원이 있다. 경찰통역센타 요원은 지역의 중·고등학교 및 대학에서 외국어를 지도하고 있는 교사·교수 등으로 위촉되어 있다. 이들은 경찰서 및 지방경찰청·경찰청 등과 연계되어 있기 때문에 필요시 연락을 할 경우 언제든지 활용할 수 있으며 또한 수사 방법이나 절차 등에 있어서도 외사경찰 등 전문가의 협력을 얻는 것이 필요하다.

(2) 외사경찰의 활용

특히 파출소나 수사과 또는 기타 부서에서도 통역 요원이 필요할 경우 외사경찰관의 협조를 얻어 통역센타 요원들을 이용할 수 있다. 통역센타의 운영을 맡고 있는 외사경찰은 기히 위촉되어 있는 통역요원과 긴밀한 연락망을 구축하고 상호협력관계에 있으므로 필요시 요청하면 언제든지 협조 받을 수 있다. 통역센타 요원을 이용하여 외국인 피의자를 조사할 경우에는 통역인으로 하여금 범죄사실, 조사방법, 조사내용 등을 사전에 준비하도록 하여 통역 장애로 인하여 수사가 지연되거나 방해되지 않도록 수사력을 집중하여야 한다.

8) 인권침해 등 유의

(1) 합법수사

수사를 할 때에는 형사소송법 등 관계법령과 규칙을 엄수하여 개인의 자유와 권리를 부당하게 침해하는 일이 없도록 주의하여야 한다.[324] 선진국 국민들은 인권의식이 철저하기 때문에 경찰의 수사과정을 면밀히 관찰하고 있다가 결정적인 잘못이 있을 경우 이를 이유로 범죄사실 자체를 부인하면서 상쇄하려고 한다는 사실도 잊어서는 안 된다.

324) 범죄수사규칙 제4조.

(2) 인권의 존중

경찰관이 수사를 할 때에는 개인의 인권을 존중하고 공정하고 성실하게 직무를 수행하여야 한다.[325] 범죄 수사에 있어 피의자의 인권은 물론 참고인 등의 인권의 중요성을 강조하고 있다. 외국인 피의자의 조사는 외국인이 우리나라의 관습・언어・형사절차 등을 잘 알고 있지 못함으로 인하여 범죄사실을 부인하는 등 변명하는 사례가 있으나 오해가 없도록 공명정대하게 조사하여야 한다.

언어 소통이 잘 되지 않음을 이유로 친절하지 못한 언행 또는 불쾌한 감정으로 조사 할 경우에는 인권침해라는 시비는 물론이고 한국경찰에 대한 인상마저 흐리게 한다는 사실을 주목해야 할 것이다.

(3) 외국인의 인권의 범위

구체적으로 외국인에게 인정되는 권리와 인정되지 않는 권리에는 어떠한 것들이 있는가가 문제된다.[326] 일반적으로 외국인에게 보장되는 기본권으로는 인간의 존엄과 가치・행복 추구권, 평등권, 자유권적 기본권, 청구권적 기본권 등을 들 수 있으며, 생존권적 기본권・참정권 등은 인정되지 않는다고 한다.

9) 필요적 고지와 통보

신문하기 전에 조사 경찰관이 외국어에 능통하여 통역 없이 조사를 할 수 있는 경우에는 자신이 조사 경찰관이라는 사실과 피의사실의 요지를 설명하고 진술거부권과 변호인 선임권이 있다는 사실, 즉 미란다 법칙[327]을 설명한 후 인정 신문에 들어갈 수 있으나 조사 경찰관이 외국어에 능통하지 못할 경우에는 통역인을 이용할 수밖에 없다.

이때에는 통역인을 이용하여 조사를 하겠다는 설명과 통역인으로 하여금 진술거부권과 변호인 선임권을 설명한 후 인정 신문을 할 수 있다. 이때 통역인은 중립의

---

325) 범죄수사규칙 제2조 제2항.

326) 허영 교수는 「외국인은 우리 민족의 동화적 통합을 해치지 않고 그들을 우리 사회에 동화시키는 데 필요한 범위 내에서 기본권의 주체가 될 수 있다」고 주장한다(1995: 237).

327) 미란다 원칙(principle of Miranda) : 경찰이나 검찰은 피의자로부터 자백을 받기 전에 반드시 변호인 선임권과 진술거부권 등 피의자의 권리를 알려야 하는 것을 의미한다. 1966년 미국 대법원이 검찰이 제출한 성폭행 피의자 Miranda의 자백을 증거로 채택하지 않은 데서 유래되었다.

입장에서 피의자와 경찰관 사이에 필요한 의사소통을 보조하는 역할을 하는 사람임을 이해시키고 수사에 어떠한 영향을 미칠 수 없는 사람임을 분명하게 설명하여 통역인에 대한 오해를 하지 않도록 한다.

(1) 진술거부권의 고지

① 권리의 확인

진술거부권(right of silence)[328]은 일명 '묵비권'이라고도 하며 우리나라 형사소송 절차에서 형사소송법에 규정되어 있으며, 피의자에게 진술거부권이 있음을 알리고 「진술거부권」이 무슨 뜻이다는 사실을 구체적으로 상세히 설명하여 묵비할 수 있는 권리가 있음을 알려야 한다.[329] 이때 사건을 수사 중인 경찰관은 묵비권이 있다는 사실을 일방적으로 알리는 것으로 족하지 않고 외국인 피의자가 확실하게 이해하고 있다는 사실을 확인할 필요가 있다. 왜냐하면 일방적으로 알리기만 할 경우 불리하면 경찰관으로부터 고지받은 것 자체를 부인할 수 있기 때문이다. 진술거부권은 헌법상 보장된 권리로써 미국 대법원은 Miranda case를 경고의 의미로서 설명하도록 하고 있다.[330]

② 진술 분위기 조성

피의자에게 진술거부권이 있음을 고지할 때에는 피의자가 자유로운 상태에서 생각할 수 있는 시간적 여유를 제공해야 한다. 우리나라 경찰에서의 피의자 신문은

---

328) 진술거부권(right of silence) : 자유권적 기본권의 하나. 광의로는 형사책임에 관하여 자기에게 불리한 진술을 강요당하지 않는 권리이다. 통설은 형사 피고인 또는 피의자가 수사기관의 조사나 공판에 있어서 각개의 신문에 대하여 진술을 거부하는 권리를 말한다. 이는 강제적인 고문에 의한 자백의 강요를 방지하여 피의자・피고인의 인권을 옹호하려는 취지에서 나온 것이다. 피고인・피의자는 이익・불이익을 불문하고 묵비할 수 있다. 진술 당시에는 이익・불이익이 반드시 판정되는 것이 아니기 때문이다. 성명・연령・본적・주소・직업 등의 인정신문에 묵비가 인정되는가에 관하여는 긍정설과 부정설 및 성명・직업 등의 진술로 자기가 범인임이 확인될 때에는 묵비할 수 있다는 제3설이 있는데 묵비권의 성질로 보아 제3설이 타당하다고 본다. 수사기관은 피의자에게 이 권리가 있음을 고지할 의무를 가진다. 피고인에 대하여는 고지의무의 명문이 없으나 통설은 고지의무가 있다고 한다. 강요된 진술은 이를 유죄의 증거로 하지 못하기 때문이다.

329) 형사소송법 제200조 제2항 피의자의 출석요구와 진술거부권의 고지 : ① 검사 또는 사법 경찰관은 수사에 필요한 때에는 피의자의 출석을 요구하여 진술을 들을 수 있다. ② 전항의 진술을 들을 때에는 미리 피의자에 대하여 진술을 거부할 수 있음을 알려야 한다.

330) Fred E. Inbau, 1967: 4.

일반 사무실에서 많은 사람들이 있는 소란스러운 분위기에서 실시하고 있다. 이때 외국인 피의자는 한국의 경찰기관에 검거되거나 소환되어 신문을 받기 때문에 심리적으로 불안한 상태에 있으므로 경찰관의 고지에 대하여 정상적으로 이해하지 못할 수 있음을 감안하여 심리적으로 안정된 상태에서 신문할 수 있도록 별도 신문실을 이용하는 등 평온한 분위기를 제공하는 것이 필요하다.

(2) 변호인 선임권의 고지

① 피의자 권리의 존중

변호인 선임권의 고지는 헌법 제12조 제4항[331]과 제5항[332] 그리고 형사소송법 제72조[333]에 의하여 어떤 범죄의 혐의를 받아 경찰에 의하여 체포되었을 당시에 구체적으로 설명되어 피의자가 이해하고 있어야 한다. 그러나 당시의 정황과 의사소통의 문제점 등으로 인하여 설명하지 못하였을 경우를 대비하여 신문조서 작성 시에도 상세히 설명할 필요가 있다. 우리나라의 형사소송법에 변호인 선임권자, 선임의 효력, 국선변호인 제도, 변호인 선임의뢰 등의 사항을 상세히 설명하여 외국인 피의자로 하여금 변호인 선임 제도에 대하여 충분히 이해할 수 있도록 하여야 한다.

② 편의 제공

외국인 피의자가 변호인 선임을 부탁하는 경우, 경찰관이 변호인을 직접 소개하여 주면 오해를 받을 우려가 있기 때문에 변호사회 등에 연락하여 피의자가 변호사와 직접 면담하여 변호사를 선임할 수 있도록 편의를 제공하는 것이 중요하다. 경찰관은 변호인 선임권이 있다는 사실 자체를 고지하는 것과 선임 의사를 밝힐 경우 통신 등 편의를 제공하는 것 이상의 행위를 하여서는 안 된다.

---

331) 누구든지 체포 또는 구속을 당한 때에는 즉시 변호인의 조력을 받을 권리를 가진다. 다만 형사 피고인이 스스로 변호인을 구할 수 없을 때에는 법률이 정하는 바에 의하여 국가가 변호인을 붙인다.

332) 누구든지 체포 또는 구속의 이유와 변호인의 조력을 받을 권리가 있음을 고지 받지 아니하고는 체포 또는 구속을 당한지 아니한다. 체포 또는 구속을 당한 자의 가족 등 법률이 정하는 자에게는 그 이유와 일시·장소가 지체 없이 통지되어야 한다.

333) 구속과 이유의 고지 : 피고인에 대하여 범죄사실의 요지, 구속의 이유와 변호인을 선임할 수 있음을 말하고 변명할 기회를 준 후가 아니면 구속할 수 없다

(3) 인적사항 등 확인

① 인정신문

최근 중국동포 등 동남아권 국가에서는 한국인의 여권을 위조 또는 변조하여 동 여권을 이용 우리나라에 입국하는 사례가 있음을 감안하여 여권과 동일인 여부를 반드시 확인하여야 한다. 인정신문은 피의자의 성명, 생년월일, 국적, 한국의 주소지와 체류지, 입국목적, 체류자격, 후견인 등을 문의한 후 피의자의 여권[334]을 제시하도록 하여 진위여부를 확인하고 의심스러울 때에는 출입국 관리사무소 등에 문의하는 것을 잊지 말아야 한다.

② 입국 · 체류자격 확인

여권에는 체류자의 입국자격과 활동범위 및 체류기간[335] 등이 기록되어 있으며, 체류자격은 외교, 공무, 일반협정, 행정협정, 관광, 친선, 예술, 학술, 공연 등 33종류로 나누어져 있다. 체류자격 이외의 활동이나 업무 등을 한다거나 취업을 하는 것은 출입국 관리법 위반죄를 구성하게 된다.

(4) 건강의 이상유무 확인

① 의사의 진료

외국인 피의자는 우리나라의 문화, 음식, 기후 등에 적응력이 떨어져 건강에 이상이 있을 수 있고 타국에서 피의자로 범죄의 혐의를 받아 수사 대상자로 되어 있

---

334) 여권은 명의인이 여권 발행국의 국민임을 확인하고 아무런 제한 없이 자국으로 돌아갈 수 있음을 보증하고 여행지 국가에 대하여 명의인에게 편의를 제공하도록 요청하는 내용을 담은 각국의 정부가 발급한 공식 문서를 말한다. 여권의 명칭과 종류는 다양하지만 우리나라에서 인정하는 것은 수교국이 발급한 여권(passport), 여행증명서(travel document), 난민 여행증명서(refugee travel document), 외국인 여권(alien passport), 국제연합 또는 국제연합 전문기관이 그 대표나 직원에게 발급한 통행증(laissez-passer) 등이 있다.

335) 외국인은 입국한 날부터 90日 이상 체류하게 되는 때에는 입국한 날부터 90日 이내에 체류지 관할 출입국 관리 사무소 또는 출장소에 외국인 등록을 하여야 하며 체류자격을 부여받은 외국인으로서 90일을 넘는 체류 기간을 정해 받은 경우에는 그 체류자격을 받은 때에 등록하며 체류자격 변경허가를 받은 외국인이 입국한 날부터 90일이 넘는 체류기간을 정해 받은 경우에는 그 체류자격 변경허가를 받을 때에 등록하여야 한다. 다만, 주한 외국공관 및 국제기구의 직원과 그 가족 또는 우리나라와 맺은 협정에 따라 외교관이나 영사와 비슷한 특권과 면제를 누리는 사람과 그 가족 또는 우리나라 정부가 초청한 사람 등으로서 법무부장관이 정하는 사람 등은 외국인 등록이 면제된다.

어 육체적, 정신적으로 불안한 상태에 있어 건강에 이상이 있을 수 있다. 그러므로 피의자에 대한 건강 이상 유・무를 확인하고 수감 생활을 하게 되면 의료진으로부터 진료를 받을 수 있음을 설명해 주어야 한다.

② 신체검사의 확행

피의자는 검찰에서나 재판 과정에서 자신의 몸에 이상이 있음은 수사기관에서 인권유린 등 수사상 가혹 행위로 인하여 진술을 강요받았다고 주장하면서 피의자 신문조서의 내용에 대해서 증거능력을 부인할 가능성이 있으므로 건강의 이상 유・무에 대하여 확실하게 확인하여야 한다.

외국인 피의자를 검거하여 조사할 경우에는 우선적으로 신체검사를 실시하여 흉기나 독극물의 소지여부, 그리고 건강의 이상 유・무와 신체상의 상처 등이 있는지의 여부를 미리 확인하여 대비하여야 한다.

(5) 영사기관 등에 통보

① 파견국 국민과의 통신 및 접촉

영사관원은 파견국의 국민과 자유로이 통신할 수 있으며 또한 접촉할 수 있다. 파견국의 국민은 파견국 영사관원의 통신 및 접촉에 관하여 동일한 자유를 가진다.[336]고 규정하고 있으므로 우리나라는 조약 제594호(1977. 4. 6)에 의하여 동 규정에 따라야 한다.

② 권리의 보장

외국인 피의자가 구속되어 있는 사실에 대하여 피의자 국가의 영사기관(대사관 또는 영사관)에 통보하여 우리나라의 법령에 반하지 아니하는 범위 내에서 그리고 영사 관계에 관한 비엔나 협약[337]의 규정에 의하여 피의자 국가의 영사기관과 접

336) 영사관계에 한관 비엔나 협약 제36조 제1항 (a).

337) 영사관계에 관한 비엔나 협약: 비엔나 협약 제36조는 영사관원과 파견국 국민은 서로 자유로이 통신・접촉할 수 있으며 파견국의 국민이 체포되는 경우 또는 재판에 회부되기 전에 구금, 유치, 구속되는 때에는 그 국민이 파견국의 영사기관에 통보할 것을 요청하면 접수국의 권한 있는 당국은 지체 없이 통보하여야 하고 체포, 구금, 유치 또는 구속되어 있는 자가 영사기관에 보내는 어떠한 통신도 당국에 의하여 지체 없이 전달되어야 한다. 또한 영사관원은 구금, 유치 또는 구속되어 있는 파견국의 국민을 방문하여 동 국민과 면담하고 교신하며 그의 법적 대리를 주선하는 권리를 가진다고 규정되어 있다.

촉 또는 통신할 수 있음을 확실하게 설명하여 이해할 수 있도록 해 주어야 한다. 이때 외국인 피의자가 자국의 영사기관과 통신 또는 접촉의 의사를 표명할 경우에는 자유로이 통신 또는 접촉할 수 있도록 허용하여야 한다.

(6) 신문조서의 작성

① 서명 · 날인

피의자의 신문조서는 외국인이 한국어를 이해하는 경우에는 한국어로 작성할 수 있으며 한국어를 이해하지 못하는 경우에는 자국어나 피의자가 이해할 수 있는 외국어로 작성한 후 동 조서의 내용을 열람하여 증감이나 오기 또는 변동사항이 있는지를 확인하도록 하거나, 또는 통역인으로 하여금 읽어 주도록 하여 신문조서 내용에 대한 피의자의 진술 내용이 일치하는지의 여부를 확인한 후 서명 날인하도록 한다. 외국인에 대한 조서에는 외국인의서명날인에관한법률[338]에 따라 서명만으로 이를 대신할 수 있다.

② 서명을 거부할 경우

외국인 피의자가 신문조서의 내용에 대해서 서명, 날인, 또는 무인 등을 거부할 경우에는 그 사유를 조서에 기재하여 신문조서를 종결하고, 통역인과 번역인을 이용하여 조서를 작성하였을 경우에는 반드시 이들에 대한 인적사항과 연락처를 기재하고 서명, 날인하도록 하여야 한다.

10) 수사상 유의사항

외국인 범죄수사는 범죄발생 접수에서 피의자의 검거, 증거수집, 신문조서작성, 피해자조사 등 수사를 종결하여 검찰에 송치할 때까지 면밀한 주의를 하지 않으면 안 된다. 왜냐하면 외국인은 문화와 생활, 사고방식, 법률체계, 소송절차 등에 이르기까지 우리와는 전혀 다른 면이 있기 때문에 이에 대한 배려도 필요하다. 물론 우리나라의 영역 안에 체류하는 동안에는 우리나라의 법률하에 있기 때문에 법대

---

338) 외국인의 서명날인에 관한 법률(1958년 7월 12일 법률 제488호): 법령의 규정에 의하여 서명날인(기명날인도 포함한다)하여야 할 경우나 또는 날인만을 하여야 할 경우에 외국인은 서명만으로써 이에 대신할 수 있다. 단 그 외국인이 서명날인의 제도를 가지는 국가에 속하는 때에는 본법을 적용하지 아니한다.

로 처리하면 된다.

그러나 국제적인 관례를 벗어날 경우 외교문제로 발전할 수 있다는 사실을 항상 염두에 두고 적법절차에 의한 수사를 하지 않으면 안 된다. 또한 수사관은 형사 사법 절차에 있어서 우리나라를 대표하는 외교관이라는 자세로 수사에 임하여야 한다. 타국의 수사기관에서 범죄의 혐의를 받아 검거 또는 소환되어 조사를 받는다는 것은 외국인의 입장에서 생각할 때 매우 심각한 일이 아닐 수 없다.

그러므로 외국인 피의자를 조사할 경우에는 항상 국경을 초월한 국제적 안목을 가지고 공명정대하게 수사에 임해야 하며 적법성·합리성·타당성에 입각한 수사를 하여야 한다. 외국인이 우리나라의 수사 기관에서 부당한 대우를 받아 나쁜 감정을 가지고 있다면 우리나라를 떠난 이 후에도 우리나라에 대하여 부정적인 감정으로 생각하게 되며, 나쁜 이미지를 형성하게 된다는 사실을 염두에 두어야 한다.

또한, 우리나라의 수사기관과 형사사법제도의 불법성 및 후진성 등에 대해서도 비난한다는 것은 재론의 여지가 없다 할 것이다.

그렇다고 필요 이상으로 친절을 베푼다거나 조사내용을 축소해야 한다는 이야기는 물론 아니고, 정정당당하게 임해야 한다는 것이다. 그러므로 외국인을 수사하는 수사기관은 당해 외국인에 대하여 우리 형사사법기관의 대표자라는 생각을 가지고 절도와 품위 있는 자세로 친절·공정하고 신속·정확하게 사건을 처리함으로서 외국인이 수사 결과에 이의를 제기함이 없이 승복할 수 있도록 하여야 할 것이다.[339)]

9. 국제형사경찰기구

1) 개 요

국제형사경찰기구(International Criminal Police Organization)라 함은 국제적인 형사경찰의 공조기관이다. 일반적으로 인터폴(INTERPOL)이라고 부르는데 이는 전신부호인 Interpol을 인용하여 인터폴이라는 이름으로 부른 것이다. 이는 가맹 각국의 경찰이 상호간에 주권을 존중하면서 국제범죄의 방지·진압에 협력하기 위한 조직이다. 국가간의 범죄자와 국경을 넘어 외국으로 도주한 자국의 범죄자에 대한 소재수사와 정보교환 등이 주된 임무로써 정치, 군사, 종교, 인종문제 등에

---

339) 손봉선, 1999: 25~49.

관여하는 것은 엄금되고 있다. 그러나 각국의 경찰기관은 인터폴을 통하여 범죄의 예방과 진압을 위한 협력을 강화하고 있다. 주요 내용은 치안정보의 교환, 범인의 수배, 검거, 인도 등에 대하여 국가간의 형사경찰기관이 협력하는 조직이다.

동 조직은 국제법상의 협정이 아니므로 강제수사권이나 체포권이 없다. 1923년 유럽의 24개국의 대표들이 모여 국제형사경찰위원회(ICPC)가 발족되었으며 1956년에 현재의 INTERPOL로 개명하였다. 본부는 프랑스의 파리 근교 리옹에 있으며 우리나라는 1964년에 가입하였다. UN 경제사회이사회에서는 1971년 인터폴을 정부간의 기구로 정식으로 인정하였고, 1996년에는 UN 총회에서 UN의 옵서버 자격을 인정받아 국제사회에서 공식적인 인정을 받은 것이다.

2) 역사적 배경

모나코의 왕자 Albert 1세가 1914년 4월 14일부터 동년 4월 18일까지 5일 동안 세계 14개국의 법학자와 경찰관 등을 모나코로 초청 제1회 국제형사경찰회의를 개최하여 국제범죄 기록보관소의 설립과 범죄인 인도절차의 표준화에 대한 토의를 한 것이 최초의 인터폴 창설의 계기가 되었다.

1차 회의가 개최된 뒤 1923년 오스트리아 비엔나에서 소집되었으며 본부는 비엔나에 두기로 합의하고 공식적으로 'International Criminal Police Commission'의 설치가 합의되고 기본법령이 만들어 졌다.

1946에는 벨기에의 부루셀에서 개최되어 새로운 법령을 채택하고 본부를 파리로 이전하고 전신부호를 'Interpol'로 결정하였고 1956년에는 ICPC를 ICPO로 개칭하였으며 1966년 사무총국을 프랑스 파리 교외 Saint Claud로 이전하였다.

1971년 UN 경제사회이사회에서 INTERPOL를 정부간 기구로서 지위를 인정하게 되었으며 1984년 INTERPOL에 면책특권을 부여하기 위하여 기구와 프랑스 정부간에 협정서 'Headquarters Agreement of the ICPO-Interpol를 체결하였다.

다시 1989년 11월 27일 기구 본부가 프랑스 리용으로 이전하였으며 1996년 10월 15일 UN총회에서 옵서버로서의 지위를 인정하였으며 177개국으로 증가하였다.

그리고 1999년 11월 8일부터 12월 5일까지 서울에서 제68차 인터폴 총회를 개최하였다.

3) 역할과 기능

우리나라는 1964년 9월 30일 가입하였으며 다음해 5월 21일 인터폴 한국 중앙사무국(KNCB)을 내무부 치안국에 설치하였다. 1990년부터는 사무총국에 경찰관 1명을 파견하였다. KNCB는 한국의 국제적 대표경찰기구로서 경찰청에 설치 운영되고 있으며 인터폴 사무총국 및 다른 회원국간의 연락과 협조 요청의 창구로서 활발한 역할을 하고 있다. Interpol에는 전 회원국과 초고속 정보를 송·수신할 수 있는 원거리 통신망과 자동검색장치가 구축되어 각종 범죄기록, 국제범죄자의 지문, 사진자료의 분석, 정리 등을 통해 범죄의 예방과 진압에 대한 협력을 도모하고 있다.

Interpol의 업무범위는 범죄인, 재물, 문화재, 경제, 마약 등 일반 범죄에 한정하고 있다. 그리고 국제성 범죄에 효과적으로 대응하기 위해 '국제수배서'를 발행하고 해외도피범, 실종자, 우범자, 장물 등에 대한 정확한 자료를 각 회원국에 통보하여 적극 활용하도록 하고 있다. 그리고 국제 공조수사를 위한 제도로 국제조약인 '범죄인인도조약' 및 '형사 사법공조 조약' 등이 있으나 체결 국가가 소수이고 그 내용상 한계와 절차상의 지연으로 신속한 대응에는 미흡한 점이 많다. 그러나 Interpol은 각국의 경찰협력기구로서 사상과 이념을 초월한 조직으로 24시간 전세계를 대상으로 광범위하게 실질적인 공조수사 활동을 지원하고 있다.

4) 법적지위

인터폴 헌장과 일반 규정 그리고 회원국의 국내법에 의거하여 국제 경찰협력을 위해 활동하는 정부간 기구로서 자체가 범죄수사권을 가진 '국제경찰을 의미하는 것은 아니다. 정부간 기구는 국제법상 그 자신의 고유한 권한과 특권을 행사할 수 있는 법적 성격을 지니고 있다. 범죄인 인도에 관한 UN모델 조약은 효과적인 범죄진압을 위해 긴급한 경우 범죄인 인도 청구서 송부전 범죄인에 대한 긴급인도구속을 인터폴의 송신수단에 의해 할 수 있음을 명시함으로써 범죄인 인도에 관한 인터폴의 법적인 지위를 인정하고 있다. 대표적인 다자간 조약인 범죄인 인도 유렵협약도 인터폴을 통하여 긴급인도 구속청구를 할 수 있도록 규정하고 있다.

우리나라는 범죄인 인도법으로 범죄인 인도에 관한 범위와 절차를 규정하고 있으나 이를 근거로 하여 외국과 개별적으로 범죄인 인도조약을 채결하고 있다. 국제형사사법공조법은 형사사건의 수사 또는 재판과 관련하여 외국의 요청에 따라 실시하는 공조 및 외국에 대하여 요청하는 공조의 범위와 절차 등을 규정함으로써 범죄 예방 및 진압을 위한 국제적인 협력 증진을 도모하고 있다.

행정안전부장관은 인터폴을 통한 형사사건의 국가간 수사 협조요청은 국제범죄의 정보 및 자료교환, 국제범죄의 동일증명 및 전과조회, 국제범죄에 관한 사실확인 및 그 조사,[340] 기타 국제형사사법공조법에 의한 공조에 관한 조치 등을 할 수 있도록 규정하고 있다.[341]

5) 한국중앙사무국

(1) 개 요

한국중앙사무국(KNCB)은 한국경찰을 대표하여 인터폴과 관련된 모든 사안에 대해 사무총국 및 다른 나라의 국가중앙사무국과의 협조는 물론 지방경찰청을 비롯하여 국내 정부기관과의 연락 및 협조에 있어 주요한 창구 역할을 하고 있다. 따라서 인터폴과 관련된 국제형사경찰간의 모든 업무협조는 동 기구를 통하여 하고 있다. 그리고 매년 개최되는 총회, 지역회의, 세미나에 참석하여 각종 정보를 교환하는 등 회원국과 긴밀한 협조관계를 유지하면서 국제범죄의 예방과 진압에 노력하고 있다.

(2) 가 입

한국은 국제교류의 증대와 해외진출 확대 등으로 인하여 점증하고 있는 국제성범죄에 국제 형사경찰간의 협력을 통하여 효과적으로 대처하기 위하여 1963년 9월 외무부를 통하여 인터폴 사무 총국과 접촉을 하여 다음해 4월 가입을 신청하여 동년 9월 30일부터 10월 7일까지 베네주엘라 수도 카라카스에서 개최한 세계 95개국이 참석한 제33차 총회에서 만장일치로 승인되었다.

(3) 운 영

한국 중앙 사무국의 사무국장은 외사관리관으로 하고 경찰청 외사 3담당 1계 직원을 사무국원으로 구성 인터폴 헌장 및 국내법의 범위 내에서 규정된 업무를 수행

---

340) 범죄인인도법 제38조.

341) 경찰청, 1997: 14~15.

하고 있다. 유럽, 아메리카, 아시아, 일본, 중국 등 국가 또는 대륙별로 업무를 담당하고 있다. 인터폴 통신망을 이용 해커수사, 범죄정보의 전파, 통신의 관리 등을 담당하고 있다. 동 기구의 이용에 필요한 재정은 가입국의 재정분담금에 의하여 운영되고 있다. 그리고 1996년부터 단계적으로 자동검색장비(ASF)를 도입하여 설치하여 세계적으로 수배하고 있는 국제 범죄자들에 대한 수배서 접수와 처리를 1시간 이내로 처리하여 국제 수배자의 입·출국과 범죄행위를 조기에 차단할 수 있다.

(4) 국제 공조수사 내용

국제 공조수사는 수사상 필요한 형사사건에 대하여 국가 간에 행해지는 모든 합목적적인 수단과 관련되는 협력이라고 할 수 있으며 다음과 같은 내용을 요청할 수 있다.

① 범인수배, 수사상 필요한 자료
② 진술조사, 검증조서, 감정서, 증거물 또는 증거, 압수, 수색, 검증
③ 범죄예방을 위한 정보교환과 협력
④ 범죄경력 및 수법 등[342)]

〈인터폴 국제공조 현황('07년)〉

(단위 : 건)

구분 지역	총 계	사무 총국	북미	일본	중국	아시아	유럽	중남미	오세아 니아	아프리 카
계	8,225	121	1,144	956	2,321	1,991	820	390	365	117
접 수	1,541	104	298	211	90	306	300	106	115	11
발 송	494	17	42	81	154	143	22	7	25	3
주재관	6,190	0	804	664	2,077	1,542	498	277	225	103

342) 경찰청, 1997: 63.

10. 마약류관리에 관한 법률

1) 개 요

마약류(narcotics)는 인체를 마비시키는 작용을 하는 약물로 인체에 지대한 해를 끼치는 물질을 의미한다. 마약류의 본래 의미는 narkoticos의 그리스 말에서 유래되었으며 무감각이라는 뜻을 나타낸다. 마약류를 사용하였을 경우에는 내성, 의존성, 금단현상 등이 나타나며 이로 인한 피해는 자신은 물론이고 커다란 사회문제를 야기할 수 있는 물질을 의미한다.

2) 법적근거

마약류라 함은 마약, 향정신성 의약품, 대마초 등을 총칭하는 것으로 2000년 7월 1일부터 마약류 관리에 관한 법률안으로 통합하여 시행하고 있다. 우리나라의 마약류 및 약물 관련법으로는 마약, 대마, 향정신성 의약품 등을 관리·통제하기 위한 마약류관리에 관한 법률, 약사법, 유해화학물질관리법, 청소년보호법 등이 있다.

3) 목 적

마약류 관리에 관한 법률은 마약류의 취급·관리를 적정히 함으로써 그 오용과 남용으로 인한 보건상의 위해를 방지하여 국민보건 향상에 이바지함을 목적으로 한다.

4) 우리나라의 마약류 실태

최근 마약류범죄의 지속적인 증가와 국제화 추세에 따른 외국산 마약류가 공항과 항만을 통하여 대량으로 밀반입, 국내에 유통되고 있으며 마약 소비계층도 정전의 유흥업 종사자 등 특수 신분계층에서 일반서민, 학생 등으로까지 급속히 확산되고 있으며 마약류 범죄는 계속해서 증가하고 있다.[343)]

---

343) 경찰백서, 2004:147.

〈마약류사범 검거현황〉 (※ 경찰단속 통계)

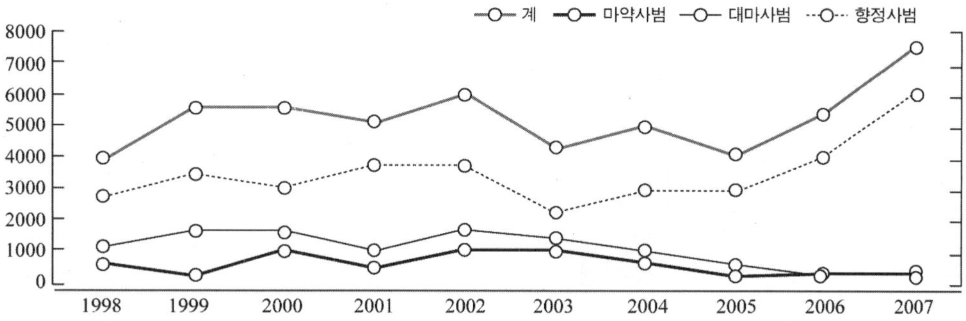

구 분	'98	'99	'00	'01	'02	'03	'04	'05	'06	'07
계	3,912	5,428	5,389	5,043	5,594	4,233	4,741	4,090	4,985	7,134
마약사범	485	527	914	528	763	828	822	498	659	767
대마사범	959	1,424	1,435	984	1,302	1,151	1,010	757	689	848
향정사범	2,468	3,477	3,040	3,531	3,529	2,254	2,909	2,835	3,637	5,519

5) 양귀비

양귀비(opium poppy)는 쌍자엽 식물로 이판화류의 한 가지 과(科)의 식물이다. 초본이며 자르면 유액이 나온다. 꽃은 양성이며 방사상칭이고 꽃받침은 일찍 떨어지며 꽃잎에 주름살이 진다. 많은 수술이 여러 테로 배열하고 1실의 씨방은 측막태좌이다. 열매는 속이 여러 칸으로 나뉘고 칸마다 씨가 많이 들어 있는 식물인 삭과(蒴果)로서 길이 4~6cm의 둥근 달걀 모양이며 윗부분에 뚫린 구멍으로 씨가 나온다. 세계적으로 총28속 250종으로 구성되며 대부분이 북반구에서 자라고 우리나라에는 3속 6종이 있다. 북반구의 온대와 아프리카에서 자생하는 현호색과[344]까지 합쳐서 양귀비과로 취급한다. 양귀비의 익지 않은 열매에서 상처를 내어 받은 유즙을 60℃ 이하의 온도로 건조한 것이 아편이다.

344) 현호색과는 꽃이 불규칙하고 꽃받침조각이 작으며 겉에 달린 꽃잎에 상투 또는 포가 있다. 수술은 수가 적고 열매는 각과이며 12 또는 많은 종자가 들어 있고 19속 425종으로 구성되며 식물체에 유액이 없다. 우리나라에 3속 15종이 있다.

〈양귀비의 꽃과 열매〉

〈열매에서 즙을 채취하는 모습〉

(1) 양귀비의 사용

양귀비는 마약의 대명사라고 할 정도이로 마약으로서 전 세계적으로 오랜 기간 사용되었다. 마약은 BC 4000년 석기시대(stone age)부터 양귀비에서 모르핀 등의 물질을 분리하여 진통제 등으로 활용하였다는 기록이 있는 것으로 보아 가장 오래되었으며 인류의 역사와 함께한 것으로 볼 수 있다. 양귀비는 일명 앵속이라고 부르며 아편을 채취하기 위하여 재배하며 터키, 이집트, 유고슬라비아, 인도, 중국, 아프리카 남부에서 러시아의 북부, 극동에서 서부 유럽, 아메리카 대륙 등 전 세계적으로 열대 및 아열대 등 전 세계에 자생 또는 재배되고 있지만 우리나라에서는 법으로 재배가 금지되어 있다. 미국의 California주에서는 흰색 양귀비꽃을 주화(State flower)로 정해놓고 있다.[345] 양귀비에 대한 전설로 서양에서는 결혼과 농업의 여신인 디미터(Demeter[346])가 명부의 지배자인 해이디스(Hades[347])한테 빼앗긴 딸 퍼세폰(Persephone[348])을 찾아서 헤매다가 이 꽃을 꺾어서 스스로 위안을 찾았다는 이야기와 디미터는 밤중에 이 꽃의 향기를 맡고 잠이 들면서 종자를 입에 넣고 편안이 잠들었다는 이야기가 있다. 특히 인도의 양귀비와 대마는 수천년 동안 사용되었다는 기록도 있다.[349]

---

345) Grolier, 1961:116.

465) 그리스 신화의 농업과 결혼의 여신.

347) 그리스 신화의 죽은 사람의 영혼이 산다는 지하계・저승・황천・황천의 지배자.

348) 그리스 신화의 Zeus와 Demeter의 딸. Hades에게 납치당해서 그의 아내가 되고 지하계의 여왕이 되었다.

(2) 양귀비의 생리

양귀비과(Papaveraceae)의 1년 초로서 꽃이 아름다워 세상 사람들로부터 많은 사랑을 받아 온 역사적인 식물이다. 소아시아와 이란이 원산지이며 약용으로 재배하고 높이 50~150cm로서 털은 없으며, 잎은 어긋나고 난형이며 불규칙한 톱니가 있다. 꽃은 5~6월에 피고 흰색 이외에 여러 가지 색깔이고 꽃줄기 끝에 1개씩 위를 향하여 피며 꽃봉오리는 밑으로 처진다. 꽃받침은 2개이고 일찍 떨어지며 꽃잎은 4개가 2개씩 마주 달린다. 많은 수술과 1개의 암술머리가 방사상으로 갈라진다. 삭과(蒴果)는 난상구형(卵狀球形)이며 길이는 4~6cm, 지름은 3.5~4cm이고 성숙하면 위에서 열리는 구멍으로 종자가 나온다. 열매가 익기 전에 상처를 내어 받은 유액(乳液)을 60°C이하의 온도로 건조시킨 것이 아편이다. 종자에는 45~50%의 기름기가 들어 있어 식용 또는 공업용으로 사용하며 마취성분이 없다.

(3) 양귀비의 이용

양귀비속(Papaver[350]))에 속하는 100여종의 식물 중 모르핀을 생산하는 것은 Papaver Somniferum 과 Papaver Somniferum alba가 있으며 덜 익은 열매에서 수액을 채취하여 가공한 것을 말한다. Papaver Bracteatum은 데바인(thebaine)만을 함유하므로 주로 의료용 합성 아편을 만드는데 쓰인다. 우리나라에서는 양귀비의 종류에 상관없이 모두 법적으로 규제되고 있다. 그러나 미국에서는 재배하기가 쉽고 자생력이 강하며 아름다운 꽃, 어떤 토양에서도 잘 자라기 때문에 관상용으로 인기가 있다. 양귀비는 꽃의 종류도 다양하여 흰색, 붉은색, 심홍색, 자주색, 노랑색 등이 있다. 그리고 양귀비의 씨나 줄기를 건조한 후 가열하지 않고 기름을 추출하여 쎄러드(salad) 또는 음식을 조리하는 식용으로 쓰인다. 가열하지 않고 추출한 기름은 무색 또는 순 노랑색을 띄며 흰색 양귀비의 씨를 이용한다. 양귀비씨에서 추출한 기름은 마약의 성분이 전혀 없는 것으로 알려져 있다. 그러나 가열하여 기름을 짤 경우에는 검은 색으로 주로 페인트, 비누, 도자기의 유액 등으로 사용된다.[351])

---

349) Sidney Cohen 「The Drug Dilemma」 McGraw-Hill, Inc. 1969:2.

350) Papaver는 그리스어로 양귀비속(poppy)을 의미하며 somniferum은 꿈을 꾸는 것 또는 잠을 청하는 것을 의미한다. papaverine은 아편에 함유되어 있는 알칼로이드의 일종을 의미한다.

351) Grolier, Grolier encyclopedia XVI. 1961:116.

(4) 양귀비의 약리

양귀비는 열매뿐만 아니라 잎, 줄기에도 아편 알카로이드 성분을 다량 함유하고 있으나 대부분 열매에서 아편을 추출하기 위하여 재배되고 있다. 양귀비에서 추출한 물질을 모르핀이라고 하는데 진통효과가 우수하여 의약용으로 주로 사용된다. 그러나 환각이나 흥분효과는 미약한 편이다. 그리고 양귀비 속은 민간요법에서 통증완화, 기침, 이질 등의 치료에 사용되어 왔다.

6) 아편류

아편(opium)은 액속과의 1~2년생 식물인 양귀비의 즙액을 굳힌 것 또는 이것을 가공한 것으로 마약의 일종이다. 아편은 앵속(Papaver Somniferum L.)의 설익은 열매 꼬투리에 흠집을 내어 흘러나오는 우유빛 수액을 3~4회 채취 후 자연 상태에서 하룻밤정도 건조시켜 생성되는 고무질 형태의 덩어리를 말한다. 외형상 특징은 흑색·갈색·흑갈색 등을 띠고 왁스처럼 약간 딱딱하며, 달콤하고 톡 쏘는 듯한 향기와 건초냄새가 난다. 제품의 응고를 방지하기 위하여 셀로판지, 방수(防水)종이 등으로 포장된다. 주로 흡연형태로 남용되나 물에 타서 마시거나 주사방법으로도 이용된다. 아편은 유럽 각국어인 opium에서 영어에 전이된 것이다. 어원은 그리스어의 opos(식물즙) alc opiun(양귀비의 즙액)에서 전이된 것이다. 아편은 생아편, 의약용 아편, 흡연용 아편으로 나뉜다. 생아편은 덜 익은 양귀비 열매에 상처를 내어 유출되는 유액을 채집하여 건조시켜서 덩어리로 만든 것이다. 이것을 가루로 하여 모르핀의 함유량을 10%로 조절한 것을 아편말이라 하며 의약용 아편으로 쓰이고 있다. 아편말은 갈색의 가루이며 특이한 냄새가 나고 맛은 매우 쓰다. 흡연용 아편은 생아편을 물에 녹여 불응분을 제거한 후 증발농축하여 엑스상으로 만

〈황금의 3각지대 전경〉

든 것으로서 특별한 곰방대를 사용하여 작은 램프의 불로 발연시켜 흡연한다.

〈생아편〉

아편은 황금의 삼각지대(golden triangle)[352]인 태국, 라오스, 미얀마 등의 국경지대에서 재배하여 제조되며 세계생산량의 60%를 점유하고 있으며, 세계의 1년 총생산량은 약100만kg이나 된다. 그리고 이란, 파키스탄, 아프카니스탄 등의 접경지역을 황금의 초승달지역(golden crescent)이라고 하여 많은 양의 아편을 생산하고 있으며, 이 외에도 인도 등지에서 생산되고 있다.[353] 특히 북한에서는 달러벌이 방안으로 밀 경작한 양귀비에서 아편을 생산하여 중국, 한국, 일본 등지로 밀수출하는 것으로 알려져 있다. 생아편은 덜 익은 양귀비 열매에 상처를 내어 유출되는 유액(乳液)을 채집하여 건조시켜서 덩어리로 만든 것이다. 이것을 가루로 하여 모르핀의 함유량을 10%로 조절한 것을 '아편말'이라 하여 의약용 아편으로 쓰고 있다.

(1) 성 분

아편은 주로 모르핀, 코데인, 데바인, 파파베린, 스카핀(나르코틴) 등의 주요 알칼로이드를 함유하는 외에 미량의 알칼로이드와 약간의 메콘산염 및 수지점액 등을 함유한다. 알칼로이드를 추출하여 정제해서 염산염으로 한 것이 염산 아편 알카로이드이다. 아편은 중추신경을 마비시키고 진정, 진통, 진경, 진해, 지사, 최면제 및 마취보조제로 쓰이며 주요 효력은 모르핀과 같으나 작용은 완만하다. 부작용으로서는 오심, 구토, 두통, 현기증, 변비, 피부병, 이뇨장애, 호흡억제, 혼수 등의 만성중독을 일으킨다. 아편이 함유하고 있는 알칼로이드는 생산지에 따라 현격한

352) 히말라야산맥 남쪽 기슭으로부터 흘러내린 메콩강은 미얀마·태국·라오스 3국의 국경지대에서 하나로 합쳐지는데 이곳을 황금의 삼각지대라고 부른다. 이곳에서는 전통적으로 양귀비를 재배해 왔으며, 최근까지 전 세계 헤로인의 약 60%을 공급해 오고 있다.

353) 태국 보안사는 2005년 미얀마 지역 39개, 라오스 19개, 캄보디아 3개 등 모두 61개의 각성제 생산 공장에서 생산된 정제형 메쌈페타민 7억정 이상이 태국시장으로 밀반입될 것으로 예상하고 있다.

차이를 나타낸다. 그리고 추출 방법에 따라 성분이 달라지는데 아편이 함유하는 특징적인 물질로는 메콘산이라는 물질은 15%정도나 함유되어 있어 모르핀의 순도에 크게 영향을 미친다. 아편의 순도를 확인하기 위해서는 모르핀, 나르코틴, 메콘산을 확인하는 것이 필요하다. 상용량은 1회 0.03g이고 1일 0.1g이다. 제재로서는 아편팅크, 도프르산, 아편말, 아편산 등이 있다. 아편은 마약이므로 습관성이 있고 만성 중독증을 일으켜 점차 다량을 사용하지 않으면 효력이 떨어진다.

(2) 아편의 역사

아편의 효능은 오랜 옛날부터 알려져 있었다. 이집트에서는 기원전 1,500년대에 저술된 에벨스의 파필루스 문서에 의하면 유아가 지나치게 울 때에는 울음을 그치게 하기 위해서 양귀비의 즙이 효과가 있다고 기술하고 있다. 아편은 기원전 3세기경에 희랍어의 즙(juice)이라는 말에서 유래되었으며 초기에는 지사제(obstipatia)로 쓰였다. 1세기에서 12세기까지 상품으로서의 아편은 소아시아만의 산물이었으나 그 후 아랍인에 의하여 페르시아, 인도, 중국에 퍼졌다. 중국에는 약품으로서 13세기경에 전해지고 17세기에는 흡연의 풍습이 시작되었으며 1729년에 최초의 흡연 금지령이 내려졌다. 그 무렵에 중국에 들어온 아편은 연간 200상자(상자당 149.3파운드)를 넘지 않았으나 57년에 영국의 동인도회사가 인도의 아편의 전매권을 잡게 되자 중국으로의 반출이 급격히 증가하여 76년에는 1.000상자, 90년에는 5,054상자나 되어 정부의 엄중한 방지책에도 불구하고 1820-30년대에는 1년에 16,877상자로 늘어났다. 그 결과 영국과의 사이에 아편전쟁[354]이 일어났으며 아편전쟁은 난징조약으로 해결되었다. 그러나 인도의 아편은 여전히 유입되어 1850년에는 52,925피큘[355], 1880년에는 96,839피큘로 증대하였다. 청국정부는 1906년에 10년 계획으로 양귀비의 제재와 아편의 흡연을 전멸시키는 계획을 세워 1909년에는 상하이에서 미국, 영국, 프랑스, 독일, 이탈리아, 일본 그 밖의 나라들과 국제회의를 개최하여 아편 흡연을 근절하는 최초의 국제 협정을 체결했다.

(3) 약리작용

앵속의 설익은 열매에 대나무 칼로 자상(刺傷)하여 흘러나오는 우유같은 수액을

354) 1840~1842.
355) pikul: 1피큘은 133.3파운드.

채취하여 자연상태에서 하룻밤 정도 건조시켜 생성되는 암갈색의 고무질 형태의 덩어리를 말한다. 아편에는 모르핀, 코데인, 데바인 등 30여종의 알칼로이드가 함유되어 있어 모든 아편 제재의 재조원료로 사용되고 있다. 아편은 당분, 단백질, 지방, 물로 구성되어 있다. 이러한 성분 중에서 알칼로이드 성분은 전체 양의 10~20% 정도이다. 아편에는 약 40여종의 알칼로이드가 있으나 주요성분은 4~5종에 불과하다. 대표적인 성분으로는 모르핀, 코데인, 데바인 등으로 페난스렌계 알칼로이드와 파파베린, 나르코틴으로 대표되는 이소퀴놀린계 알칼로이드로 나누어진다. 모르핀과 그 유사 약물들의 중요한 약리작용은 중추신경 진통, 기분전환, 호흡 억제와 장관 운동 억제 및 졸음이나 수면을 유발시키는 것이다. 헤로인이나 다른 모든 아편계 약물은 꿈을 꾸는 듯, 정신적으로 느슨한 느낌을 갖게 한다. 경험이 많은 사용자는 이러한 중추신경 억제 상태를 매우 즐겁고 도취적인 것으로 받아들인다. 그러나 처음 사용하는 사람들은 몹시 우울하고 불행하게 느끼는 경우가 많다. 그리고 아편계 약물은 여러 가지 근본적인 욕구를 억제시킨다. 즉 사용자들은 공격성이 저하되고 식욕이 떨어지며 성적 충동이 감소하는 것을 경험하게 된다.

또한 아편계 약물은 피부 혈관을 확장시키므로 혈압이 어느 정도 낮아진다. 이 확장된 혈관을 통해 흐르는 혈류의 증가는 피부 특히 얼굴, 목 및 윗 가슴부위를 붉고 따뜻하게 만들며 또한 가려움증과 발한을 초래하게 된다. 온기가 점점 더 피부로 모이고 그것이 몸 전체로 퍼져 나감에 따라 체온이 저하되어 피부는 차갑고 축축하며 푸른빛을 보이지만 그 사용자는 오히려 덥게 느낀다.

7) 모르핀

모르핀(morpine)이라는 용어는 독일어에서 유래되었으며 아편 알칼로이드의 하나이다. 양질의 아편에는 9~14%의 모르핀 무수물(無水物)[356]을 함유한다. 1805년 독일의 유명한 약제사 재르튜르너가 아편의 유효성분으로 추출한 것의 분자식은 C17H19NO3이나 의료용은 그 염산염이다. 백색 침상 또는 결정성 분말이며 녹는점은 254~256°C이다. 190~200°C에서 승화하며 광선을 받으면 황색으로 변한다. 독

356) 이론적이든 실제적이든 다른 화합물로부터 물을 제거시켜 얻는 화합물이다. 무기 무수물의 예로는 황산으로부터 얻어지는 삼산화황(SO_3)과 수산화칼슘으로부터 얻어지는 산화칼슘(CaO)이 있다. 산에서 물을 제거해 생기는 삼산화황이나 그 밖의 산화물은 종종 산무수물이라 하는 반면 염기에 의해 물이 빠져나가 생긴 산화칼슘 등은 염기성 무수물이라 한다.

약 및 마약으로 지정되어 있는 염산염은 물에 잘 녹는다. 광선에 의해 변화하기 때문에 밀폐 용기에 보존한다. 무취이고 맛은 쓰다. 마취제로 진통, 진해, 진정, 최면에 효력이 있으며 부작용으로는 구토, 발한, 발열, 설사 등이 나타난다. 계속 상용하면 만성 중독을 일으켜 점차 증량하지 않으면 효력이 없어지고 사용을 중단하면 금단증세를 일으킨다. 우리나라에서는 모르핀 제조를 법으로 규제하고 있다. 염기의 성질과 함께 페놀로서의 특성도 나타낸다. 염산염은 우수한 마취제, 진통제로서 중요한 의약이다. 유도체인 디아세틸모르핀이나 모르핀 에테르는 모두 기침약으로 쓰인다.

(1) 모르핀의 역사

모르핀은 1817년 아편에서 추출되었으며 천연 마약으로서 강력한 진통효과를 지닌 아편 알칼로이드이다. 모르핀은 중추신경계와 위장계에 주로 효과를 나타내는 것으로 아편의 주성분이다.[357] 진통제로 사용되기 전에는 오랫동안 기침과 설사를 치료하기 위한 진해제, 지사제로 사용되었다. 아편 알칼로이드 중 가장 중요한 성분으로 아편 중 4~21% 범위로 분포된 것으로 보고되어 있으나 대부분의 아편에는 약 8~15%가 함유하고 있다. 나르코틴은 아편 중 알칼로이드로 2~8%가 존재하는데 비마약성이며 모르핀에 불순물로 존재한다.

(2) 모르핀 중독

모르핀중독(morphinism)이라 함은 모르핀을 계속적으로 남용함으로써 신체에 발생하는 중독중세를 말하는 것으로 대체로 만성적인 중독 증상을 가리킨다. 의료상의 관점에서 보면 신경의 자극으로 몸이 쑤시고 아픈 증상을 경감하기 위해 쓰는 외에 기호로 자주 사용함으로써 중독이 된다. 따라서 이러한 만성 동통이 있는 환자를 치료하기 위하여 만성적으로 사용한 사람과 모르핀을 입수하기 쉬운 의료직에 근무하는 사람들이 모르핀 중독자가 많다.[358] 모르핀은 뛰어난 진통작용을 가지고 있기 때문에 말기 암환자의 아픔을 덜어주기도 하고, 외과수술이나 화상으로 인한 고통을 진통시키는 데 없어서는 안 될 의약품으로써 널리 사용되고 있다. 중독시 구토・발한・발열・설사 등의 부작용이 나타난다.

357) 이강석, 1999:362.

358) Grolier XV, 1961:138.

(3) 중독증상

① 모르핀을 사용하다 중지하면 금단증세가 심하게 나타난다.
② 공복증상이 있으나 음식물을 섭취하고 싶은 의욕이 없다.
③ 만성 중독에서는 불쾌감이 계속된다.
④ 피부는 창백하고 건조하다.
⑤ 모발, 체모 등이 빠진다.
⑥ 이상 성격증상이 나타난다.
⑦ 몸이 마르고 허약해진다.
⑧ 헛구역질 증세가 나타난다.

(4) 치 료

① 지속적 수면요법
② 인슐린 투여
③ 전기치료 요법
④ 금단증상의 제거하기 위한 운동요법

(5) 모르핀의 검출방법

① 모르핀 용액에 염화철(Ⅲ)[359] 용액을 몇 방울 넣으면 청자색을 나타낸다.
② 소량의 모르핀에 진한 황산 몇 방울을 가하여 물중탕으로 30분 가열하고 냉각해서 질산을 1방울 넣으면 피와 같은 홍색을 나타낸다. 탈수하면 아포모르핀이 된다.[360]

(6) 모르핀의 약리효과

심근 경색에서 20~30분 동안 발작이 일어나거나 중증일 경우에는 모르핀을 복용하면 속효를 볼 수 있다.[361]

---

359) (iron chloride)무수물은 흑갈색의 6방결정계 결정으로 요오드화비스무트와 같은 구조로서 Fe는 6개의 cl에 8면체 모양으로 둘러싸여 있고 에탄올, 아세톤 등에 잘 녹는다. 염화철(Ⅲ) 육수화물은 프린트 배선 등에 의한 금속표면 부식제 외에 하수처리제에 쓰인다.

360) 이강석, 1999:362.

361) 김정문・장순하 「고혈압・심장병・뇌졸증」1994:30.

8) 코데인

코데인(codeine)은 양귀비에서 추출한 아편 알칼로이드의 일종으로 모르핀의 메틸화합물로 화학식은 $C_{18}H_{21}NO_3$이다. 아편 속에는 코데인이라는 물질이 약 0.5% 이상 함유되어 있다. 보통 인산 코데인으로서 의약품으로 사용되고 있다. 화합물로 무색의 사방결정계 결정이며 백색분말로 쓴맛이 있다. 융점은 154~156°C이고 무수물은 융점 115°C이다. 물에는 다소 녹고 알코올 및 에테르에는 잘 녹는다.[362)]

(1) 역 사

코데인은 1832년 프랑스의 약제사 P. J. Robike가 처음으로 다른 알칼로이드와 함께 아편으로부터 분리하였다. 그 뒤 1853년 피하 주사기 법의 발명으로 코데인을 직접 체내 조직에 투여함으로써 신속하게 약물의 효과를 얻을 수 있게 되어 더욱 확산되었다. 처음에는 아편과 이들 유도체가 만병통치약으로만 알려져 있었을 뿐 약리작용이나 독성 등에 대하여는 알려져 있지 않았기 때문에 유럽에서는 많은 사람들이 코데인을 무분별하게 남용하게 되었다.

(2) 약리효과

마약이지만 100배 이상으로 희석한 것은 마약으로 취급되지 않으므로 가정약으로 사용된다. 진해, 진정, 진통제로서 기관지염, 인두염, 후두염, 해소, 백일해, 폐결핵, 신경통, 산통 등에 사용된다. 마취와 진통 작용은 모르핀에 뒤떨어지지만 호흡 및 해소에 대한 진정 작용은 모르핀보다 강하다. 아스피린과 함께 복용하면 그 작용이 증강된다. 아편 속에 들어 있는 알칼로이드의 한 가지 물질로 진통제, 진해제, 최면제 등으로 쓰이는 물질이다. 코데인은 아편 중 0.7~3% 정도 함유되며 모르핀에 불순물로 존재하기 때문에 헤로인 제조 때 아세틸 코데인으로 변화된다. 호흡중추에 진정적으로 작용하기 때문에 인산염의 형태에서 진해제로 쓰인다.[363)] 중독시 불안·불면·고민·침울 또는 발양(發揚) 등의 정신증세와 함께 구토·발한·발열·설사 등의 부작용이 나타나고, 식욕부진·맥박급박·정신지둔(精神遲鈍)이 되어 심신이 함께 쇠약해져 치료가 거의 불가능하게 된다.

---

362) 이강석, 1999:1269.

363) 이강석, 1999:1269.

(3) 증 상

① 모르핀과 유사한 작용을 한다.
② 마취성이 약하고 쾌감을 수반하지 않는다.
③ 지속적으로 다량을 섭취하면 습관성이 된다.

(4) 남용의 위험

아편계 약물 남용자들의 삶은 기쁨이란 있을 수 없으며, 진절머리 나고 괴로운 삶이 있을 뿐이다. 아편계 약물은 식욕을 떨어뜨려 몸무게가 감소되며 질병에 걸리기 쉽게 된다. 아편계약물의 급성 중독은 호흡이 극도로 억제되고 동공은 바늘끝만큼 작아지며 혼수상태에 빠지는 특징적인 증상을 볼 수 있다. 과량을 사용할 때는 환각이나 피해망상 상태가 된다.

(5) 내성과 의존성

아편계약물의 상습적인 남용은 약물 의존성이 생기고 또 내성이 생기게 되므로 약리적 작용을 나타내기 위해서는 계속 약의 양을 증가해야 한다. 또한 아편계 진통제를 반복 투여하면 금단증상이 나타난다. 그 증상으로는 교감 신경계에 대한 영향으로서 하품, 눈물, 콧물, 땀을 흘리고 피부의 털이 꼿꼿하게 서며(닭살) 동공이 확대되고 혈압 및 맥박 상승을 볼 수 있다. 부교감 신경계 영향으로 구토, 복통 및 설사를 일으킨다. 행동 이상으로 불안, 초조, 하품, 불면증 등이 나타나고 사지의 통증을 호소하며 식욕이 떨어져 음식을 섭취하지 못하므로 체중이 감소된다.

(6) 임신에 미치는 영향

아편계 약물에 의존성이 있는 여성의 경우 임신과 출산 기간에 여러 가지 합병증을 일으킬 수 있으며 가장 일반적인 질환은 빈혈, 간염, 폐렴, 당뇨병, 심장질환 등이다. 이러한 질환을 나타내는 여성들은 자연 유산과 미숙아 출산 등의 빈도가 정상인보다 훨씬 높은 것으로 나타났다.

(7) 남용자의 특징

① 외모가 졸리는 듯 하고 행동력과 분별력이 떨어진다.
② 동공이 수축되며 움직이지 않는다.

③ 눈물을 흘리며 눈이 충혈 된다.
④ 통증에 대한 지각이 감소한다.
⑤ 식욕이 감퇴되고 체중이 저하되며 단 것을 좋아한다.
⑥ 온몸에 간지럼증이 나타난다.
⑦ 불안, 초조, 하품 또는 불면증이 나타난다.
⑧ 일상생활에 무관심해지며 침울해 진다.
⑨ 이성에 대한 관심이 적어지거나 아주 없어진다.
⑩ 발한·두통 등 감기와 비슷한 증상을 나타낸다.

9) 헤로인

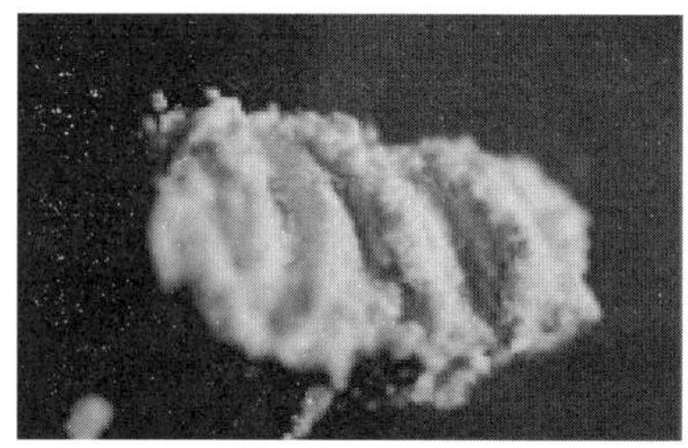

〈헤로인〉

헤로인(heroin)은 독일의 바이엘 제약회사 Dr. Dresser에 의하여 개발되었으며 모르핀을 화학적으로 강화시켜 모르핀보다 약 3배가량의 약효를 증대시킨 물질이다. 모르핀 유도체로 강력하다는 뜻의 heroish 단어의 음을 따서 heroin이라 하였다. 진통·진정제로 사용되고 모르핀의 아세틸화합물로서 디아세틸 모르핀이라고 하며 화학식의 통칭명은 $C_{21}H_{23}NO_5$이며 피하주사로는 1~8mg 정도 사용해야 효과가 나타난다. 모르핀은 일명 Diamorphine Hydrochloride(염화수소산염·염산염)라고 부르기도 하고, Smack·Horse·Skag 등으로 부르기도 한다. 또한 마약으로 취급되기도 하고 독약으로 취급하기도 한다. 분자량은 369.4이고 녹는점은 173℃로 무색결정이다. 염산염은 백색 분말로서 물이나 알코올에 잘 녹고 쓴맛이 있으며 복용하면 상습 중독증에 빠질 위험이 매우 높다.[364)]

헤로인은 본래 아편제의 진통효과는 유지하되 의존성을 제거하려는 목적으로 개발되어 통증완화·감기치료·모르핀 및 아편 중독자 치료에 사용되었다. 그러나 진통효과가 모르핀의 10배 이상인 만큼 부작용 및 유해성도 여타 마약보다 크고, 쉽게 의존성이 생겨 만성중독에 빠지게 되며, 사용을 중지하면 금단증상을 일으킨다는 사실이 밝혀짐에 따라 마약으로 규제되었다. 1940년대 후반부터 국제적으로

364) Grolier Ⅹ, 1961:232.

그 제조·수입·사용을 금지하였으나 이미 남용이 전 세계적으로 확산되어 다수의 중독자가 발생하고 있다.

(1) 약리효과

헤로인은 모르핀에서 추출한 것으로 한때 마취제·진통제·진해제 등으로 많이 사용되었으며 호흡기능을 강하게 마비시킨다. 약리작용은 급격하고 독성이 매우 강하여 의외의 응급적인 상황이 발생한다. 그리고 급성 중독일 때는 호흡마비를 일으켜 사망한다. 소량이라도 연용하면 병적도취 상태가 되어 쉽게 기벽이 생겨 만성 중독에 빠지고 점차 증량하여 수십배를 사용하지 않으면 듣지 않게 된다. 사용을 중지하면 금단현상을 일으켜 초조·불안·불면·고민·고통·침울·발양 등의 정신이상 증상이 나타난다.[365)]

(2) 남용의 증상

헤로인은 사용 후 즉시 구토·발한·발열·설사 등의 증세가 나타나고 식욕부진, 맥박급박·정신우둔 등의 증상이 외부로 나타난다. 그리고 상용할 경우 심신이 극도로 쇠약해져 치료가 거의 불가능하게 된다. 이러한 증상 때문에 오래전부터 세계의 의약계에서 사용되지 않고 전 세계적으로 그 제조나 수입 또는 사용이 금지되어 있으나 그 효과가 강력하기 때문에 마약 거래자들은 은밀하게 제조하여 거래를 지속하고 있다. 남용자의 증상으로는 다음과 같다.

① 나태해지고 우울증상이 나타난다.
② 식욕이 감퇴되고 체중이 감소한다.
③ 자신과 주변이 불결하고 태만하다.
④ 구토·동공축소·호흡곤란 등이 나타난다.
⑤ 불안·불면·오한·신경과민·복통 등을 동반할 수 있다.

10) 코카인

코카인(cocaine)은 남아메리카에서 자생하는 코카나무의 잎에서 추출한 화학물

365) 헤로인은 세포의 생화학적 신진대사에 관여하여 강력한 진통, 진정효과를 가지고 있다. 주사를 할 경우 빠르게 뇌에 도달하여 행복감과 부유감 등 즉각적인 영향을 준다. 그리고 뇌의 골수조직에 영향을 주어 호흡과 심장박동을 저하시킨다.

질의 일종으로 코카나무는 보통 1~2m 높이로 일년에 4회 정도 잎을 수확할 수 있다. 코카나무 1본에서 1회에 약 120g의 코카인을 추출할 수 있으며 코카나무 잎에는 약 1%가량의 코카인을 함유하고 있다. 1860년 알베르트 니만이 최초로 분리해냈다. 코카인은 흰색 가루 형태로 제조되며 주사기로 투약하거나 코로 흡입해서 사용한다. 코카 알칼로이드[366]의 일종으로 남미의 안데스 산맥의 고원지역에 살고 있는 페루, 볼리비아 지방에서 남자는 약 90%, 여자는 약 20%가 하루에 1온스(28.3g)의 정도의 코카잎을 매일 씹고 있다. 이들은 코카잎으로 인생을 살아가는 고통과 상실감을 극복하기 위한 방안으로 사용하고 있으며 피로, 굶주림, 방한 등의 대용으로 이용하고 있다.[367] 코카인은 무색 또는 백색으로 무취의 결정체이며 분말형으로 되어 있다.

〈코카인〉

〈코카나무〉

(1) 코카인의 역사

1532년 에스파니아 사람들이 페루 산골 마을에 들어갔을 때 주민들이 모두 이 잎을 씹고 있었다고 한다. 하루 평균 30~50g의 잎을 석회 또는 불 땐 재와 함께 씹으면 짧은 시간이지만 힘이 생기고 피로와 배고픔을 잊을 수 있다. 이러한 작용 때문에 코카나무는 행복을 가져다주는 상징물이 되었으며 잉카의 신은 양손에 코카나무의 잎을 들고 있는 모습으로 묘사되었다.

366) coca alkaloid는 남미가 원산인 코카나무과(erythroxylom coca)의 잎에 들어 있는 일군의 알카로이드 코카인, 트로파코카인 등이 있다. 구조상 트로판 알칼로이드에 속한다.

367) Sidney Cohen, 1969:96.

(2) 특 성

코카인은 코카 관목의 잎에서 추출하여 정제한다. 기둥모양 결정으로 눈처럼 흰 백색이며 융점은 98°C이다. 비누화에 의하여 메탄올, 벤조산 및 액고닌(ecgonine)을 생성한다. 코카인은 국소작용으로는 지각신경 말초의 마비작용을 특성으로 하고 호흡작용에서는 중추신경계에 작용하여 흥분에 이어서 마비를 일으킨다. 부작용이 적고 지속성이 높으므로 우수한 국소마취제로 쓰인다.[368] 그리고 중추신경계에 작용하여 흥분제로서의 효과를 나타내어 인체를 보다 활력 있게 해주는 알카로이드[369] 물질이다. 이 약물을 남용할 경우 안정감이 없어지고 수다스러워지며 불면증에 시달리게 된다. 그러고 극단의 환상에 빠지지만 육체적 습관성이나 죽음 또는 치명적이지는 않다.

(3) 성 분

코카인은 중남미의 안데스 산맥의 고원 산악지방에서 자생하는 erythroxylon coca라는 다년생의 관목잎으로부터 추출되는 중추신경 흥분제이다. 스페인 정복 이전의 잉카인들은 코카잎을 껌처럼 씹었고 그들의 후손에 의해 오늘날까지도 계속되고 있으며 이런 습관에서 건강상 또는 사회적으로 아무런 문제가 야기되지 않았으나 성분이 밝혀지면서 사용이 금지되었다. 1855년 Gardeken이라는 화학자가 코카잎으로부터 코카인을 추출하였으며 1859년 Niemann이 cocaine이라고 명명하였다. 1883년 독일의 군의관인 Thodor Aschenbrandt는 병사에 대한 실험결과 병사들의 피로 회복력이 증대되는 등 매우 긍정적인 효과를 갖고 있음을 확인했다. 그리고 많은 정신과 의사들이 정신질환자에게 코카인을 치료용 약으로 사용하였다. 그리고 정신력과 성적 활동의 증대 등에서 LSD・메사드린(Methadrine)과 같은 성분이 있다는 사실도 발견했다. 그러나 치료받은 몰핀 중독자가 코카인 사용을 통제하지 못하고 사용량을 늘리기 시작하여 결국 코카인 중독자가 되는 심각한 정신적 질병으로 발전하는 결과를 낳았다.[370]

---

368) 이강석, 1999:1275.

369) 식물체 속에 존재하는 질소 화합물로서 식물체 속에서는 대부분 산과 결합하여 염을 형성하며 보통 쓴맛이 있고 알칼리성 반응을 나타낸다. 일반적으로 유독하고 강한 생리 작용과 약리작용을 가지며 약재로 널리 쓰인다. 양귀비와 가지과 등의 식물에 많이 존재하고 몰핀, 코카인, 아드로핀, 키이네, 니코틴, 카페인 등이 대표적인 것으로 약 500여종이 있다.

370) Sidney Cohen, 1969:97.

정신분석학의 선구자인 Sigmund Freud는 자신과 타인의 우울증과 만성적인 피로 증후군 환자들을 치료하기 위해 코카인을 사용한 결과 긍정적 효과가 있다는 것을 발견하였다. 코카인은 힘을 북돋우고 기분을 좋게 하며 해방감의 효과가 있다는 것을 발견하고 동료들과 약혼녀에게 권하기도 했다.[371] 우리나라에서는 코카인이 마약으로 엄격히 통제되어 관리됨으로써 사회적으로 별 문제가 되지 않다가 최근 들어 마약의 대명사였던 히로뽕 사범과 함께 코카인 사범도 발생하고 있다. 의학에서는 이비인후과 전문의나 항문외과 전문의에 의하여 아주 묽게 희석하여 국부마취를 할 때 제한적으로 사용하고 있다.

(4) 약리적 부적응

코카인은 강력한 중추신경 흥분제로서 흥분 효과는 암페타민과 유사하며 혈관과 신경체제에 심각한 영향을 준다. 혈관을 수축하여 혈압을 급상승시키고 심장박동을 빠르게 한다. 혈관에 영향을 줌으로써 심장은 산소가 풍부한 피를 더 많이 요구하게 된다. 산소가 부족하면 가슴에 통증이 오고 산소 결핍이 지속되면 심장 세포가 죽어 심장병의 고통을 받게 된다. 또한 동맥을 수축시켜 뇌졸증, 발작, 몸서리, 섬망증, 정신이상 등을 야기할 수 있다. 이외에 간세포를 파괴하여 물질을 분해하는 중요한 기능을 저해하고 허파에 액체가 채워져 호흡기능을 상실시키며 비선폐포를 손상시켜 후각 기능을 마비시키고 생식 기관에도 손상을 준다. 코카인은 급성적 효과를 나타내며 동공의 확대, 혈압상승과 심장박동, 호흡의 증가, 체온이 상승한다. 그리고 부유감, 식욕상실, 말더듬 등의 현상이 발생한다. 만성적 효과로는 정신병, 심리적 불안, 불면, 폐손상 등의 증상이 나타난다.

(5) 인체에 미치는 영향

소량 사용하면 말이 많아지고 피로감도 덜 느껴 운동능력도 향상되는 것 같은 착각을 일으킨다. 과량 사용하면 교감신경계에 영향을 미쳐 뇌에 영향을 줄 뿐 아니라 맥박, 혈압, 호흡이 빨라지며 입맛을 상실케 하고 동공확장, 혈관수축, 고열 등을 일으킨다. 청각이 둔화되고 반면에 후각이 예민해지며 귀에서 이상한 소리가 들이고 시간감각과 거리감을 상실한다. 주로 코로 흡입하는 경우 비강점막을 자극하여 격벽혈관이 수축하고 괴저가 생기게 된다. 코카인은 독성이 강하여 발작을 일으

371) Grolier 5&6, 1961;45.

키거나 호흡마비와 같은 혼수상태를 유발하기도 하고 심장마비를 일으켜 사망하는 경우도 있다. 코카인은 강력한 중추신경 흥분제로 대뇌 피질을 흥분시키며, 그 흥분 효과는 암페타민과 비슷하여 혈관과 신경계에 심각한 영향을 준다. 코카인은 신체 활력을 증가시키며, 단시간의 행복을 느끼게 한다. 또한 피로를 풀어 주며 흥분, 불안정 및 말이 많아지는 상태를 유발하고 도취감, 자신감 고조, 우울증의 일시적 완화가 초래되며 식욕이 억제된다. 코카인의 특이한 독성작용 중에는 Coke Bugs 라는 것이 있는데, 이는 피부 속에 벌레들이 떼지어 기어 다니는 듯한 환상이 일어나는 현상을 말한다. 이 현상이 일어나면 벌레를 잡기위해 피부를 마구 긁어 몸이 상처투성이가 되고 결국에는 그 상처가 곪아 궤양성 증상으로 발전하게 된다.

(6) 남용의 위험

*** 상용할 때**

① 혈압이 높아지고 혈관관련 질병이 생긴다.
② 몸무게가 급속히 저하된다.
③ 코를 킁킁거리거나 문지른다.
④ 검은색 가래가 많이 나온다.
⑤ 흉부 통증이 자주 나타난다.
⑥ 불안과 불면, 조급성과 우울증세가 나타난다.
⑦ 청각·후각·시각 등에 환각증세가 나타날 수 있다.
⑧ 과량사용시 치명적이다.

*** 중단할 때**

① 금단증상이 복합적으로 일어난다.
② 사회생활에 부적응적이다.
③ 우울증세가 나타난다.
④ 손과 발 등에 경련이 일어난다.
⑤ 식욕이 떨어진다.
⑥ 어딘지 모르게 근육통 등 신체적 통증이 나타난다.[372)]

372) Campbell외, 1995:285.

11) 향정신성 약물

향정신성 약물이라 함은 일명 각성제(psychotropic)라고 명명하고 중추신경[373] 및 교감신경[374]을 흥분시키는 의약품으로 일반적으로 각성아민을 가리킨다. 화학 구조가 에페드린과 흡사하고 아드레날린 등과 마찬가지로 교감신경에 작용하여 잠이 오지 않게 하는데 특히 중추신경계에 대한 흥분작용이 강한 점이 특색이다. 마취제・최면제와는 반대로 수면을 방해하고 혈압을 올리며 피로감을 없앤다. 신경증이나 우울증의 치료제로 쓰이기는 하지만 일종의 도취감을 일으켜서 습관성이 되어 만성 중독으로서 환각을 일으켜 정신분열증에 가까운 증세가 된다. 제2차 세계대전 중 독일 공군이 런던을 공습할 때 조종사의 졸음을 쫓기 위해 벤제드린을 상용한 데서 유행하기 시작하였다. 이 각성제가 사회문제화 되자 우리나라에서는 1970년에 습관성 의약품 관리법이 제정되어 각성제를 비롯한 여러 가지 습관성 의약품에 대한 제조・판매・사용 등에 관한 규제가 있었다.

1979년 12월에는 향정신성 의약품 관리법이 제정되었다. 이 법에서 향정신성 의약품이란 LSD, 암페타민, 바르비탈, 메프로바메이트, 프로폭시팬 그리고 이와 유사한 작용을 하는 습관성 또는 중독성이 있는 물질을 가리킨다. 각성제로는 주로 암페타민이 있고 그 밖에도 덱스암페타민, 레브암페타민, 메스암페타민, 하이드록시암페타민, 메틸페니데이트, 펜메트라진, 메프로라톤, 메타라톤, 펜싸이크리딘, 티리딘 등이 있다.

(1) 일반적 특성

향정신성 물질(psychotropic medicine)은 인간의 뇌에 작용하여 정신활동을 좌우하는 것을 의미한다. 즉, 약물이 뇌를 통제하는 것을 말하는 것으로 환각・각성 및 습관성・중독성이 있는 마약성 의약품을 말한다. 환각을 유발 또는 발동시키는 물질은 모두 향정신성물질에 해당한다. 특히 환각제의 경우 실제로는 존재하지 않

---

373) 동물의 신경계에서 신경 섬유와 신경세포가 모여 뚜렷한 중심부를 이루고 있는 신경을 말한다. 말초 신경계에 대응하는 말이다. 중추신경계는 1차적으로 수용기(受容器)로부터의 구심성(감각) 신경충격을 원심성(운동) 신경에 전달하는 반사중추이다. 주로 개재 뉴런의 활동에 의해 각종 활동의 협조를 하는 외에 기억・지능 등 고도의 기능을 영위하는 작용을 한다.

374) 고등동물의 척추 양쪽에서 허리로 이어지는 줄기와 그에 딸린 여러 갈래로 이루어진 신경을 말한다. 심장과 혈관, 땀샘과 소화선 등에 분포하여 호흡・순환・소화 등을 조절하는 기능을 한다.

은 소리가 들이거나 없는 물체가 보이거나 또는 냄새가 없는데도 냄새를 느끼는 등 병적인 현상을 야기 시키는 작용물질이다. 우리나라를 비롯하여 세계의 모든 나라에서 이와 같은 물질이나 의약품을 법으로 규제하고 있으며 특히 우리나라에서는 강력한 법적 배경으로 관련 물질을 규제하고 있다. 향정신성 의약품을 취급하는데 있어서는 엄격한 규제가 있는데 대통령령이 정하는 바에 의하여 보건복지부 장관의 승인을 얻은 경우가 아니면 소지하거나 처방전에 기재하거나 특히 제조하는 것은 처벌의 대상이 된다.

(2) 물질의 대상

향정신성물질의 대상은 다음과 같은 것에 한하지 않고 사람의 중추신경계에 작용하는 물질로 이를 오용 또는 남용하는 경우 육체적 정신적으로 현저히 유해하다고 인정되는 물질은 모두 이에 해당되는 것이라고 말할 수 있다.

① LSD 및 이와 유사한 환각작용이 있는 물질
② 암페타민 및 이와 유사한 각성작용이 있는 물질
③ 바르비탈·머프로바메이트 및 이와 유사한 습관성 또는 중독성이 있는 물질
④ 프로폭시팬 및 이와 유사한 습관성 또는 중독성이 있는 물질

12) L. S. D

〈L.S.D 우표형〉

L.S.D라고 하는 용어는 독일어의 Lysergic acid diathylamid에서 영어에 전이된 약칭으로 LSD-25라고도 부르며, 환각증상을 일으키는 마약의 일종이다. LSD는 극소량만 주사하거나 복용해도 환각증상을 일으켜 물체가 왜곡되어 보이고 모든 불안과 공포로부터 해방된다. LSD는 향정신성 의약품 중에서 가장 강력한 환각 물질로서 다른 환각제 중에서 가장 원형적인 물질이다. 일반적으로 호색적인 말에 쉽게 흥분하고 초자연적인 감흥을 일으켜 망상적이며 비현실적인 광신망아의 상태로 몰입된다. LSD는 경구투여 또는 주사할 수 있으며 섭취할 경우 즉

시 약효의 증상이 나타난다.[375] 1938년 스위스 산드사의 Hofmann은 우연히 맥각(麥角) 알칼로이드의 일종인 LSD를 합성하는데 성공하였다. 그리고 심오한 정신적 환각을 가져온다는 사실도 발견하였다. 현실에서 도피하려는 미국 히피족들이 처음 복용하기 시작했으며 현재는 유럽과 일본 등 많은 국가에서 청소년층이 사용하고 있다. 무미, 무취, 무색의 분말형태로 정제, 캡슐, 액체 등 다양한 방법으로 유통되며 주로 각설탕, 껌, 과자, 압지, 우표 뒷면 등에 묻혀서 사용한다. LSD는 극소량으로도 환각효과를 나타낼 수 있어 1회 사용량이 100~250㎍에 불과하다. 그러나 환각효과는 코카인의 100배, 메스암페타민의 300배에 달하며 8~12시간 지속된다.

〈L.S.D 액체형〉

LSD 사용직후 수많은 자극이 걸러지지 않은 상태에서 인체의 감각기관으로 동시에 밀려오는 느낌을 받는데 특히 시각기능이 현저하게 변하여 색채를 듣거나 소리를 보는 등 초월적이고 신비로운 상태를 경험하게 된다. 이러한 LSD의 환각경험에는 기분 좋은 경험(good trip)과 공포, 불안 등 나쁜 경험(bad trip)이 있는데 예측이 불가능하다.

LSD로 인한 신체상 변화는 크지 않지만 남용자의 뇌와 염색체에 손상을 일으키고 동공확대(散瞳), 심박동 및 혈압 상승, 수전증(手顫症), 오한 등의 현상이 나타난다. LSD는 내성이나 심리적 의존현상은 있지만 신체적 금단증상은 일으키지 않는다고 알려져 있다. 1991년 12월 우리나라에서도 종이 형태로 제조된 LSD가 대량 밀반입되었다가 적발된바 있다. LSD는 내성이나 심리적 의존현상은 있지만 신체적 금단증상은 일으키지 않는다. 그러나 지속해서 남용할 경우 프레쉬백(freshback)[376]현상을 경험할 수 있다. 1온스의 LSD만으로도 강력한 효과가 있기 때문에 100mcg씩 280,000명에게 투여할 수 있는 충분한 양이다.[377] 환각제(hallucinogenic agent · psychotomimetic drug)라 함은 환각작용을 유발시키거

375) Sydney Cohen, 1969:13.

376) LSD 상용을 중단한 후 수일 또는 여러 달이 지났는데도 이전의 LSD경험이 재연되는 현상을 말한다. 어떤 뚜렷한 이유 없이 나타나는 이러한 현상은 종종 심한 불안을 느끼게 한다. 이는 우연히 1~2회 사용하는 사람들보다는 과도하게 남용한 사람들에게서 자주 나타난다.

377) Sidney Cohen, 1969:13.

나 발동시키는 약물을 말한다. 그 대표적인 것으로 LSD · PCP와 대마초 등이 있다. 이와 같은 물질의 소지는 법으로 엄격하게 규제하고 있으며 대통령령이 정하는 바에 의하여 보건복지부장관의 승인을 얻은 자가 아닌 일반인이 소지하는 경우 처벌의 대상이 된다.

〈흡착식 LSD(정제형)〉

(1) 약리효과

LSD는 분만촉진 작용을 나타내는 외에 가장 강력한 환각물질로 알려져 있다. 일반적으로 대부분의 사람들에게 LSD를 25mcg[378]만 투여해도 경미한 효과를 나타낸다. 그러므로 LSD는 보통 100mcg씩 포장되어 캡슐에 넣어 경구 투여식으로 사용되고 있다. 일반적으로 100mcg을 투여할 경우 20분 내지 120분 사이에 약효가 나타나는데 2시간에서 3시간 동안 지속된다. 그 후 약효의 발생으로 인하여 안색에 파리한 병색이 뚜렷이 나타나고 8시간 내지 12시간이 지나면 원래의 모습으로 완전히 회복된다.

LSD는 소량만 복용해도 육체적으로는 침 · 눈물 · 땀을 흘리며 운동실조와 지각이상을 나타낸다. 정신적으로는 무기력 · 무관심 · 의욕상실 등이 나타나고 정신분열증과 같은 정신병적인 환각작용을 일으킨다. 환각작용으로는 모든 물체가 왜곡되어 보이고 사람의 얼굴 모양이 기형인처럼 과장되며 채색감은 높아지고 음각은 초자연적인 감흥을 일으켜 매우 비이성적인 심경에 빠져들게 한다. 그리고 자기 자신의 뇌세포 속을 흐르는 혈액이나 림프액 등의 소리를 의식하여 귀를 기울이는 이상 감각 현상이 나타난다.

그리고 비관에서 낙천적으로 사고를 급속하게 전환하여 모든 불안과 공포로부터 해방되며 현기증이 날 듯한 강한 빛, 원색으로 채색된 영상의 명멸, 귀청을 뚫을 듯한 광란 음악, 기묘한 복장, 호색적인 말에 쉽게 흥분하고 기발한 공상, 망상적이며 비현실적인 광신, 망아의 상태에 몰입하게 된다. 내성은 48시간 이내에 매우

378) 25mcg은 단순 눈만으로는 확인할 수 없을 정도의 미세한 양을 말한다.

급속히 사라진다. 진정한 육체적 증상은 나타나지 않고 의존성도 급속하게 나타나지 않는다. 소수·소량의 LSD을 섭취한 경험이 있는 사람도 정밀한 색층분석 실험에 의하여 혈액, 오줌, 척수액 등에 잔존하는 미세한 양에 대해서도 감지해 낼 수 있다.[379)]

(2) 인체에 미치는 영향

LSD는 뇌세포와 뇌조직의 정상적인 활동을 방해한다. LSD가 인체에 미치는 영향은 연수를 과도하게 자극하여 남용자는 피부에 소름이 끼치고 눈이 붉어지며 눈동자를 이완시킨다. 또 혈압과 체온을 약간 상승시키며 심장의 박동수를 증가시킨다. 손이 떨리고 근육이 씰룩거리며 심한 발한이 초래된다. 눈물의 양이 증가하고 어느 정도의 통증 완화 작용이 있으며 여자의 경우 자궁 근육이 흥분되며 임산부의 경우 진통이 유발될 수도 있다. 보통 도취감을 생기게 하나 죄악감과 불쾌감을 갖게 하기도 하며 걱정과 긴장을 감소시키나 걱정을 증가시키기도 한다.

(3) 남용의 위험

시각 기능이 현저하게 변화되어 착각과 환각이 나타날 수 있다. 남용자에게는 뇌와 염색체에 손상을 일으키며 눈동자가 풀리고 심장의 박동이 빨라지며 수전증, 오한 등의 현상이 나타난다. 환각 물질을 남용 또는 극히 소량을 복용하거나 담배에 혼합하여 흡연했을 경우에는 침, 땀, 눈물 등을 흘리게 되고 운동실조·지각 이상을 비롯하여 무력·무관심·의욕상실 등을 비롯하여 이상 정신작용과 함께 정신분열증과 같은 정신병적 환각작용을 일으킨다. 특히 지각 이상에서는 비관에서 낙관으로 급변하고 불안이나 공포에서 해방되어 망아와 황홀의 경지에 빠지게 되는 이상심리 현상으로 매우 위험한 경우가 발생한다.

(4) 내성과 의존성

일반적으로 환각제의 상습 남용은 수 일 내에 내성을 유발시킨다. 환각제의 내성 강도는 매우 커서 한 번 투여 후 24시간이 지나서 같은 효과를 얻기 위해서는 훨씬 더 많은 양을 투여해야 하며 이렇게 계속해서 3~4일간 양을 증가하여 투여하면 결국은 아무리 많은 양을 투여하여도 효과를 나타내지 못하게 된다. 이와 같이 내성

379) Sidney Cohen, 1969:14~15.

이 신속하게 형성되지만 2~3일 후면 완전히 사라지기 때문에 LSD 복용자들은 일주일에 많아도 두 번 이상 투여하는 경우는 드물다. 일반적으로 환각제는 만성 남용자의 경우 정신적 의존성이 생기나 육체적 의존성을 일으키지 않으며 장기간 남용 후에도 금단증상이 나타나지 않는다.

(5) 남용의 특징

일반적으로 환각제를 남용할 때 나타나는 정신적 작용은 매우 다양하여 예측할 수 없다. 웃거나 울거나 하며 앞뒤가 맞지 않는 말을 하고 감정 조절이 되지 않으며 환각을 나타내거나 심한 우울증에 빠진다. 그리고 혼란된 감각으로 인해 자신들은 새처럼 날 수 있다고 생각하면서 소리를 볼 수 있고 색을 들을 수 있는 것 같은 환각에 몰입하고 인간성이 상실되고 외모가 추하게 변한다. 경우에 따라서는 자살충동을 일으킬 수 있으며 돌연한 공포를 느끼게 되기도 하며 약물을 사용하지 않고도 전에 사용했던 약물이 나타내는 재현효과 증상을 경험할 수 있다.

13) P. C. P.

PCP는 Phencyclidine의 약어로 불리며 천사의 먼지(Angel Dust)라는 이름을 가진 속효성 환각제로 1926년 최초로 합성되었다. 한때 미서부지역에서 노상 마약으로 유행했으나 청각장애, 정신착란 등 부작용이 많아 Killer Drug(살인마약)이라는 악명을 남겼다. 강력한 진정제로서 1965년 이후 사람에게는 지속적으로 사용되지 않았다. 사람에게 사용할 경우 진정작용의 영향으로 마음을 동요시키고, 환상적이며, 비이성적인 현상을 가져온다. 이러한 이유로 미국에서 통제물질 3급으로 분류하고 있다. PCP는 수정과 같은 투명한 알갱이 형태의 결정성 분말로 정제나 캡슐로 밀매되며 남용자들은 이를 대마초나 박하잎 등에 섞어서 흡연한다. PCP는 실험실에서 쉽게 밀조될 수 있으므로 대부분 불법제조된다. 저용량에서는 여타 향정신성 약물과 비슷한 해방감을 야기하여 공중에 떠있는 듯한 느낌과 마취효과에 따른 기이한 마비증세를 나타내기도 한다. 고용량에서는 흥분과 혼돈·도취와 아울러 근육경색·언어장애·판단장애·죽음에 대한 공포 및 신체감각의 변화를 동반한다. PCP가 뇌의 지방조직에 축적되면 간에서의 분해가 매우 느리기 때문에 단 한 번 사용해보았다 하더라도 플래쉬백 현상으로 고통받을 수 있다. 남용자들은 환각·플래쉬백 현상 외에도 졸음·언어로 표현하지 못함·생각하는데 어려움·집중력 부재·죽음만 생각하는 등의 부작용을 경험한다. PCP 남용자들의 신체적 징후를 보면 피부가 붉어지고 땀을 많이 흘리며 고통을 느끼지 못하고 설사, 구토 증세 등을 보인다.

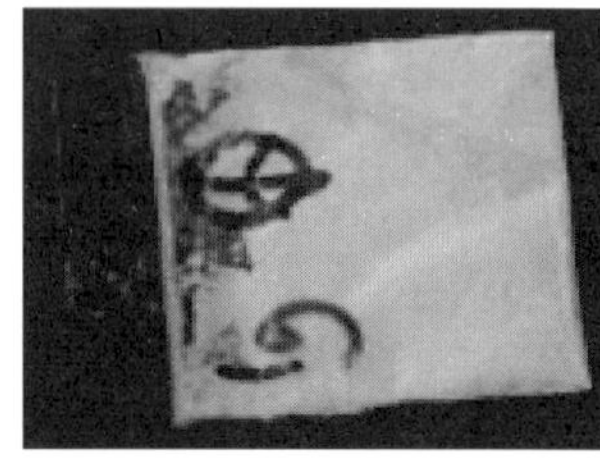

〈PCP〉

(1) 성 분

PCP는 비밀리에 실험실 등에서 불법적으로 제조되어 길거리에서 팔리고 있다. PCP는 백색 분말로써 물이나 알코올에 쉽게 분해되며 독특한 쓴맛을 낸다. 그리고 다른 염료와 혼합되어 다양한 정제, 캡슐, 체색분말로 만들어져 부정 의약품으로 거래된다.

(2) 약리효과

PCP는 코로 흡입하는 방법, 담배로 피우는 방법, 먹는 방법 등 3가지로 섭취할 수 있으며 담배로 피울 때에는 박하, 파슬리, 향신료, 대마초 등의 잎과 잘 적응한다. 미국 고등학교 학생들을 대상으로 조사한 바에 의하면 1979년 7.0%, 1993년 1.4%, 1995년 1.8%, 1996년 2.6%를 사용한 것으로 나타났다.[380)]

14) 메삼페타민(히로뽕)

메쌈페타민(methamphetamine)은 암페타민류의 각성제로 일명 히로뽕이라고 부르는 약물이다. 히로뽕의 명칭은 약물의 상품명으로 화학식은 $C_{10}H_{15}N \cdot NCI$로 일명 필로폰이라고도 한다. 암페타민과 같은 속성을 지닌 화학 물질이다. 메삼페타민은 1887년 Edeleano에 의하여 발명되었고 1910 미국인 Bark 및 Darle 등이 연구하여 에페네프린 유

〈마황〉

380) http://www.drug-abuse.com/information/pcp/pcpl.html

사화합물 정도로 생각하였다. 그 뒤 메삼페타민은 1918년 일본의 니까이가 한방에서 천식약으로 사용하는 마황[381]으로부터 에페드린을 추출하는 연구과정에서 처음 발견하였으나 결말을 보지 못하다가 1919년에 일본의 오가타가 합성화하는데 성공하였다.

암페타민류의 약물은 매우 강력한 중추신경 흥분약으로 이 계통의 약물로는 암페타민(amphetamine), 메쌈페타민(methamphetamine), 덱스트로암페타민(dextro-amphetamine) 등이 있으며 이 중에서 메쌈페타민(히로뽕)이 주로 남용되고 있다. 암페타민은 주로 뇌간의 중앙부위에 있는 망상체(reticular Formation)에 작용한다. 망상체와 시상하부[382]의 세포는 노레피네프린(norepinephrine)을 방출하는데 이것은 감정을 통제하는 신경세포에 의한 신경자극의 전달을 조절하는 신경호르몬이다. 암페타민은 말초신경으로부터 노레피네프린의 방출을 증가시키며 증가된 노레피네프린은 과행동이 있는 어린이에게는 진정효과를 비활동적인 사람에게는 보다 빨리 활동하게 하거나 세포의 활동을 증가시킨다.

1927년에는 Gordon Alles가 에페드린을 대신하여 사용될 수 있는 의약품을 개발하기 위한 합성실험을 하던 중 우연히 암페타민을 합성하였는데 이것이 중추신경 흥분작용을 하는 Benzedrine이라는 사실을 밝혀냈다. 1930년 경 처음으로 미국에서 임상에 사용하였으며 당시는 혈압상승, 위경련 등에 사용할 정도였으나 암페타민이 각성작용을 한다는 사실이 확인된 후 정신병원에서 노인병 등에 사용하기 시작하여 1933년에는 미국과 영국에서 '벤제드린'이라는 상품영으로 판매되었던 것이다.[383]

1932년 의학계에서 비만증 · 우울증 · 기안증 · 피로과다 등 치료제로 사용되었으며 부작용이 심하다는 사실을 알고 사용을 중지하였다. 그러나 1932년부터 일본군에서 사용을 시작하여 1942년 태평양전쟁 말기 신풍특공대와 군수산업 노동자에게 사용되었다.[384] 특히 일본의 군수공장 및 전쟁에서 군인들에게 피로를 없애 주고

---

381) 마황과의 상록관목으로 높이 30~70cm, 뿌리줄기는 목질이고 비대하며, 잎은 마주나고 비늘조각 모양이며 녹색이다. 6~7월에 흰 홀성꽃이 피고, 피과에는 2개의 씨가 들어 있다.

382) 시상의 아래쪽에서 뇌하수체로 이어지는 부분을 말한다. 체온조절 · 물질대사 · 수면 · 생식 등에 관여하는 자율 신경계의 중추로서 생명 유지에 중요한 통제적 기능을 한다.

383) Hans Toch, 1986:379..

384) 우리나라에는 1970. 8. 21. 일본군 군수공장에서 노동자로 근무하다가 해방이 되면서 귀국한 사람이 제조기술을 배워 부산에서 최초로 속칭 히로뽕을 제조하여 전국에 보급한 사실이 밝혀지면서 성행하기 시작하였으며, 우리나라 마약류 사범의 대부분을 차지하고 있다.

용기를 북돋아 주는 약으로 널리 사용하게 되었으며 당시 군대의 위안부에게도 투여했을 것으로 추정된다.

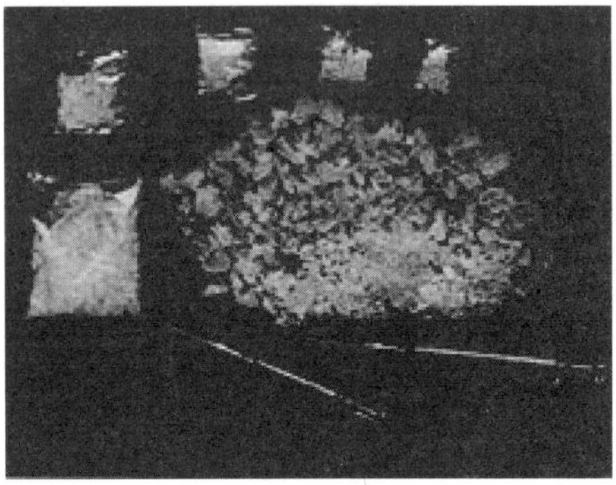
〈히로뽕과 주사기〉

냄새가 없고 무색 결정으로 백색 결정성 분말로 사용량 1회 2.5~5mg, 1일 10~15mg 정도의 소량이라도 졸림 또는 피로감 등이 없어지고 심신이 상쾌해지므로 일의 능률을 올릴 수 있다. 필로폰은 암페타민류 중에서 사회적으로 가장 문제되는 것으로 암페타민 유사 화학물이다. 당시의 상품명은 히로뽕으로 일본식 표현이며 정신을 맑게 해준다고 해서 상당한 인기를 얻었으며 특히 감각기능을 선명하게 하는 물질이다. 최근 우리나라에서 가장 많이 남용되는 대표적인 마약류로 매년 200~300%로 급상승하고 있으며 심각한 사회문제로 대두되고 있다.

(1) 약리효과

급성증상으로 걱정, 불안, 다변, 통제력 상실, 식욕상실, 수면부족으로 정신병적 발작, 폭력의 유발 등을 유발한다. 장기적 증상으로는 집중력, 기억력, 성욕의 상실 등이 나타나고 금단증상으로 무관심, 과도한 수면, 우울증 등의 현상이 나타난다. 그리고 체중의 감소, 식욕부진, 균형감각의 상실, 질병에 대한 저항력의 상실, 환청, 환시, 불신증이 현저하다. 극량인 1회 20mg, 1일 50mg으로 비교적 대량의 주사를 해도 직접 생명에 위험이 없으므로 중독환자를 발생하기 쉽다.

(2) 인체에 미치는 영향

금단증상은 비교적 가볍기 때문에 약 1개월 정도 지나면 중독증세가 없어지는데 때로는 정신증세가 오랫동안 남는 경우도 있다. 그러나 상용하면 도취되어 호흡중추의 흥분을 비롯하여 혈관수축·혈압상승·환각·정신분열 등의 만성중독을 일으킨다. 필로폰은 한 번 중독되면 내성·의존성·금단증상 때문에 중단하기가 매우 어려워 병원에 격리 수용하여 치료해야 한다.[385)]

385) 박정희 전 대통령의 아들 지만씨(45)의 히로뽕 투약 혐의로 6번째 적발된 것에 대한 서울고법 항소심 공판에서 징역 1년 6월에 집행유예 3년, 추징금 2백만원을 선고하고 1심 치료감

(3) 남용의 위험

암페타민은 과거에 우울증이나 파킨슨(Parkinson)병 등에 중추신경 흥분제로 사용되었으며, 식욕을 감퇴시키고 음식물 섭취를 억제하므로 비만증 치료에 사용되었다. 그러나 부작용이 심하므로 현재는 미국 등에서 정부의 엄격한 통제 속에 제한적으로 사용되고 있다. 소량을 사용할 때는 식욕감퇴, 호흡 및 심장 박동수의 증가, 혈압 상승, 동공의 확대와 같은 증상이 나타난다. 다량을 사용하면 발열, 두통, 현기증 등이 나타난다. 그러나 매우 많은 양을 사용할 때는 안면 창백, 운동실조, 심혈관계 이상을 나타낸다. 암페타민을 남용하면 뇌혈관의 파열과 심부전, 고열 등으로 사망할 수 있다.

암페타민은 식욕 억제 작용이 있기 때문에 계속적으로 고용량을 남용하는 사람은 식사를 못하므로 비타민 결핍과 영양실조와 관련된 여러 가지 질환이 발생될 수 있다. 그리고 멸균하지 않는 주사기를 사용하거나 반복적 주사에 의해 감염성 질환이 나타날 수도 있다. 감염은 상습적인 암페타민 주사 남용자의 대표적인 질환이다. 에이즈도 이와 유사한 경로로 감염될 위험성이 있다. 정맥주사를 할 경우 암페타민 중의 불순물은 물에 녹지 않으므로 모세혈관을 막거나 혈관벽에 장애를 일으킬 수 있으며 그 결과 폐장해나 뇌졸증 및 기타 조직 장애를 유발시킬 수 있다.

(4) 내성과 의존성

암페타민의 상습적 남용은 내성을 유발시키고 정신적 육체적 의존성을 일으키며 각종 유독작용과 부작용이 나타난다. 보통 무력감, 피로감, 걱정, 악몽 및 정신착란까지 나타나며 때로는 자살을 시도하기도 한다. 또한 통제력을 상실하여 폭력행위를 유발할 수 있다. 일반적인 금단증상으로는 피로감, 두통, 호흡곤란, 견딜 수 없는 근육 경련, 위경련, 장기간의 수면장애, 초조감, 발작적인 폭력행위가 나타난다.

(5) 남용자의 증상

* 육체적 증상

① 말이 빠르고 행동이 과격해지며 자극에 불안하며 민감하게 반응한다.

호 처분을 보호관찰 명령으로 바꿨다. 재판부는 피고인이 마약을 끊을 수 있도록 한 번 더 기회를 주는 차원에서 치료감호 대신 보호관찰을 명한다고 밝혔다. 그리고 더는 관용 기대 말라는 충고를 덧붙였다(경향신문, 2003. 1. 8. 19면).

② 약의 효과가 떨어지면 심한 우울증에 빠지며 자살 충동을 일으키기도 한다.
③ 공격적이며 반사회적 행동을 하게 되고 다른 사람에게 위험을 줄 수도 있다.
④ 말이 많아지고 나서기를 좋아하며 열광적으로 된다.

* 정신적 증상

① 초조감이나 불안감이 생겨 가만히 앉아 있지를 못한다.
② 남용자들은 처음에는 활발해지며 일에 자신감을 갖는다.
③ 학생의 경우 수업 중에 가만히 앉아 있지를 못한다.
④ 환각을 나타내며 점차 편집광적 상태가 된다.
⑤ 점차 식사를 하지 않으며 잠을 자지 못한다.

15) 기타 향정신성 약물

(1) 엑스터시

엑스터시(ecstasy)라는 약물의 이름은 영어에서 전이된 것으로 대단히 큰 기쁨에 제정신을 잃을 만큼 황홀한 상태를 의미하는 것을 뜻한다. 1914년 독일의 제약회사에서 엑스터시 합성에 성공, 식욕억제제로 사용하였으나 효능을 인정받지 못해 한동안 거래가 중단되었다. 타인에 대한 호감을 유발하는 효과가 있어 1986년 지중해 섬에서 관광객들이 댄스파티에 사용한 이래 1987년 영국의 레이브 파티를 계기로 전 세계로 확산되었다. 미국에서 마담 또는 엑스터시라고 부르는 것이 우리나라에 들어와서는 도리도리·살빼는 약·기분이 좋아지는 약 등으로 명명되고 있다. 엑스터시는 우리나라에서 가장 많이 남용되는 필로폰과 화학구조와 약리효과가 유사하며 환각효과는 필로폰보다 강력하고 주사로 투여하는 필로폰과는 달리 알약 형태로 복용하므로 남용자 등에게는 매우 편리하게 이용할 수 있다. 과량 복용하면 경련, 식욕상실, 정신착란, 혼수상태 등을 가져오며 특히 신경계통에 치명적인 손상을 가져온다. 중국에서는 야오토우환(搖斗丸), 미국에서는 아담, 엑스터시 또는 XTC로 불리며 국내에서는 메스암페타민보다 가격은 저렴하면서 환각작용은 3배나 강한 신종마약으로 알려져 있다.

〈엑스터시〉

엑시터시(MDMA · Methylene Deoxy MethAmphetamine)는 환각성이 메스암페타민과 매우 유사한 기능을 하는 향정신성 약물로 값이 메스암페타민보다 저렴하고 강력한 약효가 있기 때문에 대학생 등 청장년층에서 주로 많이 이용하고 있다. 그러나 한 번 복용하여 무아지경에 빠져 본 사람은 메스암페타민에서 겪는 것과 똑같이 내성과 의존성에 시달리게 된다. 결국 한 번 중독으로 이어지면 쉽게 끊을 수가 없으며 끊으려고 시도하면 금단증상 때문에 정신적 · 육체적 고통으로 이어진다.

(2) 에스정(S)

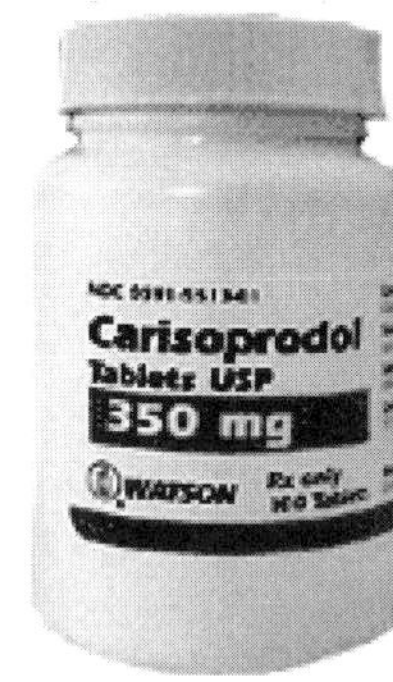

〈S정(carisoprodol)〉

에스정은 미국의 왓슨(Watson)제약사에서 제조한 것으로 상표는 Soma이고, 카리스프로돌(carisprodol)이라는 약명으로 공식약품으로 등록되어 미국 FDA 승인을 받아 제조 판매되는 약물이다. 에스정은 근육안화제, 물리치료제, 근육상처치료제로 용법은 1일 3회 1회 1정을 식후 또는 공복에 의사나 약사의 처방에 의하여 복용하도록 되어 있다. 조사결과 에스정은 중추신경에 작용하여 골격 근육을 이완시키는 효과가 있는 것으로 판명되었다. 부작용으로는 졸음, 두통, 어지러움, 두드러기, 구토, 심장박동의 증가 등 현상이 나타날 수 있다. 그리고 복용 중 호흡이 곤란할 때, 열이 날 때, 힘이 없을 때, 눈이 화끈거릴 때 등은 복용을 중단하여야 한다. 그러나 임신 중이거나 위장장애가 있는 경우에는 처음부터 복용을 금지하고 있다.[386] S정은 환각 물질로 판명되었으며 지속적으로 오 · 남용 할 때에는 혼수상태에 빠지는 등 의식불명이 될 수 있다. 그리고 운동실조 · 지각 이상을 비롯하여 무력 · 무관심 · 의욕상실 등 행동장애를 비롯하여 정신분열증과 같은 정신병적 환각작용을 일으킨다.

지각 및 인지 능력에서는 비관을 낙관으로 착각하고 불안과 공포에서 해방되어 황홀의 경지에 빠지는 이상심리 현상을 유발할 수 있어 매우 위험한 경우가 발생한다. 값이 저렴하기 때문에 해외 유학생과 외국인 등이 입국하면서 휴대품으로 밀반

---

386) USAF, OSI:2003. 7. 8.

입하여 유흥업소 등지에서 밀거래 되고 있다. 우리나라에서는 2003년 10월부터 향정신성 의약품으로 지정돼 마약과 같은 수준의 엄격한 관리를 받고 있다.[387)]

(3) 야 바

〈야바(Yaba)〉

태국의 마약 밀매 조직인 쿤사[388)]가 밀조하여 전 세계를 상대로 판매하고 있는 환각성 각성제이다. 동남아에서는 정력에 매우 좋은 약으로 알려져 있으며 실제로 발기에는 상당한 효과가 있는 것으로 판명되면서 젊은 층에서 인기가 있다. 약효가 1회 복용으로 2~3일 정도 지속되는 등 환각과 중독성이 강한 물질이다. 그러나 금단증상이 심하게 나타나지 않기 때문에 복용자들은 계속해서 남용하게 되고 심한 경우 환각상태에서 범죄를 범할 수 있다.

야바는 '말처럼 힘이 솟고 발기에 좋은 약'이라고 해서 'Horse Medicine'으로 통용되고 있다. 그동안 태국과 일본, 호주 등에서 청소년층과 격무에 시달리는 회사원들을 중심으로 남용되던 야바가 2000년도부터는 국내에서도 남용사례가 적발되고 있다.

(4) GHB

무색 무취의 GHB(gammar hydroxy butyrate)는 소다수 등 음료에 타서 복용하며 물과 같은 히로뽕이라는 뜻으로 일병 물뽕으로 불리기도 한다. 약물 효과로는 기분이 좋아지고 다소 취한 듯 하면서도 몸이 처지는 듯한 느낌이 든다. 그러나 단순 음료가 아닌 알코올류에 타서 마시면 그 효과가 급속하게 의식불명에까지 이르며 당시 상황을 기억할 수 없게 된다. 미국, 케나다, 유럽 등지에서 성범죄용으로

387) http://search.daum.net 2003. 07. 08.

388) 쿤사는 세계 마약 생산량의 절반을 재배하여 미국 헤로인 유통량의 60%를 공급하면서 끊임없이 기존의 마약을 혼합하여 야바 등 저렴한 환각제를 새로 개발하는 등 국제 마약 단속기구의 지목을 받아 왔다. http://100daum.net

악용되어 데이트 강간 약물(date-rape drug)이라고도 불린다. 2001년 3월 20일 개최된 제44차유엔마약통제 위원회(CNC)에서는 향정신성 마약으로 분류하여 마약으로 규정된 물질로 우리나라는 2001년 12월 19일 마약류관리에 관한 법률 시행령에 포함시키면서 마약류로 규정하였다.

〈GHB〉

(5) Trail Mix

메스암페타민, MDMA, 케타민 등 마약류와 비아그라를 혼합하여 제조한 신종마약으로 도취감과 성적흥분을 유발하는 효과가 있어 Sex를 즐기는 청소년과 청장년층에서 선호하는 마약이다. 미국·영국·유럽 등 선진국 청소년층을 중심으로 확산되고 있으며 가격은 정당 2~3만원($20-27)정도로 거래되고 있다. 그러나 우리나라에서는 아직 남용되지 않고 있다.

(6) DET(Diethyl Trytamine)

DET는 출처가 불명확한 합성 환각마약으로 속효성 마약인 DMT의 유사약물이다. DET는 액체 또는 가루형태로 거래되며 거리에서는 담배, 차, 마리화나에 DET액을 적신 후 말려서 담배로 피우거나 씹는 방법으로 사용한다. 50~60mg정도 주사하면 시각이 왜곡되고 현기증을 느끼게 되며 시간감각이 희박해지는데 이러한 증상은 2~3시간 지속된다. 그러나 DET는 부작용으로 혈압상승을 유발하고 뇌의 모세혈관을 파괴시킨다. 우리나라에서는 아직 확산되지 않고 있다.

(7) PMA(Paramethoxy amphetamine)

PMA는 환각작용과 중추신경 흥분작용을 가지고 있는 독성이 강한 약물로 현재는 거의 남용되지 않고 있다. 순수한 PMA는 백색분말이지만 암거래되는 것들은 다양한 형태를 지니고 있는데 암거래되는 PMA는 상당수 실제 PMA가 아닌 MDA인 경우가 많다. PMA는 MDA보다 환각 및 각성작용이 현저히 높으며 육체적으로는 맥박 및 혈압상승, 호흡증가·체온상승·불규칙한 안구운동·근육경련·오심(惡心)[389]·구토 등을 일으킨다. 특히 고용량 투약시 전신경련·혼수·사망에까지

389) 가슴속이 불쾌하면서 토할 듯한 기분이 생기는 현상.

이르기도 한다. 우리나라에는 아직 확산되고 있지 않다.

(8) MDA(Methylene dioxy Amphetamine)

MDA는 디자이너 약물의 일종으로 화학적으로는 메스칼린 및 암페타민과 유사하다. 주로 흰색에서 엷은 갈색을 나타내는 분말이나 가끔 황갈색의 액체도 있다. MDA는 일반적으로 경구 복용하지만 코로 흡입하거나 주사로 사용할 수도 있으며 사용량은 120mg 이상이다. 저용량 사용시 30~60분 후에 작용이 나타나 8시간정도 지속되는데, 평안감을 비롯하여 촉각이 민감해지고 감정이 변하며 자아 통찰력이 고양되나 환각이나 지각력 왜곡 등은 나타나지 않는다. 고용량에서는 LSD와 비슷한 효과와 함께 동공 확대, 혈압상승과 코나 목구멍 건조 등이 나타난다. 이러한 현상은 암페타민에서 나타나는 작용들과도 유사하다. MDA는 부작용으로 불안과 탈진상태가 2일 이상 지속될 수 있어 사망에 이르기도 한다. 우리나라에는 아직 남용되고 있지 않다.[390)]

〈MDA〉

16) 마취제

마취제(anesthetics)라 함은 지각을 마비시키고 의식을 상실시켜 근(筋)의 긴장 및 반사를 제거하는 약물을 의미한다. 중추신경계에 대하여 억제작용을 하는 정신 마취제와 의식에 관계없이 신체의 일부를 마취하는 국소 마취제가 있다. 그러나 일반적으로 마취제는 환각이나 각성제로 남용되는 경우는 거의 없다.

(1) 마취제의 종류

정신 마취제는 외과 수술을 할 때 전신의 통각을 둔마 또는 소실시키기 위한 약물로 중추신경에 작용하여 그 기능을 가역적으로 또는 일시적으로 억제하여 의식을 잃게 한다. 투여방법에 따라 흡입 마취제에는 에테르 등이 사용되고, 정맥주사 마취제는 메틸헥사비타르 등이 사용되고, 직장 마취제는 트리부룸에탄올 등을 사용하는 것으로 대별할 수 있다. 그리고 국소 마취제는 말초신경 섬유의 자극전도를

390) http://www.sppo.go.kr/drug 2004. 11.11

차단하여 국소적인 지각마취를 일으키게 하는 약물로 작용에 따라 압박 또는 국소 빈혈에 의한 것, 동통성 지각 마취제(국소자극·부식), 특이적 지각 마취제(코카인 등), 침윤 마취제(프로카인 등), 전달 마취제(트로파코카인 등), 척수 마취제(에페드린 등) 등으로 분류된다.

(2) 인체에 미치는 영향

마취제를 남용하면 내성, 의존성, 금단증상이 현저하게 나타날 수 있다. 마취제를 남용하는 경우 적지 않은 정신적·육체적 후유증이 남는다. 중독증세가 심할 경우에는 생명에 영향을 미칠 수 있는 상태에 빠질 수 있다. 그리고 상용하면 중독되어 의식을 잃고 호흡과 맥박이 빨라지고 흥분을 비롯하여 호흡곤란·혈압상승·환각·정신분열 등을 일으킨다.

17) 페요테

페요테(peyote)는 남아메리카의 지방의 브라질, 스페인, 남미, 멕시코, 미국의 서남부 지방 등지에서 자생하는 선인장의 일종으로서 마취성 환각물질(mescaline)을 함유하고 있다. 일반적으로 선인장의 줄기를 물에 끓여 수분을 증발시킨 후 가루로 만들어 담배와 같이 피운다. 또한, 페요테를 이용하여 술을 만들어 복용할 경우 메스칼린의 성분 때문에 강력한 환각작용을 일으킨다. 페요테는 작은 선인장의 일종으로 선인장 맨 위의 꼭대기에는 메스칼린 물질이 들어있는 꼭지가 붙어 있는데 그 꼭지를 이용하여 멕시칸 인디언 등은 종교적 의식에서 자극물질로 이용하기도 한다.[391] 이외에 선인장의 껍질을 벗겨 내면 우유와 같은 끈적끈적한 액체가 흘러나오는데 이것을 건조시켜 분말로 만들어 섭취하면 강한 환각작용과 흥분작용을 일으킨다. 약리작용으로 페요테 선인장에는 메스칼린이라는 환각물질이 금단증상, 내성, 의존성 등 문제를 일으킨다. 장기간 섭취 할 경우 신경마비 작용으로 인하여 정신불안, 불면증, 초조감 등을 일으킨다.

18) 기타 한외마약

한외마약(exempt narcotics)이라 함은 미량의 마약을 혼합 정상적으로 제조한

---

391) Grolier XIV, 1961:50~51.

합법적인 약물로 우리나라에서는 시중의 일반 약국에서 공식적으로 구입할 수 있는 약물을 말한다. 두통·해열·진통·감기약 등으로 제조된 한외마약 등이 문제가 되고 있는데 특히 옵타리돈·러미나 등을 구입하여 오·남용하고 있다. 러미라는 기관지염 및 근골격계 질환 치료제이지만 한꺼번에 20~30정씩 복용하면 마약처럼 환각 증세를 일으키는 등 중독성이 강한 약품으로 알려져 있다.[392] 특히, 미군 및 유흥업소 종업원 등이 출입하는 기지촌 등지의 약국에서 판매되고 있는 약품으로는 OXADON, TEMAZEPAM, ATIVAN, FRINGAR, TILADONE, OPTILADON, ANACIN, SAIRONAL, CODENING, EPHEDRINE 등이 있다. 그리고 일부 기지촌 주변에서 미군인 등과 동거하고 있거나 유흥업소에서 종사하고 있는 종업원들이 이 약품을 다량으로 구입하여 복용하거나, 일부 사람들이 밀매를 하고 있어 심각성이 더해 가고 있다. 이러한 약품은 한외 마약으로 구분되어 있으나 통제가 되지 않아 개인이 다량으로 구입하여 남용함으로써 히로뽕의 작용과 같은 환각작용, 흥분작용, 중추신경 마비작용 등 심각한 후유증을 남기고 있다.[393]

19) 대마류

대마(hemp)는 우리나라를 비롯하여 세계 각국에서 재배 또는 야생으로 생산되고 있는 섬유작물로 1년생 식물이다. 대마의 껍질은 내구성이 강해 직물 또는 닻줄 등 로프나 노끈을 만들어 일상생활에 사용하는 유용한 식물이다. 우리나라에서는 주로 산간지방에서 봄에 재배하여 늦여름에 수확하며 껍질부분만 사용하고 속의 목질부와 잎 등은 태우거나 매장하여 재가공할 수 없도록 법으로 규제하고 있다. 대마(cannabis sativa, hemp)는 대마초와 그 수지 및 대마초꽃 또는 그 잎을 원료로 하여 제조된 일절의 제품을 말한다. 다만, 대마초의 종자·뿌리 및 성숙한 대마초의 줄기와 그 제품은 제외한다. 대마에는 유효성분인 테트라하이드로칸나빈놀(THC[394])이 1%정도 함유되어 있으며 이 성분이 마취작용과 아울러 다행감·해방감·흥분·착각·환각과 환상 등의 정신작용을 일으키게 하는 것인데 대마초의 암술꽃과 잎의 끝에 많이 있다.[395] 재배삼의 암그루 꽃이삭과 잎에서 얻은 것을 간자

392) 서울지검 마약수사부는 최근 급속히 확산되고 있는 마약대용 약물인 러미나와 S정을 향정신성 의약품으로 지정해 줄 것을 대검에 건의했다(경향신문, 2003. 1. 6. 17면).

393) USFK AF OSI, 1995:3~6.

394) tetrahydrocannabinol.

(Ganja), 야생삼에서 얻은 것을 마리화나방(Marijuana · Bhang)이라 한다. 마리화나라는 명칭은 포르투칼어로 취하게 만드는 것이라는 의미를 가진 Mariguango에서 유래하였다고 한다. 대마는 흥분작용과 억제작용을 동시에 지니고 있으나 일반적으로 환각제로 분류된다. 소량의 대마를 흡연할 경우 순한 흥분제의 효과가 나타나고 다량을 흡연하면 공중에 뜨는 기분, 빠른 감정의 변화, 환상 · 환청 효과가 나타나며 지나치게 많은 양을 흡연할 경우에는 중독성으로 인해 정신이상 상태를 유발하기도 한다. 대마초를 자주 피우는 사람은 옷이나 몸에서 풀 냄새, 연기냄새가 나며 행동은 본래 성격보다 수다스럽거나 다소 흥분한 상태가 되고 때로 꿈꾸는 듯 멍한 상태 또는 우울, 운동실조 현상을 보이기도 한다.

(1) 법적규제

우리나라는 1976. 4. 7. 법률 제2895호로 대마관리법을 제정하였으며, 대마관리법 제4조[396]는 누구든지 대마의 수출과 수입, 대마의 제조, 대마의 매매, 대마의 흡연 또는 섭취하는 행위 등을 못하게 하는 금지규정이 있었다. 현재는 마약류 관리에 관한 법률에 의하여 규제되고 있다. 그러므로 우리나라에서는 대마가 일체 의약으로 사용되지 않고 있으나 그 남용을 막기 위하여 대마 취급자의 허가, 재배의 보고, 연구자의 보고, 대마 폐기의 보고, 사고보고, 대마 중독자의 보고 등의 규정을 두고 있다.

(2) 대마의 역사

중국에서는 B.C. 2737년에 이미 인도산 대마에서 잎과 꽃을 갈아서 만든 환각제를 사용한 기록이 있다.[397] 인도에서는 대마를 이용하여 흥분제와 진정제의 원료

---

395) 이강석, 1999:218.

396) [행위의 금지] 누구든지 다음 각호의 1에 해당하는 행위를 하여서는 아니된다. 다만, 대마연구자가 식품의약품안전청장의 허가를 받아 제1호 또는 제2호에 규정된 행위를 하는 경우에는 그러하지 아니하다.

1. 대마를 수입 또는 수출하는 행위
2. 대마(대마초는 제외한다)를 제조하는 행위
3. 대마를 매매 또는 매매의 알선을 하는 행위
4. 대마 · 대마초 종자의 껍질을 소지하는 행위 또는 그 정을 알면서 대마초 종자 · 대마초 종자의 껍질을 매매 또는 매매의 알선을 하는 행위
5. 그 정을 알면서 제1호 내지 제4호의 행위를 하기 위한 장소 · 시설 · 장비 · 자금 또는 운반수단을 타인에게 제공하는 행위

로 사용하고 있으며 많은 사람들이 대마를 사용하고 있다. 대마(Cannabis sativa)는 고대 중국으로부터 인도와 북아프리카를 거쳐 중남미에 전파되었다. 대마는 고대부터 많은 나라에서 사용되었으나 약리효과가 불확실하고 환각작용을 나타내는 등 많은 사회적 문제를 야기하여 현재는 의학적인 목적으로 거의 사용되지 않는다. 최근 미국의 한 연구진은 의학잡지 High Times에 기고한 논문에서 예수와 열두 제자가 대마성분이 든 오일을 사용해 병자들을 치료했을 가능성이 있다는 주장을 했다. 카네 보셈(kaneh-bosem)이라고 불리는 대마 추출물(cannabis extract)이 든 치료용 오일을 사용 간질환자, 피부병, 눈병, 생리질환 등 치료에 사용됐으며 이 오일을 바르면 신체적, 정신적으로 병을 앓는 환자들을 치료하는데 도움이 됐을 것이라고 주장했다.[398] 우리나라에서는 예전부터 삼배 직물과 끈(로프)의 원료로서 대마를 재배 이용해 왔다. 대마초가 환각물질로 우리나라에 소개된 시기는 1960년 중반으로 주한 미군을 통해 국내에 확산되었다. 1970년대 중반에는 청년층을 중심으로 급속히 확산되어 현재까지 계속되고 있는 실정이다.

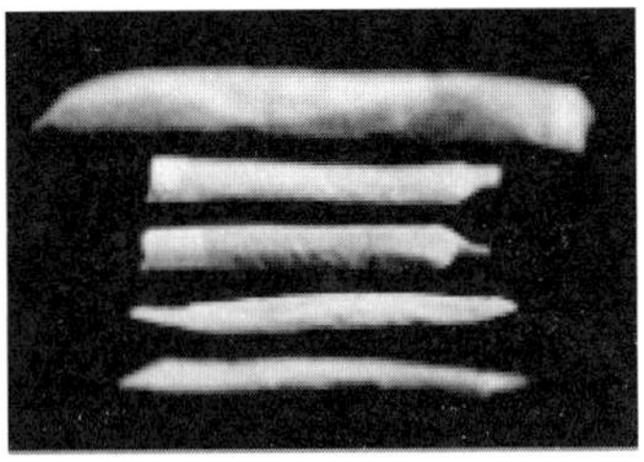

〈해피스모크〉

(3) 대마의 생리

뽕나무과의 1년생 초로서 삼이라고도 하며 중앙 및 서아시아가 원산지로 섬유식물이다. 전 세계의 열대에서 온대에 걸쳐널리 재배된다. 키는 1~3m, 줄기는 사각주상(四角柱狀)으로 곧게 뻗으며 표면에는 전체에 가는 털이 나 있다. 속이 비어 있고 잎은 장상복엽(掌狀複葉)이며 3~10개의 작은 잎으로 갈라진다. 긴 잎자루가 있고 줄기 아래쪽에서는 마주나고 뒤쪽에서는 어긋난다. 암수딴그루로서 꽃은 초여름에 핀다. 수꽃은 큰 꽃밥을 가진 5개의 수술과 5개의 꽃받침 조각이 있고 가지 끝에 원뿔 모양으로 모여서 핀다. 암꽃은 1개의 암술이 있고 암술대는 두 갈래로 나누어진다. 과실은 편구형(扁球形)이고 회백색의 단단한 껍질을 가지며 가을에 성숙한다.

397) R. Coles et. al., 1970:17.

398) 경향신문, 2003. 1. 8. 19면. 고대의 환자들은 문자 그대로 강력한 혼합물에 흠뻑 적셔진 셈이었으며 이 약이 예수와 열두 제자가 행한 치료기적의 일부에서 그 역할을 했을 가능성이 있고 시사했다.

대마 줄기의 인피섬유(靭皮纖維)는 삼실로서 삼배를 짜거나 로프 등의 원료로 쓰인다. 과실은 향신료의 원료가 되며 한방에서는 마자인(痲子仁)이라 하여 완화제로 쓰인다. 대마에는 테트라하이드로카나비놀(THC)을 주성분으로 하는 마취성 물질이 함유되어 있다. THC 성분은 산지나 재배법에 따라 함유량에 크게 변동이 있다. 이 마취성 물질은 약품으로 이용되는데 환각제로서 악용되고 있다. 인도산의 인도대마(C. indica)는 식물학적으로는 우리나라에서 자라는 것과 같은 종이지만 THC를 다량 함유한다. 인도에서는 이것을 반가(bhanga) 또는 간자(ganja)라 하고 아랍, 터키에서는 헤시시(hashish, haoheesh)라 하여 흡연, 흡입하거나 음식에 섞어서 먹는다. 멕시코산은 마리화나(marihuana)라고 하여 미국 등에 많이 밀거래 유출되고 있다. UN의 마약 위원회에서 문제가 되기도 하였다. 우리나라에서는 대마관리법[399]으로 재배 및 취급이 규제되고 있으며 허가 없이 재배하지 못하게 규제하고 있으며 관계기관에 신고를 한 후 적법한 방법으로 대마를 재배할 수 있다. 주로 산간 지방에서 재배되고 있으나 그 관리에는 다소 문제가 있어 누구나 쉽게 대마 잎을 구입할 수 있는 실정이다.[400]

〈해쉬쉬〉

(4) 약리효과

대마는 인체의 중추신경계를 흥분·자극 또는 억제시키는 성분을 함유하고 있기 때문에 정신적·육체적으로 부정적인 영향을 미친다. 대마는 이러한 성분을 함유하고 있기 때문에 이를 이용하여 대마초(happy smoke), 헤쉬쉬, 헤쉬쉬 미네랄오일 등으로 제재하여 사용하고 있다. 대마초는 담배보다 훨씬 강한 독성물질을 함유하고 있다. 그리고 타르 등 발암물질도 담배보다 2배 이상 함유하고 있기 때문에 흡연시 폐기종, 기관지염, 축농증, 그리고 뇌와 인두에 염증을 일으키는 등 부작용이 심하다. 특히 뇌에는 심각한 영향을 미치는 것으로 알려져 있다. 뇌의 구성물질 중에서 지방이 35%를 차지하고 있는데 대마초의 성분인 카나비노이드는 지방을 녹이는 성질이 있어 뇌에 치명적인 영향을 미친다.

399) 1976년 4월 7일 법률 제2895호로 제정한 법률이다.

400) narcotic threat assessment, O.S.I. 1995:3~6.

뇌는 신경세포가 메시지 전달자극을 받을 때 신경 전도물질 주머니가 터지듯 열려지고 그 화학물질은 세포들을 인접 세포들과 분리시켜 놓은 좁은 공간을 통해 메시지를 옮긴다. 그러면 신경세포의 다른 세포가 그 전기 화학적 메시지를 받게 된다. 이것은 아주 짧은 시간 동안에 수백만개의 두뇌세포에 의해 반복되는 과정이다.

그리고 담배와 함께 끽연하면 다행감, 해방감, 환각, 환상 등의 정신적 부작용을 나타낸다.[401] THC에 손상을 입은 신경전도물질 주머니들은 보다 검고 비정상적으로 한데 모인다. 따라서 세포 사이의 공간이 넓어지고 비정상적인 물질로 막히게 된다. 이러한 모든 것은 기억력과 사고과정을 손상시킬 수 있다. 뇌세포는 동시에 수천개의 메시지를 받으며 뇌 기능 중의 하나로 필요 없는 메시지를 골라냄으로써 혼란 상태가 계속되는 것을 방지한다. THC는 이런 기능을 저해하여 대마초 흡연자는 세부적인 것에 집착하게 된다.

10대에서 20대까지 상습적으로 흡연한 사람에게서 70~80세의 노인들에게서 발생하는 뇌기능 장애 현상이 발견된다고 보고 되고 있다. 두뇌의 시상하부는 신체의 정상적인 활동을 위한 중요한 기능을 수행하지만 THC 1/10억g 정도의 미소한 양에서도 시상하부 및 뇌하수체에 지대한 영향을 미친다. 이러한 기관에서는 생식기관을 통제하고 호르몬을 조절하는 역할을 하는 등 매우 중요한 기관이기 때문에 피해는 매우 크다.

그리고 여성의 경우 대마초는 월경 주기에 문제가 발생하고 난소에서 난자가 생산되지 않거나 미성숙한 난자를 생산하게 된다. 임신 중에 대마초를 사용하였을 경우에는 유독한 카나비노이드가 혈류를 타고 태반으로 흘러 들어가 탯줄을 거쳐 태아에 이르러 알코올상의 유아와 비슷한 미숙아가 태어날 수 있다. 남성의 경우에는 생식기관에 타격을 준다. 대마초가 함유하고 있는 THC가 뇌하수체로 하여금 충분한 남성호르몬을 생산하는 것을 억제하여 정자의 수를 줄어들게 한다. 정자는 과당에서 화학적 에너지를 얻지만 THC는 정자의 과당 사용에도 억제작용을 한다. 그 결과 정자는 자생력을 상실하고 움직임이 상당히 줄어 제대로 된 형태를 갖추지 못하여 발육이 부진하게 되거나 많은 수가 죽게 된다. 또 THC는 단백질을 파괴시키고 정자의 활동을 약화시켜 난자에 진입을 못하게도 한다. 이런 요소들이 결합되어 정력 감퇴를 일으킬 수 있고 청소년기 남성에게는 성적 발육이나 남성의 신체적 특징 발달에 장애요인이 될 수 있다.

---

401) 이강석, 1999:218.

그리고 THC는 염색체를 깨뜨리고 손상시킬 수 있다. 생식 세포에서도 이런 파괴 행위가 일어나 불임이나 비정상적인 자식을 낳게 될 수 있다. 이 외에도 대마초에는 발암물질 등 인체에 치명적인 영향을 미치는 물질이 많이 들어있기 때문에 특히 청소년기에 주의를 해야 한다.

(5) 증 상

대마가 함유하고 있는 마리화나 활성 성분인 테트라하이드로카나비놀($C_2H_{30}O_2$)은 중추신경에 작용하여 다행감, 해방감, 환각, 환상 등 아편과 같은 마약중독 증상을 나타고.[402] 다음과 같은 증상의 증세를 나타낸다.

① 평형감각이 없어져 중심을 잡지 못한다.
② 식욕이 지나치게 증가한다.
③ 눈물이 많아지고 눈에 윤기가 흐른다.
④ 말을 더듬고, 손이 떨리고, 두통을 호소한다.
⑤ 감정의 기복이 심하고 무의식적인 웃음이 많다.
⑥ 청각기능이 예민해지고 활동력이 증가한다.
⑦ 술에 취한 기분으로 전환되고 경솔해 진다.

(6) 종 류

① 대마연(marihuana, happy smoke)

대마의 잎과 꽃에서 얻어지는 물질로서 400여종 이상의 화학물질로 구성되어 있다. 특히 대마초에만 존재하는 60여종의 카나비노이드를 함유하고 있다. 이들 화학물질 중 가장 두드러진 것은 THC이다. THC는 1만분의 1g만으로도 환각상태의 약효를 일으킬 수 있어 인체에 심각한 해를 끼칠 수 있다.

② 대마수지(hashish)

대마수지는 대마의 꽃대 상부에서 얻어지는 진한 갈색의 수지를 응축하여 만든 것으로 대마초보다 THC 성분이 5~10배 정도 많이 함유하고 있기 때문에 흡입할 경우에는 인체에 미치는 영향이 대단하다.

---

402) 남균 외, 1999:1254.

③ 대마유(hashish oil)

대마유는 인체에 유해한 카나비노이드 화학물질이 매우 진하게 농축되어 있는 물질로 50%정도의 THC를 함유하고 있는 때문에 인체에 치명적인 해를 끼칠 수 있다. 대마초는 세계적으로 널리 사용되고 있으며 특히 미국의 경우 전국 고등학교와 대학교에서 학생들이 야생대마 또는 밀수입된 대마를 사용한다. 미국에서는 대마에 관한 처벌규정이 경미하여 지금도 1천만명 이상이 큰 부담이 없이 사용하고 있으며, 이들은 대개가 10대에서 20대의 청소년들이다.

(7) 인체에 미치는 영향

대마초의 심리적 효과는 가장 흔한 용량 수준에서는 진정, 최면제 또는 알코올과 비슷하여 휴식, 불안 해소 및 도취감을 느낀다. 대마초 사용자들은 사물을 우습게 보는 경향이 있으며 제어력을 잃고 웃거나 킥킥거리는 것이 흔히 있는 일이다. 환상, 사고의 비약, 생각을 계속하지 못하는 등의 효과가 보통이며 단기 기억력이 상실되어 최근의 일들을 기억하지 못하는 반면 오래된 기억들은 영향을 받지 않게 된다. 크기, 거리 및 시간에 대한 개념이 뒤틀리기도 하고 고용량의 대마초는 주체성과 인간성의 상실을 초래하게 된다. 대마초의 신체적 영향으로 가장 현저한 것은 눈이 충혈되고 기침을 많이 하는데, 기침은 물론 대마초를 피웠을 때만 나타나는 증상으로 먹었을 때는 나타나지 않는다. 갈증과 식욕이 자극되고 심장 박동수는 증가하며 혈압은 서있는 경우에는 낮아지나 누워 있는 경우에는 증가하는 경향을 보인다.

* 남용의 위험

대마초는 담배보다 훨씬 많은 자극성 물질과 타르를 함유하고 있어서 계속적인 대마초 흡연은 폐의 감염이나 만성적인 기관지염, 축농증 등을 유발한다. 호르몬의 평형이 깨져 발기 부전이 일어나며, 일시적인 불임, 남자가 가슴이 커지는 증상 등이 나타나기도 한다. 세포 대사가 장애를 받고 DNA의 합성과 면역 방어 기능이 장애를 받는다. THC에 의해 뇌가 영향을 받아 손상이 일어나며, 이로 인해 개인의 성격이 변하게 된다.

* 임신에 미치는 영향

임신 기간에 대마초를 남용하면 아기의 성장이 저해되고 신생아의 경우 일시적인 가벼운 금단증상이 발현된다고 한다. 그러나 현재까지 마리화나의 사용이 기형아를 낳게 한다는 증거는 없다.

* 내성과 의존성

대마초의 상습적 남용은 약간의 내성을 유발시키며 상습남용자 중 일부에서 정신적 의존성을 나타낸다.

* 남용자의 특징

① 말과 웃음이 많아진다.
② 혈관의 이완으로 동공이 확대되고 눈이 충혈된다.
③ 대부분 기침을 심하게 한다.
④ 사용 후나 사용 중의 단계에서는 멍청해진다.
⑤ 평형감각이 없어져 마치 술에 취한 사람처럼 걷게 된다.
⑥ 옷이나 또는 호흡할 때 나뭇잎이 타는 듯한 냄새가 난다.
⑦ 자제력이 감소된다.
⑧ 크기와 거리, 시간에 대한 개념이 없어진다.
⑨ 입안이 마르고 식욕이 항진된다.

21) 수사상 유의사항

(1) 증거 또는 단서

① 옷소매에 주사로 인한 피 자국이 있다.
② 팔꿈치 · 발등 · 다리 등에 주사자국이 있다.
③ 반복적인 주사로 주사한 부위가 멍들어 있다.
④ 화장 또는 문신으로 상처부위를 위장한다.
⑤ 그을린 숟가락이나 병마개 등을 가지고 있다.
⑥ 지혈대 또는 솜 등을 가지고 있다.
⑦ 주사기와 주사바늘을 가지고 있다.
⑧ 코 또는 입주변의 피부가 멍들어 상기되어있다.

(2) 남용자의 행태

① 판단력, 통제력, 주의력 등이 산만해 진다.
② 약물을 구입하기 위한 자금마련 때문에 범죄를 행한다.
③ 주의력 약화로 담배로 인한 화재의 위험을 초래한다.
④ 마비증세에서 담배피우기 때문에 손가락에 화상이 있다.
⑤ 주의력의 산만으로 사고사할 가능성이 높다.
⑥ 피해 망상적 상태에서 난폭한 행동을 과감하게 행한다.
⑦ 영양실조, 극도의 피로 등에 의한 질병에 잘 걸린다.
⑧ 폐렴, 부정맥, 심장마비, 뇌혈관장애 등에 시달린다.

(3) 대마초 상용자

* 증거 또는 단서

① 옷이나 몸에서 풀냄새가 난다.
② 흡연용 파이프를 소지하고 있다.
③ 주머니에 대마초 가루나 씨가 있다.
④ 갈색류의 담배 마는 종이를 가지고 있다.
⑤ 눈동자가 매우 투명하고 보인다.
⑥ 말과 웃음이 많아진다.
⑦ 동공이 확대되고 눈이 충혈된다.
⑧ 크기, 거리, 시간, 속도 등을 인식하지 못한다.
⑨ 입안이 마르고 물을 많이 마신다.
⑩ 식욕이 항진되고 멍청하게 보인다.

* 남용자의 행태

① 위험한 행동을 태연스럽게 잘 한다.
② 분별없이 행동한다.
③ 뻔뻔스럽게 행동한다.
④ 잘 웃으며 히죽거린다.
⑤ 일견 술취한 사람처럼 보인다.
⑥ 낙천적인 언행을 한다.

⑦ 주변이 지저분하다.

⑧ 기침을 심하게 한다.

⑨ 인내력이 없다.

제19장 경찰기획

1. 개 요

경찰의 기획(Planning)활동은 경무에서 주로 통합 조정하는 역할을 하기 때문에 경무의 한 기능으로 생각할 수 있다. 그러나 방범, 수사, 형사, 교통, 통신 등 모든 경찰 기능에서도 기획을 하고 있다. 그리고 각 부문에서 하는 기획에는 우선순위나 특성의 차이가 있으며 중요도에 따라서 결정된다. 그러므로 경찰에서의 기획은 경무에서 주로 이루어지며 다른 부서에 의하여 한정되는 것이 아니라 모든 기능을 종합하여 우선순위에 의하여 수행하는데 이 때에는 기관의 장의 결심에 의하여 필수적인 것은 우선적으로 결정하는 것이다. 기획이란 한마디로 말할 수는 없으나 일반적인 통설은 어떤 일을 계획하는 것을 기획이라고 정의하고 있다. 그러므로 기획은 절차와 과정을 의미하고, 사전적 의미의 계획은 어떤 일을 함에 앞서 방법, 차례, 규모 등을 미리 생각하여 계획을 세우는 것을 의미한다고 풀이하고 있다.

그러나 일반적으로는 문서화 된 활동 목표와 수단을 의미하는 것으로 이해하고 있다. 계획을 수립 추진하는 업무를 기획으로 정리해 요약한다면, 기획은 계획을 수립·집행하는 과정이며 계획은 기획을 통해 산출되는 결과라고 이해할 수 있을 것이다. 이와 같이 기획과 계획은 혼용하여 사용되고 있기 때문에 유사어로 이해할 수 있을 것이다. 유사어로는 프로그램(program)과 프로젝트(project)도 우리 주변에서 많이 사용하고 있다. 프로그램은 예정 또는 계획표로서 일반적으로 사업계획의 뜻으로 사용되고, 프로젝트는 연구나 사업 따위의 계획 또는 설계를 의미하는 것으로 세부사업계획 또는 단위사업계획으로 사용되고 있다.

1) 기획의 정의

기획이라 함은 미래를 대상으로 바람직한 목표달성을 위한 효율적인 수단을 강구하는 합리적 의사 결정 과정이며 발전된 방향으로 업무를 집행하기 위해 의도적인 행위라고 할 수 있다. 일반적으로는 어떤 대상에 대해 그 대상의 변화를 가져올 목적을 확인하고 그 목적을 성취하는 데에 가장 적합한 활동을 설계하는 것을 의미한다. 이에 대해 계획은 기획을 통해 산출된 결과를 의미하며 사업계획과 단위사업 계획은 계획의 하위 개념으로 볼 수 있다.403) 그러나 기획의 정의에 대해서는 학자에 따라서 또는 분류하는 방식에 따라서 달리 정의하고 있으며, 그리고 대상 수준이나 강조점에 따라서 정의하고 있기 때문에 용어의 의미에서와 같이 학자들에 따라서 다음과 같이 유사한 표현을 하고 있다.

① 기획이란 무엇을 할 것인가를 사전에 결정하는 대단히 평범한 인간행태이다.404)

② 기획이란 인간이 장래에 관해서 미리 사고하는 과정을 기획이라고 한다.405)

③ 기획이란 장래의 경영을 가능한 한 정확하게 예측하고 통제하려는 신중히 준비된 노력이다.406)

④ 기획이란 여러 대한 중에서 목표, 예산, 절차 및 사업계획 등을 선택하는 관리자의 기능이다.407)

⑤ 기획이란 장래를 위한 제안, 제안된 대안들에 대한 평가, 그리고 장래의 통제 등에 적용되는 합리적 · 적응적 사고이다.408)

2) 기획의 유사개념

(1) 모형을 생각해 볼 수 있다.

모형이란 가장 넓게 보면 실제의 현상을 추상화한 것이라고 볼 수 있다. 다른 말로 표현하면, 어떤 행위를 예측하는데 활용될 수 있는 실제의 모조품이라고 생각할 수 있다. 그리고 계량적인 측면에서는 어떤 현상을 단순화시켜 선정된 변수들 간에 함수관계를 규정지은 예측의 도구라고 정의할 수도 있다. 이러한 관점에서 모형의 구성 요소로서 변수의 선정, 외생변수와 내생변수 간의 인과관계의 규정, 일관성의 조건 등을 들고 있다.

이론과 실제를 바탕으로 어떤 함수관계를 규명하여 모형을 설정하고 특정한 목

---

403) 이종수, 2000: 87.
404) William H. Newman, 1963: 15.
405) George Chadwick, 1977: 15.
406) Donald C. Stone, 1939: 63-67.
407) Harold Koontz and Cyril O'Donnell, 1959: 453.
408) Herbert A. Simon et. al. 1950: 423~424.

표의 달성과 관련된 예측자료를 제시함으로써 정책수립에 기여하며 이러한 정책들을 재정적인 조건 및 추진 전략들과 결합시킨 것이 곧 계획이라는 것이다. 계획은 그것을 시행한 후에 결과를 평가하여 나타난 실적과 비교하여 그 타당성과 문제점 등을 도출하여 검토하여야 한다.

그리고 그 결과를 정형적으로 유사한 다른 목표수립을 할 때 참고하여 같은 문제점이 제기되지 않도록 하는 것이다.

(2) 정책을 생각할 수 있다.

정책은 적용범위가 넓고 파급효과가 지속적인 결정으로서 행정의 경우에는 주로 공권력이 포함된 행위의 지침을 정책이라고 한다. 정책은 반드시 계획보다 광범한 상위의 개념이라고 할 수는 없다. 계획 속에 서로 관련되고 얽혀 있는 여러 개의 정책 혹은 결정들이 포함되어 있다고 보아야 할 것이다. 의사결정과 정책결정은 기획과 많은 공통점을 가지고 있다. 의사결정이란 어떤 목표를 성취하기 위하여 두 개 이상의 상충하는 수단 중에서 하나를 선택하는 과정으로서 목표 지향적이고 합리성을 추구한다는 점에서 기획과 유사한 것이다.

정책 결정은 공공기관에 의한 의사 결정으로서 원리나 절차 등은 대체로 동일한 것이다. 정책결정은 의사결정의 주체가 개인이나 민간 조직이 아니라 공공 기관이기 때문에 경제적인 능률성은 물론 정치적인 합리성도 아울러 고려된다는 것이다. 그리고 정책결정은 공익의 추구가 우선적인 기준이 되기 때문에 가치의 배분문제가 수반된다는 점 등을 들 수 있을 것이다.[409]

2. 기획의 본질

1) 본질적인 요소

기획이란 장래의 발전을 위하여 어떤 선택을 하여 목표달성을 위한 수단을 강구하고 결과에 어떤 한계를 설정하는 행위라고 말할 수 있다. 기획은 목표를 설정하여 설계하고 그 목표를 성취할 수 있는 최적의 수단을 모색하는 것이며 어떤 수단으로 불가능할 경우에는 일정한 범위 내에서 이루어지도록 통제를 가한다는 의미

---

409) 김신복, 1992: 26~34.

가 포함된다. 기획에 관한 정의를 검토해 보면 다음과 같은 공통적인 요소들을 포함하고 있다.

(1) 기획은 하나의 과정으로 계속적인 활동이다.

기획의 과정은 하나의 계획을 작성하는데 그치지 않고 그 집행결과를 평가하여 차기계획에 반영하는 계속적이고 순환적인 활동인 것이다.

(2) 기획은 준비 과정이다.

기획은 보다 나은 결정을 하기 위하여 어떤 시안을 작성하는 과정으로서 그것을 채택하고 집행하는 것은 별개의 기능이다. 기획기능은 대표적인 참모기능에 속한다. 설령 동일 부서에서 기획기능과 그것을 승인하고 집행하는 권한을 아울러 갖는다 하더라도 분석상 별도로 취급되어야 할 것이다.

(3) 기획은 복합적인 결정을 대상으로 한다.

기획은 의사결정 또는 정책결정의 일종이지만 단일의 결정을 하는 것이 아니고 통합(set or bundle)의 결정을 한다는 특징이 있다. 이러한 결정들은 대부분 체계적으로 연결되어 있고 투자나 추진 과정에서 우선순위가 요청되는 것이 대부분이다.

(4) 기획은 행동 지향적인 활동이다.

기획은 실전과 행동을 통한 문제의 해결이나 현실의 개선에 목적이 있다. 기획은 바람직한 목표를 실현하기 위해 앞으로의 행동 방안을 설계하여 그것을 실현하고자 하는 노력이다. 의도적이고 인위적인 노력을 통해서 장래의 행동 노선을 조정하려는 것이다.

(5) 기획은 미래지향적 활동이다.

기획에서는 과거의 경험과 실현 분석을 바탕으로 하지만 장래에 취할 행동 방안을 강구하는 것이 핵심이다. 기획은 불확실한 미래를 대상으로 하기 때문에 예측과 판단 등 고도의 전문성을 필요로 하는 것이다.

(6) 기획은 목표를 성취하기 위한 활동이다.

장래에 달성하려고 하는 목표가 어느 정도 명시되지 않고서는 기획이 이루어 질 수 없다. 그렇다고 해서 아주 구체적이고 명확한 목표가 제시되어야 기획에 착수할 수 있다는 것은 아니다. 정책 탐색 과정에서 제시된 모호하고 불분명한 목표들을 구체화 또는 명료화하는 작업이 곧 기획의 첫 단계인 것이다.

(7) 기획은 효율적인 수단을 강구하는 과정이다

기획은 자료의 수집과 체계적이고 종합적인 분석 등 합리적인 과정을 통해서 소망하는 목표를 효율적으로 달성할 수 있는 수단을 제시하려는 활동인 것이다.

2) 구별되어야 할 요소

(1) 예측이 곧 기획은 아니다.

예측은 기획의 기초가 되며 가장 중요한 단계이기는 하지만 기획 그 자체는 아닌 것이다.

(2) 기획과 예산은 같지 않다.

예산은 계획의 재정적인 표현이며 계획집행의 중요한 수단일 뿐이다.

(3) 기획의 조직과 기획의 기능은 구별되어야 한다.

기획부서가 설치되어 있다고 해서 기획활동이 보장되는 것은 아니며 양자는 무관할 수도 있다.

(4) 기획은 위험부담을 최소화하려는 시도만은 아니다.

장기적인 견지에서 보다 큰 위험과 모험을 택할 수 있는 역량을 신장하는 것이 궁극적인 목표가 된다.

(5) 기획의 결과가 반드시 문서화되어야 하는 것은 아니다.

명문화된 계획이 집행 및 평가의 지침으로서 도움이 되는 것은 사실이지만 기획과정 자체가 더 중요하며 그 가치는 문서만으로 판단될 수 없다.

3) 기획의 기본철학

(1) 미래지향성이다.

비록 과거의 경험과 축적된 정보를 바탕으로 현시점에서 결정을 내리기는 하지만 기획의 중점은 어디까지나 미래를 투시하고 설계하는데 있다. 장래에 일어날 사태를 미리 예측하여 그 대비책을 강구해 둠으로써 임기응변에 의한 시행착오를 방지한다는데 그 의의가 있는 것이다.

(2) 기획은 합리성을 추구한다.

논리적이고 과학적인 과정을 거쳐 현재 또는 예상되는 상황과 문제에 대응하려는 노력이다

(3) 기획은 통제성을 특징으로 한다.

기획은 바람직한 미래를 실현하려는데 그 목적이 있으므로 자연적인 추세대로 방치하는 경우에는 기획이 불필요한 것이다.[410)]

3. 기획의 유형

1) 개 요

기획의 여러 가지 형태를 의미하는 것으로 기획을 분류하는 기준은 학자마다 제각기 다르게 분류하고 있다. Marshall E. Dimock[411)]은 기능별로 노동기획 · 후생기획 · 경찰기획 · 통신기획 등으로 나누고, 지역별로는 중앙기획 · 지방기획 · 광역기획 · 도시기획 등으로 나누고, 통치기능에 따라 치안기획 · 국방기획 · 조세기획 등으로 분류하였다. 이와 같이 기획의 유형은 여러 가지로 분류할 수 있으나 일반적으로 가장 많이 이용되는 유형은 다음과 같다.

---

410) 김신복, 1992: 36~39.

411) 시카고대학 · 노스웨스턴대학 교수를 역임하고 육군성 및 국방부장관 고문을 지낸 미국의 행정학자로 종래의 기술적 행정이론에 대해 권력기능으로서의 행정의 성격을 강조하였다 (이종수, 2000: 112).

(1) 기간별 유형

기획은 사업목표 달성의 그 기간에 따라 분류하는 것으로 단기기획 · 중기기획 · 장기기획으로 나눈다.

① 단기기획

1년 이내 기간의 기획으로서 기본 운영계획을 말한다.

② 중기기획

일반적으로 5년 이내의 기간에 해당하는 기획을 말한다.

③ 장기기획

일반적으로 10년 이상에 해당하는 기간에 목표를 달성하도록 하는 것을 말한다.

(2) 대상별 유형

기획을 사업 대상별로 나누어 경제기획 · 사회기획 · 물적기획으로 나눈다.

① 경제기획

저개발 국가에서 실시하는 것으로 경제개발 5개년 계획 등이 이에 해당한다.

② 사회기획

사회적 여건을 반영하는 것으로 주택 · 보건 · 인력 · 교육 · 치안 · 사회복지 등이 이에 해당한다.

③ 물적기획

사회간접자본에 해당하는 것으로 도로 · 항만 · 공항 · 공원 등 국토와 도시개발 등의 기획을 말한다.

(3) 강제성에 의한 유형

기획의 목표를 강제적으로 달성하려는 것으로 강제기획과 유도기획으로 나눌 수 있다.

① 강제기획

국가가 일정한 목표를 설정하고 강제적으로 달성하려고 하는 것을 말한다.

② 유도기획

국가가 일정한 목표를 설정하고 민간부분에 보조금의 지원, 금융지원, 조세감면 등의 지원을 하여 목표를 달성토록 하는 것을 말한다.

(4) 계층에 의한 유형

조직의 계층에 따라서 정책기획과 운영기획으로 구별하는 것을 말한다.

① 정책기획

행정의 상위계층 또는 중앙정부의 고위층에서 광범위한 목표설정으로 이루어지는 것을 말한다.

② 운영기획

정책기획에서 설정한 목표를 실천에 옮기기 위한 기획으로 조직의 중간계층에서 이루어 기획을 말한다.

(5) 고정성에 의한 유형

계획을 실천하는 기간의 유무에 따른 것으로 고정기획과 연동기획으로 분류한다.

① 고정기획

목표를 달성하는 일정한 기한이 지나면 종결되는 기획을 말한다.

② 연동기획

목표달성의 기한이 없이 연속적으로 시행하는 기획을 말한다.

4. 기획의 특성

기획의 특성(Peculiarity of Planning)이라 함은 기획의 공통된 속성을 말하는 것으로 기획은 미래를 예측하고 바람직한 방향으로 상태를 추구하면서 목표달성을 위한 수단을 강구하여 결과에 어떤 한계를 설정하는 과정으로 다음과 같은 공통된 속성이 있다.

1) 기획은 과정이다.

기획은 목적이 아니고 선택의 과정이며 의사결정 과정이다.

2) 기획은 준비과정이다.

기획은 미래에 집행할 계획을 준비하는 결정과정이다.

3) 기획은 총체적으로 관련된 사항을 결정하는 과정이다.

기획은 하나의 의사결정이며 종합적인 판단이다.

4) 기획은 미래지향적이다.

기획은 장래를 예측하여 보다 나은 상태로 이끌어 가려는 미래지향적 결정이다.

5) 기획은 목표를 달성하는 활동이다.

기획은 이미 결정된 목표를 달성하기 위하여 구체적인 방법을 제시하고 실행하기 위한 방안을 마련하기 위한 활동이다.

6) 기획은 효율적인 방법을 강구하는 것이다.

기획은 최소의 노력과 비용으로 목표를 달성하기 위한 가장 효율적인 방안을 마련하는 것을 의미한다.

7) 기획은 행동 지향적인 활동이다.

기획은 실천을 하기 위한 것으로 행동을 전제로 하는 것이다.

5. 기획의 과정

1) 단계의 구분

기획은 계획을 수립하여 시행하고 시행된 결과를 평가하여 유사한 계획에 적용하는 순환 과정이라고 생각할 수 있다. 기획의 과정은 광의와 협의로 나누어 생각할 수 있으며 협의로는 추구해야 할 목표를 설정하고 문제를 이해하기 위한 조사연구로 대안을 발견하고 정책을 결정하여 선택된 대안에 대한 세부적인 계획을 세워 집행하는 것을 의미한다. 그러나 광의의 기획 과정은 대체적으로 다음과 같이 3단계로 나누어 생각할 수 있다.

(1) 가치형성 단계

가치 형성이란 미래를 예측하여 선택 가능한 범위를 규명하고 바람직한 상태를 목표로 제시하는 단계를 말한다. 가치를 통하여 새로운 목표를 설정하고 그 달성 정도를 분석하고 평가할 수 있는 준거를 규정하는 활동이 기획에 있어 가장 먼저 이루어 져야 한다는 것이다.

(2) 수단규명 단계

설정된 목표를 달성하기 위한 수단을 모색하고 각 대안의 효과와 실현 가능성을 비교하여 최종 결정을 하게 된다.

(3) 현실화 단계

계획을 집행하고 그 과정에서 계속적인 검토와 수정 그리고 시정조치가 이루어지는 단계로써 계획의 관리와 통제를 포함한다.

2) 목표의 설정

(1) 의 의

경찰에서의 기획은 치안을 확보하려고 하는 목적이 무엇인가를 규정하고 그것을 구체화하는 것을 의미한다. 경찰의 목표가 본래 현실에 대한 불만족이나 장래에 대한 발전가능성 등에서 도출되는 것은 당연한 것이다. 경찰기획의 경우는 상황과 여건 등 환경의 변화에 대응하는 것이 가장 큰 목표가 된다.

(2) 목표의 요건

경찰의 목표가 계획의 수립과 집행 그리고 평가의 제 과정에서 실효성 있는 지침 또는 준거로서의 기능을 다하기 위해서는 다음과 몇 가지 요건을 구비해야 한다.

① 표방된 목표와 실제목표 사이에 괴리가 있어서는 안 된다.
② 계획목표는 해결해야 할 미래상태에 비추어 타당성이 있어야 한다.
③ 계획목표들 사이에는 내적 일관성을 견지하여야 한다.
④ 계획목표는 구체적이고 실제적이어야 한다.
⑤ 목표는 인적·물적자원의 조건에 비추어 실현가능한 것이어야 한다.

3) 상황의 분석

(1) 개 요

목표가 설정되면 현재 및 장래의 상황을 파악하여 목표를 달성하데 예상되는 장애요인과 문제점을 규명해야 한다. 우선 현황에 관한 정확한 진단이 필요하다. 현재 우리가 가지고 있는 것과 우리가 원하는 것과의 격차를 측정하여야만 기획활동을 통해서 수행되어야 할 확실한 과제의 내용을 결정할 수 있기 때문이다.[412] 상황의 분석에는 현재뿐 아니라 미래에 예상되는 상태에 관한 예측도 병행된다.

목표에서 제시하고 있는 미래상과 현재의 추세가 지속되면 나타날 것으로 예상되는 미래상 사이에 격차를 밝혀 내지 않으면 안 된다. 그리고 상황을 분석하여 필수적으로 규명되어야 할 것은 기존의 문제점과 예상되는 문제점, 그리고 목표를 달성하는데 관련되는 장애요인 등이다. 상황 분석에서 가장 중요한 것은 문제의 원인과 상황 변동에 관련되는 요인과 변수를 찾아내는 것이 무엇보다도 중요하다.

(2) 상황분석의 방법

가장 먼저 이루어 져야 하는 것이 관련정보와 자료의 수집이다. 관련정보에는 통계집, 간행물, 연구문헌 등에 제시된 과거의 추이, 현황, 미래 전망에 관한 제반 지식과 통계, 연구결과 등을 모두 포함한다. 그리고 현장조사를 통하여 원자료를 수

412) John D. Millet, 1947: 44~46.

집할 수도 있으며 면접, 관찰, 설문지 등을 이용할 수 있다.[413]

4) 기획전제의 설정

(1) 개 념

기획전제라 함은 계획을 수립하는 과정에서 토대를 삼아야 할 기본적인 예측 또는 가정을 의미한다.[414] 일반적으로는 기획과정에서 토대로 삼아야 할 주요 가정(assumption) 또는 전망(forecast)을 말한다. 예를 들면 정부의 경제개발 계획의 경우 주요 원자재의 확보 전망 및 가격에 대한 가정 등 국제경제 환경의 움직임에 관한 일정한 전제를 필요로 한다.[415] 계획추진에 결정적인 영향을 미칠 것으로 예상되지만 최고 정책결정자도 속수무책인 통제가 거의 불가능한 변인들에 관해서 그 당시로서 최선의 예측이나 전망을 하고 그것이 불가능하면 가정이라도 해서 계획수립의 전제로 삼아야 하는 것이다. 상황분석이 주로 현실적인 여건을 대상으로 삼는데 비해서 기획전제는 미래에 관한 예측 또는 전망이라는 점에서 서로 다르다. 물론 상황 분석에서도 미래를 추정하여 예상되는 문제점을 규명하려 하지만 기획전제는 계획에 지대한 영향을 미치는 변인에 관한 장래의 전망 또는 가정인 것이다.

(2) 종 류

기획전제가 꼭 수량화된 구체적인 것에 한정되지는 않는다. 계량적으로 표시할 수는 없지만 반드시 감안하여야 할 중요한 가정인 것이다. 기획전제는 기획주체가 이러한 변인에 대해서 영향을 미칠 수 있는 정도에 따라 두 가지로 구분된다.

① 통제 불가능한 변인에 관한 기획 전제이다.

통제 불가능한 변인이라 함은 천재지변에 의한 변인, 국제유가의 상승, 국제적 경제의 하락, 국가경제의 급격한 변화, 예를 들면, IMF 구제금융의 지원과 같은 모라토리움에 직면하게 되는 등이 전제가 될 수 있다.

② 극히 제한된 범위 내에서 통제 가능한 변인에 관한 기획전제이다.

---

413) 김신복, 1992: 133~138.

414) Harold Koontz and Cyril O'Donnell, 1964: 15.

415) 이종수, 2000: 87.

계획추진을 통해서 어느 정도 영향을 미칠 수 있지만 장래의 변동에 관해서 가정을 필요로 하는 것 등을 말한다. 예를 들면, 교육계획에 있어서 국민의 교육열과 학생들의 진행행태와 가치관 등을 들 수 있다.

(3) 요 건

합리적으로 설정된 기획 전제라 할지라도 실제 미래는 전혀 엉뚱하게 전개되는 경우가 드물지 않다. 기회전제의 타당성 여부는 계획의 수립 및 실천 과정에서 검토와 분석을 계속적으로 하여야 할 것이다.[416)]

416) 김신복, 1992: 141~142.

제20장 경찰윤리론

1. 개 요

윤리학(Ethics)은 영어로는 ethics, 독일어의 Ethik로써 그리스어의 ėthos에서 유래하였으며, 에토스란 원래 동물이 서식하는 장소 또는 우리(畜舍)를 뜻하는 말이었으나 뒤에 사회의 습속 또는 개인의 품성을 의미하게 되었다. 어원의 뜻으로 미루어 생각해 보면 윤리와 습속은 서로 밀접한 관계가 있음을 알 수 있다.

윤리란 사람으로서 마땅히 행하거나 지켜야할 도리를 뜻한다. 인간은 자기가 원하든 원하지 않든 간에 사회의 일원으로서 태어난다. 사회는 또한 일정한 생활방식을 가지고 있으며, 개인은 그 사회의 구성원으로서 그 사회가 갖는 생활방식에 따르지 않고서는 살아갈 수가 없다. 이 경우에 생활방식으로서 습속이라든지 도덕·법률 같은 것을 들 수 있으며 이것을 우리는 윤리라 한다.

습속이나 도덕·법률은 다 같이 규범적인 성격을 지니고 있다. 그러나 습속이 무자각적인데 대하여 도덕이나 법률은 자각적인 행위규범이라고 할 수 있다. 도덕은 행위의 내면성에 치우치고 법률은 행위의 외면성에 치우칠 우려가 있으나 양자는 상보관계에 있다고 할 수 있다. 윤리학은 일반적으로 인간의 행위에 관한 여러 가지 문제와 규범을 연구하는 학문이라고 할 수 있다.

윤리의 윤(倫)자는 무리·또래·질서 등 여러 가지 뜻이 있으며 이(理)자는 이치·이법 또는 도리 등의 뜻이 있다. 물리가 사물의 이치인 것처럼 윤리는 인간관계의 이법이라고 할 수 있다. 유교에서는 대표적인 인간관계로서 부자(父子)·군신(君臣)·부부(夫婦)·장유(長幼)·붕우(朋友)라고 표현되는 이른바 오륜을 들고 있다. 물리는 자연에 있어서 사물이 언제나 그렇게 나타나는 이치이지만 윤리는 반드시 그렇지 않다. 윤리는 인간의 자유에 의해서 실현되어야 할 이법이기 때문이다.

그것은 존재의 이법이라기보다는 당위로서의 이법이다. 그러므로 유교에서는 그것을 실현해야 할 태도 즉, 덕목으로서 부·모·형·제·자식이 지켜야 할 도리로써 아버지는 의리, 어머니는 자애, 형은 우애, 아우는 공경, 자식은 효도를 지키도록 한 것으로 인(仁)·의(義)·예(禮)·지(智)·신(信)이라고 하는 오상이 강조되었다.

그리고 사람이 지켜야 할 다섯 가지의 사람의 도리로써 군신(君臣) 사이의 의리, 부자(父子) 사이의 친애, 부부(夫婦) 사이의 분별, 장유(長幼) 사이의 차서, 붕우(朋友) 사이의 신의 등이 강조되었다. 오륜・오상이라고 하는 유교의 윤리가 오늘날에도 그대로 통용되는지는 의심스러우나 그것이 인간관계의 이법으로서 윤리의 본질을 잘 나타내고 있는 것만은 확실하다.

윤리와 도덕이라는 말은 일상적으로 구별 없이 사용되고 있다. 그러나 도덕이라는 말의 덕(德)자에다 중점을 두면 도덕이란 도를 실천해야 할 주체적 태도를 의미한다. 덕은 얻는 것이다(德得也)라는 말에서처럼 덕은 도의 체득을 의미한다.

이 점에서 도덕의 도리, 즉 이법으로서의 윤리를 실천해야 할 인간의 주체적 태도라고 정의하여도 무방할 것이다. 이러한 윤리나 도덕의 이론적 성찰이 윤리학이다. 윤리학(êthica)이라는 이름을 가진 책 가운데 현존하는 최고의 것은 아리스토텔레스의 니코마코스 윤리학이다.

아리스토텔레스(Aristoteles・Aristotle, BC 384~322)는 고대 그리스 최대의 철학자로 일반적으로 이상의 행동 속에서 이성적 질서를 실현하는 중용으로서의 덕이 행위의 목적이라고 주장했다. 그래서 만학의 원조라고 불리어지는데 윤리학도 그에 의해서 비로소 확립되었다고 볼 수 있다. 그는 플라톤(Platon BC 429~347)[417]의 제자이며, 플라톤은 아테네의 아카데미아에 학원을 설립하였는데 플라톤이 죽은 뒤 이 학원에서 윤리학은 자연학・논리학과 더불어 철학의 한 분과로 나누어지게 되었다. 철학의 이와 같은 삼분설은 로마시대에 계승되었고 로마의 철학자 키케로(Marcus Tullius Cicero BC 106~43)[418]나 세네카(Lucius annacus Seneca BC 55~39)[419] 등은 ethica의 역서로서 모랄리스(moralis)를 사용하였다. 그 어원은 mos로서 이는 그리스어의 ethos와 마찬가지로 습속을 의미한다.

---

417) 그리스의 철학자 형이상학(사물의 본질이나 존재의 근본 원리 따위를 사유나 직관에 의해 연구하는 학문)의 수립자. 덕에 대해서 논했고, 시간과 더불어 변하는 일이 없이 동일한 것으로서 머무르는 영원불변한 것을 이데아(idea)라고 불렀다.

418) 로마의 문인, 철학자, 반론자, 정치가, 고전라틴 산문의 창조자이다.

419) 로마의 수사가, 스토아 철학자로 기원전 3세기 초에 Z Jenon이 창시한 그리스 철학의 한 파로 윤리를 중심과제로 하고 준엄한 도덕주의의 엄격한 의무와 준수를 주장하는 철학을 의미한다.

2. 윤리학의 범위

윤리학은 그 대상과 연구 방법에 따라서 여러 가지로 구분할 수 있다. 일반적으로 윤리학은 기술윤리학(descriptive ethics)·규범윤리학(normative ethics)·메타윤리학(meta-ethics) 등으로 나누어지고 있다.

1) 기술윤리학

기술(技術)윤리학이라 함은 과학이론을 실제로 적용하여 자연의 사물을 인간생활에 유용하도록 가공하는 수단적 윤리학을 뜻한다. 그러므로 도덕현상의 학문이라고 할 수 있으며 도덕현상을 연구하는 사실과학으로서 도덕발생의 모태가 사회적 관습이기 때문에 도덕현상을 일종의 사회현상으로 파악하려는 사회학적 연구가 있다. 그런데 그 대표적 학자는 브름(L. Blum 1872~1950)[420] 등이고, 도덕현상을 심리적 사실로 보고 그 발생의 순서·조건 등을 심리학적으로 연구하려는 사람도 있는데 대표적인 학자로 S. 프로이트 등이다. 그리고 도덕관념의 생성발전을 역사적으로 추구하는 웨스터마크(Edward Alexander Westermark 1862~1939)[421] 등의 연구도 있다.

기술적 윤리학의 입장은 도덕적 규범이 역사적으로 크게 변천해 왔다는 사실과 도덕은 문화와 민족과 사회체제를 달리함에 따라서 다르며 또한 도덕에는 유일·절대적인 것이 있을 수 없다는 윤리의 상대주의이다.

기술적 윤리학은 도덕현상의 과학적 설명은 하고 있으나 두 가지 도덕체계가 주어져 있을 때에는 것을 선택해야 할 것인가에 대해서는 가르쳐 주지 않고 있다. 여기에서 우리가 마땅히 어떻게 행위 해야 하느냐에 관한 도덕의 보편적인 원리를 연구하는 규범 윤리학이 요구된다.

2) 규범윤리학

규범(規範)이라 함은 한 사회집단의 구성원들이 공유하는 행위의 기준이나 규칙

420) 프랑스 정치가. 문학, 사회비평가로 '결혼에 대하여'를 저술하였다.
421) 핀란드 태생의 스웨덴인. 사회학자로 인류혼인사, 도덕 이념의 기원과 발전(The origin and development of the moral ideas. The history of marriage) 등이 있다.

을 뜻한다. 규범은 사회구성원의 의식 속으로 내화되거나(외적인 보상이나 처벌이 없이 순종하도록 개인에게 통합되는 경우), 실제적 또는 부정적인 제재수단에 의해 강제되기도 한다. 어떤 규범을 공유하는 사회단위는 작을 수도 있고, 사회의 모든 구성원을 포함할 만큼 광범위한 것일 수도 있다. 규범은 가치 또는 이념보다 구체적이다. 예를 들어 정직함은 일반적인 가치이지만 구체적인 상황에서 무엇이 정직한 행동인가를 규율하는 규칙은 규범이다. 그러므로 규범윤리학은 도덕의 본질, 도덕적 판단의 의미 및 그 타당성 등을 철학적으로 연구한다. 따라서 규범윤리학을 윤리철학 또는 도덕철학이라고도 부른다. 규범윤리학에도 여러 가지가 있으나 크게 나누면 목적주의 윤리학과 법치주의 윤리학이 있다.

목적주의 윤리학은 행위의 옳고 그름, 도덕적 의무 등은 어디까지나 행위의 목적이나 결과의 좋고 나쁨에 비추어 판단해야 한다고 주장한다. 그러나 행위의 목적인 선이 무엇이냐에 따라서 목적주의 윤리설은 쾌락설·행복설·비쾌락설 등 여러 가지로 나누어지며 행위의 목적인 선이 누구의 것이냐에 따라서 이기주의·이타주의·공리주의 등 여러 가지 학설로 나누어진다. 법치주의 윤리설은 목적주의 윤리설과 달리 인간에게는 마땅히 실천해야 할 도덕적 의무가 있다고 주장한다. 도덕적 판단은 행위의 목적이나 결과에 의해서 판단할 것이 아니라 도덕적 의무의 실천 여부에 따라서 해야 한다고 주장한다. 따라서 법치주의 윤리설은 의무론적 윤리설이라고도 할 수 있는데 민나 간트(Minna Canth 1724~1804)[422]에서 그 전형을 찾을 수 있다.

3) 메타윤리학

메타윤리학(metaethics)은 도덕철학을 의미하는 것으로 파악한다. 주로 도덕언어의 논리적·의미론적 측면을 분석함으로써 도덕개념과 판단의 본성을 규정하는 데 관심을 갖는 윤리학의 한 분야이다. 언어철학자로도 알려진 분석철학자들은 모든 사람이 서로 의사소통하는 데 사용하는 1차 언어와, 이 1차담론의 본성과 의미를 이해·분석·명료화하기 위해 철학자들이 사용하는 2차 언어를 구분한다. 그래서 2차 영역에 속하는 메타윤리학은 다음과 같은 것의 논리적 분석을 도덕철학자의 기본과제로 정한다. ① '옳다와 그르다', '해야 한다와 하지 말아야 한다', '선하

---

422) 철학사를 통틀어 가장 위대한 철학자중의 한사람이다. 동프로이센 쾨니히스베르크에서 출생하여 수학과 윤리학을 연구한 사람이다.

다와 악하다' 등 도덕적 용어의 의미, ② 이런 용어들이 들어 있는 진술의 기능, ③ 이 진술을 옹호하기 위해 사용하는 정당화나 도덕적 추론의 본성 등이다. 그러므로 메타 윤리학(또는 분석윤리학·비판윤리학)은 "어떤 행위가 옳으며 어떤 행위가 그른가?", "사람은 어떻게 살아야 하며 어떤 것을 가치 있다고 여겨야 하나?", "인생은 살 만한 가치가 있는가?" 같은 1차 문제를 탐구하는 실천·규범·사변 윤리학과 대조를 이룬다. 분석철학자들은 윤리이론의 근본문제들이 메타 윤리학의 대상이라는 데 의견을 같이하고 있다. 심지어 몇몇 분석철학자는 오로지 메타 윤리학적 문제만이 도덕철학자에게 어울리는 문제이고 규범적 문제는 모든 사람이 도덕가로서의 자기 능력을 가지고 다룰 수 있다고 주장한다.

그러므로 도덕철학자의 위치는 마치 과학적 진술의 논리만을 고려할 뿐 어느 것이 참이고 어느 것이 거짓인가의 문제에 대해서는 중립적 태도를 지키는 과학철학자의 위치와 비슷하다. 그러나 메타 윤리학이 이러한 도덕언어의 중립적 분석에 성공할 수 있을지에 대해서는 분석철학자들 자신도 의심을 품어 왔다. 이들은 도덕언어에 관해 그 자체가 규범적인 전제들이 있으며 이 전제들이 당연히 분석작업에 기초가 되고 이 작업의 이론적 결과를 제약한다고 주장한다. 19세기 후반까지만 하더라도 윤리학에는 사변[423]적인 경향이 농후하였다. 그러나 20세기에 접어들면서 윤리학은 점차 사변적인 규범윤리학을 벗어나서 선악시비(good·bad·right·wrong)와 같은 윤리적 언사나 윤리적 발언의 의미라든지 그 정당화 등을 문제 삼게 되었다. 윤리학의 이러한 경향은 엄밀성을 추구하는 분석철학에 발맞추어 나타나게 된 것이다. 종래의 규범윤리학과는 달리 윤리적 언사나 발언의 의미와 정당화에 대한 철학적 분석을 일삼는 윤리학을 메타윤리학이라고 하며 오늘날 주로 영·미에서 그 세력이 강하다. 메타윤리학은 다음과 같은 세 가지의 입장이 정립한다고 볼 수 있다.

첫째, 윤리적 가치나 도덕적 판단의 고유성을 인정하지 않고 그것을 경험적 사실이나 기술적 판단으로 환원할 수 있다고 보는 자연주의(naturalism)

둘째, 윤리적 언사는 독특한 비사실적·객관적 성질을 나타내는 것이라고 생각하는 객관주의 또는 직관주의(intuitionism)[424]

423) 깊이 생각하여 시비를 가림. 철학의 관념론에서 경험이나 실증에 의하지 아니하고 순수한 사유만으로 인식에 도달하려는 일.

424) 직독주의라고도 하며 철학에서는 진리나 실재는 사고에 의하지 않고 지적 직관에 의해서만 파악할 수 있다는 설을 의미하고, 윤리학에서는 선악의 구별은 직관적으로 파악할 수 있다

셋째, 윤리적 언사나 발언은 단순히 발언자의 감정이나 태도의 표백이며 청자에게 어떤 감정을 환기하거나 태도의 변화를 기대하는 구실밖에 하지 못한다는 감동설(emotionalism) 등이 있다.

3. 도 덕

도덕(morality)이라 함은 사회의 구성원들이 양심, 사회적 여론, 관습 따위에 비추어 스스로 마땅히 지켜야 할 행동 준칙이나 규범의 총체를 의미한다. 외적 강제력을 갖는 법률과 달리 각자의 내면적 원리로서 작용하며, 또 종교와 달리 초월자와의 관계가 아닌 인간 상호관계를 규정한다. 간단하게 요약하면 인간이 지켜야 할 도리 또는 바람직한 행동기준을 의미한다. 동양에 있어서 도덕이란 말은 유교적인 어감이 강하고 실상 유교의 이상을 나타내는 것이기도 하여 근대에 이르러서는 흔히 윤리라는 용어로 쓴다. 그리스어의 ethos가 습속이라는 뜻인 것과 같이 원래 도덕이란 자연환경의 특성에 순응하고 각기 그 집단과 더불어 생활하여 온 인간이 한 구성원으로서 살아간 방식과 습속에서 생긴 것이다. 즉 생활양식이나 생활관습의 경험을 정리해서 공존을 위해 인간집단의 질서나 규범을 정하고 그것을 엄격하게 지켜 나간 데서 도덕은 생겨난 것이다. 이러한 점에서 도덕과 법은 같은 근원에서 나온 것이라 할 수 있다. 다만 사회가 복잡해짐에 따라 법은 사회적 외적 규제로 그리고 도덕은 개인적 내적 규제로 자연히 분화되었을 뿐이다. 계급 사회의 성립과 함께 법과 도덕은 정치지배의 유력한 수단이 되기도 하였으며 그와 함께 법이 국가권력을 지배하고 도덕이 보편적 원리를 지배하는 영역이 되었다.

1) 서양의 도덕

서양 도덕의 성격은 여러 도시국가가 이루어진 고대 그리스에서 그 유지·발전하기 위해서 필요하고 바람직한 사항들을 인간의 가치 있는 자질·목표·도덕이라 하였다. 그러나 알렉산더(Alexander BC 356~323)[425)]의 세계 제국의 성립은 폴리스의 붕괴를 초래하였고 윤리체계는 보편 세계를 지향하는 방향과 개별을 지향하

는 설 등을 의미한다.

493) 마케도니아의 왕. 그리스, 페르시아, 인도 등 대제국을 건설하였다.

는 방향의 두 갈래로 갈리었다. 인간을 다스리는 보편적인 법률과 개인의 내면적인 양심 등을 통합한 것은 말할 것도 없이 그리스도교였다. 18~19세기에 이르러서는 J. 벤덤의 공리주의에 의한 양적 도덕관에 밀(John Stuart Mill 1806~1873)[426]이 살찐 돼지보다는 야윈 소크라테스(Socrates B. C. 469~399)[427]가 되라는 질적 도덕관을 내세우고 이것이 성서의 도덕관과 모순점이 없음을 주장하여 그리스도교는 시민혁명을 거치면서 시민의 내면적 규범으로 밀착하였음을 보여 주었다.

2) 우리나라의 도덕

우리나라에서의 도덕은 일찍이 부족국가, 고대 국가의 형성과 더불어 그것은 통치권 보존, 생명권, 종적인 혈연질서, 자연질서, 성질서, 재산권 보호라는 가장 원초적인 것을 바탕으로 형성되어 갔다. 한서(漢書)에서는 조선 사람들은 도둑질을 하지 않아 밤에도 문을 닫지 않고 여자들은 정조가 있어 음란하지 않다고 고조선 사회의 도덕성을 소개하고 있다. 삼국・고려 시대를 거치면서 이러한 기본적인 도덕관은 불교가 이를 뒷받침하였고 부부의 도는 사람의 대륜임을 이미 인식하였다.

유교에 이르러 불사이주(不事二主), 불사이군(不事二君)의 도덕관은 많은 고려 유신들로 하여금 은둔의 길을 택하게 하였고, 조선의 여성들은 불사이부(不事二夫)와 삼종지예(三從之禮)의 불이익한 도덕에 평생을 얽매었다. 조선 말기의 하나님을 택한 천주교도의 순교와 그리스도교의 윤리는 국가 도덕의 일대 도전이었고 갑오경장 후의 개가 허용은 500년간 지켜 온 도덕의 일대 변혁이었다.

일제의 강점기, 해방, 6・25 사변 등 사회해체와 재구성 과정에서 인간의 행위를 규제하는 공통의 가치나 도덕적 기준이 약화되어 여러 반사회적 또는 부도덕적 행동이 저질러지는 이른바 아노미 현상이 발생함으로써 이를 부패・퇴폐 또는 타락 현상이라 하여 개탄하기도 하였으나 인간사회는 특유한 집단의 응집성 때문에 면면히 고수해 온 기본적인 도덕은 쉽사리 무너지지 않고 지켜지고 있는 것이다.

---

426) 영국의 경제학자, 철학자, 사회과학자, 사상가.

427) 그리스 철학자. 자신의 혼을 중요시해야 한다. 살기 위해서 먹지 먹기 위해서 사는 것이 아 、 니다 라고 주장하였다.

3) 사회생활과 도덕성

인간은 개체로서 존재하여 개성적인 애용을 갖추고 있으면서도 한편으로는 다른 사람과의 관계를 떠나서는 생활할 수 없다. 이러한 인간관계를 결합의 방향으로 향하게 하는 공통적인 일상적 행동양식이 곧 관습 또는 습속이라고 하는 것이며 그것이 각자를 구속할 때에 규율이 되는데 보다 객관적인 구체성을 갖출 때에는 규칙 또는 법규가 된다. 이와 같은 관습의 단계에서 일상생활 안에 포함되어 각자를 둘러싸고 규제도 하고 또 지탱도 하면서 알게 모르게 각자의 의식과 행동에 깊이 영향을 끼치고 있다. 그 영향력은 어릴 때일수록 더욱 크게 작용한다. 이 과정이 도덕성 형성의 최초의 단계이기도 하며 여러 가지 도덕교육을 위한 노력의 바탕을 이루는 것이다. 더욱 규율 중에는 정치적인 권위를 덧붙여서 법규로까지 발전하는 것도 있는 반면 종교단체에 의해서 교의로까지 심화되는 것도 있어 종교적인 영향이 사회의 도덕성 육성에 끼치는 영향도 크다.

4) 가정생활과 도덕성

일상적인 사회생활 과정에서 청소년의 도덕성 형성에 있어 중심 또는 토대가 되는 것은 가정에서의 그것이다. 사회의 여러 관습이나 종교는 가정에서 선택되고 부모의 행태와 정신은 성장기의 청소년에게는 커다란 영향을 주는 것이다.

청소년들의 도덕성의 기반은 가정을 통해서 형성되기 때문에 일상의 가정생활은 매우 중요한 환경요인이 되며 이때의 생활태도가 도덕의 기본이 된다. 그리고 의식의 축적이 적고 습관이 굳어져 있지 않은 어릴 때일수록 더욱 중요하다.

또한 어렸을 때 가족으로부터 받는 영향중에서도 어머니의 영향은 결정적인 것이라고 할 수 있다. 그래서 청소년의 일상적 행동양식과 인생관의 기본적인 부분은 가정생활을 토대로 하여 형성된다. 메스커뮤니케이션에 의한 자극이나 이웃 또는 동네의 생활에서 받는 영향의 대부분이 특히 아동기까지는 주로 가정을 통해서 이루어진다는 사실까지도 포함하여 그렇게 말할 수 있다.

5) 윤리와 양심

양심이라는 말의 어원은 원래 영어와 불어의 'conscience'에서 유래되었으며 '선한 마음'을 의미하는 말로서 '함께-알다'라는 뜻을 가지고 있다. 그래서 양심은 사물의 가치를 변별하고 자기의 행위에 대하여 옳고 그름과 선과 악의 판단을 내리는 도덕적 의식을 말한다. 우리나라 헌법 제19조는 모든 국민은 양심의 자유를 가진다고 규정해 놓고 있다. 헌법이 보장한 양심의 자유는 정신적인 자유로서 어떠한 사상과 감정을 가지고 있더라도 그것이 내심에 머무르는 한 절대적인 자유이므로 제한할 수 없다는 말이다. 양심의 자유는 윤리적 사상에 대한 내심의 자유를 뜻한다. 윤리에서의 양심이라 함은 도덕적 행위 또는 지조의 선악에 관계되는 범위 내에서의 전인격적 의식 또는 심정을 의미하는 것이라고 볼 수 있다. 서양 사람들이 생각하는 'conscience'는 우리말의 '양심'보다는 넓은 의식으로 통하는 의미를 가지고 있다. 이와 같은 사실은 인간의 양심이라는 것이 원래 사회규범과 개인적 욕망의 사이에서 양자를 '함께-안다'는 뜻에서 성립된다는 것이다. 또한 인간의 의식은 많은 부분에서 양심과 중첩되는 것으로서 사회적 성격을 갖는다는 것이다. 따라서 사회적 동물로서의 인간 존재의 근본구조를 형성한다는 것을 나타내는 것이라고 볼 수 있다.

6) 도덕성의 발달단계

인지발달론적 도덕성의 연구는 Colby(1986), Kohlberg(1969), Kohlberg & Turiel (1973), Kohlberg & Candee(1984) 등 여러 학자들에 의하여 다양하게 검증되었는데 이들에 의하면 도덕성 발달 단계를 다음과 같은 6단계를 거친다고 한다.[428)]

(1) 타율적 도덕성(heteronomous morality)

의사결정 형태를 좌우하는 것은 신체적, 물리적 힘이다. 처벌을 피하기 위해서는 규칙을 준수해야 한다.

(2) 개인적 도구적 도덕성(individualism, instrumental purpose and exchange)

의사결정 행태를 좌우하는 것은 개인의 눈앞의 이익이다. 개인은 보상을 염두에 두고 동의하며 호의에 대한 보답을 바란다. 즉 보수나 이익을 기대하여 규칙을 지킨다.

---

428) 정철현, 1997: 79-80. 첫 번째 단계는 유아시기에 형성되며, 마지막 단계는 성년의 시기인데 보편적 도덕성을 가진 사람은 소수에 불과하다(Colby, 1986).

(3) 기대적 도덕성(mutual interpersonal expectations, relationships, and inter-personal conformity)

의사결정 행태를 좌우하는 것은 자신의 의사보다 타인의 눈을 의식한 인정받으려는 욕구이다. 즉 다른 사람이 기대하는 행동을 보여주려고 한다. 따라서 타인의 혐오와 불인정을 피하기 위해 규칙을 따른다.

(4) 사회규범적 도덕성(social system and conscience)

의사결정 행태를 좌우하는 것은 사회적 규칙이나 규범이다. 따라서 권위와 사회적 질서를 존중하고 의무 수행을 중시한다. 개인은 적법한 권위에 의한 비난을 피하기 위해 규칙을 준수한다.

(5) 사회계약적 도덕성(social contract or utility and individual rights)

의사결정 행태를 좌우하는 것은 사람들의 다양한 가치관과 의견을 고려하는 것이다. 개인은 타인의 권리를 침해하지 않고 자유, 평등, 계약의 원리를 지향한다. 따라서 공동체의 이익을 위한 공정한 제3자의 입장에서 규칙에 동조한다.

(6) 보편적 도덕성(universal ethical principles)

의사결정 행태를 좌우하는 것은 개인의 양심이다. 개인은 인간의 존엄성과 사회정의와 같은 보편적 원리에 따라 도덕적으로 판단한다. 따라서 이러한 자신의 죄책감을 피하기 위하여 규칙을 준수한다.

4. 경찰행정윤리

1) 개 요

우리사회 전반에 깊숙이 뿌리 내린 부정부패의 문제는 경찰조직에 국한된 것이 아니라 사회전반에 걸쳐 광범위 하게 일어나고 있는, 일상적인 사회문제가 되고 있다. 정치, 경제, 사회, 교육, 기업에 이르기까지 만연된 부정부패 현상으로 우리나라는 이제 부패공화국이라고 불리기도 한다. 우리나라의 부패 수준이 매우 높다는 것은 국제투명성위원회(TI)가 매년 발표하는 부패지수를 통해 알 수 있듯이 아시아권에서도 하위를 지키고 있는 특별한 부패국가이다. 우리나라는 경제 성장률에 비해 보자면 청렴성은 매우 낮은 수준이다. 과거 전임대통령의 비자금은닉 사건이후 정부에 대한 국민의 신뢰도는 계속 하락 상태를 보여 왔으며, 하루걸러 나오는 고위공무원 부정부패 기사들은 우리나라 정부구조의 정통성에 심각한 타격을 주었다. 이처럼 우리나라의 부정부패가 심각한 상황에 있는 것은 역사적인 요인에서도 그 원인을 찾아 볼 수 있다. 예컨대, 유교적 전통과 함께 우리의 행정과정에서 많이 나타나는 비합리적 요인들의 진원이라 볼 수 있다. 이러한 부정부패의 원인은 혈연・지연・학연 등 인간관계에 입각한 비공식 집단의 형성, 업적주의, 보편주의 등의 확립기반이 배제됨에 따라 자연발생적으로 발전하게 된 것이다. 이와 같은 맥락에서 조선시대 정부형태는 법제에 근거한 것이 아니라 사람, 권력자에 의한 것이었으므로 관료부패가 끊이질 않게 되었다. 이러한 요인에 의해 일제시대, 해방 후 근대화 시대, 그리고 현대에 이르기까지 부정부패가 지속되고 있는 것이다. 우리나라는 선진국에 비해 굉장히 빠른 경제성장을 이뤘다. 이는 정부주도하의 경제성장 정책으로 정치와 경제주체들 간에 상호 밀접한 관계를 형성하여 정경유착, 관료부정부패, 기업부패, 사회부패로 구조화 되어 부정부패에 관한 논의는 정치부문이나 기업, 사회, 국민 각자의 가치관에 깊숙하고도 밀접하게 연계되어 있다고 볼 수 있다.

2) 경찰행정윤리의 특성

(1) 국민전체에 대한 봉사자로서 공익을 추구하여야 한다.

통치권에 입각하여 공권력에 기초한 경찰공무원의 역할은 사회구성원들 간의 가치 배분에 지대한 영향을 미치기 때문에 높은 윤리의식이 요구된다는 것이다.

(2) 경찰의 업무수행과 관련된 고도의 도덕적 가치를 의미한다.

경찰윤리는 경찰공무원의 신분을 가진 사람이 그의 공적인 경찰업무와 관련되어 지켜야 할 도덕적 가치기준을 의미하는 것이다.

(3) 경찰공무원이 입안하여 집행하는 업무의 내용이 윤리적이어야 한다.

경찰윤리를 실현하기 위해서는 법령 등의 법적 의무의 준수뿐만 아니라 업무수행과 관련된 전문지식의 확보라는 기능적 의무도 동시에 준수하여야 한다.

(4) 경찰의 부정부패뿐만 아니라 경찰공무원의 행태의 범위까지 포함한다.

경찰이 적극적으로 추구하고자 하는 바람직한 가치를 실현해야 한다는 요청은 물론이고 개인의 행태까지를 내포하고 있기 때문에 가치함축적인 것이다.

3) 경찰행정윤리의 내용

경찰공무원에게 요구되는 행정윤리의 내용은 국가공무원법의 복무규정, 의무, 공직자윤리법, 경찰헌장, 서비스헌장, 실천윤리 등에서 찾아볼 수 있다. 국가공무원법과 공직자윤리법은 부정과 비리를 방지하기 위한 적극적, 소극적 윤리를 강조하고 있는 것이다. 국가공무원법의 복무규정에서 정의하는 행정윤리에는 성실의무, 복종의무, 직장이탈금지, 친절공정의무, 비밀엄수의무, 청렴의무, 영예 등의 제한, 품위유지의무, 영리업무 및 겸직금지, 집단행동의 금지, 정치운동금지 등이 있다. 공직자윤리법에서는 부정부패를 방지하기 위하여 1981년에 제정된 공직자윤리법에서는 부정부패를 방지하기 위하여 고위공직자의 단계적 재산등록, 외국인의 선물신고, 퇴직공무원의 취업제한, 1993년 5월 개정된 공직자윤리법은 4급이상 공무원의 재산등록, 1급이상 중앙부처공무원과 공직유관단체 임원들은 재산을 총무처에 등록하고 이를 공개하도록 하였다. 1980년 12월 제정한 공무원윤리헌장에는 충성과 봉사, 창의를 강조하는 행동규범을 천명하였으며, 공무원의 신조로서 국가에는 헌신과 충성을, 국민에겐 정직과 봉사를, 직무에는 창의와 책임을, 직장에선 경애와 신의를, 생활에는 청렴과 질서 등 다섯 가지 행동지침을 제시하였다.

4) 경찰권의 남용과 부패

경찰공무원은 국민전체에 대한 봉사자로서 업무를 수행할 때에는 법률에 따라 한정한 범위 내에서 권한을 행사하여야 한다. 그리고 일정한 범위의 행정윤리에 따라서 국민에게 봉사하여야 한다. 현대의 경찰업무가 복잡하여지고 전문화됨에 따라 경찰공무원에게 부여된 재량의 범위가 넓어지고 다양해짐에 따라 경찰윤리를 일탈할 가능성은 더욱 높아졌다. 경찰공무원이 직권을 남용하거나 윤리의 틀을 벗어나서 부정과 결탁하는 부패의 요인을 여러 가지로 나누어 설명할 수 있다.

(1) 탈윤리적 행위

경찰공무원이 비록 직권을 남용하든가, 특혜의 대가로 금품을 수수하지는 않는다 하더라도 친척, 지인, 친구 또는 특정 정파에 호의를 베풀거나 자신의 경제적 이익을 위해 어떤 결정을 내리는 탈윤리적 행위를 할 수 있다. 경우에 따라서는 자신의 이익을 위해 공익에 어긋나는 행위를 할 수 있다.

(2) 법률의 경시

경찰공무원이 법률을 무시하거나 자신의 행위를 정당화하는 방향으로 해석하기도 한다. 경우에 따라서는 예산이나 현실적 어려움 등의 구실을 내세워 법률의 규정대로 시행하기를 거부하기도 하며, 집행을 한없이 연기하기도 하고, 말로는 약속을 하면서도 결코 시행하지 않는 경우도 있다.

(3) 환원주의적 행태

경찰공무원이 법률에 따라 업무의 집행을 하면서 지나치게 법률에 의지하여 자기의 입장에서 법률을 해석한다든가, 단순화하여 자기합리화 한다든가, 민원인의 어려움은 헤아리지 않고 법대로만 주장하면서 외골수적 주관적인 입장에서 업무를 처리하려고 하는 행태를 말한다.

(4) 부정행위

경찰공무원이 위법행위자를 단속하면서 은연중 금품을 요구한다든가, 직무와 관련하여 뇌물의 수수, 요구, 약속하거나, 피해자를 가해자로 또는 가해자를 피해자로 둔갑하여 사건을 처리하고 금품을 수수하는 행위가 있다.

(5) 정실주의

경찰기관의 인사권자는 정실주의에 의한 인사 등을 단행하고 있다. 정실주의라 함은 인맥, 학맥, 향맥, 금맥 등 사적인 인연에 의한 인사행정을 실행하고 있기 때문에 성실하고 정직하게 근무하는 많은 구성원들의 사기를 떨어뜨려 조직의 목표를 달성하는데 부정적인 요인으로 작용하고 있다.

(6) 무사안일

무사안일(無事安逸)이라 함은 일부 공무원이 신명을 바쳐 공무에 전념하여야 하나 즐거움과 편안함에 머물러서 더 뜻있는 일을 망각하고 하루하루를 무사태평의 마음으로 세월만 보내는 행태를 꼬집는 의미이다. 공무원이 공무에 종사하면서 업무의 상황이 명백히 어떤 조치를 요구함에도 불구하고 사후 책임을 두려워하여 아무런 조치도 취하지 않음으로서 그 피해는 국민의 몫으로 돌아가는 현실을 말한다.

(7) 복지부동

복지부동(伏地不動)이라 함은 공무원이 업무에 전념하지 않고 개가 땅에 엎드려 움직이지 아니하는 것과 같다는 뜻으로, 주어진 일이나 업무를 처리하는 데 몸을 사리는 것을 비유적으로 이르는 말이다. 마땅히 해야 할 일을 하지 않고 몸을 사린다는 의미는 공무원조직에서는 날마다 규율과 질서를 잡는 일들이 계속되고 있을 때 그에 따라 직원들은 자기 일을 잘 하려기보다는 어째든 몸을 사리고 일을 하지 않고, 눈치를 보면서 일을 하지 않는 행태를 비유적으로 사용하는 말이다.

(8) 권위주의적 행태

공무원이 민원을 처리하면서 민원인에게 불친절한 언사로 민원을 처리한다든가, 불쾌한 행태를 보이든가, 직접 처리해줄 수 있는 민원도 핑계를 만들어 처리해주지 않든가, 시간을 질질 끌면서 지연처리하든가, 민원인을 깔보는 또는 무시하는 듯한 언행을 한다든가, 민원인의 말은 듣지 않고 자기의 말만 앞세운다든가, 고압적인 태도로 일관하면서 생색을 내고, 민원인을 차별하는 공무원을 지칭하는 의미이다.

5) 관료부패

(1) 개 요

관료부패(官僚腐敗)라 함은 특히 고위계층에 있는 공무원이 직무와 관련하여 뇌물을 수수, 요구, 약속하는 등 부정한 행위를 하는 부정한 공무원을 말한다. 예전에는 백성의 재물을 거두어들이기에 바빴고 지금은 정치적 권세를 이용하여 뇌물을 받기에 바쁘다는 뜻으로, 공무원이 공무와 관련하여 백성을 억압하고 약탈하는 부패한 관료들을 비꼬는 말로 쓰인다. 우리나라 공공부문의 부패 정도가 지난해와 비슷한 수준인 것으로 조사됐다. 지난 2007년 9월 26일 반부패 비정부기구(NGO)인 국제투명성기구(Transparency International)가 발표한 부패인식지수(Corruption Perceptions Index)에 따르면 우리나라의 부패인식지수는 10점 만점에 5.1점을 얻어 조사대상 180개국 중 43위를 기록했다. 2006년도와 비교할 때 점수는 동일하지만 국가별 순위는 한 단계 내려갔다. 덴마크, 핀란드, 뉴질랜드 등은 9.4점으로 공동 1위에 올랐고, 반면 소말리아와 미얀마는 1.4점으로 최하위인 공동 179위의 불명예를 차지했다.

(2) 부패의 구성요소

부패의 요인에는 뇌물을 제공하는 사람, 뇌물을 받는 사람, 뇌물을 알선하는 사람, 뇌물과 관련한 업무 등 부패의 구성요소는 몇 가지로 나누어 볼 수 있다. 관료가 부패하기 위해서는 부패행위의 중심을 차지하는 관료가 당연히 있어야 하며, 관료가 직접 또는 간접적으로 거래관계가 성립되는 시민, 관료가 부패관계에 개입함으로써 얻게 되는 이익과 시민이 부패로 얻게 되는 이익이 존재한다. 이러한 요소들이 다양한 원인과 이유로 여러 가지 형태의 부패가 발생하게 된다. 관료의 부패는 고위층만을 의미하는 것이 아니고 속료에서도 자주 발생한다. 그러나 부패의 정도와 빈도는 주어진 권한에 비례한다고 볼 수 있다.

6) 부패의 유형

(1) 거래형

거래형의 부패는 가장 흔하게 발생하는 공무원의 부패행위이다. 유리한 정보의 제공, 이권청탁, 특혜제공, 사건사고의 무마, 직무의 유기 등으로 금품의 거래를 하는 형태의 부패를 말한다. 공무원의 부패에서 가장 많은 비리가 거래형으로 이루어지고 있다고 볼 수 있다.

(2) 직무유기형

금품의 거래가 없이 공직자가 스스로 자기의 할 일을 하지 않고 태만하게 안위만을 생각하면서 시간만 때우는 식의 근무를 하는 것을 의미한다. 일부공무원의 행태를 보면 실지로 상당수의 공무원들이 놀고먹고 사는 부류로 구분되고 있다. 이러한 사람들은 적당주의로 감독자의 눈치를 보거나, 금품의 제공으로 적당한 거래관계를 유지하면서 직무를 유기하는 것이다.

(3) 사기형

공직자가 직무를 수행하면서 공금을 횡령하거나, 유용하거나, 제3자로 하여금 이익이나 편리를 봐주는 행태를 의미한다. 공금횡령이나 유용 또는 제3자로 하여금 이익을 볼 수 있도록 하는 행위는 형법상의 범죄를 구성하는 것으로 공무원의 부패중에서도 매우 간계한 행위로 취급된다.

(4) 보험형

공직자 자신과 인연이 있는 사람 즉, 학연, 지연, 혈연 등의 인연이 있는 사람에게 민원처리 또는 공무소에서 시행하는 사업이나 물품의 출납 등의 편의와 유리한 조건을 만들어 주는 행위로 후에 이들이 고마움을 느끼게 되어 보답하는 부패행위로 이들은 이러한 행위를 보험을 계약하는 것과 마찬가지로 생각한다.

5. 경찰윤리문화

1) 개 요

경찰윤리문화에서 윤리라 함은 경찰이 업무수행을 하면서 지켜야 할 도리를 말하는 것으로 경찰의 행정윤리는 경찰공무원으로서 지켜야 할 모든 행태를 포함한다. 이러한 행정윤리는 경찰이 자연상태에서 벗어나 일정한 목적 또는 생활이상을 실현하려는 활동의 과정이다. 그리고 점진적으로 형성되는 생활방식과 내용의 총체를 뜻하는 것으로 의식주를 비롯하여 학문, 예술, 종교, 법률, 경제 등 외적, 물질적 문명에 대칭되어 경찰의 정신적 활동의 소산을 의미한다.

2) 경찰윤리문화

경찰은 윤리문화 속에서 역사적 사회적 배경에 따라 상이한 다양성을 지닌다. 그러므로 이를 정확히 알기 위해서는 그 나라의 사회적, 정치적 상황을 알아야 하며 특히 현대사회에 있어서의 전통적인 이념과 경찰조직의 정의관점에서 이를 파악하여야 한다. 경찰의 행정윤리가 사회 각계각층에 미치는 영향은 지대하며, 이를 똑바로 인식하지 않고는 접근에 오류를 피할 수 없기 때문에 경찰의 윤리문화의 속성을 알아보고 경찰관 각자에는 어떤 영향을 미치고 있는지를 생각해야 한다.

경찰윤리의식은 권위주의적인 특성 때문에 지나친 형식주의를 초래하는 것으로 지적되어 왔다. 그러나 경찰의 윤리의식은 입장에 따라서 다르게 평가할 수 있으며, 본고에서는 권위주의, 일반주의, 의리주의, 형식주의, 사인주의 등이 경찰의 업무집행과 어떤 문제점을 가지고 있는가를 고찰해 본다.

(1) 권위주의

권위주의(authoritarianism)는 외재적인 권위에 대하여 자기 비하로 복종하는 태도 및 거기에 따르는 여러 가지 사고방식이나 행동방식을 말하는 것이다. 사람은 이성적 판단에 입각하여 사물을 인식・평가 등을 하는데 감정적・정서적으로 일정한 가치기준을 평가하는 경우가 있다. 그 중에서 특정한 지위나 인물에 절대적인 권위[429]와 위광을 인정하고 여기에 따라 행동하고 평가하는 사회적 태도를 볼 수 있다. 이 경우 평가의 바탕에는 이성적 판단보다 감정이 우선하고 절대적으로 인정하는 권위, 위광에 대한 자기 몰입적 일체화를 볼 수 있다.

권위라고 인정되는 것은 일반적으로 그 시점에 있어서의 권력자나 체계적으로 유력한 인물과 사상으로, 그것은 현실적 세속적인 힘을 나타내고 있다. 그러므로

429) 권위(authority) : 제도. 이념. 인격. 지위 등이 그 가치의 우위성을 공인시키는 능력 또는 위력. 권위의 궁극적 근거는 사람의 마음, 사람들의 승인에 있으므로 이를 지지하는 인간집단에 따라서 여러 가지 권위가 존재한다. 또 어떤 사람에게는 인정되는 권위가 다른 사람에게는 통용되지 않는 때도 있다. 그러나 권위는 어느 집단의 다수인의 승인이나 복종에 의해서 이름에 걸맞은 권위가 된다. 권위는 전통의 힘으로 자연적으로 성립되기도 하지만 인위적으로 만들어지기도 하고 변천・실추하기도 한다. 18세기 계몽 시대에는 권위는 맹목적・미신적 복종의 소산이며 이성과 대립하는 것이라 하여 공격을 받았으나 이 경우는 이성이 새로운 권위가 된 것으로 생각할 수도 있으며 반드시 권위와 이성이 양립할 수 없는 것이라고 할 수 는 없다. 권위를 세우기 위한 수단. 방법으로는 왕관・법복・호화로운 궁전 등의 symbol, 신화・종교, 사회질서의 유지, 이성에 호소하는 설득 등이 있다. 권위가 일단 제도로서 확립되면 실질적 가치를 떠나서 통용되며 무능한 군주도 군주로서 복종을 받는다. 권력(power)과 권위(authority)는 인간을 복종시키는 힘이며 위력이라는 의미에서 예로부터 흔히 동의어로 사용되어 왔으나 권력은 사람들이 그 정당성을 승인해야만 비로소 권위가 되는 것이다. 권위는 정당성을 획득한 권력이라고 일컬어지는 까닭도 여기에 있다. 또 한 사람의 최고자에게 권위를 집중시켜, 비판을 허용하지 않는 권위국가 내지 권위주의라는 사용법도 있다.

권위주의자 또는 권위주의적 사고・권위적 퍼스낼리티[430]는 힘의 맹신, 일체화를 볼 수 있고 반이성적이고 반근대적인 내용을 가지는 것이 특징이다. 바꾸어 말하면 인간의 역사는 권위주의로부터 벗어나려는 과정으로 파악할 수 있다.

경찰공무원의 권위주의적 태도는 상급자의 명령에 절대복종하고 관료주의적 의식이 강하게 작용하여 일반 국민의 인권을 무시하는 풍조가 조성되고 경찰작용의 결과에 대해서 책임을 회피하는 결과로 나타나게 된다. 권위주의는 복종이 마땅하고 옳다는 신념위에 정당화된 권력의 행사를 믿는 입장이다. 이는 경찰조직 내부의 상하관계에서 뿐만 아니라 경찰과 국민 사이에서도 마찬가지로 상・하의 복종관계가 뚜렷해진다. 실력과 자질을 가졌어도 직위, 연령, 근무기간의 차이에 따라 차등이 생긴다. 상・하 관계에서 하위자는 상위자에게 인간적 복종을 하게 되고, 상위자는 하위자의 헌신적 희생을 의무처럼 생각하고 있으며, 이렇게 하는 것이 경찰조직 발전에 도움이 되는 것처럼 여기기 때문에 상사의 문제점이 있는 지시에도 맹목적으로 복종하는 것이다.

(2) 일반주의

일반주의(generalism)라 함은 어떤 공통되는 요소가 전체에 두루 미치는 주장으로써 경찰관은 일상생활과 관련된 모든 업무에 대하여 많은 지식을 축적해야 하는 공무원으로써 변화하는 환경에 유효적절하게 대처해야 하기 때문에 정확한 판단을 내리는 데는 상당한 지식이 있어야 함에도 불구하고 일반적・비전문적이다.

경찰관은 사회전반에 걸친 폭넓은 지식이 있어야 대민봉사에 있어서 현명하게 대처하며, 봉사할 수 있고 범죄수사에 있어서는 범인의 거짓을 간과하지 않고 사건을 즉시 해결할 수 있는 것이다. 경찰이 단순한 시대에 행할 수 있는 역할기대를 안고 있을 때와 달리 보다 전문성을 요하는 오늘날의 현대 경찰이 일반주의에 안주하고 있다는 것은 문제가 아닐 수 없다. 업무를 담당하는 경찰관에게 지나친 전문성을 요구하는 것은 무리이며, 경찰업무는 전체를 분석하여 정확한 판단을 내리는 데 필요한 지식만 갖추면 된다고 주장하는 사람도 있다. 그러나 일반주의에 대한

---

430) authoritarian personality, 권위에 절대 복종하는 반면에 약자에게는 지배적으로 행동하여 자기 과시를 하는 성격으로 권위적 성격이라고도 한다. 1930년대의 파시즘 대두를 받아들인 당시의 독일 중산계급의 사회심리학적 분석을 행한 E. 프롬에서 비롯되어 미국의 사회학자들에 의하여 명백히 된 인간의 성격유형의 하나로서 인습주의, 권위에의 복종, 인간불신 등을 특징으로 한 반민주주의적 이데올로기를 받아들이기 쉬운 성격을 말한다.

경고는 점차 절실히 요구되는 전문, 특수지식이 현대 경찰행정에서 바람직하다는 뜻으로 이해해야 될 것이다. 경찰이 전문주의적 지식과 기술을 갖추지 않고 시민을 상대로 경찰업무를 수행하려고 한다면 시민은 경찰을 무시하고 비하하는 결과로 이어지며, 결국은 경찰의 국민에 대한 윤리의식의 결여로 판단될 수밖에 없게 된다.

(3) 의리주의

의리주의(justicism)는 보은, 의협, 정의, 신의와 같은 옳음을 숭상하는 의식에서 출발한다. 그러나 여기서 추구하는 의는 정해진 울타리 안에서 약속한 것에 대한 준수일 뿐 그것이 객관적으로 항상 옳은 것은 아니다. 가족에서 비롯되어 일반사회에 까지 확대되어 인정된 사고로까지 형성된 것이 의리의식이라고 하지만 오히려 가족에서 보호를 받지 못한 사람들이 안정의 욕구와 갈증을 채우기 위해 스스로 조직된 한 집단에서 이 의식을 강요하게 된다. 여기에서 그 출발이 긍정적인 것보다 부정적인 것이 더 많다. 다시 말해서 부정에 가담한 자들 간에 맺은 죽음을 건 맹세와 같은 것이 더 많다고 하겠다. 이는 경찰업무를 처리하는데 있어서 가족이나 친지 등에게 사건사고에 연루되었을 경우 부정한 행위를 해서라도 잘 도와주지 않으면 의리가 없는 사람으로 낙인을 찍히기 때문에 부정에 개입하는 역할을 하는 것이다. 원래 의리라는 뜻은 인간이 마땅히 행하여야 할 도리를 말하는 것이었으나 오늘날에는 다양한 의미로 쓰이는 말로 발전되었다. 그러나 사회의 발달에 따라 의리는 신의를 지켜야 할 교제상의 도리를 말하는 것으로 오늘날 의리관계는 합법, 불법, 합리, 불합리, 원리원칙, 위험성 등을 초월하여 상대방을 돕는다는 의미로 사용되고 있다. 이러한 의리주의는 경찰작용의 목적과 범위를 지키지 못하고 일탈적인 행위를 할 가능성으로 유도하기도 한다.

(4) 형식주의

형식주의(formalism)는 규칙과 질서를 중시하여 이를 엄격히 시켜야 한다는 입장이다. 이는 조직의 구성원이 수행하는 역할이 고도로 전문화된 경우에 나타나기도 하고 전혀 분화되지 않은 상태에서 관직사유관의 소산으로 나타나기도 한다. 반면에 인간관계의 측면에서는 감정적이기 보다 사심 없이 초연한 어떻게 보면 몰 인간적인 면을 의미한다. 행정을 수행함에 있어서 관료가 아무 사심 없이 초연한 그래서 객관적인 입장에서 일을 수행하면 그 이상 좋을 수 없다. 그러나 그러한 형식주의가 그 뜻대로 겉으로만 초연하며 속으로는 사인주의와 결부된 의식이 도사리고 있다는데 문제가 있다. 그 결과 엄격히 준수되어야 하는 규칙과 절차는 타인에게만 적용되어 이로 인해 피해보는 자만 억울할 뿐이다. 원래부터 우리나라에서 인간관계는 거의 상하의 신분으로 수직적 관계를 맺고 있어 형식은 이 수직관계를 중심으로 질서를 유지하는 것으로 발전했다. 거기에는 우리의 형식이 생활규범으로 발달하고 본능적 감성보다는 당위 의식을 중심하여 외형의 모방에 흐르고 타인의 평가 속에 강조하는 외부 지향적 자아는 갈등만 빗는 등 여러 사정이 함축된다. 형식주의는 결국 선례답습주의를 조장하여 반개혁적 성향이 나타나게 된다.

(5) 사인주의

사인주의(personalism)는 보편성에 이르지 못한 특수한 인간관계로서 공과 사를 구별하지 못하고 공무소를 안방으로 착각하기도 하고 그 반대도 성립한다. 업무중심이 아닌 계급 중심의 인식과 이해가 낳은 또 하나의 속성인 것이다. 이는 우리나라 경찰윤리문화의 속성에 관한 근본적인 평가의 문제로 척결해야 할 것이다. 경찰행정에서 하는 일의 양태를 보면 기관내의 친면 있는 사람을 통해 접촉하고 은밀하게 처리하려고 하는 경향이 농후하다. 그리고 가능하면 비공개적이고 사적인 관계에서 생색을 내면서 일을 처리하려고 하는 경향이 많다. 이는 아무리 경제가 발달하고 과학과 기술이 향상되고 국제조류에 맞추어 나라가 개방되어 있어도 쉽게 변하지 않는다. 선진적이며 합리적인 행정을 수행하는 선진서구사회에서도 안면, 친지, 동창 등을 통해 일을 한다. 그러나 문제이자 차이는 운영방식에 있는 것이 아니라 결과에 있다. 선진국가의 경찰은 아무리 친척이나 동창이 접근해 와도 대화는 다하고 합리적이고 공정한 판단을 한다. 반면에 우리의 경우는 결과가 과정에서 결정되어 버린다. 이러한 업무처리는 민원의 대상이 되며, 경찰이 시민의 민원을 처리하면서 해결해야 할 또 하나의 민원을 잉태시키는 결과를 낳는 것이다.

6. 경찰의 윤리의식

1) 윤리의식의 확립

경찰윤리는 치안을 담당하는 공무원으로써 당연히 지켜야 규범적 · 도덕적 · 인간적 이치이다. 경찰은 상·하 직위를 막론하고 당연히 공직윤리에 따라 모범적인 생활을 하여야 한다. 물론 경찰관의 윤리의식 만을 요구해서는 안 되고 국민의 입장에서 경찰의 입장을 생각하고 경찰이 바른 윤리관으로 직무에 전념할 수 있도록 하여야 한다. 그러나 경찰관은 일반 시민뿐만 아니라 어떤 다른 공직자보다도 철두철미한 윤리의식과 공복의식으로 직무에 전념하여야 한다.

경찰은 법을 집행하는 국민의 심판관으로 일반 국민뿐만 아니라 다른 공직자의 모범이 되어야 하기 때문이다. 경찰윤리는 국가의 중심적 역할을 하는 경찰관들이 국민전체의 봉사자로서 공익을 추구하는 것뿐만 아니라 국가 발전을 위해 자신의 능력과 역할을 최대한 발휘하는 것이 매우 중요하다는 사실을 간과해서는 안 된다. 과거의 공직윤리는 유교사상의 왕도 정치사상에 기본을 두고 전개되었기 때문에 국가를 통치하는 국왕에게 최고의 충성을 다하도록 요구되었다.

그러나 현대의 공직윤리는 전통문화와 미풍양속을 지키면서 국민에게 정직하게 봉사하는 윤리관을 확립하도록 요구하고 있다. 특히 경찰의 충성의 대상은 상사나 통치자에 대한 충성이 아니라 국민의 편에 서서 헌신적 봉사를 하는 것을 의미하는 것이다. 경찰의 윤리관은 국가관의 확립과 투철한 준법정신으로 무장하고 국민에게는 찾아가서 헌신하는 것을 최고의 덕목으로 삼아야 할 것이다.

경찰이 자기의 이익을 추구하기 위하여 부하는 상사에게 아부하고 상사는 부하의 아부를 능력으로 착각하는 시대착오적인 사고를 하고 있다는 사실 자체가 경찰의 발전을 저해하는 요인으로 작용하고 있다는 사실을 잊어서는 안 된다.

2) 경찰 문화의 창달

민주국가의 경찰윤리는 국민 위에 군림하는 것이 아니라 국민과 함께 하는 공동체 의식으로 창달되어야 한다. 경찰의 윤리의식이 일부 경찰관에 한정하여 적용되어서는 안 되고 상·하간의 일심동체적인 의식에서 출발하여야 하며 국민에게 깨끗하고 헌신적으로 봉사하는 윤리의식을 확대해 나가야 한다.

경찰의 국민에 대한 마음가짐은 반드시 국민을 위하여 봉사한다는 사명의식으로 무장되어야 한다. 어떠한 부당한 압력에도 굴복하지 않고 정정당당하게 국민의 인권을 존중하고 국민의 편에 서서 국민에 대한 충성을 최고의 가치로 인정하는 위민경찰의 문화가 창달되어야 한다는 것이다.

경찰의 문화가 권력자의 방패가 되어서는 안 되고, 힘 있는 자의 노예가 되어서도 안 되며, 더구나 상관의 시녀가 되어서는 더욱 안 된다. 우리나라 경찰의 역사는 일제시대에는 왜경의 앞잡이 노릇과 군국주의적 사고에서 비롯된 권위주의적 사고로서 국민을 착취와 지배의 대상으로 비하하였다.

그리고 독재시대와 군사정권시대에는 국민의 권리와 자유를 유린하고 통제하는 권력의 방패 역할을 톡톡히 했다는 역사를 하루 빨리 청산하고 2000년 새로운 시대에 국민의 편에 서는 새로운 경찰 문화의 창달만이 경찰의 미래를 약속받을 수 있다는 사실을 잊어서는 안 된다.

3) 경찰 윤리관의 확립

경찰의 윤리관은 다른 어떤 공무원 조직의 윤리관보다도 엄격한 윤리의식과 자기 성찰의 정신으로 무장하여야 한다. 조선시대의 청백리의 윤리 의식은 수기치인을 기준으로 삼아 청렴·근검·도덕·경효·인의 등을 최고의 가치로 여겼다.

현대의 치안을 담당하는 경찰은 보다 확고한 윤리관을 바로 세우고 국민에게 수범을 보일 수 있는 자세로 거듭나기 위해서는 시대에 맞는 윤리관의 확립이 절대적으로 필요한 시점에 서 있다는 사실을 인식하고 경찰 헌장과 경찰 서비스 헌장을 확고히 실천한다면 경찰의 윤리관은 확립된 것으로 확신할 수 있을 것이다. 이렇게 됨으로써 경찰은 국민의 절대적인 신뢰와 지지를 획득할 수 있을 것이다.

(1) 경찰헌장

우리는 조국 광복과 함께 태어나 국가와 국민을 위하여 충성을 다하며 오늘의 자유민주사회를 지켜 온 대한민국의 경찰이다. 우리는 개인의 자유와 권리를 보호하며 사회의 안녕과 질서를 유지하여 모든 국민이 편안하고 행복한 삶을 누릴 수 있도록 해야 할 영예로운 책임을 지고 있다. 이에 우리는 맡은 바 임무를 충실히 수행할 것을 굳게 다짐하며 우리가 나아갈 길을 밝혀 스스로 마음에 새기고자 한다.

1. 우리는 모든 사람의 인격을 존중하고 누구에게나 따뜻하게 봉사하는 친절한 경찰이다.
1. 우리는 정의의 이름으로 진실을 추구하며 어떠한 불의나 불법과도 타협하지 않는 의로운 경찰이다.
1. 우리는 국민의 신뢰를 바탕으로 오직 양심에 따라 법을 집행하는 공정한 경찰이다.

1. 우리는 건전한 상식 위에 전문지식을 갈고 닦아 맡은 일을 성실하게 수행하는 근면한 경찰이다.
1. 우리는 화합과 단결 속에 항상 규율을 지키며 검소하게 생활하는 깨끗한 경찰이다.

⑵ 경찰 서비스 헌장

우리는 국민의 생명과 재산을 보호하고 법과 질서를 수호하는 국민의 경찰로서 모든 국민이 안전하고 평온한 삶을 누릴 수 있도록 다음과 같이 실천하겠습니다.

1. 범죄와 사고를 철저히 예방하고 법을 어긴 행위는 단호하고 엄정하게 처리하겠습니다.
1. 국민이 필요로 하면 어디든지 바로 달려가 도와 드리겠습니다.
1. 모든 민원은 친절하고 신속·공정하게 처리하겠습니다
1. 국민의 안전과 편의를 제일 먼저 생각하며 성실히 직무를 수행하겠습니다.
1. 인권을 존중하고 권한을 남용하는 일이 없도록 하겠습니다.
1. 잘못된 업무 처리는 즉시 확인하여 바로잡겠습니다.

4) 경찰의 실천윤리

① 경찰은 무엇이며 누구를 위하여 봉사하는가를 인식하여야 한다.
② 경찰의 국민 존중 의식을 항상 염두에 두고 실천하도록 하여야 한다.
③ 상관은 모든 일에 솔선수범으로 부하의 모범이 되어야 한다.
④ 公·私를 구분하여 私가 公에 피해를 줄 수 있는 일이 없도록 한다.
⑤ 깨끗하고 청렴한 경찰을 최고의 가치로 인정하는 풍토를 조성한다.

7. 경찰의 예절

1) 개 요

경찰의 예절(Propriety of Police)이라 함은 경찰관으로서 지켜야 할 예의와 절도를 의미하는 것으로 사인으로서의 행위가 아니고 경찰조직의 구성원으로써 기강의 확립과 질서를 유지하기 위한 수직적인 상·하 또는 수평적인 동료간의 도리를 말한다.

2) 예절의 유형

(1) 상급자

상급자라 함은 일반적으로 직접 지휘·감독의 직위에 있는 자 또는 경찰관 중 상위 계급자를 말하고 대통령, 국회의장, 대법원장, 국무총리, 국무위원, 외국원수 등은 상급자에 준한다.

(2) 경 례

직무를 집행하기 위하여 부득이한 경우를 제외하고는 하급자는 상급자에 대하여 반드시 경례를 하여야 한다. 그리고 상급자는 하급자로부터 경례를 받았을 때에는 특별한 경우를 제외하고는 이에 답례하여야 한다. 또한 하급자는 경례를 할 때에는 특별한 경우를 제외하고는 수례자가 답례를 한 후에 원자세를 취하여야 하고 동급자 간에는 상호경례를 한다.

① 2인 이상의 상급자에 대한 경례

2인 이상의 상급자에 대한 경례는 그 중 최 상급자에 대하여만 행한다. 상급자에게 경례를 하였을 때에는 그 상급자 중 최상급자만이 답례를 한다. 그리고 2인 이상의 동일 계급의 상급자가 한 장소에 있을 때에는 주된 또는 직근 상급자에게 경례를 한다. 그러나 장소 등을 고려하여 주된 수례자 이외의 상급자에게도 경례를 할 수 있다.

② 부대경례

부대가 정지 간에 있어서는 지휘자는 정돈선 전면 중앙 약 2보 떨어진 곳에 위치하여 '차렷'의 구령을 내린 후 지휘자만이 수례자에게 경례한다. 다만 부대대열 및 장소에 따라 지휘자의 위치를 변경할 수 있다. 그리고 부대가 진행 간에 있어서는 지휘자는 먼저 부대를 바른 걸음으로 가게 한 다음 지휘자만 수례자 약 6보전에서 경례를 한다. 그러나 의식·제전 등 특별한 경우에 있어서 특히 필요한 때에는 지휘자의 '○○에 대하여 경례'라는 구령으로 일제히 수례자에게 경례를 하고 '바로' 구령으로 원자세를 취한다.

③ 부대에 대한 경례

상급자가 인솔하는 부대에 대하여는 그 지휘자에게만 경례를 한다. 그리고 부대로부터 경례를 받았을 경우에는 그 지휘자에게 답례를 한다.

④ 부대 해산시

부대를 해산할 때에는 '해쳐'의 구령으로서 행하되 열원은 지휘자에게 경례를 하고 해산한다.

⑤ 수 행

상급자를 수행할 때에는 그 후측 1보, 좌측 1보의 위치에서 따르고 동행자가 수인일 경우에는 주된 상급자 후측 위치에서 따른다. 그리고 자동차로 안내할 때에는 특별한 경우를 제외하고는 상급자가 탄 차의 전방 약 5미터 앞에서 안내하고 자동차를 승차할 때에는 하급자가 먼저 타고 하차할 때에 상급자가 먼저 내리도록 한다.

⑥ 상급자의 좌석

회의장, 차량, 선박 등에 있어서 상급자의 좌석은 특별한 경우를 제외하고는 우측 또는 우면 후측의 좌석으로 정한다.

⑦ 송영시

상급자를 송영하는 경우에는 그 상급자의 좌측에서 경례를 함을 상례로 한다. 송영할 때의 경례는 지휘자의 '우(좌)로 봐'의 구령으로 수례자에게 일제히 머리를 우(좌)로 돌리고 자기 정면까지 주목하되 지휘자는 '바로'의 구령을 내리지 아니한다.

⑧ 경례의 생략

경호에 종사할 때, 교통정리에 종사할 때, 수인 · 피고인 · 피의자를 호송할 때, 기타 특히 주의를 요하는 직무에 종사할 때에는 경례를 하지 않는다. 그리고 형사근무 등 사복을 착용하고 특수근무에 종사하는 자로서 경찰관서 이외의 장소에서 근무할 때에는 주위의 사정을 고려하여 경례를 아니 할 수 있다. 그러나 작업 또는 휴식중일 때에는 그 중 상급자만 전원을 대표하여 단독으로 경례를 한다.

⑨ 악수와 칭호

악수는 상급자가 먼저 요청이 있을 때에 한하여 1보전에서 차려 자세로 우수를 내어 이에 응한다. 그리고 상급자에 대한 칭호는 성과 직위 또는 직급을 병용하여 호칭하되 "님"의 경칭을 사용하고 하급자에 대하여는 성과 직위 또는 계급을 병용하여 호칭하여야 한다. 다만, 지휘감독의 직위에 있는 상급자에 대하여는 성을 생략할 수 있다.

3) 실내경례

(1) 탈 모

실내에 들어갈 때는 실외에서 탈모하여 왼손에 쥐어야 한다. 다만, 업무의 성격상 착모해야 할 경우와 소속관서장이 필요하다고 인정할 경우에는 실내에서도 착모할 수 있다.

(2) 실내경례

실내에 있어서 제복을 착용하였을 때에는 수례자 전년 약 3보 앞에서 '차렷자세'로 탈모한 채 거수경례를 하여야 한다. 이 때 모자는 좌수로 쥐고 내면이 수례자에게 보이지 아니하도록 왼쪽 바지솔기에 붙이고 우수는 손가락을 모아 손목과 함께 곧게 펴는 동시에 상박만은 전면으로 수평이 되도록 올리며 손바닥은 안으로 하여 인지의 끝이 바른쪽 눈썹의 끝에 오도록 활기 있고 자연스럽게 동작하되, 머리는 바르게 눈은 수례자를 정시하여야 한다.

그러나 사복을 착용하였을 때에는 수례자 전년 약 3보 상거위치에서 '차렷자세'로 상체를 약 15도 숙여 굴신경례를 하되 눈은 수례자를 정시하여야 한다. 다만, 국기에 대한 경례를 제외하고 의식 및 단체경례에 있어서는 거수경례를 하여야 한다.

(3) 임용장 · 포상 등의 수여시

임용장·표창장 및 포장 등을 받을 때에는 수여자의 전면 약 3보 앞에서 경례를 하고 전진하여 양수로 이를 받는 즉시 임용장은 상단이 위로 가게, 표창장은 반을 접은 쪽이 위로 가게 좌측 겨드랑이 밑에 끼운 후 뒤로 약 3보 뒷걸음하여 경례를 한다. 이 때 개별적으로 이를 수여함을 상례로 한다. 다만, 피수여자가 다수일 때에는 상급 또는 지휘자가 이를 받을 수 있다.

(4) 서류 및 물품 수령시

상급자로부터 서류 기타 물품 등을 받거나 또한 상급자에게 이를 줄 때에는 임용장이나 포상 등을 받을 때에 준한다. 그러나 상급자로부터 명령·훈시 등을 받을 때, 또는 상급자에게 진술할 때에는 경례를 한 후 앞으로 나아가 받거나 진술하되 그 장소를 떠날 때에는 원위치로 복귀하여 재차 경례를 하여야 한다.

(5) 상급자 출입시

상급자가 처음 입실할 때에는 처음 목격한 자의 '차렷'구령과 동시에 경례를 하되 재실자는 일제히 일어서야 하며 재실 상급자의 '쉬어'라는 구령으로 원자세를 취한다. 퇴거할 때에는 재실 최상급자가 전과 동일하게 행한다. 그러나 입·퇴실하는 상급자가 재실하는 상급자의 직급보다 하급자인 경우에는 일어서지 아니한다.

(6) 답례 및 신고

하급자에 대하여는 기립하지 아니하고 답례할 수 있다. 수례자가 사복을 착용하고 있을 때에는 상체를 경례자에게 숙여 굴신경례로 답례한다. 임용장을 받았을 때에는 소속 관서의 장 및 총경 이상의 직속 상급자에 대하여는 신고를 하여야 한다.

(7) 취임 및 순시시 신고

소속 관서의 장 또는 지휘 감독권을 가진 총경 이하의 상급자가 취임 또는 초도순시를 하였을 때에 하급자는 그 중 상급자의 지휘 하에 계급별로 단체신고를 한다.

(8) 응답시 자세

상급자에 응답할 때에는 기립하여야 한다. 다만, 상급자의 허락이 있을 때에는 기립하지 아니하고 바른 자세로 답변하여야 한다.

4) 실외경례

(1) 착 모

실외에서 제복을 착용하였을 때에는 착모하여야 한다.

(2) 경 례

실외경례는 수례자 전면 6보 앞에서 거수경례를 하되 우수 인지의 끝이 모자 챙 끝에 오도록 한다. 집총하였을 때에는 소속 관서의 장 또는 총경급 이상에 대하여는 '받들어 총' 그 이외에는 약식경례를 하는 동시에 근무 중 이상 유무에 대한 보고를 하고 수례자를 향하여 주목한다, 다만, 우로어깨 걸어 총 시에는 좌측 손의 손가락을 모두 모아 손바닥이 땅을 향하게 하여 좌수인지의 첫째 마디를 멜빵을 쥔 우측 손 윗부분에 대고 하박은 수령선이 되도록 한다.

약식경례는 차렷 자세로서 수례자에게 주목하고 '세워 총'시에는 외손의 손가락을 모아서 펴고 칼꽂이 바로 아래에 제1마디를 부착하여야 하며 '우로어깨 총' 시에는 동일한 요령으로 총 가늠자 바로 아래에 좌수인지 제1마디를 부착한다.

(3) 보행 간 경례

보행간의 경례는 바른 걸음의 보조로서 수례자 전면 약 6보 앞에서 이를 행한다. 그러나 급한 용무로 인하여 뛰어갈 때에는 수례자 전면 약 10보전에서 바른 걸음의 보조를 취하고 수례자 전면 약 6보 앞에서 경례를 하여야 한다.

5) 수상경례

(1) 선박경례

선박에 있어서의 경례는 실외경례에 준하여 실시한다.

(2) 대통령 승선(차)시

대통령이 함정을 공식 방문할 때에는 전 직원이 현문 측에 정렬하고 중앙선수재에 대통령기를 게양하는 동시 지휘자의 구령 또는 경적에 맞추어 일제히 경례 영송한다. 함정을 승·하선 할 때에는 상급자가 선행하여야 한다.

6) 국기에 대한 경례

(1) 국기에 대한 개인 경례

자유 우방국가의 국기를 포함하여 자국의 국기에 대한 경례는 제복을 착용한 경우에는 거수경례를 행하며 사복을 착용한 경우에는 우수를 심장부에 붙였다가 원자세를 취한다. 그러나 탈모한 경우는 모자를 심장부에 붙였다가 원자재를 취한다. 그러나 국기가 앞을 통과할 때 또는 국기를 게양·하강할 때에는 적의한 거리에 위치하여 경례를 하여야 한다.

⑵ 국기에 대한 단체 경례

국기에 대한 단체 경례에는 지휘자의 '국기에 대하여 경례'라는 구령으로 일제히 경례를 하여야 한다. 그러나 세워총을 하였을 때에는 지휘자의 '국기에 대하여 받들어 총'이라는 구령으로 동작을 취하고 '세워 총'의 구령으로 원자세를 취한다.

⑶ 예포 및 조포 발사시

의식 및 특별한 경우에 예포를 발사할 때 또는 국가가 연주될 때에는 예포와 주악이 울리는 쪽을 향해서 차렷 자세로서 경례를 한다. 다만, 조포를 발사할 때에는 머리를 낮추는 것으로 경례에 갈음한다.

〈참고문헌〉

강성철외(1999)「새 인사행정론」서울: 대영문화사
경찰대학(1998)「경찰학 개론」경찰대학
관세청 1987「SOFA 및 관련 부속문서」관세청 관세조사국
관악행정학회(1991)「한국의 지방자치와 행정」서울: 대영문화사
김병섭(1995)「경찰공무원의 심리적 탈진 원인분석」한국행정학보 제29권 제2호
김부찬 1990「주한 미군의 법적 지위 및 문제점」창작과 비평사
김성호(1996)「지방자치」현대사회연구소 1996. 12월호
김신복(1992「발전기획론」서울: 박영사
김용덕(1969)「3·1운동 이전의 태형」서울: 동아일보사 3·1운동 50주년 기념론집.
김원덕(1996)「지방자치시대의 경찰의 위상과 역할」한양대학교 지방자치연구소 연구논문집 96-01
김철수 1996「헌법학 개론」서울: 박영사
김해동(1988)「공무원의 정치적 중립」행정논총, 제21권 제1호
김해동((1985)「한국의 주민조직과 지방행정」행정논총 제23권 제1호 서울대학교 행정대학원
남미애·홍봉선(2000)「청소년복지론」서울: 양서원
대한경제일보사(1989)「한국경찰의 발자취」대한경제일보사
박운성(1994)「현대조직행동론」서울: 박영사
박종숙(1988)「백제 백제인 백제문화」서울: 지문사
박주연(1980)「왜 검사의 수사지휘권이 필요한가?」대한변호사협회 통권제56호
배용근(1993)「한·미 행정협정에 관한 소고」입법조사보
서주연(1988)「범죄백서」대검찰청
손봉선(1999)「외국인 범죄의 합리적 수사방안에 관한 연구」한국경찰학회보 제1호
______(2000)「범죄수사론」서울: 법문사
______(2000)「한·미행정협정의 형사재판권의 문제점과 개선방안」한국행정학회보 제34권 제3호
안순기(1998)「형사실무」서울: 도서출판 경찰교양
______(1998)「행정실무」서울: 도서출판 경찰교양
안해균(1985)「중앙과 지방정부간의 행정기능의 합리적 배분에 관한 시론」행정론

총 서울대학교
외무부(1967)「대한민국과 아메리카 합중국간의 상호 방위조약 제4조에 의한 해설과 구역 및 대한민국에서의 합중국 군대의 지위에 관한 협정」 외무부
외무부(1972)「대한민국과 미합중국간의 주한 합중국 군대의 지위에 관한 해설」 외무부
유병화(1993)「국제법1」 서울: 진성사
육군본부(1988)「행정협정 해설서」 육군본부
윤원호(1983)「초동수사 요령과 조직수사」 서울: 정문출판사
이상안(1996)「현대경찰행정학」 서울: 형설출판사
이상철(1995)「한·미 행정협정의 문제점」 육사 논문집 49호
이석우(1995)「한·미 행정협정 연구」 서울: 도서출판 민
이장희(1996)「한·미군사관계의 국제법적 조명」 국제법학회 논총 80호
이종선(1996)「한·미 행정협정의 개정논의」 입법조사월보 통권 제241호
이종수외(1999)「새행정학」 서울: 대영문화사
이종수(2000)「행정학 사전」 도서출판: 대영문화사
이황우(1994)「경찰행정학」 서울: 법문사
일본경찰청(1992)「일본경찰백서」 경찰청편
장노순(1994)「영국지방자치의 이해」 강원대학교 출판부
정두환(1999)「제주 4·3연구」 서울: 역사비평사
정윤수(1995)「경찰관 성과평가척도의 발전방향」 한국행정학보 제29권 제2호
정현철(1997)「환경공무원 윤리의식에 관한 연구」 한국행정학보 제31권 제1호
중앙경찰학교(1997)「수사」 충주: 중앙경찰학교
최봉규(1991)「한국의 지방자치와 행정」 관학행정학회 서울: 대영문화사
치안본부(1987)「외사수사교본」 서울: 치안본부
하성기(1996)「주민의 지역사회 활동 참여특성에 관한 연구」 지방자치연구4호 한국지방자치연구회
한국지방자치연구원(1991)「현대지방자치의 기능과 역할」 서울: 광은기획
한국지방행정연구원(1996)「외국의 지방분권제도」 한국지방행정연구원
한형건·국순옥·장영민·오수근 1989「한·미 행정협정에 대한 법적 고찰」 인하대학교 사회과학 연구소 논문집
허 영(1995)「헌법이론과 헌법」 서울: 박영사

AFOSI(1998) 「*Crime Scene Handbook*」 HQ U.S. AFOSI/XOG

Charles E. O'hara and James W. Osterburg(1960). "*An Introduction to Criminalistics*" The Macmillian Company, New York · Chicago

Cole, G. (1989). "*The American System of Criminal Justice*" Pacific Grove, California.: Books/Cole Publishing Co.

Earle H. Howard(1980). "*Police Community Relations:Crisis in Our Time*", Springfield,Ill. Charles C. Thomas,Publisher

E. S. Cahn and Passert.(1989). "*Citizen Participation; Effecting Community Change*" New York Praeger Publisher.

Fred E. Inbau & John E. Reid 1967 「*Criminal Interrogation and Confessions*」 The Williams & Wilkins Company: Baltimore, MD.

Fyfe J. James(1985). "*Police Management Today: Issue and Case Studies*", Washington, D. C: International City Management Association

Grolier(1961) 「*Grolier Encyclopedia*」 Grolier Incorporated, USA

George L. Kelling(1997). "*Neighborgood Cops:Making Community Policing Work*", Annual Editions Urban Society(8th ed).

Grolier Publisher(1961). "*Grolier Encyclopedia*" Grolier Publisher, New York

James I. Matray(1985). "*American Foreign Policy in Korea*" University of Hawaii Press

John Toland(1991) 「*In Mortal Combat Korea*」 Quill William Morrow. New York.

Johnson A. Thomas(1970). "*The Police and Society*", New Jersey:Prentice-Hall

Kenneth J. Peak(1993). "*Policing America*", Regents/Prentice Hall

KMAG(1951). "*KMAG History*" MS. dt. 1.

Leonard D. White(1955). "*Introduction to the Study of Public Administration*" New York: MacMillan.

L. F. L. Oppenheim(1955). "*International Law and Treatise*" Vol 1(8th ed., by Hersch Lautepracht) London: Longman. New York Times 1949 April 19, May 20.

Robert E. Lauterbach(1947). "*Hodge's Korea*" Haper & Brothers Publishers, New York and London.

Roy R. Rogerg,Jack Kuykendall(1993). "*Police & Society*", Library of Congress Cataloging-in-Publication Data

Robert A.Aleshire(1972). "*Power to the people:An Assessment of the Community*

Action" Model Cities Experience,P.A.R Vol.32,Special Issue.

Sherry Arnstein(1971). "*Eight Rungs on the Lader of Citizen Participation*", in Stars and Strips, 1946. 1. 10.

T. R. Fehrenbach(1998). "*This Kind of War*" Brassey's Washington · London

U. N. Official Record 1951 「*General Assembly*」 Forth Session, Supplement No.9

USAFIK(United States Army Forces in Korea) G-2 Periodic Report(1945. 9. 9 ~1949.6.17) 1947. 3. 20.

U. S. Department of the Army 1949 「*Based on Historical Report*」 GHQ. SCAP & FBOOMP & O File 091 Korea.

U. S. Far East Command(1948). "*TI and E. Section*" Hdgrs., XXⅣ Corps, Korea.

Vincent J. Hoffman(1993). "*Role of the Police in the Process of Societal Change:The Korean and American Examples*", Anderson Publishing Co. OH.

Warren E. Burger(1989). "*The Constitution of the United States*", U. S. Government Printing Office.

Stars and Strips, 1946. 1. 10.

전일신문, 2008. 9. 24.

조선일보, 1946. 1. 12.

제주신보, 1947. 4. 30.

중앙일보, 2008. 8. 7.

www.home.cein.or.kr

찾아보기

ㅈ

ㅊ

ㅋ

ㅌ

ㅍ

저자 약력

손 봉 선

- 전북대학교 행정학박사
- 전북지방경찰청 근무
- 주한미공군 특수수사대(OSI) 파견근무(15년)
- 미법무성 마약감시청(DEA) 마약수사과정 수료
- 광주대학교 경찰·법·행정학부 교수
- 현, (재)한국마약퇴치운동광주본부 교육이사
- 광주대학교 경찰·법·행정학부 초빙교수

• 저서 및 연구논문

- 범죄수사론(2000). 법문사
- 경찰조직관리론(공저)(2001). 대왕사
- 경찰학개론(2001). 형설출판사
- 범죄수사론Ⅱ(2004). 대왕사
- 범죄수사론Ⅰ(2005). 대왕사
- 경찰외사론(2005). 대왕사
- 신경찰학개론(2006). 백산출판사
- 범죄수사론Ⅰ특강(공저)(2006). 대왕사
- New경찰조직관리론(공저)(2007). 대왕사
- 경찰학개론 요점과 문제(공저)(2007). 대왕사
- 한·미 행정협정 형사재판권의 문제점과 개선방안(2000)
- 외국인 범죄의 합리적 수사방안에 관한 연구(2001)
- 경찰의 발전방안에 관한 연구(2002)
- 경찰제도의 개편에 관한 연구(2003)
- 마약류 오·남용 실태조사 및 정책대안에 관한 연구(2004)
- 청소년 마약류 오남용실태조사 및 대책에 관한 연구(2005)
- 마약류 실태조사와 대책에 관한 연구(2006)
- 경찰의 임의동행에 의한 수사의 적법성에 관한 고찰(2007)

최 선 우

- 동국대학교 경찰행정학과 졸업
- 동국대학교 경찰행정학과 졸업(석사, 박사)
- 동국대·국립경찰대·인천대·관동대·순천향대·대불대 강사
- 치안연구소 연구원(외래)
- 현, 광주대학교 경찰·법·행정학부 교수

• 저서 및 연구논문

- 지역사회 경찰활동(역사)(2001). 집문당
- 치안서비스 공동생산론(2002). 대왕사
- 경찰과 커뮤니티(2003). 대왕사
- 범죄수사론Ⅰ특강(공저)(2006). 대왕사
- 민간경비론(2007). 대왕사
- 형사사법의 역사성과 체제론적 접근(2003).
- 한국경찰의 역사적 접근에 관한 서설적 연구(2004).
- 수사구조의 합리화에 관한 연구(2004).
- 한국경찰의 근대성에 관한 연구(2006).
- 통일독일의 범죄문제연구(2006).

실용경찰학개론

2009년 2월 10일 인쇄

2009년 2월 20일 발행

저 자 손 봉 선
최 선 우

발행인 (寅製) 진 욱 상

발행처 백산출판사

서울시 성북구 정릉3동 653-40

등록 : 1974. 1. 9. 제 1-72호

전화 : 914-1621, 917-6240

FAX : 912-4438

http://www.baek-san.com

edit@baek-san.com

값 28,000원

ISBN 978-89-6183-150-5(93350)